D1727250

CONCORSO 626 ALLIEVI MARESCIALLI DELL'ARMA DEI CARABINIERI

A CURA DI:
DR.SSA SARA TRAVAGLIONE
DR.SSA ALICE BAGGIO
DR. DANIELE VIGNOLI PRATESI
DR. MATTEO MARINI
DR. FRANCESCO GAGLIANONE
DR. NICOLA CUCCU

Dedicato a chi ha scelto l'uniforme per servire la patria, a chi tutti i giorni con onore, coraggio e serietà si impegna a difenderla, a chi quell'uniforme sogna di poterla un giorno indossare mettendosi al servizio della collettività in uno spirito di collaborazione, dedizione e senso dello Stato.

Onore a voi.

Cari Lettori, il manuale tratta la parte teorica della preparazione alla prova orale del Concorso Pubblico per l'arruolamento di 626 Allievi Marescialli dell'Arma dei Carabinieri ed è suddiviso in tre sezioni che trattano le materie previste dalla prova concorsuale, suddivise per tesi:

1. Storia Contemporanea
2. Geografia
3. Costituzione e Cittadinanza italiana

Gli Autori, l'Editore e tutti coloro che hanno contribuito alla stesura di questo manuale hanno posto il massimo impegno per garantire che le informazioni ivi contenute siano corrette, compatibilmente con le informazioni in nostro possesso e le conoscenze disponibili al momento della pubblicazione. Realizzare un libro è un'operazione complessa e, nonostante la cura e l'attenzione poste dagli autori e da tutti gli addetti ai lavori coinvolti nella stesura dei testi, la pratica e l'esperienza ci insegnano che è praticamente impossibile pubblicare un'opera priva di imprecisioni.

Qualora ci fossero dei contenuti mancanti, sarà nostra premura aggiungerli e farli avere ai nostri lettori attraverso le pagine del nostro sito internet (**www.exforma.net/libri**) dedicata agli aggiornamenti in tempo reale dei nostri manuali di preparazione (troverete le istruzioni in fondo a questa pagina). Siamo certi che i nostri lettori possano comprendere la difficoltà e la complessità che ruotano intorno alla pubblicazione di un libro come questo; certi di poterci migliorare e di voler sempre offrire un prodotto di qualità e, probabilmente, il migliore sul mercato, vi chiediamo anche di segnalarci eventuali refusi e/o mancanze all'indirizzo mail **info@exforma.net**. In generale, qualsiasi suggerimento atto ad un miglioramento è sempre di grande stimolo e crescita per noi e, di conseguenza, per i futuri voi!

EXFORMA – Accademia di preparazione ai Concorsi
per l'arruolamento nelle Forze Armate e nelle Forze di Polizia

ACCESSO AI CONTENUTI RISERVATI

1 - COLLEGATI AL SITO: **WWW.EXFORMA.NET/LIBRI**
2 - SELEZIONA: 626 **ALLIEVI MARESCIALLI CARABINIERI**

3 - CLICCA SUL PULSANTE: **CONTENUTI RISERVATI**
4 - DIGITA LA PASSWORD: CAR24MAR@OR

SOMMARIO

STORIA CONTEMPORANEA 11

TESI 1 12
A.   IL GIACOBINISMO E LE RIVOLUZIONI IN ITALIA 12
B.   NAPOLEONE BONAPARTE E LA CAMPAGNA D'ITALIA 13
C.   L'EGEMONIA NAPOLEONICA IN EUROPA 14
D.   IL BLOCCO CONTINENTALE DEL 1806: CONSEGUENZE ECONOMICHE E POLITICHE 14
E.   LA CAMPAGNA DI RUSSIA DEL 1812 E IL CROLLO DELL'IMPERO 15
F.   GLI EFFETTI POLITICI DEL DOMINIO NAPOLEONICO IN ITALIA E IN EUROPA 16

TESI 2 18
A.   LA RESTAURAZIONE IN EUROPA 18
B.   LA SANTA ALLEANZA 18
C.   LE SOCIETÀ SEGRETE NEI PRIMI DECENNI DEL SECOLO XIX 19
D.   I MOTI RIVOLUZIONARI DEL 1820-21 20
E.   LA QUESTIONE D'ORIENTE NEL SECOLO XIX 21
F.   I MOTI RIVOLUZIONARI DEL 1830 IN EUROPA 22
G.   LA RIVOLUZIONE DEL 1848 IN FRANCIA: LUIGI NAPOLEONE 23
H.   NAPOLEONE III E IL CROLLO DEL II IMPERO 24
I.   LA TERZA REPUBBLICA IN FRANCIA 25

TESI 3 27
A.   IL PROGRAMMA DEMOCRATICO E REPUBBLICANO DEL MAZZINI 27
B.   CARLO CATTANEO E L'IDEA DEGLI STATI UNITI D'EUROPA 28
C.   IL DIBATTITO POLITICO: MAZZINI, GIOBERTI, BALBO 28
D.   GIOBERTI E IL NEOGUELFISMO 30
E.   LE RIVOLUZIONI DEL 1848 30
F.   GLI AVVENIMENTI DEL 1848 IN ITALIA E GLI STATUTI 32
G.   LA PRIMA GUERRA D'INDIPENDENZA ITALIANA 33
H.   LA REPUBBLICA ROMANA DEL 1849 33
I.   GLI SVILUPPI DELLA SITUAZIONE ITALIANA E LA SCONFITTA DEI DEMOCRATICI NEL 1849 34

TESI 4 35
A.   LA SECONDA GUERRA D'INDIPENDENZA ITALIANA 35
B.   LA SPEDIZIONE DEI MILLE E LE RIVOLTE CONTADINE 36
C.   L'EMIGRAZIONE ITALIANA 37
D.   IL PRIMO DECENNIO UNITARIO: L'ECONOMIA E LA POLITICA ESTERA 38
E.   LA POLITICA ECONOMICA E DIPLOMATICA DELLA DESTRA STORICA 38
F.   TENTATIVI DI GARIBALDI DI LIBERARE ROMA DOPO IL 1860 40
G.   L'UNIFICAZIONE AMMINISTRATIVA: LA QUESTIONE MERIDIONALE 41
H.   I IL BRIGANTAGGIO MERIDIONALE E L'INCHIESTA MASSARI 42
I.   LA TERZA GUERRA D'INDIPENDENZA ITALIANA 43
J.   PIO IX: IL SILLABO E IL CONCILIO VATICANO I 45

K.   LO STATO E LA CHIESA: CATTOLICI E LIBERALI DOPO L'UNITÀ D'ITALIA 46

L.   ROMA CAPITALE: LA LEGGE DELLE GUARENTIGIE 47

        TESI 5 .... *48*

A.   LA SINISTRA AL POTERE NEL 1876 48

B.   DA CRISPI A GIOLITTI 49

C.   LA SINISTRA AL POTERE: IL TRASFORMISMO E LA POLITICA ESTERA 50

D.   LA RETE FERROVIARIA ITALIANA PRIMA E DOPO L'UNIFICAZIONE 51

E.   LA SCOLARIZZAZIONE IN ITALIA DOPO L'UNIFICAZIONE 52

F.   L'ESPANSIONE COLONIALE ITALIANA SINO A GIOLITTI 53

G.   LA STRUTTURA INDUSTRIALE ITALIANA ALLA FINE DEL SECOLO XIX 54

H.   IL PROTEZIONISMO E LA QUESTIONE SOCIALE 55

I.   L'EPOCA GIOLITTIANA: LO SVILUPPO ECONOMICO DELL'ITALIA E LA CONQUISTA DELLA LIBIA 55

        TESI 6 .... *57*

A.   LO SVILUPPO DELL'AGRICOLTURA EUROPEA NEI PRIMI DECENNI DEL SECOLO XIX 57

B.   I PROCESSI DI UNIFICAZIONE EUROPEA 58

C.   LA COSTITUZIONE DEL SECONDO IMPERO TEDESCO 59

D.   L'EGEMONIA CONTINENTALE DELLA GERMANIA: LA POLITICA ESTERA DEL BISMARCK 60

E.   LA CRISI BALCANICA E IL CONGRESSO DI BERLINO 61

F.   LA TRIPLICE ALLEANZA 62

        TESI 7 .... *64*

A.   LO SVILUPPO INDUSTRIALE EUROPEO NELLA PRIMA METÀ DEL SECOLO XIX 64

B.   LE CONDIZIONI DEL PROLETARIATO EUROPEO NELLA PRIMA METÀ DEL SECOLO XIX 65

C.   I MOVIMENTI SOCIALISTI EUROPEI E LA PRIMA INTERNAZIONALE 66

D.   MARX E IL MANIFESTO DEI COMUNISTI 67

E.   GLI STATI PROTAGONISTI DELLA SECONDA RIVOLUZIONE INDUSTRIALE 67

F.   INCREMENTO DEMOGRAFICO ED EMIGRAZIONE NELL'EUROPA DEL SECOLO XIX 68

G.   LA QUESTIONE SOCIALE: IL NUOVO ASSETTO POLITICO-DIPLOMATICO DELL'EUROPA NELLA SECONDA METÀ DEL

SECOLO XIX 69

H.   LA SECONDA INTERNAZIONALE E L'ENCICLICA "DE RERUM NOVARUM" 70

I.   LA CRISI DEL SOCIALISMO: REVISIONISMO, SINDACALISMO, BOLSCEVISMO 70

        TESI 8 .... *72*

A.   L'ESPANSIONE COLONIALE EUROPEA IN AFRICA: LE CRISI INTERNAZIONALI 72

B.   L'ESPANSIONISMO DELLA FRANCIA NELL'AFRICA SETTENTRIONALE 74

C.   LE RIVALITÀ ANGLO-FRANCO-RUSSE DOPO L'APERTURA DEL CANALE DI SUEZ 74

D.   L'ECONOMIA MONDIALE DOPO LE DUE GUERRE MONDIALI 76

E.   DAL SECONDO DOPOGUERRA ALLA GLOBALIZZAZIONE 77

F.   L'ITALIA FRA DOPOGUERRA E RICOSTRUZIONE 78

G.   IL PROCESSO D'INTEGRAZIONE ECONOMICA EUROPEA DAL 1951 81

H.   IL MIRACOLO ECONOMICO ITALIANO 81

I.   LA CRISI ENERGETICA DEGLI ANNI SETTANTA NELL'EUROPA OCCIDENTALE E L'OPEC 83

J.   L'ECONOMIA ITALIANA DOPO LA CRISI PETROLIFERA 85

K.   GLI ANNI DI PIOMBO IN ITALIA 85

L. LA CRISI DELLA PRIMA REPUBBLICA 87

M. SECONDA REPUBBLICA 89

TESI 9 93

A. LE NUOVE FORZE POLITICHE IN ITALIA: CATTOLICI E NAZIONALISTI 93

B. LE CAUSE ECONOMICHE E POLITICHE DELLA PRIMA GUERRA MONDIALE 94

C. LA NEUTRALITÀ ITALIANA E IL PATTO DI LONDRA 94

D. LA RITIRATA DI CAPORETTO 96

E. I TRATTATI DI PACE DOPO LA PRIMA GUERRA MONDIALE 97

F. L'ATTEGGIAMENTO DELLE POTENZE VINCITRICI E IL TRATTATO DI VERSAILLES 98

G. LE RELAZIONI INTERNAZIONALI DAL 1923 AL 1939 99

H. I FRONTI POPOLARI TRA LE DUE GUERRE MONDIALI 100

I. LA RESISTENZA IN EUROPA E LA COSTITUZIONE DELLE NAZIONI UNITE 101

TESI 10 103

A. GLI STATI UNITI D'AMERICA (U.S.A.) ALLA METÀ DEL SECOLO XIX 103

B. L'EMANCIPAZIONE DEGLI SCHIAVI NEL SECOLO XIX 104

C. L'ECONOMIA AMERICANA E LA CRISI DEL 1929 105

D. LA CRISI ECONOMICA DEL 1929 IN EUROPA 106

E. F.D. ROOSEVELT E LA POLITICA DEL "NEW DEAL" 108

F. LA SECONDA GUERRA MONDIALE: GLI U.S.A. IN ITALIA E IN EUROPA, L'ATOMICA SUL GIAPPONE E LA FINE DEL CONFLITTO 109

G. IL PIANO MARSHALL 110

H. GLI U.S.A. E LA "NUOVA FRONTIERA" DI KENNEDY 110

I. LA GUERRA DEL VIETNAM 111

TESI 11 115

A. LE TESI DI APRILE E LA RIVOLUZIONE BOLSCEVICA 115

B. LA RIVOLUZIONE DI OTTOBRE E IL TRATTATO DI BREST-LITOVSK 116

C. LA POLITICA ECONOMICA DI LENIN: IL COMUNISMO DI GUERRA E LA NUOVA POLITICA ECONOMICA (NEP) 116

D. U.R.S.S.: STALIN E I PIANI QUINQUENNALI 118

E. LA CADUTA DEI REGIMI COMUNISTI EUROPEI 120

F. LA RIVOLUZIONE CINESE E LA GUERRA DI COREA 121

G. LA JUGOSLAVIA DOPO LA MORTE DI TITO 122

H. LA RIUNIFICAZIONE DELLA GERMANIA DOPO IL 1989 124

I. DALL'U.R.S.S. ALLA C.S.I.: GORBACIOV E IL PROCESSO DI RINNOVAMENTO DEL SISTEMA COMUNISTA 124

J. IL POSTCOMUNISMO NEI PAESI DELL'EST EUROPEO 125

K. LA POLONIA DI LECH WALESA E KAROL WOJTYLA 126

TESI 12 130

A. IL SECONDO CONFLITTO MONDIALE: LE CAUSE DELLO SCOPPIO DELLA GUERRA 130

B. FRONTI DI GUERRA E ALLEANZE 131

C. LA SECONDA FASE DEL CONFLITTO E LA VITTORIA DEGLI ALLEATI 135

D. LE CONFERENZE DI YALTA E DI POTSDAM: LA "GUERRA FREDDA" 140

E. LA CRISI DEL MONDO BIPOLARE E NUOVI EQUILIBRI INTERNAZIONALI 142

F. IL MONDO ARABO 143

G.   LE ORIGINI DELLA QUESTIONE PALESTINESE 146

H.   I CONFLITTI ARABO-ISRAELIANI.. 148

I.   IL FONDAMENTALISMO ISLAMICO 148

J.   LA GUERRA SANTA DI AL-QAEDA 148

K.   L'ATTACCO ALLE TORRI GEMELLE... 149

GEOGRAFIA **151**

   TESI 1.. *152*

A.   L'EQUATORE, I MERIDIANI, I PARALLELI 152

B.   LE COORDINATE GEOGRAFICHE: LA LATITUDINE E LA LONGITUDINE.................................. 153

C.   ORIENTAMENTO ASSOLUTO E RELATIVO 155

   TESI 2.. *158*

A.   EDIFICI VULCANICI, TIPI DI ERUZIONI E PRODOTTI DELL'ATTIVITÀ VULCANICA; DISTRIBUZIONE GEOGRAFICA.... 158

B.   FENOMENI DI VULCANESIMO SECONDARIO; DISTRIBUZIONE GEOGRAFICA.......................... 163

C.   NATURA E ORIGINE DEI TERREMOTI; DISTRIBUZIONE GEOGRAFICA, LA TETTONICA A PLACCHE 165

D.   LA FORZA E GLI EFFETTI DI UN TERREMOTO; PROPAGAZIONE E REGISTRAZIONE DELLE ONDE SISMICHE.......... 169

   TESI 3.. *175*

A.   IL CLIMA E LE FASCE CLIMATICHE... 175

B.   I VENTI, LE CORRENTI 177

C.   I CAMBIAMENTI CLIMATICI: ASPETTI, CAUSE E SOLUZIONI.. 180

   TESI 4.. *183*

A.   IL PROBLEMA DELL'ENERGIA. NUOVE PROSPETTIVE TECNOLOGICHE E GEO-ECONOMICHE DELLE INDUSTRIE ... 183

B.   L'AGRICOLTURA E LE ATTIVITÀ PRIMARIE: LA PRODUZIONE IN ITALIA E NEL RESTO DEL MONDO 186

C.   GEOGRAFIA DELLA POVERTÀ E FLUSSI MIGRATORI 188

D.   LINGUE, RELIGIONI ED ETNIE NEL MONDO 191

   TESI 5.. *194*

A.   LE CARATTERISTICHE FISICHE DEL TERRITORIO: MONTI, REALTÀ COLLINARI E CARSICHE, LAGHI, FIUMI, PIANURE; MARI E PORTI.. 194

B.   CARATTERI STRUTTURALI DELL'AGRICOLTURA: PRODUZIONI AGRICOLE E FORESTALI; LE PRODUZIONI DELL'ALLEVAMENTO E DELLA PESCA; CARATTERI STRUTTURALI DELL'INDUSTRIA E PRODUZIONI; I COMMERCI E LE ALTRE ATTIVITÀ TERZIARIE.. 205

C.   VIE DI COMUNICAZIONI E TRAFFICI; IL MEDITERRANEO 210

   TESI 6.. *214*

A.   CARATTERISTICHE FISICHE DEL TERRITORIO: MONTI, MASSICCI E REALTÀ COLLINARI, LAGHI, FIUMI, PIANURE; MARI E PORTI.. 214

B.   L'EUROPA E GLI EUROPEI. TERRITORIO E STORIA. ASPETTI POLITICO-ECONOMICI E PROBLEMI SOCIALI 219

C.   LA FRANCIA, GLI STATI DEL BENELUX, LA GERMANIA, LA GRAN BRETAGNA E L'IRLANDA, GLI STATI SCANDINAVI, GLI STATI ALPINI, GLI STATI DELLA PENISOLA BALCANICA, GLI STATI DEL MEDITERRANEO ORIENTALE, GLI STATI IBERICI, GLI STATI DELL'EUROPA CENTRO-ORIENTALE, GLI STATI DELL'EUROPA SUD-ORIENTALE; LA RUSSIA E L'UCRAINA 223

   TESI 7.. *239*

A.   L'AMERICA DEL NORD: CARATTERISTICHE FISICHE DEL TERRITORIO: MONTI, MASSICCI E REALTÀ COLLINARI, LAGHI, FIUMI E PIANURE; MARI E PORTI; LE POPOLAZIONI; L'ECONOMIA; GLI STATI................................... 239

B.   L'AMERICA LATINA: CARATTERISTICHE FISICHE E GEOGRAFICHE, STORIA DELLA COLONIZZAZIONE (MESSICO; BRASILE; VENEZUELA) 244

C.   L'ASIA – CARATTERISTICHE FISICHE DEL TERRITORIO: MONTI, MASSICCI E REALTÀ COLLINARI, LAGHI, FIUMI E PIANURE; MARI E PORTI (CINA; INDIA E PAKISTAN; LE COREE; GIAPPONE) 253

D.   MEDIO-ORIENTE - CARATTERISTICHE FISICHE DEL TERRITORIO: MONTI, MASSICCI E REALTÀ COLLINARI, LAGHI, FIUMI E PIANURE; MARI E PORTI (IRAN, IRAQ, AFGANISTAN, ARABIA SAUDITA, QATAR, EMIRATI ARABI UNITI, BAHREIN, KUWAIT E YEMEN, GIBUTI, PALESTINA, ISRAELE, SIRIA E TURCHIA) E NORD-AFRICA – CARATTERISTICHE FISICHE DEL TERRITORIO: MONTI, MASSICCI E REALTÀ COLLINARI, LAGHI, FIUMI, PIANURE; MARI E PORTI; (MAGHREB, EGITTO E PAESI DEL SAHEL). LE TERRE DEL DESERTO, DELL'ISLAM E DEL PETROLIO 263

E.   ARTIDE E ANTARTIDE: CARATTERISTICHE DEL TERRITORIO 271

COSTITUZIONE E CITTADINANZA ITALIANA **273**

TESI 1 274
A.   GLI ELEMENTI COSTITUTIVI DELLO STATO 274
B.   FORME DI STATO 276
C.   LA NORMA GIURIDICA: STRUTTURA E CARATTERISTICHE 276
D.   I RAPPORTI ETICO-SOCIALI NELLA COSTITUZIONE ITALIANA 277
E.   IL PLURALISMO DELL'INFORMAZIONE E LA LIBERTÀ DI MANIFESTAZIONE DEL PENSIERO 280
F.   L'ONU: SCOPI, FUNZIONI E ORGANI 282

TESI 2 285
A.   LE CARATTERISTICHE DELLO STATUTO ALBERTINO 285
B.   LE FORME DI GOVERNO 286
C.   I PRINCIPI FONDAMENTALI DELLA COSTITUZIONE ITALIANA 286
D.   LA DEMOCRAZIA, IL CORPO ELETTORALE E IL DIRITTO DI VOTO 288
E.   LA LIBERTÀ PERSONALE, LA LIBERTÀ DI DOMICILIO, LA LIBERTÀ DI CIRCOLAZIONE E DI SOGGIORNO 289
F.   L'UNIONE EUROPEA DAL TRATTATO DI MAASTRICHT AD OGGI 291

TESI 3 293
A.   LA STRUTTURA E CARATTERISTICHE DELLA COSTITUZIONE DELLA REPUBBLICA ITALIANA 293
B.   GLI ORGANI COSTITUZIONALI 294
C.   IL PARLAMENTO E LA FUNZIONE LEGISLATIVA 294
D.   IL PROCEDIMENTO DI REVISIONE COSTITUZIONALE 296
E.   I RAPPORTI CIVILI NELLA COSTITUZIONE 296
F.   LA CARTA DEI DIRITTI FONDAMENTALI DELL'UNIONE EUROPEA: CONTENUTI E STRUTTURA 299

TESI 4 301
A.   DALLO STATO LIBERALE ALLO STATO SOCIALE 301
B.   IL GOVERNO E LA FUNZIONE ESECUTIVA 302
C.   IL SISTEMA ELETTORALE E IL CORPO ELETTORALE 302
D.   LA MAGISTRATURA E LA FUNZIONE GIURISDIZIONALE 304
E.   I RAPPORTI ECONOMICI NELLA COSTITUZIONE ITALIANA 305
F.   GLI ATTI DELL'UNIONE EUROPEA 308

TESI 5 309
A.   IL PRESIDENTE DELLA REPUBBLICA: POTERI E ATTRIBUZIONI 309

B.   LA PUBBLICA AMMINISTRAZIONE E I PRINCIPI COSTITUZIONALI DELL'ATTIVITÀ AMMINISTRATIVA: PRINCIPIO DI LEGALITÀ, DI IMPARZIALITÀ, DI BUON ANDAMENTO DI TRASPARENZA, DI ECONOMICITÀ DI EFFICACIA E DI PUBBLICITÀ 312

C.   I DOVERI NELLA COSTITUZIONE 313

D.   LE AUTONOMIE LOCALI: REGIONI, PROVINCIE, COMUNE 314

E.   I RAPPORTI POLITICI NELLA COSTITUZIONE ITALIANA 322

F.   EVOLUZIONE STORICA DELL'UNIONE EUROPEA.. 325

      TESI 6 .... *327*

A.   LE FUNZIONI DELLO STATO E IL PRINCIPIO DELLA SEPARAZIONE DEI POTERI 327

B.   LE FONTI DELL'ORDINAMENTO INTERNO 328

C.   LA CORTE COSTITUZIONALE: POTERI E ATTRIBUZIONI 329

D.   LA LIBERTÀ DI RIUNIONE E DI ASSOCIAZIONE, LA LIBERTÀ DI RELIGIONE.............. 330

E.   LA DICHIARAZIONE UNIVERSALE DEI DIRITTI DELL'UOMO................................... 331

F.   GLI ORGANI COMUNITARI E LE FONTI COMUNITARIE.. 332

COSTITUZIONE DELLA REPUBBLICA ITALIANA...**337**

STORIA CONTEMPORANEA

TESI 1

a. Il giacobinismo e le rivoluzioni in Italia
b. Napoleone Bonaparte e la campagna d'Italia
c. L'egemonia napoleonica in Europa
d. Il blocco continentale del 1806: conseguenze economiche e politiche
e. La campagna di Russia del 1812 e il crollo dell'Impero
f. Gli effetti politici del dominio napoleonico in Italia e in Europa

a. Il giacobinismo e le rivoluzioni in Italia

La crisi del movimento riformatore e l'irrigidimento della vita politica favorirono una radicalizzazione dei gruppi intellettuali presenti all'interno degli Stati italiani. Si venne così formando, **negli anni 1790-1795**, quello che viene solitamente chiamato **movimento giacobino italiano** (medio ceto borghese, aristocratici innovatori e rappresentanti del basso clero). Si andava da un **polo moderato** (idee liberali) a un **polo radicale** (con ideali di democrazia sociale e politica che si ispirava alla **Costituzione francese del 1793**).

Il movimento giacobino non era in condizioni di dare vita a una fase rivoluzionaria; fu invece **l'arrivo delle armate francesi** a scardinare completamente gli equilibri politici nella penisola: **tra il 1796 e il 1799** tutta **l'Italia continentale** cadde sotto il **controllo francese**. In questo clima sorgevano **quattro repubbliche**: la **Cisalpina**, la **Ligure**, la **Romana** e la **Napoletana**. Con la **pace di Campoformio** (18 ottobre **1797**) Napoleone, per assicurarsi l'accettazione delle sue conquiste da parte dell'Austria, cedette a quest'ultima **Venezia e il Veneto**.

Le repubbliche italiane vissero la loro breve esperienza sotto il pesante **condizionamento dei francesi**. Napoleone impedì anche con la forza che i democratici assumessero la guida dei governi repubblicani e, per garantire una situazione politica più facilmente subordinante agli interessi francesi, impose alle repubbliche pesanti tributi finanziari. Al tempo stesso, la presenza francese portò con sé **novità di rilievo**: la stessa **forma repubblicana**, l'adozione di **carte costituzionali** e l'emanazione di importanti **leggi modernizzatrici**.

Le **sconfitte militari dell'armata francese** nella penisola e le cosiddette insorgenze (sollevazioni di masse popolari) andarono contro i governi repubblicani. A Cassano d'Adda i francesi subirono una decisiva sconfitta a opera dell'armata austro-russa del generale Suvorov: il ritiro dei francesi dalla Lombardia provocò la **caduta della Repubblica Cisalpina**. Gli austriaci scatenarono una dura repressione contro i patrioti, così gli austro-russi ripresero il Piemonte. Nel giugno **1799 cadde la Repubblica napoletana**: le forze francesi lasciarono il territorio napoletano per contrastare gli austro-russi a nord. Inoltre, si formò l'armata cristiana, organizzata da Ruffo, per combattere francesi e giacobini nel segno della "Santa Fede". Infine, nel settembre **1799**, cadeva anche la **Repubblica romana**, con l'occupazione della città da parte delle forze austriache. Lo storico Vincenzo Cuoco considerò il fallimento della Repubblica partenopea una "rivoluzione passiva", cioè importata dall'estero, che non aveva trovato l'appoggio e suscitato il coinvolgimento delle masse popolari. Era, dunque, stata subita dal popolo.

La politica napoleonica in Italia ebbe il carattere di una pesante **subordinazione agli interessi francesi**, tra cui la pretesa, per la leva obbligatoria, di decine di migliaia di italiani. Dal punto di vista economico, l'Italia fu danneggiata da una politica doganale che favoriva le importazioni dalla Francia, mentre il **blocco continentale** ebbe gravi conseguenze sui commerci marittimi italiani. Tutto ciò provocò il manifestarsi di due tipi di **opposizione antinapoleonica**: una di carattere popolare e una di carattere politico (gli oppositori incominciarono a organizzarsi in **società segrete**). Il dominio napoleonico ebbe tuttavia anche aspetti positivi per la società italiana, infatti

Bonaparte impose **un'organizzazione** dello stato ispirata al modello francese, cioè molto **accentrata**. Furono introdotti il **Codice civile**, il **Codice di procedura civile**, il **Codice penale** ed il codice di commercio. Questo, di fatto, rappresentò un importante rinnovamento e furono introdotte **riforme importanti ed incisive**:

- furono abolite le **dogane** interne ed accorpate le esterne;
- venne unificato il **sistema monetario**;
- il **debito pubblico** fu ridotto grazie al miglioramento del sistema fiscale;
- si costruirono **strade, canali e ponti**.

b. Napoleone Bonaparte e la campagna d'Italia

Lo scoppio della Rivoluzione francese aveva trovato in Italia numerosi sostenitori, specialmente tra i ceti borghesi, che avevano aderito con entusiasmo alle idee rivoluzionarie. Negli anni successivi, però, la campagna antireligiosa e il Terrore, avevano provocato un diffuso sentimento antifrancese nel popolo: in questo quadro si inserisce la **discesa di Napoleone Bonaparte in Italia**. Nel **1796** Napoleone batté i Piemontesi e gli Austriaci e **conquistò la Lombardia** in una "guerra-lampo", costituendo prima la Repubblica Giacobina di Alba, e poi entrando a Milano, a Massa e Carrara e stipulando dei trattati con i duchi di Parma e Modena. Nel novembre del **1796**, Napoleone proclamò la **Repubblica Transpadana** (Lombardia), l'anno seguente la **Repubblica Cispadana** (Bologna, Ferrara, Modena e Reggio Emilia), e adottò il **tricolore** come bandiera. Successivamente, con una serie di campagne vincenti, estese il suo dominio anche su Mantova e sul territorio di Venezia, che divenne la **Repubblica Veneta** e nel **1797**, fondò la **Repubblica Cisalpina**, che assorbì anche la Repubblica Cispadana.

Nonostante la **Pace di Campoformio nel 1797** lo avesse costretto a cedere il **Veneto** all'Austria, nell'inverno successivo le truppe napoleoniche riuscirono ad entrare a Roma e, proclamando la **Repubblica Romana**, costrinsero il papa a rifugiarsi in Toscana. Infine, nel gennaio del **1799** le truppe francesi entrarono anche a Napoli e proclamarono la **Repubblica Partenopea**. La controffensiva austriaca si fece sentire prontamente: i Francesi furono costretti a ritirarsi da alcuni presidi in Lombardia, mentre Ferdinando IV di Borbone inviò le sue truppe alla riconquista di Napoli. A quest'esercito della "Santa Sede" si unirono anche alcuni fuorilegge ed i contadini, mentre gli Inglesi appoggiavano la spedizione con la loro flotta.

La **Repubblica Partenopea capitolò** a giugno dello stesso anno e ad agosto, in seguito alla battaglia di Novi, crollò la dominazione francese. Negli anni successivi, però, Napoleone, dopo aver vinto altre battaglie decisive, si impegnò a dare un nuovo assetto territoriale all'Italia. Nel mese di giugno del **1800** venne proclamata la **seconda Repubblica Cisalpina**, ed in seguito anche la **Repubblica di Genova**, il Piemonte e il ducato di Parma passarono alla Francia. Nel dicembre del 1801 un'assemblea di notabili deliberò la nascita della Repubblica Italiana, con capitale Milano e presidente Napoleone. Tuttavia, **Napoleone** non si fermò, e, quattro anni dopo, assunse il **titolo di re d'Italia** facendosi incoronare il 26 maggio del **1805** con la "corona ferrea". Il territorio a lui sottomesso continuava ad allargarsi, annettendo anche il **Regno Veneto**, la **Dalmazia**, la **Repubblica Ligure** ed infine la **Toscana**. Nel **1806 Giuseppe Bonaparte**, fratello di Napoleone, fu nominato **re di Napoli**, e l'anno successivo vennero conquistate anche le **Marche**, il **Lazio** e l'**Umbria**. Restavano fuori dal dominio solo la Sicilia, sotto i Borbone, e la Sardegna, territorio dei Savoia. Il dominio napoleonico non era però destinato a durare a lungo: dieci anni dopo, infatti, la controffensiva austriaca toglieva Milano ai Francesi e causava il crollo del Regno (1815).

c. L'egemonia napoleonica in Europa

L'impero napoleonico aveva due chiari **obiettivi: espandere i propri confini** attraverso la guerra e avere la **supremazia sulle altre potenze**. Infatti, nonostante il processo di pacificazione avviato in politica estera con Austria e Gran Bretagna e rispettivamente con le paci di Lunèville e Amiens, i rapporti rimasero tesi, soprattutto con la seconda potenza. La fase di tensione si sviluppò fino a giungere ad uno **scontro commerciale tra Francia e Gran Bretagna**. Inoltre, le truppe inglesi non abbandonarono Malta, come era stato stabilito nel trattato di pace, e così riprese inevitabilmente la **guerra nel 1803**.

Inizialmente intenzionato a colpire il nemico in modo diretto con lo sbarco di 200 mila uomini sulle coste britanniche, Napoleone preferì invece ripiegare sull'idea di impegnare la marina inglese su più fronti, consapevole del sostegno da parte della Spagna. All'offensiva di Napoleone, la **Gran Bretagna**, sotto la guida del Primo ministro William Pitt, rispose nel **1805** organizzando **una terza coalizione antifrancese** (insieme ad Austria, Russia, Svezia e Regno di Napoli). Nell'ottobre dello stesso anno la **flotta francese** subì una disastrosa **sconfitta** al largo di **Trafalgar**, presso Cadice, ad opera della flotta inglese, guidata dal celebre **ammiraglio Horatio Nelson**, che venne ferito a morte. Solo 9 navi francesi tornarono in porto. In questa circostanza tramontò il sogno napoleonico di sconfiggere la Gran Bretagna in mare: fu infatti proprio la supremazia navale inglese la "chiave di volta" nella vittoria finale delle potenze antifrancesi. Tuttavia, poiché **Napoleone** sul fronte terrestre – nell'Europa centrale e orientale – sembrava invincibile, riuscì a risollevare le sorti della Francia: il 2 dicembre del **1805** ad **Austerlitz**, in Boemia, **sconfisse gli schieramenti austro-russi**. L'Austria, la Prussia e la Russia furono così costrette a firmare la pace. Umiliata da Napoleone, l'Austria, attraverso la pace di Presburgo, dovette cedere i territori italiani e tedeschi, oltre a vedersi imposta la soppressione del Sacro romano impero.

d. Il blocco continentale del 1806: conseguenze economiche e politiche

Per "**blocco continentale**" si intende il divieto, emanato da Napoleone Bonaparte il 21 novembre 1806, di consentire l'attracco in qualsiasi porto dei paesi soggetti al dominio francese e alle navi battenti bandiera inglese. Napoleone giustificò questa palese violazione del diritto internazionale con l'esigenza di rispondere all'azione di blocco dei porti francesi già operata dalla Gran Bretagna, la cui marina sequestrava da qualche tempo le navi francesi. Lo scopo era quello di **colpire l'economia inglese**, visto che con la sconfitta di Trafalgar la Francia non sarebbe più stata in grado di contrastare il dominio inglese dei mari, né avrebbe avuto più la possibilità di invadere, con una spedizione di truppe trasportate via mare, il suolo inglese.

Il Blocco Continentale si rivelò alla fine un **boomerang per Napoleone**. Il Blocco era mal visto dalle nazioni "alleate" di Napoleone e ciò contribuì a ridurre di gran lunga il favore che la politica di Napoleone e lui stesso personalmente godevano presso una parte consistente delle loro popolazioni. Il mancato rispetto da parte dei paesi non direttamente amministrati dalla Francia costrinse inoltre l'Imperatore, per motivi non solo economici ma anche di prestigio, ad intervenire contro di loro militarmente, con gran dispendio di risorse umane e materiali che alla lunga si rivelò fatale. **L'intervento contro Spagna e Portogallo** (altro paese, insieme all'Olanda, che, vivendo di traffici marittimi, non poteva permettersi l'inimicizia della prima potenza marinara del mondo, pena il disastro economico) del periodo **1807-1809** ebbe per scopo di imporre alle due nazioni il rispetto del Blocco, mentre la **Campagna di Russia del 1812** (che condurrà Napoleone alla rovina), fu la risposta all'ultimatum di Alessandro 1 di Russia (27 aprile 1812), nel quale lo zar intimava a Napoleone anche la rimozione del Blocco nei confronti della Russia.

Anche agli inglesi le misure di ritorsione al Blocco crearono parecchi problemi con le nazioni cosiddette "neutrali": in particolare, il "diritto di perquisizione", con le relative azioni compiute dalle navi britanniche nei confronti di quelle degli **Stati Uniti d'America** fu uno dei principali motivi che determinarono la **dichiarazione di guerra** di questi ultimi all'Inghilterra il 4 giugno **1812**. Complessivamente, guardando cioè a tutti gli aspetti della questione e non solo a quelli strettamente economici, **l'Inghilterra riuscì tuttavia a contenere le conseguenze negative del Blocco** molto meglio della Francia. Fino a tutto il secolo diciottesimo lo zucchero era una carissima merce d'importazione d'oltremare in quanto prodotto dalla cosiddetta **canna da zucchero**; il suo commercio era così lucroso che Francesi ed Inglesi ne trasferirono nell'America Centrale la coltivazione, resa conveniente anche dalla mano d'opera degli schiavi. Si trattava pur sempre di un prodotto caro, il cui prezzo era fortemente influenzato dall'alto costo del trasporto da oltreoceano. Appena gli effetti del Blocco Continentale si fecero sentire, **lo zucchero sparì dal mercato francese**, il che creò malcontento tra gli appartenenti alla classe dominante.

La **reazione inglese** non si fece attendere: nel gennaio **1807** furono emesse alcune **Ordinanze** che istituzionalizzarono di fatto il comportamento della marina britannica nei confronti delle navi neutrali dirette ai porti francesi. Quelle sorprese in mare a trasportare le merci soggette al bando venivano catturate, messe in vendita all'asta ed il carico sequestrato. La potenza della marina britannica fu in grado di rendere queste misure molto più efficaci di quelle del Blocco francese: le merci coloniali sparirono dai mercati dei paesi soggetti al Blocco Continentale. Tra la **ripresa delle ostilità con la Francia** (**1803**) ed il **1806** l'Inghilterra aveva visto già calare le sue esportazioni verso il continente. Dopo i decreti di Milano, l'Inghilterra modificò le sue ordinanze: qualsiasi commercio con i porti continentali soggetti a blocco era vietato pena la confisca del carico ed il sequestro della nave (qualsiasi fosse la bandiera di appartenenza) a patto che le navi dirette in tali porti non attraccassero prima in un porto inglese e pagassero una "tassa di rispedizione" sui carichi destinati all'Europa napoleonica.

e. La campagna di Russia del 1812 e il crollo dell'Impero

Il matrimonio di Napoleone con Maria Luisa d'Asburgo-Lorena, presto seguito dalla nascita di un erede maschio cui viene attribuito il titolo di "re di Roma", si accompagnò alla rottura della pace di Tilsit con la Russia. Preparata a lungo, ma sorretta da un precario dispositivo di alleanze, la **campagna di Russia** mostrò sin dall'inizio una pericolosa sproporzione tra gli obiettivi e le effettive possibilità della grande armata messa in campo da Napoleone. Questa sproporzione diventò ancor più evidente quando i **Russi**, dopo i primi scontri sfavorevoli, abbandonarono l'idea di affrontare il nemico in battaglie risolutive e iniziarono una **lenta ritirata**: gran parte del Paese cadde in mano ai Francesi, ma questi vennero insidiosamente attirati nell'**incontrollabile vastità del territorio russo**, alle porte della temibile **stagione invernale**. L'unica grande **battaglia** fu quella di **Borodino**, un interminabile combattimento che si concluse con **un'incompleta vittoria francese**.

Con la ritirata dell'esercito russo, infatti, Napoleone vide aprirsi la via di Mosca, ma ben sapendo che la vittoria non avrebbe determinato niente di risolutivo, né sul piano diplomatico né su quello militare. **Il 14 settembre 1812 i Francesi entrano in una Mosca** spettrale, abbandonata dai suoi abitanti, e in quella stessa notte divampò un incendio che distrusse quasi totalmente la città, aggravando le condizioni e le prospettive dell'armata di Napoleone. Dopo il rifiuto dello zar a trattare la pace e l'imminente arrivo dell'inverno, Napoleone decretò di abbandonare Mosca; tuttavia, la decisione fu presa troppo tardi: incalzata dal nemico in un territorio ostile e sottoposta ai rigori crescenti del freddo russo, la **grande armata francese si ritirò** tra sofferenze e perdite umane sempre maggiori. Il passaggio della Beresina (26-28 novembre 1812), avvenuto in una grande confusione, simboleggiò il dramma di questa tragica impresa militare, in cui morirono circa 500 mila uomini e in cui si consumò la fortuna di Napoleone. Mentre Napoleone era a Mosca, e dunque quando ancora non era iniziata la ritirata, a Parigi il **generale Malet** provava a impadronirsi del potere, lasciando diffondere la falsa notizia della morte dell'imperatore. Questo **tentativo di colpo di Stato**, per quanto fallito, mostrò l'instabilità delle fondamenta su cui, nella stessa Francia, poggiava il sistema costruito da Napoleone. All'esterno, poi, affidato essenzialmente alla forza militare dell'esercito, il potere di Napoleone cominciò a sgretolarsi non appena le conseguenze del disastro russo parvero evidenti.

Nei primi mesi del **1813**, facendo leva su un sentimento di riscatto patriottico che animava il mondo tedesco, la **Prussia** promosse una **nuova coalizione**, a cui ad agosto aderì anche l'Austria. Una singolare Europa, nella quale interessi e protagonisti dell'ancien régime si trovavano accanto alle nuove energie nazionali alimentate dalle idealità della rivoluzione, si levava ancora una volta contro Napoleone. La **battaglia di Lipsia** (**1813**), che obbligò **Napoleone sconfitto** a ripiegare nei confini del Reno, per difendere sul suolo francese il proprio destino e quello della sua dinastia, viene infatti ricordata come "**battaglia delle nazioni**". Il crollo militare dell'impero divenne rapidamente il **crollo politico di Napoleone**: i vecchi sostenitori del legittimismo borbonico, ma anche le classi dirigenti e proprietarie francesi, che avevano appoggiato la stabilizzazione imperiale, poste di fronte alla crisi del progetto napoleonico, preferirono immaginare soluzioni capaci di assicurare pace all'esterno e ordine all'interno. **Il ritorno dei Borbone** sul trono francese, nella persona di **Luigi XVIII**, si inquadrò in questa prospettiva, accompagnato da un riconoscimento dei principali risultati della rivoluzione sul piano giuridico-istituzionale, riguardante in particolare la tutela delle proprietà acquistate con l'alienazione dei beni feudali, demaniali ed ecclesiastici.

L'esitazione del nuovo sovrano su questo punto favorì un inatteso ritorno di **Napoleone: esiliato nell'isola d'Elba**, dove rimase circa dieci mesi, **sbarcò nuovamente in Francia nel marzo del 1815**. Al di là dell'entusiasmo popolare e della preoccupazione per la ripresa della guerra, sono gli intellettuali un tempo ostili, come Simonde de Sismondi o Benjamin Constant, a impegnarsi nei *Cento giorni* per imprimere una svolta in senso costituzionale al sistema imperiale, preferibile alla reazione borbonica. La **sconfitta di Waterloo nel 1815**, che impegnò il genio militare di Napoleone nell'ultima, coraggiosa battaglia contro un'Europa interamente coalizzata contro di lui, segnò la fine di queste effimere speranze. Gli Inglesi confinarono Napoleone **nell'isola di Sant'Elena**, sperduta nell'Atlantico, dove consumò i suoi ultimi giorni.

f.   Gli effetti politici del dominio napoleonico in Italia e in Europa

La **Convenzione** approvò ad agosto **1795** una nuova **Costituzione** che affidava il potere esecutivo a un **Direttorio** composto da 5 membri. Essa, tuttavia, non riuscì a garantire stabilità alla repubblica né ad impedirne la sua caduta. Ad ottobre **1795**, i monarchici organizzarono una **sollevazione popolare**, stroncata dall'esercito a cannonate. In questa occasione si distinse l'ufficiale, **Napoleone Bonaparte**. Egli comprese che, nella precaria situazione francese, l'esercito poteva divenire il perno della vita politica e il fondamento del potere. Napoleone seppe anche interpretare le esigenze della società francese. Egli offrì alla popolazione, stanca di dieci anni di rivoluzione, un quadro di stabilità. Sul piano politico l'influenza di Napoleone era ormai determinante.

Nell'aprile del **1797**, i membri repubblicani del Direttorio attuarono un **colpo di stato**, in accordo con Napoleone, in cui fecero arrestare i dirigenti monarchici. Da "**primo console**", nel **1802** Napoleone divenne "**primo console a vita**", a seguito di un plebiscito. L'atto finale di questo percorso fu la **proclamazione dell'impero** con la nuova costituzione, votata plebiscitariamente nel **1804**. La repubblica francese tornò ad essere una monarchia e, il 2 dicembre del **1804**, Napoleone ricevette la **corona imperiale** dalle mani di Papa Pio VII. Il governo di Napoleone fu **autoritario e intollerante** a qualsiasi opposizione. Lo stato napoleonico fu caratterizzato da un deciso **accentramento**, il cui cardine era l'istituzione dei prefetti. Essi erano nominati direttamente dal governo e rappresentavano il potere esecutivo in ogni dipartimento di Francia. A questa centralizzazione corrispose la creazione di una estesa burocrazia: a essa Napoleone dedicò la massima cura, provvedendo alla sua formazione grazie ad un nuovo sistema scolastico. Quest'ultimo si articolava nel liceo, controllato dalla chiesa, e nell'università, sotto il controllo del governo.

Anche sul piano legislativo, Napoleone ha lasciato un'eredità molto importante. Infatti, **fra il 1804 e il 1807**, Napoleone istituì il **Codice civile** (chiamato anche Codice Napoleone). Esso sanciva l'uguaglianza giuridica dei cittadini, il diritto alla libertà individuale, l'abolizione della feudalità, l'affrancamento della terra da ogni vincolo. Pose inoltre la proprietà privata al centro dell'organizzazione sociale. Anche in campo finanziario, Napoleone ricercò una forte stabilizzazione economica. Il risanamento del debito pubblico fu ottenuto grazie alle ricchezze prelevate dai paesi conquistati. Importante fu anche la creazione della Banca di Francia nel 1800.

Negative, invece, furono le **conseguenze del blocco continentale**, deciso da Napoleone nel 1806-07. Vista l'impossibilità di sconfiggere militarmente l'Inghilterra, Napoleone proibì ai paesi appartenenti all'impero di commerciare con essa per piegarla economicamente. L'Inghilterra, però, grazie al contrabbando, all'ampiezza e all'articolazione del suo sistema commerciale-coloniale, riuscì a superare questa fase. Al contrario, il "controblocco" inglese danneggiò gravemente il commercio marittimo francese, facendo mancare in Francia prodotti di consumo e materie prime.

Le difficoltà derivanti dall'impossibilità di commerciare con l'Inghilterra resero intollerabile la soggezione politica ed economica alla Francia delle Nazioni conquistate. Da "liberatore", Napoleone divenne un despota. I primi a ribellarsi furono gli spagnoli che, nel 1812, sancirono la Costituzione di Cadice, punto di riferimento per il movimento costituzionale europeo nei decenni successivi. **Anche in Italia** Napoleone e i francesi esercitavano un **dominio ininterrotto**. Tra il marzo 1796 e il marzo 1799 tutta l'Italia continentale, salvo il Veneto, cadde sotto controllo francese. La geografia politica della penisola venne completamente rivoluzionata, con la nascita di **quattro repubbliche**: la **Cisalpina**, la **Ligure**, la **Romana** e la **Napoletana**. Nella primavera del **1799** maturò la rapida **fine delle repubbliche italiane**, a causa di due fattori: le sconfitte militari francesi nella penisola e le insorgenze popolari contro i governi repubblicani.

Il **crollo di Napoleone** e del suo impero maturò **tra il 1812 e il 1814**. Le conseguenze del blocco continentale con l'Inghilterra e le sconfitte sui vari fronti europei spinsero l'imperatore all'impresa che avrebbe segnato la sua sorte: **l'invasione della Russia**. Napoleone, nel 1812, aggredì la Russia per ribadire l'egemonia della Francia nel continente. Poco dopo, la campagna di Russia si risolse in un disastro a causa della lunghezza del fronte, delle difficili condizioni ambientali e dell'abile condotta di guerra dei russi. **Nel 1812-13 anche la Spagna riuscì a cacciare definitivamente i francesi**, mentre gli inglesi organizzarono la sesta coalizione con Russia, Prussia, Svezia e Austria. Nel **1813**, Napoleone subì una **grave sconfitta a Lipsia**. Il 31 marzo **1814** i coalizzati entrarono a Parigi e il 6 aprile **Napoleone abdicò** ottenendo la sovranità **sull'isola d'Elba**. Sul trono francese ritornarono i Borbone, con il fratello di Luigi XVI, che assunse il titolo di **Luigi XVIII**. L'ultima avventura di Napoleone iniziò il 1° marzo 1815. Dopo essere sbarcato a Cannes con un pugno di uomini e appoggiato dalle truppe inviate per arrestarlo, **Napoleone marciò su Parigi**, dove entrò il 20 marzo, mentre Luigi XVIII fuggiva in Belgio. Immediatamente si formò la **settima coalizione**, cui aderirono Inghilterra, Austria, Prussia e Russia. Lo **scontro decisivo** avvenne a **Waterloo**, presso Bruxelles, **il 18 giugno 1815**. Sconfitto, Napoleone fu **esiliato sull'isola di Sant'Elena** dove morì il **5 maggio 1821**.

TESI 2

a. La restaurazione in Europa
b. La Santa Alleanza
c. Le società segrete nei primi decenni del secolo XIX
d. I moti rivoluzionari del 1820-21
e. La questione d'oriente nel secolo XIX
f. I moti rivoluzionari del 1830 in Europa
g. La rivoluzione del 1848 in Francia: Luigi Napoleone
h. Napoleone III e il crollo del II Impero
i. La terza repubblica in Francia

a. La restaurazione in Europa

Le **potenze europee** uscite vittoriose dallo scontro con Napoleone si riunirono nel **Congresso di Vienna (1815)** per decidere quali sarebbero state le sorti del vecchio continente in base al:

> • **Principio di legittimità**: che stabiliva che per quanto possibile, la sovranità venisse restituita ai legittimi sovrani, ovvero i sovrani che regnavano negli Stati prima delle conquiste napoleoniche.
>
> • **Principio d'equilibrio**: in base al quale dovevano essere ridefiniti i confini dei diversi Stati, senza indebolire o rafforzare nessuno, per impedire la creazione di nuove guerre.

In base a ciò comincia il periodo della ***Restaurazione*** che si conclude solo nel **1848**. Il principale artefice fu il ministro degli Esteri austriaco **Metternich**. La Francia, insieme agli altri Stati, ritornò ad essere una monarchia, deludendo le aspirazioni liberali e democratiche della rivoluzione. La Prussia, la Russia e l'Austria si strinsero nella **Santa Alleanza**, un trattato di difesa, in cui si stabiliva che gli eserciti delle tre potenze dovevano intervenire ogni qualvolta che insurrezioni popolari o rivoluzioni, in quei Paesi, tentassero di rovesciare il sovrano legittimo.

Con la Restaurazione si aprì anche un confronto tra correnti di pensiero diverse:

> • **Reazionari**: sostenevano la Restaurazione e condannavano la Rivoluzione Francese.
>
> • **Conservatori**: si opponevano al ritorno nell' Antico Regime.
>
> • **Liberali**: propugnavano la libertà degli individui.
>
> • **Democratici**: sostenevano la necessità di uguaglianza politica tra le persone.
>
> • **Socialisti**: lottavano per l'uguaglianza economica.

Gli ideali di libertà della Rivoluzione Francese trovarono continuazione nei **moti insurrezionali**, ovvero insurrezioni armate contro il governo e i sovrani. L'obiettivo condiviso era di ottenere una **Costituzione** a garanzia dei propri diritti rispetto all'autorità monarchica. I **moti** partirono **nel 1820-21** in **Spagna**, **Italia** e **Russia**, senza avere risultati e finendo per essere repressi nel sangue. In **Italia** si riproposero nel **1830-31**, nel **1833** (organizzati da **Giuseppe Mazzini**) e nel **1848**, sempre però, senza risultati. La Grecia invece riuscì ad ottenere l'indipendenza dall' Impero Ottomano. La **Francia**, nel **1830** riuscì ad instaurare una **Monarchia Borghese** sotto **Luigi Filippo d'Orléans**. Successivamente, solo il Belgio riuscì ad ottenere l'indipendenza dall'Olanda.

L'esperienza europea ebbe forti ripercussioni anche in America latina, dove tra il 1811 e il 1828 la maggior parte delle colonie spagnole e portoghesi riuscì a ottenere l'indipendenza.

b. La Santa Alleanza

Con il **trattato della Santa Alleanza**, stipulato nel **1814**, Alessandro I di Russia, Federico Guglielmo III di Prussia e Francesco I d'Austria, in qualità di tre Stati cristiani, e rappresentanti delle confessioni ortodossa, protestante e cattolica, si promettevano **reciproca assistenza** e si impegnavano a governare i loro popoli in spirito fraterno, per guidarli a vivere secondo i principi cristiani, in pace e in serenità. Nell'insieme si trattava di un accordo piuttosto anomalo perché non affrontava problemi concreti come la spartizione di territori o rapporti commerciali o finanziari. Essi si impegnavano anche a riunirsi periodicamente per risolvere eventuali conflitti. Tale atto, improntato a una sorta di paternalismo evangelico, suscitò molta diffidenza in papa Pio VII. Al Papa sembrava paradossale una dichiarazione che proteggeva la religione con la firma di un sovrano luterano, di uno cattolico e di uno ortodosso. Egli rifletteva soprattutto il pensiero dello zar, anche se a dare sostanza al trattato fu soprattutto il **cancelliere austriaco Metternich**, che utilizzò il trattato per **consolidare l'assolutismo contro i movimenti liberali** e per impedire eventuali tentativi egemonici da parte delle potenze firmatarie, soprattutto la Russia.

Successivamente, alla Santa Alleanza aderirono anche altri Stati, ma, inizialmente, non **l'Inghilterra**, che addusse come motivazione l'impossibilità di acquisire il parere favorevole del Parlamento. In realtà era contraria a firmare un'alleanza senza contenuti ben definiti. Tuttavia, essa aderì alla **Quadruplice Alleanza**, stipulata il 20 novembre **1815**, da Impero austriaco, Gran Bretagna, Regno di Prussia ed Impero russo (in pratica le quattro potenze vincitrici contro Napoleone), con lo scopo fondamentale di mantenere in Europa l'ordine deciso durante il Congresso di Vienna. Da ultimo, aderì alla Santa Alleanza anche la Francia, a seguito del Congresso di Aquisgrana, tenutosi nel 1818. Lo scopo era di frenare le tendenze espansionistiche francesi, ma la Francia se ne servì per far capire che i Francesi stessi erano stati vittime di Napoleone. Da parte sua **Metternich** si servì del trattato per unire le potenze **contro i moti liberali e nazionali** che si stavano facendo strada in tutta l'Europa e per difendere la linea politica e sociale di stampo conservatore.

L'organizzazione della Santa Alleanza mostrò la prima incrinatura quando l'Inghilterra, che si era già mostrata contraria a intervenire contro i moti del 1820-1821, si oppose in modo deciso a un intervento in Grecia. La crisi definitiva si ebbe nel 1830, a seguito dello scoppio in Francia della Rivoluzione di Luglio. Dall'Alleanza si staccò il re Luigi Filippo, dichiarandosi contrario a ogni forma d'intervento negli affari interni di un altro paese. Da allora in poi, le potenze europee si troveranno sole ad affrontare le insurrezioni liberali, sempre più numerose, finalizzate a conquistare l'indipendenza. L'occasione di un'ulteriore incrinatura fu fornita dalla guerra di Crimea. Infatti, in questo caso, l'Austria non intervenne a supporto della Russia, dichiarandosi neutrale, nonostante lo zar avesse inviato truppe agli Asburgo per combattere la rivoluzione ungherese del 1848.

c. Le società segrete nei primi decenni del secolo XIX

All'inizio del XIX secolo non era consentito essere contrari o in disaccordo con la monarchia assoluta o con la religione di Stato e nemmeno chiedere l'indipendenza della propria nazione. Tutto ciò poteva essere fatto soltanto segretamente. Pertanto, per **lottare contro la Restaurazione**, sorsero delle **Società segrete: società dei Giovani in Germania** (formata da studenti), **l'Eteria in Grecia** e la **Carboneria in Italia**. Tutte queste società segrete avevano un precedente nella **Massoneria**. Essa era nata nel Settecento, in Scozia, come associazione di reciproco aiuto fra muratori e scalpellini e dalla Scozia si era diffusa in tutto il resto dell'Europa. La Massoneria si ispirava alle idee dell'Illuminismo: ricorreva a dei simboli, era organizzata con una forte gerarchia e praticava la tolleranza. Questi aspetti furono ripresi dalle Società segrete.

Nell' Ottocento la **polizia** controllava molto le società segrete perché sapeva che erano formate da **cospiratori**, cioè da coloro che preparavano la lotta per l'indipendenza. I carbonari agivano in segreto; addirittura, i programmi venivano resi noti ai componenti solo quando essi avevano dato prova di essere affidabili. Questo aspetto costituì un limite perché il popolo veniva tenuto all'oscuro di tutto. La **Carboneria** nacque **nell'Italia meridionale** durante il regno di **Gioacchino Murat (1808-15)** e in seguito si diffuse nella Romagna, per poi entrare in contatto con le sette democratiche dell'Italia del Nord, fino a diffondersi in Francia e in Spagna. All'azione della Carboneria si devono anzitutto i **moti**

19

napoletani del 1820: sotto la guida di due ufficiali, **Morelli e Silvati**, i rivoluzionari riuscirono a ottenere la formazione di un governo costituzionale. Fu un successo di breve durata: le divisioni interne, e soprattutto l'intervento militare dell'Austria, posero fine all'esperienza costituzionale. Nel frattempo, la congiura organizzata in Lombardia era stata stroncata sul nascere grazie alla scoperta dell'organizzazione carbonara e all'arresto dei suoi capi, **Silvio Pellico e Pietro Maroncelli**, che avrebbero scontato una lunga e penosa detenzione nelle carceri austriache dello Spielberg.

La Carboneria giocò ancora un ruolo decisivo nei **moti di Modena e Reggio del 1830**, guidati da **Ciro Menotti**, nei quali si affacciò per la prima volta l'idea dell'unificazione nazionale. I rivoluzionari, traditi dal duca Francesco IV che li aveva precedentemente appoggiati, furono arrestati e giustiziati. L'ultima prova di forza della Carboneria – prima del suo irreversibile declino – fu la rivolta operaia di Lione del 1834, anch'essa soffocata nel sangue.

La Carboneria era originariamente ispirata a ideali liberali, in nome dei quali si batteva perché i governi assoluti si trasformassero in governi costituzionali. Intorno agli anni Trenta, con lo spostamento al Nord e l'influenza delle idee politiche del rivoluzionario pisano **Filippo Buonarroti**, si fecero strada anche ideali repubblicani e democratici, come la distribuzione della terra ai contadini.

Quanto agli aspetti organizzativi, la Carboneria aveva una struttura piramidale: al vertice stava un ristretto numero di capi, la cui identità era segreta, mentre i membri dei livelli inferiori non conoscevano né gli altri affiliati né i programmi dei livelli superiori. In tal modo si pensava di garantire la sicurezza dell'organizzazione, perché in caso di arresto la maggior parte dei carbonari avrebbe avuto poco da rivelare alla polizia. Gli **affiliati più numerosi** e intraprendenti erano **gli ufficiali e i sottufficiali** formatisi durante il periodo napoleonico; a essi si aggiungevano molti **intellettuali** e **studenti**, qualche membro dell'aristocrazia illuminata e della borghesia, pochissimi artigiani e popolani. I carbonari si chiamavano tra loro "cugini": i loro rituali erano di origine massonica, mentre la simbologia si ispirava al lavoro dei carbonai.

d. I moti rivoluzionari del 1820-21

Per "**moti rivoluzionari del 1820-21**" si intende una serie di **rivoluzioni** organizzate da **società segrete** (Carboneria e altre) con finalità **costituzionali**, liberali e, in Italia, anche vagamente e confusamente indipendentistiche e unitarie su base federale. Ebbero portata internazionale e la loro repressione dimostrò concretamente l'effettiva capacità di intervento repressivo della Santa Alleanza e la portata delle difficoltà che il movimento liberale e nazionale italiano avrebbe dovuto affrontare sulla strada dell'indipendenza e dell'unità.

Iniziarono in **Spagna** il 1° gennaio **1820**, quando il colonnello Quiroga e l'ufficiale Riego sollevarono a Cadice le truppe pronte a imbarcarsi per l'America. L'insurrezione si estese rapidamente ad altre province e il re Ferdinando VII fu costretto a concedere la **Costituzione spagnola del 1812**, il modello più democratico dopo quelle francesi del 1791 e 1793. La **Santa Alleanza** esitò a intervenire. L'esempio spagnolo incoraggiò la **Carboneria napoletana**, molto diffusa nell'esercito sin dai tempi di Gioacchino Murat e al cui vertice vi era il generale **Guglielmo Pepe**. Il 2 luglio due sottotenenti di cavalleria, **Morelli e Silvati**, si sollevarono con il loro squadrone e occuparono Avellino. Il moto dilagò fulmineo e già il 7 luglio **Ferdinando I concesse la Costituzione spagnola**, che fu accettata anche dalla Sicilia orientale. **Palermo invece il 14-16 luglio insorse** rivendicando il ristabilimento dell'autonomia dell'isola, soppressa con l'istituzione del regno delle Due Sicilie, e l'egemonia palermitana. Il governo rivoluzionario di Napoli fece ricorso all'intervento armato, ma in ottobre la frattura non era ancora definitivamente ricomposta. Nel frattempo, **Metternich**, consapevole che in Spagna e a Napoli si giocava la credibilità del sistema di controllo internazionale istituito a Vienna nel 1815, faceva solennemente proclamare a Troppau il diritto di intervento. Nel gennaio **1821** il re **Ferdinando I**, intervenuto nel Congresso di Lubiana, smentendo il giuramento di fedeltà prestato a Napoli alla Costituzione da lui concessa, chiese l'intervento austriaco. Agli inizi di marzo un esercito di 50.000 uomini sconfisse l'esercito rivoluzionario ed entrò a Napoli, dove Ferdinando I attuò una dura repressione.

Nello stesso mese di marzo iniziò tuttavia il **moto piemontese**, dopo che il programma più spiccatamente democratico dei carbonari prevalse su quello più moderato dei federati, fautori di una Costituzione come quella francese di Luigi XVIII e di un'iniziativa antiaustriaca della monarchia sabauda per l'ingrandimento del regno di Sardegna nella Valle Padana che avrebbe coinciso con l'indipendenza italiana dallo straniero. I federati capeggiati da **Santorre di Santarosa**, Moffa di Lisio, Asinari di san Marzano, avevano ritardato l'azione convinti di poter coinvolgere nel loro progetto la dinastia e in particolare il principe **Carlo Alberto di Carignano**, possibile erede al trono, che, in effetti, non aveva avuto sulle prime un atteggiamento di netta chiusura all'approccio dei federati. In realtà egli aveva offerto solo una mediazione presso il sovrano, ed essendo poi venuto a conoscenza dei deliberati di Lubiana, si era convinto dell'irrealizzabilità del progetto rivoluzionario. Lo spostamento dell'esercito austriaco verso Napoli convinse però una parte cospicua di carbonari e federati, non solo del Piemonte, ma anche della Lombardia, che fosse quello l'unico momento per colpire l'Austria. Quando l'8 marzo si sollevò la fortezza di Alessandria e il 12 il re **Vittorio Emanuele I abdicò** a favore di **Carlo Felice**, Carlo Alberto, nominato reggente per l'assenza da Torino del nuovo sovrano, concedette la Costituzione di Spagna solo perché non seppe resistere alla pressione di carbonari e federati, subendola quindi come un'imposizione. Quando Carlo Felice, da Modena, lo sconfessò e gli intimò di lasciare Torino, diede la sensazione ancora per qualche giorno di voler dirigere il nuovo regime, ma il 20 lasciò nottetempo la città e si recò a Novara presso le truppe rimaste fedeli al re. L'8 aprile **l'esercito degli insorti fu sconfitto** presso Novara dalle truppe sabaude e da un esercito austriaco di 15.000 uomini. La repressione non fu cruenta. Le poche condanne a morte emesse furono nei confronti di cospiratori già fuggiti all'estero. La repressione fu durissima invece in Spagna, dopo che un esercito francese nel 1823 ebbe eseguito il mandato del congresso della Santa Alleanza a Verona e ristabilito il potere assoluto di Ferdinando VII.

e. La questione d'Oriente nel secolo XIX

La **questione d'Oriente** interessò le cancellerie europee **dalla fine del XVII secolo** dopo la sconfitta dell'esercito turco a Vienna. **L'impero ottomano** divenne oggetto delle ambizioni delle potenze occidentali, in particolare l'Austria e la Russia, mentre la Francia e la Gran Bretagna miravano alla sua conservazione. **All'inizio del XIX secolo** l'aspirazione **all'indipendenza dei popoli balcanici** soggetti all'impero ottomano rese la questione d'Oriente uno dei temi più discussi dalle cancellerie europee. Nel 1806, dopo una serie di insurrezioni in Serbia sostenute dalla Russia, scoppiò una guerra contro i turchi che consentì all'impero zarista di ottenere nuovi territori. In seguito, la **rivolta per l'indipendenza** scoppiata in **Grecia**, appoggiata da Gran Bretagna, Francia e Russia ebbe forti ripercussioni internazionali. La Conferenza di Londra del 1830, che concluse un nuovo conflitto russo-turco, proclamò l'indipendenza della Grecia e riconobbe l'autonomia di Serbia, Moldavia e Valacchia.

Nel **1832** un corpo di spedizione **russo** occupò lo Stretto dei Dardanelli allo scopo di proteggere il sultano Mahmud II dalle minacce del pascià d'Egitto che si era ribellato al dominio turco. L'occupazione militare dello stretto prefigurava una sorta di protettorato russo sull'impero ottomano. Per scongiurare questa eventualità, le grandi potenze europee si fecero garanti della sicurezza del sultano stipulando la convenzione degli Stretti nel 1841. Gran Bretagna, Prussia e Austria si sostituirono alla Russia.

Il **Trattato di Parigi nel 1856**, che concluse la **guerra di Crimea**, tentò una prima sistemazione della questione d'Oriente a scapito delle pretese zariste: evacuazione dei territori conquistati, garanzia dell'integrità del territorio ottomano, neutralizzazione del Mar Nero, internazionalizzazione del Danubio, indipendenza di Moldavia e Valacchia, conferma del regime degli Stretti sancito nel 1841.

Questi progetti, però, furono vanificati dal rinnovato emergere dei sentimenti nazionali: Moldavia e Valacchia diedero vita alla Romania (1862) e nuove insurrezioni in Bosnia-Erzegovina e Bulgaria, fomentate dalla Russia, fecero scoppiare l'ennesimo conflitto russo-turco.

Il **Trattato di Santo Stefano (1878)** segnò l'egemonia dello zar **sull'Europa balcanica**; Gran Bretagna e Austria si opposero a questa espansione russa nell'area e, in occasione del **congresso internazionale di Berlino** nel giugno dello stesso anno, modificarono gli accordi di Santo Stefano, riducendo i confini del principato bulgaro protetto dalla Russia e confermando l'indipendenza di Serbia, Montenegro e Romania oltre all'istituzione di uno Stato bulgaro autonomo protetto dalla Russia. Da allora l'impero ottomano cadde sotto l'influenza militare ed economica della Germania; perse, a opera dell'Italia, la Tripolitania, Rodi e il Dodecaneso e, dopo la sconfitta nella prima guerra balcanica, accettò la nascita del nuovo Stato di Albania e la perdita di alcuni territori balcanici.

La sistemazione data dai trattati di pace ai territori un tempo soggetti all'autorità **dell'impero ottomano, uscito sconfitto** dalla **Prima guerra mondiale**, non risolsero la questione d'Oriente; infatti, si aprì il problema dell'integrità territoriale della Turchia, ridotta con il **Trattato di Sèvres (1920)** alla sola piattaforma anatolica e indebolita dalla creazione di uno Stato curdo autonomo e di uno armeno indipendente. Mustafa Kemal detto Atatürk, dopo quattro anni di lotta, ottenne la revisione delle clausole del Trattato di Sèvres a scapito delle nazionalità curda e armena, recuperando l'Asia Minore e la Tracia orientale in cambio della smilitarizzazione degli Stretti, e proclamò la Repubblica nel 1923.

f. I moti rivoluzionari del 1830 in Europa

I **moti del 1830** si verificano in Europa ad opera di **liberali e rivoluzionari** contro i governi conservatori stabiliti dal Congresso di Vienna. Riprendono le idee che già negli anni Venti avevano portato, sempre in Europa, a ribellioni e manifestazioni di dissenso. L'Europa aveva vissuto nel decennio degli anni Venti la prima ondata rivoluzionaria. Le istanze anti-reazionarie erano partite dalla Spagna e avevano coinvolto tutti i Paesi più sensibili alla questione nazionale, compresa l'Italia. I rivoltosi protestavano contro l'artificioso assetto del continente stabilito dal Congresso di Vienna, il quale, più che all'autonomia e alla composizione dei popoli, aveva mirato a proteggere gli interessi delle grandi potenze. Così contro queste decisioni erano sorti moti di protesta, in cui un ruolo importante ebbero le **società segrete**, di ispirazione **liberale**. Tutto ciò, però, **si risolse in un nulla di fatto**, con i **moti soffocati** dagli eserciti della **Santa Alleanza**. La questione non era stata risolta, solo rimandata. Infatti, dieci anni dopo si ripresentò più forte di prima.

Il **primo moto liberale** scoppiò a **Parigi nel 1830**. Nel 1824 era salito al trono francese **Carlo X**. A differenza del predecessore Luigi XVIII che aveva regnato con moderatezza, il nuovo re aveva mostrato sin da subito di favorire i ceti privilegiati e il clero conservatore. Delle stesse opinioni politiche era Auguste de Polignac, suo primo ministro. Il carattere aggressivo della loro politica aveva creato un ampio fronte di **opposizione liberale** che riportò importanti successi elettorali. Data la vittoria degli oppositori, il re firmò il 25 luglio **quattro ordinanze** con le quali modificava la legge elettorale, limitava fortemente la libertà di stampa e scioglieva le camere (la cui composizione era a lui sfavorevole). Una **rivolta durata tre giorni** fu la risposta contro l'operato del sovrano. Parteciparono operai, studenti e borghesi, mentre giornali e deputati liberali protestarono a gran voce con loro. Il governo, dopo i primi tumulti proclamò lo stato d'assedio. Ai tentativi governativi di repressione **i parigini risposero con le barricate**. Il 29 luglio le truppe fedeli a Carlo X lasciavano la città sancendo la fine della dinastia borbonica in Francia. Queste tre giornate sono rimaste nella storia francese come le "**Tre Gloriose**" (un altro nome per indicare questi moti è "rivoluzione di Luglio"). Il Parlamento nominò re **Luigi Filippo, duca d'Orléans**, conosciuto per il suo **orientamento liberale**. Già suo padre era stato famoso per aver sposato la causa rivoluzionaria, tanto da essere soprannominato "Philippe Égalité". Insieme alla corona il duca ricevette dalle camere anche una Costituzione liberale da firmare. La carta costituzionale non prevedeva più che il sovrano fosse l'unica autorità a poter proporre le leggi, né la religione cattolica come religione ufficiale. La monarchia per diritto divino era finita: a sottolineare ciò **il titolo di Luigi Filippo I** non fu "re di Francia", ma "**re dei Francesi**", per evidenziare la "**volontà della nazione**". La rivolta francese diede vita ad altre ribellioni contro il potere assolutistico e reazionario. Istanze liberali toccarono anche la pacifica **Svizzera**. In particolare, si sviluppò il movimento della **Rigenerazione**, di **stampo democratico**. I moti degli anni Trenta si realizzarono nei cantoni elvetici sotto forma di manifestazioni e proteste per chiedere Carte costituzionali.

Anche **l'insurrezione** scoppiata a Bruxelles e nel **Belgio** rientrò nei moti degli anni Trenta; il **Regno dei Paesi Bassi** era stato creato artificialmente durante il Congresso di Vienna per contenere le mire espansionistiche francesi. La popolazione del neonato Stato, però, era composta da due popoli diversi, quasi ostili tra loro: i **valloni**, abitanti della parte Sud-orientale, di lingua francese e cattolici, e gli **olandesi**, che parlavano fiammingo ed erano protestanti. La **ribellione separatista** fu così intensa che costrinse le potenze europee a riconsiderare la decisione presa a Vienna. Già in novembre 1830 un governo provvisorio aveva dichiarato il Belgio indipendente. Questa decisione fu appoggiata da Francia e Gran Bretagna e **nel 1831 il Belgio divenne stato indipendente**, riconosciuto dalla Conferenza di Londra. Il principe Leopoldo di Sassonia-Coburgo fu scelto come sovrano, nel 1831 egli promulgò una **Costituzione** e, per rafforzare il legame con la Francia, sposò la figlia di Filippo d'Orléans.

Anche in **Polonia** scoppiarono **moti rivoluzionari**. Anche in questo caso le sollevazioni popolari miravano a scardinare il nuovo assetto imposto dal Congresso di Vienna. Nel caso polacco, il territorio aveva subito una "**russificazione**" contro la quale si combatté, arrivando a creare un governo nazionale polacco e a mettere in fuga il granduca Costantino. Nonostante la prova di valore dei polacchi l'esercito russo nel 1831 riconquistò il territorio. La repressione del nuovo governatore russo, Paskjevč fu molto dura.

In **Italia** i moti degli **anni 1830-1831** si manifestarono nel **ducato di Modena**, organizzato dalla **carboneria**. Il leader carbonaro **Ciro Menotti** aveva stretto rapporti con il duca Francesco IV, il quale a sua volta sperava di unire il suo territorio a quello dei Savoia. A febbraio **1831** scoppiò la rivolta, che si allargò anche nello **Stato Pontificio**: a **Bologna**, nelle **Marche** e in **Romagna**. A Bologna fu addirittura creato un governo provvisorio. Di fronte al successo che i rivoltosi stavano avendo in Italia, le potenze europee decisero di agire. Fu l'austriaco **Metternich** che convinse Francesco IV a ritirarsi dall' accordo stretto con Ciro Menotti e a supportare l'azione militare del duca di Modena e di papa Gregorio XVI per **riprendere il controllo dei loro territori**.

I moti rivoluzionari del 1830 sconvolsero gli equilibri europei, ancor più dei moti degli anni Venti. In seguito alle agitazioni rivoluzionari francesi la prima monarchia imposta dal Congresso di Vienna era caduta, le insurrezioni nel Regno dei Paesi Bassi obbligarono le grandi potenze a rivedere l'assetto di quella zona. Gli ideali e le istanze portati avanti sono quelle del **Romanticismo**, della patria e della nazione. Nei Paesi già uniti territorialmente, come la Francia, si chiede una Costituzione che limiti il potere assolutistico e rispetti le libertà politiche. In altri casi, come quello Italiano, i tentativi rivoluzionari mirano anzitutto all'unità nazionale, negata dalle decisioni prese a Vienna. Tutti questi elementi liberali e patriottici rimarranno le linee guida degli ambienti rivoluzionari, fino poi a saldarsi con nuove istanze, questa volta socialiste, nel 1848. In quell'anno tutta l'Europa (gli unici esclusi furono Russia e Inghilterra) sarà sconvolta da una durissima ondata rivoluzionaria.

g. La rivoluzione del 1848 in Francia: Luigi Napoleone

La **primavera dei popoli**, conosciuta anche come rivoluzione del 1848 o **moti del 1848**, fu un'ondata di **moti rivoluzionari borghesi** avvenuti alla metà del XIX secolo contro i **regimi** assolutisti di tutta Europa, raccogliendo l'eredità dei moti del 1820-'21 e del 1830-'31. In discontinuità coi moti precedenti, le rivoluzioni del '48 non furono appannaggio delle solite élite borghesi, ma in linea di massima vi fu una **grande sollevazione popolare**, grazie anche alle conseguenze della forte crisi economica che caratterizzò gli anni fra il 1846 e il 1848. In **Francia** i moti rivoluzionari ebbero origine da una serie di riunioni di protesta contro il re Luigi Filippo. Dopo che il sovrano vietò che il 22 febbraio 1848 si tenesse l'ultima di queste riunioni, scoppiò una rivolta a Parigi. Il monarca rinunciò a soffocare con le armi la rivolta e abdicò il 24 febbraio, mentre il governo provvisorio rivoluzionario proclamò il 4 maggio la Repubblica (**seconda repubblica francese**). **Presidente della Repubblica** venne eletto, l'11 dicembre 1848, **Luigi Napoleone Bonaparte**, nipote di Napoleone I.

Tra il 1850 e il 1851 la Seconda Repubblica Francese è colpita da una **forte tensione politica**: il Parlamento è diviso in destre monarchiche, gruppi liberali, repubblicani e radicali che vogliono imporsi gli uni sugli altri. La situazione si placa quando, nel 1851, il Parlamento respinse una legge che proponeva la rieleggibilità di Luigi Napoleone Bonaparte come presidente, il quale all'epoca poteva avvalorarsi della simpatia del mondo cattolico, dopo che aveva represso la Repubblica Romana e riportato il Papa a capo del suo Stato pontifico.

Quindi, vedendosi chiusa la possibilità di essere rieletto, **Luigi Napoleone il 2 dicembre 1851 attuò un Colpo di Stato**; successivamente, tra il 21 e il 22 dicembre convocò un plebiscito per constatare l'effettiva volontà del popolo ad averlo come presidente; una volta vinto, sciolse la Camera, redasse una Costituzione e assunse la carica di **Imperatore** (azione, quest'ultima, che venne sancita da un altro plebiscito **il 2 dicembre 1852**). Venne così incoronato **Imperatore Luigi Napoleone, col nome di Napoleone III**; dando inizio al **Secondo Impero** (il Primo era stato quello di Napoleone). Il nuovo Impero si basò su un sistema parlamentare: era infatti composto da un'Assemblea Legislativa e da un Senato, ma i maggiori poteri (esecutivo e giudiziario) erano nelle mani dell'Imperatore. Napoleone III incoraggiò l'innovazione tecnologica e lo sviluppo economico, fece potenziare la rete ferroviaria e le altre infrastrutture, e fece attuare una politica liberista; siglò anche un accordo commerciale col Regno Unito, varò un programma di lavori pubblici in modo da far diminuire la disoccupazione; inoltre venne ristrutturata anche Parigi, con la costruzione di nuovi "boulevards" (strade di comunicazione).

Per quanto riguarda la **Politica Estera**, **Napoleone III** cercò di ottenere vantaggi diplomatici e strategici per la Francia. Anche se non ricavò molti risultati favorevoli per la sua Nazione, la sua politica estera dinamica destabilizzò gli equilibri internazionali. **Tra il 1853 e il 1855**, con l'aiuto della Gran Bretagna e del Regno delle Due Sicilie, Napoleone III attuò una **spedizione militare in Crimea contro l'Impero Russo**, per impedire l'espansione della Russia nei Balcani (Moldavia e Valacchia). La Russia venne sconfitta nel 1855 e venne siglata una pace a Parigi nel 1856. Napoleone III avviò anche campagne in aree extraeuropee, in zone come **Libano, Vietnam e Cina** che diedero esito positivo; altre invece ebbero esito disastroso, come la **tentata conquista del Messico**, che la Francia decise di attaccare poiché il suo regnante, Benito Juárez, rifiutò di saldare un prestito ottenuto da banche europee. Inizialmente l'operazione ebbe successo, con l'occupazione di Città del Messico e la proclamazione di Imperatore del Messico di **Massimiliano d'Asburgo**; tuttavia, la resistenza effettuata da Juárez, aiutato anche dagli Stati Uniti, portò all'allontanamento dei Francesi dal Messico.

In Europa Napoleone III si alleò con il **Regno di Sardegna contro l'Austria (1859)** e si scontrò prima diplomaticamente e poi militarmente con la **Prussia (1870)**. Queste due mosse portarono alla formazione dei due **Stati unitari d'Italia e di Germania**.

h. Napoleone III e il crollo del II Impero

In Francia, nel 1849, la Camera dei deputati appena eletta, seguì una politica repressiva e restrinse il diritto di voto. In un simile clima, sembrò che si avvicinasse la restaurazione borbonica, ma il presidente Luigi Napoleone Bonaparte anticipò i tempi e, appoggiandosi all'esercito con un colpo di stato, fece arrestare tutti i deputati che gli erano contrari, dando anche ordine di disperdere la folla che era scesa in piazza per difendere i diritti democratici.

Pochi giorni dopo, **nel dicembre 1852**, a seguito di un plebiscito fu proclamato il **Secondo Impero** che vide come **imperatore** lo stesso **Luigi Napoleone Bonaparte**, con il nome di **Napoleone III**. Il periodo del **Secondo impero** può essere diviso in **due periodi** con caratteristiche diverse:

- **l'impero autoritario**, dal 1852 al 1860
- **l'impero liberale**, dal 1860 al 1870

All'inizio, Napoleone III attuò una **politica repressiva**, appoggiata dall'esercito e dalla burocrazia, perché il suo scopo era quello di rafforzare il potere. Per allargare il consenso, egli promosse lo sviluppo economico della Francia: industria tessile, lavori pubblici, rete ferroviaria, sistema bancario. In questo modo, si attirò la simpatia del ceto borghese, dei contadini e di una parte delle classi operaie delle città. Aveva, inoltre, **l'appoggio dei cattolici** che cercò di mantenere, sostenendo il Papa nelle vicende della Questione Romana. **Dal 1860 l'Impero diventò più liberale**: Napoleone III garantì la libertà di stampa e di associazione nonché la funzione del Parlamento. In un clima di maggiore libertà, riprese vigore l'opposizione monarchica di stampo borbonico, quella dei liberali, dei repubblicani e dei socialisti.

In **politica estera**, egli cercò di restituire alla Francia il primato che aveva avuto al tempo di Napoleone I, facendosi difensore dei popoli oppressi. È per questo che intervenne nella **guerra di Crimea** a fianco dell'Inghilterra contro la Russia e nella **seconda guerra d'indipendenza** a fianco del Regno di Savoia contro l'Impero Asburgico (preceduta dagli accordi di Plombières con Cavour). La Seconda guerra d'indipendenza portò ad un risultato che Napoleone III non desiderava, cioè quello di avere un forte stato italiano ai propri confini. Nel settembre 1864, egli firmò con l'Italia la **Convenzione di settembre** con cui si impegnava a ritirare gradualmente le truppe da Roma, mentre l'Italia, da parte sua, si prendeva l'impegno di difendere lo Stato Pontificio, rinunciando a Roma come capitale. In realtà, Napoleone III voleva dimostrare ai cattolici francesi che lo avevano sempre sostenuto, di essere stato capace, con la diplomazia, di aver fatto rinunciare Roma all'Italia.

Si concluse con un disastro il tentativo di creare in **Messico** un impero controllato dalla Francia, con a capo **Massimiliano d'Asburgo**, fratello dell'Imperatore austriaco: egli fu catturato e fucilato dai messicani in rivolta.

Nel **1870**, caduto nella trappola del cancelliere tedesco **Bismarck**, Napoleone III dichiarò guerra alla **Prussia** che si concluse con la **sconfitta di Sedan**, nella quale egli stesso fu catturato. A seguito della guerra **franco-prussiana**, il **Secondo Impero crollò** e fu sostituito dalla Terza Repubblica, dopo la vicenda sanguinosa della Comune parigina.

i. La terza repubblica in Francia

Nel **1879**, con l'elezione del repubblicano Jules Grévy, termina in Francia la prevalenza monarchica e conservatrice, e comincia la **Terza repubblica**. Essa prevede **un'assemblea bicamerale**, un presidente eletto ogni sette anni da Camera e Senato, una classe dirigente borghese composta da professionisti ed un complesso sistema di rapporti politici fondato sul compromesso ed il trasformismo. Riprende inoltre **l'espansione coloniale** e si avvia nel paese una **politica laicista e anticlericale**. Le riforme riguardano principalmente l'istruzione ed il matrimonio. È una politica che non esclude le collusioni con gli interessi dell'alta borghesia imprenditrice, verso la quale il governo attua una politica protezionistica.

Alcuni scandali che vedono coinvolta la classe dirigente e le ripercussioni negative della grande depressione sui ceti medi, fanno sì che nascano oppositori al nuovo regime.

Ad essi si contrappongono i seguaci del radicale di sinistra Georges Clemenceau. Interprete dello scontento nei confronti della corruzione parlamentare è invece il **generale Georges Boulanger**, che, facendo leva sulla moralità e sul sentimento di "rivincita" della Francia nei confronti della Germania, organizzò il "**partito degli scontenti**", comprendente i conservatori. Egli, nonostante avesse riscosso inizialmente molto successo, venne ostracizzato dagli stessi politici parigini, che lo costrinsero a fuggire in Belgio. I seguaci di Boulanger furono così sottoposti a processo ed il suo partito venne pesantemente sconfitto nelle elezioni di quell'anno.

Intanto, per festeggiare il **centenario della rivoluzione**, a Parigi fu indetta nel **1889 un'esposizione universale** finalizzata a documentare i trionfi della società industriale e i successi coloniali della Francia. Nel **1892**, però, il fallimento dell'impresa che avrebbe dovuto realizzare il **canale di Panama** provocò uno scandalo finanziario che portò ulteriore discredito alla classe dirigente politica. Nel frattempo, si diffusero sempre più le **idee socialiste**, da cui nacquero il **Partito Operaio rivoluzionario**, il **Partito radical socialista** e la **Confederazione generale del lavoro**.

TESI 3

a. Il programma democratico e repubblicano del Mazzini
b. Carlo Cattaneo e l'idea degli Stati Uniti d'Europa
c. Il dibattito politico: Mazzini, Gioberti, Balbo
d. Gioberti e il neoguelfismo
e. Le rivoluzioni del 1848
f. Gli avvenimenti del 1848 in Italia e gli Statuti
g. La prima guerra d'indipendenza italiana
h. La Repubblica romana del 1849
i. Gli sviluppi della situazione italiana e la sconfitta dei democratici nel 1849

a. Il programma democratico e repubblicano del Mazzini

In Italia il fallimento dei moti del 1820-21 e del 1831 fu motivo di numerose riflessioni. La prima constatava come i successi e le sconfitte fossero stati determinati dall'atteggiamento delle grandi potenze. La seconda come gli affiliati alle società segrete fossero troppo isolati rispetto al grosso della popolazione. Bisognava trovare una soluzione di carattere sociale, politico e militare, ovvero scegliere quali forze dovessero partecipare alla rivoluzione, con quali strategie e quali potenze coinvolgere eventualmente nella lotta.

Sin **dal 1831 Giuseppe Mazzini** aveva cercato una soluzione originale al problema fondando la **Giovine Italia**, un'associazione politica alternativa alla Carboneria, finalizzata alla realizzazione di **un'Italia unitaria, indipendente e repubblicana**. La Giovine Italia era un'organizzazione a **carattere nazionale**, composta da **rivoluzionari di professione**, e il suo programma segnò la nascita del primo movimento repubblicano e democratico organizzato, al quale risposero con entusiasmo moltissimi giovani. Secondo Mazzini la **rivoluzione** doveva essere fatta "**dal popolo per il popolo**", mediante operazioni di guerriglia e senza ricorrere all'alleanza infida di sovrani italiani o stranieri. Fondamentale era, a tale scopo, **l'educazione delle masse**. Egli era infatti contrario a qualsiasi mutamento delle leggi della proprietà.

Profondamente impegnato e di spirito romantico, Mazzini concepì la **militanza politica** come una **missione religiosa** ma in lui mancava un'analisi delle condizioni e delle aspirazioni, spesso opposte, dei gruppi che componevano la società. Furono questi limiti del suo pensiero a causare i **fallimenti dei moti** organizzati dai suoi seguaci, le uniche iniziative rivoluzionarie prese, per più di dieci anni, a partire dal 1831. Malgrado la fondazione del **1834** della **Giovine Europa**, per coordinare l'azione dei rivoluzionari impegnati nella liberazione dei loro paesi (italiani, tedeschi, polacchi); i fallimenti furono gravi e continui, come nel caso della **spedizione dei fratelli Bandiera**, che vennero arrestati e poi fucilati appena atterrati. Negli anni Quaranta iniziò a serpeggiare la critica di delusione, e per lo stesso Mazzini cominciarono anni bui, tormentati dalla "**tempesta del dubbio**" e della miseria.

Parallelamente al pensiero democratico di Mazzini, cominciarono a prendere piede le **teorie federaliste**, i cui principali esponenti erano **Vincenzo Gioberti** e **Carlo Cattaneo**. L'ideale politico di Cattaneo era invece una federazione di repubbliche italiane fondata sull'autonomia di ciascuna regione e sul rispetto delle singole tradizioni culturali, alla quale si sarebbe dovuti arrivare attraverso una "pacifica e graduale riforma politica" e "pacifiche e graduali riforme economiche", ispirate al modello liberista inglese. In **Piemonte** particolarmente influenti furono le idee liberali di **Camillo Benso, conte di Cavour**, il quale aveva contribuito a modernizzare l'agricoltura dell'intera regione. Egli sosteneva la necessità di collegare strettamente l'agricoltura all'industria e di creare un mercato italiano, abolendo le dogane interne e coprendo la penisola di una grande rete ferroviaria come si stava facendo in Inghilterra.

b. Carlo Cattaneo e l'idea degli Stati Uniti d'Europa

Cattaneo, democratico e **repubblicano**, fu anche un convinto sostenitore di una visione **federalista** dello Stato. Solo in una organizzazione federale dello Stato, infatti, avrebbe potuto esprimersi, secondo lui, il pluralismo sociale, culturale e religioso, vera ricchezza della società civile. Tale visione andava ben oltre i confini dello Stato-nazione, spingendosi a prefigurare un **futuro ordine europeo e mondiale in senso federalista**, fondato sull'affermazione dell'uguaglianza e della solidarietà tra i popoli, sulla libertà e sul progresso.

Carlo Cattaneo fu uno dei primi sostenitori degli **Stati Uniti d'Europa** e considerava l'unificazione europea come una logica conseguenza della federazione italiana. Questo sogno sembrò potesse realizzarsi nella **primavera del 1848**, quando in tutta Europa i popoli furono sul punto di spazzare via le antiche strutture politiche monocratiche e assolutiste. Cattaneo credette allora che fosse giunto il momento di un nuovo corso della storia europea. Fino al 1848, infatti, Cattaneo aveva sperato che l'impero austriaco potesse trasformarsi pacificamente in una federazione di cui sarebbero divenute parti autonome la Lombardia e il Veneto. **L'insurrezione di Milano** contro le truppe austriache nel **marzo 1848** lo portò su posizioni democratiche rivoluzionarie e ad assumere un ruolo di primo piano nella direzione militare della lotta. Dopo la vittoria austriaca, Cattaneo, recatosi in esilio, stese a Parigi il saggio "L'insurrezione di Milano nel 1848" e cominciò a raccogliere un vastissimo materiale sulle vicende di quell'anno. In questi scritti manifestò la propria decisa avversione al regno sabaudo, ai suoi propositi di conquista militare dell'Italia settentrionale e alla sua politica ostile alle forze democratiche.

Nel 1860, avvenuta la liberazione del Mezzogiorno, Cattaneo raggiunse Giuseppe Garibaldi a Napoli, opponendosi invano all'annessione immediata al Piemonte. Gli ultimi anni li dedicò a illustrare il suo pensiero federalista e a criticare la politica economica e amministrativa messa in atto dallo Stato monarchico nel nuovo Regno d'Italia, costituitosi sulla vittoria delle forze moderate.

c. Il dibattito politico: Mazzini, Gioberti, Balbo

Per comprendere da vicino il pensiero di **Giuseppe Mazzini** bisogna soffermarsi innanzitutto su quel processo che, secondo gli storici, porterà all'unità dello Stato italiano, all'indipendenza e all'identità nazionale: il **Risorgimento**. I primi decenni dell'Ottocento furono caratterizzati non solo da insurrezioni e moti rivoluzionari, ma anche da un **acceso dibattito politico e culturale** sui mezzi da impiegare per unire l'Italia. Una polemica intensa che continuerà a condizionare la vita politica anche dopo il raggiungimento dell'unità.

Due furono le **principali correnti** che si contrapposero in quel periodo: quella **moderata** (destra risorgimentale) e quella **democratica** (sinistra risorgimentale). Per i **moderati** il raggiungimento dell'unificazione nazionale poteva essere garantito solo attraverso il **sostegno dei sovrani** e doveva avvenire in modo graduale; secondo i **democratici**, invece, dopo il fallimento dei moti degli anni Venti e Trenta che avevano mostrato l'inaffidabilità dei sovrani, bisognava puntare sul **coinvolgimento del popolo**, e di conseguenza auspicare una forma di governo riconducibile a una **repubblica democratica**.

Giuseppe Mazzini si collocava tra gli intellettuali della cosiddetta "**sinistra risorgimentale**". Fin da subito si interessò alle questioni politiche, con una visione democratica e fortemente patriottica, aderendo ad una società segreta, la **Carboneria**, nel 1827. Circa tre anni dopo venne arrestato ed esiliato a Marsiglia. Fu proprio durante l'esilio francese che entrò in contatto con le correnti più democratiche d'Europa e con i maggiori esponenti dell'emigrazione democratica, tra tutti **Filippo Buonarroti**. Dopo il fallimento dei moti degli anni Venti e Trenta, Mazzini comprese che la struttura, i metodi e le strategie della Carboneria erano poco efficaci per ottenere la tanto desiderata unità nazionale (infatti queste furono segnate da alcuni errori di fondo). In particolare, secondo l'intellettuale genovese, bisognava **eliminare la segretezza del programma**, che costituiva un forte limite poiché rendeva impossibile il **coinvolgimento popolare**, che era invece estremamente necessario. Mazzini assistette in prima persona all'esito fallimentare delle insurrezioni.

Intuendo che la Carboneria fosse poco coinvolgibile, decise di fondare una nuova organizzazione politica, la **Giovine Italia**, con l'intenzione di unire il paese liberandolo dal governo dispotico dei sovrani. L'organizzazione, che nasceva **in Francia nel 1831**, adottava come vessillo la **bandiera tricolore** e si pose l'obiettivo di far diventare l'Italia **"una, libera, indipendente e repubblicana"**. Tale organizzazione, anziché nascondere ai propri iscritti i suoi scopi ultimi, rese noti i suoi princìpi fondamentali **propagandoli apertamente**, svolgendo così un'opera di continua **educazione politica**. Dunque, Mazzini propose un chiaro **programma politico** fondato sull'idea di un'Italia indipendente, unitaria e repubblicana, motivo per cui venne considerato il degno erede della tradizione giacobina. Egli, infatti, non ammetteva alcun compromesso con il principio monarchico e rifiutava ogni soluzione di tipo federalistico, pur preservando ampie autonomie per i comuni. Per tale ragione, secondo Mazzini, la via per raggiungere l'unità e l'indipendenza era **l'insurrezione di popolo**, senza distinzioni di classe. Egli riteneva inoltre necessario formare la **coscienza politica del popolo** persuadendolo che l'inevitabile metodo insurrezionale fosse l'unica strada per giungere all'indipendenza nazionale. Dunque, educazione e insurrezione non dovevano essere fini a se stesse, ma di fatto l'una condizione dell'altra. Bisognava perciò predicare l'insurrezione che, a sua volta, avrebbe condotto al principio di educazione nazionale.

In questo modo la Giovine Italia si affermò all'interno del panorama politico italiano come un fatto nuovo ed estremamente rivoluzionario. Questo accadde sia perché si discostava dall'elitarismo delle società segrete, sia perché assunse sempre più la forma dei partiti moderni. In poco tempo la nuova organizzazione arrivò a contare diverse migliaia di aderenti, anche se concentrati a livello geografico e sociale. La maggior parte degli iscritti si contavano in **Lombardia, Liguria, Toscana, nello Stato Pontificio, meno in Piemonte, quasi nessuno nel Regno delle Due Sicilie**. A livello sociale gli aderenti provenivano dalle **classi medie e popolari urbane**; pochi erano i consensi tra le fila dell'alta borghesia e quasi nessuno tra i contadini. Un illustre personaggio storico che in un primo momento aderì alla Giovine Italia per poi prenderne le distanze (a causa delle posizioni radicali di Mazzini) fu **Giuseppe Garibaldi**. Per Mazzini gli ideali di libertà e di progresso umano dovevano essere vissuti come una **fede religiosa**: all'interno della Storia, gli individui e i diversi popoli sono chiamati da Dio a contribuire al bene dell'umanità, ma mentre gli individui devono adempiere ai doveri personali, i popoli devono realizzare la loro missione storica. Fu proprio da questa visione che derivò la celebre espressione mazziniana **"Dio e Popolo"**.

La Roma dei Cesari aveva unificato politicamente l'Europa e aveva dominato il mondo con la forza delle armi, mentre la Roma dei Papi l'aveva assoggettata sotto un'unica autorità religiosa per mezzo della forza dello Spirito: ora spettava alla **"terza Roma"**, quella del popolo, il compito di illuminare il mondo e farsi centro di una nuova unità morale e sociale di tutti i popoli della terra. Questa, dunque, doveva essere la **missione storica dell'Italia**: diventare esempio per il mondo impugnando la bandiera delle nazioni oppresse e cercando di abbattere i due pilastri principali del vecchio ordine su cui poggiavano il sistema politico e religioso, l'Impero asburgico e lo Stato pontificio. Mazzini sostenne il **principio di associazione** o associazionismo: l'individuo, per raggiungere la libertà, doveva essere parte integrante della famiglia, al di sopra della quale si considerava la nazione che, associandosi con altre nazioni, dava origine all'umanità. Come gli individui anche i popoli avevano il compito di associarsi per cooperare al bene comune. La visione di Mazzini era dunque profondamente spirituale. In una tale concezione fondata sui valori dell'idealismo romantico e sulla tensione verso l'unità, non c'era infatti posto per le teorie materialistiche né per le tematiche legate alla lotta di classe. Inoltre, egli considerava pericolosa qualsiasi teoria o principio che potesse provocare una rottura dell'unità spirituale del popolo e che tendesse a dividere la collettività nazionale; ecco perché, nonostante la partecipazione futura dei mazziniani alla Prima internazionale, Mazzini si discostò dalle idee socialiste.

Le idee di Mazzini avevano ispirato i momenti più alti della storia nazionale fra i due secoli, Ottocento e Novecento; basti pensare sia a una larga parte del **Risorgimento**, sia a quello che viene chiamato dagli storici il "secondo" Risorgimento, cioè la Resistenza.

Vincenzo Gioberti: vedi tesi 3, punto d.

Cesaro Balbo (1789 – 1853) fu uno storico e uomo politico. In gioventù fu al servizio di Napoleone, ricoprendo diversi incarichi pubblici; durante la **Restaurazione** entrò nell'esercito piemontese. Coinvolto nel **moto liberale del 1820-21**, fu confinato a Camerano (1824), dove si dedicò a studi di storia. La sua visione della storia italiana è dominata dal motivo **dell'indipendenza dallo straniero** e dalla speculazione sull'accordo della religione cattolica con la moderna teoria del progresso.

Primo Presidente del Consiglio nel Regno di Sardegna dopo la concessione dello **statuto** (1848), ebbe poi altri incarichi dal cugino, Massimo D'Azeglio, e da Vittorio Emanuele II. Convinto sostenitore di un'**Italia federata a guida dei Savoia**, vedeva nell'Impero asburgico il più grosso ostacolo alla indipendenza italiana e, in tal senso, credeva che solo degli eventi favorevoli di carattere internazionale, come ad esempio un'**espansione austriaca** nei **Balcani**, avrebbero potuto portare gli Asburgo al disimpegno dalla penisola italiana.

d. Gioberti e il neoguelfismo

Gioberti fu un filosofo, politico e scrittore, le cui opere hanno contribuito alla realizzazione dell'unificazione dell'Italia. Mentre in Italia si andavano formando dei partiti con una loro identità, benché all'interno di uno scenario che vedeva il paese profondamente diviso, Gioberti ebbe modo di riflettere sull'unità nazionale già esistente, quella comunque presente grazie alla **religione comune** e alla **lingua condivisa**. Nel **1843** a Bruxelles scrisse "**Del primato morale e civile degli italiani**", dove diede forma al suo pensiero politico che prende il nome di "**neoguelfismo**" e propose metodi pratici per la sua realizzazione. Nell'opera esplorò il concetto di "**primato italico**", un progetto politico secondo il quale la grandezza storica e morale del popolo italiano poteva e doveva essere trasformata in realtà, concretizzando l'unità nazionale tanto desiderata. Questo progetto non mise in posizione di superiorità l'Italia rispetto agli altri paesi, che vennero citati come realtà fondate sui saldi principi religiosi, ma ne costituì un criterio guida per fare dell'Italia una delle parti di una società universale virtuosa. Per raggiungere questo obiettivo, Gioberti prospettò una **monarchia costituzionale** sotto forma di **confederazione** fra stati **guidata dal Papa**, condannando fermamente la violenza come metodo per ottenere l'Italia unita.

e. Le rivoluzioni del 1848

La **primavera dei popoli**, conosciuta anche come "rivoluzione del 1848" o "**moti del 1848**", fu un'ondata di moti rivoluzionari avvenuti nella **metà del XIX secolo** contro i regimi assolutisti di tutta Europa, raccogliendo l'eredità dei moti del 1820-21 e del 1830-31. Solo il Regno Unito vittoriano, in un periodo di stabilità politica ed economica (ma soprattutto grazie alle riforme elettorali del 1832 che pacificarono la classe borghese e scatenarono il cartismo) e la Russia (in cui all'opposto erano praticamente assenti una classe borghese e una classe proletaria potenzialmente in grado di ribellarsi) furono esentate delle rivoluzioni del 1848-49. Scopo dei moti fu abbattere i governi della Restaurazione per sostituirli con **governi liberali**. Il loro impatto storico fu così profondo e violento che nel linguaggio corrente è entrata in uso l'espressione «**fare un quarantotto**» per intendere un'improvvisa confusione.

Stati italiani:

- La prima agitazione europea del 1848 si verificò in **Sicilia**: la Rivoluzione siciliana (12 gennaio 1848), rappresentò la prima miccia dell'esplosione europea. **L'insurrezione siciliana**, infatti, spinse in un primo momento i Borbone a concedere il ritorno nell'Isola alla costituzione del 1812.

- Seguì una rivoluzione a **Napoli**, il 27 gennaio, che costrinse, due giorni dopo, Ferdinando II a promettere una Costituzione, promulgata l'11 febbraio. Lo stesso 11 febbraio Leopoldo II di **Toscana**, cugino primo dell'imperatore Ferdinando I d'Austria, concesse la Costituzione, nella generale approvazione dei suoi sudditi. L'esempio asburgico fu seguito da **Carlo Alberto di Savoia** (**Statuto albertino**) e da **Papa Pio IX** (Statuto fondamentale). Solo il re piemontese mantenne però lo statuto.

- In **Sicilia** il parlamento siciliano proclamò in marzo l'indipendenza e la nascita del regno di Sicilia, che sarebbe durato fino al maggio 1849. Nel **napoletano** la concessione e la successiva repressione delle libertà costituzionali, portò dal maggio al settembre di quell'anno a una serie di moti.

- In tutto il Regno **Lombardo-Veneto** scoppiarono rivolte, come le **Cinque giornate di Milano** che costituirono l'inizio della **prima guerra di indipendenza** (vedi tesi n.8, punto 3).

- Nel **Ducato di Modena e Reggio** ai primi tentativi di rivolta armata il duca Francesco V tentò di rispondere militarmente, ma davanti all'avvicinamento di volontari bolognesi a sostegno degli insorti, nell'intento di evitare spargimenti di sangue, preferì lasciare la città promettendo costituzione e amnistie. Il 21 marzo 1848 il Sovrano partì per Bolzano e a Modena si costituì un Governo provvisorio.

- Nello **Stato Pontificio** una rivolta interna estromise papa Pio IX dai suoi poteri temporali e portò alla costituzione della **Repubblica Romana** (vedi tesi 12, punto 2).

Francia (per approfondire: vedi tesi 2, punto g).

In **Francia**, i moti rivoluzionari ebbero origine da una serie di riunioni di protesta contro il re Luigi Filippo. Dopo che il sovrano vietò che il 22 febbraio 1848 si tenesse l'ultima di queste riunioni, scoppiò una **rivolta a Parigi**. Il monarca rinunciò a soffocare con le armi la rivolta e abdicò il 24 febbraio, mentre il governo provvisorio rivoluzionario proclamò il 4 maggio la **Seconda Repubblica**.

Stati tedeschi: nel 1848 a Francoforte i rappresentanti dei vari Stati tedeschi si riunirono in una assemblea nazionale costituente per dare un assetto unitario alla Confederazione germanica. Divisi tra sostenitori di una **Grande Germania** ad egemonia **austriaca** e di una **Piccola Germania** ad egemonia **prussiana**, dopo il prevalere di quest'ultima ipotesi, offrirono la corona imperiale a Federico Guglielmo IV di Prussia, al rifiuto del quale, contrario al principio della sovranità popolare, seguì la repressione nel 1849.

Prussia: in seguito all'insurrezione di Berlino nel marzo 1848, Re Federico Guglielmo IV concesse la convocazione di **un'assemblea costituente prussiana** da eleggersi a suffragio universale maschile, ma già nel dicembre dello stesso anno la sciolse ed emanò una costituzione di stampo autoritario.

Impero austroungarico: oltre che nel Lombardo-Veneto nel 1848 nelle aree dell'Impero austriaco vi furono anche altri moti. La **rivoluzione ungherese** fu una delle molte di quell'anno. Nacque in seguito alla dichiarazione d'indipendenza del popolo ungherese, guidato da Lajos Kossuth, dalla dominazione austriaca.

Le **cause delle rivolte furono molteplici**: sotto il profilo politico, sia i riformisti borghesi che i radicali si trovarono a scontrarsi con una realtà anacronistica, frutto delle conclusioni tratte durante il Congresso di Vienna, mentre sotto il profilo sociale, i cambiamenti nella vita causati dalla prima rivoluzione industriale (vedi tesi n.7, punto a.) e la diffusione delle testate giornalistiche favorirono l'ascesa degli ideali di nazionalismo e giustizia sociale anche nelle masse meno colte. La **recessione economica del 1846-47** (da cui peraltro l'Europa si sarebbe ripresa piuttosto in fretta) e il fallimento di alcuni raccolti, che portarono inevitabilmente alla malnutrizione, furono la goccia che fece traboccare il vaso. In definitiva le **rivoluzioni del 1848** cancellarono completamente nel senso comune europeo il **concetto di Restaurazione** e, di conseguenza, di **monarchia assoluta**.

f. Gli avvenimenti del 1848 in Italia e gli Statuti

Vedi tesi n. 3, punto e.

Lo Statuto del Regno, noto come **Statuto Albertino** (o Costituzione albertina) dal nome del Re che lo promulgò, Carlo Alberto di Savoia Carignano, fu lo statuto adottato dal Regno sardo-piemontese **il 4 marzo 1848**. Lo statuto Albertino è il primo documento simile a una costituzione in Italia, che decretò a partire dal 1848 i vari diritti e doveri del popolo. Venne redatto da una commissione nominata dal re ed entrò in vigore nel 1848. Lo Statuto Albertino si ispirava alle costituzioni francesi e per questo motivo fu scritto in lingua francese. Questo documento è una **carta costituzionale flessibile** perché può essere facilmente modificato con una legge ordinaria.

Le **principali caratteristiche** dello **Statuto Albertino** sono le seguenti:

- è una carta costituzionale **concessa** dal re;
- è una costituzione **breve** perché stabilisce i principi dell'organizzazione costituzionale e le norme in materia di diritti e doveri dei cittadini;
- sancisce come forma di governo la **monarchia**;
- stabilisce che la carica del capo di Stato (il sovrano) è "ereditaria secondo la legge salica";
- assegna il **potere esecutivo** al re;
- assegna il **potere giudiziario** al re;
- assegna il **potere legislativo** al re e a un parlamento;
- concede il **diritto di voto** solo ad **una ristretta cerchia** di individui (cittadini di sesso maschile, dotati di una certa cultura e di un determinato patrimonio);
- si impegna a garantire **l'uguaglianza formale** dei sudditi;
- prevede come **bandiera nazionale** un vessillo con coccarda azzurra;
- garantisce la **libertà di stampa**, ma con alcune limitazioni.

Le prime Costituzioni in Italia risalgono alla fine del 1700 e si ispirarono ai principi della Rivoluzione francese (libertà, uguaglianza, fratellanza). Con il tramonto dell'Impero Napoleonico ebbe inizio anche in Italia la Restaurazione che riportò in vita il potere assoluto dei sovrani. Contro di questo insorsero i patrioti del Risorgimento che portarono i sovrani a concedere la costituzione.

Al termine del periodo rivoluzionario **il solo stato italiano in cui la Costituzione rimase in vita fu il Piemonte** dove Carlo Alberto nel 1848 aveva concesso lo Statuto Albertino. **Nel 1861 lo Statuto Albertino fu esteso a tutta l'Italia** come un dono che il re faceva ai suoi sudditi. Lo Statuto Albertino era **flessibile e di tipo monarchico**: il re comandava l'esercito; era a capo del governo; nominava i ministri; creava con il parlamento le leggi; i giudici amministravano la giustizia in suo nome.

Durante il fascismo **Mussolini** cambiò alcune leggi dello statuto e instaurò in Italia la dittatura che mantenne fino allo scoppio della Seconda guerra mondiale. Quando nel 1945 avvenne la liberazione dell'Italia da parte degli Alleati, i partiti antifascisti formarono un governo provvisorio presieduto dal democristiano Alcide De Gasperi. **Il 2 giugno 1946** tutti i cittadini italiani furono chiamati ad eleggere con suffragio universale (votarono tutti i maggiorenni e anche le donne per la prima volta), **l'Assemblea Costituente** cioè un gruppo di persone che avrebbe dovuto scrivere una nuova Costituzione in sostituzione dello Statuto Albertino e con referendum scegliere tra Monarchia e Repubblica. L'Assemblea costituente elesse Enrico De Nicola capo provvisorio della Repubblica italiana appena nata. La **nuova Costituzione** scritta in due anni entrò in vigore il **primo gennaio 1948**.

g. La prima guerra d'indipendenza italiana

Il **23 marzo 1848** il re **Carlo Alberto** dichiarò guerra **all'Austria**. All'esercito piemontese si aggiungevano i reparti volontari degli altri Stati italiani. L'esercito austriaco era comandato dal **maresciallo J. Radetzky**. L'8 e 9 aprile i Piemontesi occuparono i passi più importanti sul Mincio e divennero padroni delle porte per entrare nel **Quadrilatero**. Tuttavia, solo il 28 aprile l'esercito piemontese intraprese un'avanzata sotto Verona allo scopo di costringere Radetzky a uscire dalla città. Fallito questo tentativo, le operazioni conobbero uno stallo; assediata **Peschiera**, i Piemontesi ne attendevano la caduta. Frattanto Radetzky decise di prendere l'offensiva, aggirando le posizioni nemiche per tagliar loro la ritirata. Tale manovra venne a urtare, sulla linea **Curtatone-Montanara**, contro i battaglioni degli studenti toscani che combattendo eroicamente diedero tempo ai Piemontesi di rispondere.

Dopo la **battaglia di Goito** (30 maggio), gli Austriaci dovettero ritirarsi su Mantova; lo stesso giorno Peschiera capitolava. Ai primi di giugno Radetzky costrinse alla resa, intorno a Vicenza, l'esercito pontificio. L'incerta condotta dell'esercito sardo, la diffidenza dello Stato Maggiore nei confronti dei volontari e l'isolamento in cui era rimasto il Piemonte dopo l'allocuzione pontificia del 29 aprile, con il successivo ritiro dal fronte di tutti i reparti regolari degli Stati italiani, contribuirono a capovolgere la situazione.

L'offensiva asburgica (23-25 luglio) culminò nella **battaglia di Custoza**. Dispostisi intorno a Milano, i Piemontesi dovettero cedere. Nella notte del 4 agosto il re chiese una capitolazione, cui seguì **l'armistizio** (9 agosto), stipulato dal **generale Canera di Salasco**, per il quale i Piemontesi si ritiravano al di là del Ticino. Nella seconda metà d'agosto, Garibaldi tentò un riuscito colpo di mano su Varese ma, costretto poi a ritirarsi, si rifugiò in Svizzera.

Fallite le trattative di pace, l'esercito piemontese fu oggetto di riforme organiche. Per il comando supremo fu scelto il polacco W. Chrzanowski. Cedendo alle pressioni dei democratici e degli emigrati, il **Piemonte il 12 marzo 1849 denunciò l'armistizio**. Il 20 marzo, grossi contingenti austriaci passarono il Ticino senza incontrare resistenza. Chrzanowski dispose allora un completo cambiamento di fronte, mentre gli Austriaci avanzavano ancora. Il 23 marzo l'esercito piemontese fu battuto a **Novara** da quello austriaco. **Carlo Alberto**, travolto dalla sconfitta, **abdicò a favore di Vittorio Emanuele II** che il 24 concludeva **l'armistizio di Vignale**, in base al quale le truppe austriache occupavano la Lomellina e il Novarese, e i Piemontesi dovevano sgomberare dai territori di Piacenza, Modena e Toscana.

h. La Repubblica romana del 1849

Il 1849 fu uno degli anni cruciali del Risorgimento, il periodo storico che portò alla formazione di un'Italia unita, libera e indipendente. **A Roma**, sotto la spinta di moti popolari che chiedevano libertà e democrazia, **crollò il regime pontificio**, e il Papa Pio IX fuggì a Gaeta. Il **9 febbraio 1849** un'Assemblea eletta con suffragio universale proclamò la **Repubblica**, e il mese successivo ne affidò la guida a un **Triumvirato composto da Giuseppe Mazzini, Aurelio Saffi e Carlo Armellini**. Come bandiera, la Repubblica adottò il **tricolore**.

Intanto, da Gaeta, il Papa invocava l'intervento delle potenze europee per restaurare il potere temporale. **Francia, Austria, Spagna e Regno delle Due Sicilie**, paesi cattolici retti da regimi assoluti o conservatori, attaccarono il territorio della Repubblica da più parti. Un corpo di spedizione francese forte di 7000 uomini guidato dal generale Oudinot sbarcò a Civitavecchia. A difesa della Repubblica affluirono in Roma giovani da ogni parte d'Italia e d'Europa. **Garibaldi** vi portò i suoi volontari. Il 30 aprile i **Francesi** giungevano alle porte di Roma. Ritenendo di incontrare scarsa resistenza, i Francesi avanzarono allo scoperto attaccando le mura vaticane, ma furono prima fermati dall'intenso fuoco dei difensori, e poi vennero aggrediti sul fianco da Garibaldi che, uscito da Porta S. Pancrazio, guidava un furioso assalto alla baionetta. I Francesi furono costretti a ritirarsi e venne concordata una tregua d'armi.

L'esercito repubblicano si volse allora contro **le truppe borboniche**, che avevano invaso il territorio della Repubblica arrivando sino ai Castelli Romani. **Garibaldi** li sconfisse a Palestrina e a Velletri, ricacciandoli oltre il confine. Nel frattempo, Oudinot aveva ricevuto ingenti rinforzi e il 1°giugno denunciò la tregua, comunicando che avrebbe attaccato il 4 giugno. Attaccò invece nella notte tra il 2 e il 3 giugno, cogliendo di sorpresa i difensori. Riuscì ad impossessarsi di punti chiave della difesa esterni alla città. Roma venne stretta d'assedio e bombardata. La popolazione sopportò con coraggio i sacrifici e contribuì alla difesa. La Repubblica aveva ormai i giorni contati. Continuò a combattere e a resistere con tenacia nonostante la schiacciante superiorità delle forze nemiche. **I Francesi aprirono le prime brecce** il 21 giugno; il 29 e 30 giugno sferrarono l'attacco finale, sfondando le difese. Mentre Garibaldi riuniva i suoi uomini per l'estrema difesa, in città si correva alle barricate. L'Assemblea, per non sottoporre Roma a inutili distruzioni, decretò la fine della resistenza. **Garibaldi** non accettò la resa, e con un contingente di armati iniziò la **ritirata verso Venezia**. Mazzini riprese la via dell'esilio. Il 3 luglio le **truppe francesi entravano in Roma** e insediarono un governo militare provvisorio in attesa del ritorno del Papa Pio IX.

i. Gli sviluppi della situazione italiana e la sconfitta dei democratici nel 1849

Vedi tesi 3, punto h.

Mentre ancora si andava dispiegandosi il moto rivoluzionario avviatosi nel febbraio del 1848 in Italia, tra i **democratici italiani** si aprì un ampio e articolato **dibattito politico** che mirava a definire le strategie delle battaglie miranti alla conquista dell'unità di Italia e all'indipendenza della Nazione. Da questo intenso dibattito emersero **due posizioni** molto chiare: **quella di Mazzini**, il quale attribuiva la sconfitta dei democratici a semplice incapacità organizzativa e rifiutava ogni critica al suo programma; la **posizione di un gruppo di intellettuali**, tra cui emergevano **Ferrari** e **Pisacane**, che imputava ai limiti programmatici del movimento gli insuccessi del partito.

Secondo **Ferrari** e **Pisacane**, il movimento aveva fallito perché non era stato in grado di offrire una prospettiva rivoluzionaria alla massa popolare, soprattutto a quella rurale. Secondo quest'ultima posizione, era opportuno coniugare la rivoluzione politica a quella sociale, intervenendo su problematiche nodali, quali quelle della povertà o dello sfruttamento delle popolazioni delle campagne. Mazzini, dal suo canto, riteneva che il fallimento derivasse da una mancanza di coesione e di comunicazione tra gli esponenti democratici.

TESI 4

a. La seconda guerra d'indipendenza italiana
b. La spedizione dei Mille e le rivolte contadine
c. L'emigrazione italiana
d. Il primo decennio unitario: l'economia e la politica estera
e. La politica economica e diplomatica della destra storica
f. Tentativi di Garibaldi di liberare Roma dopo il 1860
g. L'unificazione amministrativa: la questione meridionale
h. Il brigantaggio meridionale e l'inchiesta Massari
i. La terza guerra d'indipendenza italiana
j. Pio IX: il Sillabo e il Concilio Vaticano I
k. Lo Stato e la Chiesa: cattolici e liberali dopo l'unità d'Italia
l. Roma capitale: la legge delle guarentigie

a. La seconda guerra d'indipendenza italiana

La **seconda guerra d'indipendenza** fu preparata sostanzialmente da **Camillo Benso di Cavour**, il quale, salito alla **presidenza del Consiglio dei ministri** piemontese nel **1852**, intuì che la soluzione del problema dell'unità e della indipendenza italiane poteva essere risolto soltanto quando fosse proiettato **sul piano europeo**, quando cioè la questione italiana fosse inserita come elemento rilevante nella politica internazionale delle grandi potenze europee.

Conscio che, con le sole sue forze, il **Regno di Sardegna** non sarebbe mai riuscito a cacciare **l'Austria** dalla penisola, cercò di stringere legami con la potenza che, per motivi di ordine interno e internazionale, poteva assumersi il ruolo di rivale dell'Austria in Italia: la **Francia**, il cui imperatore **Napoleone III**, desideroso di gloria militare, era convinto che, nell'Europa del XIX secolo, il principio di nazionalità avesse ormai sostituito il principio dinastico. La **politica di avvicinamento** del Piemonte alla Francia napoleonica si concretò con gli **accordi di Plombières** (luglio 1858) in forza dei quali Napoleone III sarebbe sceso in campo per aiutare il Piemonte, nel caso in cui questo fosse attaccato dall'Austria. Dopo alterne vicende diplomatiche, che parvero, a un certo momento, far fallire la politica di Cavour, la situazione precipitò verso la guerra a causa **dell'ultimatum** che il gabinetto di Vienna inviò a Torino il **25 aprile 1859**, imponendo al Piemonte il disarmo immediato: se Torino non avesse accettato, l'Austria avrebbe dichiarato guerra. Era, questo, il **casus belli desiderato da Cavour**, che avrebbe permesso al dispositivo dell'alleanza difensiva Franco-piemontese di entrare in azione. Fedele ai patti, Napoleone III mobilitava il suo esercito e lo avviava in Italia attraverso il Cenisio e, per mare, verso Genova. Nello stesso giorno in cui **il Piemonte dichiarava guerra all'Austria**, un movimento di popolo obbligava il **granduca di Toscana** ad abbandonare il Paese, dove non doveva più tornare. Il governo granducale fu sostituito da un governo provvisorio costituzionale. Arrivato l'esercito napoleonico, le forze franco-piemontesi iniziarono una vigorosa controffensiva, che le portò, dopo la **vittoria di Palestro** (30-31 maggio 1859), a passare il Ticino per muovere su Milano, mentre **Garibaldi**, che aveva organizzato un **corpo di volontari**, operava con successo nella zona di Varese e di Como.

Il tentativo austriaco di arrestare l'avanzata franco-piemontese su Milano fu infranto nella grande **battaglia di Magenta** (4 giugno), dopo la quale gli Austriaci si ritirarono fino alla linea del Mincio e richiamarono le forze che tenevano a Parma, a Modena e nelle Romagne. Questi eventi provocarono la fuga dalle loro sedi dei sovrani di **Parma e di Modena** e dei funzionari pontifici delle Romagne, incalzati da movimenti popolari che proclamarono **governi provvisori**. Anche le Marche e l'Umbria tentarono di insorgere, ma furono domate con feroce energia dalle truppe pontificie (20 giugno 1859). Frattanto l'esercito austriaco, riorganizzato e rafforzato nella sua base di Verona, tentò una grande azione di riscossa per riprendere Milano. Ciò portò alla sanguinosa **battaglia di San Martino e Solferino** (24 giugno). La vittoria conseguita dai franco-piemontesi sembrò aprire la via per un'azione al di là del Mincio, nel Veneto, dato che anche la flotta riunita franco-piemontese era giunta nell'alto Adriatico, quando improvvisamente **l'imperatore francese** offrì all'imperatore d'Austria un **armistizio**, che fu segnato **a Villafranca l'8 luglio 1859**, e seguito, l'11 luglio, dai preliminari di pace. La **pace di Zurigo** (**10 novembre 1859**), che aveva sanzionato i preliminari di Villafranca, in forza dei quali soltanto la **Lombardia** sarebbe toccata **al re di Sardegna**, fu così superata dagli avvenimenti, e dopo la spedizione dei Mille e la conseguente occupazione delle Marche e dell'Umbria, si giunse alla proclamazione del Regno d'Italia (17 marzo 1861).

SITUAZIONE GEOGRAFICO-POLITICA DELL'ITALIA NEL 1850 E QUELLA DOPO LA SECONDA GUERRA DI INDIPENDENZA.

b. La spedizione dei Mille e le rivolte contadine

La **spedizione dei Mille** è stata uno degli avvenimenti più significativi della storia del nostro Paese in quanto ebbe l'effetto di creare un'Italia unita sotto il profilo territoriale.

La molla che fece scattare il crollo della Monarchia fu lo scoppio di **un'insurrezione a Palermo** il 4 aprile 1860 che, sebbene venisse presto repressa dall'esercito, ebbe però l'effetto di scatenare una serie di rivolte e disordini sull'isola. Ciò indusse **Garibaldi**, dopo non poche esitazioni e insistenze, a capeggiare una **spedizione** avente l'obiettivo di unificare l'Italia.

La spedizione dei Mille partì da **Quarto** nel **maggio 1860** e raggiunse in pochi giorni il porto di **Marsala**. Il primo scontro contro un manipolo di truppe borboniche si ebbe a **Calatafimi** dove l'esercito garibaldino, con il sostegno di alcune squadre di insorti siciliani, ottenne una prima vittoria. Il combattimento, se dal punto di vista strettamente militare ebbe scarsa rilevanza ebbe invece un'enorme importanza dal punto di vista propagandistico poiché, come ricordò Garibaldi nelle sue memorie, ebbe l'effetto di demoralizzare il nemico e di incoraggiare alla rivolta la popolazione siciliana. Dopo la battaglia di Calatafimi, i Mille marciarono verso Palermo.

Con un'abile mossa, Garibaldi riuscì a eludere la colonna borbonica inviata ad affrontarlo, facendo distaccare un piccolo manipolo di uomini, così riuscì ad arrivare in città mentre la carovana avversaria era ancora impegnata nell'inseguimento dell'altra schiera nemica. Nella battaglia per la **conquista di Palermo**, Garibaldi poté contare sull'appoggio della popolazione locale che, dopo i primi successi dei garibaldini, scese a combattere per le strade innalzando barricate e mettendo in seria difficoltà i soldati del Regno delle Due Sicilie. Dopo alcuni giorni di duri combattimenti, le due parti si incontrarono per discutere un armistizio sopra una nave britannica e, nel corso di lunghe trattative, il 6 giugno la guarnigione borbonica acconsentì infine a lasciare la città.

Garibaldi poté giovarsi della mobilitazione del **mondo rurale** che sperava con la Rivoluzione di migliorare la propria condizione sociale. A contribuire allo sfaldamento del Regno delle Due Sicilie, paradossalmente, fu anche lo stesso Re dell'Italia Meridionale, Francesco II, che nel tentativo di fermare l'avanzata garibaldina decise, il 25 giugno 1860, di introdurre un regime liberale. La successiva battaglia che permise a Garibaldi di conquistare l'intera Sicilia fu quella di **Milazzo**. Con l'aiuto dei nuovi volontari, i garibaldini diedero l'assalto alla città che venne tenacemente difesa dai borbonici. Nonostante alla fine della lotta questi contassero un numero notevolmente inferiore di morti e feriti rispetto ai nemici, i soldati di Francesco II non ebbero altra scelta che trattare la resa. Di fronte a questo clima di caos e disgregazione provocato in buona parte dalla sua svolta, **Francesco II** venne convinto dai suoi consiglieri a lasciare **Napoli** per concentrare la difesa nei pressi delle fortezze di Capua e Gaeta. Dopo la partenza del Sovrano, **Garibaldi** farà il suo **ingresso nella capitale dell'Italia Meridionale** acclamato da una folla esultante di Napoletani. **Nell'ottobre 1860** ebbe luogo la **battaglia del Volturno** dove, nonostante l'inferiorità numerica, Garibaldi riuscì a respingere l'assalto nemico effettuato per tentare di riconquistare Napoli. Il trionfo militare non fu dovuto solo alle abilità strategiche, ma anche ai ritardi nell'offensiva nemica e alla mancata coordinazione dimostrata dall'esercito borbonico durante la battaglia.

A decretare la disfatta definitiva del Regno Borbonico fu però **l'intervento dell'esercito sabaudo** che a settembre, dopo previa autorizzazione da parte dell'Imperatore Napoleone III, aveva deciso di raggiungere Garibaldi passando attraverso le regioni dello **Stato della Chiesa**. **L'incontro** tra il Re Piemontese (**Vittorio Emanuele II**) e l'Eroe dei Due Mondi (**Garibaldi**) si ebbe a **Teano**. Garibaldi, fedele al motto della sua campagna, consegnò al Sovrano le sue conquiste. Gli ultimi territori rimasti ai Borbone verranno conquistati nei mesi seguenti dalle truppe sabaude: Gaeta, l'ultima roccaforte a cedere, cadrà nel febbraio 1861 dopo una dura resistenza, e Francesco II partirà in esilio con la sua Regina verso le regioni dello Stato Pontificio di Papa Pio IX.

Nel marzo di quell'anno verrà **ufficialmente proclamato il nuovo Regno d'Italia**. L'unificazione italiana è ancora oggi un tema che suscita forti dibattiti e vivaci discussioni tra chi giudica questo avvenimento necessario e inevitabile per raggiungere la modernità e l'indipendenza del Paese, e chi invece pensa che questa fu una disgrazia che causò massacri e saccheggi.

c. L'emigrazione italiana

Tra il 1861 e il 1985 dall'Italia sono partiti quasi **30 milioni di emigranti**, come se l'intera popolazione italiana di inizio Novecento se ne fosse andata in blocco. La maggioranza degli emigranti italiani, oltre 14 milioni, partì nei decenni successivi all'Unità di Italia, durante la cosiddetta "**grande emigrazione**" (**1876-1915**). Intere cittadine videro la loro popolazione dimezzarsi nel decennio a cavallo tra '800 e '900. Di questi quasi un terzo aveva come destinazione dei sogni il **Nord America**, affamato di manodopera.

A partire non erano solo braccianti. Gli strati più poveri della popolazione, in realtà, non avevano di che pagarsi il viaggio, per questo tra gli emigranti prevalevano i piccoli proprietari terrieri che con le loro rimesse compravano casa o terreno in patria. **New York e gli States** erano le destinazioni più gettonate, ma non le uniche. Così come non si partiva solo dal Sud Italia. I **genovesi**, ad esempio, ben prima del 1861 partirono per **l'Argentina e l'Uruguay**.

Non iniziavano l'avventura con tutta la famiglia: quasi sempre l'emigrazione era programmata come temporanea e chi partiva era di solito un maschio solo. A fare eccezione fu soltanto la grande emigrazione contadina di intere famiglie dal **Veneto** e dal **Meridione** verso il **Brasile**, specie dopo l'abolizione in quel paese della schiavitù (1888) e l'annuncio di un vasto programma di colonizzazione. Di solito chi partiva dalle regioni del Nord si imbarcava a Genova o a Le Havre in Francia. Chi partiva dal Sud, invece, si imbarcava a Napoli. Molti morivano prima di vedere il Nuovo Mondo.

Una volta arrivati, superato l'umiliante filtro dell'ufficio immigrazione di **Ellis Island**, iniziava la sfida per l'integrazione. Negli Usa l'immigrazione dall'Italia si fermò con la Prima guerra mondiale. Nel **1921** **l'Emergency quota act** impose un **tetto al numero di immigrati** dall'Europa dell'Est e del Sud in quanto si riteneva che popoli come quelli italiani fossero meno assimilabili. Solo con la **Seconda guerra mondiale**, grazie all'arruolamento nell'esercito statunitense di molti **italoamericani** l'integrazione fece concreti passi avanti. Forse anche per questo nel **secondo dopoguerra** ci fu una ripresa dell'emigrazione dall'Italia agli Usa. Del resto, ormai, si era aperta una **nuova rotta verso l'Europa del Nord: Francia, Germania** e **Belgio** le mete più gettonate.

d. Il primo decennio unitario: l'economia e la politica estera

Nato lo **Stato unitario**, la dimensione politica e diplomatico-militare aveva continuato a occupare nel sentire dell'opinione pubblica e nell'agenda del governo e della classe politica uno spazio certo non inferiore ai più prosaici e pure non meno drammatici problemi dell'unificazione economica, sociale, istituzionale, amministrativa. La repressione del **brigantaggio**, la **terza guerra d'indipendenza**, la **questione romana**, e successivamente il **congresso di Berlino**, l'atteggiamento dei cattolici intransigenti e del movimento operaio e anarchico-socialista, lo **scacco di Tunisi**, i difficili rapporti con la Francia, l'adesione alla **Triplice**, l'avvio del **colonialismo**, avevano continuato a impegnare ancora a fondo governo e Parlamento e a occupare uno spazio preminente negli organi di stampa e nell'opinione pubblica.

Ciò non toglie che già all'indomani dell'Unità le **emergenze finanziarie ed economico-sociali** si fossero imposte con gravità e urgenza assolutamente stringenti. Il **Risorgimento** aveva ottenuto il riscatto politico e militare della nazione. L'Italia unita era chiamata a realizzare quello economico e civile. La necessità del **pareggio del bilancio** era stata vista subito, in Italia e all'estero, come la condizione senza la quale sarebbe rientrata in discussione la sopravvivenza stessa del nuovo Stato. Agli osservatori più attenti non era sfuggito che l'unificazione economica e l'attuazione di una politica finalizzata alla modernizzazione e allo sviluppo dell'intera penisola non erano poi tanto meno importanti della repressione del brigantaggio o della conquista del Veneto. Senza uno sviluppo economico, sociale e civile più dinamico ed esteso di quello preunitario, difficilmente si sarebbe potuta avere una finanza pubblica sana e ancor più arduo sarebbe stato realizzare all'interno un allargamento dei livelli della partecipazione ai diritti politici e all'estero una difesa degli interessi nazionali in un contesto in progressiva trasformazione.

Che le problematiche di natura finanziaria ed economica avessero assunto un'importanza crescente nella vita parlamentare e nell'azione del governo lo si era d'altronde toccato con mano quando nella **caduta della Destra storica** erano stati determinanti il problema del riscatto e della gestione della **rete ferroviaria** e, in una prospettiva più generale, il prevalere di aspettative diverse in materia di politica fiscale e di una diversa visione dei rapporti generali tra Stato ed economia. La **politica estera** nel primo decennio unitario si propose di far conoscere al mondo l'esistenza del nuovo stato, stabilire relazioni commerciali, consolari e diplomatiche.

e. La politica economica e diplomatica della destra storica

Nel 1861 venne proclamato il Regno d'Italia. Nel **giugno** dello stesso anno **morì Camillo Benso conte di Cavour**, una delle figure principali del Risorgimento italiano. A partire da questa data e fino al 1876 fu al governo quella formazione politica definita dagli storici come "**Destra storica**". L'aggettivo "storica" fu aggiunto successivamente per marcare il ruolo fondamentale assunto dai politici di tale schieramento in questa prima fase del Regno d'Italia e per segnalare la distanza con i successivi governi. Il nome dato a questa formazione è riconducibile al posizionamento assunto dai suoi esponenti all'interno del Parlamento.

Tale formazione politica era ispirata da valori **moderati e liberali**. Tra gli **esponenti** della Destra storica comparivano in prevalenza uomini provenienti dalle **regioni dell'Italia centro-settentrionale**. Molti di essi erano **ricchi proprietari terrieri** e numerosi erano di **origine nobiliare**. A livello amministrativo e burocratico, nei governi che si susseguirono tra il 1861 e il 1876 prevalse in maniera netta la tendenza ad **accentrare il potere** per esigenze pratiche e di controllo. Tra le prime azioni della Destra storica vi fu **l'estensione dello Statuto Albertino a tutto il Regno d'Italia**. La legge fondamentale che aveva regolato il Regno di Sardegna dal 1848 divenne così il testo scritto che disciplinava il funzionamento di tutti i territori italiani. Tra le principali riforme volte all'unificazione del Paese, vennero estese a tutto il Regno di Italia **importanti leggi**:

- La **legge Casati**: è la legge che stabiliva l'obbligo per tutti i bambini di seguire i primi due anni della **scuola elementare**. Questa norma era stata in precedenza emanata nel 1859 e, dopo l'unificazione, venne estesa al resto del Paese.

- La **legge Rattazzi**: secondo questo provvedimento la **gestione dei comuni** era demandata a un consiglio eletto a suffragio ristretto; i sindaci erano nominati dal re e ai prefetti competeva il controllo delle province.

Vennero unificati il **Codice civile** e quelli sul commercio e sulla navigazione. Non compiutamente realizzata fu invece l'unificazione del Codice penale. Salvo che in Toscana, nelle regioni restò infatti in vigore la **pena di morte**. Una decisione che più di altre incise anche a livello culturale ed ebbe pesanti conseguenze soprattutto nel **Meridione** fu l'introduzione della **leva obbligatoria**. Nel Sud Italia questa era una pratica sconosciuta. Tale misura creò difficoltà inedite per le famiglie contadine meridionali che, tradizionalmente, contavano sugli uomini giovani dei loro nuclei famigliari per lavorare nei campi. Questa norma fu accolta con sfavore nelle regioni del Sud Italia e segnò una **spaccatura tra governo centrale e popolazione meridionale**.

A **livello economico**, la politica della destra storica fu improntata ai principi del **liberismo** che avvantaggiò soprattutto il settore **dell'agricoltura**. Per unificare il Paese anche a livello economico si procedette in questi anni all'estensione di **un'unica moneta** – la lira – in tutto il territorio e all'introduzione di **pesi e misure uniformi**. Lo Stato investì soprattutto per la costruzione delle **reti ferroviarie** in modo avviare un processo di unificazione anche territoriale e rendere più efficace e veloce il sistema degli scambi commerciali. Tuttavia, il passaggio all'unità nazionale non segnò in generale un miglioramento delle condizioni di vita delle masse rurali. A fronte delle ingenti spese volte ad accentrare il potere e a modernizzare il paese, la Destra storica decise di rispondere con la vendita dei beni dell'asse ecclesiastico e con un **aumento notevole della tassazione** diretta e indiretta. Tra le imposte che maggiormente incisero sulla vita quotidiana delle persone e generarono un diffuso malcontento vi fu la **tassa sul macinato**. Essa venne introdotta nel **1868** e doveva essere pagata direttamente ai mugnai al momento della macinazione del grano. Tale imposta fu vissuta come un tributo sul prodotto di base dell'alimentazione degli italiani dell'epoca: il pane. Proprio in opposizione a questa tassa scoppiarono alcuni **moti di protesta** in tutta Italia di fronte ai quali la Destra storica non mancò di attuare una **politica repressiva**, ricorrendo anche in questa occasione all'esercito. Il bilancio delle vittime fu molto duro: 250 furono i morti in seguito all'azione delle forze militari. Il governo decise inoltre di introdurre il **corso forzoso della lira**. Con questa iniziativa era possibile stampare una maggior quantità di carta moneta e non vi era obbligo di convertire in oro il denaro. La politica economica si concluse con il **raggiungimento del pareggio di bilancio nel 1875**, l'ultimo anno in cui la Destra storica fu al governo. Ad essa succedette, a partire dal marzo 1876, il primo dei governi della **Sinistra Storica**.

f.   Tentativi di Garibaldi di liberare Roma dopo il 1860

Il 18 aprile del 1861 **Giuseppe Garibaldi** lasciò Caprera e raggiunse Torino dove tenne un discorso alla Camera dei deputati in cui perorò la causa del mezzogiorno, facendo presente agli onorevoli come il brigantaggio che interessava le regioni meridionali fosse una diretta conseguenza delle condizioni di estremo bisogno dei contadini meridionali, sfruttati senza ritegno dai proprietari terrieri che rappresentavano la borghesia meridionale. Il benessere di quel ceto era diretta conseguenza dello stato miserevole in cui erano tenuti i lavoratori della terra. Visto che il suo appello di contrastare il fenomeno del **brigantaggio** con riforme sociali profonde e non con la repressione militare non trovò una particolare accoglienza tra le forze politiche presenti nell'assemblea, tornò deluso alla sua isola.

In quegli anni **gli Stati Uniti** erano alle prese con la **guerra civile tra Unionisti e Confederali**. Le sorti dello scontro volgevano al peggio per le truppe unioniste che, nella primavera del 1861, avevano collezionato delle pesanti sconfitte nei confronti dell'esercito confederale. Garibaldi fu contattato dall'ambasciatore statunitense Henry Shelton Sanford per un suo eventuale intervento nelle fila dei militari unionisti. Il generale informò di questo invito il re Vittorio Emanuele, facendo presente all'ambasciatore Sanford che un suo intervento sarebbe stato possibile solo con la nomina a comandante supremo delle forze unioniste. Di fronte a questa condizione le autorità statunitensi non ritennero di insistere nella loro richiesta. Il chiodo fisso del generale era la **liberazione di Roma**. Nelle ore di riposo dalla vita agreste di Caprera, rimuginava sulle possibili strategie per fare dell'Urbe la capitale d'Italia. Durante un suo viaggio in Sicilia, dove partecipò a una cerimonia in ricordo del sacrificio di tante camicie rosse che avevano dato la vita durante la Spedizione dei Mille, ebbe l'occasione di veder radunati attorno a sé 3.000 garibaldini che si dissero pronti a marciare su Roma. Garibaldi, che non chiedeva altro, imbarcò a Catania questi uomini su due navi, dirigendosi verso la costa calabrese. **Il 25 agosto del 1862** sbarcò a Melito Porto Salvo, proseguendo con i suoi volontari attraverso **l'Aspromonte**, evitando la costa dove temeva un intervento della marina italiana. Il 26 agosto **3.500 bersaglieri comandati da Emilio Pallavicini** gli si pararono di fronte sulla strada dell'Aspromonte. Le camicie rosse si erano intanto ridotte, nel tragitto tra Palermo e l'Aspromonte, a circa 1500 unità. I bersaglieri iniziarono a sparare contro i volontari i quali, nonostante l'ordine contrario di Garibaldi, risposero al fuoco. Il generale, per evitare una strage tra volontari e soldati, si alzò in piedi, sbracciandosi per far terminare lo scambio di colpi che già aveva provocato diverse vittime da ambo i lati. **Garibaldi fu colpito da due fucilate alla gamba sinistra** e al malleolo destro. Al ferimento di Garibaldi sia le Camicie Rosse che i bersaglieri si fermarono sgomenti. Dopo cure sommarie prestate a Garibaldi sul campo, il comandante dei bersaglieri Pallavicini procedette **all'arresto del generale**. In quella giornata si contarono 12 morti e 40 feriti tra volontari e regolari. Garibaldi, ferito, fu trasferito Genova. Vittorio Emanuele colse l'occasione del matrimonio di sua figlia Maria Pia con il re del Portogallo Luigi I per concedere **un'amnistia e liberare Garibaldi**, che venne trasferito in un albergo di La Spezia. Nel **settembre del 1867** il generale volle di nuovo tentare la **liberazione di Roma**. Partì da Firenze il 23 settembre per raggiungere Roma e promuovere una sollevazione dei cittadini romani e, dall'interno della città, sovvertire lo Stato Pontificio. Fu arrestato a **Sinalunga** dalle autorità italiane e condotto nella prigione della fortezza di Alessandria. Alla Camera dei deputati, ospitata a Palazzo Vecchio di Firenze, numerosi parlamentari protestarono energicamente per l'arresto di Garibaldi, che godeva, tra l'altro, dell'immunità parlamentare, essendo un deputato eletto nella circoscrizione dell'Italia meridionale. Il 27 settembre fu liberato e accompagnato a Caprera dove fu messo sotto stretta sorveglianza dalle autorità. Approfittando della somiglianza con il suo assistente e amico Luigi Gusmaroli, fuggì dall'isola. L'amico lo sostituì fingendo di essere il generale. Garibaldi attraversò tutta la Sardegna cavalcando senza sosta per 15 ore e partì dal porto di Cagliari imbarcandosi per il continente. Giunse a Firenze il 20 ottobre, da quella città diede il via alla **"Campagna dell'agro romano per la liberazione di Roma"**.

Raggiunse il Lazio con 8.000 volontari, coadiuvato dal figlio Menotti, da Giovanni Nicotera e Giovanni Acerbi. Il 23 ottobre i **fratelli Cairoli** con la loro colonna di 67 volontari presero posizione sulla collina dei Parioli a Roma. Due garibaldini erano riusciti a sistemare una bomba alla caserma Serristori. L'esplosione causò la morte di 25 zuavi dell'esercito pontificio e di due civili. I due volontari, Giuseppe Monti e Gaetano Tognetti, furono catturati e in seguito condannati a morte. I Cairoli si scontrarono a loro volta con reparti svizzeri dell'esercito pontificio. Enrico Cairoli fu ucciso durante il combattimento mentre il fratello Giovanni fu ferito gravemente. I superstiti, protetti dal buio della notte, riuscirono a mettersi in salvo raggiungendo le truppe guidate da Garibaldi. Dopo aver conquistato Monterotondo il 29 ottobre Garibaldi e i suoi uomini giunsero alle porte di Roma. Garibaldi attese che la popolazione romana iniziasse la rivolta. Il giorno seguente, poiché la sperata sollevazione non ci fu, si ritirò verso Tivoli. All'altezza di **Mentana** i garibaldini si scontrarono con 3.500 soldati pontifici e 3.000 francesi. Il generale, a causa dell'inferiorità dell'armamento dei suoi uomini, poiché i francesi erano dotati di modernissimi fucili a retrocarica, comandò il ritiro. A Figline Valdarno fu di nuovo arrestato dalle autorità italiane e condotto a Varignano. Il 25 novembre del 1867 tornò a Caprera.

g. L'unificazione amministrativa: la questione meridionale

Per molti anni, almeno fino alla conclusione della prima fase della **repressione del brigantaggio meridionale (1865)**, il nuovo Regno d'Italia visse in uno stato di eccezionalità. La costruzione politica dell'Unità sembrò per lungo tempo revocabile. Ai nemici interni si sommavano gli effetti di una difficile legittimazione sul piano internazionale. Il nuovo Regno, edificato sul terreno del consenso popolare attraverso i **plebisciti**, e su questa base impostosi all'opinione pubblica e al concerto delle potenze europee, sembrava, almeno al Sud, dover fare i conti con un imponente e radicale rifiuto di massa.

La disponibilità all'uso della forza per difendere l'Unità era stata dichiarata senza possibilità di equivoco da Cavour già nel dicembre del 1860. Al tempo stesso lo Stato liberale è vincolato alle garanzie costituzionali e al sistema dei diritti che costituiscono la sua stessa ragione storica. L'ordine dei liberali cerca, quindi, un difficile equilibrio tra sicurezza e diritti individuali, e tenta di sfuggire tanto agli eccessi dell'assolutismo quanto a quelli della dittatura rivoluzionaria. **Un ruolo decisivo svolse poi l'esercito**, chiamato spesso ad intervenire a difesa dell'ordinamento costituzionale. Lo strumento adoperato fu la proclamazione dello **stato d'assedio** (in Sicilia e nelle province napoletane nel 1862, nel 1866 a Palermo). Lo stato d'assedio significava l'attribuzione della giurisdizione ai **tribunali militari**, che le autorità del nuovo Stato preferivano all'impiego della magistratura ordinaria, troppo lenta, e spesso troppo poco severa nel comminare le condanne.

A questi strumenti si aggiunsero le **misure speciali applicate nel Mezzogiorno** per combattere il **brigantaggio** e culminanti con l'emanazione della **legge Pica**, dal nome del deputato liberale abruzzese Giuseppe Pica, che se ne fece promotore il 1° agosto del **1863**. Appoggiata da una parte della Sinistra, la legge stabiliva che nelle provincie dichiarate dal governo in stato di brigantaggio fossero i **tribunali militari** a giudicare i briganti e i loro complici. Spettava poi la **pena di morte** a chi si fosse opposto con le armi all'autorità dello Stato e prometteva forti sconti di pena a chi invece si fosse costituito entro un mese dalla sua entrata in vigore. Istituiva inoltre giunte provinciali autorizzate ad assegnare al domicilio coatto oziosi, vagabondi, camorristi e tutti coloro che fossero sospettati di aver ospitato o protetto in qualche modo i briganti. Autorizzava infine l'arruolamento di squadre locali di volontari per combattere il brigantaggio. Lo stato di eccezione di molte province meridionali in cui si svolsero il processo di costruzione dello Stato unitario e poi il suo consolidamento non solo fece dell'apparato militare uno strumento decisivo sul terreno dell'ordine pubblico, ma determinò in profondità lo stesso modello organizzativo dell'esercito italiano. Per rompere il **localismo** e affermare una **prospettiva nazionale** anche fra le classi popolari fu scelto il reclutamento proveniente da più regioni per ogni unità, creando così dei reggimenti geograficamente misti. Contadini analfabeti, che parlavano dialetti reciprocamente inaccessibili, erano eventualmente in grado di coalizzarsi con maggiore difficoltà. Inoltre, questo sistema dava maggiori garanzie all'uso dell'esercito in funzione di ordine pubblico, svincolando la residenza dell'unità dalla provenienza dei suoi uomini.

h. I Il brigantaggio meridionale e l'inchiesta Massari

Negli anni dell'Italia post-unitaria si cominciò a parlare di *questione meridionale*, per denunciare il ritardo economico e culturale in alcuni centri nel Sud del Paese. Le preoccupazioni destate dall'annessione del Regno delle Due Sicilie non derivavano solo dall'incontro di una società giudicata subito inferiore, da generiche e fallaci impressioni negative su comportamenti, costumi e modi di vita diversi dai propri, ma anche da una questione assai più concreta: il **brigantaggio**. Le diffuse preoccupazioni riguardo al dilagante fenomeno del brigantaggio nelle regioni del Sud, non solo sembrava confermare le prime impressioni a proposito del carattere ancora selvaggio e barbaro delle popolazioni meridionali, ma costituiva un pericolo per la stessa Unità poiché fecero temere gravi conseguenze a livello internazionale: il fatto che una parte del Paese si opponesse con violenza al nuovo Stato avrebbe potuto essere considerato dall'opinione pubblica europea un segno di debolezza.

La delusione delle masse contadine seguita all'iniziale entusiasmo per Garibaldi e per le sue promesse di miglioramenti sociali ed economici era stata abilmente strumentalizzata da **Francesco II di Borbone** che, dopo la sconfitta, aveva pensato di **servirsi dei briganti per riconquistare il suo regno**. Il secolare problema delle usurpazioni delle terre e la situazione economica generale peggiorata dopo le iniziative doganali unitarie di Cavour fecero sprofondare **il meridione in uno stato di povertà**, degrado e disoccupazione. Il dissolvimento dell'esercito borbonico spinse anche sottufficiali e soldati a darsi al brigantaggio e così fu necessario l'impiego massiccio della forza attraverso l'invio al Sud di truppe agli ordini del **generale Enrico Cialdini** che comandava oltre cinquantamila uomini.

Lo scontro tra i briganti e le truppe dello Stato italiano si andò configurando come una **vera e propria guerra civile**, soprattutto quando Garibaldi, partendo dalla Sicilia, decise di liberare Roma dal governo pontificio. Il governo presieduto da **Urbano Rattazzi** reagì duramente: Garibaldi fu fermato in **Aspromonte** e nel **1862** fu decretato lo **stato d'assedio nel Mezzogiorno**, che durò fino a novembre. Lo stato d'assedio risultò essere inefficace e venne istituita una **commissione d'inchiesta** composta da nove deputati, ognuno di una zona geografica diversa, che percorsero le province dove più era presente il brigantaggio e osservarono luoghi e condizioni di vita dei contadini. **La relazione Massari** fu il risultato delle indagini, della commissione parlamentare d'inchiesta del Regno d'Italia sul **brigantaggio postunitario italiano**. Nominata dal parlamento del regno nel dicembre del **1862**, la commissione iniziò il suo viaggio verso il mezzogiorno ai primi di gennaio del **1863** per rientrare a Torino (ancora capitale del Regno) a metà marzo. **Giuseppe Massari** assunse il compito di redigere la relazione conclusiva da presentare al Parlamento. Nella relazione presentata si scrisse che servivano **diffusione dell'istruzione pubblica**, affrancazione della terra, costruzione di **strade** e nuove attivazione di **lavori pubblici**. Sapevano tutti che ci sarebbe voluto troppo tempo e intanto si sarebbe rischiato di perdere il Mezzogiorno. Non restava che ricorrere ad una legislazione eccezionale attraverso cui legalizzare ancora una volta la repressione: la **Legge Pica**. Si trattava di una legge speciale che, di fatto, era incostituzionale e divideva in due l'Italia: da una parte il Centro e il Nord e dall'altra tutte le regioni del Meridione.

Quindi, questa Italia unita, già dal punto di vista giuridico e normativo veniva separata. La legge stabiliva che poteva essere **qualificato come brigante** (e, dunque, giudicato dalla corte marziale) chiunque fosse stato trovato armato in un gruppo di almeno tre persone. Veniva inoltre concessa la facoltà di istituire delle **milizie volontarie** per la caccia ai briganti ed erano stati stabiliti dei premi in danaro per ogni brigante arrestato o ucciso. La legge Pica non faceva alcuna distinzione tra briganti, assassini, contadini, complici veri o presunti. La legge Pica, fra fucilazioni, morti in combattimento ed arresti, causò più morti di tutto il Risorgimento.

i. La terza guerra d'indipendenza italiana

Quando viene proclamato il Regno d'Italia (17 marzo 1861) il processo di unificazione nazionale non è ancora concluso: il **Lazio appartiene ancora allo Stato Pontificio**, mentre il **Veneto e le province di Trento e Trieste appartengono ancora all'Austria**. Con la **Terza guerra di indipendenza (20 giugno 1866 - 12 agosto 1866)** il Regno d'Italia consegue l'annessione del **Veneto**, oltre che della provincia di Mantova e di parte del Friuli, ponendo così fine alla cosiddetta "**questione veneta**".

Negli anni che seguono l'Unità, benché gran parte dell'opinione pubblica italiana caldeggi un intervento militare volto a conseguire l'annessione del Veneto, il re preferisce non correre alcun rischio, sia perché ritiene prioritario definire i rapporti con lo Stato della Chiesa, sia perché si rende conto della propria debolezza in confronto al nemico austriaco. Per questi motivi, quando già a partire dal 1861 Mazzini e Garibaldi iniziano a reclutare volontari alla frontiera del Tirolo in vista di una guerra contro l'Austria, il sovrano interviene per bloccare l'iniziativa. Soltanto il **mutato contesto internazionale** rende possibile l'apertura delle ostilità:

- in primo luogo, la decisione di **Napoleone III** di smobilitare le truppe francesi dallo Stato Pontificio offre una provvisoria soluzione alla "**questione romana**". Più specificamente, l'imperatore francese desidera indebolire la posizione internazionale dell'Austria, approfittando delle tensioni di questa con la Prussia per il controllo dei ducati danesi dello Schleswig e dell'Holstein. Il 21 giugno 1864 Napoleone III propone a Vittorio Emanuele II di sgomberare le proprie truppe da Roma, a condizione che l'Italia **sposti la capitale da Torino ad un'altra città** (verrà scelta **Firenze**) e si impegni a non **attaccare l'integrità territoriale dello Stato della Chiesa. L'accordo viene formalizzato il** 15 settembre 1864 con la Convenzione di Parigi (o **Convenzione di settembre**);

- in secondo luogo, la decisione di **Otto von Bismarck** di portare guerra **all'Austria** procura all'Italia un nuovo importante alleato. Il cancelliere prussiano desidera scalfire l'egemonia austriaca nell'area germanica e, ottenute rassicurazioni di neutralità rispetto ad un eventuale conflitto austro-prussiano dalla Gran Bretagna, dalla Russia e soprattutto dalla Francia (Bismarck e Napoleone III si incontrano a Biarritz tra il 4 e l'11 ottobre 1865), la **Prussia** cerca infine un **accordo militare con il Regno d'Italia**. Con il trattato di Berlino firmato il 10 marzo 1866 la Prussia si impegna a difendere l'Italia in caso di attacco austriaco e l'Italia si impegna ad intraprendere una guerra contro l'Austria qualora lo abbia già fatto la Prussia. Nel trattato si prevede inoltre che nel caso in cui l'Austria avesse offerto il Veneto all'Italia l'armistizio non avrebbe potuto essere rifiutato. Ottenuto l'appoggio prussiano, Vittorio Emanuele II può considerare di riprendere le ostilità nei confronti del nemico austriaco.

Quando il 1° giugno 1866 l'Austria chiede che la Confederazione germanica (da lei controllata) risolva la questione relativa al controllo dei ducati danesi, la Prussia invade l'Holstein. Il 14 giugno l'Austria mobilita l'esercito della Confederazione germanica. Il 15 giugno la Prussia esce dalla Confederazione germanica e invade la Sassonia, l'Hannover e l'Assia (alleati dell'Austria).

Essendo ormai scoppiata la guerra austro-prussiana, il 20 giugno **l'Italia dichiara guerra all'Austria**. Il conflitto che nel contesto del Risorgimento italiano prende il nome di "**terza guerra di indipendenza**", nel contesto europeo altro non è che il fronte meridionale della guerra austro-prusso-italiana. All'inizio della guerra l'Italia conta su circa 200.000 fanti e 10.000 cavalleggeri, raggruppati in quattro corpi d'armata, di cui tre schierati sul Mincio al comando di **Alfonso Lamarmora** e uno schierato sul Po al comando di **Enrico Cialdini**; conta inoltre su circa **40.000**

volontari al comando di Giuseppe Garibaldi.

Invece l'Austria, che ha cercato di sopperire ai problemi emersi durante la Seconda guerra di indipendenza, potenziando l'artiglieria e la cavalleria, sul fronte meridionale può contare su circa 190.000 uomini, di cui però vengono effettivamente schierati solo 60.000 fanti, 3.000 cavalleggeri e 10.000 combattenti provenienti dai presidii delle **fortezze del "quadrilatero" di Peschiera, Mantova, Verona e Legnago.**

Nelle intenzioni di Bismarck, la Prussia avrebbe dovuto puntare direttamente su Vienna mentre l'Italia si sarebbe dovuta dirigere a Padova e quindi all'Isonzo: in questo modo l'Austria sarebbe stata minacciata sui due fronti principali contemporaneamente, oltre che su fronti secondari come in Dalmazia, con l'intervento dei volontari di Garibaldi, o come in Ungheria, dove si intendeva provocare una rivolta. L'Italia non riesce tuttavia a stare al passo dell'alleato, sia per la sua debolezza militare, sia perché Lamarmora e Cialdini, incontratisi a Bologna poco prima dell'inizio degli scontri, non riescono a coordinare l'intervento delle divisioni schierate rispettivamente sul Mincio e sul Po.

Il 23 giugno Lamarmora oltrepassa il Mincio con due corpi d'armata. Si pensa che le truppe austriache si trovino ancora presso il fiume Adige, mentre esse si trovano già schierate presso il lago di Garda. Il 24 giugno 1866 i due eserciti si incontrano: **l'esercito italiano** si batte valorosamente, ma sconta una pessima organizzazione e viene aspramente **sconfitto nella battaglia di Custoza.** Lo stesso 24 giugno le truppe di Lamarmora ripiegano dietro il fiume Oglio. Venuto a conoscenza della sconfitta, Cialdini decide di non oltrepassare il Po e di ripiegare dietro il fiume Panaro. A partire dal 29 giugno Cialdini si risolve ad oltrepassare il Po e si addentra in territorio veneto. Negli stessi giorni Garibaldi affronta gli austriaci in Trentino con alterne vicende.

Sul fronte settentrionale l'Austria si trova invece in grande difficoltà; dopo aver vinto le resistenze di vari alleati austriaci, la **Prussia** invade la Boemia e il **3 luglio 1866 sconfigge l'Austria nella battaglia di Sadowa.** Diventa allora prioritario per l'Austria chiudere il fronte meridionale per poter schierare tutte le proprie milizie contro il nemico prussiano. Il 4 luglio l'Austria comunica alla Francia la propria intenzione di cedere il Veneto all'Italia e l'8 luglio la Prussia accetta la mediazione francese. A questo punto l'Italia si vede costretta a piegarsi al nuovo scenario internazionale e Cialdini riceve l'ordine di arrestare la propria avanzata in Veneto.

Nel consiglio di guerra di Ferrara del 14 luglio l'Italia decide tuttavia di proseguire con le campagne terrestri di Lamarmora, Cialdini e Garibaldi, e di **iniziare le ostilità navali.** Si vuole ottenere una vittoria che salvi l'Italia dall'umiliazione di dover accettare il Veneto da Napoleone III senza averlo conquistato militarmente, e che consenta anche di sedersi al tavolo della pace in posizione di relativa forza.

Cialdini e **Garibaldi** conducono bene le operazioni militari in questa fase del conflitto, mettendo in seria difficoltà Kuhnenfeld; il primo avanza in territorio veneto, occupando Padova il 14 luglio e Vicenza il 15 luglio, e costringendo i contingenti austriaci a ritirarsi oltre il fiume Isonzo; il secondo invece ottiene alcuni successi militari in territorio trentino, e **il 21 luglio 1866 le sue armate sconfiggono l'esercito austriaco nella battaglia di Bezzecca.**

I successi riportati dagli italiani nelle battaglie terrestri vengono tuttavia inficiati dalle **pesanti sconfitte sofferte nelle battaglie navali.** Avendo ricevuto precise indicazioni in tal senso nel consiglio di Ferrara, il 18 luglio **l'ammiraglio Carlo Pellion conte di Persano** inizia a bombardare con la propria flotta **l'isola di Lissa**, al largo della costa dalmata. Il 20 luglio 1866, la flotta imperiale al comando **dell'ammiraglio Wilhelm von Tegetthoff** giunge da Pola, **sconfigge rapidamente la flotta italiana**, affondando la corazzata "Re d'Italia" e la cannoniera "Palestro", e si ritira a Lesina. Le ragioni della sconfitta vanno ricercate principalmente nel fatto che la flotta italiana è il prodotto di una recente fusione di elementi liguri, napoletani e siciliani: le diversità di dottrine belliche, lo scarso spirito di corpo, oltre che la sfiducia in Persano, rendono la flotta italiana del tutto inadeguata ad affrontare il nemico austriaco.

Dopo la **battaglia di Sadowa**, grazie alla mediazione francese, il 21 luglio Austria e Prussia pervengono ad una tregua, alla quale il 25 luglio aderisce anche l'Italia. Il 26 luglio Austria e Prussia siglano l'armistizio di Nikolsburg, al quale il 29 luglio aderisce formalmente anche l'Italia, senza tuttavia sottoscriverlo. Visconti Venosta, ministro degli Esteri italiano, avrebbe voluto proseguire il conflitto, ma la recente sconfitta a Lissa e la cessazione delle ostilità fra l'Austria e l'alleato prussiano rendono la cosa impossibile. In quel momento diventa altresì chiaro che l'Italia non avrebbe potuto mantenere il controllo sulla provincia di Trento, benché Garibaldi l'avesse conquistata militarmente, perché le potenze europee non intendono scalfire l'integrità territoriale dell'Austria. **L'11 luglio 1866 Austria e Italia stipulano l'armistizio di Cormons**, mentre con il trattato di Praga del 23 agosto Austria e Prussia definiscono i termini della pace.

Il 3 ottobre 1866 con il trattato di Vienna anche Austria e Italia definiscono i termini della pace: **l'Austria cede Veneto e Friuli alla Francia, la quale li avrebbe poi ceduti all'Italia.** Il rifiuto dell'Austria di consegnare un territorio direttamente al Regno d'Italia è determinato dal fatto che l'Austria non intende umiliarsi cedendo territori ad uno Stato che aveva sempre sconfitto in battaglia nel corso del conflitto. La cessione viene poi ratificata con un plebiscito a suffragio universale maschile che si svolge tra il 21 e il 22 ottobre. Il 7 novembre Vittorio Emanuele II entra a Venezia.

j. Pio IX: il Sillabo e il Concilio Vaticano I

Il **Concilio Vaticano I** fu convocato da **Papa Pio IX** con la bolla "Aeterni Patris" del **29 giugno 1868**. La prima sessione fu tenuta nella Basilica di San Pietro l'8 dicembre 1869. Vi parteciparono quasi 800 padri conciliari. Furono invitati anche delegati delle altre confessioni cristiane i quali, però, credettero si trattasse di una provocazione e non di un invito e quindi rifiutarono. La preparazione del concilio venne affidata ad una Commissione di cardinali, detta "Congregazione direttiva", assistita da cinque commissioni speciali, le quali dovevano trattare i problemi riguardanti l'adeguamento della dottrina ecclesiastica, il ruolo del Papa, valutare gli errori del razionalismo, i rapporti tra la Chiesa e lo Stato.

Il primario scopo del Papa fu di ottenere la conferma della posizione che egli aveva assunto nel suo **Sillabo (1864)**, condannando una vasta gamma di posizioni associate al razionalismo, al liberalismo e al materialismo e al fideismo. Il Sillabo conteneva un elenco di ottanta proposizioni che papa Pio IX pubblicò insieme all'enciclica "Quanta cura" nella ricorrenza della solennità dell'Immacolata Concezione, l'8 dicembre 1864. **Nel Sillabo sono condannati il liberalismo, vecchie eresie che si riaffacciavano nelle idee dell'epoca, l'ateismo, il comunismo, il socialismo, l'indifferentismo, il nazionalismo, il razionalismo** e proposizioni relative alla Chiesa e alla società civile.

Pio IX indirizzò, inoltre, la lettera apostolica "Iam vos omnes" ai protestanti e a tutti gli acattolici, per tornare a condividere la comunione e la verità della Chiesa Cattolica, come i loro Padri comuni. Il documento affermò che la Chiesa cattolica fu:

- edificata in terra da Gesù Cristo
- l'unica autorità voluta da Dio per governare le convinzioni dell'intelletto umano e per indirizzare le azioni degli uomini, tanto nella vita privata che in quella sociale
- l'unico ed eterno pastore delle anime, sorgente di giustizia e dell'autentica pace.

Il fine del Concilio fu, accanto alla condanna, di definire la dottrina riguardante la Chiesa. Nelle tre sessioni ci fu discussione e approvazione solo di due costituzioni: la costituzione dogmatica sulla fede cattolica e la prima costituzione dogmatica sulla Chiesa di Cristo, che tratta il primato e l'infallibilità del vescovo di Roma quando definisce solennemente un dogma.

La definizione di **infallibilità papale** non era nell'ordine del giorno originario degli argomenti da discutere, ma fu aggiunta ben presto con forza dopo che il Concilio Vaticano si radunò, per volontà dell'arcivescovo Luigi Natoli che sostenne, in molteplici interventi, la chiara definizione del dogma dell'infallibilità del Papa.

Fu controversa, non perché molti non credessero che il Papa fosse infallibile nel definire un dogma, ma perché molti che lo credevano non pensavano fosse prudente definire la dottrina formalmente. Circa 60 membri del Concilio si astennero lasciando Roma il giorno prima del voto. L'arcivescovo Luigi Natoli, e l'arcivescovo Antonio María Claret y Clará, confessore presso la corte spagnola e fondatore dei Figli Missionari del Cuore Immacolato di Maria (Missionari Claretiani), condannarono fortemente le posizioni del Concilio e furono i più energici difensori riguardo alla questione dell'infallibilità del Papa e del primato della Santa Sede Romana. La discussione e l'approvazione della costituzione dette adito a serie controversie che portarono all'abbandono della Chiesa di alcuni che divennero noti come Vecchi Cattolici.

Lo scoppio della **guerra franco-prussiana, nel luglio 1870,** la sconfitta della Francia di Napoleone III e la **Presa di Roma da parte dei bersaglieri italiani il 20 settembre** del medesimo anno, interruppe definitivamente il Concilio, il quale fu aggiornato sine die il 20 ottobre 1870, senza riprendere più. Fu poi dichiarato chiuso circa un secolo dopo nel 1960 da papa Giovanni XXIII, come atto formale prima dell'apertura del **Concilio Vaticano II.**

k. Lo Stato e la Chiesa: cattolici e liberali dopo l'unità d'Italia

Vedi tesi 4, punto j.

Nelle elezioni del 1904 e del 1909, durante l'epoca giolittiana, Pio X sciogliendo l'impedimento del **non expedit,** concesse che i cattolici votassero per i liberali per impedire una vittoria dei candidati socialisti. Nel **1912** era stata approvata la legge del **suffragio universale maschile** e per la prima volta per le **elezioni del 1913** veniva chiamata alle urne la quasi totalità degli adulti. Il partito liberale era del tutto impreparato ad una campagna elettorale che arrivasse a mobilitare le masse, così come potevano fare i socialisti. Vennero in aiuto i cattolici che erano in grado di contrapporre la rete capillare delle parrocchie e delle proprie organizzazioni nelle campagne. Pur tra forti contrasti politici si giunse al **Patto Gentiloni** con cui i candidati liberali si impegnavano, in cambio del voto cattolico, ad opporsi in Parlamento ad ogni legge (divorzio, insegnamento) che potesse ledere gli interessi cattolici. L'appoggio cattolico con il consenso vaticano, valse a salvare i liberali dalla sconfitta.

Nel **1919** avvenne la Formazione del **Partito popolare italiano** (sotto la direzione di **Luigi Sturzo**) con il consenso del Vaticano che prese la decisione storica di concedere al movimento cattolico una valenza politica, a causa della forte pressione socialista in Europa, in particolar modo segnata dalla Rivoluzione russa del 1917 e della situazione di grave malcontento popolare in seguito alla I guerra mondiale. Le caratteristiche fondamentali del nuovo partito, che aveva la sua base soprattutto nelle campagne, erano l'**antisocialismo,** un **antiliberalismo** che mirava a sostituire, nel consenso borghese, la nuova forza politica nella direzione dello Stato e infine l'aspirazione corporativa del pensiero sociale cattolico che escludeva la lotta di classe e sosteneva la collaborazione tra capitale e lavoro.

Con l'inizio del secolo, maturarono le **convergenze tra la Destra liberale e i cattolici** ormai propensi ai necessari compromessi con la società civile con le forze conservatrici, nel comune intento di frenare il pericolo della sinistra. Con il **patto Gentiloni** viene tra l'altro sancito, per quanto riguarda la scuola, l'accordo che a livello parlamentare sarebbe stata favorita la scuola privata e nella scuola pubblica l'**insegnamento dell'istruzione religiosa.** Da una situazione politica così complessa in cui le forze liberali, pur proseguendo in una tradizione di laicità dello Stato, si appoggiano per ottenere il consenso popolare alle capillari istituzioni cattoliche, emerge la posizione fortemente borghese dei liberali che possono difendere il principio di laicità nella cultura per i ceti dominanti che si avvalgono dei livelli più alti dell'istruzione, ma che davanti al popolo non sanno prendere altra posizione che quella del controllo sociale che esclude l'emancipazione e passa attraverso una morale come quella cattolica.

1. Roma capitale: la legge delle guarentigie

Il **13 maggio 1871** fu approvata dal governo italiano la **Legge delle Guarentigie**. Tale legge aveva lo scopo di regolare i **rapporti tra il Regno d'Italia e lo Stato Vaticano**. Questa legge affermava che il Papa era a tutti gli effetti, un cittadino italiano con alcuni benefici scaturiti dalla sua posizione di **capo spirituale della Chiesa**, per tanto aveva diritto ad avere una propria scorta armata che ne proteggesse la persona e alcuni palazzi e monumenti facenti parte dei propri numerosi possedimenti fossero del tutto esenti dalle leggi italiane come ad esempio Castel Gandolfo. Il Papa avrebbe anche ricevuto un **contributo economico** finalizzato al proprio sostentamento.

La legge inoltre garantiva l'assoluta **indipendenza reciproca del Regno e del Papa**. La risposta della Chiesa fu netta e negativa, la legge così formulata fu ritenuta inaccettabile da Papa Pio IX il quale sin dalla Presa di Roma **si barricò all'interno del Vaticano** e non ne uscì più per protesta contro il Regno, e così fecero i suoi successori per i seguenti sessant'anni, inoltre, rifiutò la quota offertagli dal Governo per il proprio sostentamento.

Il Governo infastidito dalla caparbietà del Pontefice e in un'ottica sempre più anticlericale avviò alcune riforme contro la Chiesa:

- fu introdotta la leva militare obbligatoria anche ai seminaristi;
- fu abolito l'insegnamento della teologia da tutte le università pubbliche e la gestione e il controllo dei seminari divenne anche statale.

I rapporti tra Regno e Chiesa da qui in poi saranno sempre più difficili fino ad arrivare al culmine nel **1874** con la promulgazione da parte del Pontefice dell'espressione simbolica "***non expedit***" con la quale s'imponeva a tutti coloro che si definissero cattolici, credenti e praticanti, di **non partecipare attivamente alla vita politica** del Paese.

TESI 5

a. La sinistra al potere nel 1876
b. Da Crispi a Giolitti
c. La sinistra al potere: il trasformismo e la politica estera
d. La rete ferroviaria italiana prima e dopo l'unificazione
e. La scolarizzazione in Italia dopo l'unificazione
f. L'espansione coloniale italiana sino a Giolitti
g. La struttura industriale italiana alla fine del secolo XIX
h. Il protezionismo e la questione sociale
i. L'epoca giolittiana: lo sviluppo economico dell'Italia e la conquista della Libia.

a. La sinistra al potere nel 1876

Nel **1876** si svolsero le **elezioni parlamentari** che sancirono la **vittoria della Sinistra**. Furono così estromessi dal governo i deputati della Destra, lo schieramento che aveva mantenuto la maggioranza parlamentare fin dalla proclamazione del regno d'Italia, nel 1861. I deputati della Destra erano per lo più conservatori, monarchici, cattolici favorevoli alla conciliazione tra Stato e Chiesa. Erano principalmente proprietari terrieri che volevano ordine, rispetto delle leggi, ma anche libertà economica. La **Sinistra**, invece, si componeva di **intellettuali**, **professionisti** (avvocati, medici, ecc.), **dirigenti pubblici**. Si mostrava più sensibile verso gli interessi del popolo.

Il primo presidente del consiglio appartenente alla Sinistra storica fu **Agostino Depretis**, incaricato dal Re, pochi giorni dopo le dimissioni del governo Minghetti. La matrice ideologica del raggruppamento era **liberale progressista**, e, pur non avendo un precedente storico, si rifaceva alle **idee mazziniane**, **garibaldine** e dunque **democratiche**. Depretis formò un governo che, oltre all'appoggio della Sinistra, schieramento di cui faceva parte, si reggeva anche sull'appoggio di una parte della Destra, quella che aveva contribuito alla caduta del governo Minghetti.

I meriti della Destra storica non erano stati pochi. Tra il 1861 e il 1876 il giovane Stato italiano si era dato un'organizzazione, le sue finanze erano state risanate, l'unità territoriale era stata quasi completata grazie alla guerra contro l'Austria del 1866. Restavano tuttavia diversi problemi aperti. A preoccupare erano sia la situazione di **grande povertà di contadini e operai**, sia il **divario** che già si rendeva evidente tra il **Nord e il Sud** della penisola: la "**questione meridionale**" si aggravava, invece di risolversi. Per fronteggiare questi problemi, si rendevano necessarie riforme politiche e sociali, lontane dalla politica degli uomini della Destra storica. Essi, infatti, in economia erano seguaci delle teorie liberiste, che esaltano la libera concorrenza e sono contrarie a interferenze dello Stato nelle attività produttive e commerciali. La **crisi economica** che si profilava all'orizzonte rendeva urgente, invece, un approccio diverso da quello liberista.

Il leader della Sinistra, Agostino Depretis, aveva annunciato durante la campagna elettorale, di voler cambiare il volto dell'Italia con alcune **decisive riforme**. Secondo lui era necessario **allargare il diritto di voto**, migliorare la **qualità e la diffusione dell'istruzione**, combattere **malattie pericolose** (come malaria, pellagra, tifo, colera, tubercolosi), prendere provvedimenti a favore dei **lavoratori delle fasce più deboli**, specialmente donne e bambini. Salito al governo, Depretis realizzò in buona parte questo programma. Nel **1877** la **legge Coppino** sancì l'**obbligo dell'istruzione** primaria in tutta Italia, fino alla terza elementare. Non furono poche, però, le difficoltà per rendere operativa la legge dato che mancavano i finanziamenti per pagare gli insegnanti e per costruire gli edifici scolastici. Inoltre molte famiglie contadine preferivano tenere i bambini a casa per farli lavorare nei campi, quindi la lotta contro l'analfabetismo tardò a dare i frutti sperati. Nel **1880** fu poi **abolita la tassa sul macinato**, alleviando così le difficoltà quotidiane di molti milioni di persone.

Nel **1882** una **riforma elettorale** portò gli elettori a 2 milioni, per votare bastava poter contare su un reddito modesto (quello di impiegati, artigiani, piccoli commercianti) e aver frequentato le scuole elementari; rimanevano comunque esclusi la maggior parte degli operai e i molti contadini analfabeti delle campagne. Depretis si rese conto anche che un'economia liberista, non regolata dallo Stato, non era più adeguata ai tempi: occorreva mettere l'Italia al passo delle altre potenze europee e, nel contempo, far fronte alla carenza di materie prime nel nostro paese. Lo Stato italiano divenne così imprenditore: promosse importanti **opere pubbliche** (trasporti, energia ecc.) e riuscì in tal modo a far crescere in misura decisiva l'economia. Nacquero in quei decenni le **prime grandi industrie italiane**: chimiche, tessili, alimentari, metalmeccaniche, che davano lavoro a masse di operai, soprattutto al Nord. Queste industrie, però, subivano la **concorrenza delle fabbriche straniere**, che immettevano sul mercato manufatti a prezzi migliori. Per proteggere e sviluppare l'industria italiana, il governo Depretis impose **forti dazi sull'importazione** dei prodotti industriali provenienti dall'estero. Questa misura da una parte favorì le industrie settentrionali, dall'altra però **contribuì a impoverire i contadini meridionali**. Gli altri paesi, infatti, per ritorsione, risposero ai dazi italiani con misure analoghe. I produttori agricoli del Sud, quindi, rimasero pesantemente colpiti, perché le loro merci trovavano maggiori difficoltà a essere vendute sui mercati esteri. A quel punto l'Italia estese i dazi anche ai prodotti agricoli stranieri: era il trionfo del **protezionismo**.

b. Da Crispi a Giolitti

Francesco Crispi è stato figura di spicco del Risorgimento, fu uno degli organizzatori della Rivoluzione siciliana del 1848 e fu l'ideatore e il massimo sostenitore della spedizione dei Mille, alla quale partecipò. **Nel 1887 diventò capo del governo**, uno degli esponenti di spicco della **sinistra moderata**. Al potere Crispi scelse un **approccio autoritario**: rafforzò i poteri del Governo e aumentò il controllo dello Stato sull'amministrazione pubblica. Inoltre, nel **1888** varò la **riforma della sanità** e della pubblica assistenza, che non erano più gestite dalla Chiesa, ma passavano sotto il controllo dello Stato. Introdusse un **nuovo Codice penale**, il **codice Zanardelli**, dal nome del Ministro della Giustizia. Il nuovo codice **aboliva la pena di morte** e riconosceva il diritto di sciopero. Tuttavia questa innovativa riforma fu integrata con la legge di pubblica sicurezza che affidava alla polizia ampi poteri, tra cui la sorveglianza speciale e il domicilio coatto. Infine, Francesco Crispi **consolidò la politica coloniale**: i domini italiani in Africa orientale furono organizzati con il nome di **colonia eritrea** e fu avviata **l'espansione verso la Somalia** e, soprattutto, verso **l'Etiopia**.

I contrasti sorti per le spese eccessive della politica coloniale voluta da Crispi portarono nel **1892** al governo il piemontese **Giovanni Giolitti**, che aveva fatto carriera nell'amministrazione statale. Giolitti dovette affrontare la crisi economica che colpiva i ceti popolari e la nascita in **Sicilia** dei **fasci siciliani**, un movimento di protesta che, pur non ricorrendo alla violenza, contestava le tasse troppo alte, denunciava il mal governo locale e chiedeva terre da coltivare oltre a contratti agrari più equi. Infine, Giolitti si trovò coinvolto nello **scandalo finanziario della Banca romana** e fu costretto a **dimettersi dall'incarico**.

Alla fine del **1893** ritornò alla guida del governo **Crispi**, che attuò subito in Sicilia una **dura repressione** militare contro le agitazioni dei lavoratori. Poi, nel **1894** fece promulgare un **insieme di leggi** per **limitare le libertà** di stampa, di riunione e di associazione, con lo scopo di colpire il **partito socialista**, che pochi mesi dopo fu dichiarato fuorilegge. Questi provvedimenti però non riuscirono a estirpare gli ideali socialisti che erano da tempo radicati nelle basi popolari. Crispi, inoltre, rilanciò la sua **aggressiva politica coloniale**. Infatti, già nel **1889**, durante il suo primo governo, era stato stipulato tra lo Stato italiano e l'impero etiope il **trattato di Uccialli**. Esso fu scritto in due versioni, in italiano e in lingua etiope, che però non erano identiche. Pertanto, mentre l'Italia credeva che il documento riportasse il riconoscimento ufficiale del protettorato italiano sull'Etiopia, il sovrano etiope pensava che fosse un semplice patto di collaborazione. Così, quando nel **1895** le truppe italiane ricominciarono a **penetrare in Etiopia**, furono prima **sconfitte sul monte Amba Alagi** nel dicembre del **1895** e poi con la definitiva **sconfitta di Adua** del marzo **1896**. Gli etiopi massacrarono gli italiani e una simile sconfitta scatenò manifestazioni di protesta nella gran parte delle città italiane contro la politica coloniale in Africa. Dunque, **Crispi** fu di nuovo **costretto a dimettersi** e al suo posto salì al potere il marchese **Antonio di Rudinì** esponente della **destra**.

c. La sinistra al potere: il trasformismo e la politica estera

Nel **1876** si svolsero le elezioni parlamentari che sancirono la **vittoria della Sinistra**. Furono così estromessi dal governo i deputati della Destra, lo schieramento che aveva mantenuto la maggioranza parlamentare fin dalla proclamazione del regno d'Italia, nel 1861. I deputati della Destra erano per lo più conservatori, monarchici, cattolici favorevoli alla conciliazione tra Stato e Chiesa. Erano principalmente proprietari terrieri che volevano ordine, rispetto delle leggi, ma anche libertà economica. La **Sinistra**, invece, si componeva di **intellettuali**, **professionisti** (avvocati, medici, ecc.), **dirigenti pubblici**. Si mostrava più sensibile verso gli **interessi del popolo**.

Il primo presidente del consiglio appartenente alla Sinistra storica fu **Agostino Depretis**, incaricato dal Re, pochi giorni dopo le dimissioni del governo Minghetti. La matrice ideologica del raggruppamento era **liberale progressista**, e, pur non avendo un precedente storico, si rifaceva alle **idee mazziniane**, **garibaldine** e dunque **democratiche**. Depretis formò un governo che, oltre all'appoggio della Sinistra, schieramento di cui faceva parte, si reggeva anche sull'appoggio di una parte della Destra, quella che aveva contribuito alla caduta del governo Minghetti. Nella sua azione di governo, Depretis cercò sempre **ampie convergenze** su singoli temi **con settori dell'opposizione**, dando vita al fenomeno del *trasformismo*. Quando si parla di "**trasformismo politico**" si fa riferimento proprio a ciò che era avvenuto nel momento in cui Depretis invitò i deputati a "trasformarsi", a **passare quindi da uno schieramento all'altro** (dalla Destra alla Sinistra). L'operazione si compì e permise di formare una **maggioranza in Parlamento**.

Per fronteggiare i **grandi problemi di politica interna** si rendevano necessarie **riforme politiche e sociali** che il leader della Sinistra, Agostino Depretis, aveva annunciato durante la campagna elettorale e che **realizzò in buona parte fra il 1877 e il 1882** (*vedi al precedente punto a*). In **politica estera**, invece, le **direzioni** dell'azione di Depretis furono **sostanzialmente due**: porre fine **all'isolamento** dell'Italia sul piano diplomatico come conseguenza dell'esclusivo perseguimento del completamento dell'unificazione, e affacciarsi alle occasioni di **espansione coloniale** che gli anni dell'imperialismo offrivano alle potenze europee. Per quanto riguarda il primo punto, nel **1882** il governo firmò, con l'Impero austroungarico e quello tedesco, la **Triplice alleanza**, un patto militare difensivo. La firma dell'accordo, oltre che rispondere all'esigenza di riprendere i rapporti diplomatici con gli Stati europei, fu anche la conseguenza degli attriti con la **Francia** che il governo ebbe sul cosiddetto "**schiaffo di Tunisi**" del **1881**, dopo che la Francia aveva esteso il suo protettorato sulla **Tunisia** a spese dell'Italia. La firma del trattato provocò sdegno negli ambienti **irredentisti**, ovvero in quella parte di patrioti e intellettuali che avrebbero voluto l'annessione delle cosiddette **terre irredente** (Trentino, Venezia Giulia, Fiume e Dalmazia che erano ancora in mano austriaca), tanto che, nel dicembre del **1882**, **Guglielmo Oberdan**, giovane triestino, meditò un attentato contro l'Imperatore austriaco Francesco Giuseppe (Imperatore dal 1835 al 1905) in visita occasionale a Trieste; scoperto, venne **arrestato e impiccato** dagli austriaci.

L'esordio dell'Italia nel colonialismo, invece, può essere datato **1882**, anno in cui il governo Depretis acquistò dalla compagnia **Rubattino** i diritti di sfruttamento del suolo della **baia di Assab in Eritrea**. Nel **1885** venne occupata la città di **Massaua** e da lì in avanti iniziarono i tentativi di penetrazione in **Etiopia**, vero obiettivo coloniale italiano. La prima iniziativa venne però bloccata dagli etiopi del Negus **Menelik**, che sconfisse le truppe italiane nella **battaglia di Dogali del 1887** dove persero la vita poco meno di cinquecento fanti italiani:

d. La rete ferroviaria italiana prima e dopo l'unificazione

Il 3 ottobre **1839** venne inaugurata la **Napoli-Portici**, la prima linea ferrata della penisola. Al di là del primato di questo tratto però, il Regno delle Due Sicilie non assunse una funzione di guida delle costruzioni ferroviarie, limitate a poche decine di chilometri diluiti in circa 20 anni. Nel **Lombardo-Veneto** la questione ferroviaria assunse aspetti complessi, con gli scontri sulla realizzazione del progetto della Milano-Venezia, ostacolati da ritardi sulla scelta del tracciato.

Più tarda e tuttavia più intensa fu la **politica ferroviaria piemontese**. La monarchia sabauda sviluppò una rete congiungente il porto di Genova con Alessandria e Torino da una parte e con Novara dall'altra. In questa epoca pionieristica, va segnalata la costruzione del primo ponte di collegamento tra Mestre e la Laguna di Venezia, ad un solo binario, con marciapiede per i pedoni. Al 1848 le linee costruite si estendevano per circa 500 chilometri.

All'atto dell'unificazione il sistema di strade ferrate constava di circa 2.700 chilometri. Per la Pianura Padana e il centro, almeno fino all'altezza di Ancona esisteva un'ossatura compiuta, mentre l'infrastruttura ferroviaria nel Meridione era quasi assente. Il **Regno d'Italia** ereditava dai **governi preunitari** una situazione confusa che vedeva ferrovie statali in Piemonte e nel Napoletano coesistere con linee interamente affidate ai privati e non mancavano i casi intermedi di proprietà pubblica ed esercizio delegato a Società concessionarie. Ai primi anni dopo l'unificazione circa **quindici erano le Compagnie ferroviarie attive**. Una preoccupazione prevalente dei nuovi progetti di costruzione linee era quella di cercare, da una parte, di creare un sistema organico e razionale delle ferrovie e, dall'altro, di attenuare il malessere del Mezzogiorno, afflitto da una situazione economica critica e dalla piaga del brigantaggio.

Il piano delineato **intorno agli anni '60** constò in sintesi di 6.000 chilometri di ferrovia, che privilegiavano i collegamenti nord-sud lungo le coste, secondo un disegno perimetrale della penisola. Nel **1865** venne aperta anche la longitudinale adriatica, fino a Brindisi, essendo la sua urgenza dettata anche dal dover assicurare all'Italia il passaggio della "**Valigia delle Indie**", convoglio ormai lontano nel tempo, ma molto famoso, il cui itinerario italiano costituiva una delle parti terrestri del **collegamento ferro-marittimo Londra-Bombay**. Sempre nel **1865** venne emanata la legge voluta anche dal Ministro delle Finanze Quintino Sella, cosiddetta "**Legge dei Grandi Gruppi**", con la quale lo Stato si proponeva, per favorire un ulteriore sviluppo ferroviario e industriale, di accorpare le numerose ma piccole società ferroviarie, esistenti soprattutto al nord ove la rete era più estesa, affidando le linee principali a poche compagnie.

Nel **1871** venne aperto il **traforo ferroviario del Frejus** di 13.636 chilometri. La notizia fece clamore in Italia, mentre passò quasi inosservata in Francia: si stava infatti combattendo la guerra franco-prussiana con risultati disastrosi per le armate francesi. L'opera era straordinaria e costituiva il **primo traforo assoluto della catena alpina**. Molto del materiale ferroviario arrivava dall'estero ed anche buona parte delle iniziative ferroviarie su territorio italiano furono ispirate e condotte da capitali esteri. Alla fine dei primi venticinque anni di Italia unitaria vi fu lo sviluppo di **trasversali appenniniche**, sfida tecnica ed economica rimarchevole. Si trattò di una fase espansiva delle costruzioni ferroviarie che interessò, oltre che la già citata zona appenninica, anche il Sud, le Isole e il Centro-nord, come articolazione più capillare delle reti già esistenti. Il più vistoso cambiamento delle città dell'Ottocento di questo periodo fu rappresentato dall'arrivo della ferrovia, che permise ai centri urbani di mettersi in diretta e continua comunicazione con le proprie campagne, con i porti e con altre città. Le **stazioni ferroviarie** assunsero una funzione simile a quella svolta in precedenza dai porti, e non dovevano mancare di reggere il confronto con i più sfarzosi palazzi pubblici e privati di epoche precedenti. La realizzazione di nuove stazioni fu intensa: **nel 1866 Napoli Centrale, Torino Porta Nuova nel 1868, Genova Piazza Principe e Roma Termini nel 1870**. Trasformazioni di ambito non circoscritto dovute all'avvento della ferrovia riguardarono l'avvio delle

51

colture e produzioni agricole specializzate al Sud, dal vino agli agrumi, agli ortaggi, destinati dapprima al mercato francese, poi a quello tedesco e più tardi a quello interno delle regioni del Nord a più alto tasso di consumi privati.

Dal 1879 al 1885 si risentì di una **situazione confusionaria** nelle nuove costruzioni. Si cercò di porvi rimedio delegando il compimento dei lavori alle società incaricate dell'esercizio. Sotto questo profilo, la rete venne suddivisa in **due grandi sezioni longitudinali**, la **tirrenica** e l'**adriatica** e in quella autonoma delle linee siciliane. Completavano il quadro la Rete Sicula e Sarda, la prima delle quali, a capitale locale, fu diretta da **Riccardo Bianchi**, destinato ad essere il **primo Direttore delle Ferrovie Statali**. Le Convenzioni, dunque, regolarono i rapporti tra Stato e Società private, con queste ultime che provvedevano alla sola gestione tecnico-finanziaria di una rete statale. Esse furono approvate il 6 marzo **1885**, quando sul territorio italiano esistevano, dopo l'intervento dello Stato sulle Ferrovie Meridionali e su altre a carattere privato, la **Rete Adriatica**, la **Rete Mediterranea** e la **Rete Sicula**. Il nuovo ordinamento prevedeva che la vigilanza sulle costruzioni e sull'esercizio fosse assunta dal **Ministero dei Lavori Pubblici**, a mezzo di un **Ispettorato Generale delle Ferrovie**.

Il panorama internazionale ferroviario vide in quegli anni un importante sviluppo: Il 5 giugno **1883** iniziava il servizio dell'**Orient Express** lungo la linea **Parigi – Costantinopoli**. La sua origine e la sua storia fu scritta dal belga **Georges Nagelmackers** che nel 1867 dopo un lungo viaggio negli Stati Uniti, ebbe l'idea di applicare anche in Europa più elevati livelli di comfort. Le carrozze viaggiatori all'epoca non prevedevano infatti gli scompartimenti come oggi; quindi, Nagelmackers, conscio che l'utenza europea richiedeva ben altro standard, progettò una carrozza con corridoio laterale e cabine chiuse disposte in serie, in modo da realizzare scompartimenti riservati, aggiungendo carrozze di soggiorno e, successivamente, ristorante.

e. La scolarizzazione in Italia dopo l'unificazione

I governi, nei primi anni dopo l'Unità d'Italia, tentarono di utilizzare gli strumenti di una **pedagogia nazionale** con lo scopo di "*fare i nuovi italiani*". La parola d'ordine fu l'**educazione**: per mezzo dell'educazione si dovevano formare gli italiani, insegnare loro i valori della patria, della monarchia, l'amore del Paese, del sovrano e soprattutto preparare le future classi dirigenti.

Il primo ostacolo a questa unificazione culturale era la lingua. Doppio problema, in realtà, a causa della **mancanza di una lingua comune**, che testimoniava l'incompiutezza culturale del paese, ma sottolineava anche fortemente la frattura tra le élite colte che avevano adottato l'italiano come lingua comune e la grande maggioranza che utilizzava i **dialetti** molto diversi tra loro. Nel 1868, **Alessandro Manzoni**, l'autore dei "Promessi sposi", fu incaricato dal ministro della Pubblica istruzione di redigere un rapporto destinato ad aiutare a rendere più universale, in tutti gli strati della popolazione, la **conoscenza della lingua corretta**. Questo rapporto mise in evidenza il legame molto forte tra la lingua e il sentimento nazionale e propose una soluzione relativamente autoritaria, scegliendo il **fiorentino come modello**, cioè imponendo la lingua di alcune élite a tutti gli italiani. Nel **1861**, la situazione, da questo punto di vista, era assai catastrofica: **il 78% degli italiani non sapeva né leggere né scrivere**. L'organizzazione scolastica si basava su una legge del **1859**, la **legge Casati**, che regolava l'insieme delle norme, fino all'università, stabilendo il principio di una **scuola elementare unica**, **gratuita** e **obbligatoria** per maschi e femmine, e dipendente finanziariamente dai comuni, mentre le scuole superiori e le università dipendevano dallo Stato.

Benché la legge Casati presentasse, nell'Italia di fine XIX secolo, un carattere fortemente innovatore, in quanto **strappava parzialmente al clero** una delle sue prerogative più importanti, essa andava tuttavia incontro al modo di sentire di una buona parte della classe dirigente, divisa tra il desiderio di imitare i paesi più evoluti nel campo dell'educazione e la paura che l'analfabetismo delle masse non generasse un clima rivoluzionario.

La legge Casati fu sostituita, nel **1877**, dalla **legge Coppino**, che portava a **cinque anni le classi della**

scuola elementare, di cui **i primi tre obbligatori**. Occorsero vent'anni per formare degli insegnanti validi: nel 1901, diverse scuole di campagna restarono chiuse per mancanza di personale. I risultati si fecero, perciò, attendere e furono contrastanti: l'istruzione elementare restò molto dipendente dalla situazione locale, influenzata fortemente dalla presenza del clero, e riproduceva, dunque, gli squilibri già esistenti nelle varie parti del Paese.

Nel **primo Novecento** si iniziarono a vedere gli effetti positivi, seppur limitati, del sistema scolastico. Si **ridusse l'analfabetismo** e comparve per la prima volta il fenomeno della disoccupazione intellettuale. La borghesia dell'epoca iniziava a temere uno sconvolgimento dello status quo sociale. Il dibattito di quegli anni, destinato sul momento a non avere conseguenze pratiche, fu particolarmente vivace sui temi della proposta della istituzione di una scuola media unica, sulla quale furono rilevanti le opinioni di **Giovanni Gentile** e di **Gaetano Salvemini**, e sulla questione della **laicità della scuola**.

La **legge Orlando** del **1904**, fatta da Vittorio Emanuele Orlando, prolungò **l'obbligo scolastico fino al dodicesimo anno di età,** prevedendo l'istituzione di un "*corso popolare*" formato dalle classi quinta e sesta, che si innestava subito dopo la scuola elementare. Impose ai Comuni di istituire scuole almeno fino alla quarta classe, nonché di assistere gli alunni più poveri ed elargisce fondi ai Comuni con modesti bilanci. Quindi, se da un lato la legge Orlando limitava il corso elementare alle prime quattro classi, dall'altro istituiva obbligatoriamente in tutti i Comuni con più di 4000 abitanti di popolazione, il corso popolare, una scuola di avviamento professionale, a conclusione della quale si conseguiva la licenza elementare. Questo provvedimento fu certamente il più importante e fu voluto fortemente da **socialisti e radicali**; d'altra parte evidenziò la mancanza di una scuola media, discussa già nella stesura della legge Casati ma mai applicata. A seguito della legge Orlando vennero stipulati nuovi programmi da sostituire quelli conservatori del 1894 e l'indirizzo scelto fu quello di una scuola volta all'operatività e all'utilitarismo.

Nel **1911**, in piena età giolittiana, vi fu la **legge Daneo-Credaro** che trasformò in statale la scuola elementare, fin lì gestita direttamente dai comuni. La sua applicazione fu tuttavia problematica per il sopraggiungere del primo conflitto mondiale.

Dopo la guerra e l'avvento del fascismo, durante il primo governo Mussolini (1922-1924) fu il filosofo **Giovanni Gentile**, allora Ministro della pubblica istruzione, a introdurre sensibili cambiamenti al sistema scolastico. La **riforma Gentile** (definita da Mussolini "la più fascista delle riforme") del **1923** prevedeva cinque anni di scuola elementare uguale per tutti, preceduta da un grado preparatorio di tre anni (scuola materna), e seguita da un grado successivo chiamato scuola media inferiore, con diversi sbocchi, seguito a sua volta dalla scuola media superiore, di tre anni per il liceo classico, di quattro per il liceo scientifico, di tre o quattro anni per i corsi superiori dell'istituto tecnico, dell'istituto magistrale e dei conservatori. La riforma Gentile **portava comunque l'obbligo dello studio a 14 anni di età**. L'insegnamento di tutte le materie poteva essere svolto esclusivamente in lingua italiana e inseriva la maturità classica come requisito essenziale per conseguire una carriera nelle istituzioni statali.

I programmi delle elementari ripristinavano l'insegnamento della religione cattolica, salvo richiesta di esonero, e valorizzavano il canto, il disegno, le tradizioni popolari. La struttura del sistema scolastico italiano resterà sostanzialmente improntata al modello del 1923 anche dopo la fine del fascismo.

f. L'espansione coloniale italiana sino a Giolitti

Le origini della **colonizzazione italiana in Africa** vanno ricercate, da un lato, nel desiderio di non essere assenti dalla spartizione africana operata dalle grandi potenze, dall'altro dalla reale necessità di trovare uno sbocco alla sovrabbondanza della popolazione. Ma fu soprattutto lo stabilirsi del **protettorato francese in Tunisia** che, cancellando le speranze di una pacifica penetrazione italiana nel Paese, spronò i successivi governi a una più energica azione nelle sole zone dell'Africa rimaste ancora fuori della sfera d'influenza delle maggiori potenze. Questo episodio, noto come lo **schiaffo di Tunisi**, convinse il governo a iniziare una politica coloniale.

Al momento non era possibile conquistare una delle vicine e ricche terre dell'Africa mediterranea. L'Italia, perciò, **nel 1882 iniziò la penetrazione in Eritrea**, una lontana regione sulle coste del **Mar Rosso**. La conquista si arresterò però quasi subito. Nel **1887** salì al potere **Francesco Crispi**. Al pugno di ferro in politica interna Crispi affiancò una **ripresa della politica coloniale** perché voleva fare dell'Italia una grande potenza. Così Crispi fece occupare nel **1889** la città di **Asmara** che costituirà il primo nucleo della **colonia Eritrea**. Favorisce poi l'ascesa di Menelik al trono imperiale d'Etiopia in cambio della concessione del protettorato, ossia della sottomissione coloniale del suo paese all'Italia. Infine, quando secondo Crispi, **Menelik** non rispetta gli accordi l'Italia gli muove guerra ma va incontro ad una **tragitta sconfitta (Adua)**. È il **1896** e Crispi è **costretto a dimettersi**.

Nel frattempo, **fin dal 1890**, l'Italia si era andata interessando alle **coste somale** e aveva proceduto con una serie di pacifiche penetrazioni, mediante trattati con i piccoli sultani locali. I limiti della penetrazione in Somalia ebbero nuova definitiva sanzione mediante una convenzione firmata con il sultano di Zanzibar (1892): in forza di questa veniva, sotto forma di affitto, attribuita all'Italia l'amministrazione dei porti. Solo **nel 1905** l'intera zona fu riscattata dal governo italiano e formò il nucleo principale della nuova **colonia della Somalia italiana**.

Al principio del XX secolo quindi, **l'impero coloniale italiano** aveva le modeste proporzioni delle colonie **dell'Eritrea e della Somalia**, povere di risorse naturali. Nel frattempo, una nuova fase espansionistica si apriva: la **vittoria del 1912** nella guerra con **l'Impero ottomano** permetteva l'acquisizione della **Libia** e dell'arcipelago greco del **Dodecaneso**. Fra il 1925 e il 1934 vi fu la conquista completa del territorio libico, con l'unione di Cirenaica e Tripolitania. Nel **1935**, **Mussolini** riprende la politica coloniale di Crispi e Giolitti e si lancia alla **conquista dell'Etiopia**. Il momento è per lui favorevole: l'Italia è stimata e ammirata all'estero ed è garante della pace in Europa insieme alla Francia e alla Gran Bretagna. L'impresa in Etiopia, in realtà, sarà l'inizio della fine per il fascismo: il motivo principale dell'alleanza con la Germania nazista e da lì in avanti la tragedia della Seconda guerra mondiale.

g. La struttura industriale italiana alla fine del secolo XIX

L'Economia italiana del XIX secolo risentiva dell'unità nazionale conquistata da troppo poco tempo, delle contraddizioni politico-economiche delle diverse regioni unificate, delle forti disparità socioeconomiche fra il settentrione e il Meridione del paese, esemplificate poi nella cosiddetta **questione meridionale**, oltre che del mutato assetto geopolitico dell'Europa dopo il 1870.

Nel **1877** la **rete nazionale ferroviaria** appariva quasi del tutto completata. Oltre ai collegamenti interni fra le varie regioni, ormai in via di ultimazione, l'Italia era collegata con la Francia e l'Europa Centrale. Tutto ciò consentiva lo sviluppo di un vero mercato nazionale e internazionale, anche se la stessa povertà del mercato interno ne rappresentava un ostacolo al suo sviluppo. Per portare avanti la politica delle grandi opere pubbliche e la formazione delle strutture unitarie dello Stato, vanto storico della destra, fu necessario costruire un **nuovo sistema fiscale** che colpì duramente i ceti popolari riducendone la capacità di spesa. Molta parte degli imprenditori si trovava in gravi difficoltà, come quelle, unite, di subire la concorrenza estera, di avere scarse risorse per gli investimenti e di avere di fronte un mercato interno povero e con gravi difficoltà per assorbire la loro produzione.

Lo Stato, **fra il 1878 ed il 1887**, impose una sorta di **protezionismo** con una legislazione doganale che creò un mercato protetto da alti dazi sui prodotti di importazione, rendendone svantaggioso l'acquisto nel territorio italiano. Per potere sviluppare **l'industrializzazione** si rendevano necessari grandi capitali che i privati non possedevano. Solo attraverso l'intervento dello Stato, cioè attraverso la tassazione, si potevano reperire somme adeguate: il fiscalismo fu imposto con molta determinazione. **L'agricoltura**, al contempo, oppressa dalle tasse e da una legislazione protezionistica che favoriva la produzione cerealicola e il latifondo meridionale, prevalentemente a coltura estensiva, era priva dei capitali necessari per rinnovare le proprie tecniche. La naturale conseguenza dello stato in cui versavano le campagne fu **l'emigrazione**, verso paesi più ricchi, di molta parte dei lavoratori, agricoli e non, spesso la parte più attiva e capace del mondo del lavoro. In Italia il problema dell'accumulazione dei capitali necessari a finanziare l'industrializzazione non venne risolto dal risparmio privato bensì attraverso l'intervento dello Stato che con la politica fiscale, caricata soprattutto sulle campagne, con il protezionismo doganale e con il finanziamento diretto stimolò e favorì il processo di industrializzazione.

h. Il protezionismo e la questione sociale

Vedi tesi n. 5, punto g.

Nelle città interessate dall'industrializzazione si creava una diversa condizione individuale e sociale per quanti entravano nel nuovo sistema della **fabbrica**: gravati da **turni di lavoro tra le 12 e le 16 ore** e dalla precarietà della loro posizione, costretti a vivere in condizioni igieniche e abitative insopportabili, gli operai prendevano una prima coscienza della loro condizione comune e del loro destino. A essere interessati da questo intenso sfruttamento lavorativo non erano solo uomini in età adulta ma anche **donne e bambini**, fatto che delineava l'ampiezza della questione sociale dovuta all'affermazione delle nuove logiche produttive.

i. L'epoca giolittiana: lo sviluppo economico dell'Italia e la conquista della Libia

In seguito alla politica imperialistica dei paesi europei **nel 1911** anche il **Marocco** venne conquistato dalla Francia e Giolitti dovette affrettarsi nel prendere delle posizioni nel cercare di non restare indietro rispetto all'Europa. **Pressato dall'opinione pubblica**, che considerava scandaloso il ritardo dell'Italia nella politica di conquista, decise di occupare uno degli ultimi pezzi d'Africa rimasti, cioè la **Libia**.

Questa decisione era anche motivata dal fatto che il Parlamento italiano, nel 1911, gli era ostile e Giolitti aveva quindi bisogno di una vittoriosa campagna estera per aumentare il consenso in Parlamento, oltreché per far aumentare i profitti degli investimenti del Vaticano in Libia, in modo da ingraziarsi i cattolici e ottenere l'appoggio della Chiesa. Un ulteriore elemento che lo convinse in favore all'azione militare erano le critiche interne alla sua stessa fazione. Negli ultimi anni del suo governo, Giolitti era criticato da parte del suo partito perché considerato troppo debole. Forti furono le critiche da parte del **Partito Nazionalista Italiano**, che era nato **nel 1910**, era di estrema destra e aveva progetti ambiziosi per l'Italia. Giolitti, quindi, scelse di conquistare la Libia anche per mettere a tacere tutte queste critiche.

Nel **1911** scoppiò la **guerra tra Italia e Turchia**, di cui la Libia era possedimento, e le popolazioni libiche si rivoltarono alle truppe italiane che avevano invaso il paese. La rivolta fu piegata a fatica e venne conquistata la fascia costiera della Libia, mentre la parte interna fu conquistata dopo la Prima guerra mondiale. La guerra con la Turchia si **prolungò fino al 1912**. In seguito a questa pace l'Italia ottenne la **Libia**, **Rodi** e il **Dodecaneso**. La conquista della Libia fu un'operazione militare costosa che permise agli italiani di occupare uno "scatolone di sabbia": infatti non si era ancora scoperto il petrolio che poi consacrerà la Libia come uno dei maggiori produttori petroliferi del mondo, e il terreno desertico e povero non poteva apportare grossi benefici economici al paese. Il successo, comunque, destò molto **entusiasmo nell'opinione pubblica italiana**.

La guerra diede ancora più forza ai **nazionalisti** che continuarono a criticare Giolitti con ancora maggiore vigore. In più tra le fila dei **Liberali** e dei **Meridionalisti** (cioè coloro che si preoccupavano delle condizioni del meridione in seguito all'unità d'Italia), alcuni economisti come Luigi Einaudi criticarono il protezionismo di Giolitti perché, secondo la loro opinione, bloccava lo sviluppo delle attività industriali moderne e favoriva i latifondisti. In quel frangente **Gaetano Salvemini** scrisse un'opera polemica intitolata **«Giolitti il Ministro della Malavita»**, dove criticava la politica giolittiana denunciando i legami che vi erano tra Giolitti e i grandi latifondisti meridionali che gli garantivano i voti. Inoltre, denunciava il fatto che ad ogni elezione Giolitti assumeva dirigenti pubblici e li inviava nei collegi elettorali in cui lui rischiava di perdere. Giolitti venne criticato anche dall'estrema sinistra perché ai loro occhi proteggeva il sistema capitalistico. Giolitti pensò a nuove dimissioni, per attuare poi la sua tattica politica di risalire in un secondo tempo costantemente al governo. Eppure, ebbe il tempo di resistere ancora, il tempo di fare un'ulteriore riforma prima delle possibili dimissioni.

TESI 6

a. Lo sviluppo dell'agricoltura europea nei primi decenni del secolo XIX
b. I processi di unificazione europea
c. La costituzione del secondo impero tedesco
d. L'egemonia continentale della Germania: la politica estera del Bismarck
e. La crisi balcanica e il congresso di Berlino
f. La Triplice Alleanza.

a. Lo sviluppo dell'agricoltura europea nei primi decenni del secolo XIX

L'agricoltura delle società industrializzate europee si differenzia da quella dell'età moderna per gli attrezzi, le fonti di energia, i macchinari utilizzati, per l'organizzazione della produzione, ma soprattutto per la **maggiore produttività della terra e del lavoro** e per la **capacità di poter alimentare una popolazione in crescita.**

Nel XIX secolo, l'impatto **dell'industrializzazione** sull'agricoltura fu enorme. Il ruolo del settore primario nell'economia e il ruolo dei contadini nella produzione alimentare risultarono notevolmente ridimensionati, ma tale drastica riduzione nel lungo periodo produsse **alta specializzazione produttiva** e **alta produttività**. Trainata dall'industria, l'agricoltura si trasformò profondamente e con essa si venne a modificare il mondo delle campagne. Le **trasformazioni economiche** che segnarono l'Europa e il mondo in età contemporanea furono dominate dall'espandersi e dall'affermarsi, in tempi e modalità differenti, del **modello produttivo industriale**, oltre che da una straordinaria crescita dell'industria manifatturiera e dei servizi. Basti ricordare che, secondo alcuni calcoli, la **produzione industriale** mondiale sembrò essere cresciuta di **quasi 90 volte** in poco più di due secoli, dai decenni successivi alla metà del Settecento fino al 1980.

Il nuovo protagonismo del settore industriale si accompagnò, nel corso dei secoli dell'età contemporanea, alla **progressiva riduzione del ruolo dell'agricoltura nell'economia.** Nel corso dell'Ottocento, e ancor più nel Novecento, con il procedere dell'industrializzazione, si assistette a un ridimensionamento dell'agricoltura, che progressivamente cessò di essere l'attività economica predominante in un numero crescente di paesi industrializzati. Progressivo fu, infatti, il declino della quota della popolazione attiva impiegata nell'agricoltura e della quota percentuale del settore agricolo nel reddito nazionale. Il processo fu lento, poiché avvenne sul lungo periodo e in tempi diversi nei vari Stati: l'agricoltura conservò un ruolo centrale in molti paesi europei ben oltre l'Ottocento (in Italia, ancora nel secondo dopoguerra, l'agricoltura forniva un quarto della ricchezza nazionale).

Il declino dell'agricoltura nei paesi industrializzati in termini di reddito e di occupati si accompagnò, con apparente paradosso, a una **crescita della produzione e della produttività dell'agricoltura senza precedenti**. Il settore agricolo riscontrò sviluppi giganteschi e contribuì notevolmente al progresso economico del mondo occidentale, permettendo così di superare il rischio di carestie, vincere seppur lentamente la malnutrizione e sostenere una popolazione in crescita.

Gli **effetti dell'industrializzazione sull'agricoltura** furono vari. Innanzitutto, dal XIX secolo crebbe la domanda di prodotti agricoli, poiché una parte sempre maggiore della popolazione viveva in città, non lavorava la terra e doveva acquistare i propri alimenti. L'attrazione esercitata dalla prospettiva di un lavoro urbano, ma anche l'espulsione di manodopera dalle campagne per effetto della modernizzazione dell'agricoltura determinarono, infatti, un esodo crescente della popolazione rurale verso le città, oltre che oltreoceano. Alla fine del XIX secolo poi, per effetto del graduale aumento dei redditi di una parte della popolazione dei paesi industrializzati, la domanda di prodotti agricoli si fece più ricca e al pane e alle patate si aggiunsero prodotti più costosi quali carne, latte, frutta e verdure. Inoltre, nelle società industrializzate gli agricoltori acquistarono gradualmente una **quota crescente**

dei prodotti necessari alle loro attività (attrezzi agricoli, fertilizzanti, sementi, mangimi per l'allevamento, ecc.) al di fuori dell'azienda, direttamente **dal settore industriale**, che produceva sempre di più e a costi sempre più bassi. Progressivamente le sementi non provenivano più dal raccolto dell'anno precedente, così come il concime dal letame del bestiame; gli attrezzi non furono più costruiti dai contadini, né l'energia motrice venne più fornita dagli animali da tiro o dal lavoro umano. Inoltre molti prodotti (come latte, uva, grano), tradizionalmente trasformati direttamente dagli agricoltori, venivano ora lavorati sempre più all'esterno dell'azienda agricola, dalle industrie di trasformazione. Nella crescente divisione del lavoro che segnò la modernità, gli agricoltori si specializzarono nelle attività agricole.

b. I processi di unificazione europea

L'idea di un continente unito costituito dagli europei aveva prodotto, durante la Seconda guerra mondiale, **tre modelli** che condividevano altrettanti obiettivi comuni:

• L' **esigenza di pace** (che sarebbe stata poi affermata dal Congresso dell'Aia nel 1948)
• La **necessità di ricostruire** i Paesi devastati dalla guerra e di adattarsi alla nuova situazione post-bellica;
• Il bisogno di sopravvivenza per gli **europei** che, **perduta la leadership politica** esercitata dal tempo delle grandi scoperte, miravano a riacquistare un ruolo di primi attori nella politica mondiale.

Per una maggioranza di uomini politici, che venivano dall'esperienza degli Stati-nazione, l'unificazione europea doveva essere realizzata intorno a una lega di Stati sovrani, impegnati a sviluppare azioni comuni nei vari settori e secondo strumenti decisi di comune accordo. Per i sostenitori del **metodo funzionalista**, come **J. Monnet**, la ricostruzione economica o la sicurezza esterna richiedevano amministrazioni comuni per gestire i **mercati del carbone e dell'acciaio** o per creare un **esercito comune** o **un'unione doganale** con una delega di sovranità nazionale, ma con il mantenimento della sovranità politica.

Il **modello federalista** proponeva di mantenere la sovranità degli Stati in tutti i settori che avevano una dimensione e peculiarità nazionali, ma di trasferire a un **governo europeo**, sottomesso al controllo democratico di un'assemblea eletta, la sovranità in quelli della politica estera, militare, economica e monetaria, insieme alla protezione dei diritti fondamentali. **L'integrazione comunitaria** nata prima con la **CECA** e poi con il **mercato comune** rappresenta un compromesso istituzionale fra questi 3 modelli, essendo ciascuno di essi identificato in una istituzione. Il compromesso è confermato dal fatto che i giuristi, in mancanza di un modello preesistente, hanno definito sui generis il sistema europeo. L'esigenza di realizzare gli obiettivi originari e la necessità di andare oltre in settori nuovi hanno messo al centro del sistema di decisione prima il **Consiglio dei ministri nazionali** e poi il **Consiglio europeo** dei capi di Stato e di governo. La tutela dello Stato di diritto europeo è stata affidata alla **Corte di giustizia** e la rappresentanza dei cittadini al **Parlamento europeo**.

La **storia dell'integrazione comunitaria** dal 1950 a oggi conduce a fare **due constatazioni**: 1) il risultato più importante della costruzione europea non sta nelle realizzazioni concrete (di cui aveva parlato R. Schuman nella sua dichiarazione del 9 maggio 1950), ma nella mutazione della **coscienza politica** che ci obbliga a conservare quel che si è costruito e a continuare a pensare tutti i grandi problemi in termini europei; 2) ogni volta che l'ingranaggio non ha funzionato, gli Stati membri si sono adattati a una revisione dei trattati, dando sempre una **risposta comune europea** a un problema comune europeo. Per questa ragione, un cantiere di revisione dei trattati originali è stato aperto a metà degli anni 1980 e ha dato vita **all'Atto unico europeo**, ai **Trattati di Maastricht** e **Amsterdam**, alla bozza della **Costituzione europea** e infine al **Trattato di Lisbona**, che è rapidamente apparso inadeguato di fronte alla crisi economica e finanziaria esplosa alla vigilia della sua approvazione. Il **Manifesto di Ventotene** è un documento per la promozione dell'unità europea scritto da **Altiero Spinelli, Ernesto Rossi e Eugenio Colorni nel 1941** durante il periodo di confino presso l'isola di Ventotene, nel mar Tirreno, per poi essere pubblicato da Eugenio Colorni, che ne scrisse personalmente la prefazione. È ancora oggi considerato uno dei **testi fondanti dell'Unione Europea**. Il Manifesto di Ventotene prefigurava la necessità per l'ideologia europeista di istituire una **federazione europea** dotata di un parlamento e di un governo democratico con poteri reali in alcuni settori fondamentali, come economia e politica estera.

c. La costituzione del secondo impero tedesco

Con l'espressione "**secondo impero tedesco**" si fa riferimento allo stato monarchico che governò i territori della Germania nel periodo che va dal conseguimento di una piena unità nazionale **il 18 gennaio 1871** fino all'abdicazione del Kaiser Guglielmo II **il 9 novembre 1918**.

Dopo il 1850, i vari Stati che componevano l'Impero tedesco si svilupparono rapidamente e accrebbero notevolmente la propria produzione industriale, soprattutto per quanto riguarda carbone, ferro e prodotti chimici, sviluppando, altresì, una vasta rete ferroviaria. Durante i suoi quarantasette anni di esistenza, l'Impero tedesco fu senza ombra di dubbio un **gigante economico, industriale, tecnologico e scientifico**, tanto che nel 1913 era la più grande economia d'Europa e la terza a livello mondiale dopo Stati Uniti e Cina; inoltre, era la più grande potenza industriale d'Europa anche a livello manifatturiero e disponeva **dell'esercito più potente del mondo**. Dopo l'unificazione tedesca e la proclamazione dell'Impero tedesco, il nuovo Stato europeo adottò la **politica autoritaria del cancelliere prussiano Otto von Bismarck**, che ne fu il primo capo di governo. Questi, al fine di raggiungere il suo scopo, riuscì nel suo intento attraverso **tre successi militari** principali:

- In primo luogo, si alleò con l'Impero austriaco allo scopo di **sconfiggere la Danimarca** nella seconda guerra dello Schleswig combattuta durante il **1864**, acquisendo in questo modo lo **Schleswig-Holstein**.

- Nel **1866** attaccò e **sconfisse l'Austria** nella guerra austro-prussiana, che culminò nella battaglia di Königgrätz; questa vittoria nello stesso anno gli permise di escludere l'antico rivale austriaco quando formò la **Confederazione della Germania del Nord**, il diretto precursore dell'Impero del 1871, con gli Stati che avevano appoggiato la Prussia nel conflitto.

- Infine, **sconfisse la Francia** nella **guerra franco-prussiana (1870-1871)**; la Confederazione venne trasformata in **Impero** con l'incoronazione del re prussiano Guglielmo I come imperatore tedesco, al palazzo di Versailles, per somma umiliazione dei francesi.

Bismarck stesso preparò a grandi linee la Costituzione della Germania del Nord del 1866, che sarebbe poi diventata, con qualche aggiustamento, la Costituzione dell'Impero tedesco del 1871. La **Germania** divenne quindi una **monarchia costituzionale**: disponeva infatti di un **Reichstag**, un parlamento con poteri formalmente limitati, ma con pieni poteri legislativi, eletto direttamente con suffragio maschile. Tuttavia, la legislazione richiedeva anche il consenso del **Bundesrat**, il consiglio federale dei deputati degli Stati, nel quale la Prussia, essendo il più grande e popoloso fra gli Stati tedeschi, godeva di grande influenza grazie al maggior numero di delegati. Il potere esecutivo era investito dall'imperatore, il *Kaiser*, che nominava il cancelliere imperiale; ciò avveniva formalmente solo per volontà dell'imperatore, ma, poiché il cancelliere non godeva di alcun potere di legiferare, a differenza dei suoi colleghi stranieri, egli era fortemente dipendente dal Reichstag. Mentre gli Stati minori mantenevano i propri governi, le forze armate erano controllate del governo federale.

Anche se **autoritario** per molti aspetti, l'Impero permise lo sviluppo dei partiti politici. L'unificazione della Germania significò anche l'assorbimento all'interno di essa dell'intero **Regno di Prussia**, che rimase la componente più rilevante nell'Impero, tanto che il Kaiser di Germania era anche Re di Prussia. Le tre nuove province, Prussia Orientale, Prussia Occidentale e Provincia di Posen, che prima erano al di fuori della Confederazione germanica, vennero incorporate nel futuro Stato tedesco. Un'altra provincia, la Slesia, era stata parte del Sacro Romano Impero assieme alla

Boemia fino allo scioglimento di quest'ultimo. Tuttavia, l'annessione di queste province, avendo una nutrita popolazione polacca sempre più in crescita (specie nelle province orientali), pose la Germania in conflitto con tali popoli.

L'unico fattore dell'anatomia sociale di questi governi era il mantenimento di una sostanziale fetta di potere politico da parte **dell'élite terriera, gli Junker**, a causa dell'assenza di istanze rivoluzionarie da parte dei contadini, e delle aree urbane. Tuttavia, le politiche interne di Bismarck giocarono un grande ruolo nel forgiare la cultura politica autoritaria del secondo Reich. Meno preoccupato dalla politica delle potenze continentali che seguirono l'unificazione del 1871, **il governo** semi-parlamentare tedesco portò avanti una **rivoluzione politica ed economica dall'alto**, relativamente tranquilla, che spinse la Germania lungo la via per diventare la principale potenza industriale dell'epoca. Dopo la morte di Guglielmo I nel marzo 1888, durante il cosiddetto "Anno dei tre imperatori", il figlio (e suo successore) Federico III regnò solo per novantanove giorni, lasciando la corona al giovane e impetuoso Guglielmo II, che costrinse Bismarck a lasciare l'incarico nel marzo 1890.

d. L'egemonia continentale della Germania: la politica estera del Bismarck

La **politica estera di Bismarck** fu caratterizzata dal tentativo di **mantenere lo status quo degli assetti europei**, finalizzato prima di tutto a salvaguardare l'unità tedesca di fronte alle rivendicazioni territoriali e alle smanie espansionistiche degli altri paesi europei. Quindi, in tal senso, il cancelliere tedesco si adoperò per **mantenere la pace**, assumendo così il ruolo di **diplomatico e di mediatore**. In particolare Bismarck cercò di **tenere sotto controllo la Francia** che, dopo la sua guerra con la Germania nel **1870**, e la sua sconfitta con la conseguente **perdita di Alsazia e Lorena**, aveva sempre coltivato il desiderio di una riconquista di questi territori. Allo stato attuale delle cose, l'unica potenza in grado di fronteggiare la Prussia, fatta eccezione per la Francia, era l'Inghilterra, che però non costituiva una minaccia, essendo più interessata alla politica coloniale che a quella continentale; la Russia, invece, disponeva di un esercito troppo poco cospicuo e infine l'Austria era indebolita dalla frammentazione etnica, e non si sarebbe perciò mai schierata contro la Germania, dalla quale proveniva l'aiuto nella questione balcanica.

Bismarck ritenne quindi necessario **concentrarsi sulla Francia**: egli decise, pertanto, di adottare la politica **dell'isolamento**, ovvero riuscire a stabilire linee diplomatiche con le altre potenze europee, in modo da impedire alla Francia di creare alleanze e diventare così troppo potente. Riuscendo a isolare la Francia, questa da sola non avrebbe sicuramente costituito un problema per la Germania. Bismarck cercò di mettere la Francia in condizione di rispettare il Trattato di Francoforte, e quindi di richiamare a nuova vita l'alleanza tra le corti monarchiche del Nord (Austria, Prussia e Russia), opponendosi ad ogni restaurazione borbonica in Francia.

La cosiddetta "**alleanza dei tre imperatori**", costituita da una serie di convenzioni stipulate **fra il 1872 e il '73**, entrò in crisi dopo un primo allentamento nel 1875, con la **guerra Russo-Turca e il Congresso di Berlino (1877-'78)**: l'Austria-Ungheria e la Russia stavano infatti vivendo una situazione di tensione che sarebbe potuta sfociare in una guerra, a causa dell'interesse di entrambe nella questione balcanica. In questo contesto, le vittorie russe nella guerra contro i turchi avevano suscitato nell'Austria non poca preoccupazione.

Bismarck quindi comprese che, con tali premesse, l'alleanza Prussia-Austria-Russia non era più fattibile. Decise allora di ricorrere, nel 1879, a una diretta e precisa coalizione con l'Austria-Ungheria, che però non incontrò il favore dell'imperatore Guglielmo I, il quale invece avrebbe preferito allearsi con la Russia. La nuova alleanza non era però volta ad assecondare le intenzioni antirusse dell'Austria nella politica balcanica: Bismarck si auspicava piuttosto un riavvicinamento russo, provocato dal timore dell'isolamento diplomatico.

Le aspettative di Bismarck trovarono riscontro nel trattato del **giugno 1881**, quando la **Russia** stipulò con **Austria** e **Germania** una nuova alleanza (**Trattato dei tre imperatori**) che prevedeva la neutralità della Russia in un'eventuale scontro franco-tedesco, anche nel caso fosse stata proprio la Germania a dichiarare guerra. Questa alleanza aveva validità di tre anni, e Bismarck riuscì a rinnovarla per ben due volte. Nel 1887, però, lo zar si rifiutò di rinnovarla nuovamente, a causa dell'inasprimento dei rapporti austro-russi, data la diminuzione dell'influenza russa (a favore dell'Austria) nella zona dei Balcani.

In quello stesso periodo, Bismarck aveva intanto stipulato un'altra **alleanza**, questa volta con **l'Italia** e con **l'Austria**. L'Italia cercava, infatti, alleati contro la Francia, con la quale aveva combattuto e perso una guerra per le colonie; questa motivazione la condusse persino a superare le ostilità con l'Austria, stringendo con essa, insieme alla Germania, una coalizione: la **Triplice Alleanza**, stipulata nel **20 maggio 1882** e successivamente rinnovata nel 1887.

Sempre di quell'anno è inoltre l'accordo anglo-italiano nella questione delle colonie dell'Africa settentrionale: indirettamente, quindi, la Germania si legava all'Inghilterra.

La **Francia** sembrava completamente **isolata diplomaticamente**. Bismarck, nel frattempo, cercò nuovamente un tentativo di accordo con la Russia: questa riassicurazione avvenne nel 1887, ma la questione bulgara ritornò a pesare sull'alleanza appena pochi mesi più tardi; Bismarck minacciò quindi la Russia sul piano finanziario, facendo anche intravedere la possibilità di una guerra, e questo servì a placare le agitazioni. Nel 1889, quando la Russia era ormai pronta per un altro patto di rassicurazione con la Germania, si vide il veto del nuovo imperatore Guglielmo II, il quale era fermamente convinto della necessità di una guerra contro la Russia.

e. La crisi balcanica e il congresso di Berlino

Il **Congresso di Berlino** si svolse **dal 13 giugno al 13 luglio 1878**. Fu organizzato dalla Germania e accettato dalle altre potenze europee per apportare delle modifiche al trattato di **Pace di Santo Stefano**, con il quale la **Russia** aveva accresciuto il suo potere nei **Balcani**, a seguito della vittoria nella **guerra del 1876-'78** contro **l'Impero ottomano**. In particolare, il Congresso di Berlino rettificò, rispetto alla Pace di Santo Stefano, la destinazione dei territori turchi in Europa, riconfigurò il territorio della nascente **Bulgaria** "Stato satellite della Russia", ridefinì **l'amministrazione austriaca della Bosnia** e confermò l'indipendenza della **Romania**, della **Serbia** e del **Montenegro**. A differenza delle azioni militari che, a partire dal XVI secolo, miravano semplicemente a occupare nuovi territori e dominare popolazioni considerate inferiori, il colonialismo degli anni 1870-1914 fu uno strumento dell'imperialismo, cioè della pretesa da parte delle potenze europee di imporre la propria supremazia, comportandosi come imperi egemoni. **L'imperialismo** ebbe come scopi principali il predominio politico sulle potenze rivali e il prestigio internazionale; il controllo delle materie prime e delle fonti energetiche dei paesi sottomessi; lo sfruttamento della loro manodopera locale; l'assorbimento del surplus demografico e la ricerca di nuovi mercati per la produzione europea. Pur ponendosi in continuità con l'espansione secolare dell'Occidente europeo, nutrito da **ideologie imperialiste e nazionaliste** il colonialismo raggiunse nell'Ottocento dimensioni inedite, globalizzando i legami economici e culturali. Al fascino per l'esotico si unì la pretesa **superiorità dell'Occidente**, alimentata da ideologie nazionaliste, razziste e improntate a un paternalismo che interpretava le invasioni come **missioni civilizzatrici**.

Per i paesi colonizzati le conseguenze dell'imperialismo furono diverse: l'importazione di tecnologie, lo sfruttamento economico, la contaminazione culturale, la nascita di una profonda ostilità verso gli occidentali. **L'Africa**, fino a quel momento inesplorata in gran parte, divenne **l'obiettivo prediletto** degli europei, ma questi si diressero anche verso **l'Asia**, intervenendo sugli equilibri di entrambi i continenti. Sin dal XVIII secolo la **Gran Bretagna** controllava il più vasto impero coloniale del mondo e, nonostante l'indipendenza degli Stati Uniti, il suo predominio era ancora saldo. Nella seconda metà dell'Ottocento, inoltre, si ampliò ulteriormente con l'acquisizione di nuovi territori in Africa, in Asia e nel Pacifico. Tra gli anni Ottanta e Novanta dell'Ottocento la Gran Bretagna istituì protettorati o domini diretti in Egitto e Sudan, in Kenya e Uganda, in Rhodesia e altri territori in Africa meridionale, in Afghanistan, nelle isole Fiji, Papua e Borneo. Alle quattro principali colonie (ossia Australia, Canada, Nuova Zelanda e Unione sudafricana) vennero concesse forme di governo autonomo. In India, sotto il controllo inglese dal Seicento, ci furono principati formalmente autonomi amministrati da dinastie locali, ma in realtà sottoposti all'autorità britannica. Dal 1876 i sovrani inglesi assunsero il titolo di imperatori d'India.

Il secondo impero più grande fu quello **francese**, che durante il XIX secolo allargò i suoi territori tentando di recuperare quelli persi nelle sconfitte belliche dei secoli precedenti. Nel 1830 la Francia occupò l'Algeria, nel 1881 la Tunisia e nel 1912 il Marocco, assicurandosi una posizione strategica in Nord Africa e nel Mediterraneo. Altre conquiste francesi riguardavano l'Africa equatoriale e l'Indocina, in particolare Senegal, Sudan francese (Mali), Gabon e Costa d'Avorio, Mauritania, Burkina Faso, Niger, Gabon e Congo francese, Cocincina, Cambogia, Laos, Madagascar, Polinesia francese, Nuova Caledonia.

Per regolamentare la crescente "**corsa all'Africa**", la **Conferenza di Berlino** stabilì la spartizione del continente tra le varie potenze europee attraverso alcuni confini arbitrari, senza tenere in nessun conto le varie etnie locali. La Conferenza fu voluta dal **Cancelliere tedesco Otto von Bismarck** e dalla Francia allo scopo di regolare le molteplici iniziative europee nell'area del Bacino del fiume Congo. Tuttavia, la conferenza consentì, seppure non negli atti ufficiali, alle potenze europee di rivendicare possedimenti all'interno delle zone costiere occupate, il che portò alla cosiddetta corsa per l'Africa.

f. La Triplice Alleanza

La **politica estera italiana** nel decennio successivo all'Unità (1860) si mosse lungo **tre linee direttrici**: il completamento dell'Unità, l'inserimento del nuovo Stato nel concerto delle potenze in modo da garantire il mantenimento dei risultati raggiunti, l'allacciamento di relazioni diplomatiche per far conoscere il nome dell'Italia anche oltre i confini europei. Il primo obiettivo venne parzialmente raggiunto nel decennio seguente: **nel 1866 venne annesso il Veneto** con Venezia e **nel 1870 Roma** e il Lazio. Dopo il 1870 le iniziative nel Mediterraneo e nei paesi extraeuropei assunsero un'importanza sempre crescente, preferendo mantenere una situazione di calma nel settore europeo.

I primi governi dell'Italia unita ritennero necessario un periodo di raccoglimento per far fronte alla situazione finanziaria e riuscire a favorire così lo sviluppo economico del Paese, molto più arretrato rispetto ad altri paesi dell'Europa occidentale. Le vecchie alleanze erano difficili da applicare ancora e ci si rese conto che, per **evitare l'isolamento totale**, era necessario avvicinarsi verso la nuova **Germania** unificata e aprire **all'Austria**. Tale apertura e l'allontanamento dall'influenza francese mirarono soprattutto a tenere l'Italia fuori da eventuali conflitti europei, ritenuti potenzialmente penalizzanti (fu per questo motivo che vennero abbandonate le istanze coloniali e le aspirazioni irredentistiche). Gli eventi che ebbero un ruolo fondamentale nell'avvicinamento dell'Italia agli Imperi centrali furono essenzialmente due: la creazione del protettorato francese in Tunisia e l'acuirsi della Questione romana.

In questo contesto la proposta di un'alleanza con la Germania e l'Austria fu effettivamente voluta dall'Italia. Una prima richiesta fu avanzata il 29 dicembre 1881 ma trovò il cancelliere Bismark indifferente: ciò che probabilmente lo convinse a prenderla in considerazione fu il timore che una crisi interna allo Stato italiano potesse mettere in pericolo l'istituto monarchico e portare, quindi, ad un'alleanza con la Francia repubblicana. Il **trattato della Triplice Alleanza**, con scadenza quinquennale, venne firmato nel **maggio 1882** e vide l'Italia in una posizione nettamente subalterna rispetto agli altri due firmatari. La Triplice Alleanza si presentava come un contratto a **carattere difensivo**: Germania e Austria si impegnavano a sostenere l'Italia in caso di attacco da parte della Francia (molto improbabile); lo stesso impegno valeva per tutti i firmatari nel caso di attacco da parte di una o più potenze esterne al patto, come nel caso di un'alleanza franco-russa (più probabile) in chiave antitedesca e antiaustriaca.

Dalla Triplice Alleanza **l'Italia ottenne ben pochi vantaggi**: quello forse più interessante fu l'eliminazione della Questione romana dalla politica internazionale. Molto più numerosi furono gli svantaggi e le concessioni fatte: assenza di ogni appoggio agli interessi italiani nel Mediterraneo e nei Balcani in relazione all'espansione austriaca e rinuncia ufficiale ad ogni azione politica in senso irredentista. La firma della Triplice Alleanza, ad ogni modo, costituì la fine del periodo d'isolamento in cui versava l'Italia da molti anni e aprì una fase del tutto nuova in campo internazionale. La posizione dell'Italia venne nettamente migliorando sia nei confronti degli alleati che degli avversari e dal 1885 la situazione internazionale permise di far valere la sua accresciuta potenza militare. Contemporaneamente la posizione degli Imperi centrali si fece più difficile sia sul fronte occidentale sia su quello orientale: ciò provocò il timore, da parte della Germania, di una concreta intesa franco-russa. L'Italia sfruttò la situazione e attese che la richiesta di rinnovo provenisse dagli alleati tedeschi, mostrando allo stesso tempo di apprezzare la politica di cordiale accomodamento che la Francia veniva conducendo a proposito degli interessi italiani nel Mediterraneo.

Il 20 febbraio 1887 venne rinnovato il trattato della Triplice Alleanza e vennero firmati due trattati addizionali; da questi l'Italia riuscì ad ottenere tutto quello che non era riuscita a conquistare nel 1882: garanzia da ogni possibile colpo di mano francese nel Mediterraneo, apertura dei problemi relativi ai Balcani e all'Adriatico e potenziale ripresa delle speranze di rivendicazione delle terre irredente. In seguito, il trattato della Triplice Alleanza venne di volta in volta riconfermato, spesso aggiungendo qualche clausola; tuttavia, nel corso degli anni **i rapporti tra gli alleati cominciarono a deteriorarsi** e a diventare sempre più tesi (soprattutto nei confronti dell'Austria).

L'attentato di Sarajevo nel 1914 fu il banco di prova per l'Alleanza, prova da cui la coalizione uscì fortemente indebolita. In occasione dell'ultimatum austriaco inviato alla Serbia, l'Italia comunicò che il proprio Governo avrebbe ritenuto responsabile l'Austria per un eventuale allargamento del conflitto; tuttavia, aggiungeva che avrebbe potuto prendere in considerazione l'idea di entrare in guerra al fianco dell'alleata se ciò fosse corrisposto agli interessi italiani (si cercava di far pressione per la cessione del Trentino). Il susseguirsi frenetico degli eventi privò l'Italia del tempo necessario per riuscire ad ottenere l'appoggio di Berlino alla propria causa (la Germania si era spinta troppo in là nell'appoggiare l'Austria per poterla minacciare con un non-intervento). Quindi, in un primo momento, **l'Italia decise di restare neutrale**. Profittando dei successi militari dell'Intesa, l'Italia si convinse che probabilmente era opportuno voltare definitivamente le spalle ai vecchi alleati e cercarne di nuovi. Le trattative con Londra iniziarono pian piano finché non si giunse ad un accordo vero e proprio, che venne firmato il 26 aprile 1915 tra l'Italia e le potenze dell'Intesa. **Il 4 maggio la Triplice Alleanza venne denunciata** dall'Italia che il 24 dello stesso mese entrò in guerra contro le sue ex-alleate.

TESI 7

a. Lo sviluppo industriale europeo nella prima metà del secolo XIX
b. Le condizioni del proletariato europeo nella prima metà del secolo XIX
c. I movimenti socialisti europei e la prima Internazionale
d. Marx e il Manifesto dei comunisti
e. Gli Stati protagonisti della seconda rivoluzione industriale
f. Incremento demografico ed emigrazione nell'Europa del secolo XIX
g. La questione sociale: il nuovo assetto politico-diplomatico dell'Europa nella seconda metà del secolo XIX
h. La seconda Internazionale e l'enciclica De rerum novarum
i. La crisi del socialismo: revisionismo, sindacalismo, bolscevismo.

a. Lo sviluppo industriale europeo nella prima metà del secolo XIX

Nel corso del XIX secolo s'impose progressivamente il **sistema di fabbrica** nato in Inghilterra con la **rivoluzione industriale**. L'Ottocento fu dominato in gran parte, e non solo in Europa, dall'espandersi e dall'affermarsi del modello produttivo industriale. Il punto di partenza del processo d'industrializzazione, che sostituì l'industria all'agricoltura come perno dell'attività produttiva, fu costituito da quegli eccezionali cambiamenti intervenuti nell'industria e, più in generale, nell'economia e nella società inglese, che si è soliti chiamare "rivoluzione industriale" e che tradizionalmente gli storici collocano **fra Settecento e Ottocento**.

Nel corso dell'Ottocento, il **sistema industriale** nato in Inghilterra **si diffuse in più paesi** secondo modalità differenti in relazione al periodo e al contesto in cui andò verificandosi. Nella prima metà dell'Ottocento il processo d'industrializzazione venne trainato dai **settori tessile, minerario, metallurgico, meccanico**; i capitali necessari all'avvio delle attività erano privati, gli investimenti relativamente modesti e i profitti sistematicamente reinvestiti ("l'industria finanzia l'industria"); le innovazioni e le invenzioni ebbero un carattere empirico e si trasferirono per imitazione, adattamenti, spionaggio.

In questa fase fu particolarmente precoce l'industrializzazione della regione che nel 1830 prese il nome di **Regno del Belgio**: un paese, questo, con risorse naturali (carbone, ferro) e infrastrutture (soprattutto canali) simili a quelle della vicina Inghilterra, con una lunga tradizione marittima (il porto di Anversa), commerciale e manifatturiera (nelle Fiandre). **Verso la metà del secolo il Belgio**, il cui processo d'industrializzazione può essere considerato un'estensione del modello inglese, era **il paese più industrializzato del continente**.

La via all'industrializzazione della **Francia** fu invece assai differente, poiché segnata da una modesta crescita demografica, da un basso ritmo di urbanizzazione, da una minor disponibilità di risorse naturali, dalla presenza diffusa della piccola proprietà contadina ereditata dalla Rivoluzione Francese e da più crisi politiche. Lo **sviluppo francese fu più lento fino a metà secolo**, ma non meno efficiente: divenne poi sostenuto e l'industria francese si rivelò quindi più diversificata di quella inglese, più disseminata nelle campagne, di dimensioni più ridotte e spesso ad alto valore aggiunto (articoli di lusso). **A metà del secolo**, dunque, in un'Europa ancora profondamente rurale, **l'Inghilterra non aveva rivali** e la supremazia inglese regnava indiscussa sia nell'industria sia nel commercio. La "prima nazione industriale" era all'avanguardia nella tecnologia, oltre ad essere la massima potenza navale mondiale e la principale potenza commerciale.

Nel cinquantennio successivo le nuove tecniche e forme di organizzazione produttiva si diffusero rapidamente laddove si registravano le condizioni necessarie e, sulla scena internazionale, si fecero strada **agguerriti competitori** (**USA**, **Germania**). A partire **dagli anni Settanta** poi, l'industrializzazione entrò nella sua **seconda fase**, definita da molti storici "**seconda rivoluzione industriale**". Sul continente europeo, il più forte competitore dell'Inghilterra era la **Germania**. L'industrializzazione dell'area tedesca, divisa dal Congresso di Vienna in 39 Stati indipendenti e unificata dalla Prussia nel 1871, si colloca a cavallo tra l'epoca delle ferrovie e la seconda rivoluzione industriale. Il **decollo della Germania**, ricca di **carbone** e di **ferro**, iniziò relativamente tardi, ma dopo l'unificazione lo sviluppo si fece rapido e sostenuto. Dopo l'unificazione, in pochi decenni la **Germania divenne il più grande produttore europeo di acciaio** e il paese leader **nell'elettricità** e nella **chimica**, i tre settori portanti dell'industria tedesca, con imprese di grandi proporzioni e ad alta tecnologia. Nella rapida ascesa dell'economia tedesca giocarono un ruolo fondamentale le **banche miste**, che finanziarono ampiamente le nuove iniziative industriali, e il sistema pubblico di **scuole tecniche**, che formò un gran numero di personale tecnico specializzato e di ricercatori.

Certo è che l'industrializzazione coinvolse solamente limitate aree geografiche degli Stati europei più distanti dall'Inghilterra, in senso geografico, istituzionale e culturale, quali quelli dell'Italia, dell'Austria-Ungheria, della Russia e della Spagna. Spesso in questi paesi **l'intervento dello Stato nel promuovere l'industrializzazione** si rivelò considerevole se non decisivo, come accadde successivamente in quasi tutte le nazioni che si industrializzarono nel XX secolo. Alla fine dell'Ottocento, il processo di industrializzazione non era un fenomeno uniforme nella distribuzione spaziale. In Europa, anche se l'industrializzazione procedeva, permanevano estese aree per nulla o solo marginalmente trasformate dall'industria, dove i contadini continuavano a vivere come i loro antenati. **L'agricoltura conservava, infatti, ancora un ruolo centrale** in molti paesi europei ben oltre l'Ottocento. Verso la fine del secolo l'industrializzazione venne riconosciuta come la via necessaria e imprescindibile per lo sviluppo economico, la ricchezza e la potenza militare degli Stati. La sua caratteristica centrale consisteva nella produzione meccanizzata, che andò a trasformare il modo e le condizioni del lavoro, e che fu alla base di una straordinaria crescita delle dimensioni della produzione industriale e della produttività, in grado di sostenere un aumento prolungato e senza precedenti della popolazione e del reddito pro capite. L'industrializzazione non fu un fenomeno solo economico, ma un insieme di **trasformazioni anche sociali e culturali** che nel corso degli ultimi due secoli rivoluzionarono la vita intera degli uomini e delle donne: una componente essenziale della modernizzazione che ha costruito il nostro mondo.

b. Le condizioni del proletariato europeo nella prima metà del secolo XIX

L'Ottocento fu il **secolo delle fabbriche** e delle città: tali luoghi divennero simbolo dell'incremento della produttività ed insieme dello sradicamento, prodotto e moltiplicato da una società al centro di un fagocitante processo di modernizzazione tecnologica, che interessò finanza, servizi e soprattutto industria. La città divenne inevitabilmente oggetto di **un'urbanizzazione** che, specie nel caso francese, ebbe regole precise. Nel diciannovesimo secolo il sistema dell'industria a domicilio venne quindi sostituito da fabbriche pullulanti di **operai salariati**. In alcuni casi si trattava di **artigiani** gettati nell'indigenza dalla trasformazione economica in atto e costretti alle dipendenze di un imprenditore dopo aver chiuso i battenti della vecchia bottega; in molti altri si trattava di **contadini**, allettati dai salari migliori, e in altri ancora di **contadini-operai** che oscillavano come un pendolo tra le due professioni.

Le **condizioni in fabbrica erano durissime** con turni massacranti di **10-15 ore al giorno**, ripagati da bassi salari che garantivano appena il livello di sussistenza. Alle misere condizioni dei lavoratori si dedicarono associazioni, singoli filosofi ed economisti, che sollevarono il tema della **questione sociale** tentando di sensibilizzare, con alterne fortune, opinione pubblica e governi.

Molto più concretamente, per rappresentare e rivendicare i diritti dei lavoratori, nacquero **partiti socialisti e sindacati**. L'arma di lotta per eccellenza di questi ultimi era lo **sciopero**, che venne legalizzato dai vari Stati solo nella seconda metà del secolo. Gli obiettivi rivendicati riguardavano migliori salari e diminuzione delle ore lavorative. Col variare dei soggetti politici, mutò anche la terminologia e così al termine "operai" venne sempre più spesso affiancato o sostituito quello di **proletariato**, con cui erano indicate le persone che prestavano il proprio servizio lavorativo ad un imprenditore.

D'altra parte, non bisogna dimenticare che all'interno della stessa classe operaia esistevano delle differenze sostanziali, in particolare tra lavoratori non qualificati ed operai specializzati che formavano la cosiddetta "**aristocrazia operaia**", un insieme di lavoratori connotati da un'abilità professionale che garantiva l'ottenimento di salari migliori. Questi lavoratori crearono delle **società di mutuo soccorso** o furono rappresentati da sindacati quali le *Trade Unions* inglesi, punta di diamante dell'unico movimento operaio europeo che potesse vantare una struttura organizzativa ormai solida.

A differenza dell'Inghilterra, in **Francia** il **movimento operaio** era stato decimato dalle sconfitte dei moti rivoluzionari del 1848 e 1851, mentre in **Italia** il **proletariato di fabbrica** era ancora una minoranza rispetto ai nuclei di operai e artigiani organizzati nelle società di mutuo soccorso. A livello continentale solo in **Germania** esisteva una **forte classe operaia attiva** da prima del '48. Più importante delle differenze enumerate, era però una duplice esperienza comune a quasi tutti gli operai di ogni Paese: la disoccupazione congiunturale e la costante fluttuazione del salario, specie nei luoghi dove c'erano operai disposti a sostituire le maestranze in sciopero lavorando con salari inferiori. La precarietà come condizione costante dell'esistenza era connaturata all'operaio e strideva con il quadro di sicurezza e di crescente prosperità ostentato dalla borghesia.

c. I movimenti socialisti europei e la prima Internazionale

L'idea di **socialismo** nasce dalla mente di due pensatori europei, **Karl Marx** e **Frederich Engels**, che si impegnarono ad esprimere il loro rivoluzionario pensiero nel *Manifesto del Partito comunista*, pubblicato a Londra nel **1848**. Marx ed Engels si erano resi conto dell'enorme rivoluzione economico-sociale che aveva promosso il XIX secolo con il **capitalismo**.

Il capitalismo è un modello di politica economica che porta al massimo sfruttamento di un prodotto, fonte di guadagno, ma, nello stesso tempo, genera la formazione di una nuova classe necessaria al lavoro del prodotto, la **classe proletaria**. Con questa nuova classe si avvia una **rivoluzione sociale** che porta all'inevitabile crollo del sistema di produzione capitalistico aprendo la strada all'azione rivoluzionaria proletaria.

Mentre fiorivano in Europa le **teorie socialiste**, nascevano nuove importanti organizzazioni in difesa dei lavoratori non più limitate agli ambiti nazionali. Nel **1864** venne fondata **a Londra l'Associazione internazionale dei lavoratori**, detta poi **Prima Internazionale**. L'Internazionale costituiva un organismo di collegamento e di coordinamento sindacale più che politico, molto composto e dai programmi mal definiti. Il compito di formulare una piattaforma comune venne affidata a Marx che dettò i fondamentali principi:

- • l'emancipazione della classe operaia doveva essere operata dalla stessa classe operaia;

- • la conquista del potere politico era divenuto il compito principale della classe operaia.

La **Prima Internazionale** ebbe però vita breve, fu **sciolta nel 1876**, in seguito ai grandi contrasti interni che si erano formati fra diverse fazioni, tra cui **socialisti moderati**, **marxisti**, **anarchici** e **mazziniani**. Solo nel **1889** venne riorganizzata l'associazione, con il nome di **Seconda Internazionale**, diretta da un ufficio con sede permanente a Bruxelles.

d. Marx e il Manifesto dei comunisti

Il "*Manifesto del partito comunista*" fu scritto da **Karl Marx e Friedrich Engels fra il 1847 e il 1848** e pubblicato a Londra nel 1848 in varie lingue ed espone i principi del Partito Comunista. Il Manifesto è diviso in **quattro parti** e ciascuna tratta un argomento differente dall'altro. Afferma che tutta la storia passata si riduce alla storia di una lotta di classi e infatti la stessa borghesia non è altro che una classe trionfante del feudalismo che la opprimeva.

- La **prima parte** vede protagoniste due classi sociali: la borghesia, che nasce come gruppo rivoluzionario, e il proletariato, che invece è servo della classe dei borghesi. La borghesia si sviluppa in modo rapido e continuo, attraverso l'assoggettamento delle campagne alle città, la sempre più crescente soppressione dei vecchi modi di produzione, l'accentramento sensazionale di industrie e commerci, ma come verso la propria autodistruzione, provocando delle crisi di sovrapproduzione che distruggono prodotti e ricchezze. L'operaio si trova a completa "disposizione" del suo padrone borghese e la sua attività si degrada ogni giorno che passa a causa del continuo perfezionamento delle macchine di produzione. La vera vittoria dei lavoratori non deve valutarsi alla stregua degli scarsi successi ottenuti, bensì nel fatto stesso **dell'organizzazione in classe sociale**, che permette ai lavoratori di portare la lotta sul terreno politico, costituendosi in partito. La **vittoria sostanziale del proletariato è inevitabile** perché esso è in continua ascesa, in contrapposizione alla borghesia che si sta dissolvendo e conserva gli stessi valori e ideali.

- Nella **seconda parte** viene descritto il **rapporto tra proletari e comunisti**. Questi ultimi non si propongono come legislatori del movimento proletario, ma vogliono sottolineare che il carattere del comunismo è **l'internazionalismo**, il suo scopo è l'abolizione della proprietà privata perché è lo strumento di dominio appartenente a una classe di minoranza. Il comunismo vuole abolire lo sfruttamento dei salari e vuole sopprimere la libertà, la personalità, il libero commercio, in quanto vengono considerati libertà borghese, personalità borghese e commercio borghese. Ugualmente dicasi per la famiglia borghese fondata sul capitale e sull'industria. Il comunismo è antipatriottico nel senso borghese; solo con il divenire classe dominante il proletariato può diventare effettivamente nazionale e con l'instaurazione dei proletariati nazionale, scompariranno anche gli antagonisti internazionali. Il mezzo con cui il proletariato raggiungerà questi fini sarà quello di privare la borghesia degli strumenti di produzione e accentrarli tutti in mano allo Stato, che sarà il proletariato organizzato attraverso il Partito.

- La **terza parte** del Manifesto del Partito Comunista presenta tre tipi differenti di pensiero e letteratura socialista: feudale, in cui l'aristocrazia fingerà di essere dalla parte del popolo per accusare la borghesia per quanto riguarda gli interessi dei lavoratori; borghese, dove viene sottolineato che la piccola borghesia medievale e i piccoli contadini sono i precursori della moderna borghesia e tendono a scomparire per entrare a far parte del proletariato. Infine, il **socialismo critico-utopistico** respinge ogni azione politica e descrive in modo "fantastico" la civiltà e società futura.

- Nella **quarta e ultima parte** del Manifesto si delineano i rapporti tra comunisti e altri partiti democratici. Il comunismo vuole reagire contro la situazione politica e sociale in atto in Polonia, Francia, Germania e Svizzera.

Questo documento era destinato a esercitare un'influenza storico-politica eccezionale e inoltre contiene il credo di tutte le dottrine socialiste. Dalla sua emanazione il movimento operaio si organizzò in indirizzo unitario.

e. Gli Stati protagonisti della seconda rivoluzione industriale

La seconda rivoluzione industriale è un **fenomeno** che caratterizzò **l'Europa e gli Stati Uniti** nel periodo che va **dal 1870 al 1914** circa. L'aspetto fondamentale che contribuì a questa "rivoluzione" fu la trasformazione demografica e sociale: la popolazione, in queste aree interessate, crebbe e si cominciò a spostare verso i centri urbani, trovando più spesso un impiego nel settore industriale che non nel settore agricolo. Questa mobilitazione venne però causata da un'attrazione verso le città e le fabbriche ubicate in esse, protagoniste in questo periodo di un'importante sequenza di innovazioni produttive che incentivarono le produzioni industriali. Fu quindi un **circolo vizioso**: lo sviluppo economico faceva aumentare la domanda di manodopera che attirava gli emigranti dalle campagne verso le città. La **seconda rivoluzione industriale** viene comunemente chiamata così dagli storici perché ricorda quella serie di innovazioni che avvenne in particolare in Inghilterra nel XVIII secolo. Tuttavia questa fase presentò delle **differenze rispetto alla precedente**:

• Le nuove procedure produttive venivano studiate da **inventori e scienziati di professione**
• Le innovazioni venivano prodotte non solo da inventori o imprenditori britannici, ma anche da **tedeschi, francesi, italiani**. In questa fase emergerà infatti la potenza industriale dell'Impero tedesco e degli Stati Uniti
• Le innovazioni riguardarono settori produttivi nuovi: le produzioni di **acciaio, materie chimiche ed energia elettrica** ad esempio vennero utilizzate per settori che lavoravano con **fibre sintetiche, esplosivi, fertilizzanti artificiali, industria farmaceutica, luce elettrica, motori e automobili.**
• Queste "nuove" industrie richiesero una trasformazione nella gestione dei finanziamenti, nelle modalità di emissione, nel **management e nell'organizzazione delle linee produttive.**

Esempi importanti: **Alfred Nobel** brevettò la **dinamite** (**1866**); fondazione della **Bayer** (prima produttrice di **aspirina**), **Charles Goodyear** brevettò la **gomma** molto più resistente (**1839**); in Italia **nel 1899 Giovanni Agnelli** fondò la **FIAT**; **Karl Friedrich Benz e Gottlieb Daimler** brevettarono le prime automobili con **motore a scoppio alimentate dalla benzina** (**1885**; **Rudolf Diesel** inventò il motore alimentato a **nafta**; **Edison** inventò la **lampadina** (**1879**); **Antonio Meucci** il **telefono**. In alcuni settori produttivi, come quello siderurgico, chimico e soprattutto meccanico, bisogna considerare l'incremento non solo produttivo, ma anche, di conseguenza, le dimensioni delle fabbriche stesse. I macchinari erano grandi e tanti, perciò per ovviare a inefficienze e a problemi generali imprenditori e tecnici iniziarono a studiare **sistemi per razionalizzare il più possibile la produzione.** In particolare, **Frederick W. Taylor** fu il più influente e il più incisivo per quanto riguardava il suo sistema di gestione delle fasi di lavoro che prese il nome appunto di *taylorismo*. Principio fondamentale di questa organizzazione era la "**catena di montaggio**": un sistema di lavoro nel quale le varie componenti delle parti che dovevano essere montate scorrevano su alcuni binari e gli operai erano così adibiti ad un'unica mansione, montare i pezzi in un tempo calcolato. La prima fabbrica ad adottare questo sistema fu la **Ford**.

f. Incremento demografico ed emigrazione nell'Europa del secolo XIX

Dalla seconda metà dell'Ottocento si assistette ad una **crescita costante della popolazione europea**, con tassi di natalità in netta crescita, a differenza di quelli di mortalità, in netto calo. Questa crescita demografica si ebbe grazie ai miglioramenti nell'alimentazione e nell'igiene personale, ma anche grazie ai grandi lavori che venivano effettuati nelle città, suddivisibili in cinque tipi:

• Creazione e cura di **grandi parchi** interni alle città.
• **Risanamento dei quartieri più poveri**, con la ricostruzione di nuovi edifici.
• Costruzione di un moderno **sistema di fogne**.
• Costruzione di un **sistema idrico** capace di portare l'acqua in ogni casa.
• **Depurazione** delle acque potabili.

Oltre a questi miglioramenti urbanistici si assistette anche a diversi progressi nelle **conoscenze mediche**, che contribuirono ad abbassare soprattutto il livello di mortalità. Le conoscenze mediche si svilupparono in quattro direzioni:

• Costruzione di **nuovi ospedali**
• Invenzione del **microscopio**, usato in campo medico per individuare i microrganismi responsabili di alcune gravi malattie;

- Particolare cura dell'igiene, la **sterilizzazione e la disinfezione degli strumenti** chirurgici e delle ferite

- Miglioramenti nelle industrie chimiche, che fornirono nuovi e **più efficaci farmaci**.

Tuttavia, in molte aree dell'Europa la crescita della popolazione era nettamente superiore alla domanda di forza lavoro; per questo molte persone, non riuscendo a trovare impiego, presero la decisione di emigrare. **L'emigrazione transoceanica** contribuì all'aumento di popolazione del continente americano. In Europa la crescita avvenne in un'area densamente popolata, cosa che favorì il fenomeno dell'emigrazione. Anche in Asia la densità di popolazione era alta, infatti molti furono i flussi migratori in uscita verso gli Stati Uniti o l'Oceania.

g. La questione sociale: il nuovo assetto politico-diplomatico dell'Europa nella seconda metà del secolo XIX

La **questione sociale**: Vedi tesi 7, punto h.

Dopo le **unificazioni italiana e tedesca**, l'Impero asburgico, rifondato dalla riforma costituzionale del 1867 e dalla creazione della cosiddetta "**duplice monarchia**" Vienna-Budapest, rivolse i suoi interessi verso l'area balcanica. Le crescenti difficoltà dell'Impero ottomano, infatti, ressero la zona instabile e soggetta a pressioni di diversa provenienza.

- **Impero Austroungarico**: Un riavvicinamento tra Austria e Germania per affrontare la "questione d'Oriente" diede origine nel **1878 al Congresso di Berlino**. Vienna ottenne il via libera all'occupazione della penisola balcanica, accrescendo i propri possedimenti e la propria influenza e destabilizzando ulteriormente la regione. Il successo nei Balcani e l'amicizia con Berlino, sancita nel 1879 dal trattato della Duplice alleanza, non sollevarono però l'Impero dalle numerose difficoltà interne: richieste di autonomia da parte delle minoranze etniche; forte nazionalismo austriaco; arretratezza del sistema industriale; struttura sociale tradizionale e disomogenea.

- **Impero Russo**: A metà Ottocento l'Impero russo era ancora un paese di *Antico regime*, basato su **un'economia rurale**, su una società aristocratica e sul potere dello zar, di impronta assolutistica. Dopo la sconfitta nella **guerra di Crimea (1853-1856)** si aprì un periodo di riforme: nel 1861 venne abolita la servitù della gleba e negli anni successivi vennero modernizzati il sistema fiscale, le forze armate, il codice penale. La seconda metà degli anni Sessanta fu segnata però da insurrezioni nazionalistiche e proteste sociali, a cui seguì una politica repressiva e conservatrice. Crebbe il **dissenso verso lo zar Alessandro II**, assassinato nel 1881. Gli intellettuali populisti e socialisti e i gruppi radicali come i nichilisti continuarono le loro proteste.

- La **Gran Bretagna**: Il Regno Unito era la potenza più stabile a livello politico ed egemone a livello economico. Il suo **sistema parlamentare liberale** assorbì i cambiamenti sociali senza spezzarsi e il **controllo dei mari** assicurò una crescita costante: il lungo regno della **regina Vittoria (1837-1901)** fu prospero e sereno. Dopo la riforma elettorale del 1832 l'assetto bipartitico, con l'alternanza di *whigs* e *tories* al governo, si trasformò nella **contrapposizione tra Partito liberale e Partito conservatore**. Il governo liberale di Gladstone (1868-74) attuò un ampio programma di riforme, promosse anche dal suo successore conservatore Disraeli.

- La **Germania**: **Otto von Bismarck ricoprì dal 1871 al 1890 il doppio ruolo di cancelliere di Prussia e cancelliere del nuovo Impero germanico**. Il suo governo si basava su un misto di autoritarismo e paternalismo e sulla difesa delle tradizionali classi dominanti. In politica estera Bismarck tentò di isolare la Francia creando un legame con gli Imperi austro-ungarico e russo, formalizzato nella Lega dei tre imperatori (1873). La **politica interna** di Bismarck era caratterizzata dallo **scontro con i partiti di massa in ascesa**, socialdemocratico in testa, e dal tentativo di indebolire i cattolici. Nel 1888 l'ascesa al trono di **Guglielmo II** causò le **dimissioni di Bismarck** e la ripresa di una politica estera aggressiva e imperialista.

- **Francia**: La **Terza repubblica** proclamata in Francia nel **1870** varò nel 1875 un sistema istituzionale ibrido, che unì le caratteristiche del parlamentarismo e del presidenzialismo. Si trattava di un compromesso che rappresentava la posizione dei repubblicani moderati. Il dissenso interno si organizzò principalmente intorno a **tre gruppi**: i **bonapartisti**, che continuavano a difendere l'esperienza di Napoleone e di Napoleone III; i **monarchici**, divisi tra borbonici e orleanisti; i **repubblicani radicali**, sostenitori di una politica anticlericale e di riforme salariali. Il governo moderato ottenne, sotto la guida di Gambetta e Ferry, alcune importanti riforme come l'introduzione dell'obbligo scolastico, le leggi sulla libertà di stampa e di riunione, l'alleanza con la Russia (1893). Nonostante le riforme, le forti contestazioni provenienti da schieramenti diversi minarono le basi della Repubblica. Oltre alle forze parlamentari i socialisti, esclusi dalla vita pubblica dopo la **disastrosa esperienza della Comune**, la attaccarono da sinistra; a destra, movimenti extraparlamentari fortemente nazionalisti e revanscisti la esposero a rischi autoritari. Quando **nel 1894** il capitano dell'esercito **Alfred Dreyfus**, di origine **ebraica**, venne accusato di aver favorito i tedeschi, l'opinione pubblica si polarizzò: i democratici sostenevano la sua innocenza, mentre emerse un fronte reazionario molto accanito che gridò all'alto tradimento con toni antisemiti e nazionalisti.

h. La seconda Internazionale e l'enciclica "De rerum novarum"

Nel **1889**, anno **dell'esposizione universale a Parigi**, i socialisti decisero di rispondere a tale iniziativa, convocando la **seconda internazionale**, con la convocazione di tutti i socialisti europei anche per far comprendere che non esisteva solo il mondo degli industriali dell'esposizione universale, ma anche i socialisti.

L'unico problema su cui verteva l'internazionale consisteva nel dubbio di continuare a sostenere le tesi di Marx sulla lotta di classe e la dittatura del proletariato o valutare un'ipotesi alternativa a quella del **revisionismo** (vedi tesi 7, punto i.); in base a quest'ultima vi poteva essere un graduale processo di **riforme con il socialismo**, che non si andava più a collocare in netta contrapposizione con lo stato e la borghesia, poiché dal suo interno avrebbe ottenuto delle **riforme parziali** (come stava accadendo già in alcuni Stati), con la creazione dei primi **sindacati**, e con dei risultati incoraggianti che dimostravano la disponibilità degli stati verso le riforme. Su questa tendenza nascerà poi il **partito socialdemocratico**, di ispirazione più **moderata**.

Tale posizione fu ostacolata nell'internazionale che vide prevalere tesi più tradizionali. Infatti, le tesi revisionistiche che avevano trovato la loro massima espressione nella figura di **Eduard Bernstein**, furono interpretate come una subordinazione degli ideali teorizzati da Marx ed Engels allo Stato borghese, che invece era visto dai socialisti (e sarà visto negli anni successivi) sempre negativamente; invece, le tesi tradizionali, che erano state riprese con maggiore forza nella **seconda internazionale** da **Karl Kautsky**, ebbero il sopravvento.

Nel **1891**, **Leone XIII** (succeduto a Pio IX nel 1878) inviò ai vescovi un'enciclica, la **Rerum Novarum**. In essa il Papa **condannava le idee socialiste** ed in particolare il principio della lotta di classe. In nome dell'insegnamento cristiano, il pontefice invitava ricchi e proletari all'accordo e alla collaborazione. Egli **riconosceva però agli operai il diritto di organizzarsi** per migliorare la loro condizione di vita e per realizzare una società più giusta. Sorsero così, in gran numero, **società operaie di mutuo soccorso**, cooperative e sindacati di **ispirazione cattolica**.

i. La crisi del socialismo: revisionismo, sindacalismo, bolscevismo

Il **socialismo** è una teoria politica finalizzata alla costruzione di una forma di società fondata sulla solidarietà tra gli uomini e diretta ad assicurare l'eguaglianza economica, abolendo o quanto meno sottoponendo al controllo pubblico la proprietà privata. I socialisti, almeno sino alla prima metà del Novecento, videro nella proprietà privata la causa primaria dei conflitti politici e sociali e dei contrasti tra gli Stati.

Il **comunismo** può essere considerato come **l'ala più radicale del socialismo**. Tra gli anni

Quaranta e Sessanta dell'Ottocento andò imponendosi una nuova corrente a opera di due grandi intellettuali tedeschi, Karl Marx e Friedrich Engels, che venne denominata **marxismo**. Le tesi centrali del marxismo erano le seguenti:

- Tutta la storia delle società civili è stata segnata dalla **lotta tra le classi** e dall'uso dello Stato come mezzo usato dalla classe dominante per opprimere la classe subalterna.

- A dominare è il **capitalismo**, frutto della rivoluzione industriale diretta dalla borghesia, il quale arricchisce una minoranza e lascia nella povertà e nello sfruttamento la grande maggioranza

- Tra borghesi e proletari vi è un **incomponibile contrasto di interessi**.

Revisionismo:

La dottrina marxista venne criticata in maniera radicale dal tedesco **Eduard Bernstein**, il quale tra la fine del XIX secolo e gli inizi del XX diede origine al **revisionismo**, sostenendo che era vana l'attesa di una crisi generale del capitalismo e che lo scopo primario dei socialisti non era aspettare la rivoluzione mondiale, ma **allargare le frontiere della democrazia** e **migliorare le condizioni dei lavoratori** mediante **riforme politiche e sociali** nei singoli paesi. Le teorie di Bernstein diedero origine a una grande controversia nel socialismo internazionale, la quale mostrò quanto ormai profonde fossero le differenze al suo interno.

Bolscevismo:

Una posizione diametralmente opposta a quella di Bernstein venne assunta dai rivoluzionari intransigenti e marxisti ortodossi europei, tra cui emerse in Russia **Vladimir Il'ič Ul'janov**, conosciuto da tutti come **Lenin**. In questo paese **nel 1898** i marxisti avevano fondato il **Partito operaio socialdemocratico russo**, che **nel 1903** si scisse in **menscevichi** («minoritari») e **bolscevichi** («maggioritari»). Capo incontrastato di questi ultimi, **Lenin** sostenne che nel dispotico Impero zarista bisognava formare un partito fedele alla dottrina rivoluzionaria di Marx, organizzato su base centralistica e diretto in maniera autoritaria da rivoluzionari di professione, in grado di mobilitare le masse operaie e i contadini poveri trasmettendo loro dall'alto la coscienza socialista. I bolscevichi si costituirono in un partito di fatto autonomo nel 1912. Dopo l'insuccesso della **rivoluzione del 1905**, in Russia l'onda rivoluzionaria venne immensamente ingrossata dagli effetti della Prima guerra mondiale (rivoluzioni russe).

Sindacalismo:

Figura di spicco nel dibattito internazionale sul marxismo nella prima metà del XX secolo, l'ingegnere **Georges Sorel** (1847-1922) fu il principale teorico del **sindacalismo rivoluzionario**. Formatosi sui testi di Friedrich Nietzsche, Pierre-Joseph Proudhon e Henry Bergson, Sorel si avvicinò al marxismo alla fine dell'Ottocento. Nelle sue opere più significative Sorel **critica il socialismo dominante nella Seconda Internazionale** per la sua interpretazione etico-umanistica del pensiero di Marx, che ne lasciava in ombra il nucleo vivo: il concetto di lotta di classe e di azione rivoluzionaria. Secondo Sorel, la prassi riformista, il parlamentarismo e la burocratizzazione dell'apparato dirigente avevano reso i principali partiti socialisti sempre più compatibili con il sistema capitalista.

TESI 8

a. L'espansione coloniale europea in Africa: le crisi internazionali
b. L'espansionismo della Francia nell'Africa settentrionale
c. Le rivalità anglo-franco-russe dopo l'apertura del canale di Suez
d. L'economia mondiale dopo le due guerre mondiali
e. Dal secondo dopoguerra alla globalizzazione
f. L'Italia fra Dopoguerra e ricostruzione
g. Il processo d'integrazione economica europea dal 1951
h. Il miracolo economico italiano
i. La crisi energetica degli anni settanta nell'Europa occidentale e l'OPEC
j. L'economia italiana dopo la crisi petrolifera
k. Gli anni di piombo in Italia
l. La crisi della Prima Repubblica
m. La Seconda Repubblica.

a. L'espansione coloniale europea in Africa: le crisi internazionali

Tra il 1870 e il 1914 l'espansione coloniale occidentale non si fermò: tutto il mondo non occidentale, in forma diretta o indiretta, finì sotto il controllo dell'una o dell'altra grande potenza. **Oltre alle storiche presenze coloniali** (Regno Unito, Francia, Olanda, Russia), altri Stati, anche di **recentissima formazione**, si impegnarono nella corsa alla conquista delle colonie (Belgio, Germania, Italia e Stati Uniti); un'antica potenza coloniale uscì quasi del tutto di scena (la Spagna), mentre un astro nascente orientale si unì alle iniziative dei più attivi Stati occidentali, dei quali aveva in larga misura copiato le istituzioni (il Giappone).

La globalizzazione economica, già da secoli in atto, ne ricevette una spinta ulteriore; parti intere del globo erano sotto il controllo economico di imprenditori e finanzieri euroamericani. Il dato veramente nuovo fu la **conquista politica e militare quasi integrale** di almeno tre continenti: entro il 1914, infatti, tutta l'Oceania, tutta l'Africa (a eccezione dell'Etiopia) e tutta l'Asia (con le parziali eccezioni della Penisola arabica, dell'Afghanistan, della Cina, del Tibet e del Nepal) erano sotto il controllo dell'una o dell'altra fra le potenze impegnate nell'espansione coloniale. Il dominio era veramente integrale. Tutte le operazioni coloniali erano disagevoli; richiedevano molti soldi e molti uomini; e sia gli uni sia gli altri erano costantemente messi a rischio, specie quando si incontravano resistenze da parte delle popolazioni dei territori che si volevano conquistare.

In Africa, precisamente in **Sudan, nel 1898** iniziarono le **tensioni tra Francia e Regno Unito**. All'epoca le truppe britanniche, guidate da Horatio Kitchener (1850-1916), erano impegnate nella riconquista del Sudan; dopo aver conquistato Karthum (2 settembre 1898), i britannici proseguirono verso sud, cioè verso le sorgenti del Nilo. Da tempo il capitano francese Jean-Baptiste Marchand (1863-1934) si era mosso dal Congo francese per sbarrare la strada agli inglesi e aveva creato un forte militare nel Sudan centro-meridionale. L'operazione venne compiuta per **bloccare un'ulteriore espansione britannica verso sud**, che avrebbe potuto portare a collegare l'Egitto e il Sudan con gli altri possedimenti che il Regno Unito aveva nell'Africa centromeridionale. Quando la colonna britannica giunse di fronte a **Fashoda** (18 settembre **1898**), si era **sull'orlo di una crisi internazionale** che avrebbe potuto portare a una guerra tra Francia e Regno Unito. La crisi si concluse con **la ritirata**, un po' ingloriosa, **della colonna francese** guidata da Marchand e con la conquista di tutto il Sudan da parte dei britannici, i quali peraltro non riuscirono a unificare i possedimenti coloniali che avevano nell'Africa del Nord con quelli che avevano nell'Africa del Sud. Proprio a sud, un anno dopo la crisi di Fashoda, scoppiò la cosiddetta **guerra boera**. Ne furono causa i disegni di espansione coltivati dal Primo ministro della Colonia britannica del Capo (cioè del Sudafrica), **Cecil Rhodes** (1853-1902), il quale, fra l'altro, era direttore della compagnia diamantifera De Beers impegnata nell'estrazione dei diamanti sudafricani. Sin dal 1895, per iniziativa di Rhodes, i britannici avevano occupato un vasto territorio che venne ribattezzato Rhodesia. Il territorio si trovava a nord dello Stato del Transvaal e dello Stato Libero di Orange. Transvaal e Orange erano Stati indipendenti, controllati da una popolazione di origine olandese, i boeri (termine che significava "contadini"); i **boeri** avevano creato questi due Stati liberi dopo essere fuggiti negli anni Trenta-Quaranta dell'Ottocento dalla Colonia del Capo, caduta sotto il dominio britannico. **Dal 1886** nel **Transvaal** erano stati scoperti **ricchi giacimenti d'oro**, che avevano attirato commercianti e trafficanti inglesi, a cui il governo del Transvaal aveva riservato, peraltro, una dura accoglienza, non concedendo loro il diritto di voto e tassando pesantemente le loro attività commerciali. Rhodes, per proteggere imprenditori e mercanti britannici e sfruttare le ricchezze del Transvaal, avrebbe voluto inglobare gli Stati boeri in un unico territorio posto sotto il controllo britannico: per questo, nel 1895, organizzò una spedizione nel Transvaal, che fallì.

L'insuccesso costrinse Rhodes alle dimissioni da Primo ministro della Colonia del Capo, ma ciò non attenuò la tensione tra boeri e autorità britanniche, perché i britannici continuarono a sostenere economicamente e finanziariamente i loro connazionali che cercarono di fare affari nel Transvaal. Nel settembre del 1899, dopo **inutili tentativi di accordo tra boeri e britannici**, due ultimatum si incrociarono: uno, emesso da Joseph Chamberlain, ministro britannico per le Colonie del governo conservatore presieduto da Lord Salisbury, che chiese l'estensione dei pieni diritti ai cittadini britannici presenti nel Transvaal; l'altro, emesso dal presidente del Transvaal, Paul Kruger (1825-1904), che annunciò la guerra contro le truppe britanniche, se l'esercito britannico non si fosse allontanato dal confine con gli Stati boeri.

Il **governo britannico accettò la guerra**, nella convinzione che combattere contro due piccoli Stati di agricoltori e allevatori sarebbe stata una passeggiata. Il calcolo si rivelò sbagliato. **La guerra durò piuttosto a lungo, dal 1899 al 1902**. Nella sua parte finale, dal 1900 al 1902, dopo che gli inglesi conquistarono le capitali dei due Stati dell'Orange e del Transvaal, i boeri, non ancora del tutto sconfitti, continuarono a resistere con azioni di guerriglia. Per stroncarle Horatio Kitchener (lo stesso di Fashoda), comandante in capo dell'esercito britannico sudafricano dal 1900, ordinò azioni di grande brutalità. Vennero compiute, così, molte esecuzioni sul campo, durante le quali si giustiziarono prigionieri boeri accusati di spionaggio, le fattorie boere vennero distrutte e le famiglie che vi vivevano furono deportate e chiuse nei primi campi di concentramento della storia. Nel 1902, infine, venne raggiunto un accordo: **Transvaal e Orange furono inglobati nell'Unione sudafricana**. Al suo interno la maggior parte dei boeri, cui vennero riconosciuti pieni diritti di cittadinanza, si integrarono nella vita politica, pur dando vita a raggruppamenti politici autonomi; le popolazioni africane, invece, furono sistematicamente discriminate.

Dal 1904 un accordo tra Francia e Regno Unito cancellò definitivamente le incomprensioni relative all'Egitto e al Sudan, che avevano avuto il loro momento più grave nella crisi di Fashoda. L'accordo prevedeva che la Francia riconoscesse definitivamente il protettorato britannico sull'Egitto; in cambio di ciò il Regno Unito si dichiarava disposto a sostenere diplomaticamente eventuali **iniziative francesi per l'occupazione del Marocco**, un'operazione che avrebbe consentito alla Francia di controllare tutta la costa africana nord-occidentale. L'imperatore tedesco, **Guglielmo II**, decise di ostacolare questo possibile sviluppo e lo fece nel modo più plateale possibile. Nel **1905** fece scalo a **Tangeri** (Marocco) dove dichiarò pubblicamente che la sua era una visita a uno Stato indipendente e sovrano, volendo dire in tal modo che le ambizioni francesi sul Marocco dovevano essere abbandonate. La nuova crisi venne risolta temporaneamente con una **conferenza internazionale riunita ad Algeciras**, in Spagna, **nel 1906**. In questa circostanza l'appoggio del Regno Unito e l'isolamento diplomatico della Germania diedero risultati favorevoli alle ambizioni francesi; la conferenza, infatti, confermò l'indipendenza del Marocco, ma stabilì che potesse operarvi una forza militare internazionale franco-spagnola, sotto comando svizzero, per tutelare gli interessi degli europei che vivevano e commerciavano in Marocco: un modo un po' tortuoso per riconoscere alla Francia (e alla Spagna) il diritto di intervenire direttamente negli affari interni marocchini. Il caso marocchino, in tal modo, restò aperto; la tensione tra Germania e Francia non si attenuò e condusse a una **seconda crisi**.

Nel 1911 una serie di disordini scoppiati in Marocco offrì l'occasione alla **Francia per intervenirvi militarmente** in modo massiccio. La **Germania** reagì immediatamente, inviando una cannoniera davanti al porto di **Agadir** e avanzando la richiesta di compensi territoriali (in particolare, il Congo francese) per quella che era considerata una violazione degli accordi di Algeciras. La Gran Bretagna appoggiò di nuovo le pretese francesi. La soluzione si risolvette con un compenso territoriale riconosciuto alla Germania (parte del Congo francese viene annessa al Camerun tedesco), mentre l'esercito francese potette completare le operazioni di occupazione del Marocco.

b. L'espansionismo della Francia nell'Africa settentrionale

Le colonie francesi d'Africa testimoniavano il posto di superiorità avuto dalla Francia nell'espansione e nelle spartizioni del XIX secolo. **Nel Nord Africa aveva l'Algeria e i protettorati del Marocco e della Tunisia. Nell'Africa tropicale** aveva un enorme blocco di coloni che si estendeva **dall'Algeria meridionale fino al Congo e dai confini del Sudan egiziano.** Tutti questi possedimenti erano stati acquistati nello stesso periodo e circa per le stesse ragioni e ponevano problemi simili di politica e governo. Molte colonie francesi erano il prodotto dell'espansione non pianificata dei nuclei preesistenti: Senegal e buona parte dell'Africa Occidentale erano nati da interessi commerciali locali e problemi di giurisdizione. La Tunisia fu il prodotto dell'iniziativa di finanzieri francesi e della rivolta con l'Italia.

Nel 1815 la Francia aveva poche colonie che potessero estendersi ulteriormente e i suoi traffici d'oltremare avevano proporzioni troppo ridotte per costituire un forte incentivo alle conquiste territoriali. La Francia era una potenza continentale per cui le colonie avevano un'importanza solo marginale; le colonie tropicali offrivano mercati all'esportazione e fornivano materie prime: questo avrebbe portato la Francia a diventare una potenza ricca e potente. Poi potevano fornire uomini all'esercito rimediando l'inferiorità numerica rispetto alla Germania e alla Russia.

I Francesi non dimenticarono mai il rigoroso presupposto dell'Ancien Régime secondo cui le colonie dovevano essere economicamente utili alle metropoli e rimasero fedeli al vecchio principio esclusivistico. Fino al 1861 il mercantilismo sopravvisse inalterato; le **colonie potevano importare solo dalla Francia** e dovevano servirsi della sua marina mercantile. In seguito adottò la libertà di commercio, non perché lo volesse, ma in parte perché il secondo impero aveva bisogno di migliorare le relazioni con la Gran Bretagna, in parte perché le colonie francesi nell'Africa Occidentale dipendevano economicamente dalle importazioni di prodotti britannici.

Il **trattato anglo-francese del 1860** impegnò la Francia ad aprire mercati coloniali e a ridurre le tariffe. Fu definito il sistema che tendeva a cancellare ogni differenza tra colonie e madrepatria; questo comportava non solo un unico sistema tariffario, ma anche l'applicazione del sistema legislativo e governativo delle metropoli, la presenza di rappresentanti delle colonie nell'assemblea francese e una **completa assimilazione culturale.** La missione imperiale doveva consistere nel modellare le colonie in modo da farne tante copie della Francia stessa, per poi unificare il tutto nella metropoli.

c. Le rivalità anglo-franco-russe dopo l'apertura del canale di Suez

Il **canale di Suez** venne costruito **fra il 1859 e il 1869** da una compagnia francese su progetto di un ingegnere italiano, Luigi Negrelli, e venne **inaugurato il 17 novembre 1869**, anche se in realtà la prima nave aveva attraversato il canale nel febbraio 1867. In occasione della cerimonia di apertura del canale il compositore Johann Strauss compose la "marcia egizia", mentre Giuseppe Verdi compose l'"Aida". Il canale ebbe un effetto immediato e fondamentale sui commerci mondiali e giocò un ruolo importante nello sviluppo della navigazione a vapore e **nell'aumentare la penetrazione europea in Africa**, specie orientale, che venne ben presto spartita tra le potenze europee. Il successo del canale incoraggiò i francesi a imbarcarsi nella costruzione del **canale di Panama**, impresa che però non riuscirono a completare.

Nel 1875 il debito estero dell'Egitto costrinse le autorità egiziane a **vendere per 4 milioni di sterline la quota del loro paese al Regno Unito**, che così si assicurava il controllo della rotta delle Indie e che inizio in tal senso un'occupazione economica e politica dell'Egitto.

In Egitto si confrontavano **due politiche coloniali fra loro antitetiche**. Quella **francese**, tesa a una occupazione più massiccia e pervasiva, creando una vera e propria **assimilazione con la madre patria**, e quella **britannica** che faceva leva sulle **élites locali**, per mantenere il controllo del territorio. Dal confronto **uscì vincitore l'impero britannico**, che nel **1882** prese di fatto possesso dell'Egitto, anche se l'amministrazione del Canale continuò a essere duplice. Le restanti quote ancora in mano agli Egiziani, vennero acquisite dai **britannici**, che si trovarono così a controllare **il 49% della società** e, per **74 anni**, la compagnia sarebbe stata gestita **congiuntamente da britannici e francesi**.

Il **4 aprile 1885**, a Parigi, si apriva la **Conferenza internazionale per il Canale di Suez**, durante la quale le potenze coinvolte dibatterono sul regime giuridico da applicare ai navigli in transito: il regime della *neutralità* avrebbe chiuso in caso di guerra il Canale alle flotte belligeranti, mentre quello della *libertà* lo avrebbe lasciato aperto, vietando soltanto le operazioni di guerra in esso e nelle adiacenze. **Il 29 ottobre 1888**, la **convenzione di Costantinopoli** confermò il *regime di libertà* del canale (sotto protezione britannica), dichiarato «libero e aperto, in tempo di guerra come in tempo di pace, a qualsiasi nave civile o militare, senza distinzione di bandiera».

Intanto **l'operatività del canale cresceva** progressivamente: nel **1870** 486 navi transitarono per il canale, per una stazza di 437.000 tonnellate; nel **1890** i transiti furono 3.389, per 6.580.000 tonnellate di stazza, mentre nel **1910** 4.553 transiti (16.580.000 tonnellate di stazza). Nel corso della **Prima guerra mondiale** vi furono ben due tentativi da parte **dell'Esercito ottomano**, guidato dal generale tedesco von Kressenstein, di prendere il canale, in quella che fu chiamata "campagna del Sinai e della Palestina". Durante la **Seconda guerra mondiale** il canale finì nel mirino della **Regia Marina italiana**, riuscendo a resistere anche dopo l'impresa di Alessandria e dopo la Campagna del Nordafrica.

L'evento storico più clamoroso legato al canale rimane, ad ogni buon conto, la **Crisi di Suez** del **1956**, che equivale anche al secondo conflitto arabo-israeliano.

Il canale collegante il Mar Mediterraneo e il Mar Rosso fu epicentro, nel 1956, di una breve ma intensa guerra che vide, fra il 29 ottobre e il 7 novembre, lo Stato di **Israele** alleato del **Regno Unito** e della **Francia** contro **l'Egitto** governato dal colonnello **Nasser**, che ne aveva annunciato la **nazionalizzazione** del canale stesso. Nazionalista, sostenitore del panarabismo e del movimento dei paesi non allineati (terzomondismo), Nasser aveva intrapreso relazioni con l'Unione Sovietica per farsi finanziare la costruzione faraonica della diga di Assuan e, nell'ottica di un ridimensionamento della presenza franco-britannico nell'area, nel 1956 era arrivata a sorpresa la mossa della nazionalizzazione del canale.

Londra e Parigi reagirono **inviando le truppe** nell'area contro gli egiziani e al loro fianco si schierò **Israele**, desiderosa di consolidarsi a spese dell'Egitto dopo la vittoria nella guerra di indipendenza del 1948. I tre Paesi formalizzarono un protocollo di attacco che prevedeva **l'invasione israeliana del Sinai**, l'occupazione da parte delle forze armate dello Stato ebraico della penisola e l'intervento sul Canale di paracadutisti francesi e britannici, formalmente chiamati a separare i due contendenti ma di fatto decisi a annullare sul campo la decisione di Nasser.

La reazione veemente di **Stati Uniti** e **Unione sovietica** contro l'operazione franco-britannica e l'intervento delle **Nazioni Unite** con la creazione della prima vera forza di peace keeping (**UNEF**) resero l'operazione un **totale fallimento sul piano politico**, a dispetto del completo successo su quello militare. Il 7 novembre 1956, dunque, Usa e Urss imposero il cessate il fuoco. Lo schiaffo per Londra e Parigi fu durissimo. Per il **Regno Unito** iniziò una fase di sostanziale **appiattimento geopolitico sugli Stati Uniti** che sarebbe continuata anche ai giorni nostri. Per la **Francia**, invece, si accelerò **l'irreversibile crisi della Quarta Repubblica** e, con essa, la corsa al disfacimento dell'Impero.

d. L'Economia mondiale dopo le due guerre mondiali

Gli **anni Venti** negli **Stati Uniti**:

Dopo la Prima Guerra Mondiale, gli Stati Uniti attraversarono un periodo di crescita economica noto come gli "**anni ruggenti**". Il loro PIL crebbe del 2%, e il reddito delle famiglie continuò a salire. L'industria americana prosperò, con una forte concentrazione finanziaria e industriale.

L'industria automobilistica, in particolare, ebbe un notevole sviluppo grazie all'innovazione di **Henry Ford** e alla catena di montaggio. Tuttavia, il **proibizionismo** (divieto di vendere bevande alcoliche con tasso superiore allo 0,5%) e l'ostilità verso le persone "diverse" caratterizzarono questo periodo.

La **Grande Depressione**:

Nel **1929**, la **Borsa di New York** subì un crollo brutale, noto come "**martedì nero**". Questo evento segnò l'inizio della Grande Depressione, una crisi economica globale che colpì duramente gli Stati Uniti e si diffuse in tutto il mondo. La sovrapproduzione agricola portò a un pesante ribasso dei prezzi agricoli, causando la rovina di molti contadini. La contrazione dei consumi fu uno dei fattori chiave della crisi. Nel 1931, l'Inghilterra introdusse pesanti dazi protezionistici e abbandonò il liberismo economico.

Il **New Deal**:

Nel **1933**, il presidente **Franklin Delano Roosevelt** implementò il **New Deal**, un programma di intervento statale per affrontare la Grande Depressione. Il New Deal comprendeva lavori pubblici, sostegno all'agricoltura e politiche di regolamentazione economica. L'obiettivo era **far intervenire lo Stato** per stimolare l'occupazione e sostenere l'economia. Solo lo scoppio della Seconda Guerra Mondiale pose fine alla Grande Depressione.

Situazione economica mondiale tra le due guerre:

Nel complesso, si verificò una lenta e costante ripresa economica. Mentre l'industrializzazione avanzava nei territori già industrializzati, quelli meno sviluppati potevano contare su una discreta produzione agricola. La **produttività nel settore industriale** migliorò costantemente, ma la lunga crisi interbellica fu influenzata da fattori congiunturali, errori di politica economica e scelte strategiche di politica internazionale.

Il secondo dopoguerra:

L'economia mondiale dopo le due guerre mondiali ha attraversato diverse fasi e cambiamenti significativi, che hanno plasmato il panorama economico globale fino ai giorni nostri.

Dopo la fine della Seconda Guerra Mondiale (1945-1950), il mondo si trovava di fronte a una massiccia **ricostruzione economica**. Le infrastrutture erano devastate, le risorse esaurite e c'era una necessità impellente di risollevarsi dalle macerie della guerra. In questo contesto, gli **Stati Uniti emersero come una potenza economica dominante** grazie alla loro relativa intatta infrastruttura industriale e alla loro capacità di fornire aiuti attraverso il **Piano Marshall**. Il Piano Marshall, ufficialmente conosciuto come Piano di Ripresa Europea, fu un programma di aiuti statunitense destinato a sostenere la ricostruzione dell'Europa occidentale. Questo contribuì a stimolare la ripresa economica nella regione e rafforzò l'influenza economica degli Stati Uniti.

La Guerra Fredda e la bipolarizzazione economica (1950-1970):

Durante questo periodo, il mondo assistette alla nascita della **Guerra Fredda**, con gli Stati Uniti e l'Unione Sovietica che emersero come le due superpotenze dominanti. Questo conflitto geopolitico influenzò profondamente anche l'economia mondiale. Gli Stati Uniti promossero il **capitalismo e l'economia di mercato**, mentre l'Unione Sovietica sosteneva il **socialismo e l'economia pianificata centralmente**. Questa divisione ideologica ebbe riflessi economici, con gli Stati Uniti che si sforzarono di promuovere la crescita economica e il benessere attraverso il piano Marshall e altre iniziative, mentre l'Unione Sovietica investiva pesantemente nell'industria pesante e nell'espansione del blocco socialista.

La crescita economica globale (1970-1990):

Questo periodo è stato caratterizzato da una crescita economica significativa in molte parti del mondo, con l'emergere di **nuovi attori economici come il Giappone**, le cosiddette "**tigri asiatiche**" (Corea del Sud, Taiwan, Singapore e Hong Kong) e, successivamente, la Cina. La **globalizzazione** ha iniziato a prendere forma, con un aumento del commercio internazionale, degli investimenti e dei flussi finanziari. **L'innovazione tecnologica** ha svolto un ruolo sempre più importante, facilitando lo sviluppo industriale e l'automazione dei processi produttivi. Tuttavia, questo periodo ha anche visto aumentare le tensioni commerciali e monetarie, come nel caso della crisi petrolifera degli anni '70 e della crisi del debito dei paesi in via di sviluppo degli anni '80.

La globalizzazione e le sfide del XXI secolo (1990-oggi):

La caduta del muro di Berlino nel 1989 e il crollo dell'Unione Sovietica nel 1991 segnarono la **fine della Guerra Fredda** e l'inizio di una nuova era caratterizzata dalla globalizzazione economica. Le tecnologie dell'informazione e delle comunicazioni hanno reso il **mondo più interconnesso** che mai, facilitando lo scambio di beni, servizi, informazioni e persone su scala globale. Tuttavia, questa crescente interconnessione ha anche portato a sfide come la continua disuguaglianza economica, la perdita di posti di lavoro a causa della **automatizzazione** e della **delocalizzazione**, e la volatilità dei mercati finanziari globali.

Inoltre, nel corso degli anni, sono emerse preoccupazioni ambientali e sociali sempre più pressanti, come il **cambiamento climatico**, la scarsità delle risorse naturali e la povertà estrema in molte parti del mondo. Queste sfide hanno portato a una crescente consapevolezza della necessità di uno sviluppo sostenibile e di politiche economiche più inclusive e orientate al benessere sociale. In sintesi, l'economia mondiale dopo le due guerre mondiali ha vissuto un'evoluzione complessa e dinamica, caratterizzata da periodi di crescita economica senza precedenti, innovazione tecnologica e globalizzazione, ma anche da sfide e disuguaglianze significative che richiedono risposte politiche ed economiche coordinate a livello internazionale.

e. Dal secondo dopoguerra alla globalizzazione

Vedi tesi 8, punto d.

Dal secondo dopoguerra, l'economia mondiale, ha vissuto un periodo di trasformazioni significative e sviluppo accelerato:

Ricostruzione post-bellica (1945-1950):

Dopo la fine della Seconda Guerra Mondiale, molte nazioni, in particolare quelle coinvolte nel conflitto, dovettero affrontare la devastazione e la distruzione delle infrastrutture. I tentativi di ricostruzione e la ripresa economica furono messi in primo piano. Il **Piano Marshall**, un programma di aiuti economici statunitensi per la ricostruzione dell'Europa occidentale, fu uno degli sforzi più significativi per facilitare la ripresa economica dopo la guerra. Questo periodo vide anche la creazione di istituzioni internazionali come il **Fondo Monetario Internazionale** (FMI) e la **Banca Mondiale**, che giocarono un ruolo fondamentale nella stabilizzazione economica e nella promozione dello sviluppo.

Crescita economica degli anni '50 e '60:

Durante gli anni '50 e '60, molte economie del mondo sperimentarono una forte crescita economica, trainata dalla ricostruzione post-bellica, dall'innovazione tecnologica e dalla crescente produzione industriale. Gli Stati Uniti giocarono un ruolo dominante in questo periodo, con una produzione industriale in rapida espansione e un alto livello di consumismo. In Europa, la **Comunità Economica Europea** (CEE) venne fondata nel **1957** con l'obiettivo di promuovere la cooperazione economica e la crescita attraverso l'integrazione economica regionale.

Crisi petrolifera degli anni '70:

Alla fine degli anni '60 e all'inizio degli anni '70, il mondo fu colpito da una serie di **crisi petrolifere** che ebbero un impatto significativo sull'economia globale. I paesi **dell'OPEC** (Organizzazione dei Paesi Esportatori di Petrolio) aumentarono i prezzi del petrolio e ne limitarono la produzione, causando inflazione, rallentamento economico e squilibri commerciali in molte nazioni industrializzate.

Liberalizzazione economica e deregolamentazione negli anni '80:

Gli anni '80 furono caratterizzati da una **maggiore liberalizzazione economica** e **deregolamentazione** in molte parti del mondo, in particolare sotto l'influenza delle politiche economiche **neoliberiste** promosse da leader come **Ronald Reagan** negli Stati Uniti e **Margaret Thatcher** nel Regno Unito. Queste politiche favorirono la privatizzazione delle imprese statali, la deregolamentazione dei mercati finanziari e una maggiore apertura agli scambi commerciali internazionali.

Globalizzazione economica degli anni '90 e oltre:

Gli anni '90 videro un'accelerazione della **globalizzazione economica**, con una crescente interconnessione dei mercati finanziari, commerciali e informativi. **L'avvento di Internet** e delle tecnologie dell'informazione facilitò lo scambio di beni, servizi e informazioni **su scala globale**. Questo periodo fu caratterizzato da un aumento del commercio internazionale, degli investimenti esteri diretti e dalla crescita delle catene di approvvigionamento globali. Tuttavia, la globalizzazione portò anche a preoccupazioni riguardanti la perdita di posti di lavoro, la **disuguaglianza economica** e l'instabilità finanziaria.

In sintesi, il periodo dal secondo dopoguerra alla globalizzazione è stato caratterizzato da un'ampia gamma di sviluppi economici e politici che hanno plasmato il mondo contemporaneo. La ricostruzione post-bellica, la crescita economica degli anni '50 e '60, le crisi degli anni '70, le politiche neoliberali degli anni '80 e l'accelerazione della globalizzazione negli anni '90 hanno contribuito a definire l'attuale panorama economico globale.

f. L'Italia fra Dopoguerra e ricostruzione

La Seconda guerra mondiale aveva seminato in tutto il Mondo, e specialmente in Europa, morte e distruzione: molti Stati versavano in condizioni critiche. Solo gli Stati Uniti avevano subito lievi danni, dato che il loro territorio non era stato raggiunto dalla guerra e l'apparato produttivo era in piena espansione. Ma all'orizzonte si stava affacciando un'altra grande potenza: l'URSS.

Proprio per contrastare l'influenza della potenza sovietica e per estendere la propria sfera di relazioni, gli Stati Uniti programmarono una serie di aiuti economici e politici per gli Stati in difficoltà. Già prima della fine della guerra, tramite l'ONU, ma sostanzialmente sotto l'influenza statunitense, fu programmato l'**UNRRA**, (United Nations Relief and Rehabilitation Administration), un piano di aiuti finanziari e alimentari. Per **contrastare ulteriormente l'influenza sovietica**, che ormai aveva raggiunto molti Paesi dell'Europa orientale, gli Stati Uniti introdussero il **Piano Marshall**, un imponente programma di aiuti di carattere economico-finanziario e il 3 aprile 1948 fu emanata per volere di Truman la legge che stabiliva l'ERP, il Programma di assistenza all'Europa.

si poteva parlare di "**guerra fredda**". La divisione dell'Europa in **due sfere di influenza** ebbe importanti conseguenze anche sulla politica interna italiana. Dopo la breve parentesi rappresentata dal **governo Parri** (giugno-dicembre 1945), si giunse alla formazione del primo governo De Gasperi, di ispirazione moderata. **Alcide De Gasperi** era la figura di spicco del partito della **Democrazia Cristiana**, che si ispirava ideologicamente al Partito Popolare di Don Luigi Sturzo. Nel **1946** si svolsero le elezioni per l'**assemblea Costituente**, che avrebbe dovuto redigere la Costituzione e, nella stessa data del **2 giugno**, si tenne il **referendum istituzionale**, che portò alla vittoria della **repubblica**. Sempre nel '46 fu formato il secondo governo De Gasperi, un governo di coalizione appoggiato da tutti i maggiori partiti. Ma la svolta si ebbe nel **1947**, quando il leader democristiano di rientro dalla visita a Washington prese la decisione di **escludere dall'esecutivo i partiti di sinistra** in vista della formazione del quarto governo De Gasperi.

Il **22 dicembre 1947** fu approvata la nuova **Costituzione repubblicana**, promulgata dal Capo provvisorio dello stato il 27 dicembre e che **entrò in vigore il 1° gennaio 1948**.

Il **18 aprile 1948** si tennero nuove **elezioni politiche**: si registrò una vittoria clamorosa della DC, che con il 48,5% dei voti sconfisse il **Fronte democratico popolare**, l'alleanza elettorale di socialisti e comunisti. Nonostante potesse contare sulla maggioranza assoluta alla Camera, De Gasperi preferì costituire un governo "quadripartito", formato da **DC, PLI, PRI e PSDI**. Iniziava la fase storica del "**centrismo**". La contrapposizione fra comunismo e anticomunismo, alimentata anche dalla guerra fredda, si fece più netta e sfociò in una scissione dei sindacati che si divisero in quattro confederazioni: CGIL, CISL, UIL, CISNAL.

Dal 1948 al 1953, anno in cui si tennero le elezioni politiche, si susseguirono altri tre governi con a capo De Gasperi, tutti basati sulla **coalizione dei quattro partiti di centro**.

Il quinquennio successivo, **dal 1953 al 1958**, la seconda legislatura, non fu un periodo brillante di vita politica: si formarono inizialmente due governi "monocolore" DC; a questi seguirono due governi di coalizione DC, ovvero PSDI e PLI. Questa fase interlocutoria tuttavia fu importante per far consumare al PSI l'allontanamento dal PCI e iniziare, così, il dialogo con la DC che avrebbe condotto negli anni successivi alla formula politica del "**centro-sinistra**", anche se, in realtà, dopo le elezioni del 1958 furono necessari altri quattro anni perché si potesse parlare concretamente di **centro-sinistra**. Alla fine del **1963 Aldo Moro** formò il primo governo di **centro-sinistra "organico"**, ovvero con la partecipazione diretta del PSI.

Dal lato economico e produttivo, oltre agli enormi costi in termini di vite umane, l'Italia si trovò al termine della guerra con una produzione industriale scesa rispetto a quella del 1938 al 29% e quella agricola al 63,3 %. Il sistema dei trasporti era stato fortemente danneggiato; le industrie maggiori invece non avevano subito grossi danni. Si preferì affidare il **processo di ricostruzione**

all'iniziativa privata, piuttosto che ad un intervento massiccio da parte dello Stato, questo anche grazie alle **convinzioni liberiste** dei maggiori economisti italiani, come **Luigi Einaudi**, allora Ministro del bilancio (si parlò di "**Linea Einaudi**"). Ma ben presto l'intervento dello Stato nel sistema economico divenne determinante. Nonostante le tendenze liberiste, **l'IRI** (istituto di riconversione industriale) continuò ad operare, anche grazie a notevoli finanziamenti, tanto che avrebbe rappresentato uno degli elementi per il rilancio del settore dell'industria pubblica. Nel **1947**, grazie all'intervento di economisti di ispirazione diversa, meno liberista rispetto ad Einaudi, venne istituito il Fondo per le industrie meccaniche e fu creata la **Finmeccanica**.

La ricostruzione post-bellica fu gestita mantenendo elevato il costo del denaro e ristretta la massa monetaria circolante. Furono anni di inflazione e svalutazione. Convinzioni economiche e necessità esterne portarono alla creazione di un sistema di cambi multipli che impedì ogni possibilità di programmazione e controllo valutario. Dopo aver legato nel 1947 il cambio ufficiale a quello libero, si riuscì a fissare nel 1949 il valore della lira a 625 contro un dollaro, quota a cui rimarrà fino al 1971. Questo **rapporto di cambio fissato in un regime di parità fisse** fu uno dei fattori che determinò la stabilità e la crescita italiana.

Il **1945-46** fu un periodo di **stagnazione**: la ripresa tardava a venire e, inoltre, nel 1946 si registrò un'impennata dell'inflazione. Per contenere l'inflazione e rilanciare l'economia, Einaudi promosse una politica imperniata su una forte restrizione dei crediti all'industria e al commercio e su una svalutazione, per favorire il rientro dei capitali e il rilancio delle esportazioni. Di pari passo fu introdotta una politica decisa di lotta alla disoccupazione. La linea promossa da Einaudi ebbe successo: la **produzione industriale raggiunse l'89%** di quella del 1938, **quella agricola l'84%.**

Ma **alla fine degli anni Quaranta l'Italia era ancora lontana dal benessere**: due famiglie su tre non possedevano né bagno e né telefono; una su quattro non aveva l'acqua corrente in casa; non era rara la coabitazione di più famiglie, data la crisi degli alloggi. A Napoli c'era chi viveva ancora nei rifugi di guerra e in Sicilia nelle grotte. Il 38% degli italiani non consumava quasi mai la carne. Questo stato di cose era comune **soprattutto al Sud**, dove l'antica miseria sopravviveva sotto forme diverse. Intorno agli anni '50 si tentarono **politiche a favore del Mezzogiorno**. Nel **1950** si provò a risolvere la questione meridionale con una **politica agraria**, che però non portò a grandi cambiamenti. Un'altra iniziativa del governo De Gasperi fu l'istituzione della **Cassa per il Mezzogiorno (1950)**: l'obiettivo era quello di creare una rete di infrastrutture con i finanziamenti pubblici, in modo da agevolare lo sviluppo economico delle regioni meridionali e colmare il "gap" che le separava dalle altre zone del Paese. Nonostante le grandi somme di denaro pubblico investite, (nel quinquennio 1950 – 1955 furono stanziati 1.500 miliardi), il **decollo industriale nel Meridione non si realizzò**. La modernizzazione civile, economica, sociale del sud rimase per decenni una delle questioni da risolvere: il tutto fu poi aggravato dal proliferare di organizzazioni criminali come la mafia e la camorra.

Nel quinquennio 1950 – 1955 si registrarono complessivamente risultati soddisfacenti: **nel 1954 la produzione industriale aveva ormai superato dell'81%** la produzione del 1938; già **nel 1950 la ricostruzione poteva dirsi completata**. Questi risultai erano stati ottenuti grazie ad un aumento della produttività, che però aveva comportato anche alti costi sociali. Gli elevati profitti erano possibili anche grazie ad un **livello bassissimo dei salari** e a **condizioni di lavoro durissime**. Dopo il 1953, terminata l'attività finalizzata alla ricostruzione del paese, si era diffusa la preoccupazione che l'economia, priva di forti incentivi, entrasse in una fase di ristagno. Per evitare questo pericolo il ministro del Bilancio, il democristiano **Ezio Vanoni**, presentò nel **1953** uno schema di sviluppo dell'occupazione e del reddito. Fu il cosiddetto **Piano Vanoni**, un tentativo inteso a promuovere la crescita economica sulla base di interventi pubblici in grado di correggere gli squilibri e le irrazionalità cui può dar luogo il libero mercato. Ma il **Piano Vanoni rimase lettera morta**. Venne infatti presentato in ritardo perché l'economia italiana, smentendo le preoccupazioni dei pessimisti, aveva risentito della favorevole congiuntura internazionale determinata dalla guerra di Corea, era entrata in una fase di crescita sostenutissima e aveva dato inizio a quello che è stato chiamato il **miracolo economico**.

g. Il processo d'integrazione economica europea dal 1951

Su iniziativa del ministro francese **Robert Schuman**, nell'aprile del **1951** sei paesi (Belgio, Francia, Italia, Lussemburgo, Olanda e Repubblica federale tedesca) stipularono a Parigi il **trattato istitutivo della Comunità europea del carbone e dell'acciaio (Ceca)**, con lo scopo di adottare una politica comune rispetto a queste due risorse di base.

Sei anni più tardi, **il 25 marzo 1957**, gli stessi paesi firmarono a Roma **due nuovi trattati**, dando vita alla **Comunità europea dell'energia atomica (EURATOM)** e alla **Comunità economica europea (Cee)**: la prima con l'obiettivo di promuovere insieme l'utilizzazione dell'energia nucleare a scopi pacifici, la seconda con finalità più ampie (abolire progressivamente le barriere tra i diversi mercati nazionali per creare un **mercato unico** al cui interno merci, capitali e lavoratori potessero **circolare liberamente**). Le tre Comunità erano giuridicamente distinte tra loro, ma fin dal 1967 i loro organi vennero unificati cosicché nella coscienza collettiva esse venivano ormai percepite come una comunità unica e nel linguaggio corrente il termine comunità venne usato prevalentemente al singolare.

Dagli anni Cinquanta a oggi l'unificazione europea ha percorso, tra molti ostacoli e difficoltà, un lungo cammino. Fu necessario soprattutto superare le diffidenze di alcuni grandi paesi (Gran Bretagna e Francia) verso la costituzione di un qualche tipo di **potere sovranazionale**. Nel **Parlamento europeo**, le prime elezioni si tennero nel **1979**; da allora il prestigio e le competenze di questa istituzione sono molto aumentate.

h. Il miracolo economico italiano

Analogamente al resto d'Europa l'Italia, nel 1945, appariva come un paese fortemente segnato dalle devastazioni della guerra: la produzione industriale del paese era scesa a meno di un terzo rispetto all'inizio del secolo, mentre quella agricola era dimezzata; il sistema dei trasporti era collassato e la condizione degli edifici pubblici e privati gravemente compromessa. La forte disoccupazione e le numerose tensioni sociali completavano il quadro delle tante difficoltà che il nuovo sistema democratico si trovava ad affrontare. Il primo consistente aiuto alla ripresa economica italiana venne dall'estero: l'inserimento dell'Italia nel blocco capitalista dei paesi occidentali a guida USA consentì l'inizio dell'intervento statunitense finalizzato a favorire la ripresa dell'intera economia europea.

Lo European Recovery Program, meglio noto come "**piano Marshall**" dal nome del suo ideatore, venne varato nel giugno del **1947** e nel corso del triennio successivo, fino al 1951, riversò **13 miliardi di dollari**, più aiuti materiali d'ogni genere, sulle economie europee e su quella italiana. Un altro consistente incentivo alla crescita economica italiana venne dal parallelo avvio del **processo di integrazione europea**: nel 1951 nasceva la Comunità Europea del Carbone e dell'Acciaio (CECA), con il compito di coordinare la produzione e i prezzi dei settori ritenuti strategici per la produzione industriale. Il **successo della CECA** incoraggiò i paesi fondatori a proseguire su questa strada: nel 1957 veniva fondata la Comunità economica europea (CEE), con il compito di creare un **mercato comune** mediante l'abbassamento delle tariffe doganali e il principio della **libera circolazione di capitali** e forza lavoro.

Grazie a questi interventi il periodo più critico per l'economia italiana poteva dirsi superato già all'inizio degli anni '50 con il recupero dei livelli produttivi precedenti il conflitto. Nell'immediato dopoguerra, la politica economica venne guidata dall'economista liberale **Luigi Einaudi**, che riuscì a far recuperare potere d'acquisto alla Lira riportando la fiducia degli investitori, anche attraverso l'adozione di misure energiche. Nel 1955 venne poi varato il "**piano Vanoni**", un primo tentativo, mai tentato fino a quel momento in Italia, di programmazione economica sotto la guida dello Stato. **Tra la fine degli anni '50 e l'inizio degli anni '60**, l'economia capitalistica mondiale attraversò una vera e propria "**età dell'oro**", con il raggiungimento di livelli di crescita mai sperimentati fino a quel momento per intensità ed ampiezza. Sostenuto da un forte **incremento demografico**, questo processo di grande espansione economica e industriale aveva preso avvio negli Stati Uniti subito dopo la fine del conflitto, per coinvolgere il resto d'Europa nel decennio successivo, fino a garantire per quasi 25 anni una fase quasi ininterrotta di benessere.

Pienamente inserita in questo processo di espansione economica mondiale, **l'Italia** alla fine degli anni '50 iniziò a crescere in maniera vertiginosa: **tra il 1958 e il 1963** il **prodotto interno lordo** italiano si attestò su un **incremento del 6,3% annuo,** inferiore solamente a quello tedesco, ottenendo un record mai ottenuto prima nella storia dello Stato unitario. Nello stesso periodo la produzione industriale risultò più che raddoppiata, mentre le esportazioni aumentarono mediamente di circa il 14% all'anno. Nell'ambito dell'economia europea, l'Italia nel 1965 giungeva a coprire il 12% della produzione continentale, appena sotto Francia, Inghilterra e Germania. A rendere **l'Italia una delle locomotive del processo di espansione economica europea**, oltre ai fattori internazionali, contribuirono anche alcune condizioni specifiche dell'economia italiana. In particolare, il **basso costo dei salari** e la grande **disponibilità di manodopera** permise alle aziende italiane di essere estremamente competitive sul mercato mondiale, esportando facilmente i loro prodotti. A favorire la grande crescita fu anche un ruolo diverso dello Stato in ambito economico, che pur non arrivando a pianificare completamente la fase di sviluppo vi contribuì in numerosi modi. Sotto l'egida dell'intervento statale i primi settori industriali ad essere trainanti per l'economia italiana furono quello delle **fonti energetiche** e delle **materie prime**: l'**ENI** (Ente Nazionale Idrocarburi) divenne il centro strategico per l'approvvigionamento del paese, con lo sfruttamento dei **giacimenti di idrocarburi presenti in Italia** e l'acquisto di combustibili dall'estero; a sua volta l'**IRI** (Istituto per la ricostruzione industriale) si impegnò nella creazione di una moderna **industria siderurgica**, rifornendo le industrie di acciaio a costi contenuti per favorire la produzione di infrastrutture e di nuovi beni di consumo su larga scala.

Uno dei **simboli del Miracolo economico** fu certamente **l'automobile**, diventata in quegli anni un autentico "status symbol": la FIAT aveva già messo in commercio nel 1955 la **Fiat 600**, mentre poco più tardi arriverà sul mercato la più piccola ed economica **Fiat 500**, due modelli destinati ad avere un ampio successo e a rivoluzionare il modo di spostarsi degli italiani. Tra il 1956 e il 1965 il numero di automobili possedute in Italia passerà infatti da 1 a 5 milioni; la nuova motorizzazione di massa si avvaleva anche della realizzazione di **nuove e importanti infrastrutture**, con l'avvio dei lavori per la realizzazione **dell'autostrada Milano-Napoli** nel **1956**, primo tassello dello sviluppo di una moderna rete autostradale. Il più convincente settore di espansione economica e di cambiamento nello stile di vita negli anni del boom fu certamente quello legato agli **elettrodomestici**: le aziende italiane del settore diventarono nel giro di pochi anni leader in questo campo, facendo entrare frigoriferi, lavatrici e lavastoviglie nelle case degli Italiani ed esportando in tutto il mondo i loro prodotti. Un'altra azienda particolarmente attiva fu la **Olivetti**, attraverso un modello di fabbrica particolarmente innovativo e all'avanguardia nel settore delle macchine da scrivere. Con l'ingresso di questi nuovi strumenti veniva modificato il concetto di tempo libero, rendendo **più libere dai lavori domestici soprattutto le donne**. Il maggiore tempo libero era dedicato ad un nuovo hobby, destinato a modificare i rapporti sociali: la **televisione**, già comparsa alla metà degli anni '50, durante il boom economico diventò un oggetto di largo consumo. Sotto il monopolio dell'emittente pubblica statale, (**RAI**) la televisione divenne un potente strumento di diffusione della nuova civiltà dei consumi e di unificazione nazionale, utile a diffondere la lingua italiana in un paese ancora fortemente legato alle espressioni dialettali e a creare un universo culturale comune, diventando un momento di ritrovo collettivo dentro e fuori le abitazioni.

La crescita economica non riguardò solo il cambiamento dei consumi privati ma determinò anche altri profondi cambiamenti. Anzitutto la grande maggioranza dell'espansione economica non riguardò tutto il paese, e a beneficiarne furono **le grandi aree industriali del centro-nord** e in particolare il **triangolo industriale del nord-ovest**. Il **Meridione**, salvo alcune eccezioni, **rimase escluso da questo processo**: le regioni del Sud, pur vivendo un momento di crescita, restarono ben lontane dallo sviluppo delle aree del Nord; inoltre, le imprese esistenti nel Meridione spesso non riuscirono a reggere la concorrenza, aumentando il divario già esistente tra le diverse zone del paese. Il principale effetto delle differenze geografiche nella crescita fu un enorme **processo di trasferimento della popolazione dal Sud al Nord**: attratti dalle possibilità di lavoro offerte dalle industrie del centro-nord in espansione, **tra il 1951 e il 1961 quasi due milioni di persone abbandonarono il Mezzogiorno**. Un enorme rimescolamento della popolazione che, recandosi verso le nuove realtà industriali, affrontava stili di vita completamente nuovi, situazioni lavorative spesso dure e condizioni abitative precarie, sperimentando un difficile inserimento sociale e un'integrazione problematica. A beneficiare dei processi innescati dal boom economico furono soprattutto le **realtà urbane**: le grandi città italiane come **Roma, Milano e Torino vissero un periodo di forte espansione**, mentre le campagne subirono un inverso fenomeno di spopolamento e di abbandono delle tradizionali attività agricole. Tuttavia, nelle città investite dai flussi migratori la rapida crescita spesso divenne sinonimo di disordine e speculazione edilizia, con la nascita di nuove aree urbane non regolate. Dopo aver vissuto un periodo di sviluppo ininterrotto, già **nel 1965 l'economia italiana accusò una prima battuta d'arresto**, e i livelli produttivi del paese gradualmente si assestarono su ritmi di crescita più contenuti rispetto al passato. Le fine del boom economico lasciò un paese profondamente trasformato sotto tutti i profili, certamente più ricco e moderno, ma segnato dall'esplosione di **nuovi conflitti sociali e politici** legati alle distorsioni di un modello di sviluppo non adeguatamente pianificato. Nei fatti, con la fine del boom, iniziarono a manifestarsi i primi segnali di una crisi che si sarebbe rivelata in tutta la sua ampiezza nel decennio successivo.

i. La crisi energetica degli anni settanta nell'Europa occidentale e l'OPEC

Nel **1973**, allo scoppio della **quarta guerra arabo-israeliana**, i Paesi arabi facenti parte **dell'OPEC**, l'organizzazione dei Paesi produttori di petrolio, (nata nel 1960 con l'accordo tra Iran, Iraq, Kuwait, Arabia Saudita, Venezuela, cui negli anni successivi si aggiunsero Qatar, Emirati Arabi Uniti, Algeria, Libia, Nigeria, Indonesia, Ecuador e Gabon) decretarono l'**embargo** verso i Paesi occidentali filoisraeliani, in particolare gli Stati Uniti e l'Olanda, riducendo progressivamente la produzione di greggio. In pochi mesi le scorte mondiali scesero del 10 percento mentre il prezzo venne raddoppiato e nel giro di un anno quadruplicato. Questo aumento portò al deterioramento delle ragioni di scambio favorevoli che avevano contribuito alla prosperità postbellica dei Paesi sviluppati.

Di fatto, la questione economica, intrecciandosi con il problema politico rappresentato dalla recrudescenza della conflittualità tra il mondo arabo e Israele, risolse il braccio di ferro che, con la nascita dell'OPEC e il prevalere di un orientamento nazionalistico dei Paesi arabi, aveva contrapposto i Paesi produttori al cartello delle compagnie occidentali, fino a quel momento inattaccabile controllore del mercato petrolifero. **L'impennata del prezzo del petrolio greggio del 1973-1974** fu soltanto il punto di partenza di un trend crescente dei costi di approvvigionamento dell'"oro nero". Nell'arco di poco meno di un decennio, dal 1973 al 1981, in seguito alla rivoluzione khomeinista in Iran, all'interruzione delle forniture iraniane di petrolio e allo scoppio della guerra tra Iran e Iraq, il prezzo raggiunse i 34 dollari al barile, 19 volte il prezzo di 11 anni prima. Si trattava di una escalation dei valori di scambio che non si rapportava proporzionalmente alla effettiva contrazione dell'estrazione di petrolio. Tutto ciò era causato dal fatto che **le compagnie petrolifere occidentali controllavano oramai poco meno della metà del petrolio** offerto sui mercati internazionali. La disponibilità di una quota così limitata della produzione complessiva non poteva arginare manovre speculative né costituire una base sufficiente per un'efficace politica di razionamento delle scorte in grado di limitare le ripercussioni che la corsa all'accaparramento aveva sul livello generale dei prezzi. Gli effetti **dell'incessante aumento dei prezzi del petrolio** furono talmente importanti da alimentare previsioni catastrofiche sui destini stessi del capitalismo. Naturalmente le economie dei Paesi importatori, anche sviluppati, vennero pesantemente colpite dal repentino aumento del prezzo di un prodotto che è insieme materia prima e risorsa energetica per usi di consumo e industriali. Per la prima volta nella storia, in tempo di pace, **l'inflazione raggiunse valori senza precedenti**, con un aumento annuo dei prezzi tra il 1972 e il 1983 del 9,1 percento. Contestualmente, soprattutto per le politiche di austerità e di contrazione dei consumi perseguite dai Paesi più industrializzati, la produzione diminuì del 10 percento. Si stagliò così all'orizzonte una **fase di recessione** con i caratteri del tutto inediti della "stagflazione", un intreccio tra stagnazione e inflazione che cozzava contro un livello di benessere e uno standard di vita che sembrava difficile mettere in discussione.

Per l'intensità di questi processi, le conseguenze cui diede luogo la crisi petrolifera del 1973-1974 si dispiegarono nella vita economica e sociale di ciascun Paese, promovendo **trasformazioni di lungo periodo che modificarono profondamente il profilo sistemico del moderno capitalismo** e le gerarchie economiche mondiali. Si creò il cosiddetto fenomeno dei "**petrodollari**" che se, per un verso, era destinato a riaggiustare le bilance dei pagamenti dei Paesi a cui si rivolgeva questo consistente flusso di capitali, dall'altro creò ulteriori motivi di disordine valutario in un panorama finanziario già in fibrillazione per **il superamento, decretato dagli Stati Uniti nel 1971, del sistema dei cambi fissi**. La nuova e ingente liquidità internazionale favorì una ripresa dell'integrazione finanziaria anche per le economie meno sviluppate, in particolare dell'America Latina, destinatarie di gran parte di queste risorse sotto forma di prestiti per sostenere i costi di un oneroso processo di industrializzazione sostitutivo delle importazioni.

La spirale del debito e la difficoltà dei Paesi in via di sviluppo a ripagarlo, però, **degenerò nei primi anni Ottanta in una grave crisi debitoria**, costringendo le istituzioni internazionali (Fondo Monetario e Banca Mondiale) a intervenire come prestatori di ultima istanza e a promuovere per i Paesi indebitati piani di sviluppo e di integrazione più orientati al mercato, senza tuttavia risolvere i problemi di instabilità finanziaria nel mercato internazionale. Di diverso segno le conseguenze che si determinarono a livello dell'organizzazione produttiva. La **crisi del sistema fordista** e i processi di **deindustrializzazione** indotti dall'aumento del prezzo del petrolio, in realtà, fecero da incubatori di un imponente sviluppo tecnologico caratteristico di quella che è stata definita la **terza rivoluzione industriale**. La ricerca di fonti energetiche alternative o, più semplicemente, la necessità del risparmio energetico impegnarono la scienza su terreni come **l'elettronica**, la **chimica** e le **biotecnologie** sfruttandone le potenzialità ai fini industriali.

Nella stessa organizzazione del lavoro incominciano a realizzarsi numerosi cambiamenti, già nel corso dei primi anni Settanta **venne abbandonata la "catena di montaggio" fordista** a favore di metodi più flessibili, orientati alle variazioni della domanda, guidati da una forte **automazione dei processi produttivi** e da un maggiore coinvolgimento dei lavoratori nelle fasi della produzione. Il **Giappone**, invece, seguito a ruota da altri Paesi del Sud-Est asiatico, si orientò con rapidità a trasformare i propri obiettivi industriali in direzione **dei beni ad alto contenuto tecnologico**, implementò una serie di riforme economiche e la riorganizzazione delle imprese e così facendo aumentò di molto l'efficienza dell'industria trasformando la sua economia in una efficace macchina da esportazioni. La diversità dei percorsi di fuoriuscita dalla crisi petrolifera creò differenze in termini di produttività e di competitività per difendersi dai quali soprattutto i Paesi di più vecchia industrializzazione ricorsero a risorgenti forme di protezionismo che alterarono i principi liberisti di funzionamento del mercato internazionale creati all'indomani della Seconda guerra mondiale.

In definitiva, la **crisi petrolifera** segnò un'inversione di tendenza nei rapporti di forza disegnati negli anni della guerra fredda e nel sistema della cooperazione economica all'indomani del secondo conflitto mondiale. Da lì si dipartirono i fili di un più controverso modello di **integrazione e internazionalizzazione dell'economia** che proponeva scenari assai più parziali e confliggenti sul piano della redistribuzione della ricchezza e dell'accesso alle nuove opportunità. Tra il 1979 ed il 1985 i Paesi dell'OCSE ridussero del 20 percento la domanda di greggio proveniente dai Paesi dell'OPEC; nel 1985, l'OPEC soddisfò solo il 40 percento della domanda di greggio del mondo non comunista e le sue entrate in cinque anni si ridussero di oltre il 50 percento, mentre il prezzo del petrolio si abbatté del 70 percento. Sopravvisse alla paura generata allora dalla contrazione dell'oro nero non soltanto la più netta percezione della sua esauribilità, ma soprattutto i segni di una ripresa squilibrata e difficilmente governabile che ci accompagnano ancora oggi.

j. L'economia italiana dopo la crisi petrolifera

La **crisi petrolifera** degli anni '70, innescata dall'aumento dei prezzi del petrolio nel 1973, a seguito dell'embargo petrolifero **imposto dai paesi dell'OPEC** (Organizzazione dei Paesi Esportatori di Petrolio) in risposta al **sostegno occidentale a Israele** durante la Guerra del Kippur, ebbe un impatto significativo sull'economia italiana. L'Italia, come molte altre nazioni, si trovò ad affrontare un **aumento dei costi energetici** che incise pesantemente sui bilanci delle imprese e sulle famiglie. L'inflazione crebbe rapidamente, portando a un deterioramento del potere d'acquisto della popolazione e a una riduzione della competitività delle imprese.

Il governo italiano reagì alla crisi petrolifera con **politiche di adattamento** volte a mitigarne gli effetti. Tra queste politiche vi furono **misure di risparmio energetico**, incentivi per la ricerca e lo sviluppo di fonti energetiche alternative e politiche fiscali per contrastare l'inflazione. Inoltre, il governo intervenne con **politiche industriali per sostenere settori chiave dell'economia**, come l'industria automobilistica e manifatturiera, che erano particolarmente colpiti dall'aumento dei costi energetici e dalla concorrenza estera.

La Banca d'Italia adottò politiche monetarie restrittive per contrastare l'inflazione e stabilizzare la lira italiana. Queste politiche includevano l'aumento dei tassi di interesse e il controllo della liquidità per ridurre la domanda e contenere l'aumento dei prezzi. Tuttavia, queste misure restrittive ebbero anche un impatto sulle attività economiche, rallentando la crescita e contribuendo a una serie di crisi bancarie nel sistema finanziario italiano.

Durante gli anni '80 e '90, l'Italia attraversò una fase di **trasformazione industriale**, con una crescente diversificazione dell'economia e un maggiore orientamento verso **settori ad alta tecnologia e servizi**. L'industria manifatturiera mantenne comunque un ruolo importante nell'economia italiana, ma si osservò anche una maggiore attenzione verso l'innovazione e la qualità dei prodotti per competere sui mercati globali.

k. Gli anni di piombo in Italia

Gli **"Anni di Piombo"** rappresentano un periodo estremamente tumultuoso nella storia italiana, caratterizzato da **violenza politica, terrorismo e instabilità sociale**. Questo periodo, che si estende approssimativamente **dalla fine degli anni '60 agli anni '80**, ha avuto un impatto profondo sull'Italia e sulla sua società. In Italia, tra il 1969 al 1982, la violenza politica e il terrorismo fecero 1.100 feriti e 350 morti. Il piombo era quello delle armi utilizzate da organizzazioni come le **Brigate Rosse** che colpirono carabinieri, poliziotti, dirigenti d'azienda, magistrati, giornalisti, politici, sindacalisti.

L'Italia era in un momento di grandi cambiamenti. Tra gli anni Cinquanta e Sessanta aveva infatti cambiato pelle. Gli effetti del "boom economico" avevano aiutato il Paese a crescere, lasciandosi alle spalle la miseria del Dopoguerra. Ma non tutti vissero l'improvviso benessere.

La nascita di una moderna economia industriale, soprattutto nell'area tra Milano, Torino e Genova, spiazzò una società modellata sui ritmi dell'economia agricola. Iniziò uno spopolamento dei piccoli centri a vantaggio delle grandi città, che in breve si trasformò in un'emigrazione di massa: fino al 1970, 9 milioni di italiani si spostarono da una regione all'altra, in particolare dal Sud al Nord. Già nel 1965 la crescita aveva rallentato ed erano aumentati i casi di sottoccupazione, precariato, sfruttamento. I salari degli operai erano rimasti bassi, i servizi dello Stato insufficienti, il sistema scolastico inadeguato e i modelli culturali arretrati.

Così, alla fine del decennio, l'Italia fu scossa da due **ondate di radicale contestazione**: la prima, **nel 1968**, animata dal **Movimento studentesco** che chiedeva più giustizia sociale e meno autoritarismo; la seconda, **nel 1969**, innescata dalle **rivendicazioni degli operai** (il cosiddetto **"autunno caldo"**). Manifestazioni, scioperi, occupazioni di fabbriche erano all'ordine del giorno. Si avviò un **conflitto sociale di vaste dimensioni** e l'Italia sembrò spostarsi a sinistra. Nacquero **aspettative rivoluzionarie** in molti studenti e operai che avrebbero voluto superare il capitalismo. I governi e gli organi dello Stato diventarono sempre più reazionari pur di fermare questo sommovimento sociale.

L'Italia faceva parte dell'Alleanza atlantica guidata dagli Stati Uniti ed era condizionata dalla Guerra fredda: l'anticomunismo era stato la priorità strategica fin dal Dopoguerra.

Il **Partito comunista italiano (Pci) era il più forte di tutto l'Occidente** e aveva contribuito alla sconfitta del fascismo. Ma era legato all'Urss, e per questo era stato escluso dal governo nazionale. **Gruppi neofascisti**, tollerati e mal contrastati, furono responsabili di attentati, azioni squadriste, **tentativi di golpe**. Scuole e università divennero campi di battaglia. Inoltre, a partire dalle 17 vittime causate dalla **strage neofascista di Piazza Fontana**, a Milano, il 12 dicembre **1969**, una serie di attentati (prevalentemente di estrema destra) macchiarono di sangue il Paese: con un bilancio, fino al 1974, di 50 morti e più di 300 feriti.

Furono gli anni della cosiddetta **strategia della tensione**: si cercò di inasprire il clima politico, di criminalizzare movimenti o partiti di sinistra per convincere l'opinione pubblica (terrorizzata dal disordine sociale) che servisse **una svolta autoritaria**. L'ultimo episodio di questa catena di eventi fu la **bomba esplosa alla stazione di Bologna il 2 agosto 1980**, che provocò ben 85 morti e circa 200 feriti.

Dopo il 1969 si formarono **gruppi estremisti di sinistra** che accusarono il Pci di essersi integrato nel "sistema", di aver tradito la classe lavoratrice e di non voler attuare la rivoluzione comunista. Al tempo di rivoluzione si discuteva apertamente. Gruppi come **Potere Operaio** e **Lotta Continua** si presentarono quindi nelle fabbriche, organizzando propri cortei e raccogliendo consensi. Per loro lo Stato democratico era un regime mascherato. E dopo l'aumento della violenza dell'estrema destra, visto che il fascismo sembrava riemergere, si passò ai fatti. Nelle manifestazioni apparvero bastoni e bombe incendiarie. Fu in questo quadro che, nel 1970, nacquero le **Brigate Rosse** (Br): una piccola formazione cresciuta nelle fabbriche milanesi.

Le Br si distinsero per la rivendicazione dei propri attacchi: furono incendiate le auto di neofascisti e picchiati o sequestrati dirigenti industriali, lasciando volantini accompagnati da una stella a cinque punte. Lo scopo di queste azioni era quello di dimostrare la necessità della lotta armata, anche in Italia. Nella pratica quotidiana, fatta di volantinaggi, mobilitazione, sostegno agli scioperi e azioni contro obiettivi mirati, le **Br acquisirono prestigio e fiducia all'interno della classe operaia**, che fornì praticamente tutti i quadri in realtà come Milano, Torino e Genova.

Intanto, con una fase più distesa della Guerra fredda, la società civile si richiamò ai valori dell'antifascismo, la violenza dell'estrema destra sembrò ridursi e la Dc e il Pci (con la proposta del **"compromesso storico"**) cercarono un accordo per superare la crisi democratica: una nuova stagione politica si apriva. L'area dell'estrema sinistra si frammentò, invece, e decine di formazioni minori impugnarono le armi. Ferimenti e uccisioni segnarono di rosso le cronache.

Il primo obiettivo, per disarticolare il sistema politico, divenne **l'attacco "al cuore dello Stato"**. L'episodio più clamoroso fu il **sequestro**, dal 16 marzo al 9 maggio **1978**, del presidente della Dc **Aldo Moro, ucciso dopo 55 giorni di prigionia**.

Da lì, però, le Br persero il sostegno sociale di cui avevano in parte goduto. Alcuni brigatisti iniziarono a collaborare con le autorità, facendo arrestare compagni ricercati e rinvenire depositi di armi. Le Br furono sconfitte da una repressione fortissima cominciata subito dopo l'uccisione di Moro ma il fallimento del progetto brigatista fu anche politico. Il fenomeno della lotta armata, per intensità e durata, fu molto più esteso rispetto agli altri Paesi europei. La Repubblica non crollò, ma il prezzo per uscire dagli Anni di piombo fu altissimo.

Parallelamente, gruppi terroristici di estrema destra, come Ordine Nuovo e Avanguardia Nazionale, compirono una serie di attacchi violenti contro gruppi di sinistra, immigrati e istituzioni dello stato. Gli attacchi, spesso motivati da ideologie razziste e xenofobe, contribuirono a creare un clima di terrore e divisione all'interno della società italiana.

In risposta alla crescente violenza politica, lo stato italiano adottò **misure repressive per combattere il terrorismo**, come arresti di massa, processi e condanne per presunti terroristi di destra e di sinistra. Tuttavia, le misure repressive spesso generarono controversie e accuse di abusi dei diritti umani.

Gli **Anni di Piombo** ebbero un impatto duraturo sulla società italiana. La violenza politica e la paura della destabilizzazione contribuirono a creare un clima di sfiducia e divisione all'interno della società. Inoltre, la violenza politica influenzò la cultura e l'arte italiana, con molti artisti e intellettuali che esplorarono le conseguenze psicologiche e sociali della violenza politica attraverso il loro lavoro.

Gli Anni di Piombo giunsero a una **conclusione verso la fine degli anni '80**, con la scomparsa dei principali gruppi terroristici e una maggiore stabilità politica ed economica. Tuttavia, il periodo lasciò un'eredità duratura di trauma e divisione nella società italiana, che ancora oggi influisce sul panorama politico e sociale del paese.

1. La crisi della Prima Repubblica

I risultati elettorali del giugno '79 e quelli del giugno '83 registrarono una secca perdita di consensi del Pci; il Psi, nonostante il dinamismo di Craxi, raccolse risultati deludenti ma la novità più importante fu il fatto che **la Dc nell'83 cedette la guida del governo al leader socialista Bettino Craxi**. Nell'autunno '80 si assisté ad un ridimensionamento dei sindacati e lo scontro tra questi e gli industriali si radicalizzò all'inizio dell'84 quando il governo Craxi varò un decreto legge che **tagliava alcuni punti della scala mobile** (meccanismo che legava il salario all'aumento dei prezzi). Queste difficoltà vennero in parte compensate da una certa ripresa economica che caratterizzò soprattutto il terziario e la piccola industria. Questa ripresa fu però accompagnata dal manifestarsi di gravi fattori degenerativi: il fenomeno della **corruzione politica** si rivelò in modo inquietante all'inizio degli anni '80 con lo scandalo della **Loggia P2**, una specie di branca segreta della massoneria ben inserita nel modo politico e militare e sospettata di volere una ristrutturazione autoritaria dello Stato. Lo scioglimento della Loggia decretato nell'81 dal governo Spadolini non cancellò l'immagine di una connessione fra alcuni settori della classe politica e la malavita comune.

Intanto, nei fatti di cronaca nazionale gli episodi di terrorismo lasciavano spazio sempre maggiore ai fatti di mafia e camorra: l'episodio più drammatico in questo senso fu nel settembre '82 **l'assassinio del generale Carlo Alberto dalla Chiesa** da parte della mafia siciliana. L'esaurirsi delle ideologie contribuiva a perpetuare il distacco fra classe politica e società civile, salì la polemica contro le disfunzioni del sistema: la lentezza delle procedure parlamentari, l'instabilità di una maggioranza troppo composita e logorata da continue polemiche interne, una mancanza di alternative alla coalizione di governo. Nel luglio '85 l'elezione alla presidenza della Repubblica del democristiano Francesco Cossiga ripropose contrasti in seno al "penta partito", c'era poi la **rivalità di fondo** tra i due maggiori partner della coalizione: **socialisti e democristiani** (questi ultimi decisi a rivendicare la guida del governo).

Si giunse così nella primavera dell'87 alla crisi di Craxi e al quinto scioglimento anticipato delle camere. La maggiore novità delle elezioni fu l'apparizione di nuovi gruppi (Verdi e le Leghe regionali). Dopo le elezioni si formarono due successivi governi a guida democristiana: il primo di Giovanni Goria, il secondo guidato dal segretario della Dc Ciriaco De Mita. Questi governi non raggiunsero però i risultati sperati ne sul piano del risanamento finanziario né su quello delle riforme istituzionali. La lunga crisi apertasi con le dimissioni di de Mita si risolse solo nel luglio dell'89 con la formazione di un nuovo governo democristiano affidato a Giulio Andreotti. Nemmeno questo governo riusciva a riportare la compattezza nella maggioranza, che anzi doveva affrontare una nuova crisi nella primavera del '91 perdendo uno dei suoi partner: il partito repubblicano. Questa coalizione di governo indebolita appariva ormai inadeguata ad affrontare la crisi della prima Repubblica. **L'opinione pubblica metteva sotto accusa il sistema politico nel suo insieme.**

Dopo le amministrative del 1978, le elezioni politiche anticipate del 1979 videro un sensibile calo dei consensi per il Partito comunista e si crearono così le condizioni per il ritorno a una **nuova fase di governi di centrosinistra**, basati **sull'alleanza tra DC e PSI**. Il 18 ottobre 1980 si formò un governo presieduto da Arnaldo Forlani, che escludeva ogni intesa con il PCI, costretto a dimettersi l'anno successivo, travolto da scandali, tra cui quello della P2, loggia massonica con finalità eversive.

Nel 1981 fu nominato presidente del Consiglio il **repubblicano Giovanni Spadolini** (1981-82). Nel 1983, dopo le elezioni, assunse la guida del governo **Bettino Craxi**, segretario del Partito Socialista Italiano, che fu Presidente del Consiglio dal 4 agosto 1983 al 18 aprile 1987. Craxi fu uno degli uomini politici più influenti degli anni Ottanta, un periodo di ripresa economica, benché accompagnato da una crescita dell'economia sommersa e da un abnorme aumento del debito pubblico.

Il governo Craxi fu artefice di un **nuovo concordato tra Stato e Chiesa** (febbraio 1984), che segnò la fine dello stato confessionale, poiché la religione cattolica cessò di essere riconosciuta come religione di Stato. Inoltre, Craxi affrontò la cosiddetta "**crisi di Sigonella**" con gli Stati Uniti, in seguito al **dirottamento** a opera di palestinesi della nave **Achille Lauro** (ottobre 1985), circa la sorte dei sequestratori, che avevano ucciso un passeggero disabile, ebreo statunitense.

Dopo la caduta del governo Craxi, le elezioni anticipate del giugno 1987 premiarono i due maggiori partiti della coalizione di governo, la DC e il PSI, ponendo le premesse di un'ulteriore riedizione del **pentapartito** fino alle elezioni del 5 aprile 1992. In questa fase, durante la quale i principali governi furono retti da Ciriaco De Mita (1988-89) e da Giulio Andreotti (1989-91), ebbe un ruolo assai attivo il presidente della repubblica Francesco Cossiga (1985-92), che intervenne con le sue "esternazioni".

Fattori internazionali, come la **dissoluzione dell'Unione Sovietica** e dei regimi dell'Europa centro-orientale, e fattori interni come **l'abnorme spesa pubblica**, che aveva provocato un enorme indebitamento dello Stato fecero precipitare la crisi del sistema politico italiano.

Nelle regioni settentrionali del paese, in particolare nelle aree più ricche e dinamiche della Lombardia e del Nord-Est, si svilupparono le "leghe", federate dal dicembre del 1989 nella **Lega Nord**, che accanto a temi anti-meridionalistici pose quelli del federalismo, della critica allo Stato assistenziale, della partitocrazia e della corruzione.

Il **PCI** si trasformò nel **Partito democratico della Sinistra** (PDS), per opera di **Achille Occhetto** nel febbraio del 1991, mentre nel dicembre dello stesso anno una scissione diede vita al Partito della **Rifondazione comunista**.

Le elezioni politiche del 5 aprile 1992 diedero il segnale di una profonda crisi: la DC scese al 29,7% e il PSI al 13,6%; il PDS e Rifondazione comunista ottennero rispettivamente il 16,1% e il 5,6%; la Lega Nord ottenne l'8,6% dei voti. Il progetto di un nuovo governo Craxi e dell'elezione alla presidenza della Repubblica di Arnaldo Forlani divenne impraticabile.

In un clima estremamente teso, segnato da **due gravi delitti di mafia** in cui furono assassinati i **giudici Giovanni Falcone (23 maggio 1992) e Paolo Borsellino (19 luglio 1992)**, fu eletto presidente Oscar Luigi Scalfaro (25 maggio 1992) e capo del governo il socialista Giuliano Amato (28 giugno 1992), che guidò un quadripartito comprendente DC, PSI, PSDI e PLI.

La corruzione del sistema politico emerse con evidenza nel 1992: una serie di inchieste della **Procura di Milano** mise in luce un vasto **sistema di corruzione finalizzato al finanziamento illegale dei partiti** e degli uomini di governo (soprattutto della DC e del PSI), delegittimando di fatto gran parte della classe politica e decretando la fine della "Prima Repubblica".

Nell'inchiesta ebbe un ruolo di primo piano il **magistrato Antonio Di Pietro**. Tra le vittime eccellenti di "**Tangentopoli**" vi furono **Bettino Craxi**, che si dimise dalla segreteria del PSI nel febbraio del 1993 e si **rifugiò in Tunisia** per evitare il carcere, e Arnaldo Forlani, leader della DC, anch'egli costretto ad abbandonare la vita politica.

Dopo le dimissioni di Amato (22 aprile 1993) si formò un "governo tecnico" presieduto dall'ex governatore della Banca d'Italia Carlo Azeglio Ciampi. In tale contesto si iniziò a parlare di fine della "**Prima Repubblica**". infatti, crollò pressoché completamente il sistema dei partiti tradizionali.

La DC, dopo una secca sconfitta alle amministrative del 1993, si sciolse nel gennaio del 1994 trasformandosi in Partito popolare (PPI), da cui si separò poi il Centro cristiano democratico (CCD). Il PSI, duramente colpito dalle inchieste per corruzione, conobbe un vero e proprio tracollo elettorale. Allo stesso tempo il MSI, sotto la leadership di Gianfranco Fini, si trasformò in Alleanza nazionale (AN).

m. Seconda Repubblica

Per **Seconda Repubblica** si intende il cambiamento avvenuto a livello politico, ma **non a livello istituzionale**, della forma di governo della Repubblica italiana. Nel sentire comune lo spartiacque tra prima e seconda Repubblica è costituito, per alcuni, **dall'inchiesta "Mani Pulite"** del pool dei magistrati di Milano che spazzò via un'intera classe politica facendo emergere la cosiddetta *tangentopoli* (1992-1995), mentre per altri dalla prima vittoria elettorale di **Silvio Berlusconi nel 1994**.

Con la vittoria di Silvio Berlusconi alle elezioni politiche del 1994 sembrò all'opinione pubblica che il **sistema politico italiano** caratterizzato dalla forma di governo parlamentare si fosse nella sostanza **trasformato in una sorta di premierato**. Il premierato prevede una qualche forma di investitura popolare del capo del governo ed il rafforzamento del suo ruolo, sia nei confronti del Parlamento (e più precisamente nei confronti della maggioranza parlamentare che lo sostiene), sia nei confronti del Consiglio dei ministri.

A livello istituzionale il cambiamento, invece, riguardò solamente il **passaggio da un sistema elettorale proporzionale puro a un sistema elettorale tendenzialmente maggioritario**, ovvero a un sistema misto. Nel sistema elettorale proporzionale l'assegnazione dei seggi in parlamento tende a rispettare le proporzioni dei voti che i partiti politici hanno conquistato alle elezioni, mentre nel sistema maggioritario, poiché i seggi vengono messi in palio in collegi uninominali (un seggio per ogni collegio elettorale), l'assegnazione dei seggi in parlamento rispecchia il numero di collegi vinti e non la quantità di voti ottenuta dai partiti politici.

La premessa agli avvenimenti che portarono alla formazione della seconda Repubblica italiana è stato **il crollo del muro di Berlino**, avvenuto **il 9 novembre 1989** e che sancì la fine della guerra fredda, della contrapposizione tra le superpotenze USA e URSS e dello scontro tra le due ideologie politiche incarnate in Italia dalla Democrazia Cristiana (DC) e dal Partito Comunista Italiano (PCI). La fine della guerra fredda determinò in Italia enormi conseguenze politiche, poiché il nostro era il paese dell'alleanza atlantica in cui si era affermato il partito comunista più potente dell'occidente, il paese in cui per decenni si era combattuta una guerra sotterranea tra forze filoamericane e forze filosovietiche, dove è probabile sia stata più volte utilizzata la strategia della tensione per mantenere lo status-quo, il paese degli attentati terroristici sia di destra che di sinistra, dei servizi segreti deviati e dei gruppi armati dormienti come **l'Organizzazione Gladio** pronta ad entrare in azione in caso di vittoria del Partito Comunista. Con la fine della guerra fredda saltarono le coperture politiche e istituzionali ad un sistema di gestione del potere pubblico opaco e in alcune circostanze deviato. Venne a cessare l'esigenza di sottostare a quella ragion di Stato che fino ad allora aveva prevalso nelle istituzioni italiane in nome dell'equilibrio geopolitico internazionale.

Infatti, nei primi anni '90 si manifestò diffusamente nella società italiana una forte esigenza di rinnovamento del sistema politico, cosicché anche la magistratura fu spinta ad abbandonare le proprie remore e a perseguire con maggiore determinazione i reati dei politici e della classe dirigente. Quando i media portarono alla ribalta i primi scandali che coinvolgevano esponenti di partito, la magistratura fu incoraggiata e sostenuta dalla popolazione e dai media e il **moltiplicarsi delle indagini portò alla luce un vasto sistema di corruzione, concussione e finanziamento illecito dei partiti**: la cosiddetta tangentopoli italiana. In pochi anni **l'intera classe politica** che aveva governato l'Italia per circa quarant'anni **fu spazzata via da inchieste giudiziarie e arresti**, mentre nel paese prendeva corpo lo spettro del giustizialismo. Nel tentativo di placare il furore dei cittadini italiani, il 27 ottobre del 1993 fu abolita quella parte dell'immunità parlamentare che impediva ai magistrati di indagare un parlamentare senza aver preventivamente ottenuto l'autorizzazione a procedere dalla Camera di competenza. Quasi tutti i partiti votarono a favore della riforma dell'art.68 della Costituzione: Dc, Psi, Psdi, Pds, Msi, Lega, Verdi, Pri e Rifondazione, solo il Pli si astenne.

Dall'altro lato l'opposizione di sinistra era stata travolta dal fallimento dell'ideologia comunista e pur cambiando nome e alleanze non era riuscita a recuperare la sua credibilità presso gli elettori italiani. Mentre la vecchia classe politica veniva decimata da un lato dalle inchieste di tangentopoli e dall'altro dal crollo dell'ideologia comunista, la legge elettorale proporzionale, che aveva di fatto consentito alla Democrazia Cristiana di governare ininterrottamente per più di quarant'anni e che aveva impedito una reale alternanza di governo, fu presa di mira da diverse forze politiche e da alcuni movimenti d'opinione come la causa principale del consociativismo, del clientelismo e della corruzione dilagante. Si fece strada nell'opinione pubblica italiana la convinzione che **una riforma elettorale in senso maggioritario** potesse fungere da grimaldello per la riforma dell'intero sistema politico e, infatti, la spallata definitiva al sistema proporzionale fu data dal **referendum abrogativo del 1993**. Per inciso, già con il referendum abrogativo del 1991, promosso da **Mariotto Segni** e da altre 130 personalità tra parlamentari ed esponenti di primo piano del mondo dell'economia, del sindacalismo e della cultura, erano state abolite a larghissima maggioranza le preferenze plurime della legge elettorale per le elezioni alla Camera dei Deputati (mentre la Corte Costituzionale aveva respinto i due quesiti referendari che miravano all'introduzione del sistema maggioritario nelle leggi elettorali dei Comuni e del Senato).

Con il referendum del 18 aprile 1993, promosso sempre dal comitato di Segni e dai Radicali nelle more di un parlamento restio ad assecondare il movimento di opinione in favore della riforma della legge elettorale in senso maggioritario, **vennero abrogati** con un consenso quasi plebiscitario, pari al 90,3% dei voti favorevoli, **sia il finanziamento pubblico ai partiti che la legge elettorale del Senato**. Solo a questo punto il parlamento, stemperando le indicazioni venute dal referendum del 18 Aprile, approvò nei primi di agosto la legge Mattarella, o **Mattarellum**, dal nome del suo relatore Sergio Mattarella, che riformava la legge elettorale della Repubblica italiana con l'approvazione delle leggi 4 agosto 1993 n. 276 e n. 277. Il **Mattarellum introduceva per l'elezione del Senato e della Camera dei deputati un sistema elettorale misto** così composto:

- **maggioritario a turno unico** per la ripartizione del 75% dei seggi parlamentari;
- **recupero proporzionale** dei più votati non eletti per il Senato attraverso un meccanismo di calcolo denominato "scorporo" per il rimanente 25% dei seggi assegnati al Senato;
- **proporzionale con liste bloccate** per il rimanente 25% dei seggi assegnati alla Camera;
- **sbarramento** del 4% alla Camera.

Il sistema così concepito riunì pertanto tre diverse modalità di ripartizione dei seggi (quota maggioritaria di Camera e Senato, recupero proporzionale al Senato, quota proporzionale alla Camera) e per tale ragione venne anche chiamato "Minotauro" in reminiscenza del nome del mostruoso essere parte uomo e parte toro presente nella mitologia greca.

Il Mattarellum, che nel 1993 aveva sostituito il precedente sistema proporzionale in vigore sin dal 1946, rimase in vigore **fino al 2005** quando venne sostituito dalla **Legge Calderoli**, poi definita **Porcellum** ed in seguito dichiarata parzialmente incostituzionale dalla Corte costituzionale.

Ma il senso del cambiamento avvenuto con la cosiddetta seconda Repubblica non potrebbe essere compreso se ci si limitasse a illustrare solamente i cambiamenti avvenuti nel sistema elettorale; infatti, le modifiche alla legge elettorale e i successivi aggiustamenti possono anche essere letti come un tentativo, peraltro mal riuscito, di colmare il solco che si andava formando tra il nuovo assetto del sistema politico italiano e la forma di governo prevista dalla Costituzione. Oltre al vuoto politico lasciato dalle macerie di tangentopoli e dal dissolvimento del Partito Comunista, occorre evidenziare come il periodo di gestazione della Seconda Repubblica sia stato caratterizzato da una serie di attentati eseguiti dalla mafia che hanno coinvolto pesantemente lo Stato e fortemente impressionato l'opinione pubblica. Il **periodo delle cosiddette bombe del 1992-1993**, che inizia con l'omicidio di Salvo Lima il 12 marzo del 1992 e prosegue con la strage di Capaci, la strage di via D'Amelio, l'omicidio di Ignazio Salvo, la **strage di via dei Georgofili** e la strage di via Palestro, per ricordare gli episodi più sanguinosi, è tuttora oggetto di indagini da parte della magistratura in riferimento alla **cosiddetta trattativa Stato-Mafia**, che potrebbe gettare delle ombre sulla tenuta delle istituzioni democratiche italiane in quel periodo.

In sostanza, solo nel 1994 con la discesa in campo di Silvio Berlusconi, acquista definitivamente consistenza ed evidenza la seconda Repubblica italiana, poiché il leader di Forza Italia si candidava a guidare il governo del paese già durante la campagna elettorale. In caso di vittoria, il leader della coalizione di centrodestra avrebbe potuto far leva su una sorta di investitura popolare ridimensionando di fatto il ruolo dei gruppi parlamentari nella scelta del capo del governo e dei ministri.

Occorre evidenziare come il nuovo assetto del sistema politico italiano sia stato fortemente condizionato dalla **figura di Silvio Berlusconi**, poiché il suo potere aggregante come leader della neoformazione politica Forza Italia era dato anche dalla concentrazione in capo alla sua persona di consistenti poteri economici e mediatici. La forza politica di Berlusconi non derivava solamente dall'essere un leader politico; infatti, la sua influenza andava oltre il suo stesso partito, mettendone in secondo piano le dinamiche interne ed essendo in grado di condizionare i leader degli altri partiti della sua coalizione e di riflesso le dinamiche della coalizione avversaria. Insomma, la **forza politica di Silvio Berlusconi** potenziata dal suo ruolo nei settori dell'economia e dei media fu in grado di **forzare il sistema politico italiano**, determinando delle ripercussioni sull'assetto istituzionale previsto dalla costituzione formale che veniva così scavalcata dalla costituzione sostanziale.

Questo nuovo assetto del sistema politico italiano dove i leader delle coalizioni erano anche candidati in pectore alla Presidenza del Consiglio, si sostanziò nella contrapposizione tra la **coalizione di centrodestra, sempre guidata da Silvio Berlusconi**, e la **coalizione di centrosinistra** che, pur con diverse incarnazioni (Alleanza dei Progressisti, **Ulivo**, Unione, Partito Democratico) e senza un leader carismatico, riuscì a vincere due volte le elezioni politiche con **Romano Prodi** candidato a presidente del Consiglio nel 1996 e nel 2006.

La seconda Repubblica sebbene sia stata caratterizzata da un sostanziale cambiamento nell'assetto politico non è stata tuttavia interessata da un vero cambiamento sul piano istituzionale. Inoltre, la riforma della legge elettorale ha si favorito l'instaurarsi di coalizioni e di accordi elettorali prima delle elezioni, ma non ha impedito che nuovi e diversi accordi e trattative tra forze politiche rappresentate in Parlamento potessero avere luogo dopo le elezioni e durante il corso della legislatura, condizionando così l'azione di governo e la vita stessa dei governi e delle relative maggioranze parlamentari esattamente come avveniva nella prima repubblica. In sintesi, il rafforzamento dei poteri del premier ha avuto una valenza solamente elettorale e di facciata ma non operativa.

TESI 9

a. Le nuove forze politiche in Italia: cattolici e nazionalisti
b. Le cause economiche e politiche della prima guerra mondiale
c. La neutralità italiana e il patto di Londra
d. La ritirata di Caporetto;
e. I trattati di pace dopo la prima guerra mondiale
f. L'atteggiamento delle potenze vincitrici e il trattato di Versailles
g. Le relazioni internazionali dal 1923 al 1939
h. I Fronti popolari tra le due guerre mondiali
i. La resistenza in Europa e la costituzione delle Nazioni Unite.

a. Le nuove forze politiche in Italia: cattolici e nazionalisti

A partire dagli ultimi decenni del secolo XIX si cominciarono a delineare i caratteri di quella società che verrà in seguito chiamata **società di massa**, a significare che essa si delineava sempre più come un luogo di soggetti collettivi: i popoli, le classi sociali, le categorie lavorative, e perfino i gruppi di genere, come le donne che diventeranno soggetto sociale e politico con la nascita del **movimento femminista**.

A questo **nuovo modello di società** non potevano più essere adeguati i **vecchi partiti di notabili**, gruppi ristretti che rappresentavano élite a loro volta molto esigue, in parlamenti generalmente eletti a suffragio ristretto sulla base del censo. Le classi lavoratrici, soprattutto gli operai delle grandi città industriali, per poter avere un'adeguata rappresentanza parlamentare (anche in relazione al **progressivo allargamento del suffragio** avvenuto in quasi tutti gli Stati europei della seconda metà dell'Ottocento), dovettero dotarsi di forme politiche diverse, dando vita ai **moderni partiti di massa**. I nuovi partiti si caratterizzarono per alcuni elementi precisi: la **vasta base popolare**, la struttura permanente articolata in sedi e **gruppi territoriali** (le sezioni, le federazioni), l'adozione di regole e la conseguente disciplina di partito a cui erano tenuti i militanti, la presenza di un gruppo dirigente, al quale spettava il compito di coordinare le istanze provenienti dalla base. In **Italia**, a cavallo fra la fine dell'Ottocento e l'inizio del nuovo secolo, nacquero, con percorsi politici assai diversi, tre partiti di massa: **socialisti**, **cattolici** e **nazionalisti**. Furono queste le forze in campo con cui si dovette scontrare il **liberalismo** e, dal momento che il numero progressivo dei votanti aumentava e votava uno di questi partiti, il liberalismo dovette iniziare a prendere in considerazione possibili alleanze con qualcuno di essi.

I **cattolici** erano una forza politica già in età Giolittiana ma diventarono un vero e proprio partito politico più tardi, nel 1919, quando cadde definitivamente il **veto del *non expedit***. Papa **Leone XIII**, salito nel 1878 al soglio pontificio, cercava una riconciliazione con lo Stato italiano e tale dialogo trovò applicazione con l'**enciclica "Rerum novarum"** (1891) che affermava come il socialismo fosse da condannare, ma come al contempo fosse necessaria un'assistenza sociale alle classi più deboli della popolazione. Quindi era opportuno ricorrere a un movimento alternativo al Socialismo. Con la **Rerum novarum** nacque così l'**associazionismo cattolico** (o leghe bianche), cioè associazioni di aiuto sociale basate sui valori cristiani.

La forza **nazionalista**, d'altra parte, fu l'ultima a svilupparsi. Nel **1910** nacque l'**Associazione Nazionalistica italiana**, sostenuta dalla classe impiegatizia, che fino ad allora non aveva ancora trovato un movimento politico che la rappresentasse. L'associazione nazionalista aveva delle idee contrarie alla situazione esistente: era infatti **anti-parlamentarista** (mirava ad un governo forte e riteneva che il Parlamento fosse una debolezza poiché c'erano molti passaggi per l'approvazione delle leggi), **anti-socialista** (i nazionalisti pensavano che il popolo doveva obbedire al Governo), **bellicista** (favorevole alla guerra) e fautrice di una **politica aggressiva fortemente razzista**, che mirava ad annullare la democrazia, il socialismo e il positivismo (perché legato al periodo precedente).

I nazionalisti erano proiettati al futuro: è del 1909 il **manifesto futurista** di **Filippo Tommaso Marinetti**. Uno dei principali esponenti del nazionalismo della prima decade del Novecento è senz'altro **Gabriele D'Annunzio**, scrittore, poeta e militare, che abbinò il suo essere intellettuale di primo piano ad un **impegno politico e civile** e che lo portò, sul finire degli anni dieci, ad imprese eroiche durante la Prima guerra mondiale (dalla **Beffa di Buccari** al **sorvolo di Vienna in biplano**) e ad **occupare militarmente** per più di anno la **città di Fiume**.

Durante il primo dopoguerra il movimento nazionalista prese la via della "**vittoria mutilata**" del primo conflitto mondiale, in cui i delegati italiani a Parigi non si erano fatti valere al tavolo delle trattative e questo diffuso sentimento di frustrazione seppe essere sfruttato assai bene da **Benito Mussolini** che nel **1919** fondò il movimento politico dei **fasci di combattimento** e nel 1921 il **Partito nazionale Fascista** (PNF).

b. Le cause economiche e politiche della prima guerra mondiale

Ecco in sintesi riepilogate **tutte le cause** dello scoppio della **Prima guerra mondiale**:

- la **rivalità anglo-tedesca** a partire dall'ultimo decennio dell'Ottocento quando Guglielmo II decise di voler svolger un ruolo politico mondiale, entrando in conflitto con l'Inghilterra sul piano militare e navale, economico, politico e coloniale;

- il **dissidio tra Austria-Ungheria e Russia**, inaspritosi a partire dal 1908 dopo l'annessione austriaca della Bosnia-Erzegovina;

- l'**attrito tra Francia e Germania** a causa della questione legata al protettorato sul Marocco e, più in generale, il sentimento di "revanchismo" (rivincita) dei francesi dopo la sconfitta e l'umiliazione del 1870-'71 nella guerra franco-prussiana;

- il **contrasto russo-turco** sempre acceso per l'aspirazione della Russia di voler controllare gli Stretti;

- le **frizioni tra la Germania e la Russia** a causa del continuo appoggio di Guglielmo II alla politica espansionistica dell'Austria nei Balcani;

- l'**odio reciproco tra l'impero austro-ungarico e la Serbia** e in special modo la richiesta di maggiore autonomia e indipendenza di quest'ultima;

- le **divergenze diplomatiche tra Italia e Austria** per la questione delle terre irredenti di confine e per la politica di Vienna nei Balcani;

- la creazione della **Triplice Intesa** che suggerì alla **Germania un'idea di accerchiamento** e di un rischio concreto di un'aggressione congiunta da parte di Russia e Francia.

Il **pretesto** si trovò a **Sarajevo**, quando il **28 giugno del 1914** l'arciduca **Francesco Ferdinando** venne assassinato da un nazionalista serbo, **Gavrilo Prncip**, appartenente all'organizzazione *mano nera*. L'Austria, a seguito del tragico evento (il duca era erede al trono) inviò un **ultimatum** alla Serbia in cui le impose di unirsi alla nazione asburgica nella repressione dei ribelli slavi nazionalisti. Al rifiuto dell'ultimatum **l'Austria le dichiarò guerra** esattamente un mese dopo, e la **Russia** si mobilitò in difesa della nazione serba il 30 luglio. La **Germania**, con l'imperatore Guglielmo II dichiarò a sua volta guerra alla Russia e poi alla **Francia** che, ignorando l'ultimatum tedesco, aveva ordinato la mobilitazione generale.

c. La neutralità italiana e il patto di Londra

Il **Patto di Londra** fu un trattato segreto stipulato **il 26 Aprile 1915** tra l'Italia e i governi della Triplice Intesa (Gran Bretagna, Francia, Russia) poco dopo lo scoppio della Prima Guerra Mondiale (luglio 1914). Con tale documento, **l'Italia** "tradiva" la **Triplice Alleanza** di cui faceva parte (insieme ad Austria e Germania) impegnandosi a **scendere in guerra** contro i propri ex-alleati,

in cambio di compensi territoriali. La notizia della sua firma circolò solo ad opera del governo bolscevico russo e a guerra conclusa.

All'inizio della Prima guerra mondiale l'Italia era alleata con la Germania e l'Austria-Ungheria, la cosiddetta Triplice Alleanza. Tale Alleanza aveva natura **puramente difensiva,** ma quando Germania e Austria dichiararono guerra alla Serbia (dopo l'assassinio dell'arciduca Francesco Ferdinando a Sarajevo), l'Italia non scese in guerra a fianco dei propri alleati, in nome appunto della natura difensiva, e non offensiva, del trattato. Punto saliente fu la cattiva gestione di Austria e Germania della vicenda prebellica dal punto di vista dei rapporti diplomatici con l'Italia, tanto che il Ministro degli Esteri italiano, Antonino di San Giuliano, apprese gli sviluppi della crisi del luglio 1914 direttamente dalla stampa, anziché, come sarebbe stato logico, dagli ambasciatori austriaco e tedesco. Il Capo del governo italiano Antonio Salandra giudicò l'ultimatum austro-ungarico in Serbia a fine mese un atto di aggressione, dichiarando che l'Italia era **libera dai suoi obblighi di alleanza, ed era ufficialmente neutrale.** Nonostante la posizione ufficiale, ben presto sia gli alleati che gli avversari si resero conto che l'intervento dell'Italia avrebbe potuto essere decisivo per l'andamento della guerra e l'**opinione pubblica** italiana si divise, nel frattempo, fra **neutralisti** ed **interventisti** seguendo, su questa linea, gli atteggiamenti dei partiti e dei movimenti politici. Tra i *neutralisti* c'erano i **liberali vicini a Giolitti,** la **totalità del mondo cattolico** (il **Papa** arrivò a definire la guerra come "**inutile strage**" e "**suicidio dell'Europa civile**") e i **socialisti riformisti,** allora prevalenti nel partito. Nelle fila degli *interventisti,* invece, c'erano i **democratici** (anche Salvemini) per i quali bisognava entrare in guerra a fianco della Francia e dell'Inghilterra, gli **Irredentisti** (con l'obiettivo di sottrarre all'Austria le terre irredente) e i **Nazionalisti** (con l'obiettivo di un'espansione territoriale), i **socialisti massimalisti** (che vedevano nella destabilizzazione provocata dalla guerra un'occasione propizia per la rivoluzione) e, infine, la fronda dei **liberali vicini a Salandra. Benito Mussolini,** direttore dal 1912 del giornale socialista "**L'Avanti!**", allo scoppio del conflitto si allineò con le **posizioni neutraliste** prevalenti nel partito, salvo poi pubblicare, nell'autunno del 1914, un articolo con manifesti **orientamenti interventisti** tali da costargli **l'espulsione dal PSI** (fonderà di lì a qualche mese un nuovo giornale, "**Il Popolo d'Italia**").

La volontà di entrare in guerra fu portata avanti, dai primi mesi del 1915, dal **Presidente del consiglio Salandra,** dal **Ministro degli esteri Sonnino** e dal **Re Vittorio Emanuele III,** che nella primavera dettero un'accelerata alle trattative con l'Intesa che portarono alla stipula del **trattato di Londra** il **26 aprile 1915.** A firmarlo furono il marchese Guglielmo Imperiali, ambasciatore italiano a Londra; Sir Edward Grey, ministro degli esteri del Regno Unito; Pierre-Paul Cambon, ambasciatore francese a Londra; e il conte Alexander Benckendorff, ministro plenipotenziario (incarico analogo a quello di ambasciatore) dell'Impero Russo a Londra. Per **ordine del governo Salandra,** il trattato venne **mantenuto segreto,** senza che il Parlamento italiano ne venisse a conoscenza, in quanto per la maggior parte composto di neutralisti, avversi quindi alla discesa in guerra dell'Italia; tale rimase fino a quando la notizia venne pubblicata, anni dopo, da un quotidiano russo allo scopo di denunciare i sotterfugi della politica zarista (dopo la Rivoluzione d'Ottobre).

Con la firma del trattato, dietro la promessa di significativi **guadagni territoriali,** l'Italia si impegnava ad entrare nella Prima guerra mondiale dalla parte delle potenze della **Triplice intesa.** In caso di vittoria, oltre alle **terre irridente** (Trentino e Friuli) sarebbero stati riconosciuti all'Italia altri compensi territoriali, come il **Tirolo, la Dalmazia, un Protettorato sull'Albania, la base di Valona e tutta l'Istria** (con l'eccezione di Fiume); rimasero fuori dai contenuti dell'accordo promesse solo accennate di compensi territoriali in Africa e Asia minore. Il **24 maggio 1915** l'Italia **dichiarò, così, guerra all'Austria** (le cosiddette **"radiose giornate di maggio"**) e il comando dell'esercito italiano fu affidato al generale **Luigi Cadorna**. Allo stesso tempo nelle città italiane si riversarono manifestanti a favore dell'intervento dell'Italia, mentre prendeva forma il famoso discorso di **Gabriele d'Annunzio** in cui pronunciò la celeberrima frase "**Orazione per la sagra dei Mille**".

I contenuti, almeno in parte, vaghi e l'atteggiamento ostile del **Presidente americano Wilson** alla **conferenza di pace di Parigi** avrebbero decretato, tre anni dopo la firma del patto, la frustrazione italiana per una **"vittoria mutilata"**, spalancando, insieme ad altri fattori concomitanti, le porte dell'Italia al **fascismo**.

d. La ritirata di Caporetto

L'entrata in guerra dell'Italia aprì un lungo **fronte sulle Alpi Orientali**, esteso dal confine con la Svizzera a ovest fino alle rive del mare Adriatico a est: qui, le forze del Regio Esercito sostennero il loro principale sforzo bellico contro le unità dell'Imperial regio Esercito austro-ungarico, con combattimenti concentrati nel settore delle **Dolomiti, dell'Altopiano di Asiago** e soprattutto nel **Carso** lungo le rive del **fiume Isonzo**. In queste zone, durante il **1916**, gli italiani avevano bloccato la *Strafexpedition* austriaca ("spedizione punitiva"), che comunque aveva provocato le **dimissioni del Presidente del consiglio Salandra**.

La **battaglia di Caporetto**, o dodicesima battaglia dell'Isonzo è passata alla storia anche come **"disfatta di Caporetto"**. Fu uno scontro combattuto sul fronte italiano della Prima guerra mondiale, tra le forze congiunte degli eserciti austro-ungarico e tedesco, contro il Regio Esercito italiano.

L'attacco, cominciato il **24 ottobre 1917** contro le linee della 2ª Armata italiana sulla linea tra Tolmino e Caporetto, portò alla **più grave disfatta nella storia dell'esercito italiano**, al collasso di interi corpi d'armata e al ripiegamento dell'intero esercito italiano fino al fiume Piave.

Approfittando della **crisi politica interna alla Russia zarista**, dovuta alla rivoluzione bolscevica, Austria-Ungheria e Germania poterono trasferire consistenti truppe dal fronte orientale a quello occidentale e italiano. Forti di questi rinforzi, gli austro-ungarici, con l'apporto di reparti d'élite tedeschi, sfondarono le linee tenute dalle truppe italiane che, impreparate a una guerra difensiva e duramente provate dalle precedenti undici battaglie dell'Isonzo, non ressero all'urto e **dovettero ritirarsi fino al fiume Piave**, a 150 chilometri di distanza. **La sconfitta portò a immediate conseguenze politiche** (le **dimissioni del Governo Boselli** e la nomina a Presidente del consiglio di **Vittorio Emanuele Orlando**) e **militari**, con **l'avvicendamento del generale Luigi Cadorna** (che cercò di nascondere i suoi gravi errori tattici, imputando le responsabilità alla presunta viltà di alcuni reparti e al disfattismo dei socialisti) con il generale **Armando Diaz**.

L'avvicendamento Diaz-Cadorna risultò **decisivo** per le sorti del conflitto italiano. Cadorna venne accusato di essere **troppo duro** coi soldati al fronte (famose erano le **esecuzioni sommarie** per chi veniva anche solo sospettato di diserzione). Diaz, all'opposto, grazie anche alle precedenti esperienze dirette di prima linea, si **dimostrò molto sensibile alle esigenze dei soldati in trincea** e seppe far leva su una retorica patriottica di guerra che alla fine si rivelò vincente per trarre il meglio dalle truppe italiane. E gli effetti, in breve tempo, si ebbero sul fronte. Diaz riuscì, infatti, a costituire una **nuova linea di resistenza tra il fiume Piave e l'altopiano di Asiago**, dove si attestò l'esercito italiano che riuscì a bloccare quello austroungarico.

Tra novembre e dicembre del 1917 gli austriaci scatenarono diverse offensive a cui gli italiani resistettero a fatica. Per colmare i vuoti furono utilizzati, per la prima volta, i tristemente famosi **"ragazzi del '99 "**, combattenti appena diciottenni.

e. I trattati di pace dopo la prima guerra mondiale

Inghilterra, Francia, Stati Uniti e Italia, ovvero **gli Stati vincitori del primo conflitto mondiale**, si riunirono nel **gennaio del 1919 a Parigi** per prendere quelle decisioni che avrebbero delineato il nuovo assetto geopolitico nell'Europa postbellica e che avrebbero caratterizzato i trattati di pace che le potenze dell'Intesa avrebbero siglato con ciascuno degli Stati sconfitti.

Dalla **Conferenza di Pace di Parigi (gennaio 1919 - gennaio 1920)** scaturirono, quindi, i seguenti **trattati di pace:**

* **trattato di Versailles**, giugno 1919, con la **Germania;**
* **trattato di Saint Germain en Lays**, settembre 1919, con l'**Austria;**
* **trattato di Neully**, novembre 1919, con la **Bulgaria;**
* **trattato del Trianon**, giugno 1920, con l'**Ungheria;**
* **trattato di Sèvres**, agosto 1920, con l'**Impero ottomano.**

Dal primo conflitto mondiale emerse, infatti, un **mondo profondamente trasformato**; nel 1914, alla vigilia della Prima guerra mondiale, esistevano tre grandi imperi: l'Impero russo, l'Impero austro-ungarico e l'Impero turco-ottomano. Dopo la Grande Guerra, **i tre imperi si dissolsero:**

* **l'Impero russo** perse vasti territori: un terzo della Polonia (prima della guerra non esisteva come Stato) e i Paesi baltici, ovvero quelli affacciati sul Mar Baltico: Estonia, Lettonia, Lituania;
* **l'Impero austro-ungarico** cadde e si dissolse definitivamente. L'Austria, poco più grande di una regione, divenne una repubblica e perse il suo terzo di Polonia, la Cecoslovacchia, l'Ungheria e le regioni slave del Sud; cedette all'Italia Trento, Trieste e il Sud Tirolo;
* **l'Impero turco-ottomano** si ridusse alla sola Turchia.

I due trattati più importanti, quelli di Versailles e Saint Germain, furono piuttosto pesanti, per motivi diversi, nei confronti di Germania e Italia e finirono per essere **determinanti per il futuro politico dei due stati negli anni Venti e Trenta.**

La **Germania** con le clausole pesanti di Versailles **venne umiliata** dal punto di vista militare ed economico, mentre il **trattato di Saint Germain** finì col frustrare le ambizioni di allargamento coloniale italiano allora in atto. Mentre Francia e Inghilterra a Parigi ricevettero le ex colonie tedesche, al momento della discussione sulle **ricompense italiane** il presidente americano **Wilson** si oppose sulla scorta del principio della **autodeterminazione dei popoli**, rientrante nei famosi **14 punti**, ovvero il discorso programmatico che il presidente americano aveva esposto al congresso nel 1918 e che avrebbe rappresentato, nei suoi piani postbellici, un radicale cambiamento nelle relazioni internazionali. Per protesta i delegati italiani, **Orlando e Sonnino, abbandonarono la conferenza** e tutto questo alimentò le spinte **nazionaliste** presenti in Italia. **D'Annunzio** coniò l'espressione "**vittoria mutilata**" e nello stesso anno **Mussolini** fondò a Milano i **fasci di combattimento.**

Nello stesso 1919 il Presidente Wilson fondò la **Società delle Nazioni**, che tenne la sua prima conferenza a **Ginevra il 15 novembre 1920,** e in cui erano rappresentate **42 Nazioni.** L'organizzazione era un **organo di cooperazione internazionale** che aveva il fine di assicurare il compimento degli obblighi internazionali assunti alla fine del conflitto mondiale ed offrire salvaguardie contro la guerra, la cui partecipazione era aperta a tutte le nazioni civilizzate. Il trattato conteneva i principi di **sicurezza collettiva** (difesa comune dei facenti parte alla Società delle nazioni contro un aggressore terzo), di risoluzione delle **controversie internazionali**, della riduzione degli armamenti.

La portata innovativa del Patto, che introdusse una nuova era nelle relazioni internazionali, era quella di istituire un **ente internazionale con fini politici generali per garantire la pace**. In particolare, il fine prevalente del mantenimento della pace era inteso come rispetto dell'ordine internazionale politico e territoriale sancito dai Trattati di pace.

f. L'atteggiamento delle potenze vincitrici e il trattato di Versailles

Il **Trattato di Versailles** è considerato uno degli accordi più importanti e influenti della storia contemporanea, firmato il **28 giugno 1919**, che **pose formalmente fine alla Prima Guerra Mondiale**. Fu il risultato dei negoziati alla **Conferenza di Pace di Parigi**, che seguirono la conclusione delle ostilità della Prima Guerra Mondiale nel novembre 1918. La Germania, insieme agli alleati sconfitti, fu convocata per partecipare ai negoziati e, considerata **principale responsabile** dello scoppio della guerra a causa della politica nazionalista **dell'Imperatore Guglielmo II**, divenne il bersaglio soprattutto della vendetta francese, mai sopita, dopo la sconfitta nella guerra coi prussiani del 1870.

Tutto questo **risentimento** venne condensato nel **trattato di Versailles**, che divenne eccessivamente punitivo nei confronti dei tedeschi e che ebbe delle ripercussioni importanti che condizionarono in modo irreversibile il cammino del nuovo stato tedesco, la **Repubblica di Weimar**, nata nel novembre 1918 dopo l'abdicazione di Guglielmo II.

Questi i termini principali delle clausole del trattato di Versailles:

* restituire alla Francia l'**Alsazia e la Lorena**, conquistate nel 1870;

* perdere tutte le sue **colonie in Africa e in Asia**;

* consegnare la **flotta** e ridurre drasticamente l'**esercito**;

* accettare l'**occupazione militare francese** della riva sinistra del Reno per 15 anni per consentire alla Francia di sfruttare le miniere di carbone delle regioni della **Ruhr e della Saar** (fatto che rese molto ardua la ripresa economica tedesca);

* cedere alla Polonia la zona intorno alla città di Danzica, in Prussia; si creò in questo modo il cosiddetto "**corridoio di Danzica**", che isolò la Prussia orientale dal resto della nazione tedesca;

* pagare, a titolo di **riparazione dei danni di guerra**, la somma ingentissima di **132 miliardi di marchi** in oro;

* infine la Germania fu considerata "responsabile" del conflitto e venne costretta a sottoscrivere una "**dichiarazione di colpevolezza**"; una pretesa inaudita, questa, perché nessun Paese era mai stato criminalizzato per aver dichiarato una guerra.

Critiche e Conseguenze:

* **Umiliazione e Risentimento**: Il Trattato di Versailles fu ampiamente criticato in Germania e in altri paesi come un trattato di umiliazione e vendetta piuttosto che di pace. Molti osservatori sostennero che le disposizioni punitive del trattato avrebbero contribuito a alimentare il risentimento e il **nazionalismo tedesco**, creando un terreno fertile per il sorgere di un nuovo conflitto.

* **Instabilità Politica ed Economica**: Le pesanti riparazioni di guerra imposte alla Germania contribuirono **all'instabilità economica e politica** nel paese. **L'iperinflazione** e la crisi economica degli anni '20 crearono un clima di disordine e disperazione, favorendo l'ascesa del nazismo e di Adolf Hitler al potere.

* **Seconda Guerra Mondiale**: Molti storici sostengono che il Trattato di Versailles abbia contribuito in modo significativo allo scoppio della **Seconda Guerra Mondiale**, fornendo un terreno fertile per la propaganda nazista e l'espansione militare tedesca. Il trattato fu revocato e sostituito dai trattati di pace di Parigi del 1947, che posero formalmente fine alla Seconda Guerra Mondiale in Europa.

Il Trattato di Versailles fu sicuramente un documento storico di grande importanza, ma le sue disposizioni punitive e le conseguenze politiche ed economiche influenzarono profondamente il corso della storia del XX secolo.

g. Le relazioni internazionali dal 1923 al 1939

Tra il 1923 e il 1939 le relazioni internazionali furono dominate dal problema della **sicurezza collettiva**. Fondamentale era garantire la **stabilità della frontiera franco-tedesca**. La Francia avrebbe preferito garanzie anche per le frontiere orientali della Germania, ma Stresemann, capo del governo tedesco, si mostrò irremovibile su questo, mentre l'Inghilterra, guidata all'epoca dai conservatori, non intendeva assumersi impegni in questa direzione. Conseguenza della mediazione tra questi opposti interessi fu il **Trattato di Locarno (1925),** con cui Francia, Belgio e Germania si impegnarono a non violare le comuni frontiere sotto la garanzia di Inghilterra e Italia.

L'Europa orientale fu così privata di una garanzia collettiva: una linea politica che avrebbe poi portato gravi conseguenze. La Francia stipulò, singolarmente, alleanze con Polonia e Cecoslovacchia, mentre la Germania entrò nella Società delle Nazioni (SDN) e stipulò un patto segreto di neutralità reciproca con l'URSS. Stresemann non aveva in mente una politica di forza, ma nella sua visione c'era l'obiettivo di recuperare, con mezzi pacifici, Danzica e il corridoio polacco, ed eventualmente annettere l'Austria (Anschluss). Tuttavia si parlò di "**spirito di Locarno**", per designare un **generale atteggiamento di distensione**.

Il culmine dell'illusione data dal clima pacifico sviluppatosi fu rappresentato dal **patto Briand-Kellog** (dal nome del ministro francese degli esteri e del segretario di stato americano, **1928**). Con una solenne dichiarazione, **ben 57 stati condannarono il "ricorso alla guerra per il regolamento delle controversie internazionali"** rinunciando all'uso delle armi per risolvere eventuali controversie. In realtà, la pace fu mantenuta soprattutto per la debolezza degli stati che avrebbero desiderato una revisione dei trattati della fine della Grande guerra. I dibattiti sul disarmo, svolti in seno alla SDN, si rivelarono inconcludenti.

Idealismo e illusione a parte, la **decade dei Venti** fu comunque all'insegna della **cooperazione e della stabilità internazionale**, grazie al lavoro della **Società delle nazioni** e al ritrovato spirito europeo con **Locarno**. All'opposto, tale equilibrio internazionale **andò in frantumi negli anni Trenta**, specialmente dalla metà della decade, quando i **nazionalismi tedesco e italiano**, insieme a quello **nipponico**, rivelarono la loro vera faccia e trascinarono l'Europa e il mondo in un nuovo conflitto mondiale.

Nel 1933, dopo l'invasione della **Manciuria** da parte del Giappone (senza alcuna sanzione) e dopo che la Germania nazista aveva abbandonato le trattative interminabili sul disarmo, **era ormai chiaro che l'ideale della sicurezza collettiva era tramontato**. E la presenza di Adolf Hitler alla guida della Germania mostrava che questo stato era pronto a recuperare, con atteggiamenti ben diversi rispetto a quelli di Stresemann, il ruolo di grande potenza.

Già dal 1932 Mussolini, constatando la crisi della SDN, aveva lanciato la proposta di un patto tra le quattro maggiori potenze europee (Inghilterra, Francia, Italia, Germania), con la prospettiva di una revisione dei trattati di pace all'interno della SDN e sotto la direzione di questi stati. Le incertezze che emersero portarono a un accordo di tipo differente, il **Patto a Quattro** (giugno 1933). Fu questo un impegno a collaborare per mantenere la pace e deferì alla SDN l'impegno a revisionare i trattati di pace secondo un accordo all'unanimità. Alla fine il patto non fu ratificato e venne chiusa la strada a qualunque revisione pacifica: la Germania si ritirò dalla SDN e sviluppo una politica di riarmo.

Inizialmente emersero **forti tensioni tra Italia e Germania**: entrambi i paesi volevano l'Austria nella rispettiva zona d'influenza. Il culmine dell'attrito si ebbe nel luglio del 1934: i nazisti austriaci assassinarono il **cancelliere Dollfuss**. L'Italia, come risposta, inviò due divisioni al confine del Brennero e il colpo di mano nazista fallì.

Si mostrava necessario un riavvicinamento tra Francia e Italia, sia per la questione austriaca, sia perché, poco dopo (1935) la Germania aveva riottenuto con un plebiscito la zona della Saar e aveva ricominciato a ricostruire grandi forze aeree e navali.

Si arrivò così agli **accordi anglo-franco-italiani di Stresa**, che ribadivano quelli di Locarno. Il nuovo fronte di Stresa crollò però nell'ottobre del 1935, quando **l'Italia attaccò un altro membro della SDN, l'Etiopia**, vedendosi applicare sanzioni economiche. Nel frattempo la **Germania denunciò l'accordo di Locarno e rioccupò militarmente la Renania**, senza incontrare serie reazioni.

Francia e Inghilterra, alla fine, cominciarono ad adottare sempre più spesso una **politica di appeasement** (acquiescenza), nella convinzione che la Germania fosse destinata ad essere una grande potenza. Inoltre, per i conservatori inglesi i tedeschi avevano un ruolo chiave contro i bolscevichi. Le sanzioni all'Italia spinsero nel frattempo Mussolini a migliorare i rapporti con la Germania, tanto che si parlò di un **"Asse Roma-Berlino"**. Non si trattava ancora di una svolta: infatti, nel 1937 si verificò un riavvicinamento anglo-franco-italiano. Ma oramai **erano poste le premesse per scuotere l'equilibrio della pace di Versailles**. L'Italia aderì al **"Patto anti-Komintern"** con Germania e Giappone per combattere la Terza internazionale. **Nel marzo 1938 Hitler realizzò l'annessione dell'Austria**, senza resistenze da parte dell'Italia.

Inghilterra e Francia proseguirono la **linea del non intervento**. Dopo l'Austria, toccò alla regione dei **Sudeti** in **Cecoslovacchia**, abitata principalmente da tedeschi (settembre 1938, in seguito agli **Accordi di Monaco**) e poi alla **Boemia intera** (Praga, marzo 1939). L'Italia approfittò della situazione occupando in aprile l'**Albania** e stipulando un accordo militare con la Germania (il **Patto d'acciaio, 22 maggio 1939**). L'ultimo atto fu il **Patto Molotov-Ribbentrop russo-tedesco**: un patto di **non aggressione** reciproca, che in un **protocollo segreto** stabiliva le rispettive **zone di influenza sulla Polonia**.

Gli equilibri erano radicalmente mutati, l'Europa era pronta a una nuova guerra.

h. I Fronti popolari tra le due guerre mondiali

Per "**fronte popolare**" si intende normalmente l'unione elettorale dei partiti della sinistra che fanno fronte comune contro le forze reazionarie o centriste. Questa strategia venne decisa da **Stalin** alla **metà degli anni Trenta**, quando il leader sovietico constatò il totale isolamento dell'Unione Sovietica sulla scena internazionale dopo lo sforzo di riconversione industriale teso a colmare il divario con le principali economie mondiali.

Oltre al comunismo russo vi era stato il totale fallimento di ogni tentativo rivoluzionario in Europa e il socialismo internazionale era ancora ingolfato sulla frattura all'interno del movimento operaio, diviso tra **socialdemocratici e comunisti**. Anche sfruttando tale divisione, in molti paesi si erano affermati regimi autoritari poi spostatisi a destra. Con il VII Congresso (luglio-agosto 1935), il **Comintern** (organizzazione Internazionale dei partiti comunisti, nota anche come **Terza Internazionale**) che già da tempo aveva accantonato la strategia della "rivoluzione permanente" per adottare quella del "socialismo in un solo paese", abbandonò anche la politica del socialfascismo per adottare quella dei **fronti popolari**, ovvero un sodalizio a fini elettorali fra le varie forze di sinistra nei principali paesi d'Europa.

- **Francia**: alle elezioni del **1936** la **SFIO** (Sezione Francese dell'Internazionale Operaia), il Partito Comunista Francese e i radicali si unirono e **vinsero le elezioni**. Il leader del nuovo governo fu il socialista **Léon Blum**. Il governo riuscì a portare avanti una serie di riforme del lavoro come le 40 ore settimanali e due settimane di ferie pagate (per la prima volta nella storia). L'esecutivo però trovò molte difficoltà, infatti contro il premier venne scatenata una furiosa campagna antisemita. Oltre questo crebbe il sospetto, sostenuto dai media, che Blum stesse preparando la strada ad una dittatura comunista. Il governo Blum cadde nel giugno del 1937 in seguito alle molte difficoltà riscontrate. Il Fronte Popolare finì definitivamente in seguito alla firma da parte del nuovo primo ministro degli accordi di Monaco nel 1938. Questi accordi furono osteggiati dai parlamentari comunisti mentre i socialisti si astennero.

> • **Spagna**: il Fronte Popolare si costituì con l'adesione di socialisti, comunisti, repubblicani, Sinistra Repubblicana, Marxisti e parte degli anarchici. Il primo banco di prova per il cartello furono le **elezioni dell'aprile 1936**, dove riuscirono a raccogliere la maggioranza dei voti. Il paese si trovò così diviso in due blocchi in cui uno temeva la forza eversiva dell'altro. Questa situazione si concretizzò nello scoppio della **guerra civile spagnola nel 1936** quando le guarnigioni del Marocco guidate dal generale Francisco Franco si sollevano contro la repubblica.

La **Guerra civile spagnola** (1936-1939) vide la sconfitta del governo repubblicano del Fronte popolare e la Spagna nel 1939 si trasformò in una **dittatura fascista** imposta da **Francisco Franco** e che si protrasse **fino al 1975**, anno in cui morì lo stesso *caudillo*. Durante il conflitto spagnolo fu inspiegabile l'atteggiamento di **neutralità** del governo di fronte popolare in **Francia** che, in nome delle politiche di **appeasement** lanciate dai conservatori inglesi, scelse di astenersi dall'intervenire in Spagna a fianco del governo "gemello".

Da notare, infine, come nella storia del Novecento il concetto politico di "fronte popolare" sia stato riesumato in altre circostanze politiche. A differenza dei due casi precedenti, **in Italia il fronte democratico popolare** nacque dopo la Seconda guerra mondiale **nel 1948 con l'alleanza tra PSI e PCI**. Questa coalizione rappresentò la **continuità con il movimento di resistenza**, dato che queste due forze erano le più importanti all'interno del Comitato di Liberazione Nazionale e volevano una repubblica con un totale rinnovamento in termini sociali e politici rispetto al precedente regime. Le **elezioni politiche del 1948** vennero tuttavia vinte dalla **Democrazia Cristiana** con un netto 48% dei voti mentre il fronte si fermò a un deludente 31%.

i. La resistenza in Europa e la costituzione delle Nazioni Unite

Per "**resistenza**", durante la **Seconda guerra mondiale**, si intendono quei movimenti sviluppatisi in ogni paese occupato dalle potenze dell'Asse a partire, soprattutto, **dal 1941-'42**. I movimenti di resistenza possono essere suddivisi in due campi politicamente polarizzati: la **resistenza antifascista**, solitamente guidata dal Partito Comunista locale (poiché esisteva in quasi tutti i paesi del mondo), e i vari gruppi di **resistenza nazionalista fascista/anticomunista** nei paesi occupati dai nazisti o dai sovietici che si opponevano ai fascisti stranieri e ai comunisti, spesso cambiando schieramento a seconda delle vicissitudini della guerra.

Tra i movimenti di resistenza più importanti c'erano la **Resistenza polacca** (inclusa l'Armata Nazionale polacca, e tutto lo Stato Segreto Polacco), i **partigiani jugoslavi**, i **partigiani sovietici**, la **resistenza italiana** (guidata principalmente dal CLN), la **resistenza greca**, la **resistenza francese**, la **resistenza belga**, la **resistenza norvegese**, la **resistenza danese**, la **resistenza ceca**, la **resistenza albanese**, la **resistenza olandese** e l'opposizione nella stessa. Molti paesi crearono movimenti di resistenza dedicati a **combattere o indebolire gli invasori dell'Asse**, e la stessa Germania nazista aveva anche un movimento antinazista. Sebbene il Regno Unito non fosse stato occupato durante la guerra, eccezion fatta per le Isole del Canale, i britannici fecero preparativi complessi per un movimento di resistenza. C'erano anche movimenti di resistenza che combattevano contro gli invasori alleati.

Nell'Africa orientale italiana, dopo che le forze italiane furono sconfitte durante l'omonima campagna, alcuni italiani parteciparono a una guerriglia contro i britannici (1941–1943). Il **movimento di resistenza tedesco e nazista Werwolf**, e i "Fratelli della foresta" di Estonia, Lettonia e Lituania includevano molti combattenti che operarono contro l'occupazione sovietica degli Stati baltici negli anni '60. Durante o dopo la guerra, una simile **resistenza antisovietica** sorse in luoghi come Romania, Polonia, Bulgaria, Ucraina e Cecenia. Mentre storici e governi di alcuni paesi europei hanno tentato di ritrarre la resistenza all'occupazione nazista come diffusa tra le loro popolazioni, solo una piccola minoranza di persone ha partecipato alla resistenza organizzata. **Nell'Europa orientale**, dove il dominio nazista era più oppressivo, una percentuale maggiore di persone faceva parte dei movimenti di resistenza organizzati: la resistenza passiva, per mancata cooperazione con gli occupanti, era molto più comune.

Il ruolo dei movimenti di resistenza viene riconosciuto unanimemente come **risolutivo** nella vittoria contro le forze nazifasciste. Come nel caso italiano, infatti, il lavoro di **guerriglia e terrorismo** ai danni delle forze occupanti fu importantissimo per facilitare l'avanzata degli eserciti degli Alleati nella liberazione dei paesi occupati. Generalmente, e in tal caso gli esempi italiani e jugoslavi in questi sono da manuale, furono proprio i **movimenti di liberazione nazionale** a fornire la **nuova classe dirigente politica** per formare i primi governi del dopoguerra.

Con la fine della Seconda guerra mondiale emerse, come forse mai prima nella storia recente, la volontà di voltare decisamente pagina con le vecchie concezioni di stato e di relazioni internazionali, improntate alla velleità di potenza e imperialismo, che avevano portato in meno di quarant'anni a due conflitti mondiali. In questa rinascita, che si consumò soprattutto **fra il 1945 e il 1948**, ebbe un posto rilevante la nascita, **il 26 giugno del 1945** alla conferenza di San Francisco, dell'**Organizzazione delle Nazioni Unite**, in sigla ONU, abbreviata in Nazioni Unite.

Si tratta di un'organizzazione intergovernativa a carattere mondiale che ha tra i suoi obiettivi principali quello del mantenimento della pace e della sicurezza mondiale, lo sviluppo di relazioni amichevoli tra le nazioni, il perseguimento di una cooperazione internazionale e il favorire l'armonizzazione delle varie azioni compiute a questi scopi dai suoi membri. L'ONU è **l'organizzazione intergovernativa più grande, più conosciuta e più rappresentata a livello internazionale**. Ha sede sul territorio internazionale a **New York**, mentre altri uffici principali si trovano a **Ginevra, Nairobi** e **Vienna**. Istituita dopo la Seconda guerra mondiale con l'obiettivo di prevenire futuri conflitti, ha sostituito l'inefficace Società delle Nazioni. Il processo che ha portato alla sua fondazione iniziò il 25 aprile 1945, quando i rappresentanti di 50 governi si incontrarono a San Francisco per una conferenza iniziando a redigere la **Carta delle Nazioni Unite**, poi approvata il 26 giugno dello stesso anno ed entrata in vigore il 24 ottobre successivo, la data di inizio ufficiale delle attività. Al momento della fondazione, l'ONU contava 51 Stati membri, un numero poi cresciuto fino ad arrivare a 193 nel 2011, rappresentando la stragrande maggioranza degli stati sovrani del mondo. Nei primi decenni di vita, l'obiettivo di preservare la pace nel mondo venne reso complicato dalla **guerra fredda** intercorsa tra gli Stati Uniti e l'Unione Sovietica, con i loro rispettivi alleati.

L'adesione all'ONU è cresciuta in modo significativo a seguito della diffusa decolonizzazione avvenuta a partire dagli anni 1960. A partire dagli anni 1970, il bilancio delle Nazioni Unite per i programmi di sviluppo economico e sociale hanno superato di gran lunga le spese per il mantenimento della pace. Dopo la fine della guerra fredda, l'ONU spostò e ampliò le sue operazioni sul campo, intraprendendo un'ampia varietà di compiti complessi.

TESI 10

a. Gli Stati Uniti d'America (U.S.A.) alla metà del secolo XIX
b. L'emancipazione degli schiavi nel secolo XIX
c. L'economia americana e la crisi del 1929
d. La crisi economica del 1929 in Europa
e. F. D. Roosevelt e la politica del "new deal"
f. La seconda guerra mondiale: gli U.S.A in Italia e in Europa, l'atomica sul Giappone e la fine del conflitto
g. Il piano Marshall
h. Gli U.S.A. e la "Nuova frontiera" di Kennedy
i. La guerra del Vietnam.

a. Gli Stati Uniti d'America (U.S.A.) alla metà del secolo XIX

Quando nel 1776 gli Stati Uniti ottennero l'indipendenza, contavano soltanto tre milioni di abitanti ripartiti su tredici Stati. Nel **1860**, comprendevano **trentacinque stati con trentuno milioni di abitanti** in tutto. La Louisiana era stata comprata dalla Francia, vasti territori erano stati conquistati a scapito del Messico e della Confederazione americana facevano parte le immense distese del Far west che arrivavano fino alla costa dell'oceano Pacifico.

I **migranti** affluivano da ogni parte del **Vecchio Continente**, attirati dalle concessioni di terre che venivano fatte dai Governi e con la speranza di trovare facilmente un lavoro meglio remunerato. La Germania e l'Irlanda inviavano il numero più elevato di migranti poveri. Nel 1848, la scoperta di miniere d'oro in California dette una svolta inaspettata alle migrazioni. I migranti diventati cittadini americani popolarono rapidamente delle contrade fino allora rimaste deserte.

Ogni Stato conservava la propria autonomia per quanto riguardava la gestione degli affari locali. Ogni cittadino godeva della massima libertà, mentre al Governo, con sede a Washington, regnava un saggio equilibrio di poteri fra il Presidente (nominato per quattro anni), il Congresso (composto da due Camere) e la Corta suprema. Nella Repubblica esistevano due partiti politici: il **partito repubblicano**, che voleva che il governo federale fosse munito di poteri più estesi, e il **partito democratico** che, invece, sosteneva la necessità che ogni Stato avesse un'indipendenza più completa. Il Nord era prevalentemente repubblicano e il Sud democratico. Gli abitanti degli **Stati del Sud, grandi proprietari terrieri,** sostenevano l'idea del **libero scambio** che permetteva la vendita dei loro prodotti, avevano le qualità e un atteggiamento da aristocratici e **ricorrevano al lavoro degli schiavi.** Gli **abitanti del Nord** erano dei **piccoli proprietari**, degli industriali o dei commercianti. Essi reclamavano il **protezionismo** e **l'abolizione della schiavitù.**

Fino al 1860, nelle elezioni federali, i democratici ebbero la maggioranza. In tale periodo, il presidente eletto fu **Abramo Lincoln**, un uomo del Nord, repubblicano e nemico dichiarato della schiavitù. Lo **Stato della Carolina del Sud**, sostenendo che il patto federale fosse stato violato, **dichiarò la separazione dall'Unione**. Altri dieci stati presero la stessa decisione e scelsero Richmond, città della Virginia, come capitale. Jefferson Davis venne eletto presidente dai secessionisti, i quali presero l'offensiva attaccando la città di Charleston. Era **l'inizio di una guerra civile che durò ben cinque anni, dal 1861 al 1865**. Se i Nordisti erano molto più numerosi, i Sudisti, molto abili ad andare a cavallo, si trasformarono ben presto in soldati. I democratici, chiamati anche "**confederati**", vinsero i federati del Nord a Bull-Run e marciarono su Washington. I Nordisti si seppero difendere e minacciarono a loro volta di attaccare Richmond. Allora, spinti con forza da Lincoln, i Nordisti presero delle misure energiche: la **schiavitù fu abolita**, furono armate numerose truppe, furono costruite numerose navi con lo scopo di bloccare le coste e impedire così l'esportazione della merce sudista. L' esercito nordista occupò Nouvelle-Orléans e occupò tutto il corso del Mississippi, arrestando, nel contempo, l'invio di approvvigionamenti verso il Sud. Da parte loro, l'esercito sudista tentò di sfondare in direzione di Washington, ma fu sconfitto e dovette ripiegare su Petersburg e su Richmond. Il generale Lee si oppose a lungo e con valore alle truppe federali, ma alla fine fu costretto a capitolare dal generale Grant (1865). Pochi giorni dopo questa capitolazione, **Lincoln**, che era stato rieletto presidente, **fu vittima di un assassinio**. Gli stati-Uniti riuscirono così a **salvarsi da una guerra fratricida**, ma al prezzo di **sacrifici immensi**. Innanzitutto, il debito pubblico, che passò da 64 milioni di dollari a quasi tre miliardi, e la riconciliazione fra Nord e Sud che da lì in avanti sembrò irrealizzabile. Tuttavia, grazie alle istituzioni e a una saggia e previdente amministrazione della cosa pubblica la tranquillità e la ripresa economica non tardarono a rinascere. Furono costruite nuove linee ferroviarie e l'industria e l'agricoltura conobbero un nuovo sviluppo.

b. L'emancipazione degli schiavi nel secolo XIX

Tra il XVI e il XIX secolo vennero deportati circa 14 milioni di individui. Si pensi che alla fine del Cinquecento l'America spagnola e il Brasile avevano importato circa 125.000 schiavi. La **tratta dei neri** si intensificò maggiormente con lo sviluppo della canna da zucchero, così tutti i principali paesi europei iniziarono a prendere parte a questo traffico, ponendo le loro basi per il commercio degli schiavi neri **sulle coste dell'Africa occidentale**. Gli inglesi si installarono alle foci del Gambia nel 1618, i francesi in Senegal nel 1638, gli olandesi sull'isola di Gorea. La tratta dei neri fu particolarmente vantaggiosa soprattutto per l'**Inghilterra** che, **col Trattato di Utrecht del 1713, ottenne il monopolio del rifornimento delle colonie spagnole**. Nel Settecento i mercanti europei acquistavano gli schiavi dai sovrani africani, questi ultimi organizzavano delle vere e proprie cacce all'uomo ed imprigionavano coloro che venivano catturati e portati in centri di raccolta adibiti alla vendita di schiavi ai mercanti europei. Da qui venivano consegnati ai trafficanti, che in cambio offrivano manufatti, rum e armi da fuoco. I mercanti facevano salire gli schiavi sulle navi negriere e li disponevano ordinatamente nella stiva: i più alti venivano messi al centro, i più bassi contro le pareti, per sfruttare al meglio il ridotto spazio disponibile. Gli schiavi **viaggiavano in pessime condizioni**: erano incatenati e subivano abusi e violenze di ogni genere. I principali problemi erano di tipo igienico, per questo molti morivano nel corso dell'attraversata in mare. Quelli che sopravvivevano al viaggio, una volta arrivati nel Nuovo Mondo venivano messi all'asta e destinati al lavoro **nelle piantagioni di riso, tabacco, canna da zucchero, cotone e indaco, oppure al lavoro nelle miniere, nelle officine o come domestici**. A partire dall'**Ottocento**, con la **rivoluzione industriale** avvenuta in Inghilterra **tra il 1760 e il 1830**, gli schiavi neri vennero impiegati principalmente nella **coltivazione del cotone** che era destinato all'esportazione. Durante questo secolo si iniziò a ritenere il numero di schiavi esagerato, tanto che alcuni ricchi stati schiavisti come il South Carolina e la Virginia vietarono la tratta. Inglesi e francesi presero dei provvedimenti rispettivamente nel 1815 e nel 1833. Ciò non significò, tuttavia, l'abolizione della tratta negli Stati Uniti, in quanto essa era indispensabile per la regolare produzione di cotone.

Nella prima metà dell'Ottocento la Spagna continuava a praticare il commercio degli schiavi neri, nonostante la maggior parte degli stati europei l'avesse abolito; **negli Stati Uniti**, anche se la tratta era stata abolita, **permaneva la schiavitù**, ritenuta ancora legale, così come la vendita e l'acquisto di schiavi sia all'interno degli Stati Uniti che in altri paesi americani, come ad esempio Cuba.

Nel 1870 la Spagna, da ultima, vietò alle sue navi e ai propri mercanti **di deportare schiavi neri in America**; si concluse così definitivamente la tratta dei neri e lo schiavismo.

Nel corso di due secoli e mezzo, si stima che **11 milioni di schiavi africani furono deportati in America**: le conseguenze di tale fenomeno sono ben visibili ancora oggi. Infatti, la maggior parte della popolazione delle isole caraibiche è nera o mulatta, lo stesso per gli Stati Uniti, dove circa il 12,6% della popolazione è afroamericana.

c. L'economia americana e la crisi del 1929

Gli Stati Uniti erano usciti dalla Prima guerra mondiale in una **posizione economica vantaggiosa**, poiché potevano usufruire del rientro degli **ingenti prestiti** concessi agli alleati. Dopo la conclusione del conflitto il presidente democratico Wilson cercò di creare le condizioni politiche che avrebbero potuto portare ad un'egemonia statunitense in ambito internazionale, ma la sua politica, basata sui principi della **libertà commerciale** e sulla piena **adesione alla Società delle Nazioni,** fu accolta con diffidenza dall'opinione pubblica americana.

Di conseguenza **le elezioni del 1920 decretarono la sconfitta dei democratici e l'affermazione dei repubblicani, favorevoli ad una politica isolazionista**. Quest'ultima portò ad una limitazione dell'immigrazione, alla diffusione del nazionalismo e della violenza xenofoba e razzista. Riemerse il **Ku Klux Klan**, setta segreta nata per colpire neri, immigrati ed ebrei. Gli Americani ritennero anche necessario ristabilire un certo ordine sociale e quindi emanarono leggi che vietavano la diffusione e la vendita di bevande alcoliche (**proibizionismo**), considerate la causa principale dell'immoralità che si riteneva avesse pervaso gli Stati Uniti. Effetto di questa crociata fu il commercio clandestino dei liquori e la **diffusione del gangsterismo**. Il proibizionismo fu **abolito nel 1933**. Nel 1924 vennero decisi più severi controlli per impedire l'ingresso di militanti socialisti e comunisti, portatori di idee considerate sovversive.

Dal punto di vista **economico** gli Stati Uniti, nei primi dieci anni del dopoguerra, vissero un periodo di forte e rapido sviluppo; la diffusione di nuovi e più razionali sistemi produttivi, come la **catena di montaggio** e la **divisione scientifica del lavoro** incrementarono la realizzazione di prodotti di massa a costi contenuti. Già negli anni Venti erano largamente utilizzati gli elettrodomestici, mentre le automobili iniziarono a circolare con una frequenza sempre maggiore. Nel Paese si diffuse un **sentimento di ottimismo e di fiducia** verso il progresso inarrestabile.

Tuttavia, la politica isolazionista e protezionista non poteva durare a lungo. Nel 1921 vi fu in America una **crisi di sovrapproduzione**. Il mercato interno non riusciva ad assorbire la massa di merci prodotte e quindi vennero riprese le esportazioni verso l'Europa e soprattutto verso quei paesi che, avendo partecipato alla Prima guerra mondiale, avevano contratto debiti con gli Stati Uniti ed ora avevano bisogno di risollevare la loro economia per poter pagare. Ebbe così origine il **piano Dawes**, (ideato da Charles Dawes) **mediante il quale alla Germania poterono affluire capitali statunitensi**. Contribuendo alla ripresa dell'economia mondiale si sarebbe allontanato, in quei paesi, il pericolo di una rivoluzione di stampo bolscevico. Il piano ebbe successo, infatti permise alle nazioni vinte di estinguere i debiti contratti con gli Stati Uniti per le forniture belliche ed inoltre di importare merci di vario genere a prezzi molto convenienti. Questi scambi internazionali determinarono un enorme giro di affari che sfociò nel **boom economico**.

In America vi fu un **enorme incremento dei consumi**: molti prodotti diventarono meno cari e i salari aumentarono. Tra il 1913 e il 1923 il numero delle automobili circolanti passò da 15 a 27 milioni. Si sviluppò il settore terziario, il che comportò un aumento degli impiegati e quindi della classe media. Per tutti questi fattori di progresso gli anni Venti vennero definiti **"anni ruggenti"**, anni in cui i consumi erano molto alti rispetto alla popolazione ma anche anni in cui la ricchezza non era ripartita in maniera uniforme tra la popolazione. Per il tempo libero nacque **l'industria dell'intrattenimento** (radio-cinema-sport-ballo-musica); si diffuse la stampa periodica che, insieme alla radio, divenne un importante veicolo pubblicitario. Si diffusero il blues, e il jazz e si affermò l'industria cinematografica e ad Hollywood, un sobborgo di Los Angeles nacquero i primi stabilimenti.

Convinti che lo stato di benessere potesse continuare all'infinito, vi fu una grande produzione industriale ed agricola, ma ciò creò un **giro di prestiti e di speculazioni di gigantesche dimensioni**. Le imprese iniziarono a spendere i loro guadagni non più in investimenti produttivi bensì in **speculazioni finanziarie**. Ormai anche i piccoli risparmiatori iniziarono a giocare in Borsa contribuendo alla diffusione della **"febbre speculativa"**.

Il prezzo dei titoli quotati in Borsa crebbe in modo vertiginoso ma poi accadde qualcosa: **si ruppe l'equilibrio del mercato**. L'offerta rimase enorme, mentre la domanda iniziò a diminuire quando in Europa si diffusero le politiche protezionistiche per migliorare l'economia. Ciò determinò una **crisi di sovrapproduzione** dovuta alla diminuzione delle esportazioni. Sui mercati si trovarono enormi masse di prodotti agricoli e industriali invenduti, nonostante l'ausilio della pubblicità e delle vendite rateali. I prezzi diminuirono drasticamente e molte fabbriche dovettero chiudere. Nel settembre del 1929 i titoli raggiunsero quotazioni molto alte e **gli speculatori decisero di vendere le azioni** per realizzare i guadagni sperati. La corsa alle vendite fece scendere drasticamente il valore dei titoli e **il 24 ottobre (giovedì nero) si ebbe il crollo della Borsa di New York**, con sede in Wall Street. Molte imprese chiusero, arrestando la grande macchina dell'economia americana.

Da economica **la crisi divenne sociale**. Milioni di persone persero il lavoro a causa del fallimento delle industrie, mentre tre quarti dei contadini furono ridotti alla fame. I piccoli risparmiatori persero il loro capitale. **Agli Anni ruggenti seguivano dunque gli anni della "Grande depressione"** (gli anni Trenta). In Europa il ritiro dei capitali statunitensi e l'immissione sul mercato di prodotti a costi bassissimi frenarono la produzione e portarono ad un aumento della disoccupazione. Germania e Gran Bretagna furono tra i paesi europei quelli che soffrirono maggiormente. **La crisi si fece sentire anche in Italia** dove furono danneggiati sia il settore agricolo che industriale. Solo alcuni industriali riuscirono a sfuggire alle conseguenze della crisi e, favoriti dalla politica protezionistica voluta dal governo fascista, riuscirono ad accaparrarsi ampi mercati.

Il presidente americano **Roosevelt**, eletto alle presidenziali del 1932 e successivamente rieletto per altre tre volte, elaborò un piano chiamato **New Deal** (nuovo corso) che ebbe una portata rivoluzionaria nella storia statunitense. Esso **prevedeva un energico intervento dello Stato, in contrasto con la diffusa ideologia del liberismo economico di stampo neoclassico**. Roosevelt era favorevole ad un'inflazione controllata, convinto che una maggiore quantità di moneta in circolazione avrebbe finito per favorire l'incremento degli investimenti e dei consumi. Al contrario, una politica deflattiva, basata sulla difesa del valore della moneta, avrebbe diminuito la disponibilità del contante e generato effetti negativi sulle imprese e sulle banche che avrebbero limitato i prestiti. Di conseguenza il dollaro fu svalutato del 40%, i prezzi furono rialzati e lo Stato iniziò a controllare il sistema bancario, le Borse, il mercato azionario. Furono attuati **interventi di politica sociale** attraverso la difesa dei salari minimi e dei contratti di lavoro nonché favorendo la presenza dei sindacati nelle aziende. A costo di aumentare il deficit dello Stato venne realizzata una serie di grandi lavori pubblici, risollevando le aziende in crisi con i capitali statali e combattendo la disoccupazione. **Nel 1933 fu varato un piano di aiuti all'agricoltura** con sussidi alle famiglie bisognose. Roosevelt attuò una **rigida politica fiscale** colpendo maggiormente i ceti più abbienti.

Intorno al 1936 la "grande depressione" poteva considerarsi in buona parte superata tant'è che Roosevelt, grazie al consenso delle masse popolari e dei sindacati, venne trionfalmente rieletto Presidente e poté consolidare la propria politica, sostenuto dall'economista inglese John Maynard Keynes. Malgrado gli sforzi **la piena ripresa economica degli Stati Uniti si ebbe solo allo scoppio della Seconda guerra mondiale**, grazie alle commesse militari.

d. La crisi economica del 1929 in Europa

La **crisi del '29** fu la più profonda depressione economica che il mondo moderno si trovò a subire. Le sue caratteristiche principali furono sostanzialmente due: la **crisi da sovrapproduzione** e la **deflazione**. Il 24 ottobre 1929 (giovedì nero) crollò la Borsa di New York, il mercato azionario più importante del mondo. Le azioni subirono un brusco crollo di valore e iniziò **la più grande**

recessione economica della storia contemporanea. Fallirono migliaia di banche e imprese, gettando sul lastrico milioni di americani che si trovarono senza lavoro. Dal 1929 al 1932 negli Stati Uniti il numero dei **disoccupati** passò **da circa 2 a oltre 13 milioni**, un quarto della forza lavoro. Le **cause**:

- **l'eccessivo aumento della produttività** a fronte di una domanda interna che non cresceva allo stesso ritmo: si produsse una crisi di **sovrapproduzione**, le merci rimasero invendute e questo comportò la diminuzione dei prezzi e, di conseguenza, dei salari;

- la **mancanza di norme** che regolassero il **mercato borsistico**, segnato così da speculazioni incontrollate.

Anche l'Europa, dopo la ripresa economica seguita alla Prima guerra mondiale, si trovò in **crisi da sovrapproduzione**, aggravata dalla politica di blocco delle esportazioni e delle immigrazioni verso gli USA. **La crisi mostrò tutti i limiti della politica economica liberista e la debolezza delle democrazie liberali**, tra cui la conseguenza più grave fu l'ascesa del nazismo in Germania. L'economia europea era strettamente legata a quella USA e la crisi economica statunitense giunse anche in Europa: **il crollo di Wall Street ebbe immediati riflessi su tutte le Borse europee**, con conseguenze disastrose soprattutto per il sistema bancario e monetario europeo. Il rapporto finanziario tra Stati Uniti ed Europa era infatti stato attivato dal **Piano Dawes del 1924**, che aveva instaurato un ciclo strutturato in questo modo: i finanziamenti degli Usa alla Germania avrebbero permesso il pagamento delle riparazioni tedesche a Francia, Regno Unito e Italia che, a loro volta, avrebbero pagato interessi e debiti agli Usa, creando così un vero e proprio circuito.

Nonostante l'interdipendenza economica tra i diversi Paesi, gli Stati la affrontarono in modo autonomo, **ricorrendo soprattutto a politiche protezionistiche**: in questo modo il commercio mondiale si ridusse di un terzo. La maggior parte degli Stati europei, infatti, decise di ricorrere alla **svalutazione della moneta e all'isolamento dal mercato mondiale** (protezionismo); Si assistette dunque al declino delle attività produttive e commerciali, che colpì pure le campagne, a causa del calo dei prezzi agricoli. La disoccupazione salì e portò a una crisi sociale (in Germania la situazione fu particolarmente grave a causa dei debiti relativi alla Prima Guerra Mondiale). La miseria diffusa portò a un **peggioramento delle condizioni di vita**: aumentarono le malattie fisiche e psichiche, i casi di malnutrizione e mortalità infantile, gli episodi di criminalità e di violenza. Il Presidente USA in carica durante la crisi era **Herbert Hoover**. Indette le nuove elezioni, Hoover si ricandidò ma ebbe a che fare con un potente concorrente alla presidenza: **Franklin Delano Roosevelt**, la cui strategia elettorale, favorita anche dall'impopolarità di Hoover, si rivelò vincente. Roosevelt stravinse così le elezioni e nel marzo del 1933 entrò in carica come trentaduesimo presidente degli Stati Uniti. Salito al potere, egli non aveva un piano organico per fronteggiare la crisi, ma agì in modo pragmatico, sperimentando varie soluzioni, tutte accumunate da un'idea di fondo, semplice ed efficace: l'intervento attivo, da parte dello Stato, nell'orientare e indirizzare le attività economiche. Una posizione, questa, che contrastava nettamente con la linea liberista di cui si era fatto interprete, con risultati catastrofici, il predecessore Hoover. La sua azione di governo (chiamata **New Deal**, dall'espressione da lui usata nella campagna elettorale del 1932) si mosse in quattro principali direzioni:

- **riordino del sistema bancario**, con l'attribuzione alla Federal Reserve (la Banca federale) di maggiori poteri per monitorare e sanzionare le banche che seguivano politiche creditizie troppo pericolose, e costituzione di un'agenzia federale di monitoraggio sulla Borsa di Wall Street (la Securities and Exchange Commission, 1934);

- ampliamento e attuazione di programmi di primo intervento per il **sostegno a gruppi sociali in difficoltà**; tra di essi vi era il **Federal Emergency Relief Act**, col quale si autorizzava il governo a concedere fondi agli Stati o alle amministrazioni locali che intendevano attuare programmi di assistenza ai disoccupati o ai poveri. Vi fu inoltre l'introduzione di misure di sostegno creditizio per gli agricoltori o per coloro che si trovavano in difficoltà col pagamento delle rate del mutuo contratto per acquistare la casa o i terreni agricoli;

- attuazione di un vasto e articolato **programma di lavori pubblici,** che portò all'assunzione di diversi milioni di disoccupati, i quali vennero impiegati per costruire strade, scuole, campi da gioco, argini di fiumi, ponti ecc.;

- riorganizzazione delle relazioni tra imprenditori e forza lavoro, attraverso la costituzione della **National Recovery Administration**, un'agenzia federale incaricata di coordinare le relazioni tra imprenditori e sindacati per poter orientare i livelli di produzione;

- Inoltre, col **Social Security Act** venne istituito un primo sistema nazionale di **previdenza e assistenza,** che prevedeva il pagamento di sussidi di disoccupazione per metà a carico dello Stato centrale, per l'altra metà dei singoli Stati, e l'organizzazione di un piano per le pensioni di vecchiaia, che però fu parziale, essendone esclusi i lavoratori agricoli.

e. F.D. Roosevelt e la politica del "New Deal"

Il New Deal è il piano di **riforme economiche e sociali** promosso dal 32esimo Presidente degli Stati Uniti **Franklin Delano Roosevelt** con l'obiettivo di far ripartire il Paese dopo la Grande Depressione, inaugurata con il **crollo di Wall Street tra il 24 e il 29 ottobre 1929.**

Gli indici della borsa di New York precipitarono in seguito all'annunciata crisi economica e finanziaria: gli effetti furono devastanti e provocarono **fallimenti a catena degli istituti di credito,** la **chiusura di diverse industrie** e soprattutto **disoccupazione.**

Presto la crisi arrivò anche **in Europa** provocando ulteriori disastri sul piano economico e politico. Intanto il nuovo presidente americano Franklin Delano Roosevelt inaugurò la fase del **New Deal** per fronteggiare la crisi. Il New Deal, che impostava un nuovo rapporto tra Stato ed economia, era già stato teorizzato da **John Maynard Keynes**. La crisi scoppiata nell'ottobre 1929 fu **manifestazione delle contraddizioni prodotte dallo sviluppo incontrollato della produzione statunitense.** La politica **isolazionista,** conformista e nazionalista, basata sulla più completa libertà di iniziativa individuale, aveva condotto il più ricco e potente Stato del mondo a una rovinosa **crisi economica e sociale**. Il vertiginoso aumento della produttività industriale e agricola nel decennio immediatamente precedente la crisi, al quale fece riscontro l'enorme volume dei profitti, e in piccola parte dei salari, non fece i conti con la saturazione del mercato interno. I governanti, contrari a qualsiasi intervento dello Stato nell'economia, sottovalutarono l'imminente pericolo. Gli investimenti nell'industria, che ormai produceva al di sopra di ogni possibilità di assorbimento, crescevano di giorno in giorno. Nel 1929 si manifestò l'incontrovertibile recessione, alla quale gli industriali reagirono con la diminuzione della produzione, con la decisa riduzione dei salari e l'espulsione della forza lavoro dalle fabbriche. Il generalizzato impoverimento aggravò la spirale della crisi, abbassando ancora di più la possibilità di assorbimento all'interno della produzione.

Insieme con l'intensità e la durata, **la crisi e la depressione si caratterizzarono per la loro diffusione mondiale.** Le ripercussioni non furono ovunque della stessa intensità, ma alcune conseguenze si fecero sentire in tutti i paesi a economia capitalistica. La diffusione della crisi fu innanzitutto legata alla dimensione dell'economia statunitense, capace da sola di rappresentare circa il 45% dell'intera produzione mondiale. **Malgrado le politiche protezioniste** dei governi statunitensi degli anni Venti, le importazioni americane avevano raggiunto, prima della crisi, più del 10% del commercio internazionale. Anche i legami finanziari della moneta statunitense con le valute europee avevano aumentato la capacità di propagazione e **internazionalizzazione della crisi.** Il crollo dei prezzi agricoli e delle materie prime si ripercosse sul mercato internazionale aggravando lo stato delle economie di tutti i paesi produttori. La prima misura per contrastare questa dinamica fu quella di alzare barriere doganali: queste, tra il 1929 e il 1930, determinarono un calo del 25% del commercio internazionale.

La **crisi monetaria** si manifestò come ultimo atto della disgregazione dell'economia mondiale. In Europa colpì per primi gli stati finanziariamente più deboli, come l'**Austria**, che videro cessare gli investimenti americani. Alla chiusura degli istituti di credito austriaci seguì l'analoga paralisi **dell'economia monetaria tedesca**, ancora alle prese con le riparazioni di guerra. Molto più forte fu la recessione che colpì i paesi agricoli dell'Est europeo: il grano raggiunse i prezzi più bassi degli ultimi quattro secoli. Nel settembre del 1931 venne svalutata la sterlina inglese, e dopo qualche anno seguì lo stesso destino il franco francese. Nell'estate del 1933 fallì la conferenza internazionale di Londra per la ricerca di una via comune nel superamento della crisi.

Con la crisi del 1929 **tramontò definitivamente l'idea perseguita dalle amministrazioni repubblicane dello "sviluppo armonico del capitale"**. Nel novembre del 1932 i Democratici rappresentati da Franklin Delano Roosevelt, vinsero le elezioni presidenziali, dando inizio a quella fase che passerà alla storia come New Deal.

f. La seconda guerra mondiale: gli U.S.A. in Italia e in Europa, l'atomica sul Giappone e la fine del conflitto

Gli Stati Uniti entrarono ufficialmente nel conflitto mondiale dopo l'**attacco giapponese a Pearl Harbor nel dicembre 1941**. Successivamente, nel 1942, gli Alleati, guidati dagli Stati Uniti, lanciarono l'**Operazione Torch**, uno sbarco in Marocco e Algeria, che aprì un nuovo fronte contro le forze dell'Asse in Nord Africa. Questa operazione segnò l'inizio dell'impegno diretto degli Stati Uniti nella guerra in Europa.

Dopo la vittoria degli Alleati in Nord Africa, le forze statunitensi, insieme ai loro alleati britannici, lanciarono l'**Operazione Husky**, lo **sbarco in Sicilia**, nell'estate del 1943. Successivamente, nel settembre dello stesso anno, l'Armata degli Stati Uniti partecipò all'**Operazione Avalanche**, lo **sbarco a Salerno**, che **portò alla caduta dello stato fascista e all'inizio della campagna italiana**. Gli Stati Uniti giocarono un ruolo cruciale nella Campagna d'Italia, combattendo contro le forze tedesche per avanzare attraverso la penisola italiana. Sebbene la campagna fosse stata lunga e difficile, con molte battaglie sanguinose come la Battaglia di Monte Cassino, alla fine le forze Alleate, comprese quelle statunitensi, **riuscirono a liberare l'Italia** dalla dominazione dell'Asse nel 1945.

Uno degli sforzi più significativi degli Stati Uniti in Europa fu il loro ruolo principale nell'Operazione Overlord, lo **sbarco in Normandia**, avvenuto **il 6 giugno 1944**. Questo massiccio assalto anfibio segnò l'inizio della liberazione dell'Europa occidentale dall'occupazione nazista.

Dopo lo **sbarco in Normandia**, le forze statunitensi, insieme ai loro alleati britannici, canadesi e di altre nazioni, avanzarono attraverso la Francia, il Belgio e il Lussemburgo, liberando le città e sconfiggendo le forze tedesche. Gli Stati Uniti svolsero un **ruolo centrale** nella liberazione dell'Europa occidentale dall'occupazione nazista.

Gli Stati Uniti affrontarono uno degli ultimi grandi contrattacchi tedeschi nella **Battaglia delle Ardenne** nel dicembre 1944. Dopo aver respinto l'offensiva tedesca, le forze Alleate, guidate dagli Stati Uniti, continuarono ad avanzare verso la Germania. **La guerra in Europa terminò ufficialmente il 7 maggio 1945, quando la Germania nazista si arrese agli Alleati**.

Il **Giappone** fu l'ultimo paese che rimase in guerra contro gli Alleati nel 1945. Le altre nazioni si erano già arrese mentre gli **aviatori kamikaze giapponesi** costituivano ancora un grave pericolo per le navi della marina americana. Venne preso in considerazione uno sbarco via terra in Giappone, che sarebbe però costato caro agli USA in termini di vite umane. Gli studi su **bombe a fissione nucleare** incontrollata erano iniziati da prima della guerra, sia da parte dei tedeschi che degli americani. Si trattava quindi di una corsa contro il tempo. Roosevelt, che morì ad aprile del 1945, diede l'autorizzazione a compiere degli esperimenti. Il primo test (Trinity test) avvenne nel **deserto del New Mexico**, nel luglio del 1945.

Ci fu un **lungo dibattito**, Einstein era contrario ad usarla contro il Giappone, così come Eisenhower. La decisione fu presa dal nuovo presidente degli Stati Uniti: **Truman**. La potenza della bomba atomica non si sarebbe limitata a sconfiggere il Giappone ma avrebbe anche intimorito l'URSS, ormai prossimo avversario degli Stati Uniti in quella che sarebbe stata la Guerra fredda a partire dal 1945.

La prima bomba atomica fu sganciata su Hiroshima il 6 agosto 1945, tre giorni dopo fu sganciata la seconda su **Nagasaki**. I giapponesi ritennero questo gesto un vero e proprio crimine di guerra, in quanto di fatto era stata violata la Convenzione dell'Aia secondo cui non potevano essere bombardate città indifese. La resa del Giappone avvenne il 15 agosto 1945.

Per approfondire vedi tesi 12, punto a.

g. Il piano Marshall

Il Piano Marshall, ufficialmente chiamato "**Piano per la ripresa europea**" fu uno dei piani politico-economici statunitensi per la ricostruzione dell'Europa dopo la Seconda guerra mondiale. Annunciato in un discorso del segretario di Stato statunitense **George Marshall** il 5 giugno 1947 all'Università di Harvard, questo piano consisteva in uno **stanziamento di oltre 12,7 miliardi di dollari.**

Marshall affermò in quell'occasione che l'Europa avrebbe avuto bisogno di ingenti aiuti da parte statunitense e che, senza di essi, la gran parte del vecchio continente avrebbe conosciuto un gravissimo deterioramento delle condizioni politiche, economiche e sociali. L'idea di Marshall, che era stata comunque già sostanzialmente comunicata al Regno Unito, venne positivamente accolta dalla Francia, che però chiese di estendere gli incontri preparatori anche all'**Unione Sovietica**; quest'ultima, dopo un'iniziale manifestazione di interesse, **si rifiutò di partecipare** al negoziato, obbligando anche tutti i paesi del blocco orientale a fare altrettanto.

Il Piano per la ripresa europea previde, alla fine, uno stanziamento di poco più di 14 miliardi di dollari per un periodo di quattro anni con l'obiettivo di favorire una prima integrazione economica nel continente. Il Piano **terminò nel 1952**, come originariamente previsto.

I tentativi di prolungarlo per qualche tempo non ebbero effetto a causa dello scoppio **della guerra di Corea** e della **vittoria dei repubblicani** nelle elezioni per il Congresso dell'anno precedente. Per qualche tempo molti economisti statunitensi giudicarono negativamente l'impatto del Piano Marshall sull'economia europea dato che, nella loro opinione, esso aveva prodotto effettivamente una crescita sostenuta, ma solo grazie al basso costo del lavoro: cosa che, non avendo indotto una contemporanea crescita dei redditi, aveva portato ad un certo ristagno nella spesa e nei consumi. In realtà, come dimostrato dalle analisi più recenti, **il Piano consentì all'economia europea di superare un momento di indubbia crisi** e favorì una ripresa che già nel 1948 era evidente, consentendo ai Paesi beneficiari di superare l'indice di produzione prebellico già nel momento in cui il flusso di aiuti terminò.

I risultati furono poi senza dubbio **positivi**, almeno nell'ottica degli Stati Uniti e dei sostenitori dell'economia di mercato, sotto il profilo della **diffusione in Europa di concetti** quali la "libera impresa", lo "spirito imprenditoriale", il "recupero di efficienza", l'"esperienza tecnica" e la "tutela della concorrenza", allora in alcuni Paesi quasi del tutto assenti. Sul **piano interno**, poi, l'aiuto statunitense consentì alle fragili democrazie occidentali di rilassare le politiche di austerità e di migliorare le condizioni di vita delle popolazioni.

h. Gli U.S.A. e la "Nuova frontiera" di Kennedy

L'8 novembre 1960 John Kennedy fu eletto alla presidenza degli Stati Uniti, superando di strettissima misura il candito repubblicano R. Nixon. **Il suo programma di governo, che si riallacciava alla tradizione progressista di Roosevelt**, suscitò consensi e speranze nell'opinione americana ed anche mondiale. Kennedy ne indicò le linee fondamentali nel discorso di investitura, conosciuto come **discorso della "Nuova Frontiera"**.

In politica interna Kennedy avanzò un programma di ispirazione keynesiana, inteso, cioè, ad **aumentare la spesa pubblica** e a **ridurre le tasse** allo scopo di stimolare l'economia e riassorbire la disoccupazione; ma **le proposte più propriamente sociali vennero respinte dal Congresso**, nel quale la presenza repubblicano-moderata era molto forte. Anche il proposito di garantire **l'integrazione razziale** e di farla rispettare negli stati del sud fu fortemente ostacolato e non si realizzò pienamente.

In **politica estera** Kennedy univa ad un'autentica aspirazione alla pace e alla **distensione con l'URSS** l'assillo dell'intransigente **difesa degli interessi degli Stati Uniti nel mondo**. Dall'intreccio di queste tendenze scaturirono **l'impennata delle spese militari** ed una serie di confronti con il mondo comunista, tanto duri e drammatici da ricordare i **momenti più difficili della guerra fredda**. Per fare un esempio, il primo incontro tra Kennedy e Kruscev, tenuto a Vienna nel giugno 1961 e dedicato al problema di Berlino Ovest, si risolse in un fallimento e provocò, poco dopo, **la costruzione di quel muro** che doveva simboleggiare la chiusura e la separazione Est-Ovest.

Nel nuovo ordine mondiale progettato da Kennedy assumevano grande rilievo i **rapporti tra Stati Uniti ed Europa occidentale**. Attraverso la progressiva riduzione delle tariffe e l'intensificazione degli scambi, il mercato statunitense e quello comunitario europeo avrebbero dovuto costituire un'area economica omogenea, mentre l'Alleanza atlantica avrebbe provveduto all'integrazione militare delle due comunità non più separate ma unite dall'oceano.

Per quanto concerneva i problemi strategici, gli alleati europei avrebbero dovuto aumentare la loro partecipazione nel settore degli armamenti convenzionali, lasciando agli Stati Uniti la messa a punto e la gestione dell'arsenale nucleare.

Il grande disegno di Kennedy si configurava, dunque, come la **creazione di una comunità sovranazionale atlantica fondata su basi confederali**. Accanto agli entusiasmi e alle adesioni suscitate da tali proposte, è necessario ricordare la **durissima opposizione del presidente francese Charles De Gaulle**. Questi, considerando lo stato nazionale come un monumento essenziale e non superabile della storia e della civiltà europea, contrapponeva all'Europa integrata, federalistica e sovranazionale del progetto di Kennedy, l'Europa delle patrie, basata sull'autonomia dei singoli stati e sulla collaborazione tra le nazioni.

Nei confronti **dell'America latina**, agitata dai fermenti rivoluzionari riaccesi dal successo della rivoluzione di **Fidel Castro** a Cuba, Kennedy esordì con un gravissimo smacco. Portando avanti la politica delle precedenti amministrazioni, il nuovo presidente, dopo aver tentato di soffocare economicamente l'isola socialista, vi **autorizzò lo sbarco di 1500 esuli cubani addestrati ed equipaggiati negli Stati Uniti**. Sbarcate nella parte meridionale dell'isola, nella località detta **Baia Dei Porci**, le forze controrivoluzionarie furono annientate dall'aviazione e dall'esercito castristi. Per riaffermare l'egemonia statunitense sul continente americano Kennedy lanciò un vasto piano di aiuti finanziari al fine di realizzare una rivoluzione democratica capace di determinare un effettivo progresso economico e sociale e di sottrarre a Castro le simpatie che suscitava in tutti i paesi dell'America del Sud.

i. La guerra del Vietnam

Nella seconda metà del Novecento si svolse in Vietnam **uno dei conflitti più importanti della Guerra Fredda**, sia a livello politico che a livello simbolico. **L'appoggio statunitense al Vietnam del Sud** finì per conferire a quello che era un conflitto regionale, legato ad una questione di autonomia territoriale, il rilievo di una **contrapposizione ideologica** e il significato di una **lotta contro il comunismo**.

I principali attori della Guerra Fredda giocarono qui la loro partita, appoggiando l'una o l'altra fazione: da una parte gli **USA** intervennero con uomini e mezzi, dall'altra **URSS e Cina**, pur senza agire in modo diretto, **appoggiarono il regime del Vietnam del Nord** militarmente e finanziariamente. L'importanza di questa guerra stette anche nel fatto che rappresentò **una delle più grandi sconfitte nella storia degli Stati Uniti** e che con essa presero il via le grandi **proteste pacifiste** che caratterizzarono il 1968.

Dalla seconda metà del XIX secolo la penisola indocinese si trovava sotto il **controllo francese**. Nel corso della Seconda guerra mondiale, tra il 1940 e il 1941 il Giappone avanzò in Asia e conquistò la **penisola indocinese**, di cui assunse il controllo in collaborazione con i francesi del governo di Vichy. Nella zona dell'attuale Vietnam nacque un movimento di indipendenza denominato **Vietminh**, sotto la carismatica guida del **leader rivoluzionario Ho Chi Minh**, che aveva fondato il partito comunista locale nel 1929, e con la guida militare del **generale Vo Nguyen Giap**. Nel settembre del 1945, con la fine della guerra, il Vietminh proclamò la nascita della **Repubblica Democratica del Vietnam**, che comprendeva le regioni di Annam, Tonchino e Cocincina. Nel giro di poco tempo però il Vietnam si trovò ancora nelle mani dei francesi, grazie anche al tacito assenso del governo statunitense che, seppur contrario all'idea stessa del colonialismo, desiderava mantenere buoni rapporti con l'alleato francese.

Tra il 1946 e il 1954 si ebbe quindi la **prima guerra del Vietnam**: alla **Francia**, che cercava di mantenere il controllo sul paese, si oppose il **Vietminh**, che combatté per l'indipendenza vietnamita utilizzando efficaci tecniche di **guerriglia**.

Nel corso della guerra **l'atteggiamento statunitense cambiò**: se inizialmente gli USA erano rimasti neutrali, dal 1949 iniziarono a vedere questo conflitto all'interno della più grande contrapposizione in blocchi caratteristica della Guerra Fredda. Infatti, la **vittoria di Mao Zedong in Cina nel 1949** e **l'inizio della guerra di Corea nel 1950** costituirono motivo di **preoccupazione per la situazione politica della regione**, mentre nel frattempo Cina e URSS iniziarono a sostenere militarmente il Vietminh. Negli USA cominciò allora a diffondersi la convinzione di un **possibile effetto domino**: si temeva infatti che nel caso di vittoria del comunismo in Vietnam, questo potesse diffondersi anche negli stati confinanti. **Gli USA decisero dunque di aiutare la Francia**, pur limitandosi ad un sostegno solamente economico.

Nel **1954** i francesi capitolarono nella decisiva **battaglia di Dien Bien Phu**. Alla conseguente **Conferenza di Ginevra**, convocata nello stesso 1954, si giunse ad un accordo riguardante la situazione del Vietnam: il **paese venne diviso in due regioni** lungo la linea del 17° parallelo: il **Vietminh** avrebbe amministrato la **zona settentrionale** mentre **il sud** sarebbe stato governato da un **regime non comunista**. La Conferenza di Ginevra prospettava la riunificazione dei due stati entro due anni e la formazione di un governo mediante elezioni. La firma del trattato di Ginevra creò tuttavia un certo **allarme negli Stati Uniti**, che, sempre temendo un'egemonia comunista sul sud-est asiatico, decisero di sostenere il regime del primo ministro Ngo Dinh Diem nel Vietnam del Sud. Di fatto, dunque, mentre i francesi lasciavano la regione, gli statunitensi iniziarono a impegnarsi in Vietnam.

Fallita la riunificazione dei due Vietnam a causa dell'opposizione di Ngo Dinh Diem e degli USA, la divisione lungo il 17° parallelo si fortificò diventando una vera e propria frontiera. Questo provocò una **radicalizzazione da entrambe le parti**: al sud il regime tirannico di Diem portò ad un'esasperazione delle contrapposizioni politiche interne, mentre al nord iniziarono le persecuzioni verso gli oppositori interni e i cosiddetti "proprietari terrieri". Intanto, **dal 1957**, prese piede al sud la **guerriglia organizzata** dai gruppi di resistenza legati a Ho Chi Minh, che continuò negli anni successivi alimentata dalle forniture di armi e mezzi che venivano introdotti clandestinamente attraverso piste aperte nella giungla chiamate "**sentiero di Ho Chi Minh**". Nel 1960 la resistenza nel sud prese il nome di **Fronte di Liberazione Nazionale**, anche se più comunemente questi **guerriglieri** divennero noti con il nome di **Vietcong**, ovvero "comunisti vietnamiti", secondo l'appellativo datogli dai loro oppositori. Intanto proprio **il ruolo statunitense nella regione si fece via via più importante**, attraverso il supporto aereo all'esercito sudvietnamita e l'invio sempre crescente di personale militare che aumentò fino a raggiungere i trentamila uomini durante la presidenza di John Fitzgerald Kennedy.

Con la **morte di Kennedy** nell'attentato del 22 novembre **1963** e l'avvento alla presidenza di **Lyndon B. Johnson**, la presenza statunitense in Vietnam si fece più incisiva e **sfociò in un vero conflitto bellico**: il nuovo presidente americano non voleva essere ricordato per una cocente sconfitta militare ed inoltre era incalzato dagli oppositori interni che lo ritenevano inadeguato per risolvere la crisi. Per questo motivo Johnson portò avanti una nuova strategia: era **necessario vincere la guerra** ed era possibile farlo rapidamente e con uno sforzo bellico minimo. Mancava però l'approvazione del Congresso per un intervento militare in Vietnam, anche se le truppe statunitensi erano già presenti sul territorio sudvietnamita al fine di addestrarne l'esercito. L'occasione si presentò con il cosiddetto "**incidente del Tonchino**": un presunto scontro tra un cacciatorpediniere statunitense e una vedetta nordvietnamita, che non ebbe conseguenze dirette ma fornì il pretesto all'amministrazione Johnson per presentare al Congresso una risoluzione che autorizzasse il Presidente a rispondere con tutti i mezzi necessari all'aggressione nordvietnamita. La risoluzione venne approvata all'unanimità, così **dal febbraio 1965 gli USA iniziarono a bombardare il Vietnam del Nord**, senza che ci fosse stata una vera e propria dichiarazione di guerra e l'8 marzo sbarcarono nell'area i primi 3.500 marines. Si assistette successivamente ad una *escalation* **militare**, caratterizzata da un continuo aumento dell'impegno statunitense non solo nei bombardamenti ma anche nel rafforzamento del corpo di spedizione militare, **fino a giungere nel 1968 a oltre mezzo milione di uomini presenti sul territorio**. Nonostante il grande impegno profuso dagli USA in questa guerra, **la resistenza Vietcong non accennava a diminuire**. Questo grazie al largo appoggio di cui disponevano tra la popolazione contadina del sud, vessata dapprima da un regime dittatoriale e successivamente da numerosi colpi di stato, ma soprattutto grazie al **sostegno** che il regime comunista e i Vietcong ricevettero da **Cina e URSS**.

Il 30 gennaio del 1968, in occasione della locale festa del Têt per la quale si era concordata una tregua, i Vietcong e alcune unità dell'esercito regolare nordvietnamita lanciarono un attacco a numerose città del sud. Con questa operazione, nota come "**l'offensiva del Têt**", i nordvietnamiti passarono **dalla guerriglia ad un conflitto dalle dinamiche più convenzionali**. Tale attacco si dimostrò militarmente un fallimento per le forze del Nord, in quanto non si verificò la prevista sollevazione degli abitanti delle città, tanto che la maggiore potenza militare del Sud, unita al supporto statunitense, poté facilmente aver la meglio in un confronto bellico tradizionale. L'offensiva, tuttavia, rappresentò una **vittoria comunista dal punto di vista psicologico**: dimostrò infati che il territorio del sud era facilmente penetrabile e che il Vietnam del Nord non era intenzionato ad arrendersi nonostante i pesanti bombardamenti americani. I fatti dei primi mesi del 1968 **aumentarono il numero di coloro che negli USA ritenevano dannosa e inutile questa guerra**, in quanto era sempre più evidente come la conclusione del conflitto non fosse affatto vicina e come il prezzo che gli Stati Uniti stavano pagando in termini di vite umane fosse troppo alto in relazione al senso ideologico e alle opportunità politiche del conflitto.

Così **l'opposizione alla guerra del Vietnam**, che fin dalla metà degli anni Sessanta era cresciuta all'interno delle Università o nel mondo della cultura, **conquistò larghi settori della popolazione e coinvolse anche una parte del Congresso**. In questo clima di tensione crescente svolsero un ruolo fondamentale i **media** che, trasmettendo in diretta le immagini dal Vietnam, mostrarono la brutalità dei combattimenti e contribuirono a mettere in discussione il senso stesso della guerra. Proprio l'opposizione crescente e la difficile situazione del Vietnam portarono **Johnson a decidere di non ricandidarsi alle elezioni presidenziali** del 1968 e lo spinsero a cercare un accordo con il governo nord-vietnamita. Nel **marzo del 1968**, a Parigi, si ebbero i primi contatti per tentare un **negoziato tra i vari attori presenti in Vietnam** ma, nonostante la fine dei bombardamenti americani sul Vietnam del Nord, il potere contrattuale dei negoziatori statunitensi si trovò indebolito dalle imminenti elezioni negli USA e dalla certezza che Johnson non si sarebbe ricandidato. I negoziati finirono dunque in un **nulla di fatto** mentre nel 1969 si insediò il nuovo presidente, il repubblicano **Richard Nixon**.

Il nuovo presidente USA propugnò la necessità di diminuire nettamente l'impegno statunitense in Vietnam, continuando invece ad appoggiare il proprio alleato del sud dal punto di vista logistico. Per forzare la mano però sui negoziati di Parigi, che erano nel frattempo ripresi, **Nixon ordinò ulteriori bombardamenti sui territori del nord**; allo stesso tempo, **allargò l'intervento alla confinante Cambogia** dove si trovavano alcune basi Vietcong da cui partivano attacchi alle regioni del sud. Militari USA sbarcarono in Cambogia senza però riuscire a trovare queste basi e provocando ulteriori proteste negli Stati Uniti per l'impegno militare nella zona, tanto continuo e dispendioso quanto infruttifero. Di fatto questa situazione aprì anche ad una **guerra civile** tra il governo cambogiano appoggiato dagli USA e l'opposizione appoggiata dalla Cina, di cui facevano parte i comunisti locali noti col nome di **Khmer Rossi**. Nel 1972, nonostante i continui bombardamenti subiti, i soldati del nord attaccarono nuovamente il Vietnam del Sud: dopo alcuni mesi di campagna militare, la situazione si risolse in uno stallo, che permise alle parti di riunirsi a Parigi per negoziare la fine della guerra. Nel gennaio 1973 si raggiunse un accordo per il "cessate il fuoco" che di fatto concesse agli USA di ritirarsi dal conflitto in Vietnam. **Gli Stati Uniti uscirono da questa guerra umiliati per la mancata vittoria**, nonostante il gran dispiego di uomini e mezzi. Per di più **i costi sociali, psicologici ed economici per il paese furono enormi**: circa cinquantottomila soldati americani morirono in battaglia mentre molti tornarono a casa feriti o con gravi disturbi psicologici, che ne pregiudicarono il reinserimento nella società civile. Per la prima volta **una delle nazioni più forti al mondo aveva mostrato la propria vulnerabilità militare**, venendo di fatto sconfitta da un piccolo esercito e da una efficiente tattica di guerriglia.

La guerra del Vietnam **si concluse definitivamente nel 1975**: in marzo il Vietnam del Nord invase le regioni meridionali, occupandole e riunendo il paese sotto il dominio comunista; la città di Saigon venne rinominata **Ho Chi Minh City** in memoria del leader comunista, morto nel 1969, che tanto aveva fatto per un Vietnam unito. Contemporaneamente anche in Laos e Cambogia dei guerriglieri comunisti, appoggiati dal Vietnam, presero il potere.

TESI 11

a. Le tesi di aprile e la rivoluzione bolscevica
b. La Rivoluzione di ottobre e il trattato di Brest-Litovsk
c. La politica economica di Lenin: il comunismo di guerra e la nuova politica economica (NEP)
d. U.R.S.S.: Stalin e i piani quinquennali
e. La caduta dei regimi comunisti europei
f. La rivoluzione cinese e la guerra di Corea
g. La Jugoslavia dopo la morte di Tito
h. La riunificazione della Germania dopo il 1989
i. Dall'U.R.S.S. alla C.S.I.: Gorbaciov e il processo di rinnovamento del sistema comunista
j. Il postcomunismo nei paesi dell'est europeo
k. La Polonia di Lech Walesa e Karol Wojtyla.

a. Le tesi di aprile e la rivoluzione bolscevica

Per comprendere gli avvenimenti della **Rivoluzione russa** è necessario tracciare un sintetico quadro sulla situazione politica e, soprattutto, economica che ne offrirono i presupposti.

La Russia alla fine dell'Ottocento era governata dallo **Zar Nicola II Romanov**. Quasi tutti gli Stati occidentali avevano ormai monarchie costituzionali affiancate da parlamenti e assemblee legislative e la **classe borghese** si era ben affermata. In Russia **l'assolutismo invece ancora esisteva**, e **lo zar** era di fatto un autocrate; non esisteva lo Stato liberale, né i sindacati e la libertà di espressione; c'erano sistemi amministrativi e giudiziari antiquati, un'industria quasi assente, un Parlamento (chiamato **Duma**) privo di poteri effettivi.

In più, questo stato era **fondamentalmente agricolo**, ed esisteva solo una piccola borghesia, quella dei **kulaki**, cioè di contadini che compravano le terre ed erano più benestanti. Gli operai e i contadini, che componevano la maggioranza della popolazione, vivevano in condizioni di estrema miseria. Tutto questo malcontento trovò espressione in **due partiti**:

- Il PSR, **Partito Socialista Rivoluzionario**.
- Il POSDR: **Partito Operaio Socialdemocratico Russo**. Nel 1903 nel partito si formarono due diverse correnti: i **bolscevichi**, la corrente maggioritaria, guidata da Lenin, secondo i quali operai e contadini dovevano rovesciare l'autarchia zarista e instaurare un regime socialista; e i **menscevichi**, la corrente minoritaria, guidata da Martov, secondo cui, la rivoluzione doveva essere borghese e moderata.

Il limite della situazione russa si raggiunse a causa della **Prima guerra mondiale**, in cui le condizioni peggiorarono ulteriormente. A **febbraio del 1917 a** Pietrogrado una folla di operai insorse e, come di consueto, lo Zar ne ordinò la repressione. In quest'occasione però i soldati non obbedirono e si schierarono dalla parte dei rivoltosi. **L'insurrezione** si estese anche a Mosca e lo **Zar fu quindi costretto ad abdicare**, perdendo l'appoggio di qualsiasi parte sociale, e si instaurò una **Repubblica**. Nella Russia post-zarista vi erano ora **due centri di potere**:

- Il **governo provvisorio**, presieduto dall'aristocratico L'Vov, moderato e aperto alle richieste della piccola borghesia.
- I **Soviet di Pietrogrado**, costituiti dai rappresentanti degli operai, da esponenti del PSR e da menscevichi.

Il governo provvisorio prevedeva che la nuova Russia avrebbe tenuto fede ai suoi impegni e che avrebbe continuato a combattere, mentre i Soviet richiedevano **l'uscita immediata dalla guerra**.

Nelle campagne iniziò una rivolta contro le case signorili e le proprietà terriere; perciò, venne richiamato il dirigente dei socialisti bolscevichi, **Lenin**, che fece ritorno a Pietrogrado. Il 4 aprile, in un celebre discorso, delineò nelle cosiddette **Tesi d'Aprile** un programma molto semplice e radicale, che prevedeva un rovesciamento del governo provvisorio e l'assegnazione di tutto il potere ai Soviet, oltre all'uscita dalla guerra e alla nazionalizzazione delle proprietà terriere.

Nel frattempo, il governo provvisorio **continuava la guerra** nonostante le ripetute sconfitte incassate dall'esercito russo; le conseguenti **dimissioni di L'Vov** portarono al governo il Ministro della giustizia **Kerenskij**. Anche le rivolte non si placavano, e con esse gli arresti di numerosi bolscevichi; inoltre, vi fu un **tentativo di colpo di stato** da parte del nuovo comandante dell'esercito, **Kornilov.**

Per poter bloccare il governo di Kerenskij, molti bolscevichi imprigionati vennero rilasciati, approfittando così per organizzarsi in una forte squadra paramilitare, le **Guardie Rosse**.

I **menscevichi** intanto continuavano a perdere terreno. Tra il 24 e il 25 ottobre 1917 **l'insurrezione bolscevica** ebbe inizio: venne assaltato ed occupato il **Palazzo d'Inverno**, sede del governo e venne formato il Consiglio dei commissari del popolo. Presieduto da Lenin, il nuovo governo ebbe **Trotskij** come ministro degli Esteri e **Stalin** come ministro per le Questioni nazionali. In soli dieci giorni il **colpo di stato** venne attuato e i bolscevichi, con la **rivoluzione di ottobre**, presero il controllo della Russia. Le Tesi di aprile vennero attuate, ponendo così le basi per un regime politico dittatoriale a partito unico.

b. La rivoluzione di ottobre e il trattato di Brest-Litovsk

Con la salita al potere dei bolscevichi grazie alla **Rivoluzione d'ottobre**, il nuovo governo fu in grado di varare un programma politico che si rifaceva alle vecchie **tesi di aprile di Lenin**.

Il punto più urgente da mettere in atto riguardava la **fuoriuscita dal disastroso conflitto mondiale**. Il governo bolscevico firmava, **nel marzo 1918**, la **pace separata di Brest-Litovsk con la Germania**, i cui termini si rivelarono rovinosi per la Russia, uscita sconfitta dal primo conflitto mondiale: Polonia, Finlandia, Estonia e Lituania ottenevano infatti l'indipendenza nominale sotto il controllo della Germania. La nuova Repubblica russa perdeva il 34% della popolazione, il 32% delle terre agricole, il 54% delle strutture industriali e l'89% delle miniere di carbone. Sebbene la situazione risultasse difficile, i confini ridefiniti e la capitale spostata a Mosca, sembrava aprirsi uno spiraglio di pace. Tale parvenza ebbe breve durata: si formarono infatti delle armate controrivoluzionarie chiamate "**Armate bianche**", intenzionate a restaurare il potere dello zar: fu l'inizio della **guerra civile**.

Nel 1918 i bolscevichi si ritrovarono accerchiati da combattenti sostenuti dagli stati europei quali Inghilterra, Francia, la stessa Germania e l'Impero austro-ungarico, tutti accomunati dal timore di una **diffusione delle ideologie della rivoluzione socialista**. La reazione comunista fu affidata allo zelo di Trotskij, che in pochissimo tempo organizzò l'**Armata Rossa**, l'esercito rivoluzionario, che arrivò a contare 5.000.000 di unità. La disciplina nell'esercito fu durissima, e ogni tipo di democrazia al suo interno abolita; tale sforzo però venne ampiamente ripagato, con una quasi totale sconfitta delle Armate bianche a distanza di un anno dallo scoppio della guerra.

Sempre nel 1921 l'Annata Rossa inglobò nuovamente la Crimea, il Caucaso e diverse altre aree al confine con Persia e Afghanistan. I comunisti riuscirono così a riconquistare quasi tutto il territorio del vecchio Impero zarista: oltre alla Polonia, ne restarono fuori solo la Finlandia, l'Estonia, la Lituania e la Lettonia, che diventarono Stati indipendenti.

c. La politica economica di Lenin: il comunismo di guerra e la nuova politica economica (NEP)

Nel 1917, all'indomani della **Rivoluzione d'ottobre** (durante la quale i bolscevichi presero il potere a partire dall'assalto della sede del governo provvisorio, il Palazzo d'Inverno di San Pietroburgo) la Russia versava in difficilissime condizioni economiche. La crisi trovava le sue radici nella cattiva gestione economica portata avanti dallo zar e nella partecipazione alla Prima Guerra Mondiale. Per quanto la Russia si fosse ritirata dal conflitto in seguito alla rivoluzione e alla firma della **pace di Brest-Litovsk il 3 marzo 1918**, la situazione non riuscì a stabilizzarsi. Ebbe infatti inizio una **sanguinosa guerra civile**. Tale conflitto lacerava il Paese e vedeva opporsi i **bolscevichi**, cioè coloro che erano a capo del potere centrale, e le **forze controrivoluzionarie**, guidate in particolare dalle forze monarchiche, le cosiddette **"Armate bianche"**, sostenute dagli stati occidentali, desiderosi di impedire il disimpegno della Russia dalla guerra. La guerra civile insanguinò il Paese per circa due anni e poté dirsi conclusa solo nel 1920. In questi anni così turbolenti e forieri di cambiamenti epocali, la vita quotidiana della popolazione delle città e delle masse contadine fu particolarmente difficile e, più in generale, **l'economia del Paese fu in una situazione estremamente negativa**. Con la rivoluzione e la presa del potere da parte dei bolscevichi la **proprietà privata sulla terra era stata cancellata**, ma questo decreto, così innovativo per un Paese che fino al 1861 prevedeva la servitù della gleba come istituzione sulla quale si basava lo sfruttamento dei contadini, non riuscì a imprimere un impatto positivo all'economia nazionale. In seguito, **le banche furono nazionalizzate**, ma anche questa radicale innovazione non ebbe degli effetti immediati. In tale situazione così complessa a livello politico ed economico, i contadini riuscivano generalmente a produrre esclusivamente ciò di cui avevano bisogno per vivere e ben poco poteva essere destinato agli abitanti delle città che, privi degli approvvigionamenti necessari per sopravvivere, erano ormai ridotti allo stremo. La scarsità dei beni rispetto alle necessità della popolazione si sommava alla difficoltà pratica di gestire gli scambi e di trasportare in città tutto ciò di cui i cittadini russi necessitavano. Nel contesto della guerra civile si tornò al baratto, unico modo per sopperire alla diffusione di una moneta ormai totalmente svalutata.

A partire dall'estate del 1918 venne attuata una profonda riorganizzazione dell'economia. Il governo bolscevico, dall'alto, impose una serie di norme. I principali obiettivi di questa politica economica, nota come **"comunismo di guerra"**, erano indirizzati a:

- **aumentare la produzione** per rispondere in modo più adeguato al fabbisogno della popolazione;
- provvedere all'approvvigionamento delle città attraverso una ristrutturazione del **sistema di distribuzione dei prodotti**.

La politica del comunismo di guerra, per rispondere a questi due principali obiettivi, venne attuata attraverso una serie di azioni:

- **Le requisizioni forzate;** attraverso questa pratica era fatto obbligo ai contadini di raccogliere e ammassare tutte le eccedenze che i contadini più facoltosi avevano accumulato. Per gestire meglio l'ammasso delle derrate agricole, nel volgere di un anno, si affidò alle principali autorità dei villaggi agricoli il compito di requisire i prodotti con l'obbligo di rispettare una determinata quota di prodotti prestabilita.

- **La nazionalizzazione delle industrie;** con questo provvedimento del giugno 1918 lo stato cercò di controllare e organizzare in maniera diretta la produzione industriale. Per incentivare la produzione venne introdotto il cottimo.

- Il **controllo del commercio** fu affidato allo **Stato**.

- La **distribuzione delle risorse** era decisa dall'alto.

- Venne favorita la creazione di **due tipologie nuove di aziende agricole**:
  1) I **Kolchoz**: aziende collettive. La terra e gli strumenti per coltivare gli appezzamenti dei terreni erano di proprietà del Kolchoz stesso. Era previsto il rispetto di una serie di norme interne per organizzare e gestire il lavoro.
  2) I **Sovchoz**: aziende agricole dello Stato.

- **Coscrizione obbligatoria del lavoro:** dal 1920 venne introdotto l'obbligo del lavoro, divenuto così forzato.

Il **comunismo di guerra** rappresentò così la politica economica che venne perseguita in Russia nel contesto della guerra civile e poi fino alla primavera del 1921. Essa non raggiunse gli obiettivi sperati: aumentò l'ostilità dei contadini al regime; il mercato nero si diffuse a macchia d'olio, nonostante fosse duramente perseguito; la produzione industriale e agricola non crebbe per soddisfare il fabbisogno delle campagne e delle città, che si impoverirono ulteriormente. **Disoccupazione e fame** furono i tratti più visibili di questi anni immediatamente successivi alla rivoluzione. Il comunismo di guerra fu però utile per continuare a sostenere l'esercito rivoluzionario nella sua lotta contro le forze dei Bianchi (gli appartenenti delle Armate Bianche). Nel corso del 1921 le strategie economiche messe in atto fino ad allora furono messe profondamente in discussione.

Lenin, nel corso del Decimo Congresso del Partito comunista russo, decise di varare la **Nep**, la **nuova politica economica**. Tale cambio di rotta fece seguito all'evidenza del **fallimento del comunismo di guerra**, progetto politico ed economico che non era riuscito a far uscire la popolazione dallo stato di estrema indigenza. Parimenti, a imprimere la necessità di una svolta radicale in politica economica intervennero una serie di eventi:

- Vi fu una **protesta contadina** contro le politiche del comunismo di guerra **a Tambov**, una città della Russia sud-occidentale.

- Ai primi di **marzo del 1921** scoppiò una **ribellione tra i marinai della base navale di Kronštadt**, nei pressi della città di San Pietroburgo. Proprio i marinai erano stati protagonisti fondamentali del successo della rivoluzione di ottobre del 1917. Nel 1921, però, espressero il loro dissenso al regime. Essi chiedevano maggiori libertà, più diritti e l'interruzione immediata della prassi delle requisizioni, particolarmente invisa ai contadini e alle popolazioni delle campagne. La rivolta fu duramente repressa nel sangue.

- Le campagne della Russia e dell'Ucraina, nel corso della primavera e dell'estate del 1921 furono segnate da una **carestia gravissima**. Milioni furono i contadini che morirono per stenti in questa circostanza.

La povertà, la fame e l'espressione del dissenso portarono alla decisione di invertire la rotta fino allora seguita. **La Nep inaugurò una nuova fase, durata dal 1921 al 1928, nella politica economica russa**. Per migliorare la produzione nelle campagne e permettere un più facile ed efficace afflusso di beni di prima necessità e di consumo nelle città vennero varati alcuni provvedimenti. Tra le misure adottate possono essere annoverate:

- La **fine delle requisizioni forzate**.
- I contadini dovevano consegnare allo stato una quota dei prodotti, ma potevano vendere le eccedenze e **gestire in modo più autonomo le loro aziende**.
- Il **commercio** venne **liberalizzato**.
- **L'industria leggera** volta alla produzione dei beni di consumo venne fortemente sostenuta.
- Lo Stato mantenne il **diretto controllo** e la gestione solo delle maggiori industrie e delle banche.

La Nep ebbe numerose conseguenze. Si ebbe una **ripresa dell'economia**, ma le condizioni di vita della maggior parte della popolazione non migliorano in modo particolarmente evidente. In campagna si affermarono i **kulaki**, i contadini benestanti che detenevano il maggiore controllo sulle proprietà agricole. Con gli investimenti massicci nell'industria pesante a detrimento del mondo agricolo, si profilarono **nuove tensioni tra regime e mondo delle campagne**. Alla Nep, abbandonata nel 1928, seguì l'avvio di una economia strutturata sui **piani quinquennali**.

d. U.R.S.S.: Stalin e i piani quinquennali

Nel 1924 moriva Lenin e, inevitabilmente, si apriva la corsa alla sua successione nel partito bolscevico, ormai partito comunista russo. Nel frattempo, nel **dicembre del 1922** era nata l'**Unione Sovietica** (URSS), primo vero **stato a regime socialista** del mondo.

Tra il 1924 e il 1928 si consumò la corsa alla successione di Lenin e **Stalin** dette prova della sua abilità e del suo cinismo politico, inteso anche come eliminazione fisica degli avversari. La sfida si circoscrisse al confronto fra i due maggiori esponenti: **Trotski** e lo stesso **Stalin**. Il primo sosteneva la teoria della "**rivoluzione permanente**" che vedeva l'Unione sovietica protagonista nel tentativo di esportare la rivoluzione socialista in tanti più stati possibile. A ciò si opponeva la visione di Stalin, che era sostenitore della teoria del "**socialismo in un paese solo**"; secondo il georgiano, l'Unione sovietica doveva, al momento, concentrarsi sulla **riconversione economica dall'agricoltura all'industria**, nel tentativo di ridurre quanto più possibile il divario di produzione industriale rispetto ai maggiori paesi occidentali.

Trotski venne emarginato all'interno del partito e fu **costretto all'esilio nel 1929**.

La leadership di Stalin nel 1928 era una realtà e il dittatore mise in atto, tra il 1928 e il 1933 **politica dei "piani quinquennali"**, proseguiti poi negli anni '30, per trasformare la Russia **da paese agricolo a paese industriale**. I piani quinquennali, che proseguiranno fino al crollo dell'URSS, permisero in questi anni al paese di avere una crescita strepitosa, tanto da farlo velocemente passare da **un'economia** basata sull'agricoltura ad una a **forte impulso industriale**. I successi sovietici vennero apprezzati in tutto il mondo ma poche notizie trapelarono all'estero riguardo ai costi umani di tale impresa: la grande trasformazione che la società subì, causò **milioni di morti** non solo per fame, ma anche per **prigionia o detenzione nei campi di lavoro**. Questi ultimi furono un elemento centrale dell'era stalinista, quando le deportazioni nei **gulag** arrivarono a coinvolgere milioni di individui. Tra il 1934 e il 1938 Stalin scatenò infatti il periodo delle "**grandi purghe**," in cui la macchina del terrore, che era stata messa in funzione con i piani quinquennali e le **persecuzioni dei kulaki** (contadini benestanti), perseguitò qualunque forma di dissenso interno, rivolgendosi in particolare contro gli avversari interni nel partito. Questo meccanismo prese il via con **l'uccisione di Sergej Mironovič Kirov**, che era stato un collaboratore di Stalin, e proseguì con ondate di arresti che colpirono i quadri del partito. Nel 1938 anche **Bucharin** venne condannato a morte, mentre nel 1940 lo stesso **Trockij,** che era fuggito in Messico, **fu ucciso da un sicario inviato da Stalin stesso**. Nel 1937 le "grandi purghe" colpirono i vertici dell'Armata Rossa, che viene decapitata del suo stato maggiore. In questi anni, prima dello scoppio della Seconda guerra mondiale, le vittime delle persecuzioni interne in URSS ammontarono **tra i dieci e gli undici milioni di persone**.

È in questo modo che Stalin costituì un **sistema dittatoriale** vero e proprio, dove il **culto della personalità del leader** diventò centrale. Egli veniva visto come il **capo carismatico**, depositario della autentica dottrina marxista-leninista: per questo motivo, qualunque critica veniva ritenuta un tradimento. Si creò quindi una situazione tale per cui tutti i mali venivano attribuiti agli oppositori, al punto che anche i condannati stessi, in alcuni casi, si mostravano convinti dell'eventuale estraneità di Stalin al crimine per cui erano inputati. Il generale stravolgimento della realtà si rifletté anche in **ambito culturale**: letteratura, cinema, musica e arte acquistarono una chiara **funzione propagandistica**, tesa a idealizzare la realtà sovietica e il ruolo politico di Stalin, mentre ogni rappresentazione artistica libera o non asservita al potere venne etichettata come "reazionaria" o "piccoloborghese" e quindi soffocata o repressa. La **polizia politica** restava l'unico organismo dotato di potere, mentre lo Stato si vedeva svuotato del suo ruolo e scavalcato dal Partito, che a sua volta, ormai sempre più privo di una propria autonomia, veniva completamente sottomesso al dittatore.

L'**Occidente**, nel frattempo, osservava in modo distaccato il processo di stalinizzazione in corso in URSS: le poche informazioni che riuscirono a diffondersi provocarono alcune reazioni indignate, soprattutto per quanto riguardava le purghe e le deportazioni nei campi di lavoro, anche se in realtà non vi era una chiara percezione della gravità della situazione. Gli stati occidentali, inoltre, preferirono soprassedere poiché un'**alleanza** con lo stato sovietico era indispensabile nella lotta **contro le dittature**

di destra (come il fascismo in Italia e il nazismo in Germania). Di fatto la **vittoria nella Seconda guerra mondiale** ed eventi strategici come la **Battaglia di Stalingrado**, che arrestò l'avanzata dei tedeschi verso est nel 1943, non fecero che accrescere la **venerazione popolare per Stalin** e il **culto della personalità** nei suoi confronti.

Nel periodo tra il 1945 e il **1953**, anno della **morte del leader sovietico**, lo stalinismo accentuò i suoi caratteri repressivi e autocratici, mentre l'URSS attraversava il difficile momento della ricostruzione post-bellica e, all'orizzonte, si delineava il clima della **Guerra fredda**.

e. La caduta dei regimi comunisti europei

La crisi del comunismo sovietico aveva prodotto un risultato di eccezionale e irreversibile portata storica: il **crollo dei regimi comunisti** imposti all'Europa dell'est e la conseguente **perdita da parte dell'URSS del dominio sull'Europa dell'est**. Questo incredibile evento viene generalmente ricondotto alla politica del **Segretario del PCUS** (partito comunista dell'Unione sovietica) **Michail Gorbacev** che, a partire dal 1985, cercò di riformare l'economia e la politica dell'Unione Sovietica prima che il sistema collassasse su sé stesso. La portata delle riforme fu tale che ben presto si assistette ad un'apertura **alla democrazia e al libero mercato**, e l'esportazione di questo sistema all'interno dei paesi del **blocco comunista dell'est Europa** portò al movimento di protesta e di emancipazione che travolse tutto il sistema comunista, a partire dal **crollo del muro di Berlino** del novembre del 1989 per finire con la **dissoluzione della stessa Unione sovietica** tra il 1991 e il 1992.

Nel dicembre '81, in **Polonia**, il **generale Jaruzelski**, già segretario del partito operaio polacco, aveva attuato un vero e proprio **colpo di stato militare**, assumendo i pieni poteri e mettendo fuori gioco **Solidarność**, il sindacato polacco dei minatori di Danzica. In seguito, tuttavia, lo stesso Jaruzelski aveva allentato le misure repressive e aveva riallacciato il dialogo con la chiesa e con lo stesso sindacato, dialogo però culminato negli **accordi di Danzica dell'88** coi quali il capo dello Stato si impegnava a una **riforma costituzionale** che avrebbe consentito lo svolgimento, nel giugno '89, delle **prime libere elezioni** in un paese del blocco comunista e la formazione di un governo presieduto dall'economista cattolico **Tadeusz Mazowiecki**. Gli avvenimenti polacchi furono anche una conseguenza diretta del nuovo corso della politica sovietica e rappresentarono **l'inizio di una reazione a catena** che nel giro di pochi mesi, tra l'89 e il '90 avrebbe rovesciato gli equilibri politici e strategici di tutta l'Europa dell'est.

Il primo paese a seguire la Polonia sulla via delle riforme interne fu l'**Ungheria**, ma la decisione più importante e piena di conseguenze tra quelle assunte dai nuovi dirigenti ungheresi fu la rimozione dei controlli polizieschi e delle barriere di filo spinato **al confine con l'Austria**.

A partire dall'estate '89 migliaia di cittadini della **Germania orientale** abbandonarono il loro paese per raggiungere la repubblica federale tedesca attraverso l'Ungheria e l'Austria. La fuga di massa mise in crisi il regime comunista tedesco, costringendo alle dimissioni il vecchio segretario del partito **Erick Honecker**. I nuovi dirigenti, con l'avvallo di **Gorbačëv**, avviarono un processo di riforme interne e quindi liberalizzarono la concessione dei visti di uscita e i permessi di espatrio. **Il 9 novembre 1989 furono aperti i confini tra le due Germanie**, compresi i passaggi attraverso il muro di Berlino. A grandi masse i cittadini tedesco-orientali si recarono all'Ovest in un'atmosfera di festa e riconciliazione che rilanciava il tema dell'unità tedesca. La **caduta del muro** rappresentò un evento epocale e assurse a **simbolo della fine delle divisioni** che avevano spaccato in due l'Europa ed il mondo intero all'indomani del secondo conflitto mondiale.

Gli avvenimenti tedeschi accelerarono ulteriormente il ritmo delle trasformazioni nell'Europa dell'Est. In **Cecoslovacchia** una serie di imponenti manifestazioni popolari determinò la caduta del gruppo dirigente comunista legato alla "normalizzazione" del dopo '68 e l'apertura di un processo di democratizzazione. A dicembre il Parlamento elesse **alla presidenza della Repubblica lo scrittore Vaclav Havel**.

In **Romania** il mutamento di regime ebbe sviluppi drammatici per la resistenza opposta dalla dittatura personale di **Nicolae Ceausescu**. Abbattuta nel dicembre '89 da un'insurrezione popolare dopo un sanguinoso tentativo di repressione, **Ceausescu fu catturato e ucciso insieme alla moglie Elena**.

Alla fine del 1989 anche in **Bulgaria** fu avviato un graduale processo di liberalizzazione. Un anno dopo il vento delle riforme toccò anche l'**Albania**, l'ultima roccaforte dell'ortodossia marxista-leniniana in Europa. In **Ungheria** le prime elezioni libere segnarono l'affermazione di un partito di centrodestra e la sconfitta degli ex-comunisti. In **Polonia** le elezioni presidenziali del '90 videro la divisione del movimento **Solidarność** che comunque portò alla guida dello stato il suo **leader storico Lech Walesa**. In **Bulgaria e Albania** gli eredi dei partiti comunisti mantennero il potere nella fase di transizione ma furono sconfitti nelle successive consultazioni politiche.

Un discorso a parte va fatto per la **Jugoslavia**, dove già a partire dal 1980, dopo la morte di Tito, era in atto una **grave crisi economica e istituzionale**. Qui l'esito delle prime elezioni libere del '90 accentuò le spinte centrifughe già operanti all'interno dello Stato: mentre, infatti, le più sviluppate repubbliche di Slovenia e Croazia davano la vittoria ai partiti autonomisti, **in Serbia prevaleva il neocomunismo nazionalista di Slobodan Milosevic**, deciso a riaffermare il ruolo egemone dei Serbi in una Jugoslavia unita.

Nella **Germania dell'Est** le elezioni del '90 punirono non solo gli ex-comunisti ma anche i socialdemocratici e gli altri gruppi di sinistra. La vittoria andò così ai cristiano-democratici che accelerarono i tempi per la liquidazione di una entità statuale, la Repubblica Democratica Tedesca, ormai privata di ogni legittimità e svuotata di qualsiasi funzione storica. In questa situazione si inserì con grande efficacia l'azione del **governo Koll**, che riuscì a preparare in pochi mesi l'assorbimento della Germania orientale nelle strutture istituzionali ed economiche della Repubblica Federale Tedesca. A maggio i due governi firmarono un **trattato per l'unificazione economica e monetaria; il 3 ottobre 1990**, dopo che il leader sovietico Gorbačëv aveva dato il suo assenso alla riunificazione, entrò in vigore il vero e proprio trattato di unificazione e la Germania tornò ad essere uno stato unitario.

f.   La rivoluzione cinese e la guerra di Corea

La **guerra di Corea** è stato sicuramente **uno dei momenti più caldi durante la Guerra Fredda**: ebbe luogo **dal 1950 al 1953**, tra **Corea del Nord** e **Corea del Sud**, con l'intervento di alcune potenze estere, tra cui gli Stati Uniti, la Cina e l'Unione Sovietica. Quando le ostilità terminarono, le due parti non raggiunsero un accordo di pace e oggi Corea del Nord e Corea del Sud continuano a essere **due Stati separati lungo il 38° parallelo**.

La loro divisione crea ancora oggi molte tensioni a livello internazionale, soprattutto da quando, nel 2006, la Corea del Nord si è dotata di armi nucleari.

Le origini della guerra di Corea risalgono agli ultimi sviluppi della Seconda Guerra Mondiale. La penisola coreana era stata **occupata dal Giappone nel 1910**, ma nel 1945 fu liberata da Unione Sovietica e Stati Uniti. I capi di Stato delle due potenze, Josif Stalin e Harry Truman, si accordarono per mantenere temporaneamente le due zone di occupazione, in attesa di riunificare il Paese. **Il progetto prevedeva che la Corea diventasse neutrale ed equidistante dai due blocchi.** Tuttavia, l'inizio della Guerra Fredda rese impossibile la riunificazione e nel 1948 i due territori della penisola coreana dichiararono la propria sovranità, fondando di fatto due Stati. **Al nord si installò un governo comunista** guidato da **Kim Il-Sung** (nonno dell'attuale dittatore Kim Jong-Un), che aveva la sua capitale a Pyongyang; **al sud si stabilì un governo legato agli Stati Uniti**, con capitale

Seul e guidato dal dittatore **Syngman Rhee**.

USA e URSS ritirarono le loro truppe, ma i rapporti tra i due Stati coreani furono da subito molto tesi. Nel 1949, inoltre, ebbero luogo due eventi che influenzarono profondamente la storia seguente: in Cina si verificò la **rivoluzione comunista guidata da Mao Zedong** e **l'URSS sperimentò la sua prima bomba atomica**, sottraendo agli Stati Uniti **il monopolio** delle armi nucleari. Kim Il-Sung pensò così che fosse il momento giusto per riunificare il Paese sotto il suo dominio. **Il 25 giugno 1950 Kim ordinò al suo esercito di invadere la Corea del Sud.** Non è noto con certezza fino a che punto Mao e Stalin fossero stati coinvolti nella decisione e se l'avessero approvata: sembra che Stalin fosse contrario, perché non voleva provocare gli americani, mentre Mao era deciso a sostenere Kim.

In poco tempo l'esercito di Kim conquistò Seul e quasi tutto il territorio nemico. **Gli Stati Uniti decisero di reagire**, perché temevano che il comunismo si rafforzasse troppo in Estremo Oriente e **sotto l'egida dell'ONU** intervennero nella penisola coreana insieme ad alcuni contingenti di altri Paesi. A guidare la forza alleata era il generale **Douglas MacArthur**, che era stato **uno dei principali artefici della vittoria sul Giappone** nella Seconda Guerra Mondiale, ma era anche un **personaggio poco disponibile a rispettare i limiti del mandato dell'ONU** e gli ordini del suo stesso presidente. Sotto la guida di MacArthur, gli americani e i loro alleati ricacciarono i nordcoreani dalla Corea del Sud, **superarono il 38° parallelo** e occuparono quasi tutta la parte settentrionale del Paese. La sorte di Kim Il-Sung sembrava segnata, ma a salvarlo intervenne Mao. Nell'ottobre del 1950 **l'esercito cinese entrò in Corea** e colse di sorpresa americani e sudcoreani. Molto più limitato, invece, fu l'aiuto prestato a Kim dall'**Unione Sovietica**, che **si limitò a inviare consiglieri militari, armi e alcuni piloti**. Di fronte all'offensiva cinese gli americani furono costretti a ritirarsi e ad abbandonare la stessa Seul, ma riuscirono a reagire e il 14 marzo 1951 riconquistarono la capitale. **La linea del fronte si stabilizzò nei presi del 38° parallelo.**

La situazione era molto tesa e gli sviluppi imprevedibili. **MacArthur** era intenzionato a estendere la guerra al **territorio cinese**, il che avrebbe rischiato di coinvolgere l'URSS. Truman, che non sopportava il protagonismo del generale e non intendeva estendere il conflitto, decise di rimuoverlo dal comando e di sostituirlo con il più moderato generale **Matthew Ridgway**. Dalla primavera del 1951 in poi il conflitto si trasformò in una snervante **guerra di posizione**: non vi furono grandi avanzate come quelle dei primi mesi, ma continui scontri nei pressi del 38° parallelo. La guerra si stava rivelando molto dispendiosa in termini economici e di vite umane, infliggendo sofferenze atroci al popolo coreano. Sin **dal 1951** le due parti **avviarono trattative** per giungere a un armistizio, ma i colloqui furono interrotti più volte e bisognò attendere il **27 luglio 1953** perché un accordo fosse finalmente raggiunto. Nella cittadina di Panmujeon, situata presso il confine, i due contendenti si accordarono per cessare le ostilità e rispettare una **linea di confine che correva nei pressi del 38° parallelo**. La guerra di Corea era finalmente terminata, ma l'armistizio non era un vero e proprio accordo di pace e non prevedeva che si stabilissero normali relazioni diplomatiche tra le due Coree. **Da allora, però, il confine non è stato più modificato.**

g. La Jugoslavia dopo la morte di Tito

Con la **morte di Tito** (1980) iniziò il processo di **smembramento delle Repubbliche** che costituivano la Federazione Jugoslava. La **dissoluzione della Jugoslavia** avvenne attraverso gli strumenti delle elezioni, dei **referendum per l'indipendenza** e, purtroppo, molte guerre. L'Europa, nel riconoscere l'indipendenza di alcuni Stati, svolse un ruolo attivo nella crisi, mentre l'Onu vi inviò le proprie truppe. L'obiettivo dei movimenti di secessione era **creare Stati monoetnici**.

- **Slovenia**. Nel maggio – giugno 1988 avvennero manifestazioni contro l'esercito federale. Nel 1989 fu introdotto nella Costituzione slovena il **diritto di secessione** e, il 23 dicembre 1990 si svolse il **referendum per l'indipendenza**, con il risultato dell'88,2% di voti favorevoli: il **25 giugno 1991 venne così proclamata l'indipendenza**. La Slovenia era già uno stato monoetnico; alla fine di giugno 1991 scoppiò la **guerra tra l'esercito jugoslavo e le truppe slovene**, che si concluse con la ritirata degli jugoslavi nell'ottobre 1991. L'8 luglio 1991 vennero stipulati gli **accordi di Brioni**, con cui si stabilirono tre mesi di moratoria prima dell'effettiva indipendenza della Slovenia e, il **15 gennaio 1992, l'Unione europea riconobbe lo Stato di Slovenia.**

- **Croazia**. Il 30 maggio **1990 si svolsero le prime elezioni** con la partecipazione di più partiti politici; vinse l'Unione democratica croata (HDZ), con un programma nazionalista. La minoranza serba sostenne un movimento per l'autonomia e nel luglio 1990 promosse un **plebiscito per l'autodeterminazione**. Dall'agosto 1990 si verificarono scontri tra Serbi e Croati, così che, il 22 dicembre 1990, il governo croato approvò la nuova Costituzione, avendo come obiettivo la creazione di uno Stato sovrano e indipendente. Alcuni Comuni, con forte presenza serba, proclamarono la secessione dalla Croazia con un referendum tenuto il 2 settembre 1990. Sfociarono in parecchi scontri e a metà del 1991 esplose la **guerra tra Croati e Serbi**, che vennero sostenuti dall'esercito federale. Il 15 maggio 1991 si tenne il referendum per l'**indipendenza** che, con oltre il 94% dei voti favorevoli, venne proclamata il **25 giugno 1991**. Il 15 gennaio 1992 L'Unione europea riconobbe lo Stato della Croazia, che ebbe un autorevole appoggio da parte del Vaticano, data la forte presenza cristiana della popolazione. Il Presidente era Tudjman, che provvide a espellere con la forza la minoranza serba. Nel dicembre del 1991 si costituì la **Repubblica serba della Krajina**, che però non venne riconosciuta dall'Europa. Le milizie serbe occuparono i territori della Slavonia, della Banjia, del Kordun, della Lika e della Dalmazia settentrionale, svolgendo **operazioni di pulizia etnica contro i Croati**. Vi furono scontri violenti e i Serbi occuparono e distrussero la città di Vukovar (19.11.1991). Infine, si stabilì un accordo nel gennaio 1992 e giunse la **prima forza di interposizione dell'Onu** nelle zone a più alta presenza serba. Il 4 giugno 1995 i Croati sferrarono un attacco contro la Krajina, sconfiggendo i Serbi. Circa mezzo milione di cittadini serbi si rifugiarono in Serbia.

- **Bosnia Erzegovina**. A novembre **1990 si svolsero le prime elezioni** e, il 29 febbraio 1992 si votò il **referendum per l'indipendenza**, a cui non partecipò per protesta la popolazione serba. Il risultato fu favorevole alla **secessione**, che aprì una lunga fase di **scontri a Sarajevo**. La popolazione della Bosnia era multietnica, il che incentivò l'efferata ferocia dei conflitti. Il Presidente della Repubblica di Bosnia, Izetbegovich, ottenne il riconoscimento dell'Unione europea e dell'Onu; si costituì anche una **Repubblica serba di Bosnia**, con Presidente Karadzic e capo dell'esercito Mladic, incriminato con Milosevic dal Tribunale Penale Internazionale. Inoltre, si formò anche una Repubblica croata dell'Herzeg-Bosnia, con presidente Boban, non riconosciuta internazionalmente, ma che, grazie all'appoggio degli Usa, si fuse con la Repubblica di Bosnia nella **Federazione croato-bosniaca**. Nel gennaio del **1993** i Serbi bosniaci iniziarono il lungo **assedio di Sarajevo**, con continui bombardamenti. L'assedio si concluse con un accordo tra Serbi e musulmani di Bosnia, voluto dall'Onu, che si concretizzò nella tregua dell'ottobre 1995. Il 21 novembre **1995 si firmò l'accordo di Dayton** (Ohio) tra i Presidenti della Bosnia, Croazia, Serbia e il 14 dicembre 1995 a Parigi il trattato di pace. Nonostante il contenuto degli accordi, la Bosnia non aveva ancora un'unità multietnica e rimase divisa in territori serbi, croati e bosniaci, e rimaneva insoluto il problema dei profughi residenti in territori di diversa etnia.

- **Macedonia**. A novembre del **1990 vennero indette delle elezioni** a cui si presentarono più partiti e un anno dopo si svolse il **referendum per l'indipendenza**. Il governo greco si oppose tuttavia al riconoscimento internazionale del nuovo Stato e l'Onu inviò i caschi blu per controllare la situazione. Nel marzo del 1993 la Macedonia venne ammessa all'Onu. Il governo macedone era composto da una coalizione tra il partito nazionalista macedone, che aveva ottenuto la maggioranza, e quello più estremista dei due partiti nazionalisti albanesi. Gli albanesi ebbero il riconoscimento della lingua e delle tradizioni.

- **Serbia e Montenegro**. I due Stati componevano, con il Kosovo, la **Federazione jugoslava**, con Presidente **Milosevic**. La composizione della popolazione era multietnica; il Montenegro, a maggioranza serba, prima della guerra ospitava il 15% di albanesi provenienti dal Kosovo, e con il conflitto fu investito ida una presenza consistente di profughi. Non partecipò tuttavia alla guerra in Kosovo.

h. La riunificazione della Germania dopo il 1989

La **riunificazione tedesca** è stato il processo di riconquista dell'unità nazionale da parte della Germania, che al termine della Seconda guerra mondiale, conclusasi con la sconfitta del Terzo Reich, era stata divisa in due Stati dalle potenze alleate. Si parla di "**riunificazione**" in relazione al più antico processo di "unificazione tedesca" che portò alla costituzione dello Stato tedesco nel 1871.

La riunificazione tedesca avvenne il **3 ottobre 1990**, quando i territori della **Repubblica Democratica Tedesca** (RDT, comunemente chiamata "Germania Est" o DDR, in tedesco) vennero incorporati nell'allora **Repubblica Federale Tedesca** (o RFT, o "Germania Ovest"), per poi costituirsi in cinque nuovi Länder ("stati federati"): Meclemburgo-Pomerania Anteriore, Brandeburgo, Sassonia, Sassonia-Anhalt e Turingia. Lo stato riunificato mantenne il nome che era della Germania Ovest ed è ancora oggi la Repubblica Federale Tedesca.

Passaggi fondamentali in vista della riunificazione furono la **caduta del muro di Berlino (9 novembre 1989)** e l'entrata in vigore, il 1° luglio 1990, del **Trattato sull'unione monetaria, economica e sociale** tra i due Stati, che prevedeva un tasso di conversione tra marco dell'est e marco dell'ovest di 1 a 1 per le partite correnti e di 2 marchi dell'est per un 1 marco dell'ovest per patrimoni e debiti. Dopo le **prime elezioni libere nella Germania Est**, tenutesi il 18 marzo **1990**, che furono vinte dalla coalizione di centro-destra favorevole alla riunificazione con l'ovest, i negoziati tra i due Stati culminarono in un **Trattato di Unificazione**, mentre i negoziati tra le due Germanie e le quattro potenze occupanti (Francia, Regno Unito, Stati Uniti d'America e Unione Sovietica) produssero il cosiddetto **Trattato due più quattro**, che garantiva la piena indipendenza a uno stato tedesco riunificato.

Legalmente **non si trattò di una riunificazione tra i due stati tedeschi**, ma dell'annessione da parte della Germania Ovest dei cinque Länder della Germania Est e di Berlino Est: tale scelta velocizzò la riunificazione tra i due stati (evitando così la creazione di una nuova costituzione e la sottoscrizione di nuovi trattati internazionali).

La Germania riunificata rimase un Paese membro delle Comunità europee (e poi dell'Unione europea) e della NATO. **La stessa riunificazione tedesca appare come un passaggio imprescindibile per la successiva integrazione europea** (a partire dal Trattato di Maastricht firmato il 7 febbraio 1992 ed entrato in vigore il 1° novembre 1993) e per **l'adozione dell'euro** come valuta comune a numerosi Paesi del continente.

i. Dall'U.R.S.S. alla C.S.I.: Gorbaciov e il processo di rinnovamento del sistema comunista

Quando, nella primavera del 1985, **Michail Sergeevič Gorbačëv** venne nominato **segretario generale del Partito Comunista dell'Unione Sovietica**, era molto difficile prevedere che l'URSS, la potenza a capo di uno dei due schieramenti del mondo bipolare, sarebbe scomparsa nel giro di breve tempo. In Occidente l'immagine dominante era quella di un regime solido, di una **società civile indottrinata e sottomessa**, di un partito comunista e di una **burocrazia onnipotenti e onnipresenti**. Il regime sovietico appariva, insomma, **immutabile** e l'ordine mondiale bipolare irreversibile.

Il **programma di Gorbačëv** fu volto a **riformare dall'interno** il sistema nato dalla Rivoluzione d'ottobre, eliminandone le degenerazioni, gli errori, le rigidità e il conservatorismo, al fine di ridimensionare il ruolo del partito e dello Stato nell'economia e nella società coniugando **socialismo e democrazia** sul versante politico, **pianificazione e mercato** su quello economico. Le due parole d'ordine di questa rivoluzione furono ***Perestroijka*** (ricostruzione) e ***Glasnost*** (trasparenza).

Il processo di rinnovamento incontrò non pochi ostacoli, non essendo lineare né privo di ambiguità. I cambiamenti introdotti aprirono spazi di libertà, d'informazione e di opposizione (nel 1989 vennero autorizzati gli scioperi), ma favorirono anche l'esplodere di **conflitti etnici** e di **tensioni nazionalistiche** mai spente in diverse repubbliche sovietiche (Georgia, repubbliche baltiche, Ucraina); permisero una crescente libertà ai produttori e una crescente autonomia ai dirigenti nei diversi settori, ma non riuscirono a rivitalizzare l'economia.

Sul piano istituzionale, una **riforma costituzionale** (1988) stabiliva che **il presidente dell'URSS venisse eletto dal Congresso dei deputati del popolo**; attribuiva inoltre ampi poteri al presidente, pur facendo spettare al Congresso il compito di deliberare sulle riforme costituzionali, economiche e politiche. Stabiliva, inoltre, **l'elezione a suffragio universale dei presidenti delle repubbliche dell'Unione** e dei sindaci delle maggiori città. La riforma ridimensionava così il ruolo del partito, ma si accompagnava a crescente confusione e disorganizzazione.

In **politica estera** il nuovo corso gorbacioviano aprì una **nuova fase nelle relazioni con gli USA** caratterizzata dall'abbandono della perdente ed economicamente insostenibile competizione militare, dalla **ripresa del dialogo**, dal **disarmo**. Nei confronti dei **paesi satelliti dell'Europa orientale**, la politica estera si tradusse in una diminuzione della pressione politica e militare sovietica, in un crescente disimpegno che apriva alla **possibilità di una messa in discussione** dei vecchi regimi.

I cambiamenti interni politici, istituzionali ed economici e la politica di distensione con l'Occidente non riuscirono tuttavia a ottenere i risultati sperati e a trasformare il paese in un'economia funzionante e in una democrazia. Le **difficoltà economiche aumentavano**, le merci e i beni di consumo scarseggiavano, crescevano i prezzi, la corruzione e il disagio sociale. Nel frattempo, si faceva sempre più aspro lo scontro politico fra comunisti conservatori, riformatori e radicali. Gorbaciov tentò di governare la crescente ingovernabilità con compromessi e alleanze contraddittorie, che sempre più spesso scontentavano tutte le parti in gioco, finendo per rafforzare i vari **nazionalismi**, per lo più cavalcati dagli stessi dirigenti comunisti locali. La **decentralizzazione del potere attuata da Gorbačëv** aveva creato, infatti, altri centri di potere nelle diverse repubbliche, fino ad allora strettamente sottoposte al potere centrale dello Stato-partito.

Il processo riformatore di Gorbačëv ebbe come principale conseguenza la **destabilizzazione di tutta l'area comunista dell'Europa dell'est** e, successivamente, la **dissoluzione della stessa Unione sovietica fra il 1991 e il 1992**. Nell'agosto del 1991 lo stesso Segretario fu oggetto di un tentativo di golpe (***putsch di agosto***) da parte di vecchi dirigenti sovietici refrattari al cambiamento in atto. L'abile azione di **Boris Eltsin** (Presidente della nazionalità russa all'interno dell'URSS e **primo Presidente della Russia postcomunista**) riuscì a sventare il golpe, liberare Gorbačëv e accompagnare l'Unione sovietica alla **transizione democratica** e alla creazione, nel dicembre del **1991**, della **Comunità degli stati indipendenti** (CSI), una confederazione composta attualmente da nove delle quindici ex repubbliche sovietiche, un organismo che lega Mosca agli stati che un tempo facevano parte dell'Unione sovietica.

j. Il postcomunismo nei paesi dell'est europeo

In **Russia** il passaggio a un'economia di mercato avvenne in forma traumatica e con alti costi sociali; nei primi anni del 2000, con la **presidenza di Putin**, gli indicatori socioeconomici sono migliorati ed è stato rivalutato il periodo sovietico, i cui traguardi e le cui glorie militari sono state inglobate nel complesso della storia nazionale. Il Partito comunista, sciolto d'autorità nel 1991 e ricostituito due anni dopo, ottenne inizialmente risultati elettorali lusinghieri.

In **Europa orientale**, dopo la caduta a catena dei regimi comunisti nel 1989, **i diversi paesi si diedero Costituzioni democratiche** e introdussero i principi del **libero mercato**. Ciò rappresentò la base di un processo di allargamento della **NATO** (inclusione **tra 1999 e 2004** di Bulgaria, Estonia, Lettonia, Lituania, Polonia, Repubblica Ceca, Romania, Slovacchia, Slovenia, Ungheria) e della **UE** (inclusione degli stessi Stati **tra 2004 e 2007**). Sulle ceneri dei partiti comunisti sorsero **nuove formazioni socialdemocratiche**, che ottennero un seguito di massa e riuscirono nei diversi paesi a svolgere un ruolo di governo. I consensi elettorali raccolti dai postcomunisti furono legati in buona misura alle sofferenze sociali generate dal passaggio all'economia di mercato. **Il cammino postcomunista fu pacifico in tutta l'Europa orientale, con una eccezione di rilievo: i Balcani,** dove la **dissoluzione della Jugoslavia** determinò una lunga serie di guerre e scontri etnici.

Nelle repubbliche ex sovietiche dell'Asia centrale non fu possibile realizzare le riforme liberaldemocratiche compiute in altri paesi: si affermarono governi autoritari e i vecchi partiti comunisti si limitarono a cambiare il nome mantenendo il monopolio del potere.

Un caso particolare di **postcomunismo** è rappresentato da quei partiti comunisti che operavano nei paesi capitalisti e che alla fine della guerra fredda scelsero l'approdo del socialismo democratico per non condannarsi a una presenza residuale nel panorama politico: tra essi vi fu il **Partito comunista italiano**, che mutò il nome in **Partito democratico della sinistra** (1991) dopo un lungo cammino di revisione ideologica e programmatica.

k. La Polonia di Lech Walesa e Karol Wojtyla

Lech Walesa nacque a Popowo nel 1943, quando quella parte di Polonia era ancora occupata dalle truppe naziste durante la Seconda guerra mondiale. Suo padre era un carpentiere che fu internato dai nazisti in un campo di lavoro forzato e morì pochi mesi dopo la fine della guerra. Walesa crebbe in un ambiente cattolico, anticomunista e tutto sommato conservatore, ed entrambi questi elementi – soprattutto il cattolicesimo – contribuirono a influenzare la sua vita adulta. Dopo il servizio militare obbligatorio cominciò a lavorare come elettricista nei **cantieri navali Lenin a Danzica** (Gdańsk in polacco), un gigantesco stabilimento di epoca sovietica dove si costruivano navi civili e soprattutto da guerra.

In quegli anni la Polonia era una **dittatura comunista**. Era formalmente un **paese indipendente**, nel senso che non faceva parte dell'Unione Sovietica, ma era un **membro del patto di Varsavia**, cioè quell'insieme di stati che dipendevano militarmente ed economicamente dall'Unione Sovietica e si opponevano al blocco occidentale durante la Guerra Fredda. Di fatto la Polonia era un "**paese satellite**" dell'**Unione Sovietica**. Era dominata dal Partito Comunista (il cui nome formale era **Partito Operaio Unificato Polacco**) che dipendeva dal Partito Comunista sovietico ed era il detentore unico del potere politico. Il regime tollerava l'esistenza di altri partiti minori, che però non avevano alcun potere reale e servivano soprattutto a legittimare il Partito Comunista e a mantenere **un'illusione di democrazia** nel paese (a cui nessuno credeva). Le libertà civili erano represse, così come i diritti dei lavoratori: poteva esistere un solo sindacato, che dipendeva dal Partito Comunista, e la creazione di sindacati indipendenti era vietata.

Walesa cominciò quasi immediatamente a interessarsi all'attività sindacale clandestina. In quel periodo **le condizioni dei lavoratori nei grandi stabilimenti industriali** di stato come i cantieri Lenin **erano terribili**, e più in generale **la popolazione viveva in condizioni di notevole indigenza**: dopo un buon momento di ricostruzione nei due decenni successivi alla guerra, a partire dalla fine degli anni Sessanta l'economia centralizzata polacca fu di fatto stagnante e dipendente dagli aiuti dell'Unione Sovietica e dai prestiti dell'Occidente.

Nel 1970 il governo polacco impose un **forte aumento del prezzo** dei generi alimentari, e soprattutto nel nord della Polonia, lungo il mar Baltico, ci furono grosse sollevazioni e proteste. **La città di Gdańsk**, dove si trovavano i cantieri Lenin, **fu uno dei centri della rivolta**: gli operai dei cantieri entrarono in sciopero sostenuti dagli abitanti della città, e ci furono duri scontri con la polizia. **Il regime polacco rispose con la violenza**: durante le proteste del 1970 in Polonia furono uccise 44 persone, e più di 1.000 rimasero ferite, anche se al tempo si parlò di stime ben più alte. Walesa, che aveva 27 anni, non fu tra le figure di maggior rilievo della protesta, ma **cominciò a farsi conoscere negli ambienti dei sindacati dissidenti e della lotta contro il regime comunista**. Fu anche tra le centinaia di persone che furono arrestate per la loro attività di dissidenza, per un breve periodo.

Dopo le proteste del 1970 **Edward Gierek** divenne **segretario del Partito Comunista** (quindi di fatto leader del paese) e cercò di **applicare riforme che migliorassero la vita** della popolazione civile. Fece aumentare i salari del 40 per cento e adottò un'ampia politica per calmierare i prezzi dei generi alimentari. Per sostenere tutti questi sussidi, però, chiese in prestito enormi quantità di denaro dall'estero, che alla lunga provocarono distorsioni: all'inizio degli anni Ottanta lo stato pagava agli agricoltori 10 zloty (la moneta polacca) per un litro di latte, e poi lo rivendeva nei negozi a 4 zloty.

Nel 1976 Walesa fu licenziato dai cantieri Lenin per attività sindacale clandestina e si mantenne facendo lavoretti, mentre continuava a organizzare sindacati e altre associazioni parallele a quelle statali. In quel periodo, a Cracovia, cominciò a emergere anche la figura del cardinale cattolico della città, **Karol Wojtyla**, un convinto **anticomunista** che per anni usò la propria influenza per **criticare il regime** e sostenere la causa dei diritti umani (la Polonia era già un paese profondamente cattolico e la Chiesa era tollerata, sebbene a malapena, dallo Stato). Nel **1978 Wojtyla fu eletto papa**, e questo provocò al tempo stesso un enorme senso di orgoglio nella popolazione polacca (Wojtyla fu il primo papa polacco di sempre e il primo non italiano in 455 anni) e diede nuove energie al **movimento anticomunista**, che trovò un alleato enormemente influente, sia tra la popolazione locale sia all'estero.

Nel 1979 Wojtyla fece la sua prima visita in Polonia come **papa Giovanni Paolo II**. Non poté criticare esplicitamente il governo polacco, ma il significato e l'importanza della sua visita furono chiari a tutti. Quegli eventi prepararono il terreno alle sollevazioni degli anni successivi.

Nel 1980 il governo, a causa delle condizioni disastrose dell'economia, eliminò alcuni sussidi ed emise un decreto che provocò un **forte aumento del prezzo della carne**. I lavoratori in tutto il paese cominciarono a protestare duramente, e questa volta (al contrario di quello che era successo nel 1970, quando le proteste erano concentrate nelle strade) **occuparono le fabbriche**. I cantieri Lenin furono il centro della protesta, con migliaia di lavoratori che presero parte all'occupazione. **Walesa divenne rapidamente il leader dei manifestanti**. Per entrare nei cantieri e unirsi allo sciopero scavalcò le palizzate di metallo che circondavano l'area industriale e fu accolto trionfalmente dai lavoratori.

Nel giro di pochi giorni il governo polacco fu costretto a cedere alle richieste dei lavoratori, che a quel punto fecero anche alcune rivendicazioni politiche: chiesero e ottennero il **diritto di poter scioperare liberamente** e soprattutto quello di **potersi organizzare in sindacati indipendenti**. Milioni di lavoratori polacchi cominciarono a unirsi ai **nuovi sindacati**, che erano visti come uno strumento non soltanto per difendere i diritti dei lavoratori, ma anche per contrastare il monopolio del Partito Comunista sul potere politico. **Walesa**, che nel frattempo era diventato leader di un grosso comitato sindacale, fondò assieme a un gruppo di collaboratori il sindacato

Solidarnosc, che significa *Solidarietà*. In breve tempo, 10 milioni di polacchi (su una popolazione di meno di 40 milioni) si iscrissero ai nuovi sindacati, e Solidarnosc divenne di gran lunga il più popolare. Al contrario gli iscritti al Partito Comunista crollarono a meno di 2,5 milioni. Questo successo dei lavoratori fu però di breve durata. Nel **1981** il Partito Comunista, con la benedizione dell'Unione Sovietica, nominò a capo del partito il generale **Wojciech Jaruzelski**, che **usò le forze armate per riprendere il controllo del paese**. Approfittando di una provocazione di alcuni elementi più radicali di Solidarnosc, Jaruzelski impose la **legge marziale**, fece chiudere tutti i nuovi sindacati che erano nati nell'anno precedente e ne mise in prigione tutti i principali leader, compreso Walesa. Ma il leader di Solidarnosc era ormai famoso in tutto il mondo, anche grazie al sostegno offerto da papa Giovanni Paolo II. Walesa fu rilasciato nel 1982 ma continuò a essere sorvegliato e periodicamente arrestato o perquisito dalla polizia. Nonostante questo, rimase il leader di Solidarnosc, anche se in clandestinità. Nel 1983 ottenne il **Premio Nobel per la Pace** ma mandò sua moglie a ritirarlo: temeva che, se fosse uscito dalla Polonia, il regime non l'avrebbe più fatto rientrare.

Nel corso degli anni Ottanta **le condizioni economiche della Polonia divennero sempre più disperate**, e il regime di Jaruzelski sempre più impopolare. **Nel 1988 una nuova ondata di grandi proteste** costrinse il regime polacco ad avviare negoziati con Solidarnosc e le altre organizzazioni civili, che in questo modo ottennero che fosse ripristinato il loro riconoscimento legale. Solidarnosc ottenne anche che si tenessero in Polonia le **prime elezioni libere**, anche se soltanto il 35 per cento dei seggi in parlamento era deciso tramite il voto. Le elezioni si tennero l'anno successivo e Solidarnosc, che nel frattempo si era trasformato in un movimento politico, vinse tutti i seggi che erano soggetti al voto libero. Questa vittoria eccezionale convinse il Partito Comunista che non c'era più modo di mantenere il potere senza ricorrere alla violenza: e ormai **l'Unione Sovietica**, guidata da **Mikhail Gorbaciov**, non era più quella di qualche decennio prima, pronta a mandare i carri armati nei "paesi satelliti" che si ribellavano.

Tadeusz Mazowiecki, uno dei leader di Solidarnosc assieme a Walesa, divenne il **primo ministro non comunista dal 1946**. L'anno successivo si tennero le prime vere elezioni libere e **Walesa fu eletto Presidente** con una maggioranza schiacciante. Il regime comunista in Polonia era caduto, praticamente senza violenza. Dopo la fine del regime, per giudizio praticamente unanime, l'eccezionale talento di Walesa come leader sindacale e dissidente antiregime non si tradusse efficacemente nel suo nuovo ruolo di presidente. Parte dei problemi arrivarono dal contesto economico: come altri paesi dell'Europa dell'est dopo il crollo dell'Unione Sovietica, anche la Polonia si sottopose a quella che fu definita "**terapia d'urto**", cioè **un passaggio praticamente improvviso da un'economia pianificata comunista a un'economia di mercato**, con privatizzazioni, liberalizzazioni e così via.

Dal punto di vista macroeconomico (cioè dell'andamento dei grossi dati dell'economia, come il PIL) la "terapia d'urto" in Polonia fu un successo notevole: dopo un paio d'anni di crollo, **l'economia polacca cominciò a crescere** a ritmi sostenuti, e nel 1995 il PIL cresceva già di quasi il 7 per cento. Ma la popolazione, soprattutto nei primi anni, soffrì moltissimo per questo cambiamento improvviso di modello economico: aumentarono la disoccupazione e le diseguaglianze. **Walesa, inoltre, si dimostrò un politico poco carismatico**: i suoi discorsi estremamente semplici e a volte sgrammaticati andavano bene per le manifestazioni sindacali, ma non per la presidenza di un paese con una democrazia elettiva. Fu anche **estremamente conservatore** su questioni che erano importanti per la popolazione polacca: per esempio, da cattolico molto credente, divenne noto per il suo rifiuto categorico di liberalizzare in qualunque maniera l'aborto e concedere altri diritti civili.

Nel 1995 Walesa si ripresentò per un secondo mandato, ma perse di poco contro Aleksander Kwaśniewski, il cui partito era l'erede politico del Partito Comunista. Da quel momento la sua popolarità crollò notevolmente. Si ripresentò ancora una volta alle elezioni del 2000 ma ottenne appena l'1,1 per cento dei voti. Rimase comunque estremamente celebre anche all'estero, e per un paio di decenni ha continuato a fare conferenze in tutto il mondo.

KAROL WOJTYLA E LECH WALESA

GEORGE H. W. BUSH E MICHAIL GORBAČËV

TESI 12

a. Il secondo conflitto mondiale: le cause dello scoppio della guerra

b. Fronti di guerra e alleanze

c. La seconda fase del conflitto e la vittoria degli Alleati

d. Le conferenze di Yalta e di Potsdam: la "guerra fredda"

e. La crisi del mondo bipolare e nuovi equilibri internazionali

f. Il mondo arabo

g. Le origini della questione palestinese

h. I conflitti arabo-israeliani

i. Il fondamentalismo islamico

j. La guerra santa di Al-Qaeda

k. L'attacco alle Torri Gemelle.

a. Il secondo conflitto mondiale: le cause dello scoppio della guerra

- Causa principale: la **volontà di riscatto e l'atteggiamento aggressivo della Germania**, risultato della umiliazione subita in seguito al trattato di Versailles del 1919;

- la **fragilità dell'equilibrio internazionale** dopo la conferenza di pace di Parigi;

- il **fallimento della Società delle Nazioni** come organismo internazionale, in quanto poco efficiente e concepito ancora in chiave eurocentrica, laddove invece l'Europa aveva perso il suo ruolo guida a favore degli USA che, tra l'altro, non avevano aderito alla SDN, in aperta contraddizione con il co-fondatore, il presidente Wilson;

- la **crisi economica mondiale del '29**. Dopo il tracollo economico, i vari stati nazionali avviarono una politica di chiusura economica e di difesa;

- la **nascita dell' URSS** e la conseguente **paura del comunismo**, che permise a regimi dittatoriali di acquisire consensi e di erigersi a presidi anticomunisti;

- la contrapposizione fra sistemi politico-ideologici diversi: da un lato le **democrazie liberali** e dall'altro, i **sistemi dittatoriali** (totalitari): comunista, fascista, nazista, franchista. Questa contrapposizione rese difficili le possibilità di mediazione e dialogo e conferì ai rapporti fra potenze una forte asprezza ideologica.

- l'idea della **guerra, come possibilità di conferma di sé di una nazione**, di acquisizione di potenza, di attendibilità, di potere economico, era connaturata ai vari fascismi. L'Italia aggredì l'Etiopia (1935); il Giappone la Manciuria (1931); la Germania condusse una politica sempre più tesa a riconquistare territori (tedeschi e non) e ad avere una egemonia totale in Europa. Il Giappone, nel 1937, iniziò l'invasione della Cina, che si concluse con la presa di Pechino.

Nel 1933 **Hitler iniziò la sua programmatica sfida alla Società delle Nazioni**. Per prima cosa fece uscire la Germania dalla SDN, per protesta contro le limitazioni al riarmo tedesco e, violando il Trattato di Locarno del 1925, **rimilitarizzò la Renania**. In base alla teoria dello "spazio vitale" i suoi obiettivi erano l'Europa orientale, i Balcani, e l'Austria.

Mussolini, dopo un momento di iniziale preoccupazione nei confronti delle mire tedesche sui Balcani (il duce partecipò alla conferenza di Stresa nel 1935, in chiave antitedesca) ai quali egli stesso puntava, si orientò verso una politica di totale consenso (se non di asservimento) ad Hitler. Infatti, dopo la **guerra di Etiopia** (1935-'36) fu sottoscritto, nell'ottobre 1936, l'**Asse Roma-Berlino** (Ciano-Von Neurath) che spinse Italia e Germania ad intervenire a favore del **generale Francisco Franco** nella **guerra civile spagnola** (la Spagna di Franco sarebbe poi rimasta neutrale durante la Seconda guerra mondiale, anche se inviò in Russia una piccola armata). Nel

1937 Hitler strinse col Giappone il **patto antisovietico**. Si andava, pertanto, profilando, un asse **Roma-Berlino-Tokyo** (RO-BER-TO in sigla italiana).

Nel marzo del 1938 **la Germania annetté l'Austria** al Reich, senza un minimo di protesta da parte delle potenze occidentali. Nel settembre del 1938 **Hitler mirava alla Cecoslovacchia** (in particolare la regione dei **Sudeti**, in maggioranza tedesca) e all'intera area danubiana, nella quasi indifferenza (o accondiscendenza) delle potenze occidentali. In effetti l'Italia, la Francia e la Gran Bretagna si riunirono con la Germania alla **conferenza di Monaco** (settembre 1938) per dirimere pacificamente la questione dei cechi senza, tra l'altro, un rappresentante della Cecoslovacchia. A Monaco prevalse la **linea di "appeacement" sostenuta dal Primo ministro inglese Chamberlain**, consistente nell'accontentare Hitler con l'acquisizione dei Sudeti in cambio della sua rassicurazione sull'integrità del resto della Cecoslovacchia. Monaco si chiudeva con la speranza di aver accomodato le cose ed evitato la guerra; tale speranza, tuttavia, veniva spazzata via sei mesi più tardi, quando nel **marzo del 1939 l'esercito tedesco entrò a Praga** (occupando anche Boemia e Moravia).

Mussolini lavorò su due fronti: da un lato, per riequilibrare il suo potere all'interno dell'asse **invase l'Albania nell'aprile del 1939**; dall'altro si premurò di rafforzare l'alleanza con la Germania e il 22 maggio fu firmato l'accordo Ciano-Von Ribbentrop, il **Patto d'Acciaio**, che impegnava i due paesi ad appoggiarsi reciprocamente in caso di un conflitto, quale che ne fosse la causa e, cosa importante, Hitler non avrebbe avanzato pretese per l'Alto Adige (Sud Tirolo).

Era la volta della Polonia, su cui Hitler aveva messo gli occhi, rivendicando la città libera di Danzica, città con una forte componente tedesca (un ulteriore schiaffo alla Società delle Nazioni).

Decisivo l'atteggiamento di Stalin. Da principio la diplomazia sovietica chiese appoggio a Francia e Gran Bretagna, in funzione antitedesca. Fallito il tentativo, Stalin stipulò, il 23 agosto **1939**, un patto con la Germania stessa, un **patto decennale non aggressivo** (il **patto Ribbentrop-Molotov**). Questo patto garantì a Stalin mano libera sulla Polonia orientale e a Hitler di poter combattere un conflitto imminente solo sul fronte occidentale, coprendosi le spalle ad oriente.

Ed è così che si giunse al secondo conflitto mondiale. Il **1° settembre 1939 Hitler dette il via all'invasione della Polonia** che, secondo il protocollo segreto del patto coi sovietici, venne **contestualmente attaccata da Stalin ad est**. Il **3 settembre Francia e Gran Bretagna dichiararono guerra alla Germania**.

b. Fronti di guerra e alleanze

La guerra lampo e la battaglia d'Inghilterra (settembre 1939 - settembre 1940)

Nella prima fase della guerra e **fino all'estate del 1942**, Hitler sembrò avere la vittoria in pugno grazie ai trionfi conseguiti con la **"guerra lampo"**, la strategia bellica messa a punto dallo Stato maggiore tedesco. Per evitare gli errori compiuti nella Prima guerra mondiale, dove il ruolo di protagonista era stato affidato alla fanteria, Hitler prevedeva di colpire il nemico utilizzando contemporaneamente **l'aviazione e le forze corazzate** (carri armati, autoblindo, ecc.). Alla fanteria questa volta restava solo il compito di rastrellare i nemici sconfitti e di consolidare l'occupazione del territorio. Al posto della logorante "guerra di trincea" del 1914-18 veniva combattuta una "guerra di movimento", che consentiva in pochi giorni di occupare intere regioni e di catturare centinaia di migliaia di prigionieri.

Con questa strategia, in meno di un mese le truppe tedesche piegarono il valoroso ma antiquato esercito polacco e **occuparono l'intera Polonia occidentale**. La Polonia orientale, in base alla clausola segreta del "**Patto di non aggressione**" russo-tedesco, fu invasa e occupata dalle truppe sovietiche nello stesso mese di settembre. Identico destino subì l'Europa settentrionale: in dicembre **l'Unione Sovietica aggredì la Finlandia**; poco dopo, **nell'aprile 1940**, i **nazisti occuparono Danimarca e Norvegia** per ottenere il controllo del tratto di mare in cui transitavano le materie prime indispensabili alla loro industria bellica.

Mentre Hitler invadeva l'Europa settentrionale, la Francia si era limitata a tenere d'occhio le truppe tedesche schierate sulla **linea Sigfrido** e a completare le **fortificazioni della linea Maginot**, che correvano lungo tutto il confine tra Francia e Germania e che i Francesi ritenevano invalicabili. Il **10 maggio 1940 Hitler violò brutalmente la neutralità del Belgio, dell'Olanda e del Lussemburgo**, che vennero invasi in soli cinque giorni. Con questa manovra, già effettuata nel 1914, le truppe tedesche aggirarono da nord la linea Maginot e travolsero l'esercito francese. Un contingente britannico fu accerchiato intorno a **Dunkerque** e riuscì a riattraversare la Manica solo a prezzo di gravi perdite, usando perfino barche civili da pesca e da turismo.

Il **14 giugno 1940** le truppe tedesche sfilarono trionfalmente **lungo i viali di Parigi** mentre le bande militari suonavano la Quinta Sinfonia di Beethoven. Il 22 dello stesso mese il governo di destra presieduto dall'ottantaquattrenne **maresciallo Pétain** firmò l'armistizio. Mentre il Nord della Francia veniva posto sotto il diretto controllo della Germania, i nazisti consentirono a Pétain di formare nella **cittadina di Vichy** un governo "**collaborazionista**" formato da ministri francesi, ma pronto a "collaborare attivamente" con i tedeschi.

Con la sconfitta della Francia Hitler aveva portato a termine la prima parte del suo progetto: il "Grande Reich" era una realtà, il secolare nemico era umiliato e la sconfitta del 1918 vendicata. Restava da conquistare lo "**spazio vitale**" a est: aggredire l'Unione Sovietica, infrangendo il patto Molotov-Ribbentrop. Per riuscirvi il Führer riteneva necessario trattare la pace con la Gran Bretagna, la sola potenza europea rimasta temibile e ostile, dopo la sconfitta della Francia. Il governo inglese, guidato dal conservatore **Winston Churchill** (che nel maggio del 1940 aveva sostituito Chamberlain considerato troppo debole per reggere il colpo coi tedeschi), **respinse ogni trattativa** e ottenne dal Paese l'impegno unanime di resistere a costo di qualunque sacrificio contro il nemico nazista. Hitler scatenò allora l'operazione chiamata in codice "**Leone marino**", che aveva un obiettivo ambiziosissimo: **l'invasione dell'Inghilterra**.

Per realizzare lo sbarco di intere divisioni tedesche sull'isola, tuttavia, l'aviazione tedesca, la **Luftwaffe**, avrebbe dovuto conquistarsi il dominio dei cieli e annientare l'aviazione inglese, la **Raf (Royal Air Force)**. Si scatenò così tra le due aviazioni la prima grande battaglia aerea della storia: la "**battaglia d'Inghilterra**". Per tutta l'estate del 1940 si susseguirono micidiali bombardamenti sulle città inglesi, mentre in cielo trovavano la morte centinaia di piloti. Ma l'accanita resistenza dei piloti inglesi, che erano dotati di efficaci sistemi d'informazione e facevano largo uso del radar, riuscì a **bloccare la Luftwaffe** e costrinse lo Stato maggiore tedesco ad abbandonare il progetto di invasione. **La guerra lampo era fallita** e il conflitto sarebbe durato molto più del previsto.

L'Italia: dalla "non belligeranza" alla "guerra parallela"

Allo scoppio della guerra nel 1939 **Mussolini** aveva dichiarato la "**non belligeranza**" dell'Italia, ben sapendo che l'esercito era impreparato a un confronto con le più grandi potenze mondiali.

Tuttavia, l'inarrestabile serie di trionfi dell'alleato tedesco lo rendeva sempre più insofferente del ruolo di comparsa in cui gli eventi lo avevano relegato. Nella primavera del 1940, poco prima dell'invasione della Francia, il duce era ormai convinto che i Tedeschi avrebbero vinto su tutti i fronti in pochi mesi; perciò, nonostante l'opposizione del re Vittorio Emanuele III e di alcuni gerarchi fascisti, tra cui il genero e ministro degli Esteri Galeazzo Ciano, **il 10 giugno 1940** Mussolini fece consegnare la **dichiarazione di guerra agli ambasciatori della Francia**, che era ormai sul punto di arrendersi ai Tedeschi, e **della Gran Bretagna**.

Non volendo prendere ordini da Hitler né subire un umiliante confronto con l'apparato bellico nazista, Mussolini trascinò l'Italia in una sorta di "**guerra parallela**", nella quale l'alleato veniva messo al corrente delle mosse soltanto a cose fatte. La **debolezza militare italiana**, tuttavia, si palesò subito, già nell'inutile e odioso attacco contro le forze francesi che, sebbene fossero sull'orlo del collasso, riuscirono a respingere l'avanzata italiana sulle Alpi Marittime e a bombardare pesantemente Torino. Pochi giorni dopo, la Francia si arrese ai Tedeschi.

La breve campagna contro la Francia costò moltissimo. Questo esito dimostrava l'impreparazione e il cattivo equipaggiamento dell'esercito italiano. Mussolini ordinò allora di attaccare i **possedimenti inglesi in Africa**, che in molti casi confinavano con le colonie italiane, ottenendo successi iniziali in Sudan e nella Somalia britannica.

Nel frattempo, una sanguinosa **guerra navale** impegnava la marina italiana nel Mar Mediterraneo, che era presidiato dalla potente flotta inglese con basi a Gibilterra, Malta, Alessandria d'Egitto e in Grecia. Nonostante le molte prove di coraggio dei marinai e dei comandanti, la flotta italiana fu sconfitta ripetutamente per l'assenza di portaerei, l'impreparazione al combattimento notturno e il possesso da parte dei servizi segreti inglesi dei codici cifrati militari tedeschi.

Nel 1940 Mussolini firmò con la Germania e il Giappone il "**Patto tripartito**", detto anche "**Asse Roberto**" (Roma-Berlino-Tokyo), che prevedeva la spartizione del mondo tra le potenze dell'Asse; quindi, si gettò in una nuova avventura militare: **l'attacco alla Grecia**.

Ancora una volta l'operazione, creduta facile, fu preparata male. I Greci, aiutati dagli Inglesi, opposero una forte resistenza che durò dall'ottobre 1940 all'aprile 1941; furono poi i Tedeschi, discesi attraverso la Iugoslavia, a occupare il piccolo Stato, evitando così al nostro esercito un nuovo cocente insuccesso.

Al duce e al fascismo la campagna di Grecia procurò per la prima volta una diffusa **impopolarità tra gli Italiani**; molti, che prima erano incerti, voltarono le spalle al regime.

Anche in Africa la guerra voluta dal fascismo stava ormai volgendo al peggio. Gli Inglesi non solo avevano riconquistato le posizioni perdute, ma stavano occupando le colonie italiane a una a una: la Cirenaica, l'Etiopia, la Somalia e l'Eritrea. Ancora una volta fu la Germania a trarre d'impaccio il suo incapace alleato: nel marzo 1941 giunsero in Nordafrica rinforzi corazzati al comando di Erwin Rommel, uno dei più brillanti strateghi agli ordini del Führer, che riconquistò la Cirenaica.

Il fallimento di tutte le campagne militari in cui si era impegnata l'Italia fino a quel momento costrinse **Mussolini a una condizione di inferiorità rispetto a Hitler** il quale, piegata la Grecia, soggiogata la Francia, tenuta l'Africa sotto controllo, passò alla seconda parte del suo piano: l'aggressione all'Unione Sovietica.

1941: - L'Unione Sovietica e gli Stati Uniti nel conflitto

All'alba del **22 giugno 1941** le divisioni tedesche **invasero l'Unione Sovietica** fiancheggiate da 220.000 Italiani, per lo più alpini, che Mussolini aveva inviato per non essere escluso dall'impresa. Aveva inizio così l'"**Operazione Barbarossa**". Preparata da Hitler in gran segreto, essa costituiva l'obiettivo finale della strategia che aveva delineato nel Mein Kampf: assicurare al Terzo Reich lo "spazio vitale" a est, distruggendo il bolscevismo e riducendo in schiavitù i popoli slavi. L'avanzata tedesca si sviluppò, seguendo i princìpi della "guerra lampo", sullo sterminato fronte che correva per 1.600 chilometri dal Mar Baltico al Mar Nero.

I nazisti lasciavano dietro di sé terra bruciata: distruggendo città e villaggi, massacrando o inviando nei lager la popolazione inerme. In autunno avevano già occupato un'immensa fascia di territorio russo che andava dalla Crimea al Mar Baltico; assediavano Kiev e Leningrado e si trovavano a soli 60 chilometri da Mosca.

Tra caduti e prigionieri, i Russi persero in questa fase alcuni milioni di uomini. Ciò nonostante, dopo la disfatta iniziale, **l'Armata Rossa** oppose intorno alle grandi città una resistenza accanita, sorretta dal comportamento eroico della popolazione civile. Leningrado resistette 900 giorni all'assedio nazista: bombe, fame, freddo causarono la morte di 800.000 abitanti. Nel frattempo, **Stalin**, che si era **alleato con Inghilterra e Stati Uniti**, cominciò a ricevere ingenti aiuti militari. Quando arrivò il **terribile inverno russo**, la "guerra lampo" si era ormai trasformata in una logorante "guerra di posizione".

L'armata tedesca, che solo pochi mesi prima appariva una macchina da guerra inarrestabile, **all'inizio del 1942 era una schiera tormentata dalla fame**, intrappolata nella neve, decimata dalle imboscate dei partigiani, i volontari civili russi che agivano clandestinamente nelle regioni occupate. La stessa tragedia si abbatté sull'armata italiana, ovvero i corpi dello **CSIR** (Corpo di Spedizione Italiano in Russia) e **dell'ARMIR** (Armata Italiana in Russia), inviati in Russia dallo stato maggiore italiano dopo le pressioni ricevute da Berlino.

Mentre l'esercito tedesco combatteva sui fronti russo e africano, le SS erano impegnate a imporre all'Europa occupata il "Nuovo Ordine" di Hitler. Esso si fondava sullo sfruttamento delle risorse e delle popolazioni europee a beneficio della "razza superiore" tedesca. Gli altri popoli, tutti "inferiori", erano condannati a essere assoggettati, con l'eccezione degli Ebrei e degli Slavi, che dovevano essere invece sterminati. Solo all'Italia, agli alleati minori e alla Penisola iberica era concessa l'indipendenza, ma con il rango di **Stati satelliti della Germania nazista**, cuore e cervello dell'intera Europa.

Il Terzo Reich fu l'unico Paese europeo al quale, durante la guerra, non vennero a mancare né materie prime né manodopera, perché le ricavava gratis e in abbondanza dai territori occupati. Tra il maggio 1940 e il settembre 1944, infatti, circa sette milioni e mezzo di civili delle nazioni invase furono costretti a lavorare nelle fabbriche e nelle miniere tedesche. In quegli anni si consumò la tragedia nelle campagne, dei Russi e dei Polacchi, che venivano trasportati in Germania in vagoni merci sigillati nei quali mancavano il cibo, l'acqua, la stessa aria per respirare: li aspettavano lavoro massacrante, stenti e torture. Quando questi operai-schiavi non erano più in grado di lavorare, venivano uccisi e sostituiti con nuova manodopera. Nemmeno i bambini furono risparmiati. La stessa sorte, in violazione di tutte le convenzioni internazionali, subirono i prigionieri di guerra, a eccezione degli Inglesi. L'occupazione dell'Europa orientale, dove viveva la grande maggioranza degli Ebrei europei, fornì infine a Hitler l'occasione di realizzare quella che aveva chiamato la **soluzione finale** del "**problema ebraico**".

Sotto la direzione dei gerarchi Goering, Himmler e Heydrich fu meticolosamente attuato il **genocidio degli Ebrei**, cioè lo sterminio sistematico di un intero popolo (in ebraico shoah: catastrofe, distruzione). Ne furono eliminati nelle camere a gas sei milioni di tutte le nazionalità e i loro corpi furono bruciati nei forni crematori di Auschwitz, Buchenwald, Dachau, Mauthausen e di molti altri campi di sterminio, disseminati prevalentemente in Germania e in Polonia.

Quando in Francia, in Olanda e in altri Paesi occupati iniziò a organizzarsi la **resistenza al nazismo**, il regime del terrore fu esteso anche all'Occidente europeo: per ogni tedesco ucciso venivano di norma fucilati dieci ostaggi rastrellati a caso tra l'inerme popolazione civile.

Nella loro opera di repressione, i nazisti erano aiutati dalle denunce dei **collaborazionisti**.

Alla fine del 1941, proprio mentre l'avanzata tedesca si arrestava davanti alle grandi città russe, **la guerra si allargò all'Oceano Pacifico**. Gli alti comandi **giapponesi**, convinti che ai loro progetti di espansione nel Pacifico si sarebbero opposti con le armi la Gran Bretagna (che vi manteneva importanti possedimenti) e gli Stati Uniti (che controllavano le isole Hawaii e le Filippine), decisero di approfittare della guerra in Europa per **colpire di sorpresa** le due potenze navali nemiche.

Il 7 dicembre 1941, senza aver consegnato la dichiarazione di guerra, i **Giapponesi** lanciarono un massiccio e **improvviso attacco aereo** che inflisse gravi perdite alla flotta americana del Pacifico ancorata a **Pearl Harbor**, nelle Hawaii. Tre giorni dopo il Giappone effettuò un'analoga operazione in Siam, contro la flotta britannica.

Le perdite americane, tuttavia, furono gravi, ma non decisive. Si salvarono le preziose portaerei che, per puro caso, erano uscite dal porto; inoltre, l'industria americana riuscì a rimpiazzare in tempo utile le navi da battaglia perdute. Comunque, quell'attacco a tradimento segnò la svolta del conflitto perché **obbligò gli Stati Uniti a entrare in guerra** con tutto il peso della loro forza industriale e militare per battere le potenze dell'Asse ed estirpare il fascismo dalla scena mondiale. Già **nell'agosto del 1941 Churchill e Roosevelt** si erano incontrati sull'incrociatore Principe di Galles al largo dell'isola canadese di Terranova e avevano sottoscritto **la Carta Atlantica**: una dichiarazione comune di impegno a combattere il nazifascismo fino alla liberazione da esso e a realizzare, a guerra finita, un nuovo ordine mondiale basato su principi che riprendevano i vecchi quattordici punti del Presidente Wilson all'indomani della Grande guerra. Tuttavia, fino alla primavera del 1942 il dominio militare del Pacifico rimase in mano ai Giapponesi, grazie alla loro eccellente organizzazione aeronavale, alla totale devozione dei soldati e all'abilità dell'ammiraglio Yamamoto, comandante in capo della marina. In soli sei mesi il Giappone conquistò il controllo del Sud-Est asiatico, dell'Indonesia, delle Filippine, di gran parte dell'Oceania e giunse a minacciare da vicino l'Australia e l'India.

c. La seconda fase del conflitto e la vittoria degli Alleati
La svolta del 1942-'43

La **seconda metà del 1942** e l'**inizio del 1943** segnarono la **svolta della guerra**. Ebbero fine le vittorie dell'Asse e gli **Alleati riconquistarono terreno su tutti i Fronti**.

- **Africa settentrionale**. **Nell'ottobre del 1942**, a **El Alamein**, in Egitto, i Britannici sconfissero le forze italo-tedesche in una grande battaglia di carri armati, in cui i **paracadutisti italiani della brigata Folgore** si distinsero per coraggio tanto da ricevere l'onore delle armi da parte degli inglesi. Poco dopo, gli Anglo-americani guidati dal generale Eisenhower sbarcarono in Algeria e in Marocco e nel 1943 costrinsero le truppe dell'Asse ad abbandonare l'Africa settentrionale.

- **Fronte russo**. Intorno alla **città di Stalingrado**, **dal luglio 1942 al febbraio 1943**, si svolse una delle battaglie più lunghe e sanguinose della storia, che si concluse con l'accerchiamento e la sconfitta delle forze tedesche. Anche gli Italiani furono travolti sul fiume Don e cominciò la tragica ritirata di Russia, che ebbe fine nella primavera del 1944, quando i Sovietici ricacciarono le armate naziste al di là della frontiera.

- **Fronte del Pacifico**. **Tra il maggio e il giugno del 1942** gli Americani capovolsero le sorti della guerra grazie a tre grandi vittorie sulla flotta giapponese, di cui fu decisiva quella delle **isole Midway**, nel Pacifico centrale. Nel 1943, dopo la riconquista dell'isola di Guadalcanal, gli Stati Uniti iniziarono una lunga e difficile marcia di avvicinamento al territorio giapponese attraverso le innumerevoli isolette del Pacifico. Ci vollero quasi tre anni e centinaia di sbarchi dei Marines, ossia le truppe da sbarco statunitensi, per strappare il controllo di quell'immenso oceano agli irriducibili soldati del Sol Levante.

Le **ragioni** che permisero agli Alleati di volgere a proprio favore una guerra che sembrava perduta furono **essenzialmente tre**:

- **Cooperazione economica**. Si concretizzò nella legge **"Affitti e prestiti"** varata dal presidente Roosevelt al fine di fornire aiuti illimitati a tutti gli Stati stranieri la cui protezione era vitale per la difesa degli Usa.

- **Solidarietà politica**. Nell'agosto 1941 Roosevelt e Churchill stilarono un documento chiamato «**Carta atlantica**» che proclamava la necessità di una guerra antifascista volta a distruggere il «Nuovo Ordine» di Hitler. Il documento fu firmato anche dall'Urss.

- **Strategia militare comune**. **Dal 1941**, cioè dal momento in cui Usa e Urss entrarono in guerra, una **comune strategia militare** guidò gli Alleati per affrontare e sconfiggere le potenze dell'Asse. Il primo obiettivo era la Germania, mentre per battere il Giappone si sarebbe dovuta attendere la costruzione di una flotta adeguata e ciò avrebbe richiesto almeno due anni. La direzione strategica della guerra fu affidata a un Alto comando interalleato, diretto dal **generale Eisenhower**. Inoltre, si mantenne uno stretto collegamento con le organizzazioni della Resistenza europea, che impegnavano con azioni di sabotaggio e di guerriglia ingenti forze tedesche di occupazione, tenendole lontane dal Fronte.

1943: - Lo sbarco in Sicilia

La vittoria in Africa settentrionale spinse gli Anglo-americani a invadere subito l'Italia, per sfruttare il successo conseguito nel Mediterraneo. **Il 10 luglio 1943** ebbe inizio lo **sbarco alleato in Sicilia**: le truppe italiane opposero una debole resistenza e, in poco più di un mese, gli Anglo-americani occuparono l'intera isola, accolti trionfalmente dalla popolazione. Questa prima sconfitta del fascismo sul "Fronte interno" dimostrò che militari e civili erano ormai stanchi della guerra, affrontata senza un'adeguata preparazione e risoltasi in una lunga serie di lutti e di sconfitte. I bombardamenti sulle città avevano mietuto molte vittime e ridotto in macerie fabbriche, case e porti: a Milano, la più colpita, fu distrutto il 60% delle abitazioni. Gli sfollati che cercavano un rifugio nelle campagne erano centinaia di migliaia. I turni di lavoro in fabbrica erano durissimi e l'alimentazione era regolamentata dalle «tessere annonarie», che concedevano appena il necessario per sopravvivere. Solo chi aveva molto denaro poteva rivolgersi al mercato nero, cioè a quei privati che vendevano di nascosto a prezzi astronomici i generi di prima necessità. Anche la fiducia degli Italiani in Mussolini vacillava e molti ormai pensavano che la guerra fosse perduta.

La **ribellione esplose tra gli operai di Torino**, nel marzo 1943, con una serie di scioperi che si estesero a tutti i centri industriali del Nord; ma l'opposizione al fascismo dilagava anche tra i ceti medi e nelle campagne. Per salvare l'Italia dalla catastrofe, i grandi industriali, i generali e i gerarchi fascisti moderati decisero di sbarazzarsi di Mussolini con un colpo di Stato, per poi rompere l'alleanza con la Germania. **Il 25 luglio**, d'accordo con il re che fino all'ultimo restò dubbioso, il Gran consiglio del fascismo votò una **mozione di sfiducia nei confronti del duce** e invitò Vittorio Emanuele III a riprendere il comando delle forze armate. Il re affidò il governo al **maresciallo Badoglio**, fece **arrestare Mussolini** e lo esiliò sul Gran Sasso, determinando la caduta del fascismo.

La notizia suscitò nel Paese un entusiasmo generale, ma provocò anche disordini che Badoglio represse duramente: nei cinque giorni successivi al crollo del regime ci furono morti, feriti e migliaia di arresti. Al tempo stesso, tuttavia, Badoglio ripristinò alcune libertà, fece liberare i detenuti politici e **sciolse il Partito fascista**.

La guerra di liberazione italiana e il fenomeno della Resistenza

Il Paese era convinto che insieme al fascismo fosse finita anche la guerra, ma purtroppo non fu così. Il 25 luglio 1943 il maresciallo Badoglio aveva precisato alla nazione che, pur essendo caduto il fascismo, **l'Italia continuava la guerra al fianco della Germania** per rispettare gli impegni assunti; in realtà, il governo stava già negoziando in gran segreto l'armistizio con gli Alleati.

L'accordo fu raggiunto il 3 settembre 1943, nella città siciliana di **Cassibile**, ove venne firmato **l'armistizio** che concedeva al **Regno d'Italia il ruolo di cobelligerante** nella continuazione della guerra accanto agli angloamericani contro l'ex alleato tedesco. Della firma dell'armistizio, tuttavia, il Paese e l'esercito furono informati direttamente dalla radio solo **la sera dell'8 settembre**: un ambiguo comunicato ingiungeva a tutti i militari di cessare il fuoco contro le forze anglo-americane, ma non dava istruzioni su come affrontare la reazione dei Tedeschi. Quella stessa notte il re, Badoglio e la corte **fuggirono a Brindisi** sotto la protezione degli Alleati. Fu il caos: l'esercito, confuso dall'improvviso cambiamento delle alleanze e privo di ordini, si sciolse: molti militari disertarono, altri si arresero, altri ancora si nascosero sulle montagne per organizzare la resistenza contro i Tedeschi. Questi ultimi, che erano già pronti a intervenire, occuparono l'Italia centro-settentrionale e iniziarono a rastrellare i soldati italiani. Non mancarono episodi eroici, come il disperato tentativo di **difendere Roma a Porta San Paolo**, dove persero la vita militari e civili.

Ancora più drammatica fu la sorte delle truppe italiane che si trovavano in territorio straniero: i più furono catturati e deportati in Germania, dove subirono una durissima prigionia; gli altri o furono uccisi o si unirono ai partigiani locali.

Nel frattempo, per ordine di Hitler, un commando di paracadutisti tedeschi **aveva liberato Mussolini dalla sua prigione sul Gran Sasso il 12 settembre** e lo aveva portato in Germania. Qui il Führer lo aveva convinto a formare un nuovo governo nell'Italia occupata dai Tedeschi. Nacque così la **Repubblica sociale italiana (Rsi),** chiamata anche Repubblica di Salò dal nome della cittadina sul Lago di Garda scelta come capitale del nuovo Stato fascista. Dietro di esso si celava il dominio militare dei nazisti, che lo trasformarono in uno Stato vassallo del grande Reich. Intanto, nella seconda metà di settembre, gli Alleati, dopo aver liberato rapidamente quasi tutta l'Italia meridionale, avanzavano verso Napoli.

All'inizio del 1944 l'Italia restò spaccata in due:

- Il **Centro-Nord**, occupato dai Tedeschi e governato da Mussolini attraverso la Repubblica sociale.
- Il **Meridione**, occupato dagli Alleati e chiamato "**Regno del Sud**" perché formalmente governato dal re Vittorio Emanuele III.

Il governo di Salò, deciso a continuare la guerra al fianco di Hitler, tentò di organizzare un esercito regolare formato con i giovani di leva e i militari catturati dai Tedeschi dopo l'8 settembre. L'iniziativa ebbe scarso successo sia perché la maggioranza dei giovani di leva si nascose, sia perché gli ex militari che servirono la RSI furono pochi e i Tedeschi non vedevano di buon occhio un esercito fascista.

Ben più forte fu invece la **Guardia nazionale repubblicana**, una sorta di milizia nella quale confluirono 100.000 uomini, molti dei quali nostalgici del regime. Inoltre, in parecchie città nacquero gruppi armati, le cosiddette "brigate nere", formate da fascisti estremisti, avventurieri e delinquenti comuni.

I combattenti di Salò, che per disprezzo furono chiamati «**repubblichini**» dagli avversari, fondarono la loro Repubblica sulla vendetta e sul terrore: fu questo lo spirito con cui l'11 gennaio **1944** il **Tribunale speciale di Verona** condannò alla fucilazione cinque gerarchi che il 25 luglio avevano votato contro Mussolini; tra di essi c'era **Galeazzo Ciano**, il genero del duce.

La **Resistenza italiana** era parte di quel grande movimento di liberazione dei popoli oppressi dal nazismo che prese il nome di Resistenza europea. Come movimento politico e militare organizzato, essa nacque nel **settembre 1943** con l'obiettivo di liberare l'Italia del Centro-Nord dal dominio nazifascista.

La lotta armata fu condotta da:

- **partigiani**, organizzati prima in bande armate per la **guerriglia in montagna**, poi in divisioni e brigate;
- **Gap** (Gruppi di azione patriottica), comunisti, impiegati per i sabotaggi e gli **attentati nelle città**;
- **Sap** (Squadre di azione patriottica), addestrate a difendere la popolazione dalle **rappresaglie dei Tedeschi**;
- **militari** che dopo l'8 settembre avevano formato **reparti regolari** a fianco degli Anglo-americani.

La Resistenza era coordinata dal Cln, il **Comitato di liberazione nazionale**, che era formato dai rappresentanti dei partiti antifascisti: Partito comunista, Partito d'azione, Partito socialista, Partito liberale, Partito repubblicano, Democrazia cristiana (il nuovo nome, dal 1942, del Partito popolare), Partito democratico del lavoro. Il comando militare era nelle mani del generale **Raffaele Cadorna**, del socialista **Ferruccio Parri** e del comunista **Luigi Longo**.

Nel 1944, in molte zone, la Resistenza divenne una vera lotta di popolo. Le SS e i fascisti di Salò risposero con efferate **stragi di civili**, come alle **Fosse Ardeatine** di Roma (più di 300 morti), a **Marzabotto** in Emilia (più di 700 morti) o a **S. Anna di Stazzema** in Versilia (circa 900 morti). Nei venti mesi della guerra di liberazione morirono ben 72.500 Italiani.

All'inizio del 1944, poco dopo lo sfondamento delle linee tedesche a Cassino, una divisione alleata **sbarcò ad Anzio**, in maggio riuscì a sfondare la **linea Gustav** (costruita nell'ottobre 1943, univa la foce del Garigliano sul Tirreno con Ortona, sull'Adriatico vicino a Pescara) ma riuscì a raggiungere Roma solo il 4 giugno. Dopo la **liberazione di Roma** fu la volta di **Firenze** in agosto, dopodiché il fronte si attestò lungo la **linea Gotica** (che dalla Lunigiana correva lungo l'appennino tosco-emiliano fino a Rimini) fino alla primavera del 1945. Anche a causa di diffidenze e incomprensioni con il Cln, gli Alleati rallentarono l'iniziativa per tutto l'inverno 1944-'45. Il **25 aprile 1945** (scelta convenzionalmente come data ufficiale della liberazione poiché in quel giorno i partigiani entrarono sia **a Milano che a Torino**) il Cln proclamò l'insurrezione generale dell'Italia settentrionale. Qualche giorno dopo le truppe tedesche in Italia si arresero e cadde la Repubblica di Salò.

Mussolini fu catturato il 27 aprile a Dongo, frazione sul lago di Como, dai partigiani mentre fuggiva in Svizzera travestito da soldato tedesco e **fu fucilato il 28 aprile** a Giulino di Mezzegra. Portato a Milano, il suo corpo venne profanato a **Piazzale Loreto** insieme a quello dell'amante Claretta Petacci.

Un'ultima annotazione riguarda il fenomeno delle **Foibe**, che coinvolse la popolazione italiana residente nella **Venezia-giulia, in Istria e in Dalmazia**. Col termine foibe si intendono, geograficamente, quelle depressioni carsiche, caratteristiche di quelle zone, che creano avvallamenti nel terreno. Fra il 1943 e il 1945 i partigiani del **Maresciallo Tito** (la resistenza jugoslava ai nazisti) effettuarono una pulizia etnica nei confronti degli italiani che si tradusse in efferati eccidi e fosse comuni, proprio utilizzando le foibe. Il numero di morti relativi ai massacri viene stimato fra i 5.000 e gli 11.000 a seconda delle fonti.

<u>La fine della guerra</u>

Mentre in Italia Alleati e partigiani impegnavano cospicue forze tedesche distraendole da altri Fronti, l'Urss incalzava la Germania da oriente e gli Anglo-americani la martellavano con i bombardamenti aerei: sotto le macerie morirono 600.000 civili e restarono sepolte per sempre le testimonianze di una delle grandi civiltà europee. Hitler, continuando a credere in un'impossibile vittoria, ordinò la leva dei ragazzini di quattordici anni, che mandò a morire mentre anche nel Reich iniziavano timide forme di Resistenza e i militari tentavano di assassinarlo: il Führer subì sei attentati nel solo 1943.

Intanto, a **novembre del 1943**, Roosevelt, Stalin e Churchill si incontrarono a **Teheran** per decidere l'attacco alla Germania e il suo destino una volta cessate le ostilità. Si stabilì di aprire un secondo fronte nella Francia settentrionale sorprendendo i nazisti con uno **sbarco in Normandia**.

All'alba del **6 giugno 1944**, sotto il comando del **generale Eisenhower**, ebbe inizio la più grandiosa operazione di sbarco mai tentata, l'«**Operazione Overlord**». La superiorità sui

Tedeschi era schiacciante, ma il successo fu raggiunto solo dopo aspri combattimenti e gravi perdite da entrambe le parti. In agosto sbarcarono in Provenza altre forze, mentre **Parigi insorgeva** e accoglieva trionfalmente il **generale De Gaulle il 25 agosto**, che da Londra aveva coordinato la Resistenza francese. A settembre le forze anglo-americane penetravano in territorio tedesco passando per il Belgio e l'Olanda ormai liberi. Intanto la Germania subiva gravi rovesci anche a oriente: i Paesi satelliti stavano capovolgendo le loro alleanze; i partigiani del maresciallo Tito liberavano la Iugoslavia; l'Armata Rossa, dopo aver occupato la Polonia, a febbraio del 1945 era giunta a tiro di cannone da Berlino, mentre gli Anglo-americani attraversavano il Reno e invadevano la Germania centrale.

Il 30 aprile 1945, mentre i Sovietici entravano per primi a Berlino, Adolf Hitler si suicidava nel suo bunker, il rifugio corazzato sotterraneo in cui aveva trasferito la sede del governo.

Il 7 maggio 1945 una Germania materialmente e moralmente distrutta **firmò la resa** senza condizioni: la guerra in Europa era finita.

Il fascismo italiano era crollato fra lo sbarco alleato in Sicilia del luglio del 1943 e la vittoria della Resistenza nell'aprile del 1945; lo stesso Mussolini era stato ucciso e il cadavere vilipeso in Piazzale Loreto. Nelle file dell'Asse, pertanto, rimaneva in vita soltanto il **Giappone** che, tuttavia, all'inizio dell'estate del 1945 costituiva un vero e proprio problema per la nuova Amministrazione americana. L'eccessivo **patriottismo dei militari giapponesi**, infatti, non avrebbe permesso di arrivare a una resa in tempi brevi. Pertanto, nell'ottica di evitare un ulteriore dispendioso sacrificio in termini di perdite di soldati, il nuovo Presidente Democratico, **Harry Truman** (divenuto presidente dopo la morte di Roosevelt nell'aprile 1945), optò per una soluzione diversa che avrebbe esercitato una pressione decisiva sul governo giapponese.

Grazie allo sviluppo del **Progetto Manhattan** iniziato **nel 1942**, gli Stati Uniti disponevano per primi di una nuova **potente bomba che sfruttava l'energia nucleare**. Un primo ordigno, denominato "**the gadget**" fu fatto esplodere come test nel deserto del New Mexico nel mese di luglio del 1945.

Gli ordigni atomici colpirono **Hiroshima** (il **6 agosto** venne sganciata "little boy") e **Nagasaki** (il **9 agosto** venne sganciata "fat man").

Sui terribili avvenimenti e sulle reali motivazioni da parte dei decisori americani vi sono varie interpretazioni storiche, che implicherebbero anche la volontà di mostrare ai sovietici, ormai prossimo nemico in quella che sarebbe diventata la guerra fredda, il potenziale distruttivo americano.

La **resa incondizionata** dei giapponesi arrivò **il 2 settembre 1945** a bordo della portaerei americana USS Missouri e decretò la fine della Seconda guerra mondiale.

d. Le conferenze di Yalta e di Potsdam: la "guerra fredda"

Molti storici concordano che in qualche modo la **Conferenza di Yalta** fu il preludio della **Guerra Fredda**. Certo è che in quella conferenza vennero prese le decisioni per definire l'assetto internazionale una volta terminata la guerra. In effetti da lì a pochi mesi la Germania nazista e l'impero giapponese sarebbero stati definitivamente sconfitti, ma già si avvertiva la necessità di ridisegnare le carte geografiche e di dare avvio a una nuova collaborazione internazionale per scongiurare altre tragedie come quella della Seconda Guerra Mondiale.

Venne quindi scelta la **località di Livadija, in Crimea** (giusto a qualche chilometro da Jalta), presso il palazzo che era stato residenza estiva dello zar Nicola II. **Lì si riunirono i capi politici dei tre Paesi alleati che stavano vincendo la guerra**: Franklin Delano Roosevelt, Josif Stalin e Winston

Churchill. In una sola settimana di febbraio **venne così deciso il futuro di molti Paesi europei**. I colloqui proseguirono senza un preciso ordine del giorno: si discusse del destino della Germania, della Polonia, della Jugoslavia e anche del Giappone. **Ogni nazione aveva i suoi interessi da perseguire, quindi si dovette scendere a compromessi**: ogni attore che prese parte alle trattative aveva bene in mente che l'aiuto degli altri due era necessario e indispensabile per costruire un futuro di pace e prosperità, come lo era stato per l'abbattimento dei nazisti.

Molti storici concordano però sul fatto che **Stalin ebbe la meglio**: nella divisione della Germania in zone di influenza, venne stabilito che la zona francese non si trovasse nella zona di competenza dell'URSS; inoltre, ottenne di estendere i confini dell'Unione Sovietica all'intera Polonia. A tal proposito sia Roosevelt che Churchill vennero in seguito criticati per aver concesso troppo al collega georgiano, ma pesava il fatto che i Paesi occidentali avevano ritardato l'apertura di un secondo fronte nel 1944 e che a quel punto **le truppe sovietiche avevano già liberato gran parte dell'Europa Orientale**.

Per quanto riguarda il Giappone, Roosevelt voleva l'impegno di Stalin a entrare in guerra, ottenendo in cambio la metà meridionale dell'isola di Sachalin, le isole Curili. Infine, si parlò anche delle **Nazioni Unite**. A dire il vero l'idea di creare un consiglio di sicurezza delle Nazioni Unite era già stata affrontata nella Conferenza di Teheran, nel novembre di due anni prima. Ora venivano discusse le modalità di voto che il consiglio avrebbe dovuto adottare: la discussione non riguardò tanto l'unanimità, tutti concordarono per essa, ma sul **diritto di veto**, voluto e ottenuto da Stalin. Il successivo compito di scrivere la Carta delle Nazioni Unite venne affidato ad un'altra conferenza che si sarebbe tenuta pochi a San Francisco.

La conferenza terminò l'11 febbraio del 1945. Di lì a poco il **presidente americano**, già in precarie condizioni di salute, **morirà** prima di partecipare alla **conferenza successiva**, quella di **Potsdam**. Durante la **conferenza di Potsdam**, che iniziò il **17 luglio 1945** per concludersi il 2 agosto, Churchill, Truman e Stalin riconfermarono gli accordi di Yalta sulla **Germania, divisa in quattro zone d'occupazione** in attesa di una soluzione definitiva del suo destino di Stato. Gli Alleati avevano concordato, nelle tre conferenze, alcune linee direttive sui nuovi assetti geopolitici da dare all'Europa una volta terminato il conflitto. Le nuove frontiere del continente europeo vennero così definiti in una serie di negoziati che sfociarono nella **Conferenza di Parigi**, dove vennero siglati i trattati di pace con i Paesi che avevano combattuto a fianco della Germania. Nonostante la solenne dichiarazione che i vincitori avrebbero rispettato il principio dell'autodeterminazione dei popoli, le nuove frontiere che uscirono dei trattati di pace rispecchiarono la **"spartizione del continente"** nelle **"sfere di influenza" decise a Yalta**, che di fatto corrispondeva alle posizioni occupate dagli eserciti russo e americano alla fine della guerra. Su questa base **l'Urss recuperava i territori persi dopo la rivoluzione del 1917**, mentre la Polonia compensava le perdite a oriente ottenendo a occidente i territori tedeschi.

Restava irrisolta la questione dell'assetto da dare alla Germania, occupata dalle truppe degli eserciti alleati. Anche **l'Austria rimase sotto l'occupazione quadripartita** degli eserciti alleati. La sua situazione verrà definita solo nel 1955, quando la Repubblica austriaca firmò un trattato di pace con il quale si impegnava a definirsi come Stato neutrale e a ripudiare ogni forma di annessione con la Germania. Solo allora le truppe d'occupazione lasciarono il Paese.

Alla fine della Seconda guerra mondiale, i vincitori (anglo-americani e sovietici) si ritrovano in disaccordo e divisi su tutte le principali materie di negoziato, sugli assetti geopolitici postbellici, sul patrimonio ideologico, sui valori proclamati, sui modelli politico-istituzionali e di sviluppo economico adottati. L'**URSS**, ormai la principale potenza europea, era un **paese comunista**, a

partito unico, con **un'economia pianificata e centralizzata**, un'etica anti-individualistica fondata su disciplina e sacrificio. Gli **USA** erano una **potenza mondiale**, una **democrazia** dalle ampie libertà personali, con **un'economia basata sul libero mercato** e la libera iniziativa, un'etica individualistica, centrata sul successo personale.

L'**URSS**, che aveva sopportato a lungo il peso maggiore della guerra in Europa, voleva veder **legittimato il suo ruolo di grande potenza** e **sviluppare un campo socialista chiuso e autosufficiente**, paventava il rischio di un accerchiamento ostile, esigeva riparazioni e soprattutto sicurezza ai propri confini attraverso il **controllo dell'Europa orientale**, che aveva in gran parte liberato. Gli **USA**, che già prima della guerra erano la massima potenza, temevano e volevano contenere l'espandersi dell'influenza sovietica e dare vita a un **mercato mondiale in regime di libera concorrenza e in un contesto internazionale di democrazie**.

Nell'immediato secondo dopoguerra, sconfitto il nazifascismo, gli interessi difficilmente conciliabili di URSS e USA, le diverse visioni del mondo, i reciproci sospetti nonché la parallela tendenza a sopravvalutare la forza e le capacità l'uno dell'altro portarono al formarsi di **due campi antagonistici** destinati a dar vita alla costituzione di un **nuovo ordine mondiale, tendenzialmente bipolare**. L'**Europa** risultò divisa in **due contrapposti blocchi di alleanze**, in due aree separate e ostili, **ideologicamente avverse**, caratterizzate da economie e sistemi politico-ideologici alternativi e legate all'egemonia delle due grandi potenze. La frontiera che divideva in due la Germania (1949) e, ancor più, il **muro di Berlino** che **dal 1961** separò la zona sovietica da quelle occidentali della città furono l'espressione tangibile della linea di confine che **contrapponeva** i due blocchi e che Churchill già nel 1946 aveva chiamato "**cortina di ferro**".

e.   La crisi del mondo bipolare e nuovi equilibri internazionali

Il **confronto bipolare si allargò** ben presto su **scala mondiale** e gran parte del mondo venne spartito in sfere di influenza, secondo frontiere legate essenzialmente alla **capacità di USA e URSS di allargare la propria egemonia**, inserendosi e incanalando il travolgente processo di decolonizzazione in atto, ovvero ancorando alla propria sfera le nuove nazioni indipendenti.

Il nuovo ordine bipolare regolò il mondo a partire dalla situazione militare esistente al momento della resa tedesca (maggio 1945) e giapponese (agosto 1945). Fu un **ordine di fatto e non di diritto** che vide contrapporsi per **oltre quarant'anni**, in un alternarsi di fasi più o meno acute di tensione e di distensione, il "mondo libero" e quello "socialista", secondo le rispettive auto-definizioni; l'imperialismo americano' e il 'totalitarismo sovietico', secondo le definizioni che l'uno diede dell'altro; la Democrazia e il Comunismo, secondo la percezione dei contemporanei. Il nuovo ordine bipolare spostò il baricentro del potere mondiale dal cuore dell'Europa in direzione dei due grandi paesi vincitori, e fu la causa (oltre che l'effetto) di uno **stato permanente di contrapposizione e di ostilità reciproche fra i due blocchi denominato "guerra fredda"**, fortunatissima formula utilizzata dal 1947.

La **guerra fredda**, guidata da due soli Stati, ma estesa a due grandi schieramenti internazionali, **si manifestò in molte forme** (economica, diplomatica, culturale, politica e militare). Venne combattuta con molti mezzi (dagli aiuti economici per lo sviluppo all'assistenza militare o tecnologica, alla corsa agli armamenti, alla penetrazione commerciale, al cinema, ai libri, allo sport, all'attività dei servizi segreti, alla gara spaziale), ma soprattutto con **l'ideologia** (anticapitalista dei sovietici e anticomunista degli americani) e la **propaganda**, strumenti che permisero a URSS e USA di rafforzare le rispettive identità e il consenso interno a ciascun paese, la coesione all'interno degli schieramenti e la legittimazione esterna di ciascuna potenza come guida del proprio blocco. La contrapposizione fu in alcuni momenti asperrima. Tuttavia, **americani e sovietici non arrivarono mai a uno scontro armato** "caldo", perché un conflitto con armamenti atomici (di cui gli USA erano dotati dal 1945 e l'URSS dal 1949) avrebbe reso la vittoria di una delle due parti talmente costosa e catastrofica per entrambi i contendenti da divenire impossibile. USA e URSS insomma, pur impegnate in una lotta epocale che faceva dell'ideologia un potente mezzo di confronto-scontro, stabilirono fra loro una **"pax armata"**, un equilibrio del terrore in cui armamenti atomici e missili a lunga gittata funsero da deterrenti.

Fu una **politica dell'equilibrio assai diversa** da quella praticata nel passato dalle grandi potenze; si trattò di una specie di mutuo e rispettato armistizio che presupponeva il riconoscimento delle rispettive sfere di influenza (inviolabili in Europa), e il **conseguente diritto di entrambe le potenze di stroncare, all'interno della propria sfera, qualunque tentativo volto a mutare la situazione esistente**.

Per quarantacinque anni circa il mondo visse su il cosiddetto "**equilibrio del terrore**", ovvero il concetto paradossale che soltanto il mutuo possesso di un arsenale nucleare garantì per tutto questo tempo un sostanziale equilibrio, reso possibile dalla consapevolezza di una distruzione vicendevole nel caso dello scoppio di una guerra nucleare.

Nella seconda metà degli anni Ottanta, tuttavia, la **politica riformatrice di Gorbačëv** e la pressione politica e militare dell'amministrazione **Reagan** provocarono il **collasso dell'Unione Sovietica** e, di conseguenza, la **fine della guerra fredda fra il 1991 e il 1992**.

Il venir meno di una delle superpotenze ha posto fine alla visione bipolare del mondo e ha restituito una **geopolitica globale su scala multilaterale** in cui, sostanzialmente, gli **Stati Uniti** hanno rappresentato la **potenza egemone** su scala planetaria e la **Nato** unica vera alleanza militare di riferimento.

Terminata la fase della Guerra fredda, gli scenari più caldi del pianeta si sono ridotti **all'area mediorientale** e, più in generale, al complicarsi dei rapporti **fra gli Stati Uniti e il mondo arabo**.

Una prova di queste tensioni è stata resa al mondo l'**11 settembre 2001**, quando l'attentato alle **Torri gemelle di New York** ha causato la morte di quasi tremila civili americani. L'11 settembre viene considerata, a tutti gli effetti, una data spartiacque nella storia recente: l'attentato di New York ha legittimato gli interventi dell'amministrazione Bush in **Afghanistan** (dall'ottobre dello stesso 2001) e in Iraq (dal **2003**).

Dalla decade degli anni Dieci, invece, ha ripreso vigore il **dinamismo russo** che, debellate le velleità secessioniste della Cecenia, si è concentrato **sull'occupazione della Crimea** prima e, negli ultimi anni, dei territori di tutta **l'Ucraina orientale**. Il sostegno all'Ucraina da parte di tutto il mondo occidentale, **Stati Uniti ed Unione Europea**, e quello **cinese** nei confronti della Russia gettano inquietudine sulla prospettiva futura dei rapporti fra questi stati e, più in generale, sulla stabilità internazionale.

f. Il mondo arabo

Il processo di **decolonizzazione**, che riguardò principalmente i Paesi africani e asiatici negli anni '50, prese piede anche in **Medio Oriente** al termine del secondo conflitto mondiale. Nel 1946, infatti, la Transgiordania ottenne l'indipendenza dalla Gran Bretagna, che già negli anni '30 aveva riconosciuto l'autonomia dell'Iraq e dell'Arabia Saudita; Siria e Libano videro finalmente il ritiro delle truppe francesi dai rispettivi territori. **La questione riguardante la Palestina rimaneva ancora irrisolta** e sarebbe stata destinata ad aprire **una profonda frattura fra arabi ed ebrei** che perdura ancora oggi.

Il movimento sionista aveva accresciuto la propria influenza per la creazione di uno Stato ebraico durante gli anni del terrore nazista, la cui minaccia aveva spinto gli ebrei europei alla fuga.

Gli Stati Uniti abbracciarono la causa sionista poiché la comunità ebraica presente sul loro territorio era piuttosto influente; **gli inglesi**, al contrario, si preoccuparono di mantenere un buon equilibrio nei rapporti con gli Stati arabi e per questo **cercarono di impedire l'affermazione di uno Stato ebraico**. Il passaggio allo scontro armato contro arabi e inglesi fu breve, fomentato in Palestina soprattutto dai **gruppi militari ebraici più estremisti**, e segnò l'inizio della **prima guerra arabo-israeliana**. Nel 1947, tuttavia, il governo inglese dovette ammettere di non essere in grado di gestire la situazione: nel maggio dell'anno successivo ritirò le proprie truppe dai territori occupati e demandò alle Nazioni Unite l'incarico di dirimere la controversia, ma **il progetto di creare due Stati distinti non fu accolto con favore dagli arabi**.

Gli ebrei, quindi, risolto il problema della presenza inglese, proclamarono **nel maggio del 1948** la **nascita dello Stato di Israele**. Immediata fu la **risposta armata delle truppe arabe**, che però, non essendo adeguatamente preparate, dovettero assistere al successo del nemico. Lo Stato di Israele si presentava certamente come **innovativo** rispetto alla tradizione araba poiché ricalcava i **tratti delle democrazie occidentali** dalle quali aveva mutuato sia le strutture sociali e civili sia il capitalismo economico. La solidità interna gli consentì **di espandersi rispetto ai confini tracciati dall'Onu e di occupare la parte occidentale di Gerusalemme**. Similmente, la Transgiordania inglobò i territori occupati durante il conflitto costituendosi come Giordania. **Il presunto Stato della Palestina, invece, non venne mai costituito** e questo comportò la fuga dei profughi arabi nei territori circostanti e l'inizio della **drammatica questione palestinese**.

Il nazionalismo arabo, in ogni caso, interessò anche altri Stati del Medio Oriente, primo fra tutti l'**Egitto**, diventato regno autonomo già nel 1922 e totalmente indipendente nel 1936, sebbene l'Inghilterra avesse mantenuto il controllo del Canale di Suez. Il governo retto dalla monarchia egiziana e sostenuto dagli inglesi scontentava sia la borghesia progressista sia gli integralisti islamici legati alla setta dei Fratelli musulmani in quanto degenerato e sterile. La monarchia, tuttavia, cadde per iniziativa di un Comitato di ufficiali liberi con al comando **Gamal Abel Nasser**, che nel luglio **1952** prese il controllo del paese attuando alcune riforme quali la redistribuzione delle terre e la nazionalizzazione dell'economia. Tra le intenzioni di Nasser c'era anche l'urgenza di abolire i vincoli con le ex colonie e di porsi alla testa della **lotta contro lo Stato di Israele**. La sua prima mossa, infatti, fu quella di **allontanare le truppe inglesi dal Canale di Suez** e stringere accordi con l'**Unione Sovietica** per garantirsi sostegno economico e militare. Fu a questo punto che gli Stati Uniti, temendo gli eventuali sviluppi di un'alleanza filorussa, decisero di congelare i finanziamenti della Banca mondiale per la costruzione della diga di Assuan, che avrebbe consentito di dotare il Paese di corrente elettrica. **La ritorsione di Nasser fu quella di intralciare gli interessi inglesi e francesi nella Compagnia del Canale di Suez** nazionalizzando quest'ultima e dando vita a una **crisi diplomatica**. L'epilogo di tale controversia fu l'**attacco di Israele all'Egitto nell'ottobre 1956**, di concerto con Londra e Parigi. **Nasser venne sconfitto**, ma grazie al dissenso espresso da Stati Uniti e Unione Sovietica circa l'azione di forza, l'**esercito franco-inglese lasciò i territori del Canale di Suez** e Israele la penisola del Sinai. L'immagine del leader egiziano uscì rinforzata dalla crisi di Suez. Egli rilanciò con nuovo vigore il problema dell'unità fra tutti i popoli arabi, meglio conosciuto come "**panarabismo**", e raccolse consensi presso la popolazione del mondo islamico con impatto trascinante su tutta la zona mediorientale. In **Siria** il regime militare di ispirazione panaraba insediatosi nel 1954 si fuse con l'Egitto nella **Repubblica araba unita** nel 1958. Il connubio, tuttavia, durò appena tre anni, si sciolse nel 1961 a causa delle rivalità nazionali. In **Iraq** si posero alla guida del Paese i militari nazionalisti, cosa che in Libano e in Giordania venne bloccata dall'intervento di Stati Uniti e Gran Bretagna.

Negli anni seguenti **lo scontro tra israeliani e arabi coinvolse in maniera più decisa due acerrimi nemici** di lungo corso: **l'Unione Sovietica, sostenitrice dell'Egitto**, e gli **Stati Uniti, schierati al**

fianco di Israele. Nasser nel 1967 chiese che le forze dell'Onu poste al confine del Sinai venissero ritirate e annunciò la chiusura del Golfo di Aqaba, punto strategico per i rifornimenti israeliani. Contemporaneamente si preoccupò di sottoscrivere un accordo militare con la Giordania. **Il 5 giugno del 1967** Israele ingaggiò un attacco preventivo ai danni di Egitto, Siria e Giordania in quella che è passata alla storia come **guerra dei sei giorni**. L'Egitto subì una clamorosa sconfitta e dovette cedere la **penisola del Sinai**; la Giordania perse i territori della riva occidentale del Giordano, compresa la Gerusalemme orientale (**Cisgiordania o West bank**); alla Siria furono sottratte le **alture del Golan. Un altro esodo palestinese si riversò nei paesi arabi, dove i rifugiati furono accolti nei campi profughi.** Questo tracollo segnò di fatto la fine del potere di Nasser e spinse gli Stati arabi moderati a una maggior cautela.

I movimenti di resistenza palestinese confluirono nell'Organizzazione per la liberazione della Palestina, l'**Olp**, guidata dal 1969 da **Yasser Arafat**, già a capo del principale gruppo Al Fatah. L'Olp si insediò in Giordania, costituendo uno Stato nello Stato. Il pericolo di ritorsioni israeliane in risposta agli attentati terroristici da parte dei combattenti palestinesi spinse il re Hussein di Giordania a mobilitare il proprio esercito nel "**settembre nero**" 1970 contro questi ultimi, che ripiegarono in Libano.

Quando Nasser morì nel 1970, il suo successore, **Anwar Sadat**, mise a punto una strategia per riprendere il territorio del Sinai proprio durante la festa ebraica dello **Yom Kippur. Il 6 ottobre 1973 le milizie israeliane furono colte di sorpresa da quelle egiziane**, ma l'ingente sostegno degli Stati Uniti ribaltò l'esito del conflitto. Anche se le conquiste territoriali degli egiziani non furono rilevanti, dal punto di vista politico la "**guerra del Kippur**" aveva dimostrato che anche gli israeliani avevano punti deboli. Inoltre, **il Canale di Suez venne chiuso per due anni** e gli Stati arabi conferirono allo scontro una dimensione internazionale attuando il blocco ai danni dei sostenitori occidentali di Israele. **Il prezzo del greggio venne quadruplicato** nel mese di novembre 1973 e subì un nuovo rialzo nel 1979, condizionando notevolmente le economie occidentali. Era ormai chiaro a Sadat che bisognava trovare un accordo con il nemico per non gravare ulteriormente la popolazione con una guerra perenne. Per manifestare la propria disponibilità agli Stati Uniti, egli negli anni 1974-'75 allontanò dall'Egitto i tecnici sovietici e allentò i rapporti con l'Unione Sovietica. Il passo successivo fu la sua dichiarazione di pace espressa dal Parlamento israeliano nel novembre 1977. Gli **accordi di Camp David** furono stipulati nel settembre 1978 grazie all'intercessione del **presidente americano Carter**. L'Egitto tornò in possesso del **Sinai** e nel marzo 1979 sottoscrisse un trattato di pace col primo ministro israeliano Begin. Sadat venne ucciso nel 1981 da alcuni integralisti islamici contrari agli accordi con gli ebrei.

L'incontro tra Israele ed Egitto non portò alla normalizzazione dell'area mediorientale, anche perché **la questione palestinese rimaneva ancora in piedi**. Il Libano, ad esempio, era diventato il quartier generale dell'Olp e la presenza dei gruppi di guerriglia aveva contribuito a minare le relazioni tra le varie comunità del Paese, che ospitava cristiani, musulmani sunniti, sciiti e drusi. La **guerra civile** in Libano dilagò a partire dal 1975 e straziò i civili con attentati e stragi. **Nell'estate 1982 Israele occupò il Paese** arrivando fino a Beirut con l'intento di sopprimere le forze dell'Olp; l'intervento congiunto di Stati Uniti, Francia, Italia, Gran Bretagna attraverso l'invio di una forza multinazionale di pace portò alla liberazione della cittadina ma non servì a ripristinare l'equilibrio interno del Libano.

Il Medio Oriente, negli ultimi decenni del XX secolo, **acquisì una centralità particolare** dettata dalla coesistenza di tre fattori: gli **interessi dell'Occidente rispetto alla risorsa del petrolio**; il **deteriorarsi del conflitto arabo-israeliano**; la **ribalta del fondamentalismo islamico**.

g. Le origini della questione palestinese

Con l'espressione "**questione palestinese**" si fa riferimento al **conflitto tra ebrei e palestinesi** riguardante la regione storica della Palestina, terra sacra per ebrei, musulmani e cristiani, che si trova compresa tra il Mar Mediterraneo, il fiume Giordano e l'Egitto.

A fine '800 la regione della **Palestina era parte dell'Impero Ottomano** da quattro secoli: i turchi garantivano una certa autonomia ai vari popoli e in questa regione convivevano pacificamente arabi (che costituivano la maggioranza) ed ebrei (in minoranza), insieme ad altre etnie. A fine secolo, in un'Europa in cui crescevano i nazionalismi, ma anche l'antisemitismo, iniziò a farsi largo il **sionismo**, movimento che aspirava alla creazione di un nuovo Stato in quella che era definita "Terra di Israele", in grado di offrire una **patria a tutti gli ebrei dispersi nel mondo**. Nel corso dei secoli, vi era sempre stata una corrente migratoria ebraica verso la Palestina, motivata da ragioni religiose. Tale ondata si intensificò **a partire dal 1882**, quando a seguito di **una serie di pogrom** (sommosse popolari verso minoranze religiose) nell'Impero Russo iniziò la prima **Aliyah** (immigrazione ebraica nella terra di Israele) detta "dei contadini": in quella che fu una grandissima corrente migratoria durata vent'anni, circa 30 mila ebrei si stabilirono in Palestina, favoriti dalla creazione del Fondo Nazionale Ebraico, finalizzato alla raccolta di fondi per l'acquisto di terreni in Eretz Yisrael, la terra promessa.

Nel frattempo, con **l'apertura del Canale di Suez** il territorio palestinese vide aumentare la sua importanza strategica. Nel 1897 Theodor Herzl fondò **l'Organizzazione Sionista Mondiale**, che incentivava l'emigrazione degli ebrei in Palestina.

Il 1917 fu l'anno della **Dichiarazione Balfour**, lettera scritta dall'allora ministro degli esteri inglese Arthur Balfour a Lord Rothschild, referente del movimento sionista, che riconosceva il diritto degli ebrei alla creazione di una "dimora nazionale" in Palestina. La dichiarazione venne inserita **all'interno del Trattato di Sèvres**, firmato tra le potenze alleate della prima guerra mondiale (escluse Russia e Stati Uniti, quindi: Francia, Giappone, Grecia, Italia, Regno Unito) e l'Impero ottomano: la **Palestina passò così sotto il controllo del Regno Unito**. Durante il periodo del **protettorato britannico**, gli ebrei continuarono ad emigrare in Palestina comprando terreni dai palestinesi. Nel giro di due decenni si verificarono altre ondate migratorie, causate a seguito della Rivoluzione russa, dell'ascesa del Nazismo, della Grande Depressione e poi, ovviamente, della Shoah. Ma le **tensioni tra gli arabi e gli immigrati** ebrei crescevano sempre di più.

Nel secondo dopoguerra, con la **fine del mandato britannico**, la questione palestinese divenne effettivamente un problema internazionale: nel 1947 quella che sembrava una presunta soluzione, segnò invece l'inizio della catastrofe. Il 29 novembre 1947 **l'ONU votò un piano di spartizione** tra uno Stato ebraico ed uno arabo, proponendo uno statuto speciale per Gerusalemme: venne accettato dal movimento sionista e rifiutato dai palestinesi, che come popolazione contava il doppio (1,2 milioni di arabi a fronte di 600 mila ebrei).

Il 15 maggio 1948 Ben Gurion proclamò, unilateralmente, la nascita dello Stato di Israele: iniziò così il **conflitto arabo-israeliano** che si articolò in quattro guerre combattute tra lo Stato di Israele e i Paesi arabi limitrofi tra il 1948 e il 1973.

> • La **prima guerra arabo-israeliana**: dopo la proclamazione di Israele, gli eserciti di Egitto, Siria, Transgiordania, Iraq e Libano, contrari alla spartizione della Palestina, invasero il territorio del nuovo Stato ebraico, che però contrattaccò. A seguito degli armistizi del 1949, **Israele ottenne ancora più territori di quelli previsti dagli accordi Onu**, inclusa la parte ovest di Gerusalemme. Nacque la **"linea verde"**, confine de facto dello Stato di Israele dal 1949 fino al 1967. Alla fine del conflitto **furono più di 700 mila i palestinesi sfollati**.

- **Guerra del Sinai**: detta anche **Crisi di Suez** (vedi tesi 12, punto f), scoppiò nel 1956 a seguito della **nazionalizzazione del canale da parte dell'Egitto**, che scatenò l'intervento di Francia, Regno Unito e Israele. Solo le minacce di Usa e Urss, pronte a schierarsi con l'Egitto, impedirono la guerra aperta. Lo status quo territoriale non cambia, ma venne ripristinata la libertà di navigazione israeliana. Fu in questa occasione che l'Onu creò i **caschi blu**.

- **La Guerra dei Sei Giorni**: a seguito di un blocco navale imposto dall'Egitto, il 5 giugno 1967 **Israele lanciò un raid aereo che distrusse la quasi totalità dell'aviazione di Egitto, Siria e Giordania**. Nei cinque giorni successivi, grazie a una serie di vittorie terrestri, Israele riuscì ad accaparrarsi Gerusalemme Est, la Cisgiordania, la Striscia di Gaza, le alture del Golan e la penisola del Sinai.

- **Guerra del Kippur**: il 6 ottobre 1973, giorno della **festa ebraica dello Yom Kippur**, scattò l'offensiva a sorpresa delle truppe egiziane e siriane. Al successo iniziale delle forze arabe fece seguito la controffensiva dell'esercito israeliano, che arrivò a poche decine di chilometri dal Cairo. **La guerra si fermò solo grazie a un cessate il fuoco negoziato dalle Nazioni Unite**. Alla fine del conflitto, che non mutò la situazione nei territori occupati, **l'Organizzazione per la Liberazione della Palestina (OLP)**, creata nel 1964, **venne ammessa all'assemblea generale dell'ONU** come rappresentante del popolo palestinese.

Da questo momento in poi terminò la fase del coinvolgimento diretto degli Stati arabi in guerre dichiarate contro Israele: nel **1978**, con gli **Accordi di Camp David**, il Sinai tornò all'Egitto, che riconobbe lo Stato ebraico. Nelle tensioni con Israele, assunse invece un ruolo centrale **l'OLP** (Organizzazione per la Liberazione della Palestina), come dimostrò la **Prima guerra del Libano del 1982**, scoppiata quando l'esercito israeliano invase il Paese per espellere le forze palestinesi. Durante questo conflitto nacque l'organizzazione **paramilitare libanese Hezbollah**, mentre nel 1987, anno della **prima Intifada**, venne fondata la palestinese **Hamas**.

Il 15 novembre 1988 **Yasser Arafat**, leader dell'OLP, dichiarò **l'indipendenza della Palestina**. La prima sollevazione di massa del popolo palestinese, confinato nelle zone di Gaza, Cisgiordania e Gerusalemme, si concluse nel 1993 con gli **Accordi di Oslo, firmati da Arafat e Yitzhak Rabin (primo ministro israeliano):** l'intesa previde il ritiro delle forze israeliane dalla Striscia di Gaza e da alcune aree della Cisgiordania, oltre alla creazione di uno Stato palestinese entro cinque anni. Condizione che tuttavia, **non si verificò**. Il processo di pace naufragò nel 1995, quando **Rabin viene assassinato da un nazionalista israeliano**. Nel 2000 scoppiò la **seconda Intifada**, a seguito della quale Israele costruì un muro al confine con la Cisgiordania; terminò ufficialmente nel 2005, ma da allora continuano a verificarsi tensioni e attacchi, mentre **lo status giuridico, politico e istituzionale della Palestina rimane una questione spinosa**: oggi è uno Stato riconosciuto da 138 (su 193) Paesi membri dell'ONU.

Lo Stato di Palestina è formato da **striscia di Gaza**, **Cisgiordania** e **Gerusalemme Est**: i territori **occupati da Israele** dopo la Guerra dei sei giorni.

La **striscia di Gaza** è una regione costiera confinante con Egitto e Israele, in cui vivono circa 1,7 milioni di abitanti di etnia palestinese, la maggior parte di essi rifugiati. Nonostante alcuni "cessate il fuoco", **dal 2006 è in corso il conflitto Israele-Striscia di Gaza**, mentre dal 2007 Egitto e Israele hanno chiuso in gran parte le frontiere con muri di cemento e filo spinato. Governata da Hamas, come suggerisce il nome la sua città più popolosa è Gaza.

La **Cisgiordania** (o West Bank) è il territorio situato sulla riva occidentale del fiume Giordano, annesso alla Giordania nel 1950 e poi occupato da Israele nel 1967. A partire dal 2002, è iniziata la costruzione della **barriera di separazione israeliana**, un controverso tracciato di 730 km: **dal punto di vista di Israele un mezzo di difesa dal terrorismo, uno strumento di**

segregazione razziale per i palestinesi. Segue, ma non in ogni tratto, la "linea verde".
Gerusalemme Est merita un discorso a parte. La parte orientale di Gerusalemme, che comprende la città vecchia e dunque numerosi luoghi considerati santi da ebraismo, cristianesimo e islam, è amministrata da Israele. Ma rivendicata dalla Palestina, che l'ha anche proclamata come capitale, sebbene il suo centro amministrativo si trovi a Ramallah. Una **città contesa**, con tutto ciò che ne consegue.

h. I conflitti arabo-israeliani
Vedi tesi 12, punti f e g.

i. Il fondamentalismo islamico
Il panorama del **fondamentalismo islamico** è estremamente variegato e complesso. Le sue origini risalgono alla fine dell'Ottocento, quando si affermò la convinzione che solo la piena applicazione delle legge islamica, la **shari'a**, poteva mettere fine alle dannose interferenze politiche, militari, commerciali e culturali degli Occidentali, consentendo alla comunità musulmana di restaurare la passata grandezza.
L'atto di nascita del fondamentalismo islamico coincide con la fondazione in Egitto nel 1928 dell'associazione dei **Fratelli Musulmani**, il cui esponente più radicale, Sayyid Qutb, venne assassinato in Egitto nel 1966.
In India nel 1941 Abu 'l Ala Mawdudi fondò la Jama' at-i Islami, che elaborava la base dottrinale dell'attuale fondamentalismo, affermando il concetto della guerra santa intesa come lotta per il trionfo dell'islamismo nel mondo.
In Palestina i Fratelli Musulmani crearono nel 1987 il **Movimento della resistenza islamica (Hamas)**. Se il fine di tutte le correnti del fondamentalismo islamico **era** quello di una reislamizzazione della società, diverse furono le strategie proposte per raggiungerlo. Una corrente radicale sosteneva l'islamizzazione dall'alto, cioè l'acquisizione del potere politico attraverso una rivoluzione o un colpo di Stato. Il suo trionfo fu la rivoluzione islamica in Iran guidata dall'ayatollah Khomeini (1979). L'altra ala definita neotradizionalista, invece, propugnava una islamizzazione dal basso, vale a dire la diffusione della cultura islamica tramite una **fitta rete di moschee** e la penetrazione capillare delle idee fondamentaliste nelle **scuole, nelle università e nel mondo del lavoro**. Dagli anni Novanta si è sviluppata una importante forma di **terrorismo internazionale** legato al fondamentalismo islamico, diretto soprattutto contro Israele e gli Stati Uniti, che si è tragicamente imposto all'attenzione pubblica con gli **attentati di New York e Washington dell'11 settembre 2001**. A capo di questa corrente vi è il movimento **al-Qa'ida** fondato da **Osama bin Laden**.

j. La guerra santa di Al-Qaeda
La "guerra santa" di Al-Qaeda, conosciuta anche come **Jihad globale**, è stata una parte significativa dell'ideologia e degli obiettivi del **gruppo terroristico**. Al-Qaeda è stata fondata da **Osama Bin Laden** negli **anni '80** con l'obiettivo dichiarato di **combattere ciò che percepiva come l'interferenza occidentale nei Paesi musulmani, in particolare l'influenza degli Stati Uniti e dei loro Alleati**.
La "guerra santa" di Al-Qaeda si basava su un'**interpretazione estremista dell'Islam**, che **giustificava l'uso della violenza per raggiungere i propri obiettivi politici e religiosi**. Bin Laden e altri leader di Al-Qaeda consideravano la lotta contro gli Stati Uniti e i loro alleati come un dovere religioso, sostenendo che fosse necessario difendere l'Islam da ciò che percepivano come aggressioni straniere e ingiustizie.
Le azioni di Al-Qaeda nel perseguire questa "guerra santa" hanno incluso attacchi terroristici, come gli attentati dell'11 settembre 2001 negli Stati Uniti, che hanno portato alla morte di migliaia di persone

(che vedremo meglio nel prossimo punto). Al-Qaeda ha anche sostenuto e incoraggiato altre organizzazioni e individui che condividevano i loro obiettivi, fornendo addestramento, finanziamenti e supporto logistico per attacchi terroristici in diverse parti del mondo.

Tuttavia, è importante sottolineare che la visione di Al-Qaeda e le loro azioni non sono rappresentative dell'Islam nel suo insieme. La stragrande maggioranza dei musulmani condanna il terrorismo e la violenza perpetrati in nome della religione, e molte organizzazioni islamiche hanno condannato le azioni di al-Qaeda come contrarie ai principi dell'Islam. Più precisamente:

- **Origini ideologiche**: la fondazione di Al-Qaeda da parte di Osama bin Laden è stata motivata da una combinazione di fattori ideologici e politici. Bin Laden e i suoi sostenitori sostenevano un'interpretazione estremista dell'Islam, influenzata dalle idee del wahhabismo, una forma rigorosa dell'Islam sunnita che prevale in Arabia Saudita. Questa interpretazione estremista ha fornito la base ideologica per giustificare la violenza contro ciò che consideravano essere l'oppressione e l'ingerenza occidentale nei paesi musulmani.

- **Obiettivi politici**: Al-Qaeda ha identificato gli Stati Uniti e i loro Alleati come i principali nemici dell'Islam e dei musulmani. Bin Laden e altri leader di Al-Qaeda ritenevano che gli Stati Uniti stessero conducendo una guerra contro l'Islam attraverso il loro coinvolgimento militare nei Paesi musulmani, il sostegno a regimi considerati anti-islamici e l'occupazione di terre considerate sacre per l'Islam, come l'Arabia Saudita.

- **Tattiche e strategie**: Al-Qaeda ha adottato una serie di tattiche per condurre la sua "guerra santa". Queste includono attacchi terroristici contro obiettivi civili e militari, attentati suicidi, rapimenti di ostaggi e propaganda mediatica per reclutare seguaci e diffondere la propria ideologia. Gli attacchi più noti attribuiti ad Al-Qaeda includono gli attentati **dell'11 settembre 2001 negli Stati Uniti**, gli attacchi alle ambasciate statunitensi **in Kenya e Tanzania nel 1998** e l'attentato al **USS Cole nello Yemen nel 2000**.

- **Risposta internazionale**: gli attacchi terroristici di Al-Qaeda hanno suscitato una forte reazione internazionale, con molti Paesi che hanno adottato misure per contrastare il terrorismo e smantellare le reti di Al-Qaeda. Gli Stati Uniti hanno guidato un'ampia coalizione internazionale per combattere Al-Qaeda e altre organizzazioni terroristiche, conducendo operazioni militari in Afghanistan e altrove.

- **Evoluzione e declino**: negli anni successivi agli attacchi dell'11 settembre 2001, al-Qaeda ha subito una serie di perdite significative, compresa la morte di Osama bin Laden nel 2011. Tuttavia, l'ideologia di Al-Qaeda ha continuato a esercitare un'influenza su altri gruppi terroristici e individui radicalizzati. Alcune fazioni affiliate ad Al-Qaeda, come Al-Qaeda nella Penisola Arabica (AQAP) e al-Qaeda nel Maghreb Islamico (AQMI), hanno continuato a operare in diverse regioni del mondo.

In sintesi, la "guerra santa" di Al-Qaeda rappresenta un capitolo significativo nella storia del terrorismo internazionale, caratterizzato da un'ideologia estremista, tattiche violente e una risposta globale senza precedenti da parte della comunità internazionale.

k. L'attacco alle Torri Gemelle.

L'attacco alle Torri Gemelle dell'**11 settembre 2001** è stato un evento senza precedenti nella storia contemporanea, pianificato **da Al-Qaeda, il gruppo terroristico guidato da Osama bin Laden** (come si è visto nel punto precedente).

In quel tragico giorno, quattro aerei di linea sono stati dirottati, con due di essi schiantatisi deliberatamente contro le **Torri Gemelle del World Trade Center a New York** e un terzo contro **il Pentagono a Washington, D.C.** Il quarto aereo, presunto diretto verso un altro obiettivo a Washington, è precipitato in un campo in Pennsylvania dopo che i passeggeri hanno cercato di riprendere il controllo dall'equipaggio dirottatore. Gli impatti hanno causato il crollo delle Torri Gemelle e la **morte di oltre 2.700 persone**.

Questo attacco ha scosso gli Stati Uniti e il mondo intero, portando a una risposta immediata degli

Stati Uniti attraverso la **guerra al terrorismo** e la **guerra in Afghanistan** per rovesciare il regime dei talebani che ospitava Al-Qaeda. Più precisamente:

- **Pianificazione e preparazione**: l'attacco è stato pianificato da Osama bin Laden e il suo gruppo, al-Qaeda. Gli attentatori sono stati addestrati in vari Paesi, inclusi l'Afghanistan e la Germania, sotto la supervisione di Al-Qaeda. Gli attaccanti erano in gran parte cittadini di Paesi arabi, in particolare dell'Arabia Saudita.

- **Attacco**: l'11 settembre 2001, quattro aerei di linea sono stati dirottati quasi contemporaneamente. Due di questi aerei, dirottati da dirottatori affiliati ad al-Qaeda, sono stati schiantati contro le Torri Gemelle del World Trade Center a New York. Un terzo aereo è stato schiantato contro il Pentagono a Washington, D.C. Il quarto aereo, presumibilmente diretto verso un altro obiettivo a Washington, è precipitato in un campo in Pennsylvania dopo che i passeggeri hanno cercato di riprendere il controllo dell'aereo dai dirottatori.

- **Impatto**: gli aerei dirottati hanno causato danni catastrofici alle Torri Gemelle, causando il crollo di entrambe le torri entro poche ore dagli impatti. I crolli hanno provocato la morte di oltre 2.700 persone, compresi passeggeri degli aerei, lavoratori delle Torri Gemelle e soccorritori che stavano cercando di aiutare le vittime.

- **Conseguenze**: l'attacco alle Torri Gemelle è stato un momento di grande shock per gli Stati Uniti e il mondo intero. Ha portato a una risposta immediata da parte degli Stati Uniti, incluso l'avvio della "guerra al terrorismo" e la guerra in Afghanistan per rovesciare il regime dei talebani che ospitava al-Qaeda. Ha anche portato a una revisione delle politiche di sicurezza nazionale e alla creazione di nuove agenzie come il Dipartimento della Sicurezza Interna degli Stati Uniti.

- **Riscontri e indagini**: dopo gli attacchi, sono state condotte ampie indagini per identificare i responsabili. Osama bin Laden, il leader di al-Qaeda, è stato rapidamente identificato come il mandante degli attacchi. Gli Stati Uniti hanno guidato un'operazione militare per catturare o uccidere bin Laden, che è stata portata a termine con successo nel 2011 in Pakistan.

In sintesi, l'attacco alle Torri Gemelle è stato un evento di portata storica che ha avuto conseguenze a lungo termine sulle politiche mondiali e sulla percezione della sicurezza globale. Ha dimostrato la capacità dei gruppi terroristici di perpetrare attacchi su larga scala e ha segnato l'inizio di una nuova era nella lotta contro il terrorismo internazionale

GEOGRAFIA

TESI 1

L'orientamento:

    a. L'equatore, i meridiani, i paralleli

    b. Le coordinate geografiche: la latitudine e la longitudine

    c. Orientamento assoluto e relativo

a. L'equatore, i meridiani, i paralleli

La Terra non ha una forma perfettamente geometrica, non è una sfera né un ellissoide. Per questo motivo, la sua forma viene spesso indicata con un apposito termine: **geoide**. Nonostante le imperfezioni del globo dal punto di vista geometrico, è stato comunque possibile suddividerne l'area superficiale secondo uno schema astratto composto da linee, come circonferenze o semicirconferenze. Queste si comportano come linee di riferimento a partire dalle quali è possibile ricavare con esattezza le coordinate di qualsiasi punto della superficie terrestre, vale a dire la posizione univoca di un luogo in relazione ad esse.

Assumendo che la Terra abbia la forma di una sfera:

- i **meridiani** sono circonferenze immaginarie che si ottengono dall'intersezione tra la superficie terrestre e i piani passanti per i due poli: tra questi, il meridiano passante per **Greenwich** (Londra) viene definito **fondamentale**;

- i **paralleli** sono circonferenze immaginarie ottenute dall'intersezione tra la superficie terrestre e piani perpendicolari all'asse di rotazione terrestre: tra queste, l'**equatore** rappresenta la circonferenza massima, che suddivide la Terra in due emisferi uguali (**emisfero boreale** ed **emisfero austral**e).

Come abbiamo detto, i meridiani sono semicirconferenze immaginarie che percorrono la superficie terrestre dal Polo Nord al Polo Sud. Ciascuna circonferenza che passa dai due poli viene suddivisa in due parti, dette **meridiano** e **antimeridiano**. In questo modo con il termine **meridiano** si suole intendere solo una semicirconferenza avente come punto d'inizio il Polo Nord e come punto finale il Polo Sud, mentre la semicirconferenza opposta ad essa prende il nome di **antimeridiano**.

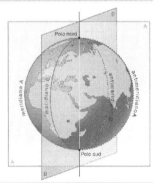

Elenchiamo le principali caratteristiche di meridiani e antimeridiani terrestri:

- in tutti i punti della superficie terrestre che si trovano sullo stesso meridiano è **mezzogiorno contemporaneamente**; infatti il termine meridiano deriva dal latino **meridies**, che significa mezzogiorno;

- ciascun meridiano e il corrispondente antimeridiano hanno una lunghezza pari a circa **20.004,5 km**;

- il **meridiano fondamentale** è il **meridiano di Greenwich**, così chiamato poiché passa per l'osservatorio astronomico di Greenwich, nei pressi di Londra;

- l'antimeridiano del meridiano di Greenwich passa per l'Oceano Pacifico e individua la linea del cambiamento di data.

- per ogni punto della superficie terrestre passa un solo meridiano che definisce la **longitudine** del luogo, cioè la **distanza angolare** tra il meridiano di Greenwich e il meridiano che passa per quel punto;

- al meridiano di Greenwich si assegna la longitudine 0°. Procedendo a est o a ovest di tale meridiano si assegna poi un valore di longitudine da 0° a 180° seguito dall'indicazione **E** se ci troviamo a est oppure **O** se ci troviamo a ovest di Greenwich.

I paralleli terrestri vengono definiti a partire dall'**equatore**, che è il parallelo fondamentale, ottenuto dall'intersezione tra la superficie terrestre e un piano passante per il centro della terra e perpendicolare all'asse di rotazione terrestre. Tutti gli altri paralleli sono circonferenze immaginarie parallele all'equatore.

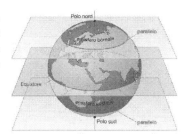

Elenchiamo le principali proprietà che caratterizzano i paralleli terrestri:

- l'equatore ha una lunghezza pari a circa **40075 km**, che corrisponde alla **circonferenza massima** della terra e divide la terra in due emisferi (emisfero boreale ed emisfero australe). A partire dall'equatore e procedendo verso i due poli, ciascun parallelo ha una lunghezza via via minore: ai poli, i paralleli si riducono a un solo punto;

- l'equatore è il parallelo su cui i raggi del sole cadono perpendicolarmente alla superficie terrestre in corrispondenza degli **equinozi** e, di conseguenza, nei giorni di ciascun equinozio le durate del dì e della notte sono uguali tra l'emisfero boreale e l'emisfero australe;

- oltre all'equatore esistono altri due paralleli fondamentali: il **tropico del Cancro** e il **tropico del Capricorno**. I tropici hanno una notevole importanza in termini astronomici perché, in corrispondenza dei **solstizi**, i raggi del sole cadono perpendicolarmente a uno dei due tropici sulla superficie terrestre;

- mediante i paralleli si definisce la **latitudine** che è la **distanza angolare** tra l'equatore e il parallelo che passa per un dato punto. All'equatore si assegna la latitudine 0°; procedendo verso nord o verso sud la latitudine varia da 0° a 90° seguita dall'indicazione nord (N) o sud (S).

b. Le coordinate geografiche: la latitudine e la longitudine

Le **coordinate geografiche** sono valori desumibili da enti geometrici applicati alla superficie terrestre che consentono di stabilire in modo univoco la posizione di un dato luogo. Le coordinate principali sono la **latitudine** e la **longitudine**, ma si può considerare insieme ad esse anche l'altitudine. Esse risultano indispensabili per l'orientamento in quanto, a differenza dei punti cardinali, godono di punti di riferimento fissi, assoluti e immutabili; questi sono, dunque, maggiormente condivisibili a livello globale. Essi, infatti, non derivano direttamente dall'osservazione dell'ambiente circostante o di fenomeni naturali in genere, bensì dall'applicazione ideale di un costrutto geometrico e matematico al nostro pianeta.

Tuttavia, è necessario notare fin da subito che le coordinate geografiche considerate singolarmente non conducono al risultato voluto. Infatti, solo la loro interazione, cioè la determinazione contemporanea delle due principali, latitudine e longitudine, ed eventualmente della terza (l'altitudine), consente di ottenere la completa precisione ricercata. Come sarà possibile verificare successivamente, conoscere esclusivamente la latitudine di un luogo non significa individuare il solo punto di nostro interesse, ma considerare tutti gli infiniti possibili punti della Terra caratterizzati da quella stessa latitudine. In modo analogo, conoscere solo la longitudine o l'altitudine di un sito ci costringerebbe a una vaghezza eccessiva e inconcludente ai fini della determinazione geografica.

Per comprendere le coordinate geografiche in questione, è essenziale sapere come le linee di riferimento di cui si è parlato si posizionano sul pianeta. In altre parole, bisogna conoscere la struttura del **reticolo geografico** (anche detto **reticolato geografico**), l'insieme delle linee la cui reciproca intersezione costituisce la rete da utilizzare per ricavare i valori delle coordinate cercate.

Iniziamo, quindi, dai poli geografici. Il Polo Nord e il Polo Sud sono gli unici due punti della superficie terrestre che non vengono influenzati dal moto di rotazione del pianeta. Essi rimangono fissi alle estremità boreale e australe, mentre tutti gli altri punti della superficie ruotano in senso antiorario, da Ovest verso Est. Per questa loro caratteristica, i Poli Nord e Sud corrispondono ai due punti in cui l'**asse terrestre** o **asse di rotazione** interseca la superficie del globo. L'asse terrestre, benché non sia parte integrante del reticolo che idealmente avvolge la Terra, ma anzi attraversi l'interno del pianeta, è una prima linea immaginaria, in questo caso retta, il cui riferimento risulterà indispensabile alla successiva determinazione delle coordinate.

Una volta individuati i Poli e l'asse, in effetti, è possibile tracciare l'unica circonferenza contemporaneamente perpendicolare all'asse ed equidistante dagli estremi polari. Tale circonferenza si trova esattamente a metà strada fra i Poli e divide in due emisferi di uguali dimensioni la Terra (boreale e australe). Questa linea si chiama **equatore** e, in virtù della sua posizione, è il riferimento principale del reticolo geografico. A partire da esso, infatti, come visto nel precedente paragrafo, è possibile tracciare infinite ulteriori circonferenze parallele all'equatore stesso verso Nord e verso Sud: i **paralleli**. Quindi, la Terra risulta suddivisibile in infinite sezioni orizzontali. Tuttavia, ai fini della rappresentazione grafica si è soliti rappresentare solo i paralleli principali, come per esempio il **Tropico del Cancro** nell'emisfero boreale e il **Tropico del Capricorno** in quello australe.

Ogni parallelo, inoltre, viene indicato con una gradazione angolare, la quale rappresenta un angolo perpendicolare al piano dell'equatore e formato da due linee rette: la prima unisce il punto del parallelo di nostro interesse al centro geometrico del pianeta, mentre la seconda collega lo stesso centro al punto dell'equatore utile a far sì che l'angolo risultante sia perpendicolare al piano dell'equatore. L'ampiezza dell'angolo così formato viene indicata in gradi sessagesimali e individua precisamente la latitudine di un parallelo. Seguendo questo procedimento, l'equatore corrisponde ad un'ampiezza angolare nulla, cioè di 0°. Invece, i Circoli Polari e i Poli sono caratterizzati da un'ampiezza rispettivamente di 60° e 90°. Naturalmente, oltre alla misura angolare, bisogna indicare in quale verso l'angolo si estende rispetto all'equatore, se a Nord o a Sud. Per chiarire ogni dubbio è sufficiente aggiungere una lettera (N o S) o un segno (+ se a Nord o – se a Sud). Avremo quindi il Circolo Polare artico alla latitudine 60° N o semplicemente +60° e il Circolo Polare antartico a 60° S o -60°. Da notare, infine, che i Poli non sono due paralleli. Come già detto, essi sono due punti e, dunque, non hanno alcuna estensione geometrica.

È ora possibile comprendere perché la sola latitudine non consente l'individuazione di un singolo luogo ad eccezione dei Poli: tutti i punti di un parallelo si trovano alla stessa distanza angolare dall'equatore. Bisogna, quindi, conoscere l'altra coordinata.

La longitudine è, in modo analogo alla latitudine, la distanza angolare di un punto da una linea di riferimento. Quest'ultima non è un parallelo, come l'equatore, ma un meridiano. Abbiamo già definito i meridiani come semicirconferenze ideali aventi per estremi i Poli. Pur essendo di fatto infiniti come i paralleli, si è soliti considerare quelli principali. Fra questi, ve n'è uno ritenuto fondamentale: il **meridiano di Greenwich**, ossia la semicirconferenza passante per la località di Greenwich, presso Londra, dove si trova un importante osservatorio. Il meridiano fondamentale e il suo antimeridiano, cioè la semicirconferenza opposta con la quale forma un unico circolo, dividono in due emisferi la Terra: quello occidentale a Ovest di Greenwich e quello orientale a Est. La longitudine sul meridiano fondamentale è di 0° (da cui il nome di **meridiano zero**), mentre sull'antimeridiano è di 180° E o 180° O in base alla direzione verso la quale si guarda: Est o Ovest dello zero.

Per misurare la longitudine di un punto, è necessario considerare un angolo formato da due lati: il primo unisce il punto in questione all'asse terrestre, mentre il secondo unisce il medesimo asse al punto del meridiano di Greenwich con identica latitudine. L'angolo viene così individuato su un piano parallelo al piano dell'equatore. Come detto, paralleli e meridiani sono infiniti, ma convenzionalmente ne vengono contati rispettivamente 180 e 360: uno per ogni grado di distanza dalla linea di riferimento.

Latitudine e longitudine sono sufficienti a stabilire la posizione di un luogo, ma è possibile indicarne anche l'altitudine. Quest'ultima indica l'altezza del punto cercato sul livello medio del mare o, al contrario, la profondità rispetto ad esso.

c. Orientamento assoluto e relativo

L'**orientamento** è genericamente definibile come la capacità di determinare la posizione di un dato elemento nei confronti di un sistema che lo include. In particolare, per orientamento spaziale s'intende la facoltà di assegnare a un luogo la sua posizione in relazione a uno o più punti di riferimento prestabiliti e fissi. Questi possono variare purché in accordo ai criteri di semplicità, precisione e comunicabilità. Tuttavia, in ambito geografico, sono riconosciuti alcuni punti di riferimento principali detti, per questo motivo, **punti cardinali** e disposti lungo la linea dell'orizzonte di un dato luogo. L'**orizzonte** è, precisamente, la linea di incontro del piano del luogo in cui ci si trova con la sfera celeste. I punti cardinali sono quattro: Nord (N), Sud (S), Ovest (O) ed Est (E). Si pongono idealmente alle estremità di due assi fra loro ortogonali in modo da poter essere facilmente determinati anche nell'eventualità in cui se ne conoscesse solo uno. In particolare, rivolgendosi per esempio verso Nord, si avranno a destra e a sinistra rispettivamente l'Est e l'Ovest, mentre alle proprie spalle si potrà indicare il Sud. Inoltre, la perpendicolarità fra le direzioni N-S e O-E consente l'individuazione geometrica di altri dodici punti intermedi. Questi derivano i propri nomi dalla loro maggiore o minore vicinanza ad uno dei quattro principali. È dunque possibile enumerare i punti Nord-Ovest (NO), Nord-Est (NE), Sud-Est (SE) e Sud-Ovest (SO). Geometricamente, tali coordinate si trovano alle estremità dei due assi che si configurano come bisettrici dei quattro quadranti delineati dai quattro punti cardinali. Analogamente, procedendo nella bipartizione degli angoli formati dalle direzioni anzidette, sono segnalabili gli otto ulteriori punti intermedi i quali, partendo da Ovest, sono: Ovest-Nord-Ovest (ONO), Nord-Nord-Ovest (NNO), Nord-Nord-Est (NNE), Est-Nord-Est (ENE), Est-Sud-Est (ESE), Sud-Sud-Est (SSE), Sud-Sud-Ovest (SSO), Ovest-Sud-Ovest (OSO). Come abbiamo visto, i punti cardinali hanno fra loro delle relazioni geometriche indispensabili ai fini della loro determinazione relativa, cioè della loro esatta individuazione a partire dalla conoscenza di uno qualunque degli altri riferimenti. Tuttavia, per tale motivo, è importante poter indicare con sicurezza ciascuno dei quattro punti cardinali anche indipendentemente dagli altri. Se così non fosse, infatti, non sarebbe evidentemente possibile dedurre le ulteriori posizioni mediante il metodo accennato.

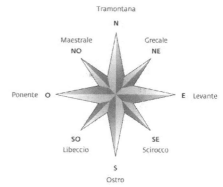

L'insieme dei punti cardinali e dei punti intermedi costituisce la **rosa dei venti**. Questa è un sistema di raffigurazione delle principali direzioni di orientamento, così chiamato in quanto associato ai nomi dei venti provenienti da ciascuno dei punti dell'orizzonte indicati. In corrispondenza di ogni punto cardinale, intermedi compresi, viene indicato il nome del vento che da quel luogo proviene. In Europa, i principali venti sono la Tramontana da Nord, il Grecale da Nord-Est, il Levante da Est, lo Scirocco da Sud-Est, l'Ostro da Sud, il Libeccio da Sud-Ovest, il Ponente da Ovest e il Maestrale da Nord-Ovest. I nomi elencati hanno etimologie varie ed incerte, ma probabilmente derivano dal fatto che la cartografia europea collocava tradizionalmente la rosa dei venti a ridosso del Mar Ionio. In questo modo, i vari nomi indicherebbero le regioni di origine di ciascuno dei venti (per esempio, il Libeccio soffia dalla Libia).

L'**Est** è anche detto **Oriente** o **Levante** perché è la direzione verso il punto dell'orizzonte da cui sorge il Sole nei giorni equinoziali. I termini 'Oriente' (dal latino *oriri*, cioè nascere, sorgere) e ancor più intuitivamente

'Levante', infatti, indicano esattamente il levarsi del Sole sull'orizzonte. Naturalmente, è necessario specificare come l'Est si riferisca, in termini assoluti, ai giorni equinoziali perché, nel corso dell'anno solare, l'eclittica del Sole interseca il piano dell'orizzonte in punti differenti a causa dell'inclinazione dell'asse terrestre rispetto al piano orbitale del nostro pianeta. Questo significa che il Sole, dal nostro punto di vista, segue un percorso apparente lungo la sfera celeste, il quale va allungandosi, accorciandosi e inclinandosi con angolazioni differenti al variare delle stagioni. In conclusione, l'individuazione dell'Oriente risulta di fatto molto semplice. Infatti, pur variando l'intersecazione dell'eclittica solare con l'orizzonte, avremo sempre luoghi circoscritti a quel solo punto che risponde esattamente alla definizione di Est in relazione al luogo di

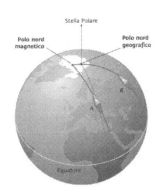

osservazione. Analogamente, è possibile determinare l'Ovest conoscendo il punto dell'orizzonte nel quale il Sole tramonta. A causa di ciò che indica, il tramonto, l'**Ovest** è anche chiamato **Occidente** (dal latino occidere, cioè tramontare) o **Ponente** (dal latino ponere, cioè porre, tramontare), termini che indicano il movimento apparente di discesa o caduta dell'astro in questione all'orizzonte. Il **Sud** è a sua volta individuabile a partire dal moto apparente del Sole. Infatti, rappresenta la direzione del punto in cui il Sole raggiunge la massima altezza rispetto all'orizzonte. Anche in questo caso, è necessario riferirsi al moto solare degli equinozi considerando le variazioni angolari dell'eclittica nel corso dell'anno. Inoltre, poiché il Sole raggiunge la massima altezza a mezzogiorno, il Sud è detto anche **Mezzogiorno** o **Meridione** (dal latino meridies, 'mezzogiorno', 'meriggio'). Infine, il **Nord**, detto anche **Settentrione** (dal latino septemtriones, 'i sette buoi', in riferimento alle sette stelle della costellazione dell'Orsa Minore, chiamata anche Piccolo Carro) è il punto diametralmente opposto al Sud. Quindi, è possibile dedurre la sua direzione valutando la posizione del Sole solo indirettamente. Al fine di determinare il Nord direttamente, è necessario seguire, lungo l'orizzonte, la direzione della Stella Polare, l'astro in cui culmina l'Orsa Minore. Questa è una stella che si trova in linea con l'estremità settentrionale dell'asse terrestre e, considerata la sua posizione nella sfera celeste, non è soggetta a spostamenti nel corso delle ore o dell'anno come invece lo sono le altre stelle o costellazioni. La rotazione apparente della sfera celeste, quindi, non influisce su di essa. Per questa sua caratteristica di maggiore stabilità nel tempo, unitamente alla sua posizione, la Stella Polare è utilizzata come riferimento nell'orientamento nell'emisfero boreale fin dall'antichità. Siccome nell'emisfero australe la Stella Polare non è mai visibile, viene utilizzata allo stesso modo la costellazione della Croce del Sud: l'orientamento del suo asse, infatti, consente di riconoscere il Sud. Seguendo le direzioni Nord e Sud descritte, è possibile raggiungere due particolari punti della superficie terrestre: il **Polo Nord** e il **Polo Sud**, i quali possono essere proiettati sull'immaginaria sfera celeste con il nome di **Polo Nord** e **Polo Sud celesti**. Il Polo Nord e il Polo Sud geografici sono rispettivamente i punti più estremi degli emisferi boreale e australe, di latitudine 90°, in cui si incontrano i meridiani. I Poli geografici vengono distinti dai **Poli Nord e Sud magnetici** perché discostati da questi. Mentre i primi sono i punti in cui la superficie è intersecata dall'asse terrestre, i secondi sono i luoghi in cui la stessa è intersecata dall'asse magnetico del pianeta.

L'osservazione del cielo non è l'unico modo per determinare la posizione dei punti cardinali. In effetti, poiché si basa sull'osservazione celeste (del Sole, della Stella Polare o della Croce del Sud), tale metodo è applicabile solo con certe condizioni meteorologiche e in certi momenti della giornata. Per ovviare a tutti gli eventuali impedimenti nell'osservazione dei fenomeni naturali, sono stati sviluppati nel tempo diversi strumenti tecnici. Il più noto fra tutti è la **bussola**, uno strumento di antica origine cinese trasportato in Europa dagli Arabi intorno al XII secolo. Questo strumento può assumere diverse fattezze, ma gli elementi fondamentali sono un quadrante e un ago magnetizzato. Il quadrante riporta almeno i quattro punti cardinali su di un supporto girevole. Questo, infatti, deve poter ruotare a seconda dei movimenti di un ago sensibile al campo magnetico terrestre. L'ago magnetizzato punta una delle proprie estremità sempre verso il Polo Nord magnetico, il quale non coincide esattamente con il Polo Nord geografico. Sebbene non sempre rilevante a seconda delle necessità, tale discostamento deve essere sempre considerato per un più preciso orientamento.

L'**orientamento assoluto** è un orientamento che non si basa sulla posizione dell'osservatore: i punti di riferimento sono quelli già ampiamente trattati nei due paragrafi precedenti, ossia equatore, meridiani e paralleli, tramite i quali siamo in grado di risalire, come abbiamo visto, alle coordinate geografiche: latitudine e longitudine.

L'**orientamento relativo**, invece, dipende dalla posizione dell'osservatore.

Per definire la posizione di un punto sulla terra si possono utilizzare, oltre che le coordinate geografiche, le **coordinate polari**. Mentre le coordinate geografiche sono assolute, quelle polari sono coordinate relative, cioè variano a seconda della posizione dell'osservatore. Le **coordinate polari** si adottano per descrivere la posizione di un qualsiasi punto P rispetto al punto di stazionamento O in cui si trova l'osservatore. Il punto O è considerato il centro dell'orizzonte visivo per questo tipo di misurazione. Le coordinate polari sono l'**azimut** e la **distanza**. L'azimut è l'angolo compreso tra il meridiano (congiungente nord – sud) passante per O e la direzione di P. Tale angolo è misurato a partire dal nord in senso orario.

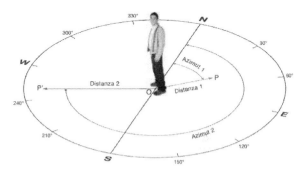

La distanza è la lunghezza del segmento di retta congiungente i punti O e P. Se sono note le coordinate assolute del punto di stazionamento O, si possono ricavare facilmente latitudine e longitudine di qualsiasi altro punto di cui siano note le coordinate polari rispetto a O.

TESI 2

I fenomeni vulcanici e i fenomeni sismici:

   d. edifici vulcanici, tipi di eruzioni e prodotti dell'attività vulcanica; distribuzione geografica

   e. fenomeni di vulcanesimo secondario; distribuzione geografica

   f. natura e origine dei terremoti; distribuzione geografica, la tettonica a placche

   g. la forza e gli effetti di un terremoto; propagazione e registrazione delle onde sismiche

a. Edifici vulcanici, tipi di eruzioni e prodotti dell'attività vulcanica; distribuzione geografica

Il vulcanesimo è l'insieme di fenomeni caratterizzati dalla fuoriuscita di magma, gas e vapori, ceneri e lapilli attraverso fratture della crosta terrestre chiamate vulcani.

Quest'ultimi, detti anche edifici vulcanici, si formano grazie all'accumulo e alla solidificazione dei suddetti prodotti dell'attività vulcanica eruttati durante le diverse manifestazioni.

Il magma è un sistema complesso di rocce fuse, acqua e sostanze gassose (anidride carbonica, acido cloridrico, idrogeno solforato e acido fluoridrico) e si presenta sotto forma di fluido viscoso ad alta pressione e con una temperatura oscillante tra i 650 °C e i 1200 °C. Esso si origina nella **litosfera**, ossia la parte del mantello adiacente alla crosta terrestre, oppure nell'**astenosfera**, ossia quella parte di mantello più vicina al nucleo esterno, in relazione a tre condizioni ottimali:

- l'aumento della temperatura di 3°C ogni 100 metri in direzione di avvicinamento al nucleo esterno, da cui dipende la fusione delle sostanze solide;

- la diminuzione della pressione litostatica, che fa sì che le rocce arrivino ad uno stato viscoso e non totalmente fluido;

- il contatto delle rocce calde con una vena acquifera, da cui si origina un abbassamento del punto di fusione della roccia stessa.

Esistono diverse tipologie di magma, classificabili, sulla base della percentuale di silicio in essi contenuti, in:

- **magmi acidi**, ricchissimi di alluminio e silicio;

- **magmi neutri**, da cui si origineranno rocce neutre;

- **magmi basici**, con bassa percentuale di silicio;

- **magmi ultrabasici**, poverissimi di silicio.

Il magma, per la minore densità rispetto alle rocce circostanti, tende a risalire verso la crosta, dove si accumula in bacini di stagnazione chiamati camere magmatiche, dove stagna per periodi di tempo variabili; la sua risalita in superficie è permessa dal camino vulcanico, ossia il condotto attraverso cui il magma risale per uscire in superficie. Attraversato il condotto, il magma può fuoriuscire o dal solo cratere principale, che è la bocca sommitale del condotto, oppure dal cratere principale e da quelli secondari, che sono le bocche di rami laterali del condotto centrale. Al momento della fuoriuscita, a causa del rapido cambiamento di pressione, il magma perde tutte le sue componenti volatili: a questo punto, la variazione della composizione chimica determina una trasformazione del magma in lava (che è un prodotto essenzialmente allo stato liquido).

Anche per la classificazione delle lave si adottano i criteri di percentuale di silice, in base a cui si distinguono:

- **lave granitiche**, ossia quelle con elevato grado di silice; queste, a causa dell'alto grado di viscosità, tendono a solidificare all'interno del condotto, formando ammassi chiamati plutoni;

- **andesitiche** o **neutre**, con un tenore di silice medio, anch'esse tendenti a solidificare all'interno del camino, ma che riescono in alcuni casi anche a raggiungere la superficie;
- **basaltiche** o **basiche** o **femiche**, con una percentuale di silice molto ridotta.

Queste ultime, in virtù del loro essere poco viscose, raggiungono la superficie e, in relazione alla modalità e all'ambiente di raffreddamento, possono portare a strutture laviche diverse, quali:

- **lave a cuscino**, che sono esclusive degli ambienti sottomarini, in quanto si formano a ridosso delle dorsali oceaniche. In questo caso, per contatto con l'acqua, la superficie si raffredda molto velocemente assumendo un aspetto vetroso, mentre l'interno ha tempistiche di solidificazione più lunghe;
- **lave pahoehoe**, derivate da magmi molto fluidi, con superficie liscia e ondulata e ricoperta da uno strato sottile di vetro vulcanico: tale aspetto è dovuto al fatto che lo strato più esterno, che tende a raffreddarsi più rapidamente, "galleggia" su un fondo ancora fluido;
- **lave aa**, derivate da magmi più viscosi rispetto a quelli di cui abbiamo parlato finora e caratterizzate da una superficie frammentata in blocchi, creatasi per scivolamento della parte più esterna solidificata su una base ancora fluida.

Insieme alla lava, inoltre, durante le eruzioni vengono emessi prodotti aeriformi e materiali solidi; tra i primi rientra principalmente il vapore acqueo, seguito da anidride carbonica e solforosa, mentre i secondi, anche chiamati materiali piroclastici, sono frammenti lavici scagliati in aria che si raffreddano prima di toccare il suolo. Tra i materiali piroclastici distinguiamo:

- **bombe vulcaniche**, ossia "gocce" di lava con particolare viscosità che, scagliate in aria durante l'eruzione anche a distanze chilometriche, raffreddano rapidamente prima di toccare il suolo;
- **lapilli**, ossia frammenti solidi di lava che vengono espulsi principalmente nelle eruzioni di tipo esplosivo;
- **ceneri** e **polveri**.

Alla luce di quanto finora detto, è possibile pertanto classificare i vulcani sia in base al tipo di edificio vulcanico sia in base al tipo di attività che li interessa. Per quanto riguarda il primo aspetto, possiamo distinguerli tra:

- **vulcani a scudo**, che si formano in seguito a eruzioni effusive di lava basaltica con colate molto fluide. Questi sono caratterizzati da una pianta molto larga e da fianchi poco inclinati. Il più grande vulcano a scudo attivo al Mondo è quello di Mauna Loa nelle Hawaii;
- **vulcani a cono**, che sono derivati da lave acide poco viscose che, tendendo a solidificare appena uscite dal cratere, faticano a scorrere lungo le pareti dell'edificio vulcanico. La lava acida che li caratterizza è, inoltre, responsabile dell'alternarsi di fasi eruttive e fasi esplosive, dal momento che questa, solidificando all'interno, genera un tappo nel condotto, che viene rimosso con forti deflagrazioni che permettono la fuoriuscita di lava e materiali piroclastici che solidificano in prossimità del cratere;
- **vulcani sottomarini**, che possono presentarsi o nella forma a scudo o in quella a cono o, nella maggior parte dei casi, come spaccature della crosta oceanica da cui fuoriescono magma e gas.

Sulla base del tipo di attività, invece, i vulcani possono essere classificati in:

- **tipo hawaiano**, caratterizzato da effusioni laviche molto fluide che non comportano scosse o esplosioni. Fuoriuscendo dai condotti, le lave sono in grado di scorrere per chilometri in larghe colate lungo i fianchi degli edifici vulcanici che, per questo, presentano versanti poco inclinati;
- **tipo stromboliano**, caratterizzato dall'emissione di magma discretamente fluido, che in parte cristallizza durante la risalita nei condotti, e l'attività vulcanica si riduce al lancio di frammenti di lava semisolidi. Le eruzioni di tipo stromboliano sono moderatamente esplosive e l'ostruzione lavica che si può formare all'interno del condotto viene continuamente rimossa senza particolari deflagrazioni;

- **tipo vulcaniano**, caratterizzato da eruzioni esplosive molto violente, dovute all'aumento di pressione che si genera nel condotto in seguito alla solidificazione del magma che avviene in questa zona nel periodo di quiescenza;

- **tipo peleano**, in cui l'esplosione avviene in senso orizzontale al di sotto di un'ostruzione magmatica acida;

- **tipo islandese**, in cui l'emissione non avviene dal cratere ma da una fenditura orizzontale dalla quale fuoriesce lava basica che tende a formare altopiani basaltici proprio a ridosso della fenditura stessa;

- **tipo vesuviano**, che si differenzia dal vulcaniano solo per il fatto che l'esplosione iniziale è talmente violenta da determinare uno svuotamento della camera magmatica;

- **grandi caldere**: queste, in realtà, rientrano soltanto in parte nella categoria di cui stiamo parlando dal momento che non hanno un edificio vulcanico vero e proprio, ma si presentano come depressioni originatesi in seguito ad esplosioni vulcaniche;

In base alla periodicità eruttiva, infine, possiamo distinguere:

- **vulcani attivi**, ossia quelli che eruttano con frequenza più o meno regolare;

- **vulcani quiescenti**, ossia quando l'ultima eruzione è avvenuta nel corso degli ultimi 10.000 anni, ma mostra ancora segni di attività vulcanica che non fanno escludere la possibilità che possa tornare ad eruttare. I vulcani quiescenti, nonostante si trovino a riposo, mostrano molti segni di un'attività vulcani secondaria, come fumarole e sismi di moderata entità;

- **vulcani spenti**, ovvero quelli la cui ultima eruzione risale a più di 10.000 anni fa.

L'attività vulcanica può essere essenzialmente distinta tra un vulcanesimo di tipo effusivo e uno di tipo esplosivo, mentre le manifestazioni intermedie sono molto meno diffuse. La differenza tra i due tipi di attività dipende essenzialmente dalla viscosità del magma che viene emesso e che determina la stessa conformazione degli edifici vulcanici che vengono a crearsi in seguito al deposito e all'accumulo sul suolo di lava e materiale solido.

Un magma con contenuto di silicio inferiore al 50% viene eruttato con una dinamica effusiva, ossia viene emesso con colate laviche basaltiche che scivolano lungo i fianchi dell'edificio vulcanico in maniera molto debole. Il processo che domina l'attività effusiva, determinandone le caratteristiche, è la degassazione che il magma subisce durante la risalita; i magmi femici, ad esempio, a basso contenuto di silice, trattengono solo piccole quantità di gas e per questo danno vita a lave molto fluide e ad alta temperatura che scorrono lungo le pendici del vulcano sotto forma di fiumi incandescenti che possono espandersi anche su grandi distanze. La manifestazione più imponente del vulcanesimo effusivo avviene sott'acqua ed è associata alle fessure che segnano l'asse delle dorsali oceaniche. In ambiente sottomarino l'attività vulcanica si svolge con caratteristiche diverse a seconda della profondità in cui si verificano le eruzioni:

- se le bocche eruttive si trovano su fondali poco profondi, e quindi caratterizzate da pressione moderata, l'emissione della lava è accompagnata da modeste esplosioni che portano in superficie vapore acqueo. Qui la lava si accumula e l'edificio vulcanico, inizialmente sommerso, può emergere dal mare e formare isole vulcaniche;

- quando, invece, lo strato d'acqua è superiore ai 200 m difficilmente i materiali eruttivi raggiungono la superficie e la lava basaltica che fuoriesce, derivata da magma direttamente risalente dal mantello, raffredda molto rapidamente, formando strutture globose con superficie vetrosa a cui viene dato il nome di **lava a cuscino**.

L'attività effusiva si manifesta, inoltre, in corrispondenza dei cosiddetti **punti caldi**, ossia di zone della crosta terrestre con diametro di circa 200 km, caratterizzata da vulcanismo attivo persistente. Si tratta, in questo caso, di zone sotto cui avviene continuamente la fusione delle rocce e quindi la creazione di magma. Sono ad attività effusiva dominante:

- **Eruzione hawaiana**: tipica del vulcano a scudo, con effusioni laviche molto fluide
- **Eruzione islandese**: la lava è sempre molto fluida che può fuoriuscire sia dal condotto principale che da fessure laterali apertesi nella crosta

È, invece, ad attività effusiva prevalente l'eruzione di tipo stromboliano, caratterizzata da una lava meno fluida che tende a ristagnare e, quindi, a solidificare all'interno del cratere. Il tappo lavico che si crea, tuttavia, viene rimosso senza particolari deflagrazioni, differentemente da quanto avviene per le eruzioni di tipo esplosivo.

Al contrario, un magma con una percentuale di Silicio superiore al 60%, che dunque risulta essere particolarmente viscoso, tende ad ostruire il condotto vulcanico in prossimità del cratere attraverso la formazione di un tappo vulcanico, il quale, a sua volta, determina un aumento della pressione all'interno del camino stesso. Il magma in risalita, dunque, soggetto ad una pressione maggiore, fuoriesce dando luogo ad una eruzione esplosiva che porta in alcuni casi alla sola rimozione dell'ostruzione magmatica, in altri alla totale distruzione dell'edificio vulcanico stesso. Quando avviene l'esplosione, si forma una nube ardente di gas, vapore di diversa composizione chimica e frammenti solidi che sale verticalmente. Nel momento in cui i materiali volatili si disperdono nell'atmosfera, le componenti solide ricadono lungo le pareti dell'edificio vulcanico formando colate piroclastiche; se, invece, l'esplosione avviene lateralmente la *nube ardente*, chiamata in questo caso *discendente*, rotola lungo il pendio a velocità elevata. Esistono, inoltre, le cosiddette *nubi ardenti traboccanti* che fuoriescono non dal cratere principale, ma da fessure laterali lunghe vari chilometri. Si aggiunge a questo tipo di attività, un vulcanismo esplosivo la cui manifestazione non è correlata alla composizione del magma: si tratta del cosiddetto *vulcanismo idro-magmatico*, dovuto all'interazione tra il magma, che si trova ad alta temperatura, e le falde acquifere che permeano le rocce, che si trovano ad una temperatura più bassa. Il rapido passaggio dell'acqua di falda dallo stato liquido a quello aeriforme determina un significativo aumento di pressione che spinge le rocce sovrastanti verso l'alto, le quali, a loro volta, possono arrivare ad aprire ulteriori condotti verso l'esterno. A seguito di ciò, dunque, può fuoriuscire dal cratere una colonna di vapore, una sorta di onda d'urto concentrica, che trascina verso la superficie frammenti di roccia e lava polverizzata. La caratteristica principale delle eruzioni esplosive sta nel fatto che esse portano principalmente all'accumulo di materiali piroclastici, mentre le lave sono generalmente meno abbondanti perché tendono a ristagnare in prossimità del centro eruttivo, formando guglie e duomi andesitici, piuttosto che formare colate lungo i pendii degli edifici vulcanici. I duomi lavici sono strutture a forma conica o a cupola che si formano a ridosso del cratere per quasi immediata solidificazione della lava che, essendo particolarmente viscosa, non riesce ad innescare la colata; le guglie, invece, hanno una struttura a spina.

I vulcani esplosivi si trovano principalmente nelle zone di subduzione, ossia dove le placche litosferiche collidono con conseguente scorrimento di una placca sotto l'altra, andando a formare nuova litosfera in prossimità delle dorsali medio-oceaniche. Questa tipologia di vulcano è principalmente localizzata nella Cintura di Fuoco del Pacifico, dove troviamo il Monte Merapi, il Pinatubo, il Mayon e il Monte Sant'Elena; in Italia è, invece, di tipo esplosivo il Vesuvio. Infine, quando l'esplosione porta alla distruzione del cono vulcanico, ciò che si genera prende il nome di *caldera*. Quest'ultima, a forma ellittica o circolare, è un'ampia conca o depressione che può arrivare a coprire un'estensione di 10-15 km^2, in cui si può constatare la presenza di uno o più crateri: sono caldere vulcaniche esplosive quelle di Krakatoa o di Santorini, mentre sono caldere vulcaniche idro-magmatiche quelle dei Colli Albani, nel Lazio, oggi rappresentate dai laghi di Albano Laziale e Nemi.

Sono eruzioni esplosive:

- **Eruzione vulcaniana**, caratterizzata da eruzioni esplosive molto violente, dovute all'aumento di pressione che si genera nel condotto in seguito alla solidificazione del magma che avviene in questa zona nel periodo di quiescenza;
- **Eruzione vesuviana/pliniana**, che si differenzia dal vulcaniano solo per il fatto che l'esplosione iniziale è talmente violenta da determinare uno svuotamento della camera magmatica;
- **Eruzione peléeana**, caratterizzata dal fatto che la fuoriuscita di lava solida è accompagnata da nuvole di gas, vapori e ceneri che rotolano lungo le pareti dell'edificio vulcanico e si espandono su aree molto vaste.

Il vulcanismo, in quanto manifestazione superficiale di un processo che nasce in profondità, è diffuso su tutto il Pianeta fin dalle sue origini. La distribuzione dei vulcani sulla crosta non è però casuale né uniforme, ma si concentra in lunghe fasce in corrispondenza degli allineamenti di fosse abissali e dorsali oceaniche, mentre solo una parte sembra avere una distribuzione sparsa.

I vulcani sono localizzati per l'80% in zone di compressione, dove c'è una tendenza delle placche alla convergenza, per il 15% in zone di divergenza e per il 5% all'interno di placche oceaniche e continentali, in corrispondenza dei cosiddetti punti caldi.

Per comprendere la distribuzione geografica dei vulcani è, infatti, necessario prendere in considerazione la teoria della tettonica delle placche, secondo cui la Terra è costituita da 16 zolle, lungo i cui margini si sviluppa gran parte dell'attività sismica e vulcanica. Le placche litosferiche sono in movimento relativo tra loro ed in base al comportamento è possibile distinguere tra:

- **Margini divergenti**, lungo cui le placche si allontanano e si genera nuova crosta;
- **Margini convergenti**, lungo cui le zolle si scontrano determinando la consunzione della crosta;
- **Margini passivi**, in corrispondenza dei quali le zolle sono soggette a movimento senza però che si generi o si distrugga la crosta.

La maggior parte dei vulcani attivi si localizza lungo i margini divergenti e convergenti. In base a ciò, si distinguono tre diverse situazioni geografiche cui risultano associati i fenomeni vulcanici:

Vulcanismo lungo le dorsali oceaniche (o vulcanismo lineare), in corrispondenza di cui si genera circa il 60% del magma che esce in superficie. Le dorsali oceaniche sono il risultato della divergenza di due placche e si snodano sui fondali oceanici per circa 64.000 km; una dorsale, morfologicamente, si presenta come una faglia inarcata verso l'alto per via della spinta che riceve dalle porzioni di mantello astenosferico in risalita. I margini di tale faglia formano catene montuose con vette che hanno un'altitudine oscillante tra i 1000 e i 3000 metri. In corrispondenza dell'asse delle dorsali oceaniche si ha una continua ascesa di mantello astenosferico caldo che spinge lateralmente la litosfera fredda. Il mantello astenosferico in risalita è soggetto, sotto l'asse delle dorsali, ad un rapido abbassamento di pressione che ne causa la fusione parziale: il magma basaltico che fuoriesce dalla fessura (o *rift valley*) genera, a sua volta, nuova crosta oceanica. Il materiale magmatico proveniente dall'astenosfera, essendo caratterizzato da una temperatura che può raggiungere i 1300 °C e da un basso tenore di silice, riesce facilmente ad attraversare le rocce sovrastanti e a risalire fino alla superficie; nel momento in cui fuoriesce, a causa del brusco abbassamento di temperatura e dell'abbassamento della pressione litostatica che ne determina il degassamento, esso si trasforma in lava basaltica che solidifica in tempi particolarmente brevi ed assume la tipica forma di "lava a cuscini". Le emissioni che avvengono lungo le dorsali oceaniche sono, dunque, di tipo effusivo. Parallelamente, il magma che fuoriesce spinge lateralmente la roccia più fredda che tende, quindi, ad allontanarsi dall'asse di faglia.

Si distinguono le seguenti dorsali:

- **Dorsale medio-atlantica**: situata nell'Oceano Atlantico, con un'estensione che va dal Polo Nord fino all'Antartide, seguendo il profilo dei continenti europeo e americano rivolto verso le Americhe

- **Dorsale indiana sudorientale**: situata sul fondo dell'Oceano Indiano meridionale e del Pacifico, si estende dalla tripla giunzione di Rodrigues, a ovest, alla tripla giunzione di Macquarie, ad est
- **Dorsale indiana sudoccidentale**: situata sul fondo dell'Oceano Indiano sudoccidentale dell'Atlantico sudorientale, separa la placca africana, a nord, da quella antartica, a sud
- **Dorsale medio-indiana**: è situata sul fondo dell'Oceano Indiano centrale e occidentale
- **Dorsale pacifico-antartica**: localizzata nel Pacifico meridionale, separa la placca Pacifica da quella Antartica

Vulcanismo legato ai sistemi arco-fossa (vulcanismo di tipo centrale). In geologia una fossa abissale è una depressione del fondo oceanico, adiacente ad un margine continentale o ad un arco insulare e risultante dall'interazione di due placche, o oceanica-oceanica oppure oceanica-continentale, che, entrando in collisione, sprofondano una sotto l'altra a seconda della maggiore densità. Le fosse abissali, con una lunghezza di 50-100 km e una profondità maggiore a 6 km, appartengono allo stesso sistema geologico delle dorsali e rappresentano il punto in cui la crosta oceanica, più vecchia e più fredda che viene spinta lateralmente dalla lava basaltica che fuoriesce dalle dorsali, si inabissa o sotto altra crosta oceanica più recente o sotto la crosta continentale meno densa. Man mano che avviene l'inabissamento (secondo un piano di inclinazione denominato "piano di Wadati-Benioff"), la crosta, sottoposta ad un aumento di temperatura e di pressione litostatica, comincia a fondere generando nuovo magma che, per minore densità rispetto alle rocce circostanti, tende a risalire, generando un'attività plutonico-vulcanica; sulla placca rimasta in superficie viene così a costituirsi una fascia di vulcani allineati che prende il nome di arco magmatico: il complesso di arco magmatico e fossa di subduzione viene indicato come sistema arco-fossa. Vulcani di questo tipo sono caratterizzati da un'attività fortemente esplosiva. Circa il 60 % dei 700 vulcani attivi terrestri è legato al sistema arco-fossa ed è localizzato nella cosiddetta cintura di fuoco circumpacifica, che si estende con una forma "a ferro di cavallo" nei margini occidentali e orientali del Pacifico, comprendo un arco di circa 40. 000 km. A questi si aggiungono quelli dell'Isola della Sonda, quelli delle fosse minori e della fossa Ellenica; quest'ultima fascia di vulcani prosegue in modo discontinuo attraverso i monti dell'Asia Minore che si sono formati su un'antica fossa ora scomparsa.

Vulcanismo legato ai punti caldi (vulcanismo di tipo centrale o lineare), corrispondente all'arrivo in superficie dei pennacchi, ossia di gigantesche colonne di materiale solido che risale da grandi profondità ed è in grado di perforare la litosfera. Dal momento che le placche sono in movimento e, dunque, scorrono sul mantello sopra i punti di risalita del magma, dallo stesso punto caldo possono formarsi più vulcani che si presentano allineati secondo la direzione in cui avviene lo spostamento della placca. I punti caldi attivi sono circa 40, sia in piena area oceanica, sia all'interno delle terre emerse. La loro origine, in generale, non è connessa con linee di particolare instabilità della crosta: soltanto un punto caldo, infatti, si trova sul percorso di una dorsale oceanica, in Islanda, un'isola interamente vulcanica. Esempi di vulcani formatisi da un punto caldo sono quelli che costituiscono l'arcipelago delle Hawaii, nel Pacifico; si tratta di una serie di isole allineate in direzione nord-ovest per circa 5000 km.

b. fenomeni di vulcanesimo secondario; distribuzione geografica

Esistono ulteriori fenomeni legati all'attività vulcanica che vengono classificati come vulcanesimo secondario, distinto dall'attività primaria per il fatto che non prevede emissioni laviche o piroclastiche, ma soltanto di gas e vapori.
Nel vulcanesimo secondario rientrano:

- Lahar;
- Tsunami;

- Fumarole;
- Putizze;
- Soffioni;
- Geyser;
- Sorgenti termali.

I Lahar sono colate di fango composte da materiale piroclastico e acqua piovana con diverse origini:

- per fusione di neve o ghiaccio presenti lungo le pendici degli edifici vulcanici da parte di materiale piroclastico emesso durante le eruzioni;
- per inondazione causata da ghiacciai o laghi proglaciali presenti all'interno delle bocche eruttive;
- in seguito a piogge intense che si generano per condensazione nell'atmosfera dei vapori emessi durante le eruzioni esplosive.

I **lahar** hanno la stessa consistenza e viscosità del calcestruzzo, nel senso che permangono nello stato fluido durante la fase di movimento, mentre solidificano rapidamente quando si arrestano. Essi, a causa dell'energia e della velocità che acquisiscono durante il movimento, possono rivelarsi estremamente pericolosi poiché, scorrendo a decine di m/s, causano distruzioni catastrofiche durante il loro percorso. Si ricorda a questo proposito il Lahar del Nevado del Ruiz (Colombia) che nel 1985 causò circa 23.000 morti nella città di Armero, sepolta sotto circa 8 metri di fango e detriti.

Gli **tsunami** sono formati da un moto ondoso anomalo del mare generato, soltanto in alcuni casi, da crolli di pendici di isole vulcaniche o da eruzioni vulcaniche sottomarine che comportano uno spostamento improvviso di enormi masse d'acqua. Solitamente un maremoto si genera in mare aperto dove l'onda rimane poco visibile e poco intensa e concentra la sua forza in prossimità della costa dove l'onda, a causa della minore profondità del fondale, si solleva anche di decine di metri. L'altezza delle onde dipende da fattori diversi, quali la conformazione del fondale o delle coste.

Le **fumarole** sono emanazioni di vapori e gas vulcanici in prossimità delle bocche vulcaniche attive o in aree idrotermali in cui i centri vulcanici sono spenti. Queste si presentano come piccole fessure da cui risalgono gas a 100 °C – 900 °C che, a contatto con l'aria e quindi in seguito al brusco calo di temperatura, condensano in "fumi", da cui il fenomeno stesso prende il nome. La composizione chimica dei gas che fuoriescono è variegata, troviamo infatti: vapore acqueo, presente in maggiore percentuale; anidride carbonica, anidride solforosa; acido solfidrico; acido fluoridrico; materiali pesanti in forma di elementi, come piombo, cadmio, mercurio e arsenico. Sulla base delle temperature e della composizione chimica, le fumarole possono essere distinte in ulteriori sottocategorie; troviamo infatti:

- **Fumarole secche o anidre**, caratterizzate da una temperatura di circa 500 °C, principalmente costituite da cloruri e fluoruri e interamente prive di vapore acqueo;
- **Fumarole acide**, con una temperatura di emissione compresa tra i 300 °C e il 500 °C e con una composizione chimica che prevede, oltre al vapore acqueo, acido cloridrico e acido solfidrico;
- **Fumarole alcaline**, con una temperatura oscillante tra i 100 °C e i 200 °C e costituite da vapore acqueo, cloruro di ammonio, acido solfidrico e anidride carbonica;
- **Fumarole fredde**, con temperatura massima di 100 °C e composte per il 95% da vapore acqueo e per il 5% da monossido di carbonio e anidride carbonica.

In alcune zone del mondo dove le temperature sono rigidissime, i gas delle fumarole ghiacciano formando delle strutture a forma di torre che prendono il nome di *fumarole di ghiaccio*.

L'attività conclusiva delle fumarole prende il nome di mofeta (o moffetta), consistente nella emissione di sola anidride carbonica fredda: essendo tale gas più denso dell'aria, in luoghi come grotte e cunicoli tende ad accumularsi sul fondo.

Le **solfatare** sono fenditure di vulcani in fase quiescente o prossimi all'estinzione da cui viene emesso vapore acqueo misto a gas con elevata composizione solfurea. La solfatara più famosa al mondo è indubbiamente quella di Pozzuoli, formatasi durante un periodo eruttivo dei Campi Flegrei, avvenuto circa 3900 anni fa; un'attività simile si ritrova anche nell'isola di Vulcano, nel "Cratere la Fossa".

Con il termine **putizze** si indicano emissioni fredde di solfuro di idrogeno e altri gas sulfurei, principalmente presenti in Toscana.

I **soffioni**, quali emissioni di vapore acqueo ad elevata temperatura e pressione, in forma di getti violenti, possono essere sfruttati come forma di energia geotermica. In Italia sono famosi i soffioni boraciferi di Larderello in Toscana.

I **geyser**, ossia getti intermittenti di acqua bollente, di origine freatica, creano colonne verticali di acqua calda, vapori e, in modesta quantità, solfuro di idrogeno e anidride carbonica. Si tratta di un fenomeno di vulcanesimo secondario piuttosto raro dal momento che richiede particolari condizioni geologiche e climatiche che soltanto alcune zone del Pianeta possiedono. La formazione dei Geyser è possibile, infatti, solo laddove siano presenti strutture della crosta terrestre cosiddette *a sifone*, ossia rocce permeabili, circondate da rocce impermeabili, poste in prossimità di camere magmatiche, all'interno delle quali circola l'acqua. Quest'ultima, riscaldata per via della vicinanza con la camera magmatica, raggiunge il punto di ebollizione, ma la profondità e la pressione litostatica impediscono che essa si trasformi in vapore. L'intera colonna d'acqua sovrastante viene spinta così verso l'alto e, incontrando una pressione litostatica inferiore, viene emessa verso l'esterno con un getto violento. Il tempo che intercorre tra un'emissione e l'altra dipende, in sostanza, dalla velocità con cui il condotto viene riempito d'acqua e dalla quantità dei gas vulcanici e può variare da pochi minuti a diversi giorni. Ci sono 7 zone terrestri in cui si verifica il fenomeno, ossia:

• Il Parco nazionale dello Yellowstone;
• L'Islanda, dove vi è il Grande Geysir, caratterizzato da getti che raggiungono un'altezza di circa 60 metri, che ha universalmente dato nome al fenomeno;
• Nel Taupo, nell'Isola del Nord;
• La penisola di Kamchatka in Russia;
• In Cile, nella zona di El Tatio;
• In Alaska, nell'isola di Umnak;
• Fra i deserti e le lagune di Potosì in Bolivia.

Le **sorgenti termali** hanno la stessa origine dei geyser e dei soffioni, ma rispetto ai quali presentano una temperatura nettamente inferiore. Esse si presentano come fenditure della superficie terrestre da cui fuoriesce acqua riscaldata in maniera geotermica, proprio in quei punti in cui la sottigliezza della crosta terrestre fa sì che sia maggiore la vicinanza delle falde acquifere agli strati di roccia impermeabile calda. L'acqua che ne fuoriesce, a base di calcio e solfato con altissimo contenuto di sodio, stronzio, ferro e fluoruro, viene spesso sfruttata a fini curativi per l'organismo umano. Le più famose in Italia sono quelle di San Calogero nell'Isola di Lipari.

c. Natura e origine dei terremoti; distribuzione geografica, la tettonica a placche

Il terremoto, detto anche sisma o scossa tellurica, è una rapida e brusca vibrazione della crosta terrestre, dovuta alla liberazione di energia elastica accumulatasi nelle rocce del sottosuolo che si deformano a seguito dei movimenti delle placche litosferiche che possono scontrarsi, scorrere l'una parallelamente all'altra o allontanarsi. Stando alla *teoria del rimbalzo elastico* del sismologo Read, quando le rocce hanno raggiunto il loro limite di deformazione si fratturano in blocchi che slittano l'uno rispetto all'altro, formando una *faglia*. In base alla posizione dei margini, le faglie possono essere:

- **chiuse** o **combacianti**: quando i due lembi, come avviene nella maggior parte dei casi, sono a contatto;
- **aperte** o **beanti**: quando tra i lembi si genera una fessura che può essere riempita da materiali detritici o da filoni di origine magmatica.

In base alla loro attività, possiamo distinguere:

- **faglie attive** o **viventi**, ossia tuttora in movimento;
- **faglie inattive** o **morte**, se non presentano più spostamenti.

In base alla loro posizione, invece, si differenziano:

- **faglie affioranti**, se interessano i terreni di superficie;
- **faglie sepolte**, quando l'indagine geofisica ne rivela la localizzazione nel sottosuolo e non interessano i terreni di copertura.

Il sisma è dovuto al movimento improvviso dei due lati della faglia, durante il quale si accumula energia potenziale di natura elastica. Quando la pressione supera la capacità di resistenza delle rocce, esse cedono di colpo. La rottura della roccia determina, quindi, la liberazione dell'energia elastica sottoforma di onde meccaniche che, sfruttando le proprietà elastiche del mezzo di propagazione, si diramano in tutte le direzioni provocando il terremoto. Tali onde prendono il nome di *onde sismiche*.

Il punto all'interno della Terra in cui si verifica tale liberazione di energia prende il nome di *ipocentro*, mentre il punto sulla superficie terrestre posto sulla verticale dell'ipocentro prende il nome di *epicentro* ed è quello generalmente più interessato dal fenomeno.

L'ipocentro di un terremoto viene individuato dalla sua posizione in latitudine e longitudine e dalla sua profondità in chilometri.

In base a quest'ultima i terremoti si possono dividere in:

- **terremoti superficiali**, con ipocentro tra 0 e 70 chilometri; rappresentano circa l'85% di quelli registrati annualmente;
- **terremoti medi**, con ipocentro tra 70 e 300 chilometri; costituiscono circa il 12% di quelli registrati annualmente;
- **terremoti profondi**, con ipocentro oltre i 300 chilometri; sono circa il 3% di quelli registrati annualmente.

Tanto più profondo risulterà l'ipocentro di un terremoto, tanto più sarà attenuata la magnitudo del sisma in superficie; pertanto i terremoti con ipocentro più in superficie risulteranno essere quelli più potenti e distruttivi.

Nell'epicentro di un terremoto arriva un insieme di onde differenti che possono essere suddivise in tre gruppi:

- **onde longitudinali o di compressione**: si originano nell'ipocentro e si propagano fino ad arrivare in superficie. Queste onde generano un'oscillazione delle particelle di roccia avanti e indietro nelle direzioni di propagazione, provocando successive compressioni e dilatazioni delle rocce stesse che subiscono una rapida variazione di volume. Sono dette anche onde P (primarie) poiché sono le onde più veloci e quindi le prime a giungere in superficie e ad essere registrate dai sismografi, propagandosi ad una velocità compresa tra 6 e 8 km/sec, a seconda della densità del materiale che incontrano. Possono propagarsi in ogni mezzo, sia attraverso la roccia solida, sia attraverso un materiale liquido come il magma o l'acqua;

- **onde trasversali o di taglio**: si originano sempre nell'ipocentro a causa di forze di taglio e provocano nelle rocce una variazione di forma, ma non di volume. Sono dette trasversali perché generano oscillazioni delle particelle delle rocce perpendicolarmente alla direzione di propagazione dell'onda. Sono dette anche onde S (secondarie) perché, essendo più lente delle onde longitudinali raggiungono la superficie per seconde. Tali onde, a differenza delle precedenti, non sono in grado di propagarsi in un mezzo allo stato fluido; quindi, se incontrano masse di magma fuso non riescono a propagarsi ulteriormente in quella direzione;

- **onde superficiali**: si originano nell'epicentro quando le onde longitudinali e trasversali arrivano sulla superficie terrestre e vi interagiscono; tali onde, una volta in superficie, sono responsabili dei danni maggiori. Esse si dividono a loro volta in:
  - **onde L**: la cui propagazione provoca oscillazione delle particelle di roccia, trasversalmente alla direzione di propagazione, ma solo nel piano orizzontale, ossia parallelamente alla superficie terrestre;
  - **onde R**: nelle quali le particelle compiono orbite ellittiche in un piano verticale lungo la direzione di propagazione.

A questi terremoti, di origine tettonica, vanno poi aggiunti anche quelli che dipendono da altre cause, siano esse naturali o artificiali, che determinano comunque vibrazioni del suolo, sebbene la quantità di energia rilasciata sia notevolmente inferiore a quella che interessa i terremoti tettonici. Innanzitutto, vanno annoverati i terremoti vulcanici, generati dalla risalita del magma all'interno del condotto vulcanico, con ipocentro molto superficiale e caratterizzati da sciami di scosse di lieve entità. Seguono, poi, i terremoti di crollo che si registrano principalmente in zone carsiche per crolli di grotte o frane; questi ultimi hanno scarsa frequenza e un ipocentro ancora più superficiale di quelli vulcanici. Si registrano, infine, i terremoti da esplosione, prodotti dalla detonazione di dispositivi chimici o nucleari, che non hanno origine naturale, ma sono appositamente provocati dall'uomo, ad esempio a scopo di indagare l'interno del Pianeta o per la ricerca di idrocarburi e minerali.

Distribuzione geografica e tettonica a placche

I terremoti non sono distribuiti in maniera uniforme sulla superficie terrestre, ma si manifestano solo in **fasce sismicamente attive**, mentre sono assenti in altre definite asismiche. Dallo studio dei sismogrammi, i geologi hanno individuato una certa regolarità nella distribuzione degli epicentri, che si concentrano principalmente:

- **lungo le fosse abissali**, in cui si riscontrano ipocentri con profondità varia, da superficiali a molto profondi;
- **lungo le dorsali oceaniche**, caratterizzate da ipocentri superficiali;
- **lungo le catene montuose di neoformazione**, in cui gli ipocentri non hanno particolare profondità.

Altre zone sismicamente attive sono le regioni con faglie e fratture dell'Africa orientale e alcune zone marginali delle masse continentali.

Lo studio della distribuzione dei terremoti ha permesso a geologi e geofisici di sviluppare la teoria della **tettonica a placche**, considerando il fatto che la maggior parte dei terremoti che annualmente si registra è concentrata lungo i limiti delle placche, dove cioè esse collidono, divergono o vanno incontro a scivolamento. Dal confronto tra la mappa di distribuzione delle placche e quella di distribuzione dei terremoti emerge chiaramente che il numero maggiore di terremoti si ha nelle **zone di convergenza**, ossia nelle aree delle **fosse abissali**. Possiamo constatare, infatti, che circa l'80% dei terremoti si verifica in corrispondenza della **Cintura di Fuoco circumpacifica**, che si estende con una forma a ferro di cavallo nei margini orientali e occidentali del Pacifico per circa 40.000 km, ed è legata al fenomeno della subduzione della placca terrestre. Quest'ultimo è un fenomeno che si verifica quando avviene una collisione tra una placca continentale e una placca oceanica che, essendo più densa e geologicamente più vecchia, si inserisce sotto l'altra, immergendosi nell'astenosfera lungo il **piano di Benioff**. La subduzione della placca origina profonde fosse e sulla placca continentale si forma un arco magmatico con vulcani che hanno un andamento parallelo alla fossa stessa. La profondità degli ipocentri dei terremoti lungo questa fascia aumenta via via che ci si sposta dalla fossa oceanica verso gli archi magmatici continentali, sebbene non superi mai i 720 km, punto sotto al quale la crosta comincia a fondere per via delle elevate temperature.

Le fosse oceaniche hanno la seguente distribuzione:

- lungo l'**Oceano Pacifico**:
  - Fossa delle Marianne;
  - Fossa di Tonga;
  - Fossa delle Filippine;
  - Fossa del Giappone;
  - Fossa delle Curili;
  - Abisso Emden;
  - Fossa delle Kermadec;
  - Fossa di Bouginville;
  - Fossa di Atacama;
  - Fossa delle Aleutine;
  - Fossa delle Nuove Ebridi;
  - Fossa delle Ryukyu;
- lungo l'**Oceano Indiano**:
  - Fossa della Sonda;
  - Fossa Diamantina;
- lungo l'**Oceano Atlantico**:
  - Fossa di Porto Rico;
  - Fossa delle Sandwich australi.

Inoltre, se osserviamo le dorsali oceaniche ci rendiamo conto che esiste un'evidente relazione tra la sismicità e le **dorsali oceaniche**: in questo caso i terremoti, legati alle divergenze delle placche, hanno ipocentri superficiali. Le dorsali, che si estendono per circa 60.000 km lungo i fondali oceanici, si trovano lungo i confini delle placche divergenti, da cui sgorgano i magmi che ne costituiscono l'ossatura. È lungo le dorsali oceaniche che il pianeta si rinnova, riversando annualmente sui fondali diversi chilometri di crosta oceanica: man mano che ci si allontana dalla dorsale, infatti, si incontra crosta geologicamente più vecchia e più densa che viene spinta lateralmente dal materiale che fuoriesce dalla dorsale. Quest'ultima è articolata in una serie di faglie trasversali lungo le quali si verificano intensi terremoti, provocati dallo scivolamento di una placca rispetto all'altra. Infine, poco meno del 20 % dei terremoti è localizzato lungo le **catene montuose di origine recente**, dal nord del Mar Mediterraneo occidentale fino all'Himalaya, con un ramo che prosegue verso la Cina. L'origine degli eventi tellurici in questo caso è connessa allo scontro tra placche continentali. Qui i terremoti hanno ipocentri superficiali e possono raggiungere magnitudo molto elevate. Come possiamo vedere l'attività sismica è connessa con la **tettonica delle placche**, ossia il modello di dinamica del Pianeta su cui è concorde la maggior parte di scienziati, geologi e geofisici e sulla base del quale vengono spiegati fenomeni che interessano la crosta terreste come l'attività sismica, il vulcanismo, l'orogenesi e la formazione di fosse oceaniche e archi vulcanici. La teoria della tettonica delle placche si basa sul presupposto che la crosta non sia una struttura solida e compatta, ma formata da circa 20 zolle, o placche, di cui le principali sono: quella africana, quella euroasiatica, quella pacifica, quella nordamericana, quella sudamericana e quella antartica. Tali placche sono in equilibrio isostatico sullo strato immediatamente sottostante del mantello superiore, la cosiddetta astenosfera. Quest'ultima, per effetto delle temperature elevate, delle pressioni e dei continui sforzi a cui è sottoposta, si comporta come un fluido altamente viscoso su cui le zolle si muovono o collidendo, o allontanandosi o scivolando l'una parallelamente all'altra.

Quando due placche tettoniche si avvicinano e si scontrano, possono verificarsi tre principali fenomeni tettonici:

1.	**Subduzione**: Questo fenomeno si verifica quando una placca oceanica si spinge sotto una placca continentale o un'altra placca oceanica più leggera. La placca più densa viene forzata a scivolare verso il mantello terrestre in un processo chiamato subduzione. Questo può portare alla formazione di fosse oceaniche profonde, alla generazione di vulcani sopra l'arco di subduzione e all'attività sismica lungo la zona di subduzione.
2.	**Collisione continentale**: Se due placche continentali si scontrano, possono accumulare pressione mentre cercano di spingersi l'una contro l'altra. Questo può portare alla formazione di catene montuose imponenti, come l'Himalaya, dove l'India si sta ancora spingendo contro l'Asia.
3.	**Formazione di cinture di montagna**: Quando due placche convergono, la crosta può essere spinta verso l'alto, dando origine a cinture montuose. Questo processo può essere osservato, ad esempio, lungo la Cordigliera delle Ande in America del Sud, dove la placca sudamericana si spinge contro la placca nazca.

Quando due zolle si allontanano possono verificarsi due fenomeni:

- se l'allontanamento cessa dopo poco tempo, tra le due placche si genera una fossa tettonica, caratterizzata da pareti a gradoni: un esempio è il Great Rift Valley che si estende dal Mar Morto ai laghi dell'Africa Orientale;
- se l'allontanamento è duraturo, nello spazio che si frappone tra le due zolle può formarsi un nuovo mare.

Per quanto riguarda, invece, le placche che si avvicinano e scivolano l'una lungo l'altra, possiamo dire che esistono due tipi di margine con movimento laterale. Al primo tipo appartengono le **faglie trascorrenti**, che si hanno quando le stesse scivolano costantemente l'una sull'altra accumulando energia elastica che, nel momento di superamento della soglia massima di deformazione, viene liberata sottoforma di onde sismiche. L'esempio più noto di questo tipo di faglia è il complesso della "faglia di Sant'Andrea", nella costa ovest del nord America.

Al secondo tipo appartengono le **faglie trasformi** che segmentano la dorsale oceanica principale.

d. la forza e gli effetti di un terremoto; propagazione e registrazione delle onde sismiche

Per definire la **forza** di un terremoto sono utilizzate due grandezze differenti: la **magnitudo** e **l'intensità macrosismica**, dove la prima è l'unità di misura che permette di esprimere l'energia rilasciata da un terremoto attraverso i valori numerici della **scala Richter**, mentre la seconda, espressa nei gradi della **scala Mercalli** (più correttamente scala MCS, ossia Mercalli – Cancani – Sieberg), ne misura gli effetti in termini di danni addotti a persone e cose.

La magnitudo, termine latino con significato di "grandezza", è una misura strumentale ideata nel 1935 da Charles Richter e Beno Gutemberg utilizzando l'ampiezza di un particolare sismografo denominato "Wood Anderson", dai nomi dei suoi ideatori.

Nel configurare il nuovo metodo di misura e il criterio di passaggio tra le diverse unità, Richter stabilì a magnitudo 0 quel terremoto che produceva su un sismografo standard, posto a 100 km dall'epicentro, un sismogramma con ampiezza massima di 0,001 mm (1 micrometro) e che la magnitudo salisse di una unità ogni volta che l'ampiezza massima fosse decuplicata, nel senso cioè che M1 è di 10 volte superiore, M2 di 100 volte e così via. La scala creata doveva poter descrivere con un numero limitato di valori tanto terremoti impercettibili quanto terremoti distruttivi: per questo è **logaritmica** e l'aumento di un'unità avviene soltanto quando l'ampiezza misurata aumenta di dieci volte rispetto alla precedente. Quanto appena esposto risulta ancora più chiaro se analizziamo la seguente formula di calcolo:

$$M_L = \log A$$

Dove M_L è la magnitudo Richter, o magnitudo locale, ed A è l'ampiezza massima della sinusoide da 0 fino al picco in mm. Poiché l'ampiezza massima registrata sul sismogramma di un forte sisma può essere anche milioni di volte superiore a quella del terremoto di riferimento, al fine di evitare magnitudo troppo elevate, si ricorre alla seguente formula:

$$M = \log A/A_0$$

dove la magnitudo è data dal rapporto logaritmico tra l'ampiezza registrata (A) e l'ampiezza prodotta dal terremoto di riferimento (A_0).

Infine, poiché non tutti i terremoti hanno distanza fissa di 100 km dall'epicentro e sono registrati da stazioni sismografiche istallate in postazioni diverse, per calcolare la magnitudo di terremoti che avvengono a distanze epicentrali diverse, vengono utilizzate due formule, quali:

- $M_L = \log A + 1,6 \log D - 0,15$ per terremoti distanti meno di 200 km;
- $M_L = \log A + 3,0 \log D - 3,38$ per eventi compresi tra 200 e 600 km.

A tali formule sottende la legge di attenuazione dell'ampiezza delle onde sismiche con la distanza epicentrale, secondo cui le onde nel propagarsi sono soggette ad una riduzione di ampiezza proporzionalmente alla distanza percorsa e ciò è in parte dovuto alla cessione di energia dall'onda al mezzo di propagazione. La Scala Mercalli, al contrario, valuta l'intensità di un terremoto sulla base degli effetti che questo produce su beni materiali e persone. Nel calcolo dell'intensità vengono presi in considerazione soprattutto gli effetti sulle strutture antropiche – quali case, infrastrutture e edifici – e sul territorio – come l'alterazione della rete idrica o la generazione di frane. Da ciò si comprende che terremoti con identica magnitudo possono avere intensità diversa se hanno ipocentri con profondità differente oppure se colpiscono zone in cui il grado di antropizzazione è diverso. Quanto detto, tuttavia, comporta delle difficoltà di valutazione, ossia:

- Un terremoto che si manifesta in area non antropizzata non può essere valutato;
- Due terremoti con stessa magnitudo ma che avvengono in zone in cui la reificazione territoriale è diversa possono non presentare la stessa intensità dal momento che gli edifici, a seconda della tecnica costruttiva, reagiscono in maniera diversa agli eventi tellurici;
- La scala Mercalli va dal I grado, quando cioè il terremoto ha effetti nulli sulle strutture ed è rilevabile soltanto attraverso strumentazione geofisica, al XII, cui corrisponde un sisma distruttivo sia per gli edifici che per l'uomo. I gradi intermedi vengono stabiliti sulla base di una serie di effetti, quali le lesioni agli edifici, lo spostamento degli oggetti al loro interni, l'oscillazione dei fluidi e così via.
- L'intensità, inoltre, varia a causa dell'amplificazione locale delle onde sismiche, in base a quella che è chiamata risposta sismica locale, nel senso cioè che essa sarà amplificata in aree alluvionali con sedimenti fluviali o lacustri, mentre sarà attutita in zone costruite su roccia.

Effetti di un terremoto

L'effetto evidente di un terremoto è lo scuotimento del suolo che, sulla base dell'intensità e della durata delle vibrazioni, delle caratteristiche geofisiche del terreno e della maggiore o minore elasticità degli edifici, può provocare la distruzione dei manufatti umani.

Gli effetti di qualsiasi terremoto dipendono tutti da una serie di fattori variabili, ossia:

- **intrinseco** al terremoto, ossia la magnitudo, il tipo di fagliazione, la profondità dell'epicentro;

- **geologico**, cioè legato alle condizioni geologiche dell'area attraversata dalle onde sismiche, per lo più dipendenti dalla tipologia e composizione dei fluidi del suolo;

- **sociale**, cioè dipendente dalla qualità delle costruzioni, dal grado di preparazione della popolazione a gestire un evento sismico, dall'ora in cui avviene: gli eventi saranno, infatti, tanto più disastrosi se si verificano nelle ore di punta durante le quali, ad esempio, gli uffici o le attività commerciali sono gremite di gente. L'effetto di un terremoto sulle strutture e sul paesaggio può essere diviso in due tipologie: effetti diretti ed effetti secondari.

L'effetto di un terremoto sulle strutture e sul paesaggio può essere diviso in due tipologie: **effetti diretti** ed effetti **secondari**.

Gli effetti diretti sono quelli più strettamente legati ai fenomeni di rottura e alla propagazione dell'energia sismica ad essi connessa e includono dislocazioni verticali, orizzontali o oblique di imponenti tratti di terreno lungo la faglia, i fenomeni di sollevamento tettonico e lo scuotimento del terreno. Per quanto riguarda le **dislocazioni lungo le faglie**, possiamo dire che quando l'energia accumulata nelle rocce supera la resistenza di deformazione si producono all'interno della regione interessata una serie di fratture e di spostamenti lungo superfici differenti. Sebbene la dislocazione maggiore avvenga lungo la faglia, talvolta possono avvenire spostamenti anche nelle zone limitrofe. Ai fenomeni di rottura e spostamento spesso si associano rotture ausiliarie anche a centinaia di metri dalla zona epicentrale e con lunghezze anche superiori ai 60 metri.

Se prendiamo, invece, in considerazione i fenomeni di **sollevamento** e **subsidenza tettonica**, possiamo notare che variazioni verticali della superficie topografica vengono registrate soltanto durante terremoti violenti che determinano dei sollevamenti crostali. Nelle regioni costiere le deformazioni crostali possono causare lo sterminio delle comunità biotiche, sia vegetali che animali dal momento che molte specie possono scomparire per immersione in acqua salata ed altre per sollevamento al di sopra del livello dell'acqua. Ulteriori danni possono essere a carico delle opere costruite in zone costiere, come le strutture portuali oppure interi segmenti di spiaggia che possono finire sommersi.

Tuttavia, il principale responsabile dei danni causati da un sisma è lo **scuotimento del terreno**, dal momento che pochissimi sono i terremoti, che per magnitudo e profondità, riescono a provocare dislocazioni o fratture superficiali. Il potenziale danno degli scuotimenti del terreno nasce, in realtà, dall'interazione del movimento del suolo, che avviene con il passaggio delle onde sismiche, e le strutture che insistono su di esso. I parametri dello scuotimento del terreno che governano il potenziale di danno alle vite e agli edifici sono l'ampiezza, la frequenza e la durata delle sollecitazioni.

Per quanto attiene alle caratteristiche delle vibrazioni, possiamo affermare che:

- le onde S hanno un'ampiezza doppia rispetto a quella delle onde P e sono le maggiori responsabili del danno; la componente orizzontale è generalmente più distruttiva di quella verticale poiché la forza di quest'ultima viene in parte bilanciata da quella gravità e gli edifici hanno maggiore probabilità di resistere;

- lo scuotimento è tanto più violento quanto più il fuoco è superficiale;

- le onde L ed R, sebbene siano portatrici di una quantità di energia non trascurabile, sono generalmente quelle meno dannose per le strutture: soltanto nel caso di sismi molto violenti queste possono raggiungere un'ampiezza elevata ed essere responsabili di importanti, seppur lente, oscillazioni di edifici molto alti.

Tra gli **effetti indotti**, si distinguono:

- quelli legati all'**instabilità** dei suoli: fra gli effetti legati all'instabilità dei suoli, l'effetto più grave nelle zone pianeggianti, litoranee e fluviali è rappresentato dalla *liquefazione* delle sabbie granulari. In sostanza, il passaggio del fascio d'onde in un corpo sabbioso determina un riorientamento dei granuli con infiltrazioni d'acqua negli spazi interstiziali; la riduzione della pressione effettiva del corpo sabbioso fa sì che esso non sia più in grado di sostenere i carichi e quindi gli edifici che vi insistono possono collassare. Inoltre, nei siti in pendenza possono anche avvenire frane e smottamenti verso le zone più depresse. Un altro pericoloso effetto legato all'instabilità dei suoli è rappresentato dalla compattazione. Quando le onde attraversano depositi di materiale non consolidato e non saturo, è possibile che i granuli scorrano e si compattano con conseguente riduzione del volume del corpo interessato: ciò può provocare fratture di compattazione e quindi danneggiamenti degli edifici che vi insistono sopra;

- quelli legati all'**acqua**, ossia maremoti e inondazioni. I maremoti sono moti ondosi anomali del mare originati da terremoti sottomarini o che avvengono in prossimità della costa, capaci di spostare enormi quantità d'acqua; essi non costituiscono un pericolo in mare aperto, ma diventano distruttivi in prossimità della costa dove l'onda, a causa della minore profondità del fondale, si solleva anche di decine di metri. Le inondazioni, invece, sono il risultato dello sbarramento e della deviazione del corso dei fiumi o della rottura di dighe o serbatoi durante l'evento sismico;

- quelli legati al **fuoco**, ossia gli incendi che si verificano per malfunzionamenti o rotture di strutture artificiali, quale il rovesciamento di fornelli, danneggiamento di oleodotti, fessurazione   di serbatoi di idrocarburi, innesco di incendi per cortocircuiti generati dai cavi elettrici.

Alle conseguenze materiali che un sisma porta con sé va aggiunto l'impatto psicologico che esso ha sulle popolazioni colpite: la distruzione totale o parziale dei centri abitati, delle attività commerciali, la modificazione evidente degli impianti urbanistici e degli stili di vita, la morte di amici e familiari hanno, infatti, una ricaduta imponente sulla psicologia degli abitanti e sulle relazioni sociali. Tale conseguenza, in psicologia, viene identificata come **trauma**, dal momento che il terremoto produce in chi lo vive uno choc emozionale intenso che può provocare la cronicizzazione della paura che si verifichi un nuovo evento, ansia generalizzata e attacchi di panico. A questi elementi prettamente psicologici si connettono poi scelte e comportamenti che invadono la sfera più tipicamente collettiva delle comunità: lo spopolamento delle zone colpite e lo **scollamento** del relativo tessuto sociale; entrambe, infatti, hanno importante effetto sia sull'equilibrio economico di determinati centri sia su quello relazionale, dal momento che, i membri delle comunità diventano molto più individualisti e meno propensi all'aggregazione.

Propagazione e registrazione delle onde sismiche

Le onde sismiche sono onde elastiche che hanno bisogno di un mezzo materiale attraverso cui propagarsi; la propagazione avviene attraverso un meccanismo di deformazione delle rocce e di **forze di richiamo** che si oppongono a tali deformazioni.

Le onde sismiche si diffondono dall'ipocentro in direzione radiale; attraversando le superfici di discontinuità, siano esse tettoniche, stratigrafiche o di compattazione all'interno dello stesso litotipo, esse subiscono fenomeni di rifrazione e riflessione, allo stesso modo di un raggio luminoso che attraversa mezzi con caratteristiche differenti.

Si ha la **rifrazione** quando un'onda passa da un mezzo materiale ad un altro, con diversa densità, per cui la sua velocità e la sua direzione di propagazione subiscono delle variazioni; in un'onda superficiale prodotta sull'acqua, ad esempio, la rifrazione avviene anche quando l'onda attraversa due zone con profondità diversa che, quindi, si comportano come due mezzi differenti.

La **riflessione** avviene, invece, quando un'onda incontra un ostacolo, per cui in parte viene trasmessa e in parte viene riflessa. In seguito ad uno sforzo impulsivo si generano contemporaneamente diversi tipi di onde sismiche con diverse velocità di propagazione.

Dall'ipocentro hanno origine le **onde di volume**, che a loro volta si distinguono in:

- **Onde P**, onde prime longitudinali o anche di compressione che, prodotte dall'oscillazione della rocca nella stessa direzione della propagazione, viaggiano ad una velocità che oscilla tra i 7 e i 13 km/s. Tali onde provocano nella roccia che attraversano cambiamenti di forma e volume. Sono dette onde primarie perché sono le prime a giungere in superficie e ad essere registrate dai sismografi; esse attraversano sia i solidi che i fluidi che gli aeriformi (rocce solide, magma o acqua) ed è proprio in quest'ultimo caso che il boato che spesso si avvisa durante un terremoto è originato proprio dalle onde P che, oltrepassando il suolo e propagandosi nell'atmosfera, possono assumere una frequenza tale da essere percepite dall'orecchio umano.

- **Onde S**, dette anche di taglio o trasversali, sono molto più lente delle P, dal momento che si propagano ad una velocità che oscilla tra i 4 e i 7 km/s, ma ben più distruttive. Le oscillazioni delle particelle di roccia che attraversano avvengono perpendicolarmente rispetto alla direzione di propagazione dell'onda. Esse non si propagano nei liquidi (pertanto è impossibile riscontrarle nel magma) poiché questi ultimi non hanno forma propria e provocano nelle rocce solo variazioni di forma e non di volume.

Quando le onde di volume raggiungono la superficie danno origine sull'epicentro a nuove fasi sismiche, le cosiddette *onde superficiali*, a loro volta suddivisibili in due ulteriori categorie, ossia:

- **Onde R**, onde di Rayleigh, fanno vibrare il terreno secondo orbite ellittiche, muovendosi sia in direzione verticale che orizzontale;

- **Onde L**, onde di Love, fanno vibrare il terreno sul piano orizzontale. Le onde superficiali possono compiere lunghe distanze prima di estinguersi; esse viaggiano ad una velocità di circa 3 km/s e sono le principali responsabili dello scuotimento del suolo e dei danni ambientali.

Le vibrazioni del suolo, l'ampiezza delle onde sismiche e la loro durata possono essere registrati da strumenti che prendono il nome di **sismografi**, distinti dai sismometri attraverso i quali si effettua la sola misura e non la registrazione dell'onda. La registrazione del movimento sismico sotto forma di rappresentazione grafica da parte del sismografo prende il nome di **sismogramma**. Un sismografo è composto da una struttura solidale con il suolo, in modo tale da vibrare insieme ad esso, e da una massa pesante, sospesa tramite pendolo o molla, alla quale è collegato un pennino scrivente, a contatto con un rullo di carta millimetrata, montato su un tamburo rotante connesso con la struttura ancorata al suolo. Se quest'ultimo vibra, la massa per forza di inerzia rimane ferma, mentre il pennino lascia sulla carta millimetrata delle tracce: il sismogramma, appunto. Generalmente in una stazione sismica, o sismografica, sono istallati 3 sismografi, di cui uno verticale e due orizzontali, in modo tale da registrare le oscillazioni del suolo nelle tre direzioni fondamentali dello spazio (verticale, nord-sud, est-ovest). Sulla superficie terrestre sono distribuite diverse stazioni sismografiche che, interagendo in una rete, permettono di monitorare tutta l'attività sismica del Pianeta; inoltre, il confronto tra i dati ottenuti dalle diverse stazioni permette di localizzare in tempi particolarmente brevi l'epicentro di un terremoto e la relativa intensità. Attualmente ai sismografi analogici sono affiancati quelli digitali che, con l'applicazione dei computers, permettono di registrare i dati in formato digitale e di applicare ai segnali ricevuti dei filtri che riducono notevolmente le interferenze dovute o all'azione umana (come ad esempio il traffico) oppure ai margini di errore delle apparecchiature (ad esempio la risonanza del pendolo).

In Italia la principale stazione sismica è istallata nell'**INGV** (Istituto Nazionale di Geofisica e Vulcanologia), dove, dal 1999, arrivano i dati rilevati da tutte le stazioni sismografiche italiane.

Come sappiamo, i diversi tipi di onde prodotte dalla liberazione di energia elastica si propagano con diversa velocità, per cui più si è lontani dall'ipocentro, più e ampio l'intervallo di tempo che intercorre tra il momento in cui arrivano le onde più veloci e quello in cui cominciano ad essere registrate quelle più lente. Nell'area in prossimità dell'epicentro, dunque, il sismogramma appare molto confuso, sia per l'ampiezza delle oscillazioni, sia per l'arrivo contemporaneo di diversi tipi di onde; a distanza dall'epicentro, invece, le onde cominciano a separarsi e il sismogramma comincia a presentare una struttura nitida:

- Procedendo da sinistra verso destra, nella prima parte del sismogramma, in cui si individua l'inizio delle oscillazioni, è registrato l'arrivo delle onde P;

- Nella parte centrale troviamo una sovrapposizione tra le onde P e le onde S;

- Nella coda del sismogramma sono registrate unicamente le onde superficiali, più lente delle P, ma molto più ampie.

Dalla lettura di un sismogramma si possono ricavare numerose informazioni, quali la durata e la potenza di un terremoto, la posizione e la profondità dell'epicentro, la direzione, l'orientamento e l'estensione della faglia che ha generato l'evento sismico.

Le onde sismiche generate da un terremoto sono di due tipi: **longitudinali (onde P, o di compressione) e trasversali (onde S**, di taglio), con caratteristiche diverse. Ci sono poi le onde superficiali (onde L), che sono le responsabili della maggior parte dei danni causati da un terremoto.

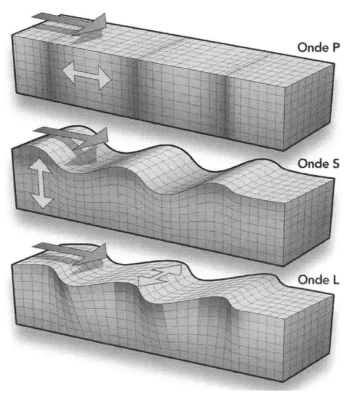

TESI 3

Elementi di climatologia:

   h. Il clima e le fasce climatiche

   i. I venti, le correnti

   j. I cambiamenti climatici: aspetti, cause e soluzioni

a. Il clima e le fasce climatiche

La **climatologia** è la scienza che si occupa della periodicità con cui i diversi climi si sono manifestati e succeduti nel corso dei millenni; differentemente da essa, la **meteorologia** si occupa delle previsioni climatiche senza tenere conto di tali periodicità pregresse.

Il **clima** è una **macchina complessa**, i cui ingranaggi sono messi in moto dall'energia in arrivo dal sole. Una parte della radiazione solare viene riflessa dalle nubi spesse e dalle superfici con un elevato potere riflettente, come le nevi o i ghiacci, mentre la restante parte, il 70% circa, viene assorbita dall'atmosfera e, in misura maggiore, dalla superficie terrestre. A causa della curvatura terrestre, la radiazione in arrivo dal sole varia con la latitudine, che indica la distanza di un punto dall'equatore: la radiazione solare risulta essere più "diluita" alle latitudini maggiori, mentre è più "concentrata" vicino all'equatore. Questo fatto, unito alla predominanza di superfici coperte di ghiacci e nevi ai poli, fa sì che le alte latitudini assorbano meno radiazione solare di quelle prossime all'equatore. Anche l'inclinazione dell'asse di rotazione terrestre, da cui dipende l'alternanza delle stagioni, fa sì che le regioni polari non vedano la luce del sole durante l'inverno. Questi elementi fanno capire bene quanto la latitudine abbia un ruolo importante nel determinare le condizioni climatiche sulla Terra. Proprio per questa ragione, quando gli scienziati parlano di **fascia climatica** intendono "una zona compresa tra due bande di latitudine che include regioni accomunate da un clima simile", cioè da valori tipici di precipitazione e temperatura, da un proprio ritmo delle stagioni, da flora e fauna caratteristiche.

Esistono tre principali **fasce climatiche** sulla Terra:

- La **fascia tropicale**, compresa tra il tropico del Cancro nell'emisfero nord (alla latitudine di circa 23.4°N) e il tropico del Capricorno nell'emisfero sud (23.4°S);
- La **fascia temperata** che, in ciascun emisfero, si estende dai tropici fino ai circoli polari (circa 66°N/S);
- La **fascia polare** che si estende oltre il circolo polare a nord e a sud.

Il **clima tropicale** è caratterizzato da **due sole stagioni**: quella delle piogge, calda e umida, è la stagione estiva; quella secca, mite e priva di piogge, è la stagione invernale. Le foreste tropicali presenti in questa fascia beneficiano dell'insolazione elevata e delle piogge stagionali e sono caratterizzate da un altissimo livello di biodiversità. La zona attorno all'equatore si distingue perché esiste una sola stagione, calda e umida, durante tutto l'anno.

Il **clima temperato** è caratterizzato dall'**alternanza di quattro stagioni** ben distinte, con un inverno tipicamente freddo e un'estate moderatamente calda, e con piogge durante tutto l'anno, ma specialmente in autunno e primavera.

Entrambe le **zone polari** hanno un **inverno lungo e rigido**, mentre l'**estate è breve e umida**. Le fasce climatiche hanno un'estensione molto ampia e questo rende difficile, se non impossibile, definirne un "clima unico" che descriva precisamente la grande varietà di paesaggi, habitat e microclimi presenti al loro interno. Ad esempio, si può definire un clima mediterraneo all'interno della fascia temperata, caratterizzato da una stagione secca più lunga e un inverno più mite. Nel 1884, il geofisico e meteorologo russo **Wladimir Köppen** propose un sistema di classificazione dei climi che utilizza cinque lettere maiuscole, dalla A alla E, per indicare cinque gruppi principali di clima (A: tropicale; B: secco; C: temperato; D: continentale; E: polare) e una combinazione di altre lettere per meglio caratterizzarli in sottogruppi sulla base dei valori medi mensili, stagionali e annuali di precipitazione e temperatura. Questo tipo di classificazione può sembrare un po' complicata in apparenza, ma è molto efficace per identificare le varie tipologie climatiche.

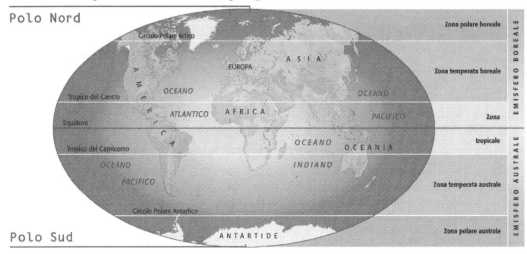

Lo studio delle fasce climatiche non si limita all'identificazione e alla **classificazione dei climi**, ma necessita la comprensione dei meccanismi e dei processi fisici che determinano i valori di temperatura e precipitazione tipici di una certa zona e la loro stagionalità. Ad esempio, è fondamentale sapere come funziona la circolazione generale dell'atmosfera. Abbiamo già detto che la radiazione proveniente dal sole e il suo assorbimento variano con la latitudine, ma non è tutto. Quando la superficie terrestre si scalda, riemette a sua volta energia sotto forma di calore (o radiazione infrarossa) e la quantità di calore è proporzionale alla temperatura della superficie che lo emette. Di conseguenza, anche **la quantità di calore riemessa dipende dalla latitudine**. Se calcoliamo il bilancio tra l'energia assorbita e quella riemessa in ciascuna fascia latitudinale, scopriamo che ai tropici la quantità di luce solare assorbita supera la quantità di calore che la superficie stessa riemette e ciò produce un guadagno netto di calore. Alle alte latitudini, invece, il calore emesso verso lo spazio supera la radiazione solare assorbita, producendo una perdita netta di calore.

Questa circolazione spiega molte caratteristiche del clima e degli ecosistemi della fascia tropicale e subtropicale. L'aria che ridiscende attorno ai 30°N/S causa aree di alta pressione permanenti, come l'**anticiclone delle Azzorre** e l'**anticiclone africano**, e genera i fenomeni che danno vita ai deserti e alle zone più secche del nostro pianeta. Nella regione equatoriale, in cui si scontrano i venti provenienti dai sub-tropici di entrambi gli emisferi (chiamata "zona di convergenza intertropicale"), si generano intensi moti verticali verso l'alto (è una zona di bassa pressione), responsabili della forte piovosità della fascia tropicale interessata.

L'**atmosfera** (insieme agli oceani) ha il compito di rispondere a questo squilibrio energetico "spostando" parte del calore in eccesso ai tropici verso le latitudini medie e alte, e rendendo così minore la differenza di temperatura (gradiente termico) tra equatore e polo. Questo meccanismo di ridistribuzione del calore, di fatto, rende abitabili sia la zona equatoriale, sia le zone polari. In atmosfera, per effetto della rotazione terrestre, il trasporto di calore dall'equatore ai poli avviene attraverso un **sistema di tre celle**: una cella tropicale, una alle medie latitudini e una polare, che si ripetono in entrambi gli emisferi. La cella tropicale, nota come "**cella di Hadley**", è una circolazione che si sviluppa tra i 30°N e i 30°S di latitudine ed è caratterizzata dalla salita convettiva di aria calda e umida nei pressi dell'equatore, da flussi di aria in quota (attorno ai 10-15 km circa) diretti dall'equatore verso le medie latitudini in ogni emisfero, da moti discendenti dell'aria nelle aree subtropicali (attorno ai 30°N/S) e, infine, da flussi di ritorno in superficie verso l'equatore che danno origine ai famosi venti **alisei**.

b. I venti, le correnti

I venti, ossia masse d'aria che si spostano orizzontalmente sulla superficie terrestre, sono legati a due elementi:

* le masse d'aria;
* la pressione atmosferica.

Le masse d'aria che ne sono responsabili, infatti, compiono degli spostamenti da zone con maggiore pressione atmosferica (anticiclonica) a zone con pressione atmosferica minore (ciclonica). In un'area anticiclonica le masse d'aria che occupano le porzioni centrali, essendo più dense e più pesanti in quanto soggette a pressione maggiore, tendono a dirigersi verso la periferia; al contrario, in un'area ciclonica, l'aria al centro, che è più leggera, viene spinta e sollevata da quella più pesante delle zone vicine. Dal momento che le zone anticicloniche e cicloniche sono adiacenti, al suolo si verifica uno spostamento d'aria dalle prime verso le seconde.

Lo spostamento delle masse d'aria è dovuto prima di tutto alla temperatura dell'aria, dal momento che l'aria più calda tende a salire al di sopra di quella più fredda: se non intervenissero altre forze, quindi, gli unici modi a cui le masse d'aria andrebbero incontro sarebbero quello ascensionale e discensionale; tuttavia, la rotazione terrestre genera una forza, la cosiddetta **forza di Coriolis**, che determina la deviazione delle masse. Tale forza è, in realtà, una forza apparente che si manifesta su tutti i corpi che si spostano in direzione nord-sud sulla superficie terrestre ed è determinata dal fatto che i corpi ruotano alla velocità della superficie terrestre, ma questa non ruota sempre alla stessa velocità: all'equatore si sposta più velocemente, mentre decresce procedendo verso i Poli. Da ciò deriva il fatto che un vento che dall'equatore sale verso l'emisfero boreale subirà una deviazione verso destra, mentre un vento che spira verso l'equatore tenderà ad ovest.

La forza di Coriolis interagisce, inoltre, con la **forza di gradiente**, che è quella direttamente responsabile dell'origine dei venti. Tale forza, in un'area a pressione differente, genera, infatti, un'accelerazione dal punto con pressione più alta a quello con pressione più bassa.

I venti si classificano in:

- **venti costanti o dominanti**, ossia quelli che soffiano tutto l'anno nella stessa direzione e nello stesso senso; tra questi rientrano:

  - gli **alisei**, che spirano nelle regioni tropicali con direzione da NE a SO nell'emisfero boreale e da SE a NO nell'emisfero australe; essi sono dovuti al forte riscaldamento della superficie terrestre lungo la zona equatoriale, che determina correnti ascendenti, cui fanno riscontro correnti provenienti da N e S;

  - gli **extratropicali**, che spirano nelle fasce equatoriali dove, per effetto del riscaldamento, si formano masse di aria calda e umida ascendenti;

- **venti occidentali** che spirano tra i 35° e i 60°, da SO a NE nell'emisfero boreale, da NO a SE nell'emisfero australe; caratterizzano le zone temperate i **venti periodici**, ossia quelli che periodicamente invertono il loro senso. Essi possono essere a periodo stagionale, quali i monsoni e gli etesi, oppure a periodo diurno come le brezze. Nello specifico:

  - i **monsoni** sono caratteristici dell'Oceano Indiano e dei mari della Cina; durante il semestre estivo (aprile-ottobre) soffiano dall'Oceano verso il continente (si parla in questo caso di anticiclone), mentre durante quello invernale soffiano dall'India verso l'Oceano. I monsoni sono attribuiti alla diversa rapidità e intensità con cui la terraferma si riscalda e si raffredda rispetto al mare circostante;

  - gli **etesi** sono venti che spirano dall'arcipelago greco dall'Egeo all'Egitto settentrionale nel corso della stagione estiva e nel senso opposto, cioè dall'Egitto all'Egeo, in quella invernale. Gli etesi, dal greco *étos,* anno, sono anche conosciuti con il nome di meltemi, dal turco *meltem,* cioè brezza terrestre;

  - le **brezze** sono, invece, venti deboli locali, in quanto hanno un'estensione geografica molto limitata. Esse si presentano sulle coste nei pressi del mare, dei grandi fiumi e dei grandi laghi, ma possono presentarsi anche tra i monti e il fondovalle, tra i pendii e la terraferma e nei pressi dei ghiacciai. L'origine delle brezze è determinata dalla diversa velocità con cui le masse d'aria che sovrastano la superficie terrestre, anch'essa con diversa capacità termica, si riscaldano o si raffreddano quando sono esposte o meno alla radiazione solare. La variazione di pressione atmosferica, che deriva dal salto termico, determina il movimento delle masse d'aria da cui si generano tali venti leggeri, che soffiano ad una velocità mai superiore ai 20 km/h. Esistono diversi tipi di brezza:

    - **brezze di mare e di terra**: che soffiano durante il giorno dal mare verso la terra e di notte dalla terra verso il mare;

    - **brezze di monte e di valle**, che di giorno soffiano dalla valle alle montagne e di notte in senso opposto;

    - **brezze di lago e di riva**, che si comportano come quelle di monte;

- **venti variabili o locali**, ossia quelli che soffiano irregolarmente nelle zone temperate tutte le volte che si vengono a formare aree cicloniche o anticicloniche. Tra i principali, menzioniamo:

- **scirocco**, un vento caldo che si origina nel Sahara; procedendo da SO verso nord, si carica di umidità a ridosso del Mediterraneo e arriva umido e pesante in Europa;

- **maestrale**, è il vento che spira da NO con l'ingresso nel Mediterraneo di correnti d'aria polare provenienti da nord;

- **harmattan**, un vento caldo e secco, molto violento che spira sui territori dell'Africa Occidentale;

- **bora**, un vento freddo e violento che spira dagli Illirici, in ex Jugoslavia, verso l'Istria e la Dalmazia;

- **grecale**, che soffia da NE a SO sul Mediterraneo centro-meridionale nelle stagioni fredde;

- **tramontana**, è un vento freddo proveniente da nord; esso soffia dai monti verso le valli nei mesi invernali, cioè quando la temperatura registra una rapida riduzione;

- **libeccio**, che è un vento caldo e umido proveniente da sud-ovest.

La scala utilizzata per indicare la velocità dei venti è la **Scala di Beaufort**, definita nel 1806 dal geografo irlandese Francis Beaufort e strutturata in 12 gradi.

Essi, inoltre, si differenziano dalle **correnti** che, invece, si creano quando le masse d'aria fanno movimenti verticali e sub-verticali.

Altro esempio di vento che viene indotto da fenomeni locali è la **tromba d'aria**, ossia un violento vortice d'aria, altamente distruttivo, ad asse verticale o inclinato, che nasce sotto una nube temporalesca ed è costituito da gocce d'acqua, polvere, sabbia e detriti sollevati dal mare e dal suolo. Esse possono percorrere anche centinaia di chilometri e generare venti che possono superare i 500 km/h; la loro altezza può variare dai 100 ai 1000 metri, a seconda della distanza tra il suolo e la base del cumulonembo. Il grado di distruttività della tromba d'aria è calcolato in base alla durata, alla velocità con cui avviene e all'intensità dei venti che lo generano: quelle che provocano danni maggiori traggono origine dalla super cella, ossia una particolare categoria di temporale. Quest'ultima è costituita da un'unica cella temporalesca di grandi dimensioni ed è costituita da una intensa corrente ascensionale ruotante con asse inclinato. Perché essa si sviluppi è necessaria la concomitanza di fattori: un'atmosfera instabile e un vento che cresce proporzionalmente alla quota.

La distruttività del tornado viene valutata in base alla rilevazione empirica dei danni causati secondo la **Scala Fujita**, introdotta nel 1971 dal professor Theodore Fujita dell'Università. Essa è strutturata in modo da dividere in 12 parti l'intervallo che intercorre tra il grado 12 della scala di Beaufort e la velocità del suono: ad ogni grado Fujita corrisponde una certa distruttività, dall' F0, che può solo danneggiare i rami degli alberi o smuovere le tegole dei tetti, all' F5, che rade al suolo qualsiasi cosa interferisca con il suo spostamento.

Il **ciclone**, invece, è associato ad una zona di bassa pressione ed ha un vortice che procede in senso antiorario, nell'emisfero settentrionale, ed orario, in quello australe. Al centro del ciclone si trova un'area circolare dal diametro di pochi chilometri in cui si registra assenza di vento: il cosiddetto *occhio del ciclone* o *calma,* attorno a cui soffiano venti che possono raggiungere anche i 300 km/h. Per le zone tropicali, e in particolar modo per l'Oceano Indiano, si utilizza il termine "ciclone" come sinonimo di "uragano".

Infine, abbiamo il **tifone** che è un sistema tempestoso che si origina su acque tropicali e subtropicali, con venti che superano i 120 km/h. La denominazione "tifone" si applica in particolare ai fenomeni che si verificano nel Pacifico settentrionale e nelle acque di Giappone e Cina; al contrario, gli stessi fenomeni che si verificano nell'Atlantico prendono il nome di "uragani", mentre quelli dell'Indiano vengono definiti "cicloni".

c. I cambiamenti climatici: aspetti, cause e soluzioni

Le questioni ambientali e i mutamenti climatici, entrati solo da qualche decennio nelle preoccupazioni governative e nella sensibilità dell'opinione pubblica, sono stati sollevati dalla comunità scientifica già a partire dagli anni '70 e '80 del secolo scorso, come risultato della connessione tra diverse tipologie di **fattori**: quelli **"interni"**, intesi come naturali, che si riferiscono all'attività vulcanica, all'irraggiamento solare o all'orbita terrestre, e quelli **"esterni"**, con cui ci si riferisce a tutti quegli elementi che forzano il clima ad assumere conformazioni differenti.

Per quanto riguarda i cosiddetti elementi interni, bisogna, innanzitutto, considerare l'**attività vulcanica**: le grandi eruzioni, infatti, sono responsabili di un processo di raffreddamento dell'atmosfera, a causa delle enormi quantità di polveri e solfiti emesse. In caso di violente eruzioni in grado di creare una nube vulcanica sufficientemente alta da raggiungere la stratosfera, anche la conformazione delle particelle varia: la nube, infatti, pur riuscendo ad estendersi su un'ampia fascia longitudinale, conserva al proprio interno una concentrazione di acido solforico e acqua, tale da aumentare la capacità riflettente delle nuvole. Un simile processo, causato in modo preponderante dai solfati presenti nella nube, sarebbe alla base di un generalizzato raffreddamento globale. Esplicativo di questo processo è il caso delle ere glaciali che si sono avvicendate nel corso della storia del nostro Pianeta: alle glaciazioni hanno, infatti, contribuito le eruzioni vulcaniche e la formazione di nubi ricche di solfati che hanno determinato un conseguente e drastico abbassamento della temperatura terrestre.

L'altro fattore naturale, che contribuisce al cambiamento climatico e che si intreccia in determinate circostanze con il fenomeno delle eruzioni vulcaniche, è rappresentato dalle **radiazioni solari**. Il fenomeno dell'irraggiamento solare ha, infatti, subito diversi cambiamenti nel corso degli anni che sono andati a interagire con altri fattori naturali come l'asse terrestre. Quest'ultimo, in particolare, svolge un ruolo fondamentale di difesa contro le radiazioni solari grazie al campo magnetico che generale. In virtù dello scudo magnetico creato dal suo asse, la Terra è in grado di ridurre la quantità di radiazioni provenienti dal Sole. È stato osservato che il campo magnetico dovuto a questo fenomeno si sta affievolendo, permettendo a una maggiore quantità di radiazioni si raggiungere la Terra con una conseguente produzione di ossidi di azoto che causano una diminuzione sostanziale della quantità di calore solare.

Tuttavia, per la comunità scientifica, i soli fattori ambientali non sono sufficienti a spiegare le alterazioni climatiche che, per larga parte, sono dettate da fattori antropici. Il deterioramento ambientale, infatti, seppur sempre esistito ed incentivato dalle rivoluzioni industriali, ha subito un'accelerazione drammatica a partire dalla massiccia industrializzazione del Secondo dopoguerra. Stando ai dati forniti dall'IPCC, *l'Intergovernmental panel on climate change*, il primo rapporto sul cambiamento climatico risale al 1990: già in questa prima occasione gli studiosi avevano evidenziato come il depauperamento ambientale fosse conseguenza delle attività incontrollate delle comunità umane e, allo stesso tempo, causa del mancato benessere delle stesse, dal settore dei trasporti, al futuro degli insediamenti umani, fino ad arrivare all'approvvigionamento energetico e ai motivi di carattere sanitario. I rapporti successivi dell'IPCC mostrano, invece, un allargamento del raggio di analisi del problema: rispetto al primo, infatti, gli scienziati dell'organizzazione intergovernativa hanno rivolto la propria attenzione non solo agli aspetti prettamente fisici e naturali, ma anche al tentativo di evidenziare la rete di legami che intercorre tra la vita sociale della popolazione mondiale e i cambiamenti climatici. In quest'ottica, irrompono nelle analisi scientifiche aspetti di tipo prettamente economico: in relazione alle mutate condizioni ambientali, infatti, cambiano anche le abitudini produttive di alcune comunità locali, indubbiamente destinate ad abituarsi ad una progressiva perdita di disponibilità di risorse nel proprio territorio. Tra le 6 problematiche cogenti individuate dall'IPCC, al primo posto viene collocato il cambiamento climatico: è stato, infatti, osservato come nell'ultimo secolo si sia registrato un incremento della temperatura terrestre pari a 0.98 gradi, con un picco negli ultimi due decenni del '900, un aumento che prima dell'industrializzazione si era registrato nell'arco di almeno un millennio. Questo dato secondo la comunità scientifica è destinato ulteriormente a peggiorare, arrivando a +1.5 gradi entro il 2050, con conseguenze disastrose, già in parte preannunciatesi, quali lo scioglimento dei ghiacciai, l'aumento del livello del mare di circa 3,3 mm rispetto al 1870, l'incremento di fenomeni metereologici estremi come cicloni e alluvioni. A ciò consegue, inevitabilmente lo spostamento delle specie biotiche in modo imprevedibile da un ecosistema all'altro, creando danni incalcolabili alla biodiversità globale, ma anche la minaccia agli insediamenti umani costieri. Il surriscaldamento globale è connesso ad una serie di ulteriori problematiche ambientali che, in molti casi, ne costituiscono le concause stesse. Innanzitutto, vi è il problema dell'inquinamento, sia esso dell'acqua, del suolo o dell'atmosfera, dovuto al riversamento nell'ambiente di sostanze nocive oltre la capacità naturale di autodepurazione degli ecosistemi. Le principali sostanze inquinanti sono oggi rappresentate dal monossido di carbonio, dagli ossidi di zolfo, dall'azoto, dal benzene e dagli idrocarburi, immessi nell'ambiente dai processi di combustione dei motori a scoppio, dagli impianti industriali, dai cicli di trasformazione dei materiali plastici, dagli allevamenti industriali, dall'uso di pesticidi e fertilizzanti e così via. L'emissione di gas climalteranti, a sua volta, determina la diminuzione dello strato di ozono (il cosiddetto buco nell'ozono) con conseguente indebolimento della capacità dell'atmosfera di filtrare i raggi ultravioletti e l'effetto serra. Abbiamo, infine, l'inquinamento atmosferico-idrico da pioggia acida, dovuta ai processi di ossidazione tra zolfo e ossido di zinco a contatto con le molecole d'acqua piovana; la pioggia, carica di sostanze acide, riporta al suolo gli inquinanti, danneggiando in questo modo habitat naturali e edifici costruiti in pietra calcarea. Come detto precedentemente, la mobilitazione istituzionale su larga scala si è avuta a partire solamente dalla fine degli anni '90, in particolar modo con il Protocollo di Kyoto del 1997 che, ratificato da 176 Stati, ma entrato in vigore solo nel 2005, stabilisce l'impegno dei Paesi aderenti alla riduzione dell'emissione di gas effetto serra. A tal fine, ciascuno Stato è stato chiamato alla realizzazione di un sistema nazionale per il monitoraggio delle emissioni, a cui affiancare anche metodi di assorbimento. Il Protocollo di Kyoto ha comunque insite delle debolezze strutturali, prima fra tutte il fatto che uno degli Stati corresponsabile del maggior tasso di emissioni, come gli Stati Uniti, non lo abbia ratificato. Un ulteriore fondamentale apporto in direzione di una cooperazione di salvaguardia ambientale viene dagli accordi di Parigi del 2015, nell'ambito dei quali gli Stati membri dell'UNFCCC, Convenzione quadro delle Nazioni Unite sui cambiamenti climatici, hanno definito un piano strategico volto a contrastare i pericolosi effetti che il cambiamento climatico può generare.

In particolare si è stabilita la necessità di contenere il riscaldamento globale al di sotto dei 2 gradi. Particolarmente sensibile alle problematiche ambientali si è dimostrata l'Unione Europea che in seguito alla controversa questione del Protocollo di Kyoto e alla scarsa partecipazione al trattato, si è adoperata al fine di coinvolgere un numero crescente di organismi internazionali per la stipula di un accordo strutturato, confluito appunto negli Accordi di Parigi. L'Unione, inoltre, ha continuato a muoversi in questa direzione con una serie di iniziative orientate alla ricerca di soluzioni comunitarie ad ampio raggio che oggi costituiscono gli obiettivi strategici dell'Agenda 2020 e, soprattutto, 2030; in particolare, nell'ambito dell'Agenda 2030 troviamo la pianificazione e il finanziamento di interventi massicci in direzione delle rinnovabili, sia per quanto riguarda i mezzi di trasporto che per quanto riguarda quei settori la cui influenza inquinante è maggiore, quali impianti industriali, abitazioni, agricoltura e rifiuti.

I cambiamenti climatici
APPROFONDIMENTO

TESI 4

Elementi di geografia economica:

    a. Il problema dell'energia. Nuove prospettive tecnologiche e geo-economiche delle industrie

    b. L'agricoltura e le attività primarie: la produzione in Italia e nel resto del mondo

    c. Geografia della povertà e flussi migratori

    d. Lingue, religioni ed etnie nel mondo

a. Il problema dell'energia. Nuove prospettive tecnologiche e geo-economiche delle industrie

Il concetto di "**problema energetico**" comincia a profilarsi con la crisi egli anni '70 e sta ad indicare la **crescente domanda di energia delle società umane a fronte di un'offerta di energia primaria legata a fonti fossili ed esauribili in decrescita**. Il problema energetico palesa a sua volta la forte dipendenza del benessere della popolazione mondiale dalla sua capacità di accedere alle fonti di energia e ciò si evince a partire già dalla Prima rivoluzione industriale quando la sostituzione dello sforzo umano con lo sfruttamento dei combustibili fossili consentì di alimentare la meccanizzazione e l'automazione dei processi industriali: è da quel momento, dunque, che le risorse energetiche diventarono strategiche per le economie nazionali e già a questa altezza cronologica cominciarono a presentarsi i primi problemi ambientali in termini di **inquinamento** e di **depauperamento delle risorse naturali**. In ottica storica, tuttavia, come detto precedentemente non si può ancora parlare di una vera e propria crisi energetica, dal momento che ancora fino alla metà del 1900, nonostante il fabbisogno fosse cresciuto in progressione geometrica, le riserve dei siti energetici erano ancora abbondanti e l'energia era ancora presente sul mercato a basso costo. Un primo rallentamento si presentò soltanto in occasione delle crisi energetiche del **1973/1974**, quando una stretta nell'offerta dei Paesi produttori di petrolio costrinse il mondo sviluppato a scontrarsi con la scarsità e con la dipendenza dalle risorse energetiche straniere: è in questo momento, dunque, che il costo dell'energia cominciò a crescere rapidamente, mettendo in crisi l'economia industriale in Europa e in America. La crescita del prezzo delle materie prime spinse i governi alla ricerca di nuove fonti di energia e verso politiche di efficienza e di risparmio energetico, ma solo temporaneamente, dal momento che negli anni '80-'90 la scoperta di nuove riserve petrolifere consentì ai Paesi industrializzati di allentare il vincolo energetico, senza comunque risolvere il problema dell'approvvigionamento. Va comunque sottolineato il fatto che il problema ambientale, dovuto alle modalità di approvvigionamento, trasformazione e trasporto di energia, proseguì il suo cammino politico con accordi finalizzati al **contenimento delle emissioni di CO_2** e di altri inquinanti; tra i vari accordi, spicca per importanza il **protocollo di Kyoto del 1997**. Negli **anni 2000**, il fabbisogno energetico accusò una nuova fase di accelerazione a causa dello sviluppo di Paesi emergenti, quali Cina e India: il costo dell'energia tornò nuovamente a crescere e soltanto la crisi economica globale del 2008 riuscì a rallentare la crescita del fabbisogno energetico. Come già detto, ancora oggi, **la maggior parte dell'energia usata proviene dai combustibili fossili, con le maggiori riserve di petrolio nel Medio Oriente, di gas in Eurasia e di carbone in Eurasia, Asia e Nord America**. Sulla base dei consumi attuali è stimato che **il petrolio potrebbe durare ancora circa quarant'anni, il gas naturale 60 e il carbone circa 200**. Indipendentemente dalle **esauribilità delle fonti fossili**, la necessità di trovare sorgenti energetiche in **fonti alternative** è dettata principalmente dalle **questioni ambientali**: tra gli **obiettivi dell'Unione Europea** e tra i punti dell'**Agenda 2030**, troviamo, infatti, il **ricorso ad energie rinnovabili**, quali l'energia solare, idroelettrica, eolica, prodotta dalle maree, dalla differenza di temperatura fra le acque marine profonde e superficiali, dalle biomasse e dall'energia geotermica; a ciò va aggiunta l'energia ricavata dalla fissione o fusione nucleare. In quest'ultimo settore, l'Europa occupa un ruolo di primo piano con all'attivo 148 centrali nucleari e 8 in fase di costruzione; gli altri Paesi particolarmente impegnati in questo ambito sono la Cina e la Federazione russa. Tuttavia, se da un lato l'energia nucleare rappresenta una fonte estremamente preziosa e sostenibile, dall'altro lato si pone il **problema dello smaltimento delle scorie radioattive**: in questo ambito, molte Nazioni stanno investendo nell'ottica di processi di incorporazione del materiale di scarto nel combustibile per nuovi reattori nucleari. Per quanto riguarda, invece, **l'eolico e il fotovoltaico**, il principale ostacolo al loro utilizzo è dettato dalla loro **discontinuità**, a cui non riescono a sopperire altre fonti disponibili, quali l'idroelettrico, il geotermico e le biomasse. I sistemi di accumulo, fondamentali per arginare la problematica, attualmente risultano essere molto limitati. Un altro svantaggio è la loro **bassa densità energetica**, dove con densità energetica si intende lo spazio necessario per la produzione di una determinata quantità di energia e ciò è strettamente connesso con l'interferenza con le economie locali, soprattutto nel momento in cui l'installazione di pale o di pannelli sottrae terreno alle attività di agricoltura o pastorizia. A fronte di ciò, vanno comunque annoverati i vantaggi delle rinnovabili, quali, prima fra tutte, **l'inversione delle derive ecocidi**, **l'autoproduzione da parte del consumatore** e, infine, il loro più **facile il reperimento**, a cui consegue un **taglio drastico dei costi di approvvigionamento**.

Attualmente, la crisi energetica sta investendo in maniera più significativa l'Europa, a causa della sua forte dipendenza dal gas russo, importato dalla Siberia sia attraverso i metanodotti che in forma di GNL, gas naturale liquido, mediante le metaniere per circa 38,1 % del proprio fabbisogno, a cui seguono il 16% dalla Norvegia e le restanti percentuali da Algeria e Qatar. A seguito dell'invasione russa dell'Ucraina il prezzo del gas per l'Europa è passato da 27 euro a megawattora dell'anno passato ai 270 euro di metà novembre e ciò è dovuto principalmente alla riduzione dei flussi da parte del colosso russo Gazprom e alla minaccia di chiusura di Nord Stream 1. A questa crisi inizialmente l'Europa aveva risposto con l'ipotesi di una riapertura delle centrali a carbone che avrebbe, però, rappresentato un ritorno al passato rispetto alla corsa alle rinnovabili e ai tentativi di invertire le rotte del depauperamento ambientale e dell'inquinamento atmosferico. Come detto precedentemente, il problema energetico è fortemente connesso con gli indirizzi acquisiti dall'apparato produttivo delle società. Attualmente i processi economici sono delineati da mercati e industrie sempre più indirizzati all'automazione e all'interconnessione di sistemi. Questo nuovo profilo del settore industriale, denominato "**industria 4.0**", è definito dall'introduzione di nuove tecnologie nel settore produttivo con l'obiettivo di **migliorare le condizioni di lavoro, creare nuovi modelli di business, aumentare la produttività degli impianti e migliorare la qualità dei prodotti**. Queste tecnologie innovative stanno avendo un ruolo fondamentale nell'ambito di quattro direttrici di sviluppo:

- la prima riguarda l'**utilizzo dei dati**, la **potenza di calcolo** e la **connettività** e si declina in **big data, open data, Internet of Things, machine-to-machine** e **cloud computing** per la centralizzazione e la conservazione delle informazioni. Strettamente interconnesso con i big data e con le loro modalità di applicazione sono le tecnologie legate alle simulazioni sui prodotti: queste vengono effettuate in un mondo virtuale che si serve di una grande quantità di dati in grado di restituire risultati e obiettivi affidabili e che prende in considerazione tutte le variabili insite nel mondo reale, in modo tale da prevedere il comportamento del prodotto ed eventualmente migliorarne le criticità prima della sua immissione nel mercato. L'**IoT** (Internet of Things), invece, sfruttando le reti ad altissima velocità come il 5G, permette non solo la trasmissione di dati utilizzabili da altri sistemi analitici, ma anche lo svolgimento di pratiche concrete a grande distanza, andando ad abbattere l'ultima barriera delle comunicazioni spazio-temporali. Il cloud computing, infine, rientra nell'ambito della cybersicurezza dal momento che non solo l'immagazzinamento dati risulta più efficiente in virtù di uno spazio software di grande estensione, ma anche lo scambio immediato con una molteplicità di utenti è concesso nella loro totale tranquillità;

- la seconda è quella degli *analytics* che riguarda il ricavo del valore dai dati raccolti;

- la terza direttrice coinvolge **le interfacce "touch" e la realtà aumentata**; in questo comparto rientrano anche gli *Autonomous Robots*, ossia automi non solo in grado di svolgere attività produttive in perfetta autonomia, ma anche capaci di interagire tra loro e con gli esseri umani stessi. Il grande vantaggio dei *Robots* è legato all'aumento di produttività che ne deriva grazie a un'ottimizzazione dei tempi di lavoro e a un incremento delle risorse di personale a disposizione delle aziende.

- infine, vi è tutto il settore che si occupa della **digitalizzazione della realtà** che comprende la manifattura additiva, la stampa 3D, la robotica, le comunicazioni, le interazioni machine-to-machine e le nuove tecnologie che consentono l'immagazzinamento e l'utilizzo dell'energia in modo mirato, razionalizzando i costi e ottimizzando le prestazioni. Queste innovazioni, grazie alla loro capacità di ricostruire componenti di piccole dimensioni, hanno potenzialità di sviluppo principalmente nel settore biomedico e aerospaziale.

Una nuova frontiera industriale, inoltre, è rappresentata dalla *System Integration*, con cui si intende il processo di connessione di subsistemi informatici in un unico sistema con lo scopo di creare coesione nella gestione dei processi di lavoro. Un approccio *system integration* fondamentalmente mira all'ottimizzazione dei costi e degli sforzi produttivi e permette il raccordo aziendale con parti terze come fornitori, clienti e azionisti. Con questi sistemi le aziende sono in grado di utilizzare più funzionalità di impianti diversi anche a livello transnazionale in maniera sinergica e ottimizzata in ognuno di essi. Questo atteggiamento comporta inevitabili ripercussioni anche in ambito geoeconomico andando a coinvolgere più Stati dove sono stanziati i diversi stabilimenti industriali in relazione ad un'unica azienda con sede legale in una nazione specifica. È possibile immaginare, di conseguenza, un impegno sempre maggiore da parte delle grandi potenze economiche mondiali a intrattenere rapporti politici fondati su scambi bilaterali per offrire maggiore sicurezza ai meccanismi finanziari che li interesseranno in misura progressivamente sempre più ampia.

Alla luce di queste analisi, è evidente che le diverse tecnologie dell'industria 4.0 coinvolgono in modo esteso e profondo gli Stati del Mondo sia per quanto riguarda la direzione delle loro scelte politiche sia per quanto riguarda le ripercussioni sui canali produttivi ed è qui che chiamiamo in causa il concetto di **geoeconomia**, intesa come quell'insieme di analisi economiche adottate dalle Nazioni per una maggiore crescita interna e una maggiore tutela della propria organizzazione finanziaria, nonché quale modalità di acquisizione di nuovi settori del mercato. Per quanto riguarda l'Italia, il **Piano di Governo Industria 4.0** contenuto all'interno della **legge di Bilancio 2017** ha previsto lo stanziamento di **11,3 miliardi di spesa privata** in ricerca, sviluppo e innovazione con focus sulle tecnologie dell'Industria 4.0 con lo scopo di incentivare le imprese ad adeguarsi e ad aderire pienamente alla "quarta rivoluzione industriale"; la recentissima seconda fase rinominata **"Impresa 4.0"**, firmata dal Ministro dello sviluppo economico Calenda, oltre che a confermare i forti incentivi fiscali, ha allargato il focus al mondo delle competenze digitali e della loro formazione. Per quanto riguarda, invece, il modo in cui oggi si manifestano i rapporti economici internazionali è necessario comprendere i cambiamenti avvenuti a livello industriale dal termine degli anni '80, quando ha cominciato a diffondersi il fenomeno della globalizzazione, definito dal Fondo Monetario Internazionale come **l'interdipendenza economica dei Paesi realizzata attraverso le tecnologie dell'informazione e della comunicazione (ICT)**. È dagli anni '90, dunque, che si è affermato un nuovo paradigma tecnologico-produttivo, incentrato sulle ICT, che ha coinvolto industrie e servizi con due maggiori conseguenze:

- Una **crescente automazione dei lavori industriali**, unitamente **all'aumento di importanza di beni immateriali**, quali marchi, brevetti, software e design;

- Una **trasformazione dell'organizzazione d'impresa** attraverso una frammentazione internazionale della produzione con la formazione di catene globali soprattutto in Nord America, Europa e Asia. Una nuova frontiera industriale da questo punto di vista è rappresentata dalla *System Integration,* come abbiamo visto poco fa. Con questi sistemi le aziende sono in grado di utilizzare più funzionalità di impianti diversi anche a livello transnazionale in maniera sinergica e ottimizzata in ognuno di essi. Per molte imprese la **delocalizzazione** di alcune fasi del processo produttivo è stata ed è tuttora particolarmente fruttuosa, dal momento che in molte realtà i costi di materie prime e manodopera risultano essere più contenuti.

La modalità di partecipare a queste grandi catene produttive presenta, a sua volta, delle conseguenze: da un lato essa contribuisce a determinare la crescita della capacità competitiva delle singole imprese e, di riflesso, delle singole economie, anche al di fuori dei confini nazionali; dall'altro ha inciso in maniera positiva sull'industrializzazione delle economie emergenti, soprattutto per quanto riguarda il Sudest asiatico e i due giganti produttivi di Cina e India. La connessione di entrambi questi aspetti ha determinato nell'ultimo trentennio un aumento del prodotto mondiale di oltre 3 volte, una crescita del commercio internazionale a tassi 2 volte più elevanti e una drastica riduzione della povertà globale, con oltre un miliardo di persone uscite dalla povertà estrema e, di conseguenza, una significativa diminuzione della disuguaglianza internazionale.

Il nuovo profilo del settore industriale, sempre più indirizzato all'automazione e all'interconnessione dei sistemi, che prende il nome di "industria 4.0", a sua volta ha innescato delle modificazioni sostanziali nel mercato del lavoro: innanzitutto si sta assistendo alla formazione di **vaste segmentazioni della forza lavoro**, sia tra lavoratori qualificati che non qualificati, così come tra gli addetti a mansioni non di routine e quelli impegnati in mansioni più ripetitive e sostituibili dalle macchine, con la **polarizzazione tra lavori ad alta qualifica**, relativamente pochi e ben remunerati, **e lavori a bassa qualifica**, su cui pesa maggiormente la transizione all'automazione. In secondo luogo, alla forza lavoro da impiegare in ambito industriale è richiesto oggi il **possesso di skill di valore** in quei macrosettori che oggi vengono definiti **STEM**, ossia **"Science, Technology, Engineering and Mathematics"**.

b. L'agricoltura e le attività primarie: la produzione in Italia e nel resto del mondo

Il settore primario è uno dei principali settori produttivi di un sistema economico e in alcune parti del Mondo costituisce la categoria produttiva principale da cui viene ricavata ricchezza utile al sostentamento della comunità stessa.

Questo settore comprende quell'**insieme di attività economiche che per prime sono state praticate dall'uomo, elemento da cui il settore stesso prende il nome di "tradizionale" o "primario"**; tra queste rientrano: **l'agricoltura, l'allevamento, la pesca, l'attività estrattiva e la silvicoltura**.

Nello specifico, l'agricoltura oggi contribuisce solo per il 5% a definire il PIL mondiale, a fronte di una percentuale del 40% di forza lavoro occupata, con grande eterogeneità tra i Paesi del Mondo sia per tecniche impiegate che per resa dei terreni. Per quanto riguarda il primo aspetto vi è una differenza importante tra i Paesi più sviluppati in cui l'utilizzo di **mezzi tecnologici** permette una maggiore produttività a fronte anche di una forza lavoro inferiore e i Paesi sottosviluppati dove i lavoratori impiegati nel settore sono in numero ingente, ma l'utilizzo di metodologie e tecniche non avanzate limita di molto la produzione. Per quanto riguarda, invece, la **disomogeneità dei suoli coltivabili**, questa è insita innanzitutto in fattori ambientali come il **clima**: zone a clima arido, infatti, non presentano i presupposti per la coltivabilità del suolo. Ulteriori distinzioni riguardano i **metodi di coltivazione e la tipologia dei prodotti coltivati**, a loro volta interconnessi con il grado di sviluppo della società in questione.

Per quanto riguarda il primo aspetto, distinguiamo un'**agricoltura estensiva**, connotata da un impiego limitato di macchinari e investimenti minimi per prodotti fitosanitari, incentrata su cereali, erba medica e foraggere, tipica dei Paesi in via di sviluppo, degli Stati Uniti, dell'Argentina, dell'Australia e dell'Europa Orientale e un'**agricoltura intensiva** basata sull'utilizzo di innovazioni tecnologiche, fertilizzanti e macchinari adatti a rendere più rapidi i processi di lavorazione. Per quanto attiene, invece, al secondo aspetto distinguiamo le **colture alimentari** da quelle **industriali**, come il cotone, principalmente diffuse in Asia, Africa e America.

Una seconda voce importante del settore primario è rappresentata dall'allevamento che, parimenti all'agricoltura, è praticato secondo tecniche diverse determinate dal grado di sviluppo della società e dalle effettive estensioni di pascolo di cui dispongono.

Abbiamo, innanzitutto, un **allevamento di tipo intensivo** con l'animale allevato in *feed lot* e in stalla, con una possibilità di movimento minima e un'alimentazione prevalentemente basata su fieni triturati, mangimi e insilati. Questa modalità di allevamento è tipica dell'Europa e riguarda in maniera prevalente i bovini. Nell'areale appenninico italiano, in Brasile e in Argentina domina, invece, il **pascolo estensivo**, caratterizzato da sole stabulazioni invernali o notturne, da rimonte naturali e da un'alimentazione basata su fieni. A queste due macrocategorie si aggiunge poi **l'allevamento di sussistenza** tipico dei Paesi in via di sviluppo, finalizzato alla produzione di latte e carne per l'autoconsumo: rientrano in questa categoria l'allevamento di capre da parte dei nomadi del Sahara e dei bovini nel Corno d'Africa.

Ancora nel settore primario troviamo l'attività estrattiva, tradizionalmente distinta tra **attività estrattiva da cava**, **attività estrattiva da miniera** ed **estrazione di combustibili fossili**. Nella prima categoria rientra il prelievo di materiali da costruzione edile, stradale e idraulica, terre coloranti, farine fossili, quarzo e pietre molari. L'attività estrattiva da miniera riguarda, invece, il prelievo di minerali utilizzabili per l'estrazione di metalli, grafite, fosfati, bauxite, pietre preziose e sostanze radioattive con una localizzazione prevalente nello Sri Lanka, in Russia, Corea del Sud e Africa centro-meridionale per quanto riguarda le pietre preziose. Per quanto riguarda, infine, i siti di estrazione di risorse energetiche abbiamo le maggiori riserve di petrolio in Venezuela, Arabia Saudita, Canada, Iran, Kuwait e Nigeria, mentre le più grandi riserve di gas naturale si trovano in Russia, USA, Australia e, in buona parte, nei Paesi scandinavi. Questo settore produttivo **incide in maniera considerevole sull'ambiente**: ha, infatti, il potenziale di avere effetti disastrosi, tra cui la perdita della biodiversità, l'erosione, la contaminazione delle acque superficiali, delle acque sotterranee e del suolo. Un esempio molto significativo riguarda quanto avvenuto a partire dagli anni '70 nella regione del Biafra, dove estrazioni incontrollate hanno determinato un grave impoverimento del suolo tanto da causare la morte della popolazione per fame. Nell'ambito del settore primario, inoltre, l'attività estrattiva è quella in cui maggiormente si palesano le **dinamiche geopolitiche dettate dalla globalizzazione**: sono pochi, infatti, i contesti in cui l'attività estrattiva contribuisce a determinare il PIL del Paese; nella maggior parte dei casi, invece, questa è condotta da multinazionali estere che contribuiscono a definire quello che oggi viene chiamato "neocolonialismo", ossia quella forma di dipendenza che questi Stati hanno nei confronti di Paesi più potenti e tecnologicamente più sviluppati.

Sempre nel primario, abbiamo la silvicoltura, che nelle scienze forestali rappresenta l'insieme delle attività che consentono di controllare crescita, composizione, struttura e qualità di una foresta, con lo scopo di produrre legname e derivati e allo stesso tempo preservare la qualità e la quantità del patrimonio boschivo. Ad oggi si riconoscono come **imprese forestali** quelle imprese che svolgono attività di esbosco e commercializzazione di prodotti legnosi, attività di rimboschimento, pulizia del sottobosco, realizzazione di piste frangifiamme e conservazione idrogeologica del territorio. Nel 2021 la produzione di legno industriale è aumentata globalmente del 7% con la

Nuova Zelanda che si pone come primo esportatore mondiale; segue poi l'Europa dell'Est dove, tuttavia, il taglio boschivo viene spesso eseguito in maniera illecita, con un giro di affari, secondo l'OCSE, di circa 150 miliardi di dollari annui. Nella produzione di pellet e cippato, invece, il primato spetta all'Asia e all'area del Pacifico, in cui si è registrato un aumento del 15% tra il 2014 e il 2020. Nell'ultimo decennio, nell'ambito delle utilizzazioni forestali si è registrata una crescente attenzione a quella che è stata definita "forest operation ecology", con cui si indica un approccio mirato alla sostenibilità e all'utilizzo di tecnologie compatibili con l'ambiente. L'abbattimento e l'esbosco, ad oggi, sono responsabili di molti processi di degrado ambientale: l'utilizzo dei mezzi cingolati, ad esempio, è fortemente impattante sul suolo, tanto da pregiudicare la produttività e la funzionalità degli ecosistemi, da inficiare sul drenaggio dell'acqua e da incentivare l'accumulo di colate di fango e detriti. Agli impatti diretti seguono poi ulteriori disastrosi impatti indiretti: la compattazione, ad esempio, crea un ambiente ostativo alla rigenerazione arborea con aumento di rischio del dissesto idrogeologico. Il dissodamento forestale, inoltre, contribuisce in maniera significativa al cambiamento climatico. L'attuazione di uno sviluppo selvicolturale sostenibile non si nutre necessariamente dell'adozione di nuove tecnologie: basti pensare all'esbosco mulifero che, pur essendo la metodologia più antica, risulta essere quella più largamente ecosostenibile.

L'ultima delle attività catalogabili all'interno del settore primario è la pesca, fondamentale in particolare nel mondo asiatico dove il pesce costituisce l'elemento principale della dieta alimentare. Le zone marine dove è possibile trovare una maggiore concentrazione di pesce sono quelle dove l'acqua è più fredda o dove si incontrano correnti marine di temperature diverse che consentono lo sviluppo di una grande quantità di plancton: di conseguenza, le zone più pescose della Terra sono collocabili nelle fasce a clima freddo come la zona nord-atlantica e quella a nord della Norvegia. Parallelamente alla crescita di produttività dell'agricoltura e dell'allevamento, questo settore ha registrato negli ultimi decenni una crescita esponenziale del pescato: tra i principali Paesi operanti in quest'ambito c'è la Cina che consuma all'interno dei propri confini tutto il pescato. Anche nel settore ittico, l'aumento di produttività è legato al **processo tecnologico dei sistemi** adottati, in modo particolare da flotte potenti quali quelle del Giappone, degli Stati Uniti e della Russia: le imbarcazioni di queste grandi flotte sono dotate di avanzati sistemi di lavorazione e conservazione del pesce che consente loro di navigare a lungo e anche in mari molto lontani dalle proprie coste. A differenza di quanto avviene in Cina, il pescato delle flotte di questi Paesi solo in parte è destinato al mercato interno, mentre una grande quantità rientra nell'attività commerciale con Stati esteri.

Anche la **pesca intensiva** ha evidenziato conseguenze preoccupanti sulla conservazione della biodiversità marina. La FAO ha espresso pareri critici sull'attuale stato della produzione ittica che minaccia in modo concreto la varietà della fauna marina degli oceani. Numerose specie fondamentali per l'ecosistema sembrano destinate all'estinzione a causa della pesca con risvolti non solo sull'ambiente marino, ma anche sulle popolazioni che di questo settore fanno la propria fonte primaria di sostentamento. Per far fronte a queste problematiche, si sta diffondendo l'attività dell'**acquacoltura** che, tuttavia, ha insite alcune problematiche legate ad esempio all'uso di antibiotici poco compatibili con la salute umana.

Per i dettagli riferiti a questi aspetti in Italia, in Europa e negli Stati extra-europei si vedano le tre tesi successive.

c. **Geografia della povertà e flussi migratori**

La complessità di fenomeni implicati nell'analisi della diffusione del tasso di povertà a livello globale ha indotto a riferirsi ad alcuni dati specifici e convenzionalmente utilizzabili per l'intera popolazione globale indipendentemente dalla regione geografica e dalla stratificazione sociale.

In questo senso un ruolo determinante è stato giocato dalle organizzazioni internazionali istituzionali o non governative che sono in grado, grazie al possesso di mezzi economici e statistici di rilievo, di effettuare delle stime che siano generalmente attendibili e che consentano di avere un quadro sufficientemente strutturato della situazione.

Non si può prescindere dal riconoscere al problema della povertà un alto grado di incidenza per quanto riguarda i suoi **effetti su tutta la popolazione** e non solo su una parte direttamente interessata da una forte condizione di indigenza. Il problema della povertà, infatti, coinvolge una variegata mole di implicazioni di evidente carattere sociale, ma anche politico e ambientale. Ciascuna delle organizzazioni internazionali implicate nel contrasto alla povertà riconosce l'importanza di interfacciarsi con una molteplicità di elementi e la necessità di agire sia nelle sedi istituzionali, presso le istituzioni politiche secondo un programma di sensibilizzazione degli organi statali, sia in teatri maggiormente operativi, quali possono essere le aree geografiche coinvolte in scenari di guerra, o colpite da disastri ambientali come carestie ed epidemie, o implicate nel processo di mutamento territoriale causato dal sempre più consistente e percepibile cambiamento climatico. Il **problema relativo alla gestione del fenomeno** parte da un presupposto fondamentale che si configura quale linea guida in modo particolare per le **Organizzazioni non governative**. Il dato statistico presente in tutti gli studi effettuati dalle ONG mostra come **il 10% della popolazione mondiale detenga l'85% della ricchezza totale**, illustrando immediatamente come le risorse non siano equamente distribuite. La diretta conseguenza di questa osservazione risiede nella quantità residuale rispetto a questo numero. In modo particolare, il senso della riflessione in merito riguarda le fasce più povere della popolazione che versano in condizioni di povertà assoluta. Situazioni di povertà estrema, ovvero persone che vivono con meno di 1.90 dollari al giorno individuata come soglia di povertà assoluta, interessano il 13% della popolazione mondiale, pari circa a 902 milioni di persone.

Il dato, che apparentemente non sembra preoccupare, cresce esponenzialmente qualora si faccia riferimento al concetto di **povertà relativa**. Quest'ultima si esprime nell'incapacità degli individui di poter accedere all'offerta di beni e servizi necessari all'interno di uno specifico confine geografico che può essere quello del proprio stato.

Il problema della povertà a livello globale torna ad evidenziare un **divario** sostanzialmente definito **tra i Paesi maggiormente sviluppati e i Paesi in via di sviluppo**. Non è difficile individuare nei secondi una maggiore incidenza e diffusione della problematica con una presenza concreta e importante di situazioni di povertà assoluta. La regione maggiormente colpita dal fenomeno secondo le ultime rilevazioni resta **l'Africa subsahariana**, seguita, sebbene con una percentuale di povertà assoluta estremamente inferiore, dall'**Asia meridionale**. Le altre due regioni geografiche in cui si rileva una consistente diffusione di povertà estrema sono l'**Asia orientale** con le zone del Pacifico e l'**America Latina**.

Le ragioni di una più concreta presenta di condizioni di povertà estrema nelle regioni meno sviluppate dal punto di vista industriale ed economico sono da ricercare in diversi ordini di fattori. In primo luogo, è innegabile che l'influenza e l'ingombrante presenza dei Paesi maggiormente sviluppati abbiano influito sulla crescita di questi Paesi e sulle loro possibilità di affrontare il problema. La lunga durata del colonialismo e il suo raggio d'azione, in grado di coinvolgere una molteplicità di aspetti afferenti a ordini d'analisi diversi, hanno inevitabilmente generato un ritardo nello sviluppo delle regioni colonizzate che ancora oggi mostra tutta la sua gravità.

In modo particolare, una prima considerazione va rivolta alla tipologia di **sfruttamento delle risorse** di cui quei territori sono ricchi. Fin dalla nascita delle colonie, infatti, i Paesi colonizzatori, ovvero i Paesi europei, hanno adottato pratiche di sfruttamento **indiscriminato** senza alcun tipo di investimento strutturale o volto a garantire un futuro prospero ai Paesi interessati, ma semplicemente basati su una logica di arricchimento di risorse per il proprio Paese.

Inoltre, se nel XX secolo abbiamo assistito alla caduta delle ultime forme di colonialismo diretto, consistente in pratiche di controllo materiale come lo sfruttamento delle risorse della colonia o il governo diretto del suo territorio, nell'organizzazione economico-politica attuale profondamente segnata dall'avvento della globalizzazione e quindi dalla consacrazione di un mercato globale, fondato su interconnessioni sempre più fitte e immediate tra i diversi Paesi, si è andata affermando una nuova forma di colonialismo, definita dagli studiosi **neocolonialismo**. La caratteristica fondamentale di quest'ultimo consiste nella sua conformazione prettamente economico-finanziaria e si configura come una dipendenza economica dei Paesi maggiormente arretrati rispetto a quelli più sviluppati.

Lo **sfruttamento indiscriminato dell'ambiente**, inoltre, non accenna a rallentare in un'ottica volta alla crescita della produttività e dei vantaggi commerciali. Un sistema che presenta implicazioni sociali di ampio raggio e che sembra finalmente aver suscitato un certo interesse in tutte le organizzazioni politiche sia nazionali che internazionali, grazie anche all'effetto di sensibilizzazione e di invito all'intervento concreto richiamato da personalità di spicco dell'opinione pubblica. Il processo di **deforestazione** a fini commerciali, industriali e produttivi che sta interessando le aree amazzoniche e quelle indonesiane è ormai ampiamente denunciato e ha evidenziato un preoccupante calcolo dei danni dal punto di vista del surriscaldamento terrestre, da un lato, e delle difficoltà sociali delle popolazioni locali dall'altro.

Non solo situazioni di grande indigenza, ma un imponente flusso migratorio forzato con un'incidenza non solo nei territori di origine dei migranti, ma anche nelle destinazioni finali, dove sempre più numerosi si contano i casi di **discriminazione** e di un'**approssimativa gestione del fenomeno**. Alle questioni ambientali è connesso, secondo un duplice processo di indagine, il terzo polo di maggior criticità nell'analisi dei problemi del mondo attuale: **le guerre e i conflitti armati**. Vero fattore destabilizzante del precario equilibrio politico e sociale di alcune determinate aree del pianeta, le guerre, oltre a presentare un ingente conto di decessi, determinano, in concomitanza con le questioni ambientali, inarrestabili flussi migratori forzati, effetti distruttivi per intere città e nazioni con ripercussioni a volte irreparabili e di lunga durata, infine, drammatiche situazioni di vita per chi resta nei territori interessati dai conflitti.

L'introduzione delle diverse problematiche del mondo attuale che dialogano e incrementano le preoccupazioni inerenti al fenomeno della povertà del mondo ci hanno permesso di introdurre una delle conseguenze sociali fondamentali che interessano oggi tutti gli stati del mondo: i flussi migratori, con un particolare riguardo per i **flussi migratori forzati**. Se, infatti, i flussi migratori hanno sempre interessato la storia dell'umanità fin dalle sue origini, il crescente dato che ha interessato questo aspetto ha indotto opinione pubblica e istituzioni a una maggiore attenzione verso le ripercussioni sociali del fenomeno. A partire soprattutto dagli anni Novanta del XX secolo la tendenza si è consolidata sotto le spinte della globalizzazione, con l'ampliamento del numero di Paesi interessati dal fenomeno, che non riguardava solo le ex madrepatrie coloniali, ma in generale le aree più ricche di risorse, e quindi di opportunità di lavoro, di tutto il continente. Ne è un esempio lampante **il caso dell'Italia**, che fino a tutti gli anni Ottanta era stata toccata solo marginalmente dal fenomeno dell'immigrazione, per poi subirne radicalmente le conseguenze nel decennio successivo.

Le riflessioni relative ai flussi migratori si concentrano sulle conseguenze dal punto di vista sociale che essi possono avere sia sulla comunità locale da cui i flussi partono sia su quella di destinazione. È indubbio, infatti, che i sommovimenti relativi allo spostamento di grandi gruppi di persone possa avere delle conseguenze importanti sullo stile di vista all'interno di una determinata società. Per quanto riguarda le comunità da cui i gruppi si distaccano è inevitabile osservare come in alcune regioni si assista a un drammatico fenomeno di **spopolamento**. La concomitanza di fattori ambientali e umani, dal cambiamento climatico ai frequenti conflitti armati, induce la maggior parte della popolazione in grado di affrontare un lungo e incerto viaggio alla ricerca di migliori condizioni di vita. Le persone che restano nei luoghi colpiti da aspetti esterni negativi si trovano costrette a vivere senza le risorse necessarie e sufficienti a un'esistenza dignitosa e senza l'apporto di una parte consistente e produttiva della propria comunità, restando, quindi, privi della possibilità di una nuova crescita. D'altro canto, chi decide di partire e le regioni che si rivelano destinatarie di questi flussi, si ritrovano a dover affrontare problematiche di diverso tipo. In primo luogo, la grande mole del fenomeno e l'eterogeneità degli aspetti coinvolti pone un'ineluttabile **questione relativa alla gestione e al controllo**. Le difficoltà che si sono manifestate recentemente derivano in prima istanza dai numeri delle persone coinvolte e dei Paesi interessati, nonché dalle tipologie di percorso e dalle modalità con cui il fenomeno si diffonde e si realizza. Un secondo aspetto da considerare è immediato riflesso del primo. La modalità di gestione del fenomeno implica **i fini a cui essa deve essere destinata**. L'obiettivo ultimo delle comunità destinatarie dei flussi dovrebbe risiedere in un progetto lungimirante che garantisca la creazione di una **comunità interculturale** in cui l'incontro tra culture diverse garantisca una crescita per l'intera società. Questo obiettivo può essere raggiunto soltanto perseguendo una politica volta a un'integrazione consapevole ed estesa che consenta a chi arriva di conoscere usi, costumi e lingua della popolazione ospitante e a chi riceve di riconoscere e accettare usi e costumi dei nuovi arrivati, in un clima di **cooperazione** e di **rispetto reciproco**. Solo basandosi su questi ultimi due principi sarà possibile realizzare un piano politico sociale ad ampio raggio che garantisca una gestione lineare e organizzata di questo fenomeno di grande portata, sia in termini quantitativi che qualitativi, e che consenta alle comunità interessate di strutturare una società multiculturale in cui garantire le libertà previste dai diritti umani e una crescita comune, generale e sostenibile.

d. Lingue, religioni ed etnie nel mondo

Lingua, etnia e religione costituiscono i fili essenziali del tessuto sociale, in quanto tutte e tre, anche se in modo diverso, contribuiscono a conferire identità. Partendo dalle **lingue** possiamo dire che è molto difficile fornirne una quantificazione, mentre esistono diversi criteri di classificazione. Da questo punto di vista, ad oggi, si tende a fornirne:

- Una **classificazione genealogica**, che prende in esame la parentela tra le lingue (ad esempio il ceppo semitico, sinitico, neo-romanzo; famiglia germanica, indoeuropea e così via);

- Una **classificazione tipologica**, che raggruppa le lingue secondo le caratteristiche strutturali (ad esempio lingue isolanti, sintetiche, agglutinanti);

- Una **classificazione areale**, che prende in esame le lingue parlate in una determinata area, indipendentemente dalla loro eventuale affinità genealogica o tipologica.

Per quanto riguarda, invece, la quantificazione, Ethnologue per il 2022 elenca **7151 lingue**, di cui il 40% a rischio di estinzione: in questo campo rientrano, ad esempio, le minoranze linguistiche presenti nello scacchiere italiano, che sono oggetto di tutela della L. 482/99 in osservanza all'art. 6 della Costituzione. Tra le cause di **estinzione** delle lingue vi è soprattutto una questione di prestigio di natura storico-sociale: ad esempio, anche se tra lingue e dialetti non intercorrono differenze di genere, è il corso storico a stabilire cosa andrà ad elevarsi a lingua standard (ossia funzionale agli usi ufficiali) e cosa diventi dialetto (ossia relegato alla comunicazione domestico/amicale). È esempio di quanto detto il riconoscimento ufficiale del Catalano o la retrocessione a dialetto del provenzale. Di queste oltre 7000 lingue riconosciute dall'Ethnologue, circa 2300 sono localizzate in Asia, 2150 in Africa, 1311 in Oceania, 1060 in America e 280 in Europa. Tra tutte predomina l'**inglese**, che è diventato lingua universale, sebbene sia lingua madre solo del 5% della popolazione mondiale; mentre le lingue madri più parlate sono il cinese mandarino e lo spagnolo. Altre lingue in forte crescita di preferenza per l'area business sono il russo, l'hindi, l'arabo e l'indonesiano.

Quasi tutte queste lingue possono essere ricondotte ad alcune grandi famiglie linguistiche:

- In Africa e in Asia sudoccidentale troviamo le lingue **afroasiatiche**, **niger-kordofaniane**, **nilo-sahariane** e **khoisan**. Alle lingue riconducibili a queste macro-famiglie vanno ad affiancarsi, per usi ufficiali e amministrativi, le due lingue della colonizzazione: **inglese** e **francese**, con una dislocazione verticale nel primo caso (approssimativamente a partire dall'Egitto) e orizzontale nel secondo (a partire dal Marocco in direzione Egitto) e l'arabo standard, sebbene con variabili diatopiche, nel Maghreb.

- In Europa e Asia settentrionale troviamo le lingue **indoeuropee**, le lingue **caucasiche**, le lingue **altaiche**, le lingue **uraliche**, le lingue **dravidiche** e quelle **andamanesi**. Nello specifico le lingue indoeuropee coprono la maggior parte dell'Europa, ad eccezione di Ungheria, Estonia e Finlandia, il Caucaso, la Siberia e parte dell'Asia centro-meridionale;

- In Asia Orientale e in Oceania troviamo i gruppi **sinotibetani**, le lingue **nipponiche**, le **austroasiatiche**, le **australiane aborigene** e le lingue **papuasiche**;

- Nelle Americhe, infine, troviamo le lingue **na-dene**, la lingua **haida**, le lingue **tupi-guaranì** e le **uto-azteche**, ulteriormente suddivise in famiglie a seconda della localizzazione nel Nord o nel Sud del Continente. Anche in questo caso, ai ceppi originari si sono affiancate le lingue della colonizzazione, in particolare **spagnolo** e **portoghese** nel Sud in base ai territori ricadenti a Est o Ovest della linea di demarcazione stabilita con il Trattato di Tordesillas, e **inglese** e **francese** nel Nord.

Per quanto riguarda le **etnie**, invece, elencare le principali al mondo è un compito difficile se non impossibile. Tuttavia, possiamo fare un elenco di alcune delle etnie più numerose e influenti in termini di popolazione e influenza storica e culturale:

- **Han**: la più grande etnia in Cina e una delle più numerose al mondo.
- **Arabi**: diffusi in tutto il Medio Oriente e Nord Africa, con una lingua e una cultura comuni.
- **Indo-Ariani**: presenti principalmente in India e in alcune regioni limitrofe come il Pakistan e il Bangladesh.
- **Bantu**: un gruppo etnico dell'Africa subsahariana che si estende in numerose nazioni africane.
- **Europei**: comprendono un'ampia varietà di gruppi etnici in Europa, con diverse lingue e culture.
- **Dravidi**: presenti principalmente nel sud dell'India.
- **Africani Fulani**: diffusi in gran parte dell'Africa occidentale e centrale.
- **Mongoli**: originariamente dalle steppe dell'Asia centrale, con una vasta diffusione in Mongolia, Cina e altre regioni circostanti.
- **Tibetani**: concentrati principalmente nel Tibet, ma presenti anche in altre regioni montuose dell'Himalaya.
- **Indigeni americani**: include una vasta gamma di popoli indigeni delle Americhe, come i Navajo, i Maya, gli Inuit e molti altri.

Per quanto riguarda le **religioni**, invece, la quantificazione è quasi impossibile da effettuare, mentre basandosi sul numero di aderenti è possibile individuare quelle che sono definite come religioni maggiori. Da questo punto di vista la religione più diffusa al mondo è il **Cristianesimo**, in tutte le sue confessioni (Cattolicesimo, Ortodossia, Protestantesimo e gruppi minori). La più grande confessione cristiana è la Chiesa **cattolica romana** che, con 1,3 miliardi di fedeli, è professata dal 18% della popolazione mondiale; il secondo ramo cristiano è costituito dalle chiese **protestanti e riformate**: quella **anglicana**, quella **calvinista** e quella **luterana**. Il cristianesimo è la religione predominante in Europa, nel continente americano, in Oceania, in alcuni Stati dell'Asia, come Filippine, Armenia, Georgia, Cipro e Timor Est, e in vaste zone dell'Africa. Il cristianesimo, inoltre, in una forma o nell'altra, è la religione si stato di 14 Paesi, tra cui Argentina, Grecia, Inghilterra, Danimarca e Città del Vaticano.

Segue, poi, l'**Islam** che, con 1,8 miliardi di fedeli (circa il 23% della popolazione mondiale), è la seconda religione del mondo per consistenza numerica e vanta un tasso di crescita particolarmente significativo. Il 13% dei musulmani vive in Indonesia, il 25% in Asia Meridionale, il 20% nel Vicino Oriente, Maghreb e Medio Oriente; minoranze considerevoli si trovano anche in Europa, Cina, Russia e America.

L'**Induismo** è definibile piuttosto come un insieme di credi religiosi con origini molto antiche e conta oltre un miliardo e cinquecento milioni di credenti, di cui quasi un milione nella sola India. Abbiamo poi la **religione tradizionale cinese**, anche detta religione popolare cinese o semplicemente religione cinese. Secondo statistiche riferite al 2019, in Cina la religione è praticata da 932 milioni di persone, oltre il 70% della popolazione complessiva, e tra questi il 13% con inquadramento rituale taoista.

Il **Buddhismo** è una delle religioni più antiche e diffuse al mondo, con 350 e 550 milioni di fedeli. Abbiamo poi l'**Ebraismo** con 14 milioni di fedeli, nelle due confessioni maggioritarie sefardita e askenazita. Israele è l'unica Nazione a maggioranza ebraica, ma comunità importanti sono diffuse anche in Europa, negli Stati Uniti, in Russia, Asia e America Latina. A queste vanno poi aggiunte le **religioni minori**, gli **atei** e gli **agnostici**.

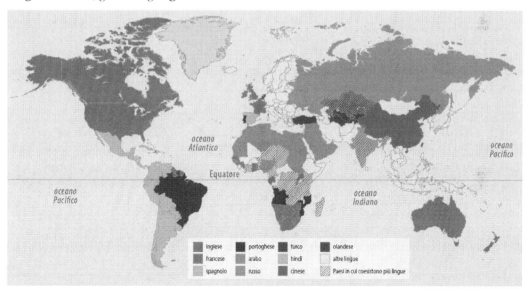

TESI 5

L'Italia:

a. le caratteristiche fisiche del territorio: monti, realtà collinari e carsiche, laghi, fiumi, pianure; mari e porti

b. caratteri strutturali dell'agricoltura: produzioni agricole e forestali; le produzioni dell'allevamento e della pesca; caratteri strutturali dell'industria e produzioni; i commerci e le altre attività terziarie

c. vie di comunicazione e traffici; il Mediterraneo

a. Le caratteristiche fisiche del territorio: monti, realtà collinari e carsiche, laghi, fiumi, pianure; mari e porti.

La penisola italiana presenta una **superficie complessiva di 322.000 kmq**, distinti tra 260.000 kmq di terraferma e 64.000 kmq di isole, di cui quelle di maggiori dimensioni sono Sicilia e Sardegna, ma si contano numerosi arcipelaghi di isole più piccole, prevalentemente nel Tirreno, dove abbiamo l'arcipelago toscano, quello ponziano, quello partenopeo e le Eolie. Si tenga conto che la superficie complessiva conteggia anche territori geograficamente appartenenti alla Penisola, ma amministrativamente afferenti ad altri Stati, quali il Nizzardo e la Savoia, l'Istria e la Dalmazia, Malta, la Valle dei Grigioni, il Principato di Monaco e la Corsica; inoltre, all'interno del territorio italiano sono presenti due enclave: San Marino, collocata tra Emilia-Romagna e Marche, e Città del Vaticano, che rappresenta il cuore della Chiesa cattolica al centro di Roma.

L'Italia si estende per 1300 km dalla **Vetta d'Italia**, tra le Alpi Aurine, e **Punta Pesce Spada** nell'isola di Lampedusa, mentre presenta una larghezza massima di 500 km nella zona continentale e 240 km nella zona peninsulare, con punto estremo Ovest la **Rocca di Chardonnet** e punto estremo Est il **Faro di Capo d'Otranto**; per quanto riguarda il centro geometrico, alcuni geografi lo collocano a **Rieti**, mentre altri a 2 km a sud-est di **Narni**.

Essendo una penisola, l'Italia è bagnata su tre lati dal **Mar Mediterraneo** che in prossimità delle coste assume denominazioni diverse; partendo da Nord-Ovest in direzione Nord-Est abbiamo: Mar Ligure, Mar Tirreno, Mar di Sardegna, Mar Mediterraneo, Mar di Sicilia, Mar Ionio e Mar Adriatico.

Il **Mar Ligure** bagna le coste della Provenza orientale, della Liguria e della Toscana settentrionale; il confine sud-occidentale è delimitato da una linea immaginaria che collega Punta di Revellata con Capo Ferrato, mentre il confine sud-orientale, che lo separa dal Tirreno, è la linea che collega Capo Corso e il Canale di Piombino. Il mar Ligure raggiunge una profondità massima di 2850 metri. I principali golfi sono quello di Genova, della Spezia e di Baratti – quest'ultimo in Toscana. Per quanto riguarda le coste, abbiamo la riviera ligure, la riviera Apuana e la Versilia. La riviera ligure si suddivide in Riviera di Levante, ad est di Genova-Voltri, e Riviera di Ponente ad ovest: la Riviera di Ponente è caratterizzata da spiagge sabbiose e fondali profondi, mentre quella di Levante si distingue per scogliere che scendono a picco sul mare. La costa apuana, invece, si estende dall'estremità sud-orientale della Liguria e la provincia di Massa-Carrara, nella toscana occidentale e presenta coste basse e sabbiose. Infine, abbiamo la Versilia che è la regione della Toscana nord-occidentale compresa all'interno della provincia di Lucca e delimitata a nord dal fiume di Seravezza e a sud dal forte del Motrone ugualmente con coste basse e sabbiose.

Il **Mar Tirreno** ha forma triangolare ed è compreso tra Corsica, Sardegna, Sicilia, Calabria, Basilicata, Campania, Lazio e Toscana. È collegato al Mar Ionio tramite lo Stretto di Messina ed è diviso dal mar Ligure dalla linea immaginaria che congiunge Capo Corso al canale di Piombino. Ha una profondità massima di 3731 metri ed è ricco di isole prevalentemente vulcaniche. Il Tirreno si può suddividere in Alto Tirreno che va dall'arcipelago toscano alle coste orientali della Corsica e Basso Tirreno che va dal basso Lazio fino alle coste settentrionali della Sicilia.

Le coste tirreniche, che bagnano la Penisola dal promontorio di Piombino a Capo Vaticano, hanno un diverso aspetto a seconda che le pendici dell'Appennino siano vicine o lontane dal mare: nel primo tratto sono basse e sabbiose; nel secondo, invece, sono alte e frastagliate. Partendo da Nord, **i golfi del Tirreno** sono:

- il *Golfo di Follonica*, che interessa i comuni di Piombino, Follonica e Scarlino;
- i golfi di *Biodola, Procchio, Campo e Marina di Campo* che interessano l'isola d'Elba;
- i golfi di *Anzio e Terracina* nel Lazio;
- il *Golfo di Gaeta* compreso tra il monte Circeo e la penisola Flegrea;
- il *Golfo di Napoli* che si apre dove termina la penisola di Salerno;
- il *Golfo di Salerno*, immediatamente contiguo, finisce dove sporge il promontorio del Cilento ed è per lo più costituito da una costa alta e rocciosa;
- il *Golfo di Policastro*, dopo il quale le coste cominciano ad essere rettilinee;
- il *Golfo di Sant'Eufemia*.

Per quanto riguarda la Sicilia, questa presenta una costa alta e compatta nella parte centro-orientale e più movimentata nella parte occidentale; qui i golfi principali sono quello *di Patti* – compreso tra Milazzo e Capo Calavà -, quello *di Termini Imerese*, quello *di Palermo* e quello *di Castellammare*, tra Punta Raisi e Capo San Vito. Le coste della Sardegna, infine, tra Olbia e le Bocche di Bonifacio sono piuttosto compatte e i principali golfi sul versante tirrenico sono quelli di Olbia e di Orosei.

Nel Tirreno sono presenti isole di origine vulcanica per lo più raggruppate in arcipelaghi; partendo da Nord troviamo:

- *Arcipelago Toscano*, con l'Elba, il Giglio, Capraia, Palmarola, Giannutri, Montecristo, Pianosa e Gorgona, amministrativamente afferenti a Livorno;
- *Arcipelago Ponziano* con Ponza, Palmarola, Ventotene, Zannone, Santo Stefano e Gavi, amministrativamente appartenenti a Latina;
- *Arcipelago Partenopeo*, posto all'imbocco del Golfo di Napoli. Le isole principali sono: Ischia, Capri e Procida;
- *Arcipelago delle Eolie o Lipari*, in provincia di Messina, con Lipari, Salina, Vulcano, Stromboli, Alicudi, Filicudi e Panarea;
- *Ustica* distante circa 57 km da Palermo;
- *Arcipelago delle Egadi* in provincia di Trapani, con Favignana, Marettimo, Lèvanzo e Stagnone;
- Per quanto riguarda le isole della Sardegna abbiamo a N/E la Maddalena, Caprera, Spargi e Santo Stefano; a N/O, Asinara e Piana nel Golfo dell'Asinara; ad Est Mortorio e Soffi nel Golfo Aranci, Tavolara e Molara nel Golfo di Olbia; infine, nel tratto di costa occidentale, Sant'Antioco e San Pietro.

Il Tirreno, attraverso lo stretto di Messina, lungo 33 km e largo 3,2 km, è posto in comunicazione con lo **Ionio**. Quest'ultimo costituisce la zona più profonda del Mediterraneo, oltre i 4400 metri, ed è ad alto tasso di salinità a causa dell'esiguità degli affluenti. Lo Ionio comunica con l'Adriatico attraverso il canale d'Otranto ed è aperto a Sud verso il Mediterraneo. È compreso tra le coste orientali della Calabria e della Sicilia e quelle occidentali della penisola balcanica. Lo Ionio bagna le coste che vanno da punta Pezzo a Capo S. Maria di Leuca con coste prevalentemente rocciose in Calabria e basse e sabbiose a est del Golfo di Taranto. Per quanto riguarda i Golfi abbiamo: quello di Catania, di Noto e di Augusta sulle coste siciliane, quello di Locri, di Squillace, di Sibari e di Taranto nella zona peninsulare; in particolare, nel Golfo di Taranto troviamo le Isole Cheradi, con S. Pietro, S. Andrea, S. Paolo, S. Nicolicchio e le Fanciulle.

Tra la penisola italiana e quella balcanica troviamo l'**Adriatico**, con una superficie di 132000 kmq e una profondità massima di 1220 m. L'Adriatico si estende dal Golfo di Trieste al Canale d'Otranto con una costa per lo più compatta, ad eccezione di alcune sporgenze quali il Delta del Po e i promontori del Conero e del Gargano. A nord di Ravenna le coste sono basse e orlate di paludi e lagune, quali le Valli di Comacchio e le lagune di Venezia, Murano e Grado; soltanto nella zona del Golfo di Trieste sono rocciose e frastagliate. Sulla costa adriatica i golfi sono pochi e si trovano soprattutto nella zona settentrionale, dove abbiamo il Golfo di Trieste e quello di Venezia; a sud troviamo quello di Manfredonia. Le uniche isole che ospita l'Adriatico sono le Tremiti, situate di fronte al Gargano, in provincia di Foggia con le isole di Capraia, S. Nicola, S. Domino, Pianosa e Pelagosa.

Abbiamo infine il **Mar di Sicilia** e il **Mar di Sardegna**. Il primo è compreso tra Africa e Sicilia e costituisce lo spartiacque convenzionale tra Mediterraneo orientale e Mediterraneo occidentale. La costa è bassa e sabbiosa e la principale insenatura è rappresentata dal Golfo di Gela. Qui troviamo l'isola di Pantelleria, di pertinenza amministrativa di Trapani, e l'Arcipelago delle Pelagie, in provincia di Agrigento, con Lampedusa, Linosa e Lampione. Il Mar di Sardegna, invece, corrisponde al tratto del Mediterraneo compreso tra le coste del gruppo sardo-corso e le Baleari. Le coste si presentano variegate: rocciosa tra Capo Ciccia e Punta Asinara, basse e acquitrinose nel Golfo di Carloforte, pianeggianti nel Golfo dell'Asinara. I golfi principali sono quelli di Alghero e Oristano, mentre le due isole principali sono quelle di Sant'Antioco e San Pietro. Per quanto riguarda le **penisole,** abbiamo:

- *Penisola sorrentina* protesa nel Tirreno divisa tra costiera sorrentina che affaccia sul Golfo di Napoli e costiera amalfitana che affaccia su quello di Salerno;

- *Penisola flegrea* che separa il golfo di Napoli da quello di Gaeta e si estende da Baia fino al canale di Procida;

- *Istria* situata tra Golfo di Venezia e Golfo del Quarnaro, anche se amministrativamente è solo una piccola porzione che afferisce all'Italia;

- *Salento* coincidente con la parte meridionale della Puglia tra lo Ionio a Ovest e l'Adriatico a Est;

- *Gargano,* noto anche come Sperone d'Italia, coincide con l'omonimo promontorio, è circondato interamente dall'Adriatico e per un lato confina con il Tavoliere.

Infine, per quanto riguarda le isole, dobbiamo dire che l'Italia ospita un numero elevato di **isole lacustri e fluviali**. Tra le prime troviamo l'Isola di San Giulio nel Lago d'Orta, in Piemonte, il gruppo delle Borromee nel lago Maggiore, l'isola Comacina nel lago di Como, l'isola di Garda, che è la più grande dell'omonimo lago, le isole Maggiore e Minore nel Trasimeno, Bisentina e Martana nel lago di Bolsena. Tra quelle fluviali le principali sono l'isola Serafini nel Po, l'isola Tiberina e l'isola Sacra nel Tevere e Isola del Liri nel Liri. Grazie alla sua posizione geografica, l'Italia ospita numerosi **porti** che hanno svolto un ruolo cruciale nel commercio, nel turismo e nelle attività marittime. Ecco alcuni dei principali porti in Italia:

- **Porto di Genova:** Situato sulla costa nord-occidentale dell'Italia, il Porto di Genova è uno dei porti più importanti del Mediterraneo e uno dei più grandi del paese. È un nodo chiave per il commercio internazionale e il trasporto passeggeri.

- **Porto di Napoli:** Come uno dei porti più antichi del Mediterraneo, il Porto di Napoli svolge un ruolo vitale nel commercio marittimo e nel turismo. Si trova sulla costa occidentale dell'Italia, nel Golfo di Napoli.

- **Porto di Trieste:** Situato nell'estremo nord-est dell'Italia, il Porto di Trieste è il maggiore porto dell'Adriatico settentrionale. È un importante punto di collegamento per il commercio tra l'Europa centrale e l'Europa orientale.

- **Porto di Venezia:** Il Porto di Venezia è situato nella città di Venezia, nel nord-est dell'Italia. È uno dei porti più grandi del Mar Adriatico e funge da hub per il turismo crocieristico e il commercio.

- **Porto di Gioia Tauro:** Questo porto, situato sulla costa tirrenica nella regione della Calabria, è uno dei porti più grandi e profondi del Mediterraneo. È un importante centro per il trasbordo di container e il commercio marittimo.

- **Porto di Livorno:** Situato in Toscana, sul Mar Tirreno, il Porto di Livorno è uno dei principali porti italiani per il commercio di merci e passeggeri, nonché un importante punto di partenza per le isole dell'Arcipelago Toscano.

- **Porto di Palermo**: Questo porto si trova sulla costa nord-occidentale della Sicilia ed è uno dei porti più importanti dell'isola. Svolge un ruolo fondamentale nel commercio marittimo e nel trasporto passeggeri tra la Sicilia e il continente.

La Penisola è attraversata dalla catena degli **Appennini** che per un totale di 1200 km ne costituiscono la spina dorsale. Questi caratterizzano il paesaggio di gran parte del Paese, interessando ben 15 regioni: 4 nella sua parte continentale, tutte le regioni della Penisola, nonché la parte settentrionale della Sicilia. Rispetto alle **Alpi**, i rilievi dell'Appennino sono molto più bassi: raramente, infatti, le vette superano i 2500 metri. Le **Alpi** hanno una formazione morfologicamente recente, tra 65 e 1,5 mln di anni fa, quando la placca africana, spostandosi, si è scontrata con quella eurasiatica causando il sollevamento di strati rocciosi e masse cristalline, che costituiscono l'attuale sistema alpino. Quest'ultimo si estende ad arco per circa 1200 dal Colle di Cadibona al Passo di Vrata.

In base all'altezza si distinguono:

- **Alpi basse**: fino a 1600 metri;
- **Alpi medie**: da 1600 a 2700 metri;
- **Alpi alte**: oltre i 2700 metri

In base alla lunghezza, invece, il sistema alpino viene convenzionalmente diviso in:

- **Alpi occidentali**, dal Colle di Cadibona al Col di Ferret;
- **Alpi centrali**, dal Col di Ferret al Passo del Brennero;
- **Alpi orientali**, dal Passo del Brennero al Monte Nevoso.

Le **Alpi occidentali** si dividono in:

- **Alpi Marittime**, dal Passo di Cadibona al Colle della Maddalena. Queste interessano Liguria e Piemonte e i monti principali sono l'Argentera, di 3297 m, il Gelas, di 3143 metri, e il monte Matto di 3088 metri. I valichi sono 9, di cui i principali sono il colle della Maddalena e il Col di Tenda;
- **Alpi Cozie**, dal Colle di Cadibona al Moncenisio, i cui monti principali sono il Monviso, di 3841 m, il Rocciamelone, di 3538 m, e Chambeyron, di 3389 metri, mentre i valichi principali sono quelli del Monginevro e del Moncenisio che racchiudono la Val di Susa e la galleria del Frejus;
- **Alpi Graie**, che vanno dal Moncenisio al Col di Ferret. Queste ospitano le famose vette dei 4000, ossia Monte Bianco di 4810 m, Maudit di 4468 m, Grandes Jorasses di 4205 metri e il Gran Paradiso di 4061 metri. Tra i passi da ricordare vi sono il Ferret e il Piccolo San Bernardo; inoltre, dal 1965 è stato aperto al traffico il Traforo del Monte Bianco di oltre 11 km che connette l'Italia con la Francia.

Le **Alpi centrali** si dividono in:

- **Alpi Pennine**, che si estendono dal Col di Ferret al Passo del Sempione e i cui monti principali sono il Monte Rosa (4634 m), il Dom (4554 m) e il Cervino di 4478 metri. I passi principali sono quello del Gran San Bernardo e del Sempione; inoltre, in questo tratto troviamo la galleria del Sempione e il traforo del Gran San Bernardo che connettono l'Italia con la Svizzera;
- **Alpi Lepontine o Leponzie** che interessano Piemonte e Lombardia e si estendono dal Passo del Sempione a quello dello Spluga e i cui monti principali sono il Leone (3552m), Adula (3406 metri) e Basodino (3277 metri). In questo tratto troviamo la galleria del San Gottardo che mette in comunicazione l'Italia con la Svizzera;
- **Alpi Retiche o Giudicarie** vanno dal passo dello Spluga a quello del Brennero, interessando Lombardia e Trentino. I monti principali sono il Pizzo Bernina, l'Ortles e il Cevedale, mentre i passi più significativi sono quello dello Stelvio, del Tonale e del Brennero.

Dalle Lepontine e dalle Retiche, in direzione della Pianura Padana, prendono forma le Prealpi Lombarde, suddivise in Alture Luganesi, della Brianza e del Varesotto, le Prealpi Orobie e le Prealpi Bresciane.

Le Alpi orientali, infine, si suddividono in:

- **Alpi Atesine**, dal Passo del Brennero al Monte Croce Comelico. Queste interessano il Trentino con i rilievi delle Dolomiti e del Brenta. I monti principali sono il Gran Pilastro, il Collalto e la Marmolada, mentre il passo principale è quello di Pordoi;

- **Alpi Carniche**, dal Monte Croce Comelico al Passo di Camporosso. I monti principali, tutti rientranti nel Friuli, sono il Coglians, la Cima dei Preti e il Peralba;

- **Alpi Giulie**, dal Passo di Camporosso al Passo di Vrata i cui monti principali sono il Tricorno, il Mangart e il Nevoso.

Dalle Alpi orientali, in direzione della Pianura Padana, si estende la fascia delle Prealpi Venete comprendenti i Monti Lessini, le Prealpi Bellunesi, le Prealpi Carniche, le Prealpi Giulie e il Carso.

La seconda catena montuosa italiana è la catena degli **Appennini** che attraversa l'Italia in lunghezza e la percorrono come una spina dorsale per un totale di 1200km. Caratterizzano il rilievo e il paesaggio di gran parte del Paese, interessando ben quindici regioni: quattro della sua parte continentale, tutte le regioni della penisola nonché la parte settentrionale della Sicilia. Rispetto alle Alpi, i rilievi degli Appennini sono molto più bassi: raramente le loro vette superano i 2500 metri. Le valli sono meno aspre e i versanti sono talvolta brulli perché soggetti a frane. Sul versante orientale, prima di giungere al mar Adriatico gli Appennini digradano in una lunga fascia di colline. Verso il Tirreno, invece, tra la montagna e il mare, si dispongono altre catene e gruppi isolati. Spesso in quest'area vi sono antichissimi rilievi vulcanici, ormai spenti, e i crateri sono oggi occupati da laghi. Gli appennini hanno inizio dal colle di Cadibona, che li divide dalle Alpi Marittime, e giungono fino alla Calabria, allungandosi poi fino alla Sicilia nord-occidentale. Si suddividono in tre parti:

- **Appennino settentrionale:** Ligure e Tosco-Emiliano - dal passo di Cadibona al passo di Bocca Trabaria;

- **Appennino centrale**: Umbro-Marchigiano e Abruzzese- dal passo di Bocca Trabaria al passo di Vinchiaturo;

- **Appennino meridionale:** Campano, Lucano e Calabro - dal passo di Vinchiaturo al Capo d'Armi.

L'Appennino settentrionale si divide in:

- **Ligure- Piemontese**, dal Passo di Cadibona al Passo della Cisa, i cui monti principali sono il Maggiorasca di 1803 metri, il Penna, di 1735 metri e il Lesima di 1724 metri;

- **Tosco- Emiliano,** dal Passo della Cisa alla Bocca Trabaria. In questa parte dell'Appennino si distinguono: le Alpi Apuane con i monti Pisanino e Pania della Croce, rispettivamente di 1945 metri e 1858 metri; il Preappennino Toscano; i Monti Metalliferi. I monti principali sono il Cimone, il Cusna, Alpe di Succiso, Falterona e Fumaiolo, mentre i passi più importante sono Abetone, Futa e Piastre.

L'Appennino centrale si divide in:

- **Umbro-marchigiano**, dalla Bocca Trabaria alla Gola d'Arquata, in cui emerge come catena principale quella dei Monti Sibillini; i monti principali sono il Vettore di 2478 metri, il Priora e il Porche di 2235, mentre tra i passi principali troviamo la Bocca Trabaria e la Bocca Serriola;

- **Abruzzese-molisano**, dalla Gola d'Arquata al passo di Vinchiaturo. I monti principali sono il Gran Sasso con le vette del Corno e del Corvo, la Maiella con le vette dell'Amaro e di Acquaviva; inoltre troviamo il gruppo della Meta, della Maielletta e del Velino. I passi principali sono quelli del Diavolo, di Gioia e delle Capannelle.

A ridosso degli Appennini si trova il Preappennino Laziale con i monti Sabini, i monti Sabatini, i monti Ernici e i Reatini con la vetta più alta che è il Terminillo di 2213 metri.

L'Appennino meridionale comprende tutti i monti che si trovano a sud della linea di congiunzione tra la foce del Volturno e quella del Fortore e si articola in:

- **Campano-Sannita** che va dal Passo di Vinchiaturo al Passo di Sella di Conza i cui monti principali sono il Matese, con le cime del Miletto e del Mutria, il Cilento con le cime del Cervati e del Motola;
- **Lucano** che va dal Passo di Sella di Conza al Passo dello Scalone con i monti Pollino e Sirino;
- **Calabrese** dal Passo dello Scalone al Capo dell'Armi, i cui monti principali sono la Sila Greca con i monti Paleparto, Sila Grande e Sila Piccola, e l'Aspromonte con il Montalto e Pecoraro.

Per quanto riguarda la Sicilia, questa è separata dalla Calabria attraverso lo **Stretto di Messina**, largo circa 3 km e presenta come monti principali i Peloritani, i Nebrodi e le Madonie e l'Etna che con i suoi 3340 m è il vulcano attivo più alto d'Europa. I monti della Sardegna e della Corsica formano un sistema distinto da quello appenninico e i principali sono Gallura, Iglesiente, Barbagia con il Gennargentu, la cui vetta più alta è Punta la Marmora.

Le **colline**, invece, sono rilievi tra i 200 e i 600 metri di altezza. Hanno le cime arrotondate e i versanti poco ripidi. Le colline italiane occupano quasi la metà del territorio dell'Italia e si estendono ai piedi delle montagne. A nord si trovano nella fascia compresa tra le Alpi e la Pianura Padana; nell'Italia peninsulare possiamo osservarle fra gli Appennini e le pianure costiere. Le colline sul versante adriatico hanno pendii dolci e formano una fascia quasi continua; quelle sul versante tirrenico hanno pendii più ripidi e sono disposte in gruppi più isolati. Le colline hanno origini diverse.

- **Colline moreniche**: alcune colline del Nord sono formate dai detriti portati a valle dagli antichi ghiacciai.
- **Colline tettoniche**: altre colline del Nord e le Murge, al Sud, derivano dal sollevamento dei fondali marini in seguito a forti scosse sotterranee.
- **Colline vulcaniche**: i Colli Euganei, al Nord, e diverse colline del centro Italia (Colli Albani, Colline del Lazio...) sono di origine vulcanica, cioè sono antichi vulcani consumati dall'erosione e ricoperti di vegetazione.
- **Colline strutturali**: le colline dell'Italia centrale una volta erano montagne, poi con il tempo, per l'erosione della pioggia, del vento e del gelo, si sono abbassate e hanno assunto le caratteristiche forme arrotondate dai dolci pendii.

Alcune delle principali aree collinari includono:

- **Colline toscane:** Le colline della Toscana sono famose in tutto il mondo per la loro bellezza e il loro fascino rustico. Le colline del Chianti, la Val d'Orcia e le zone intorno a città come Siena, Firenze e Arezzo sono particolarmente rinomate.
- **Colline umbre:** L'Umbria, spesso chiamata il "cuore verde d'Italia", ospita colline pittoresche ricoperte da boschi, uliveti e vigneti. Borghi medievali come Assisi, Perugia e Spoleto punteggiano il paesaggio collinare.
- **Colline piemontesi:** Il Piemonte è noto per le sue colline vitivinicole, in particolare nelle zone del Monferrato e delle Langhe. Qui si producono alcuni dei migliori vini italiani, come il Barolo e il Barbaresco.
- **Colline dell'Emilia-Romagna:** Nella regione dell'Emilia-Romagna si trovano colline fertili coltivate con vigneti, frutteti e coltivazioni cerealicole. Le colline intorno a città come Bologna, Parma e Modena offrono panorami suggestivi e una ricca tradizione culinaria.
- **Colline lombarde:** Anche la Lombardia ospita alcune colline pittoresche, specialmente nella zona intorno al Lago di Garda e nella regione del Franciacorta, famosa per la produzione di vini spumanti.
- **Colline venete:** La regione del Veneto offre colline incantevoli, in particolare nelle zone del Colli Euganei e del Colli Berici. Queste colline offrono panorami mozzafiato e sono punteggiate da ville storiche e borghi medievali.

Le **regioni carsiche** in Italia sono caratterizzate da paesaggi unici e fenomeni geologici particolari che derivano dalla dissoluzione del calcare e di altre rocce solubili. Queste aree, chiamate comunemente "carsiche", sono presenti in diverse parti del paese. Le principali sono:

- **Altopiano carsico del Carso**: Situato principalmente in Friuli-Venezia Giulia e in parte in Slovenia, l'Altopiano del Carso è una vasta area carsica nota per la sua geologia unica e la sua ricca biodiversità. Caratterizzato da fenomeni carsici come grotte, doline, inghiottitoi e polje, l'Altopiano del Carso è una delle più importanti regioni carsiche d'Europa.

- **Gargano**: Nella regione della Puglia, il promontorio del Gargano ospita una serie di formazioni carsiche, incluse grotte e canyon, che si estendono lungo la costa adriatica. La Foresta Umbra, all'interno del Parco Nazionale del Gargano, è un'area carsica ricca di biodiversità.

- **Monti Lessini**: Situati nella regione Veneto, i Monti Lessini sono una catena montuosa caratterizzata da terreni carsici e formazioni geologiche uniche. La presenza di grotte e doline è evidente in quest'area.

- **Parco Nazionale del Gran Sasso e Monti della Laga**: Questo parco nazionale, situato principalmente in Abruzzo ma estendendosi anche nelle regioni circostanti, comprende aree carsiche con grotte e fenomeni carsici. Il Massiccio del Gran Sasso è noto per le sue formazioni carsiche, comprese le spettacolari Grotte di Stiffe.

- **Le Dolomiti**: Anche se gran parte delle Dolomiti si trova in Italia settentrionale, nelle regioni di Trentino-Alto Adige e Veneto, queste maestose montagne sono anche caratterizzate da fenomeni carsici. Le Dolomiti sono state dichiarate Patrimonio dell'Umanità UNESCO proprio per la loro bellezza geologica unica, che comprende formazioni carsiche come torri, guglie e pareti verticali.

Le **pianure** occupano il 23% del territorio italiano con un'estensione di 66.000 kmq, di cui circa sono costituiti dalla Pianura Padana. In base all'origine, si distinguono:

- **Pianure da sollevamento**, quali il *Tavoliere delle Puglie* e la *Pianura Salentina*, formate dal sollevamento dei fondali marini a causa dei movimenti della crosta terrestre. Il Tavoliere delle Puglie, anche detto Tavoliere di Foggia, è delimitato dal Subappennino da un lato e dal Gargano e dal Golfo di Manfredonia dall'altro. I corsi d'acqua che lo attraversano, tra cui Ofanto e Carapelle, presentano un regime irregolare tanto da determinare l'aridità del territorio circostante. La Pianura Salentina, invece, anche denominata Tavoliere di Lecce o Piana Messapica, è un bassopiano delimitato a Nord dalle Murge e a Sud dalle Serre Salentine;

- **Pianure tettoniche,** formatesi a seguito dello sprofondamento del terreno, sempre a seguito dei movimenti della crosta terreste. Un esempio è il *Campidano*, compresa tra il Golfo di Oristano e quello di Cagliari;

- **Pianure vulcaniche,** generate dal depositarsi di lava e ceneri. È una pianura vulcanica la *Pianura Campana*, nata dalle eruzioni del Vesuvio; questa si estende dal fiume Garigliano al Sarno e dal Tirreno all'Appennino campano e comprende le province di Napoli, Salerno e Caserta.

- **Pianure alluvionali,** che hanno origine dall'accumulo di detriti e sedimenti trasportati a valle dai corsi d'acqua a seguito dell'erosione di monti e ghiacciai e sono le più numerose sul territorio italiano. È di origine alluvionale la *Pianura Padana* che, come detto in precedenza, costituisce da sola il 70% del territorio pianeggiante italiano: questa si estende dal versante meridionale delle Alpi a quello settentrionale degli Appennini ed è compresa principalmente nel bacino idrografico del Po. Comprende parte delle regioni di Piemonte, Lombardi, Emilia-Romagna e Veneto. Stando alla composizione del territorio, la Pianura Padana può essere distinta tra alta e bassa pianura, la prima caratterizzata da un terreno sassoso e grossolano molto permeabile, la seconda, invece, non supera mai i cento metri sul livello del mare e presenta un terreno molto meno permeabile, costituito per lo più da argilla e sabbia.

- Può essere pensata come un prolungamento della Pianura Padana la *Pianura Veneto-Friulana* che si estende dall'Adige al Golfo di Trieste.

Sono di **origine alluvionale** anche:

-	la *Piana di Albenga* che ha una superficie di 45 kmq ed è la più estesa della Liguria;
-	la *Pianura percorsa dall'Arno* che si divide in Valdarno Superiore e Valdarno Inferiore che occupano rispettivamente i territori che vanno da Arezzo a Firenze e da Montelupo a Pisa. La parte terminale del Valdarno comprendente i comuni di Pisa e Cascina prende il nome di Piana di Pisa ed è stata formata dai detriti trasportati dall'Arno e dal Serchio;
-	la *Pianura della Maremma,* che si divide in Maremma Pisana, Maremma Grossetana e Maremma Laziale;
-	la *Campagna romana* un tempo occupata dal Tirreno e poi riempita dai detriti trasportati dal Tevere;
-	la *Pianura Pontina* o *Agro pontino* delimitata a Ovest e a Sud dal Tirreno, ad Est dai monti Lepini ed Ausoni e a Nord dal fiume Astura e dai Colli Albani;
-	l'*Agro nocerino sarnese* nella valle del fiume Sarno, mentre ricade interamente nella provincia di Salerno la *Piana del Sele;*
-	la *Valle d'Itria* tra le province di Bari, Brindisi e Taranto;
-	la *Piana di Metaponto* in Basilicata;
-	la *Piana di Sibari* tra il Massiccio del Pollino e quello della Sila costituisce la più grande pianura calabra, seguita dalla *Piana di Gioia Tauro* e dalla *Piana di Sant'Eufemia;*
-	la *Piana di Catania*, tra le pendici meridionali dell'Etna e i monti Erei e Iblei, è la più estesa delle pianure siciliane, seguita dalla *Piana di Gela* e dalla *Conca d'Oro* su cui sorge Palermo;
-	la *Nurra* in Sardegna, interamente inclusa nella provincia di Sassari, delimitata dal Golfo dell'Asinara a Nord, dal Mar di Sardegna a Ovest, dal Riu Mannu a Est e dai rilievi del Logudoro a Sud.

Infine, per quanto riguarda l'idrografia, è importante ricordare che i fiumi italiani sono circa 1.200, ma non particolarmente ricchi di acqua e quasi tutti brevi a causa della morfologia della Penisola.

I fiumi più lunghi d'Italia

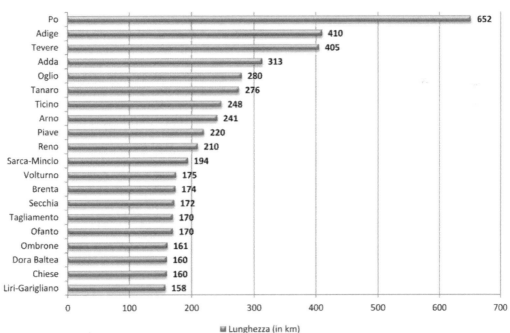

In base alla collocazione delle sorgenti e al regime di piovosità locale, i fiumi italiani possono essere divisi in:

- **Fiumi alpini**: di origine glaciale, soggetti a piene sia nella stagione estiva che in quella invernale in quanto sono alimentati sia dalle precipitazioni che da nevai e ghiacciai;

- **Fiumi appenninici**: generalmente hanno un carattere torrentizio, con piene invernali e magre estive – queste ultime accentuate prevalentemente nei fiumi dell'Appennino settentrionale – fatta eccezione per alcuni corsi d'acqua alimentati da sorgenti carsiche, come l'Aterno-Pescara, il Sele, il Volturno, il Liri-Garigliano, il Velino, il Nera e l'Aniene. Sono fiumi generalmente brevi, ad eccezione del Reno che supera i 200 km e ciò è dovuto alla vicinanza tra l'Appennino e la foce.

- **Fiumi Sardi e Siciliani** caratterizzati da un carattere torrentizio, ad eccezione di Tirso, Flumendosa e del Simeto.

In base alla foce, invece, si distinguono tre versanti fluviali:

- **Versante Adriatico o Orientale**
- **Versante ionico**
- **Versante tirrenico**

Sfociano nell'Adriatico il *Po*, i *fiumi defluenti dalle Alpi Orientali*, con i relativi affluenti, che costituiscono il sistema idrografico padano-veneto e i *fiumi che scendono dal versante orientale degli Appennini* nella zona compresa tra la Romagna e la Puglia.

Il **Po** è il fiume più lungo d'Italia; nasce dal Monviso e sfocia a delta tra le province di Rovigo e Ferrara. È lungo 652 km, drena un bacino di circa 75 000 kmq, ha una larghezza massima di 800 metri e una profondità media tra 2 e 4 metri fino alla confluenza con il Ticino, dopodiché raggiunge anche picchi di 9-10 metri. A 35 km dalla foce si stacca il primo ramo del suo delta, il Po di Volano, e a seguire si aprono gli altri 5 canali in cui si sviluppa il delta: Po di Maestra, Po di Pila, Po di Tolle, Po di Gnocca e Po di Goro. Attraversa sette regioni quali Piemonte, Valle d'Aosta, Lombardia, Liguria, Veneto, Emilia-Romagna e Toscana e bagna Torino, Casale Monferrato, Piacenza e Cremona. Il suo bacino idrografico raccoglie le acque di oltre 140 affluenti, divisi tra affluenti di destra e di sinistra. Gli affluenti di sinistra sono Pellice, Dora Baltea – che nasce dal monte Bianco –, Dora Riparia – che nasce dal Monginevro in Francia – Orco, Sesia, Stura di Lanzo, Ticino – che è immissario ed emissario del Lago Maggiore –, Adda, Oglio, Mincio, Lambro e l'Olona. Gli affluenti di destra, invece, sono Scrivia, Curone, Trebbia, Taro, Secchia e Panaro.

Formano, invece, il **sistema idrografico padano-veneto**: l'Adige, che con 410 km è il secondo fiume più lungo d'Italia; nasce dai laghetti del Passo di Resia, tocca le città di Merano, Bolzano, Rovereto, Trento, Verona e Legnano e sfocia a sud di Chioggia; il Brenta; il Piave, che nasce dal monte Peralba; il Tagliamento, l'Isonzo e la Livenza.

Tra i fiumi che scendono dal versante orientale degli Appennini, i principali sono: il **Reno**, che sfocia tra Ravenna e le Valli di Comacchio; il Lamone; il Savio, che nasce da vari rami presso il monte Fumaiolo; il Metauro, il principale fiume delle Marche, alimentato dal Meta e dall'Auro che scendono dalla Bocca Trabaria e dalla Bocca Serriola; il Cesano, che segna il confine tra le province di Pesaro e Urbino e Ancona; il Chienti che sfocia presso Civitanova Marche; il Tronto, che è il secondo fiume delle Marche; il Vomano, che nasce sul versante aquilano del Gran Sasso e sfocia in prossimità di Roseto degli Abruzzi; l'Aterno-Pescara che è il principale fiume dell'Abruzzo; il Sangro, secondo fiume d'Abruzzo; il Biferno in Moline; il Fortore che segna il confine tra Molise e Puglia e l'Ofanto, principale fiume della Puglia.

I principali fiumi del versante ionico sono il Basento, che è il fiume più lungo della Basilicata; l'Agri che nasce dal m. Volturnino e scende nel Golfo di Taranto; il Sinni; il Crati e il Neto che sono rispettivamente il primo e il secondo fiume della Calabria.

I fiumi del versante tirrenico convenzionalmente vengono raggruppati tra *quelli del versante ligure e nord tirreno e quelli del sud tirreno.* I primi sono generalmente caratterizzati da un regime torrentizio con accentuate magre estive. I principali fiumi sono Magra, Roia e Arroscia in Liguria; in Toscana, invece, abbiamo: l'**Arno**, che è il più lungo della regione, nasce dal monte Falterona, bagna Firenze e Pisa e sfocia a Marina di Pisa; il Serchio; Cecina; Bruna e Ombrone. Nel Lazio abbiamo il **Tevere**, che con un corso di 405 km è il terzo fiume più lungo d'Italia; nasce poco distante dal Monte Fumaiolo e il suo corso attraversa 4 regioni italiane (Emilia-Romagna, Toscana, Umbria e Lazio): in Umbria riceve le acque del Chiascio, del Puglia e del Nestore, e presso Orte, del Nera, a sua volta alimentato dal Velino (il punto in cui si getta nel Nera costituisce la Cascata delle Marmore); infine, prima di giungere a Roma accoglie da destra il Treja e da sinistra l'Aniene. Sfocia nel Tirreno dividendosi nei due rami di Ostia e Fiumicino che racchiudono l'Isola Sacra. Sempre nel Lazio abbiamo il Liri-Garigliano. In Campania abbiamo il Volturno e il Sele.

Tra i fiumi insulari abbiamo in Sicilia l'Imera Meridionale, che è il più lungo dell'Isola e sfocia nel Mediterraneo all'altezza di Licata, il Simeto, il Belice, che sfocia nei pressi di Selinunte, l'Alcantara e il Gela. In Sardegna, invece, troviamo il Coghinas, il Riu Mannu, il Flumini Mannu, il Tirso e il Flumendosa.

Per quanto riguarda i **laghi,** possiamo dire che questi sono bacini d'acqua dolce alimentati da uno o più fiumi o da sorgenti sotterranee. I fiumi che vi entrano prendono il nome di **immissari**, quelli che ne escono e proseguono verso il mare prendono il nome di **emissari**. I maggiori laghi italiani si trovano nella fascia prealpina e nella zona appenninica fra Umbria e Lazio. In base alla loro origine, si distinguono:

- **Laghi di origine glaciale** sono i più comuni, generati dall'azione dei ghiacci che hanno scavato e modellato il territorio creando ampie conche poco profonde che nel tempo sono state riempite dall'acqua. I laghi di origine glaciale possono essere, a loro volta, di circo o vallivi: i primi sono laghi che occupano la zona più a monte di un antico bacino glaciale, mentre i vallivi sono formati nella parte terminale di valli glaciali e, di norma, sono più ampi. Sono laghi alpini, il Lago Verde, sul Monte Rosa, il Lago Azzurro, nelle Alpi Atesine, e il Lago di Misurina nelle Dolomiti. Sono, invece, laghi prealpini il **Lago d'Orta, Maggiore, di Lugano, di Como, d'Iseo e di Garda.**

- **Laghi di origine vulcanica**, formati per riempimento da parte di acque meteoriche o sorgive di bocche di vulcani spenti; i principali si trovano nel centro-Italia.

- **Laghi di origine tettonica** formati da masse d'acqua che occupano depressioni formate dai movimenti della crosta terreste; in Italia il più grande di origine tettonica è il **Trasimeno.**

- **Laghi di sbarramento** che nascono quando i fiumi incontrano durante il percorso un ostacolo, sia di origine naturale come una frana, sia artificiale, come una diga. I laghi di frana, sbarramento lavico e morenico sono in numero esiguo sul territorio italiano; i principali sono il Lago di Alleghe in Veneto, il lago di Scanno in Abruzzo, il lago di Viverone in Piemonte e il Lago di Serra in Sicilia. Hanno, invece, un'origine artificiale il Lago di Campotosto in Abruzzo, il Lago di Santa Giustina in Trentino, il Lago del Salto e del Turano nel Lazio, realizzati per l'alimentazione di centrali idroelettriche.

- I **laghi costieri**, infine, si formano per azione delle correnti marine che, con il tempo, creano dei cordoni di sabbia che separano dal mare gli specchi d'acqua; i principali sono quelli di Lesina e Varano in Puglia.

Il lago italiano più vasto è il **lago di Garda** (o Benaco) che, con una superficie di circa 370 km2 e una profondità massima di 346 metri, rappresenta una cerniera fra tre regioni: Lombardia (provincia di Brescia), Veneto (provincia di Verona) e Trentino-Alto Adige (provincia di Trento). Il lago di Garda è di origine glaciale e conta 25 immissari, fra i quali il fiume Sarca come anche l'Aril, il fiume più breve del mondo, lungo 175 metri. L'unico emissario invece è il fiume Mincio.

Questo lago è uno dei più estesi anche a livello dell'Europa centrale, è il terzo per superficie nella regione alpina, dopo i laghi di Ginevra e di Costanza anche se è oltre la ventesima posizione se si prende in considerazione l'intero continente.

Al secondo posto per estensione si colloca il **lago Maggiore** con una superficie complessiva di 212 km2. È di origine fluvioglaciale, e le sue rive sono condivise tra Svizzera e Italia, con le province di Verbano-Cusio-Ossola, Novara, Varese. Il lago più profondo del nostro territorio è il **lago di Como**, situato interamente in Lombardia con una superficie di 146 km2 (terzo lago per superficie) e una profondità massima di 425 m.

Nell'Italia centrale e meridionale i laghi sono molto più piccoli: il più ampio è il **lago Trasimeno**, in Umbria, la cui profondità tuttavia non supera i 5 – 6 metri. È di origine sia alluvionale che tettonica. Noti sono, inoltre, i laghi di **Bolsena**, **Vico** e **Bracciano** che appartengono alla regione Lazio e sono di origine vulcanica. Il primo rappresenta il bacino vulcanico più esteso d'Europa e l'ultimo era originariamente chiamato anche Lago Sabatino.

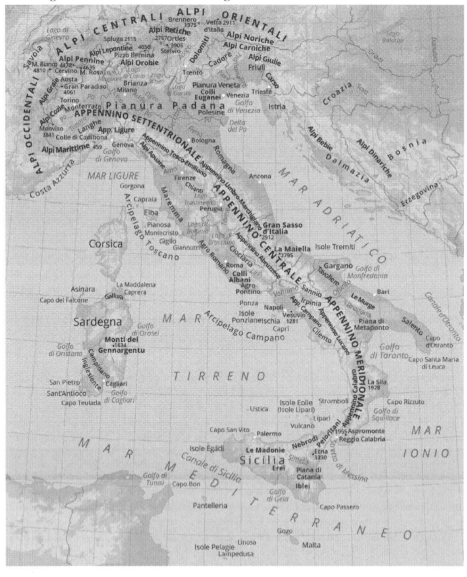

b. Caratteri strutturali dell'agricoltura: produzioni agricole e forestali; le produzioni dell'allevamento e della pesca; caratteri strutturali dell'industria e produzioni; i commerci e le altre attività terziarie.

L'attività agricola contribuisce all'occupazione nazionale per circa il **3,6%,** con circa **921.000 occupati in 1.200.000 aziende agricole su 12mln di ettari di superficie coltivata**. Sul totale degli occupati si registra un divario importante tra il 48% delle donne e il 67% degli uomini; molto significativa, inoltre, è la componente dei lavoratori con cittadinanza straniera che rappresenta il 57% del totale. Dal punto di vista della localizzazione emerge una polarizzazione delle aziende agricole tra Nord e Sud del Paese, mentre una quota meno consistente risulta localizzata nel Centro Italia.

La forma giuridica prevalente è quella dell'**impresa individuale**, che da sola copre l'80% del totale, mentre circa il 12% è rappresentato da **società di persone** e la residua parte da **società di capitali**, società cooperativa e altre forme. La dimensione fisica delle imprese agricole è per lo più **medio-piccola**, con superfici a coltura inferiori ai 5 ettari; solamente il 3% delle aziende detiene superfici superiori ai 100 ettari. Le imprese rappresentano micro-realtà anche in termini di numero di addetti: si tratta, infatti, nella maggior parte dei casi di imprese con un solo dipendente e sono una quota molto marginale riesce a superare i 10 addetti.

La notevole estensione di latitudine (circa 1180 km) rende molto varie le caratteristiche pedo-climatiche del territorio italiano, favorendo lo sviluppo di sistemi colturali molto diversificati. La principale coltura è quella dei **cereali**, con **frumento, mais, orzo, riso e avena**; in particolar modo il clima secco e caldo delle regioni meridionali favorisce la coltivazione del grano duro, mentre le regioni settentrionali, più umide e contraddistinte da terreni leggeri, sono più orientate alla coltivazione del grano tenero. L'Italia produce ogni anno intorno agli otto milioni di tonnellate di grano, riuscendo a soddisfare il fabbisogno interno per circa il 50%, mentre la restante parte è di importazione dalla Francia e soprattutto dai Paesi dell'Est. Il recente conflitto russo-ucraino, infatti, ha determinato un'impennata del prezzo del frumento e dei suoi derivati. Il mais, invece, non è coltivato in modo uniforme dato che per la sua maturazione sono necessarie temperature elevate e un buon tasso di umidità: la sua coltivazione, infatti, è concentrata nella zona padana. Infine, per quanto riguarda la produzione di riso, essa è concentrata tra Piemonte e Lombardia. Altre colture sono poi **l'olivo, la vite, gli ortaggi, gli alberi da frutto e la patata.** L'olivo cresce nelle zone collinari e di bassa montagna, ad eccezione delle zone umide; è presente in Liguria fino ai 400 metri e nelle regioni appenniniche fino agli 800: la maggiore concentrazione olivicola italiana si trova in Puglia. L'Italia è il secondo produttore europeo di olio di oliva con una produzione nazionale media di oltre 6mln di quintali; tuttavia, da quando nel 2013 si è manifestato nel Salento il batterio della Xylella circa 21 milioni di olivi sono morti o sono stati abbattuti; attualmente risulta in forte calo l'export dell'olio d'oliva italiano e in spiccata crescita l'importazione del prodotto dalle regioni dell'Africa del Nord. Invece, per quanto riguarda la vite, questa viene coltivata in tutte le regioni italiane, con maggiore concentrazione in Piemonte, Toscana, Umbria e Abruzzo; l'Italia risulta essere il primo produttore mondiale davanti alla Francia, con più di 400 vini a marchio IGP, DOP, DOC, DOCG e IGT.

Passando a parlare delle **produzioni forestali**, possiamo dire che nelle scienze forestali la **silvicoltura** rappresenta l'insieme delle attività che consentono di controllare crescita, composizione, struttura e qualità di una foresta, con lo scopo di produrre legname e derivati e allo stesso tempo preservare la qualità e la quantità del patrimonio boschivo. In base a quanto stabilito dal Ministero delle politiche agricole alimentari e forestali, con decreto 29 aprile 2020, si riconoscono come **imprese forestali** quelle imprese che svolgono attività di esbosco e commercializzazione di prodotti legnosi, attività di rimboschimento e pulizia del sottobosco. Le oltre 10mila imprese italiane del settore della silvicoltura sono concentrate per circa la metà nella parte settentrionale del Paese, con un 24% nel Nord-est e un 22% nel Nord-ovest; la Toscana con il 14,9% delle imprese del settore è la regione con più alta concentrazione di realtà che svolgono attività legate alla silvicoltura, seguita da Piemonte, Trentino-Alto Adige, Calabria e Marche.

Nonostante l'Italia presenti il 36% della superficie territoriale coperto da foreste, con un totale di circa 9 mln di ettari di bosco, essa risulta essere il Paese dell'UE con il più basso grado di autosufficienza nell'approvvigionamento di materia prima legnosa che, infatti, viene importata dai Paesi dell'Europa Orientale, dove il taglio boschivo spesso viene eseguito in maniera illecita: secondo l'OCSE, infatti, il giro di affari legato ai traffici internazionali di legno illegale arriva a 150 miliardi di dollari annui. Il legno importato è destinato a diversi utilizzi: per arredo mobili, nell'ambito del quale il volume delle importazioni nel 2021 è cresciuto del 9,1%; ad uso carta, con aumenti vicini all'8%; ad uso edilizio e, infine, ad uso energetico, sia essa legna da ardere, pellet o cippato.

Sempre nell'ambito del settore primario rientrano l'allevamento e la pesca.

L'**allevamento** costituisce una voce importante nell'ambito del settore primario. In Italia si contano circa **270 000 aziende zootecniche che ospitano all'incirca 12 mln di capi bovini, ovini, caprini e suini**; a questi vanno poi aggiunti gli allevamenti di avicoli ed equini da carne e quelli a conduzione familiare destinati all'autoconsumo. La prima macro-distinzione nella tipologia di allevamento dei capi va effettuata tra **allevamento intensivo e allevamento al pascolo**. Nel primo caso l'animale è allevato in *feed lot* e in stalla dove la possibilità di movimento è minima e l'alimentazione è prevalentemente basata su fieni triturati, mangimi e insilati. Gli allevamenti al pascolo, invece, possono essere sia **convenzionali,** che **biologici e biodinamici**; gli animali vivono allo stato brado in mandrie composte da un certo numero di fattrici e la rimonta avviene in maniera naturale. In una posizione intermedia si collocano i **pascoli semi-estensivi** caratterizzati dalle sole stabulazioni invernali, in quanto nei periodi estivi i capi vengono lasciati al pascolo brado o di alpeggio. In Italia, la maggior parte della produzione di carne e latte proviene da allevamenti intensivi concentrati nell'area padana. Gli allevamenti estensivi e semi-bradi sono, invece, localizzati nelle aree montane dell'arco alpino e in quelle collinari delle regioni centro meridionali del Paese. Secondo i dati della SPA 2021 oltre 140.000 aziende praticano **l'allevamento bovino**, di cui il 37% è rappresentato dai bovini da latte. Le regioni maggiormente interessate sono Lombardia, Piemonte, Veneto ed Emilia-Romagna. Nell'areale appenninico, invece, le razze principalmente allevate sono da carne, quali la Chianina, la Marchigiana e la Maremmana, mentre i capi da latte rappresentano il solo 7%. Stando ai dati prodotti da ISMEA, nonostante l'Italia sia il terzo Paese europeo per produzione di carne bovina, tra il 2021 e il primo trimestre 2022 il 43% delle carni consumate è di importazione dal Brasile; allo stesso modo il latte vaccino, per la produzione di prodotti caseari, è per gran parte di importazione tedesca.

Per quanto riguarda **l'allevamento dei suini**, le aziende allevatrici sono circa 26.600 localizzate principalmente in Sardegna, Campania, Veneto e Lombardia, quest'ultima con alto tasso di allevamenti intensivi; a livello nazionale anche questo settore ha subito una contrazione negli ultimi due anni con un aumento significativo del peso delle importazioni da Germania, Olanda e soprattutto dai Paesi dell'Est. L'allevamento avicolo, invece, benché predominante nell'area settentrionale ha una buona rappresentanza anche al Sud dove è allevato circa il 30% dei capi totali.

Vi è poi **l'allevamento degli ovini** che sfrutta sostanzialmente tre sistemi: lo stato brado, quello semi-stallino e quello a grande transumanza con greggi che arrivano a contare anche 3000 capi, particolarmente diffuso nell'area insulare. La maggior parte degli allevamenti si trova in Sardegna, ma il comparto è ben rappresentato anche in Sicilia e nel Lazio.

Ancora, **la pesca e l'acquacoltura** in Italia occupano circa 47000 persone, con una concentrazione prevalente in Sicilia e Puglia, a cui fanno seguito Veneto, Sardegna, Calabria ed Emilia-Romagna, mentre nelle restanti regioni il settore occupa una percentuale di lavoratori inferiore al 3%. Sul versante dell'acquacoltura, invece, l'attività è sviluppata prevalentemente in Emilia-Romagna e Veneto. Al settore della pesca afferisce poi l'industria di trasformazione del prodotto ittico con una maggiore concentrazione in Sicilia e Veneto.

I principali sistemi di pesca in mare sono quattro: la **piccola pesca artigianale** che rappresenta la maggioranza della flotta peschereccia italiana; la **pesca con sciabica** per la cattura del pesce azzurro; la **pesca a strascico**, praticata del 16% della flotta totale, e la **pesca d'altura**. I principali prodotti ittici sono il **pesce azzurro**, nelle varietà di sgombri, sardine e acciughe, il **tonno**, che si pesca soprattutto lungo le coste della Sicilia occidentale e della Sardegna, e il **pesce spada**, pescato soprattutto nello stretto di Messina. Inoltre, sono diffusi **cefali, merluzzi, molluschi e crostacei.**

La **varietà di pescato** è ciò che distingue la pesca italiana da quella del Nord Europa: mentre la prima è artigianale e rivolta alla cattura di un numero elevato di specie, la seconda è industriale e mono-specifica, concentrata, cioè, sul prelievo massivo di singole specie. Proprio il carattere artigianale della struttura produttiva ha consentito di evitare situazioni di estremo depauperamento, come nel caso del merluzzo del Mare del Nord. I **principali porti pescherecci** in termini di volume sbarcato sono quelli di **Mazara del Vallo, Ravenna, Ancona, Bari, Palermo e Chioggia**. L'offerta totale di prodotti ittici per il mercato italiano, incluse le importazioni, si aggira intorno a **1,4 mln di tonnellate l'anno**. Negli ultimi anni le abitudini di acquisto hanno subito dei cambiamenti notevoli: in primo luogo, alcuni cambiamenti intervenuti a livello sociale hanno favorito lo sviluppo della grande distribuzione a spese dei negozi tradizionali; inoltre, al prodotto fresco si è ormai affiancata la tendenza crescente a consumare prodotti congelati e semi-conservati.

Per quanto riguarda l'**acquacoltura**, sul territorio italiano si contano circa **800 impianti che producono circa 140 000 tonnellate di prodotto annuo**, contribuendo per circa il 40% al soddisfacimento della domanda di prodotti ittici. L'Italia concentra la produzione sulla **molluschicoltura** ed è il principale Paese produttore di **vongole veraci**, mentre per le specie di acqua dolce si allevano **trota, siluro e storione**. La produzione si svolge attraverso due sistemi differenti: quella estensiva nelle lagune costiere e quella intensiva, con concentrazione prevalente in Puglia, Veneto e Toscana.

Per quanto concerne l'industria, essa in Italia, impiega oltre il 26% della forza lavoro, con una polarizzazione della struttura dimensionale con piccole e medie imprese, che costituiscono la maggioranza, da un lato, e poche grandi imprese dall'altro. La stessa polarizzazione riguarda la localizzazione, con una **presenza maggiore di industrie nelle regioni del Nord**, dove gli addetti costituiscono più del 60% degli occupati. L'Italia è giunta all'industrializzazione relativamente tardi rispetto ad altri Paesi come Regno Unito e Francia: al momento dell'Unificazione, infatti, l'industria era ancora allo stadio artigianale e ciò era dovuto principalmente alla scarsezza dei capitali e alla ristrettezza del mercato.

Uno slancio verso l'**industrializzazione** si è registrato **dal 1881**. Nell'ultimo ventennio dell'"800 si assiste allo sviluppo del settore siderurgico con le Acciaierie e Fonderie Terni e la Società Elba, a cui si aggiunge nel 1907 l'Ilva; sempre nello stesso periodo nel settore chimico viene fondata la Montecatini e nell'ambito dell'industria automobilistica la FIAT, a cui dal 1907 si aggiungono Alfa, Lancia e Bianchi. Il periodo fascista è caratterizzato da un ulteriore aumento dell'industrializzazione, fatta salva la crisi del '29 a cui lo Stato risponde con la creazione dell'IRI a cui sono avocate tutte le azioni delle imprese detenute dalle banche.

Nell'immediato dopoguerra, dopo un primo periodo di ricostruzione, anche grazie al Piano Marshall e alla costituzione della CEE si sono gettate le basi per quello che viene definito il "miracolo economico", un periodo in cui la produzione industriale viaggiava al 10 % di incremento annuo a fronte di un mercato dei consumi che cresceva del 7% e che, quindi, permetteva di esportare il surplus che ne scaturiva. L'Italia diventa a tutti gli effetti un Paese industrializzato e contestualmente, a livello territoriale, si assiste ad una intensa e rapida urbanizzazione con lo spostamento di massa verso il **triangolo industriale** di Genova, Milano e Torino. In questo periodo si affermano quelle che fino ad allora erano state medie imprese, quali Candy, Merloni, Zanussi, Barilla, Buitoni e nascono società statali controllate dall'IRI, rafforzando la posizione dello stato imprenditore con Finmeccanica, Finelettrica, Fincantieri ed Eni. A metà degli anni Settanta il mercato si satura, diventa necessaria una continua innovazione tecnologica ed entra sul mercato la concorrenza giapponese.

Gli **anni Novanta**, invece, sono contrassegnati da due processi: il primo riguardante la trasformazione del tessuto industriale con la **frammentazione delle grandi industrie** e il rafforzamento di **distretti industriali** (agglomerati di imprese specializzate in una o più fasi del processo produttivo); il secondo legato, invece, **all'introduzione di internet** e all'avvio della **globalizzazione**.

Negli anni duemila, l'industria italiana, che già soffriva di problemi strutturali, è risultata incapace di far fronte alle domande della new economy (centrata sull'informazione e sui settori informatici) e il suo peso sull'economia interna si è ulteriormente contratto dopo la crisi finanziaria del 2007, anche a seguito della quale molte aziende hanno optato per la delocalizzazione. Dal 2016, con il **Piano Impresa 4.0** è stato formalizzato l'ingresso dell'Italia nell'era dell'industria 4.0, caratterizzata dalla tendenza all'automazione e che rappresenta la somma dei progressi in intelligenza artificiale, robotica, internet delle cose, stampa 3D e ingegneria genetica. Molti studi stanno provando a descrivere gli effetti dell'**industria 4.0** prevedendo quali saranno le nuove professioni e come cambierà il mondo del lavoro: le professioni più ricercate saranno quelle del problem solving e quelle legate allo smart manufacturing, quali analisti del business digitale, esperti di cybersecurity, hardware engineer e sviluppatori. Inoltre, nonostante gli effetti della pandemia sul settore delle esportazioni, per il 2021 e il primo trimestre del 2022 si è rivelata in crescita l'esportazione di prodotti **Made in Italy**, nei settori della moda, agroalimentare e del mobile.

Il rilancio dell'industria italiana, inoltre, è pensato nell'ottica della **Transizione 4.0**, con cui si intende stimolare le industrie non solo ad una transizione digitale ma anche verso la **sostenibilità ambientale**. Ulteriore importante strumento per il rilancio dell'industria italiana è rappresentato dal **PNRR**, volto a finanziare interventi di digitalizzazione e innovazione, transizione ecologia e inclusione sociale.

Per ottenere un quadro preciso del tasso di industrializzazione italiano dobbiamo distinguere tre zone produttive:

- il **nord-ovest**, che comprende il Piemonte, la Valle d'Aosta, la Lombardia e la Liguria. La struttura portante della sua industria è costituita dalla **grande impresa pubblica e privata**, operante in settori fondamentali quali il metalmeccanico, l'elettromeccanico, la chimica e la lavorazione delle gomme. Il tessuto industriale di Torino è fortemente condizionato dalla presenza della FCA, mentre quello di Milano è più differenziato e complesso, con imprese quali Edison, Pirelli, Magneti Marelli e IBM. Genova è specializzata nella cantieristica nautica, mentre Brescia è un polo metallurgico e metalmeccanico importante;

- il **centro-nord-est**, basato più sulla **piccola e media impresa** operante nei settori tessile, alimentare, di abbigliamento, calzature e mobili;

- il **Meridione**, che comprende le regioni a sud dell'Abruzzo, ha avuto **notevoli carenze nello sviluppo industriale**; ospita comunque stabilimenti importanti quali l'FCA a San Nicola di Melfi, la Sevel, joint-venture Fiat-Peugeot, ad Atessa e l'acciaieria ILVA a Taranto, quest'ultima al centro di importanti vicende giudiziarie a partire dal 2012 per getto e sversamento di sostanze pericolose e inquinamento atmosferico.

Infine, una riflessione va fatta per quanto riguarda **l'incidenza sull'ambiente**, infatti l'industria è **responsabile** di oltre la metà delle **emissioni** totali di inquinanti atmosferici e di gas climalteranti, nonché di altri importanti impatti ambientali, tra cui il rilascio di inquinanti nell'acqua e nel suolo, la produzione di rifiuti e il consumo energetico. Secondo le stime prodotte dall'EEA (Agenzia Europea dell'Ambiente), sul territorio italiano si trovano **13 dei**

200 siti più inquinanti d'Europa, tra cui la centrale termoelettrica Torrevaldaliga di Civitavecchia, che nel 2018 ha prodotto 8,1 mln di tonnellate di CO2, la centrale termoelettrica a carbone Federico II di Cerano, in provincia di Brindisi, le Raffinerie Sarde Saras in provincia di Cagliari, il polo petrolchimico di Gela e l'ILVA di Taranto. Altro esempio di inquinamento ambientale riguarda la Solvay di Rosignano marittimo, che da oltre un secolo rilascia in mare carbonato di sodio. Le stime, inoltre, dimostrano che l'industria tessile è responsabile di circa il 20% dell'inquinamento dell'acqua a causa dei vari processi a cui i tessuti vanno incontro, e che il lavaggio di indumenti sintetici rappresenta il 35% del rilascio di microplastiche primarie nell'ambiente.

Un dato rassicurante è che nell'ultimo decennio si è registrato un calo significativo delle emissioni di metalli pesanti reso possibile grazie all'introduzione obbligatoria di sistemi di filtrazione degli scarichi industriali.

Abbiamo poi il **settore terziario** che in economia rappresenta quel settore in cui si producono o forniscono servizi ed è di ausilio alle attività del primario e del secondario. In Italia, attualmente, è quello più sviluppato ed assorbe circa il **70% degli occupati**. Questo settore comprende:

- il **commercio** che consiste in quel complesso di operazioni poste in essere dagli intermediari allo scopo di far pervenire le merci dai produttori ai consumatori. L'attività commerciale si fonda sul principio della **libera iniziativa economica privata** secondo quanto stabilito dall'art. 41 della Costituzione ed è esercitata nel rispetto dei principi contenuti nella L. n. 287/1990 recante norme per la tutela della concorrenza del mercato.

  - La prima macro-distinzione va effettuata tra **commercio internazionale e commercio nazionale**, dove con commercio internazionale si intende lo scambio di capitale, merce o servizi che si effettua attraverso i confini internazionali e costituisce una quota significativa del PIL. Il commercio internazionale fornisce globalmente ai consumatori la possibilità di essere esposti a nuovi mercati e prodotti. L'economia italiana è un'economia fortemente orientata verso il commercio estero, con la maggior parte del movimento commerciale che riguarda manufatti e si svolge con i Paesi industrializzati. I principali corrispondenti commerciali dell'Italia sono innanzitutto i Paesi dell'Unione europea, i Paesi asiatici (soprattutto Giappone, Cina e Turchia), America settentrionale e Africa. Nell'insieme, per l'importazione le voci più consistenti sono rappresentate da prodotti metalmeccanici, chimici, mezzi di trasporto e materie energetiche; per le esportazioni, invece, sono rappresentate da prodotti metalmeccanici, tessili, di abbigliamento, alimentari e altri prodotti di consumo. Ad oggi, l'Italia si conferma il secondo Paese più competitivo nel commercio mondiale dopo la Germania. Dall'inizio degli anni '90 sono aumentate le importazioni, ma a prezzi decrescenti; tra il 2005 e il 2008 le esportazioni italiane sono aumentate del 16,6%, mentre le importazioni del 22,9%. Nel 2009, a causa della crisi, si è avuto un forte crollo dei volumi commerciali scambiati con l'estero, mentre nel 2012 la bilancia commerciale italiana è tornata attiva. Nel 2019 il surplus della bilancia commerciale ha toccato un nuovo massimo storico con una crescita delle esportazioni del 2% e un calo delle importazioni dello 0.7%. Il 2020 a causa della pandemia da COVID-19 si è chiuso con una contrazione delle esportazioni italiane di quasi il 10%, mentre il 2021 è stato l'anno in cui le esportazioni italiane hanno raggiunto un nuovo massimo storico, il che ha permesso all'Italia di diventare l'8° esportatore mondiale, con un export cresciuto complessivamente del 18% e, probabilmente, destinato ad aumentare qualora il progetto della via della Seta, sottoscritto dall'Italia nel 2019 con l'obiettivo di ampliare le esportazioni nei mercati orientali, venga effettivamente concretizzato.

  - Una seconda distinzione va fatta tra la macroarea del **commercio al dettaglio** e quella del **commercio all'ingrosso**, dove con commercio all'ingrosso si intende l'attività svolta da chiunque che professionalmente acquista merci in nome e per conto proprio e le rivende ad altri commercianti, all'ingrosso o al dettaglio, o ad utilizzatori professionali. Diversamente dal commercio al dettaglio, in quello all'ingrosso viene data maggiore enfasi alla quantità del prodotto, assume scarso rilievo la pubblicità e il prezzo della merce è più basso, in quanto non vi gravano spese di trasporto, di consumi, inerenti al personale o alla pubblicità. Il commercio al dettaglio, invece, in Italia, è disciplinato dal D. Lgs 114 del 1998 che ne individua tre tipi sostanziali: quello in sede fissa, le forme speciali di vendita (come gli spacci interni, per corrispondenza, televisione, commercio elettronico e a domicilio), e quello su area pubblica, come mercati rionali e fiere.

- Abbiamo poi i **servizi a rete** quali **trasporti e comunicazioni** (che vedremo nel punto c di questa tesi)

- Strettamente correlato al sistema dei trasporti è il **turismo**, con cui si intende l'insieme delle attività e dei servizi che si riferiscono al trasferimento di persone dalla località di abituale residenza ad altre località per fini ricreativi o di istruzione. Il turismo rappresenta un fenomeno che ha assunto una rilevanza fondamentale negli ultimi decenni, essendo uno dei settori economici con il più alto tasso di crescita ed essendo strettamente connesso ad altri settori con una dinamica di crescita simile, come i trasporti, le telecomunicazioni e l'informatica. Il turismo, inoltre, ha profonde implicazioni socioculturali e il suo impatto, a livello territoriale, coinvolge molti aspetti e diversi attori: da un lato vi è infatti il turismo attivo, ossia coloro che decidono di spostarsi, mentre dall'altro vi è un turismo passivo, costituito dalle strutture tecniche e dagli operatori dell'accoglienza. Nel turismo contemporaneo, inoltre, sta assumendo sempre più rilievo la figura degli agenti dell'intermediazione (quali agenzie di viaggio, tour operator, vettori ecc.) che svolgono un ruolo essenziale di collegamento tra la domanda e l'offerta di turismo. Dal punto di vista economico, il turismo risulta essere interconnesso con altri tre settori, quali: **i trasporti, l'alloggio e la ristorazione** nelle diverse forme di ricettività alberghiera ed extra-alberghiera, **e le attività commerciali**. Il turismo costituisce una fetta importante dell'economia italiana, infatti durante la loro permanenza i turisti consumano prodotti alimentari ed energetici, acquistano articoli industriali e artigianali, usufruiscono di servizi di trasporto, bancari, sanitari e richiedono anche numerosi altri servizi per l'uso del tempo libero.

  - Rientrano, inoltre, nel terziario le attività di *facility management* con cui si intende l'insieme di servizi che non afferisce al core business dell'azienda, ma riguarda la sicurezza, le telecomunicazioni, il servizio mensa e le manutenzioni.

  - Abbiamo, poi, **i servizi assicurativi e bancari e le attività amministrative degli organi di Stato**.

  - Infine, si distinguono le attività del **terziario sociale** e quelle del **terziario avanzato**: nel primo rientrano i servizi destinati alla persona come l'assistenza agli anziani e ai disabili, il secondo, invece, è costituito da una serie di servizi che si sono diffusi soprattutto negli ultimi anni a seguito dello sviluppo della tecnologia e delle telecomunicazioni. Rientrano in questo settore le aziende di informatica, quelle che operano con internet e con i nuovi mezzi di comunicazione, come telefonia cellulare e satellitari e ancora quelle che operano nel settore della ricerca, del marketing e della pubblicità.

c. Vie di comunicazioni e traffici; il Mediterraneo

Le linee di comunicazione italiane si sviluppano in ambito **terrestre, portuale e aeroportuale**.

La **rete stradale italiana** si articola in autostrade e rete di viabilità ordinaria per un totale complessivo di circa **800.000** km. Al 31 dicembre 2019, la rete autostradale italiana presentava un'estensione di 6.965,4 km suddivisi tra 6000 km di autostrada in concessione, 40,1 chilometri di trafori autostradali internazionali e 939 km gestiti direttamente dall'ANAS; a questi vanno poi aggiunti 13 raccordi autostradali identificati con la sigla RA che coprono un'estensione di 355 km a gestione ANAS. Perché una strada sia classificata come "**autostrada**" devono essere soddisfatte diverse condizioni geometriche e costruttive, come ad esempio la corsia di marcia con larghezza non inferiore   a 3,75 m. Le autostrade italiane sono gestite per la maggior parte da società che ottengono la concessione dal Ministero delle Infrastrutture e della Mobilità Sostenibili: circa 1214 km sono gestiti da Anas spa, seguono poi le Concessioni Autostradali Venete, Autostrade per l'Italia, Società Autostrada Tirrenica e così via; va, infine, segnalato il fatto che recentemente la gestione di A24/ A25, da Strada dei Parchi è tornata nuovamente all'Anas. La maggior parte della rete autostradale italiana è soggetta al pagamento del pedaggio, la cui riscossione si gestisce principalmente in due modi: il **sistema autostradale chiuso** che è quello più diffuso prevede che il conducente ritiri un biglietto all'ingresso dell'autostrada e paghi l'importo all'uscita e il **sistema autostradale aperto**, applicato ad esempio sull'Autostrada dei Laghi, sulle tangenziali di Milano, sull'A12 nel tratto Roma – Civitavecchia. A differenza del sistema chiuso, nel sistema aperto l'utente non paga in base alla distanza percorsa, ma paga una somma fissa in corrispondenza delle barriere dipendenti solo dalla classe del veicolo. Dal punto di vista tecnico, invece, è attivo un **sistema misto barriere/ *free-flow*** dove in entrata e in uscita sono presenti sia corsie dedicate al ritiro/pagamento del biglietto sia corsie Telepass in cui il costo del pedaggio viene addebitato al conto corrente del cliente, precedentemente comunicato al gestore della strada. L'accesso alle autostrade è vietato ai velocipedi, ai ciclomotori, ai motocicli con cilindrata inferiore a 150 cm cubici e alle macchine agricole; il limite di velocità massimo, salvo diversa indicazione, è di 130 km/h.

Il primo tratto autostradale realizzato in Italia fu inaugurato **il 21 settembre 1924 a Lainate da Milano a Varese** poi diventata Autostrada dei Laghi (attuali A8 e A9); nel 1927 venne aperta l'autostrada Milano-Bergamo; nel 1932 la tratta a Torino-Milano, seguita negli anni immediatamente successivi dall'autostrada Firenze-Mare (attuale A11) e Padova-Venezia; nel 1964 fu completata l'A1 Milano-Roma. Nonostante la rete autostradale si estenda per circa **7000 km**, la sua distribuzione è piuttosto disomogenea: risulta, infatti, particolarmente fitta nell'area padana, dove si sviluppa intorno alla A4 Torino-Trieste; si presenta in due tronchi litoranei lungo la Penisola, quali la A14 Bologna-Taranto e la A1 Milano-Napoli; è esigua nel Mezzogiorno e in Sicilia, dove le principali sono la A3 Salerno-Reggio Calabria e la A20 Messina-Palermo; è inesistente in Sardegna.

La **rete di viabilità ordinaria** può avere una doppia classificazione: **amministrativa**, per cui si distinguono strade statali, regionali, provinciali e comunali, e **tecnica**, per cui si distinguono strade extraurbane principali, strade extraurbane secondarie, strade urbane di scorrimento, strade urbane di quartiere e strade locali. Per quanto riguarda le strade statali, le prime 8 con numerazione progressiva coincidono con le vie consolari con inizio a Roma, quali SS1 Aurelia, SS 2 Cassia, SS 3 Flaminia, SS 4 Salaria, SS 5 Tiburtina Valeria, SS 6 Casilina, SS 7 Appia e SS 8 Via del Mare.

La storia delle **ferrovie**, invece, in Italia inizia con l'Unificazione nel 1861, quando nella nostra Penisola l'utilizzo dei treni era assente. La divisione dell'Italia in diversi Stati e la presenza di diversi sistemi montuosi avevano infatti creato notevoli ostacoli per il superamento del problema dei trasporti e delle vie di comunicazione. Successivamente, tra la fine dell'Ottocento e i primi del '900, in forte ritardo rispetto agli altri Stati europei, si provvide a realizzare una rete ferroviaria di circa 20.000 km che avrebbe messo in comunicazione tutto il territorio italiano. Attualmente la rete ferroviaria è estesa circa **16.000 km** a causa di successivi tagli avvenuti negli anni '60 e '70. La rete ferroviaria si sviluppa soprattutto lungo il litorale Adriatico e quello tirrenico collegando l'Italia settentrionale con quella meridionale. A sud del Paese le linee ferroviarie sono meno fitte rispetto al Nord dove la maggior parte dei treni sono a trazione elettrica e a doppio binario. Molto modesta la rete ferroviaria nelle due isole principali, Sicilia e Sardegna. Il sistema ferroviario permette inoltre la comunicazione e lo scambio con i Paesi europei e orientali. In particolare, da diverse città situate nel nord della Penisola esiste un collegamento diretto per raggiungere alcune capitali europee come Monaco, Vienna, Budapest o Bucarest.

Il sistema delle **comunicazioni aeree** è diviso principalmente in due grandi settori, a nord con l'aeroporto di **Milano Malpensa** e in centro Italia con l'aeroporto di **Roma Fiumicino**. Sul territorio italiano si contano circa **126 aeroporti**, divisi tra civili e militari, ma ogni anno si vede l'apertura di nuovi centri aeroportuali. Infatti, dal 2013 ad oggi ne sono stati inaugurati oltre 20 con un incremento di oltre il 6% dei traffici aerei con partenza dall'Italia nel solo ultimo anno, a riprova della continua espansione di questo settore. Gli aeroporti sono ampiamente distribuiti su tutta la Penisola, anche se non tutte le regioni ne vantano uno. Il Molise e la Basilicata, infatti, non dispongono di un aeroporto internazionale per il traffico aereo, ma possono contare sulle regioni confinanti; nella regione pugliese sono presenti, infatti, quattro aeroporti distribuiti nei maggiori centri cittadini di Brindisi, Taranto, Foggia e Bari. La regione che conta più aeroscali nei suoi confini è la Sicilia: ve ne sono sei considerando quelli delle isole, gli aeroporti di Pantelleria e di Lampedusa; al secondo posto si colloca la Toscana con Firenze, Pisa, Grosseto e Marina di Campo. Per dimensionare un aeroporto non si tiene conto solamente della sua effettiva estensione, ma soprattutto del numero di passeggeri registrati in un anno e, per questo motivo, il primato spetta a Roma con oltre 40 milioni di utenti annui seguita da Milano Malpensa e Orio al Serio con meno della metà di passeggeri ogni anno. Un ulteriore importante mezzo di comunicazione è quello **marittimo**: infatti, l'Italia, circondata dal Mar Mediterraneo per una lunghezza complessiva di oltre 9000 km di costa, ha sempre rappresentato un crocevia per gli scambi tra Oriente e Occidente. I porti del Mediterraneo rappresentavano un punto di arrivo delle merci provenienti dalla Via della Seta, che dalla Cina, attraversando l'Asia centrale e la Persia, terminava il proprio percorso in Asia Minore e in Siria. A partire da ciò è stato possibile uno sviluppo fiorente in questo ramo fino alla realizzazione attuale di oltre **200 scali marittimi** in tutto il territorio, anche se non tutti collegati in modo funzionale con strade e ferrovie. I principali porti italiani per traffico merci sono quello di **Genova, Cagliari, Livorno e Trieste** quest'ultimo destinato all'ampliamento in quanto è entrato nel progetto della via della seta, siglato nel 2019 sebbene in stand by per via della pandemia da COVID-19, e finalizzato allo sviluppo delle relazioni commerciali con l'Oriente; mentre i principali porti per traffico di passeggeri sono **Messina, Napoli, Piombino, Olbia e Civitavecchia**. Il nostro permane il Paese dell'Unione Europea **leader nel trasporto marittimo** a corto raggio nel Mediterraneo con 473 milioni di tonnellate di merci, mentre si candida al **terzo posto per traffico di merci** complessivo. Risulta inoltre **primo al mondo per flotta RoRo** (*roll on-roll off*, trasporto autoveicoli e automezzi gommati) con oltre 5 milioni di tonnellate di stazza lorda. Di notevole importanza sono, inoltre, i dati riguardanti i passeggeri nei porti italiani: negli ultimi anni sono state sempre oltre 30 milioni e in continua crescita. Per le regioni costiere non è sempre facile cogliere i benefici economici generati dal turismo di crociera, mentre aumentano le pressioni per investire in infrastrutture portuali e per la tutela dell'ambiente.

Per quanto concerne l'impatto ambientale, è doveroso sottolineare che le navi rappresentano i mezzi che inquinano meno in confronto agli altri mezzi di locomozione. La navigazione interna sul nostro territorio non ha avuto modo di svilupparsi in maniera preponderante a causa della conformazione dei fiumi: questi, infatti, risultano di scarsa portata, con un regime irregolare e di breve sviluppo, inadatto quindi alla navigazione a lungo o medio raggio. Solamente il fiume Po, il più lungo fiume italiano che attraversa la Pianura Padana da ovest ad est per sfociare nel Mar Mediterraneo, ha delle caratteristiche tali da renderlo navigabile anche se la scarsa profondità delle acque costituisce un ostacolo per le grandi imbarcazioni. Risulta modesta anche la navigazione di laghi o lagune, se non come attrazione turistica soprattutto nella città di Venezia.

Il **Mar Mediterraneo,** culla di grandi civiltà come quella Fenicia, Grecia ed Egiziana, grazie alla sua collocazione geografica è stato da sempre un importantissimo **crocevia di scambi commerciali**. Si tratta di un **bacino chiuso**, come suggerisce anche il nome, in quanto "Mediterraneo" significa "**nel mezzo della terra**": esso, infatti, comunica con gli altri mari solo in altri due punti, quali lo **Stretto di Gibilterra**, che lo mette in contatto con l'Atlantico, e lo **Stretto del Bosforo**, attraverso cui si connette al Mar Nero, dopo essersi congiunto con il Mar di Marmara; vi è, inoltre, un contatto con il Mar Rosso, rappresentato dal **canale artificiale di Suez**. Geograficamente è compreso fra i confini meridionali dell'Europa, settentrionali dell'Africa e occidentali dell'Asia.

L'ipotesi più accreditata circa la formazione di questo mare teorizza che, all'incirca cinque milioni di anni fa, il Mediterraneo fosse una vallata molto profonda e secca che divideva i tre continenti dell'Asia, Africa ed Europa. A causa di un violentissimo cataclisma, verificatosi proprio in quegli anni, si sarebbe prodotta una sorta di breccia nel muro di contenimento dell'Oceano Atlantico ad ovest, dove oggi si trova Gibilterra. In un processo durato diversi anni e chiamato "alluvione zancleana", l'acqua avrebbe cominciato a defluire in questa valle, trasformandola in quella che oggi è il Mediterraneo.

Complessivamente possiamo affermare che il Mediterraneo è un mare profondo che raggiunge i **3/4000 metri di profondità**: il punto più profondo si trova in Grecia, lungo le coste sud-occidentali del Peloponneso. Grazie a questa caratteristica il mare è popolato da grossi cetacei e pesci di profondità come il tonno e il pesce spada. Le coste africane e asiatiche sono aride e piatte, mentre le coste europee, anche se non soggette a piogge pesanti, sono verdi e montagnose, con un clima più temperato. Il continente africano da sempre si spinge lentamente verso il continente europeo e questo ha causato l'innalzamento delle Alpi. La conseguente frattura nella crosta terrestre ha formato i vulcani Etna, Stromboli e Vesuvio in Italia e Santorini in Grecia. Questo movimento verso il continente europeo è anche la causa della frequente attività sismica in questa area.

Nel Mar Mediterraneo ci sono circa **1400 isole**, fra cui quelle di maggiori dimensioni sono: Sicilia, Sardegna, Ciprio, la Corsica, Creta, Eubea, Maiorca, Lesbo e Rodi.

In generale, **il clima è tiepido e temperato**, e subisce l'influenza dell'aria calda e secca proveniente dal Sahara durante l'estate creando temperature ideali per le vacanze, e dall'aria più umida e fredda dall'Atlantica durante l'inverno. La mitezza del clima ha favorito la nascita e lo sviluppo delle grandi civiltà che sulle coste del Mediterraneo hanno trovato la loro massima fioritura.

TESI 6

L'Europa

a. Caratteristiche fisiche del territorio: monti, massicci e realtà collinari, laghi, fiumi, pianure; mari e porti

b. L'Europa e gli europei. Territorio e storia. Aspetti politico-economici e problemi sociali

c. La Francia, gli stati del Benelux, la Germania, la Gran Bretagna e l'Irlanda, gli stati scandinavi, gli stati alpini, gli stati della penisola balcanica, gli stati del Mediterraneo orientale, gli stati iberici, gli stati dell'Europa centro-orientale, gli stati dell'Europa sud-orientale; la Russia e l'Ucraina

a. Caratteristiche fisiche del territorio: monti, massicci e realtà collinari, laghi, fiumi, pianure; mari e porti

L'**Europa**, da un punto di vista storico-antropologico è considerata un continente a sé stante, mentre da un punto di vista geo-morfologico è considerata la parte più occidentale della placca eurasiatica. Con una **superficie di circa 10,5 milioni di chilometri quadrati**, è il più piccolo continente dopo l'Oceania e si estende da nord a sud per 4200 km e da est a ovest per 5600 km. I suoi punti estremi sono **Capo da Roca ad Occidente, Capo Nord a settentrione, Capo Tarifa a Sud**, mentre il confine orientale convenzionale è rappresentato dalla linea che segue i **Monti Urali**, il lembo settentrionale del Mar Caspio, il Kuma e la costa del Mar Nero fino agli stretti del Bosforo e dei Dardanelli. Il Mar Mediterraneo la separa dall'Africa sul lato meridionale mentre su quello settentrionale è bagnata dal Mar Artico e su quello occidentale dall'oceano Atlantico. L'oceano Atlantico e i due mari, Artico e Mediterraneo, incuneandosi tra le numerose isole penisole formano altri bacini minori.

I **mari d'Europa** sono: a nord il **Mar glaciale Artico**, il **Mar di Barents** e il **Mar Bianco**; a sud, nella regione mediterranea, sono il **Mar Mediterraneo**, il **Mar Caspio**, il **Mar di Marmara**, il **Mar Nero**, il **Mar d'Azov** e il **Mar Egeo**; infine, nella regione atlantica troviamo l'**Oceano Atlantico**, il **Mar d'Irlanda**, il **Mar Baltico**, il **Mar di Norvegia**, il **Mare del Nord** e il **Mar Celtico**. In Europa, ci sono molti **porti** importanti che svolgono un ruolo cruciale nel commercio internazionale e nel trasporto marittimo. Alcuni dei porti più significativi includono:

- **Rotterdam**, Paesi Bassi - Il più grande porto dell'Europa e uno dei più grandi al mondo, situato sul delta del fiume Reno.

- **Amburgo**, Germania - Importante centro logistico e nodo commerciale situato sul fiume Elba.

- **Marsiglia**, Francia - Uno dei porti più antichi del Mediterraneo, con un ruolo chiave nel commercio tra Europa e Africa.

- **Anversa**, Belgio - Situato sul fiume Schelda, è uno dei porti più grandi e trafficati d'Europa.

- **Le Havre**, Francia - Importante porto francese situato sulla Manica, con collegamenti marittimi verso tutto il mondo.

- **Brema/Bremerhaven**, Germania - Brema è un importante porto fluviale situato sul fiume Weser, mentre Bremerhaven è uno dei porti principali sul Mare del Nord.

- **Genova**, Italia - Porta di accesso al Mediterraneo, è uno dei porti più grandi e trafficati d'Italia.

- **Barcellona**, Spagna - Situato sul Mar Mediterraneo, è uno dei principali porti spagnoli e un importante centro per il trasporto di merci e passeggeri.

L'Europa ha un territorio estremamente frammentato, formato da pianure, altopiani e catene montuose ed è articolato in numerose **penisole**: le principali per estensione sono la **Scandinavia** a nord tra oceano Atlantico e Mare del Nord; la **penisola iberica** tra Mediterraneo e oceano Atlantico, la **penisola italiana**, quella **balcanica** e lo **Jutland** tra Mare del Nord, Kattegat e Mar Baltico. Quasi 800.000 kmq quadrati della superficie dell'Europa sono occupati da **isole** che rappresentano l'8% del territorio: l'isola di maggiore estensione è la **Gran Bretagna**, seguita da **Islanda** e **Irlanda**; nel Mediterraneo, inoltre, si trovano numerosi arcipelaghi e isolette che appartengono all'Italia, alla Penisola balcanica e alla Spagna: tra le più estese troviamo la **Sicilia, la Sardegna** e **Creta**. L'Europa ha uno sviluppo costiero molto elevato, che presenta molte differenze a seconda della loro posizione:

- Le **coste mediterranee** sono in genere alte e rocciose, con golfi e promontori che si alternano a tratti sabbiosi e paludosi in corrispondenza delle foci dei fiumi;

- Le **coste atlantiche settentrionali** presentano litorali bassi e sabbiosi con lagune costiere molto spesse invase dal mare; differiscono le isole britanniche e quelle norvegesi con coste molto frastagliate;

- Le **coste atlantiche meridionali**, invece, diventano alte e scoscese verso la Francia, come nel caso delle Falesie che delimitano gli altopiani della Normandia e della Bretagna.

I principali **golfi, canali e stretti** sono il **Golfo del Leone** a sud della Francia, il **Canale artificiale di Corinto**, gli **stretti dei Dardanelli** e il **Bosforo** che uniscono Egeo e Mar Nero e il **Canale della Manica** che mette in comunicazione l'Atlantico con il Mare del Nord.

Da punto di vista geologico, l'Europa presenta, da Nord a Sud, strutture diverse per età e formazione: si passa da Nord con una massa di rocce antiche, stabili e cristalline, a una parte mediana, relativamente piana di materiali sedimentari e una zona di strutture composite, create da spinte, faglie, dislocazioni tettoniche e attività vulcaniche; nella zona meridionale, infine, si trova una fascia di montagne di età relativamente recente, formatesi a seguito dello scontro tra la placca africana e quella eurasiatica. Il profilo geologico consente di dividere il continente in **4 grandi aree geografiche**:

- Nella parte settentrionale si trova la **piattaforma finno-scandinava**, formatasi nel Precambriano, che costituisce l'imbasamento della Finlandia e di gran parte della penisola scandinava. Essa ha dato vita, nella parte orientale ai rilievi della Svezia occidentale e all'altopiano della Finlandia, meno elevato, mentre il sollevamento del suo bordo occidentale, avvenuto circa 500 milioni di anni fa, ha dato origine ai rilievi della Norvegia. Contemporaneamente si sono formati i Monti della Norvegia occidentale, d'Irlanda, Galles e Scozia. Le vette della Norvegia con le Alpi scandinave raggiungono i 2470 m di altitudine. In seguito alle glaciazioni quaternarie il mare ha invaso le vallate modellate dai ghiacciai che scendono verso la costa formando i fiordi.

- Altra regione significativa dal punto di vista geologico è costituita dalle terre che si dispongono ad arco **dal sud-ovest della Francia verso nord e verso est fino ad arrivare alla Russia, attraversando l'Inghilterra meridionale, i Paesi Bassi, la Germania e la Polonia**. Questa sezione è costituita da un substrato antico, appiattito, sovrapposto da strati di rocce sedimentarie di varia epoca. Tali formazioni hanno generato dei bassopiani che costituiscono le più estese pianure europee che, ampliandosi verso est, formano il Bassopiano Germanico e il Bassopiano Sarmatico della Russia.

- A **sud di quest'area pianeggiante** si trova una fascia con un profilo geologico che interessa l'Europa dando origine a fosse, altopiani e depressioni. Ciò è dovuto ai contraccolpi subiti dalle masse continentali a causa delle spinte che hanno originato le Alpi, dando vita al Giura, la fossa del Reno circondata dai Monti Vosgi e Foresta Nera, i picchi vulcanici del Massiccio Centrale, gli altopiani centrali della Francia e il sollevamento della Meseta Centrale spagnola.

- La struttura geologica più recente è quella formatasi a seguito dei movimenti orogenetici, alla metà del Terziario, con cui la placca afro-arabica, entrando in collisione con quella europea, ha determinato l'orogenesi alpina dando vita a **diverse catene montuose quali le Alpi, i Pirenei, gli Appennini, i Balcani e i Carpazi**. Tali catene comprendono i monti più elevati d'Europa e sono le più soggette ai processi di modellamento, come testimoniato dai frequenti terremoti unitamente alla presenza di fenomeni vulcanici. In quest'area si trovano pianure di origine alluvionale, situate ai margini dei sistemi alpini; le pianure più estese si trovano all'interno, come nel caso della pianura ungherese, della Valacchia romena e della Pianura Padana.

Monti e massicci assolutamente da ricordare sono:

- **Alpi** - Si estendono attraverso diversi Paesi, tra cui Francia, Italia, Svizzera, Austria, Germania e Slovenia, e comprendono alcune delle vette più alte d'Europa, tra cui il **Monte Bianco** e il **Cervino**.

- **Pirenei** - Situati tra Francia e Spagna, formano una catena montuosa che separa la penisola iberica dal resto dell'Europa continentale.

- **Monti Scandinavi** - Si estendono attraverso la Norvegia e la Svezia settentrionali e includono il punto più alto della Scandinavia, il **Galdhøpiggen**.

- **Carpazi** - Si trovano principalmente in Romania, ma si estendono anche in Ucraina, Slovacchia e Polonia.

- **Monti Balcani** - Una catena montuosa che attraversa la penisola balcanica, includendo montagne come il **Monte Rila** in Bulgaria e il **Monte Olympus** in Grecia.

- **Montagne del Caucaso** - Situate tra Europa e Asia, queste montagne includono il **Monte Elbrus**, la cima più alta d'Europa.

- **Monti della Scandinavia** - Si trovano principalmente in Norvegia e Svezia e includono montagne come il **Kebnekaise** e il **Sarek**.

- **Monti del Taurus** - Si estendono attraverso la Turchia meridionale e sono importanti per la geografia e la cultura della regione.

In aggiunta, alcune delle principali **zone collinari** in Europa sono:

- **Colline del Cotswolds** (Regno Unito) - Situate nell'Inghilterra sud-occidentale, queste colline offrono paesaggi idilliaci, caratterizzati da verdi valli e pittoreschi villaggi.

- **Colline dell'Altopiano della Baviera** (Germania) - Nella parte meridionale della Germania, queste colline offrono paesaggi alpini incantevoli e sono punteggiate da affascinanti città e villaggi.

- **Colline del Lotaringia** (Francia) - Queste colline si estendono attraverso le regioni di Lorena e Alsazia, offrendo paesaggi ricchi di vigneti, boschi e castelli medievali.

- **Colline di Toscana** (Italia) - Nella regione centrale dell'Italia, le colline toscane sono famose per i loro paesaggi pittoreschi, vigneti, uliveti e città storiche come Firenze e Siena.

- **Colline della Borgogna** (Francia) - Situate nella regione della Borgogna, queste colline sono rinomate per i loro vigneti, che producono alcuni dei vini più pregiati del mondo.

- **Colline dell'Algarve** (Portogallo) - Nella parte meridionale del Portogallo, queste colline offrono viste mozzafiato sull'oceano Atlantico e sono punteggiate da città costiere affascinanti.

- **Colline dell'Arcadia** (Grecia) - Situate nel Peloponneso, queste colline sono caratterizzate da paesaggi montuosi, uliveti e villaggi tradizionali.

- **Colline di Ardennes** (Belgio e Francia) - Queste colline boschive si estendono attraverso il Belgio e la Francia e offrono opportunità per escursioni, ciclismo e attività all'aria aperta.

Per quanto riguarda l'idrografia, possiamo dire che in Europa **i fiumi sono numerosi anche se di ridotta estensione**, con i più lunghi situati principalmente nell'Europa orientale. Il più lungo è il **Volga**, che attraversa il Bassopiano sarmatico e scorre verso sud con foce nel Mar Caspio, mentre il secondo fiume per lunghezza è il **Danubio**, che nasce nella Foresta Nera, defluisce da ovest ad Est immettendosi nel Mar Nero dopo aver attraversato tre capitali, quali Vienna Budapest e Belgrado. Seguono poi l'**Ural,** che nasce negli Urali meridionali e sfocia nel Mar caspio; il **Dnepr** e il **Dnestr** entrambi con foce nel Mar Nero; il **Reno** che nasce nelle Alpi svizzere, a ridosso del Passo del San Gottardo, e sfocia nel Mare del Nord; l'**Elba**; il **Vistola**; la **Loira** e il **Tago**.

Ancora, per quanto riguarda i **laghi**, dobbiamo dire che i maggiori sono ubicati nella parte settentrionale del continente, fra Russia, Finlandia, Svezia ed Estonia. Il lago più grande d'Europa è il **Ladoga**, interamente ubicato in Russia, così come l'Onega; sempre in Russia troviamo il **Lago dei Ciudi**, il **Lago Bianco** e l'**Imandra**. Di notevole estensione sono anche il **lago di Ginevra**, tra Francia e Svizzera, con un'estensione di 580 km2, il **lago di Costanza** tra Austria, Germania e Svizzera con una superficie di 536 km2 e il **Balaton**, nella pianura ungherese, probabilmente il residuo di un antico mare.

In Europa, ci sono diverse **pianure** importanti che contribuiscono alla sua varietà geografica e al suo sviluppo economico. Alcune delle principali pianure includono:

- **Pianura Padana** (Italia) - Situata nel nord Italia, è una delle più grandi e fertili pianure d'Europa, nota per la sua produzione agricola e industriale.
- **Pianura Danubiana** (Europa centrale/orientale) - Si estende lungo il corso del fiume Danubio attraverso diverse nazioni come Germania, Austria, Ungheria, Serbia e Romania. È una regione agricola vitale per l'Europa centrale e orientale.
- **Pianura della Germania settentrionale** (Germania) - Si trova nella parte settentrionale della Germania e si estende fino alla Danimarca. È caratterizzata da paesaggi pianeggianti e terreni agricoli.
- **Pianura francese** (Francia) - Include diverse pianure, tra cui la Bassa Normandia, la Bassa Linguadoca e la Champagne, che sono importanti per l'agricoltura e l'industria.
- **Pianura ungherese** (Ungheria) - Si trova nel bacino del fiume Danubio e occupa la maggior parte del territorio ungherese, ed è una regione agricola fondamentale per il paese.
- **Pianura Polacca** (Polonia) - Si estende attraverso la parte centrale e settentrionale della Polonia ed è una delle principali regioni agricole del paese.

Infine, per quanto riguarda il **clima**, possiamo dire che l'Europa gode nella maggior parte del suo territorio di un clima **temperato**, cioè non eccessivamente caldo o freddo e con una presenza regolare di precipitazioni durante l'anno. Questa situazione è dovuta a diversi fattori climatici, a cominciare dalla **latitudine** dell'Europa, che garantisce un'inclinazione elevata dei raggi del sole e quindi una distribuzione regolare di calore e di luce su tutto il continente. Un altro fattore è la **marittimità**, ovvero l'influsso mitigatore dei mari sulle terre europee, a cui si aggiunge il fatto che l'oceano Atlantico è attraversato dalla corrente del Golfo, che è una corrente calda. Un'influenza positiva è, inoltre, svolta dalla **distribuzione dei rilievi montuosi**: non vi sono, infatti, montagne particolarmente elevate, disposte in modo tale da impedire la diffusione dei venti atlantici carichi di umidità; a loro volta i rilievi che si affacciano sul Mediterraneo trattengono gli effetti mitigatori di quel mare e ostacolano l'arrivo dei venti polari più freddi. Il territorio europeo può essere diviso in quattro grandi regioni climatiche: **oceanica mediterranea continentale** la regione oceanica comprende le terre dove è maggiormente avvertito l'influsso dell'oceano Atlantico e della corrente del Golfo; il clima, quindi, presenta precipitazioni abbondanti tutto l'anno, scarsa escursione termica con inverni miti ed estati tiepide. La **regione mediterranea**, collocata più a sud e affacciata su un mare chiuso e caldo, è caratterizzata, invece, da estati calde e aride e da inverni miti e piovosi salvo che nelle zone montuose più interne. La **regione continentale**, invece, interessa una vasta zona del territorio europeo in cui l'azione mitigatrice dei mari è assente o limitata. Al suo interno si distingue un'ampia area centrale a clima continentale temperato in cui sono presenti una forte escursione termica con inverni freddi, estati calde e precipitazioni piuttosto abbondanti. Verso est e nord il clima è ancora più freddo, mentre in direzione del Mar Nero e del Mar Caspio è molto arido con piogge scarse e un'escursione termica ancora maggiore per la presenza di estati caldissime e inverni rigidi. La **regione a clima subartico**, infine, interessa la parte più settentrionale del territorio europeo dove la latitudine elevata influenza in modo determinante le condizioni climatiche; a causa del freddo si hanno, infatti, scarse precipitazioni, inverni lunghi e molto gelidi alternati a estati fresche. Un clima simile, di alta montagna, è rilevabile anche sui sistemi montuosi alpini più elevati.

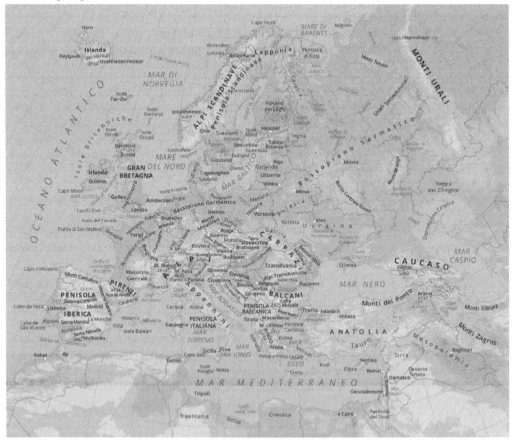

b. L'Europa e gli europei. Territorio e storia. Aspetti politico-economici e problemi sociali

*Per quanto riguarda **il territorio** dell'Europa si faccia riferimento al punto precedente di questa tesi.*

Per quanto riguarda, invece, **la storia**, dobbiamo dire che il processo di integrazione europea ha radici storiche molto profonde, ravvisabili addirittura nel *De Monarchia* di Dante Alighieri, dove l'idea di Europa rappresentava la risposta al problema connesso alla formazione degli Stati sovrani. Nonostante l'idea di un'Europa unita si sia palesata in gran parte dei momenti della storia moderna e contemporanea (da Penn a Kant, a Cattaneo), è solo durante la Resistenza che l'integrazione economica e politica dei popoli europei viene vista come unica possibilità di superamento dei nazionalismi, di cooperazione e, dunque, di una crescita equilibrata e trasversale: questa è fondamentalmente l'idea che ispira la Scuola federalista inglese e, soprattutto, il Gruppo federalista italiano guidato da Altiero Spinelli, a cui fanno capo anche Ernesto Rossi e Eugenio Colorni. Nella visione federalista di Spinelli, espressa nel *Manifesto di Ventotene,* gli Stati Uniti d'Europa si sarebbero dovuti basare sull'unità militare, sull'abolizione delle barriere protezionistiche, su una moneta unica federale e sulla libera circolazione di tutti i cittadini, pilastri che, ad eccezione dell'unità militare, sono stati sanciti poi dai Trattati di Schengen e Maastricht. L'idea che l'unico modo di scongiurare il riaccendersi di focolai di guerra dovesse passare attraverso un organismo comunitario che in qualche modo sostituisse gli Stati nazionali (portatori naturali di concorrenza e incubatori di totalitarismi) viene accolta e rielaborata dallo stesso Churchill che nel 1949 propone la creazione degli Stati Uniti d'Europa, il cui primo passo è rappresentato dall'istituzione del Consiglio d'Europa, organismo finalizzato alla salvaguardia e alla promozione dello sviluppo sociale ed economico dei Paesi membri. Dalla sua ideazione ad oggi, l'**Unione Europea** ha attraversato degli snodi fondamentali, quali:

- La **CECA**, istituita a Parigi nel 1951, è la Comunità Europea del Carbone e dell'Acciaio, che si prefigge principalmente lo scopo di creare un mercato comune nel settore del carbone e dell'acciaio generando, quindi, un'interdipendenza tra i Paesi membri ed evitando che una Nazione possa mobilitare le proprie forze armate all'insaputa degli altri. Vi aderiscono sei Paesi: Germania, Francia, Italia, Paesi Bassi, Belgio e Lussemburgo.

- **CEE** e **EURATOM**: istituiti entrambi nel 1957 a Roma. La prima è la Comunità Economica Europea, mentre la seconda è la Comunità Europea dell'Energia Atomica: con questi due trattati si fa in modo di estendere l'integrazione europea alla cooperazione economica generale, coprendone tutti i campi.

- Trattato di fusione, anche detto **Trattato di Bruxelles**: si prefigge, nel 1967, lo scopo di realizzare le istituzioni europee. Crea un'unica commissione e un unico consiglio per le tre comunità europee (CECA, EURATOM e CEE).

- **Unione doganale europea**: nasce nel 1968. I sei Paesi fondatori eliminano i dazi doganali sui beni importati, rendendo liberi per la prima volta gli scambi transfrontalieri. Essi applicano inoltre gli stessi dazi sulle importazioni da Paesi esterni.

- **SME**: Sistema Monetario Europeo. Vieni istituito nel 1979 con lo scopo di stabilizzare, entro certi margini, i cambi delle valute dei Paesi europei, realizzando una convergenza di tipo monetario.

- **Trattato di Maastricht**: sancisce ufficialmente la nascita dell'Unione Europea. Viene sottoscritto il 7 febbraio del 1992. Stabilisce le norme da adottare a livello comunitario in merito alla politica estera, alla sicurezza, alle materie di giustizia, affari interni e futura moneta comune.

- Accordo di Schengen: entra progressivamente in vigore a partire dal 1985, abolisce il controllo alle frontiere nei Paesi aderenti e sulle persone.

- **Trattato di Amsterdam**: sancisce, nel 1997, i diritti dei cittadini dell'Unione Europea in materia di occupazione ed elimina gli ostacoli alla libera circolazione; interviene inoltre sull'assetto istituzionale interno, rendendo il Parlamento europeo una specie di colegislatore, da affiancare al Consiglio.

- **Trattato di Nizza**: firmato nel 2001, si prefigge l'obiettivo di riformare le istituzioni europee per consentire all'Unione stessa di funzionare in modo efficace. Si ribadiscono, inoltre, i diritti fondamentali dell'unione europea: libertà, dignità, uguaglianza, solidarietà, giustizia e cittadinanza.

- **Euro**: già in circolazione sui mercati finanziari dal 1999, diviene moneta unica ufficiale dell'UE nel 2002: inizialmente vi aderiscono 12 Paesi e ad oggi sono 20.

- **Trattato di Lisbona**: firmato nel 2007, entra in vigore nel 2009. Ha lo scopo di rendere l'Unione Europea più democratica, efficace e preparata. Tale trattato modifica il trattato istitutivo della CEE del 1957 e il Trattato di Maastricht del 1992, facendoli confluire in due nuovi trattati, il TUE (Trattato sull'Unione Europea) e il TFUE (Trattato sul Funzionamento dell'Unione Europea) che definiscono principalmente le competenze dell'UE, le competenze dei Paesi membri e le competenze condivise.

Per quanto riguarda, invece, il processo di allargamento dell'Unione, vanno tenuti, innanzitutto, in considerazione i criteri che ciascuno Stato candidato all'ingresso deve soddisfare:

- essere uno Stato europeo;

- rispettare i principi di libertà, di democrazia, di rispetto dei diritti dell'uomo e delle libertà fondamentali, nonché dello Stato di diritto;

- rispettare una serie di condizioni economiche e politiche conosciute come criteri di Copenaghen.

Dai 6 Paesi del 1951 (Germania, Francia, Italia, Paesi Bassi, Belgio e Lussemburgo), si passa all'Europa dei 9 nel 1973, con l'ingresso di Danimarca, Irlanda e Regno Unito. Nel 1981 aderisce la Grecia e nel 1986 Spagna e Portogallo. Nel 1995 si arriva all'Europa dei 15 con l'ingresso di Austria, Finlandia e Svezia. L'allargamento più significativo, con cui l'Europa abbraccia i Paesi ex-sovietici, si ha nel 2004, quando entrano Repubblica Ceca, Estonia, Lettonia, Lituania, Ungheria, Polonia, Slovacchia, Slovenia, più Cipro e Malta. Nel 2007 aderiscono Romania e Bulgaria e nel 2013 con l'ingresso della Croazia si arriva all'Europa dei 28, attualmente tornata a 27 membri con l'uscita, il 31 gennaio 2020, del Regno Unito a seguito di un referendum del 2016 e dell'approvazione dell'accordo di recesso.

Sono attualmente candidati all'ingresso la Turchia, la Macedonia del Nord, Serbia e Montenegro, Albania, Ucraina e Moldavia.

L'economia europea comprende **più di 743 milioni di persone in 50 Stati diversi**. Come altri continenti, la ricchezza degli Stati varia in termini di PIL e di livelli di vita. L'economia europea può essere geograficamente divisa in due grandi zone: quella **occidentale**, caratterizzata da economie fortissime e valori di sviluppo alti, tra cui troviamo le grandi potenze tedesca e francese e quella **orientale**, in cui la ricchezza decresce verso est, pur essendovi economie caratterizzate da un forte tasso di crescita. Per quanto riguarda, invece, il processo di integrazione economica all'interno dell'Unione, questo è stato molto complesso, anzi è tuttora in corso; tuttavia, oggi essa rappresenta **la prima potenza economica e il più importante mercato del pianeta**, in grado per questo di avere un peso molto importante negli organismi internazionali, come ad esempio il Fondo Monetario Internazionale e l'Organizzazione Mondiale per il Commercio. Questo primato, tuttavia, è dovuto più agli scambi interni all'Unione stessa che a quelli con il resto del Mondo. Grazie alla sua varietà e alla sua storia, l'Europa ha **tutti i settori economici molto sviluppati:**

- Nell'ambito del **settore primario**, in Europa il **40% della superficie disponibile** è destinata all'agricoltura, anche se occupa il solo **5% della forza lavoro totale**; si tratta di un'agricoltura **fortemente meccanizzata**, tanto che l'Europa si configura come il **secondo esportatore mondiale di prodotti agricoli**. Nelle grandi pianure dell'Europa centrale si coltivano principalmente **cereali e patate**, anche se una buona rappresentanza la hanno anche i prodotti industriali come la **barbabietola da zucchero**; lungo le coste del Mediterraneo la coltivazione prevalente è quella di **vite ed olivo**, mentre le grandi pianure orientali ospitano principalmente **grano e mais**. L'allevamento, invece, è ben rappresentato nelle zone di Romania e Bulgaria per quanto riguarda i **suini**, mentre i **bovini**, principalmente da latte, sono localizzate negli Stati centrali, come Belgio e Germania. La silvicoltura egualmente è sviluppata principalmente nell'Est e nel nord Europa, mentre l'attività estrattiva è in forte contrazione in quanto il grande uso ha depauperato i giacimenti: attualmente i maggiori estrattori risultano essere gli Stati del nord Europa e la Russia. Infine, per quanto riguarda la **pesca** l'Europa si attesta come **terzo produttore mondiale**, con pesca mono-specifica nei mari del Nord e pesca orientata alla cattura di più specie nel Mediterraneo.

- In termini di industria, l'Europa è **leader nel mercato dell'industria chimica**; l'Europa è competitiva in settori a basso o medio contenuto tecnologico come **l'alimentare, il tessile e il siderurgico**, mentre è in ritardo nei settori dell'informatica, dell'elettronica e delle biotecnologie. Potenze industriali sono oggi principalmente la Germania e la Francia, mentre nei Paesi dell'Est, il rilancio industriale è dovuto principalmente alla delocalizzazione dei siti produttivi degli Stati occidentali.

- Il **terziario**, infine, è il settore che in Europa produce **più ricchezza**, costituendo il **70% del PIL**, ed occupa la gran parte della forza lavoro. Il processo di terziarizzazione dell'economia europea è iniziato a partire dagli anni '70 ed ha assunto via via sempre maggiore importanza. Nell'Europa occidentale, l'elevato tenore di vita di gran parte della popolazione e lo sviluppo delle imprese hanno determinato una crescita della domanda di servizi sia da parte dei privati che da parte delle aziende, con conseguente nascita di molte attività del terziario che via via hanno acquisito maggiore specializzazione, parliamo di servizi rivolti alla cura della persona, al tempo libero, ma anche di quello che oggi viene definito terziario sociale e terziario avanzato. Il terziario non si è sviluppato in modo eguale in tutti gli Stati europei: in linea di massima esso è più diffuso nell'Europa settentrionale e in quella occidentale, mentre lo è meno in molti Paesi del Mediterraneo e soprattutto nell'Europa Orientale. In quest'ultimo caso, il fatto che lo Stato abbia a lungo controllato il settore dei servizi, ha ritardato il processo di terziarizzazione, avviatosi solo negli ultimi decenni.

Come detto precedentemente, l'Europa può essere divisa in due grandi blocchi geografici cui corrisponde una diversità di sviluppo. Le divergenze economiche tra queste due realtà si sono, inoltre, accentuate a seguito della **crisi finanziaria** che ha attraversato l'Europa dal **2008**; tali squilibri, centro di discussioni e tensioni tra i Paesi membri, hanno portato la BCE a intervenire per salvare Grecia e Portogallo dalla bancarotta, arginare la speculazione che minacciava Italia e Spagna e risollevare la preoccupante situazione dell'Irlanda. Nel **2012**, infatti, è entrato in vigore il Meccanismo Europeo di Stabilità, anche detto **Fondo Salva Stati**.

Quando si parla dell'Europa, spesso la si definisce "**gigante economico, ma nano politico**", nel senso, cioè, che in termini politico-amministrativi ancora non è terminato il processo di integrazione, considerando anche il fatto che molti sono gli Stati membri restii alla cessione di sovranità.

Le istituzioni di cui si avvale l'Unione sono:

- Il **Consiglio europeo**, con sede a Bruxelles e composto dai capi di Stato o di Governo dei Paesi membri. Il Consiglio è un organismo che definisce le priorità e gli indirizzi politici generali dell'Unione ed esami i problemi che ostacolano il processo di integrazione;

- Il **Consiglio dell'Unione Europea**, composto da 27 ministri nazionali, agisce insieme al Parlamento come legislatore e condivide con esso il potere di bilancio; ha, inoltre, competenze in merito alla definizione delle linee guida della politica economica, sociale ed estera e ha potestà di concludere accordi internazionali;

- Il **Parlamento europeo** agisce insieme al Consiglio dell'Unione come legislatore e vi condivide il potere di bilancio; inoltre, esercita il controllo democratico sulle Istituzioni dell'Unione, con particolare riguardo alla Commissione;

- La **Corte di Giustizia dell'Unione Europea** garantisce l'applicazione e l'interpretazione uniformi del diritto europeo e ha il potere di decidere le controversie legali tra Stati membri, istituzioni, imprese e privati;

- La **Banca Centrale Europea** costituisce insieme alle banche centrali nazionali il Sistema europeo di banche centrali e determina, quindi, la politica monetaria della zona euro; allo stesso tempo, assicura la stabilità dei prezzi nell'Eurozona attraverso il controllo dell'offerta di moneta;

- La **Corte dei conti europea** ha il potere di verifica della corretta esecuzione del bilancio europeo.

Oltre alle sfide politiche, molte sono quelle sociali che l'Europa sta affrontando. Innanzitutto, vi è il **problema della povertà**: al 2020, infatti, circa il **23,5%** della popolazione europea è stato dichiarato a rischio di povertà assoluta. A ciò è strettamente connessa la piaga della **disoccupazione** che oggi si attesta intorno al **7%** con una distribuzione non omogenea tra i vari Paesi membri: il fenomeno colpisce, infatti, con violenza maggiore, superando il 20% i due Stati maggiormente coinvolti nello shock finanziario del 2007-2008, quali Grecia e Spagna; in una posizione non particolarmente felice si colloca anche il nostro Paese. Conseguenza di tutto ciò è l'accentuazione della **disuguaglianza**, innanzitutto **retributiva**, tra i cittadini europei, con dati particolarmente allarmanti in Paesi come Bulgaria e Grecia che registrano il peggior risultato. Tra le problematiche intestine si annoverano, poi, **la violenza, l'analfabetismo funzionale e le intolleranze**, quest'ultime fortemente legate ad una problematica a cui alcuni Stati sono particolarmente esposti: **l'immigrazione**. Nell'ultimo decennio, infatti, i Paesi che affacciano sul Mediterraneo, in particolar modo la Grecia e l'Italia, stanno fronteggiando l'emergenza migratoria dei flussi in arrivo da Medio-Oriente e Africa centrosettentrionale. L'Europa, infatti, costituisce una meta appetibile per una serie di ragioni che vanno dal rispetto dei diritti umani all'offerta di migliori condizioni economiche; tuttavia, i flussi costituiscono un problema dal momento che, pur essendovi una definizione sovranazionale delle condizioni di ingresso e soggiorno, sono poi gli Stati membri ad avere la facoltà di stabilire i volumi di ammissione e ciò fa sì che non vi sia una ripartizione equa dei migranti tra i vari Paesi, in quanto è il primo Stato d'approdo che dovrà effettivamente farsi carico dell'accoglienza. Nei Paesi particolarmente esposti al fenomeno, la somma dell'emergenza migratoria e delle problematiche intestine, quali disoccupazione e disuguaglianze, ha ulteriormente accentuato sentimenti xenofobi, in molti casi sfociati in vere e proprie forme di violenza.

c. La Francia, gli stati del Benelux, la Germania, la Gran Bretagna e l'Irlanda, gli stati scandinavi, gli stati alpini, gli stati della penisola balcanica, gli stati del Mediterraneo orientale, gli stati iberici, gli stati dell'Europa centro-orientale, gli stati dell'Europa sud-orientale; la Russia e l'Ucraina

La Francia

Con un'estensione di quasi **550 mila kmq**, la Francia è **il più vasto Paese dell'Unione Europea**, disponendo di una superficie quasi doppia a quella italiana. Il suo territorio, a forma di esagono, è bagnato a nord-ovest dal canale della Manica, che mette in contatto Francia e Gran Bretagna, a sud dal mar Mediterraneo, a ovest dall'Oceano Atlantico. Al territorio francese appartiene, inoltre, l'isola della Corsica. La Francia è una **repubblica semipresidenziale**: In seguito all'approvazione del progetto di riordino territoriale, dal 2016 la Repubblica francese è formata dai **96 dipartimenti della Francia metropolitana**, da **14 metropoli** e **13 regioni**, i cui nomi e capoluoghi sono in fase di definizione. Tra i territori oltremare, ultima sopravvivenza del passato coloniale, sono compresi Guyana francese, La Martinica, Guadalupa (nel mar del Caraibi, in America), le isole Riunione e Mayotte (nell'oceano Indiano) e la Polinesia francese (nell'oceano Pacifico). Con più di **64 milioni di abitanti**, la Francia è il terzo Paese più popoloso d'Europa dopo Russia e Germania. **Parigi**, la capitale, è il vero centro economico, politico e culturale del Paese. Nella sua periferia hanno stabilimenti le maggiori industrie del Paese, mentre nel centro trovano sede grandi banche, compagnie di assicurazioni e organizzazioni internazionali come l'**UNESCO**. Ricca di monumenti e musei, attrae quasi 15 milioni di turisti all'anno e la sua popolazione vanta una notevole varietà di etnie: in molti quartieri (20 totali) convivono francesi, cittadini di altri Paesi europei, africani e asiatici. La Francia risulta essere uno dei Paesi più sviluppato dell'Europa e anche **uno dei più ricchi**, con un reddito per abitante superiore alla media del Continente. Storicamente la sua ricchezza era dovuta soprattutto dall'abbondanza dei terreni coltivabili e dalla fertilità dei suoli, che ancora oggi ne fanno il primo produttore agricolo dell'Unione Europea. Oggi, di fronte a un'economia che può dirsi comunque solida e avanzata, i problemi più gravi sono rappresentanti dalla **disoccupazione** (più del 10% dei francesi in età di lavoro è disoccupato), soprattutto quella giovanile, e dalle **differenze sociali tra ricchi e poveri**. **L'agricoltura è forte** grazie al clima, ai buoni terreni e alla meccanizzazione e ciò è testimoniato dal fatto che la Francia è uno dei maggiori produttori mondiali di **vini**: ogni zona vitivinicola della Francia, infatti, viene, in qualche modo, considerata come modello da seguire per determinate tipologie di vino, come Bordeaux, la Borgogna e la Valle del Rodano per i vini rossi, la Borgogna, la Valle della Loira e l'Alsazia per i vini bianchi, la Champagne per i vini spumanti. Le industrie tradizionali sono in crisi, ma alcuni nuovi settori (automobilistico, meccanico, aeronautico) son molto sviluppati. Questo Paese, infine, si trova i primi posti a livello mondiale per numero di **turisti** e ciò rappresenta l'aspetto più redditizio del settore terziario, comunque sviluppato in ogni categoria.

Gli Stati del Benelux

Con il termine Benelux si intende la regione dell'Europa composta da **Paesi Bassi, Belgio e Lussemburgo**. Il nome è formato dalle iniziali del nome di ogni Paese (*Belgique* o *Belgïe, Nederland, Luxembourg*) e, creato inizialmente per la sola Unione economica Benelux, viene oggi utilizzato in maniera più generalizzata come accezione geografica.

I **Paesi Bassi** hanno una superficie di **oltre 40 mila kmq**, equivalenti a meno di un settimo del territorio italiano. **Stato fondatore dell'Unione Europea**, questo Paese è una **monarchia parlamentare** e il sovrano ha il ruolo di capo dello Stato, mentre il potere effettivo spetta al Governo. Sul piano amministrativo, i Paesi Bassi sono suddivisi in **12 province** che dispongono di un'ampia autonomia. I Paesi Bassi contano quasi **17 milioni di abitanti**, pari a una densità media di circa 407 ab/kmq, la più alta d'Europa. La posizione del Paese, estremamente favorevole agli scambi internazionali, ha permesso di dotarsi di una struttura economica molto competitiva. Grazie ai suoi **porti**, infatti, e alle vie d'acqua interne, i Paesi Bassi rappresentano lo sbocco naturale dei prodotti tedeschi destinati all'esportazione. La crisi finanziaria globale ha colpito anche i Paesi Bassi, ma la struttura economica del Paese è comunque solida. La popolazione olandese gode di **uno dei più elevati redditi pro capite del mondo**. **Molto alta** è anche la **qualità della vita**, grazie alla disponibilità di servizi molto avanzati ed efficienti in settori quali la sanità, l'istruzione e la protezione sociale. La capitale è **Amsterdam** ed è formata da un centinaio di isole collegate tra loro da circa 4000 ponti: per questo motivo viene chiamata anche "**la Venezia del Nord**". Seconda città portuale dopo **Rotterdam**, è ricca di chiese, palazzi e musei, tra i quali il Van Gogh Museum, che conserva la più grande collezione di opere dell'artista, e il Rijksmuseum, in cui si trovano i capolavori della pittura olandese. I Paesi Bassi sono tra i primi produttori in Europa di **latte e derivati**, grazie al diffuso allevamento di bovini. L'agricoltura punta su **colture specializzate** (lino e fiori), mentre la pesca si concentra sull'allevamento di **molluschi**. Le coste olandesi e il Mare del Nord sono **ricchi di petrolio e gas naturale** e l'industria è molto sviluppata. Da secoli, i Paesi Bassi hanno un ruolo centrale nel commercio internazionale; il porto di Rotterdam è il più grande d'Europa.

Il **Belgio** è un Paese poco esteso, con una superficie di soli **30 mila kmq** è infatti poco più grande della Sicilia. Nel basso Medioevo i territori degli attuali Belgio e Paesi Bassi prosperarono grazie ai commerci e alla fiorente industria tessile. Nel 1930, dopo un lungo conflitto con gli olandesi, il Belgio ottenne l'indipendenza come Regno del Belgio. Nel XX secolo la Nazione, nonostante la sua dichiarata neutralità, fu invasa dai tedeschi nel corso di entrambe le guerre mondiali. In seguito, partecipò alla fondazione dell'Unione Europea, che proprio a Bruxelles concentra le sue maggiori istituzioni. Il Belgio è una **monarchia parlamentare** ed è uno Stato federale composto da **tre regioni** dotate di ampia autonomia: **le Fiandre, la Vallonia e la Regione di Bruxelles**. Gli **11 milioni di abitanti** del territorio si dividono tra due gruppi distinti: i **fiamminghi**, che abitano nelle pianure del Nord e parlano il fiammingo e i **valloni** che risiedono a sud e parlano francese. Bruxelles, cuore di una vasta area metropolitana popolata da quasi 2 milioni di persone, è non solo la capitale della Nazione ma anche quella dell'Unione Europea: ospita infatti la Commissione europea e il Consiglio europeo, oltre a numerosi uffici della UE. Bruxelles è una città industriale e commerciale, al centro dei traffici tra il Mare del Nord e l'Europa centrale. È stato uno dei primi Paesi europei a dotarsi, nel corso dell'Ottocento, di un solido apparato industriale, grazie allo sfruttamento dei suoi **ricchi giacimenti di carbone**, fondamentale per lo sviluppo assieme alla **posizione geografica** e la disponibilità di **ottimi porti**. Nella seconda metà del Novecento, a causa della crisi delle industrie estrattive e siderurgiche, il Paese ha conosciuto una grave crisi economica, da cui si è ripreso negli ultimi anni. Il Nord del Paese è economicamente molto forte, sia per **tecniche agricole all'avanguardia**, sia per la nascita di **numerose industrie modernissime**, favorite da **uno dei maggiori sistemi portuali dell'intera Europa**, che si incentra sui porti di Anversa, Gent e Zeebrugge. Cuore economico del Paese è tuttavia la regione di Bruxelles, che ha molto beneficiato della presenza delle istituzioni europee e che ha conosciuto una forte crescita delle attività finanziarie. Il reddito per abitante pone il Belgio fra i Paesi maggiormente sviluppati d'Europa e del Mondo. Il **Lussemburgo** è, dopo Malta, **il più piccolo Stato dell'Unione Europea**. La forma di Governo è una **monarchia parlamentare ereditaria**. Gli abitanti parlano un dialetto tedesco, il lussemburghese e si concentrano soprattutto nei dintorni della capitale, Lussemburgo. La sua economia si basa da tempo sull'**agricoltura** e sui **giacimenti di ferro**, che hanno favorito la nascita di una forte industria siderurgica. Industrie importanti sono quelle della **gomma**, delle **fibre artificiali** e della **ceramica**. La principale risorsa economica è costituita dalle **attività finanziarie**, agevolate da una legislazione fiscale che favorisce l'afflusso di capitali stranieri. Grazie al particolare sviluppo delle attività terziarie, gli abitanti godono di un **altissimo tenore di vita**: il loro reddito pro-capite è tra i più elevati al mondo; secondo le stime del Fondo Monetario Internazionale, nella classifica mondiale, è secondo solo al Qatar.

La Germania

La Germania è collocata al centro dell'Europa ed è bagnata da due mari divisi dalla penisola danese dello Jutland: il mar Baltico e il Mare del Nord. Ha una superficie leggermente superiore a quella italiana, pari a circa **350 kmq**, e confina a nord con la Danimarca, a est con la Polonia e la Repubblica Ceca, a sud con Austria e Svizzera, a ovest con Francia, Lussemburgo, Belgio e Paesi Bassi. È una **repubblica parlamentare federale** formata da **16 Stati**, che godono di una larga autonomia amministrativa. IL capo del Governo, chiamato "**cancelliere**", viene eletto ogni 5 anni, così come il **presidente della Repubblica**, votato dal Parlamento. La Germania ha una popolazione composta da poco più di **80 milioni di abitanti** e una distribuzione poco omogenea, con zone caratterizzate da densità molto elevate, come l'area metropolitana di Berlino e la bassa valle del Reno. A lungo simbolo della divisione del Paese, **Berlino** è tornata a svolgere il suo ruolo di capitale della Germania unificata. I segni del lungo periodo di **divisione tra Ovest ed Est** sono ancora visibili: ricca e sfarzosa è la parte occidentale, più modesta la parte orientale, anche se oggetto di grandi progetti edilizi. La Germania è la prima potenza economica d'Europa e una delle prime al Mondo: dal secondo dopoguerra svolge una funzione di traino dell'economia europea a ha conosciuto un rallentamento solo nei primi anni Novanta, dopo la riunificazione del Paese: la Germania Est era infatti profondamente arretrata rispetto alla Germania Ovest e necessitava di forti investimenti, tanto che i governi adottarono programmi di ristrutturazione economica, che fecero perdere migliaia di posti di lavoro nelle attività industriali, ma resero anche più efficienti le attività terziarie. Dato che l'agricoltura copre solamente lo 0,5% del PIL, è l'**industria** ad essere la spina dorsale dell'economia tedesca. Questo Stato, infine, si colloca al **primo posto in Europa per ricerca e sviluppo**, con investimenti annui pare a 109,9 miliardi di dollari: spende, infatti, quasi il doppio rispetto alla Francia e quattro volte rispetto all'Italia.

La Gran Bretagna e l'Irlanda

La Regione britannica si estende nell'Europa nord-occidentale, fra l'oceano Atlantico e il Mare del Nord. È formata dalla Gran Bretagna, che è l'isola più grande del continente europeo, dall'Irlanda e da oltre 5000 isole minori, raggruppate degli arcipelaghi delle Orcadi, delle Ebridi e delle Shetland. Politicamente, è suddivisa in due stati: il **Regno Unito**, che è formato dalla Gran Bretagna e dall'Irlanda del nord, e la **Repubblica d'Irlanda** (Eire), che occupa gran parte dell'isola omonima. La regione conobbe sin dal Medioevo una fase di sviluppo e di indipendenza politica, favorita dal suo isolamento, che permetteva un maggiore controllo del territorio. Il suo primato politico ed economico si ebbe però solo dopo la scoperta dell'America, quando i principali traffici commerciali del Mondo si spostarono dal Mediterraneo all'Atlantico. Tra il Cinquecento e l'Ottocento, la Gran Bretagna conquistò un immenso impero coloniale, sparso su tutti i continenti. La disponibilità di ricchezza e materie prime fu all'origine della rivoluzione industriale, che ebbe inizio proprio in questa regione nel Settecento, interessando in seguito anche gli altri Stati europei. Il ruolo di grande potenza mondiale per la Bretagna venne ridimensionata del Novecento, con la perdita di gran parte delle colonie; nello stesso periodo, d'Irlanda conquistò la sua indipendenza. Nel 1973 Regno Unito e Irlanda sono entrati a far parte dell'Unione Europea. Nel giugno **2016**, a seguito di un referendum popolare, **il Regno Unito ha deciso di uscire dall'UE**.

Il Regno Unito si trova tra l'Oceano Atlantico e il Mare del Nord. È separato dal continente europeo dal Canale di Calais che misura circa 30km, in corrispondenza del punto più stretto. Questo Paese ha una popolazione di oltre **5 milioni di abitanti**, distribuiti su una superficie inferiore rispetto a quella italiana: la densità risulta infatti elevata soprattutto nelle zone del centro e del sud dell'Inghilterra, dove si trovano le grandi città industriali. A seguito della rivoluzione industriale, del Regno Unito, e soprattutto in Inghilterra, si è assistito a un intenso processo di urbanizzazione: le città si sono ingrandite enormemente, fino a diventare delle metropoli. Dopo la Seconda guerra mondiale, per arrestare questo fenomeno, sono state create una trentina di *New town*, costruite secondo criteri moderni, con molto verde, e progettate per non oltrepassare i 100 000 abitanti. **Londra** è la capitale del Regno Unito e sorge sulle rive del Tamigi, a 60 km dal Mare del Nord; è un importante porto fluviale ed è la terza città più popolosa d'Europa, dopo Parigi e Mosca. Nel suo centro si trovano banche e uffici amministratici, che ne fanno uno dei poli finanziari e commerciali più importanti del mondo. Un quarto del territorio britannico è destinato alle **attività agricole**, praticate con strumenti moderni, che consentono rendimenti elevati; nonostante ciò, la produzione non è sufficiente a coprire il fabbisogno interno. Una buona risorsa è rappresentata dallo **sfruttamento del patrimonio boschivo**. La voce più importante del settore primario è l'**allevamento**, soprattutto di **ovini**. La **pesca** frutta ogni anno oltre 960 000 tonnellate di pescato, ponendo il Regno Unito **tra i principali produttori in Europa**. Il Paese risulta, inoltre, essere **ricco di minerali e carbone**, che hanno reso impossibile, a partire dal Settecento, lo sviluppo industriale, tanto che nell'Ottocento il Regno Unito appariva il Paese europeo più avanzato dal punto di vista economico. Nel Novecento, con la perdita delle colonie, ha conosciuto una fase di declino. Oggi il settore secondario ha subito grandi trasformazioni: la scoperta di giacimenti di petrolio e gas naturale nel Mare del Nord ha fatto del Regno Unito **uno dei principali produttori di idrocarburi del mondo**. Rilevante è anche la **produzione di energia nucleare** (quasi un quinto dell'energia totale). Alle industrie tradizionali, nate grazie alla disponibilità di ferro e carbone, si sono affiancate negli anni Ottanta e Novanta del secolo scorso i comparti dell'alta tecnologia e dell'elettronica; settori importanti, inoltre, restano le industrie automobilistiche, aeronautiche e navali, chimiche e delle biotecnologie. Il Regno Unito ha inoltre sviluppato un'**intensa attività commerciale**, sia con gli Stati europei sia con i Paesi del Commonwealth e con gli Stati Uniti. Nonostante la quantità di merci esportate, sono maggiori le importazioni, soprattutto di generi alimentari e materie prime. Importante è il settore delle **attività finanziare e assicurative**, che ha come centro Londra. Qui si trova una delle Borse valori più importanti del mondo. Da ricordare, infine, il **turismo**, alimentato anche dai soggiorni di studio della lingua inglese.

Lo Stato dell'Irlanda occupa circa cinque sesti dell'isola omonima: la zona più a nord appartiene infatti da un punto di vista politico al Regno Unito. A seguito della nascita del Partito irlandese, alla fine del Settecento, e il manifestarsi di volontà autonomiste, il parlamento inglese riconobbe l'identità nazionale dell'Irlanda, ma fu soltanto nel **1921**, a seguito di scontri sanguinosi, che le 62 contee del sud del Paese ottennero l'**indipendenza** e un proprio parlamento. Le 6 contee del nord, a forte presenza protestante, restarono unite alla Gran Bretagna, formando l'Irlanda del Nord. Nel 1948 l'Irlanda si è proclamata **repubblica democratica** (EIRE) e nel 1949 è uscita dal Commonwealth. La distribuzione della popolazione appare uniforme su tutto il territorio; solo il 63% degli irlandesi vive nei centri urbani, che hanno comunque dimensioni modeste. **Dublino** raggruppa, con l'agglomerato, quasi un quarto della popolazione irlandese. Questo Stato, che aveva un'economia arretrata e basata sul settore primario, dopo l'ingresso nell'UE, avvenuto nel 1973, ha conosciuto una fase di rapido sviluppo, favorito dai contributi dell'Unione e dai capitali stranieri; la crisi economica internazionale del 2008-2009 ha fatto però risentire gravi effetti sul Paese, che ha attraversato 3 anni di recessione. Oggi la situazione è in ripresa e, anche se si basa su industrie tecnologicamente avanzate, il settore primario rimane tradizionalmente importante, con vaste **coltivazioni di orzi, patate e barbabietole da zucchero**. Gli **allevamenti di ovini, bovini e suini** possono contare su vaste estensioni di prati e pascoli e sono pertanto molto diffusi. Alle produzioni agricole e all'allevamento sono legate alcune industrie alimentari come quella del **whisky** e della **birra**. Un buon livello di sviluppo hanno anche alcune industrie tradizionali, come quelle che operano nel settore siderurgico e chimico-farmaceutico, ma sono soprattutto **l'elettronica e l'informatica** ad aver raggiunto livello di eccellenza. Infine, grazie ai fondi dell'Unione Europea per le aree svantaggiate, l'Irlanda ha potuto dare forte sviluppo ai **trasporti**, costruendo e rinnovando la rete stradale, ferroviaria e aeroportuale. Il rinnovamento delle infrastrutture ha favorito il **turismo** che, assieme alle attività culturali, è sempre in piena crescita e sta acquisendo importanza sempre maggiore nell'economia locale. Grazie all'efficacia dei **porti**, il Paese ha molto sviluppato anche i commerci, che vedono forti esportazioni di beni verso il resto dell'Unione Europea e verso gli Stati Uniti.

Gli Stati Scandinavi

La regione scandinava si sviluppa attorno al Mar Baltico ad eccezione della Norvegia che si affaccia sull'Oceano Atlantico. Questa regione coincide con la Penisola Scandinava, territorio **prevalentemente montuoso** e che presenta al suo interno tre stati: **Norvegia, Svezia e Finlandia.** Queste zone anticamente erano popolate da vichinghi, grandi esploratori che probabilmente raggiunsero le coste americane 500 anni prima di Cristoforo Colombo. Legati da intensi rapporti politici e commerciali anche nei secoli successivi, questi Paesi hanno sviluppato un'**economia avanzata** e oggi presentano un **livello di vita tra i più elevati in Europa.** Nello specifico:

La **Svezia** è la nazione più vasta della regione scandinava: si estende infatti per circa **1500 km** sul versante orientale della penisola. La presenza di diversi popoli di origine germanica, tra cui Goti e vichinghi *sviari* (da qui il nome Svezia), è già attestata in Svezia nei primi secoli dopo Cristo. Nel IX secolo il Paese, prima diviso in numerosi regni indipendenti, venne unificato nel regno di Uppsala. Nel 1952 **Stoccolma** venne scelta come capitale. Nel 1997, la Svezia insieme alla Norvegia, fu unita alla Danimarca. Nei secoli successivi estese i suoi **domini su diversi Paesi baltici**, diventando la **maggiore potenza dell'Europa settentrionale.** La politica neutrale mantenuta per ognuno dei due conflitti mondiali permise alla Svezia di concentrarsi sulle questioni interne, favorendo lo sviluppo sociale ed economico del Paese. Oggi è una **monarchia costituzionale** e il potere legislativo è affidato al parlamento: il *Riksdag*. Fa parte dell'Unione Europea dal primo gennaio 1995 pur avendo conservato la propria moneta, la corona svedese. Lo sviluppo economico svedese ha avuto inizio dopo la metà dell'800, favorito dall'**abbondanza di risorse minerarie** e della politica di **neutralità mantenuta nelle due guerre mondiali**, come già detto in precedenza. L'agricoltura è praticata solo sul 6,4% del territorio; la risorsa più importante risulta infatti quella **boschiva** che copre il **69% della superficie** del Paese. L'**allevamento di animali da cortile, suini e bovini** contribuisce per due terzi al valore di tutto il settore primario. La principale ricchezza del sottosuolo è rappresentata dal **ferro**, che si ricava specialmente dai giacimenti di Kiruna e Gallivare, in Lapponia. Le industrie più attive sono quelle dell'**alta tecnologia, meccaniche, chimiche, farmaceutiche, elettroniche, aeronautiche e delle telecomunicazioni.** Di più antica tradizione sono i settori del legnatico, alimentare e conserviero. Nel terziario i comparti più redditizi sono il commercio e le attività finanziarie e assicurative. Il **turismo** internazionale fa registrare oltre 5 milioni e mezzo di ingressi provenienti specialmente da Norvegia, Finlandia e Germania.

La **Norvegia**, il **Paese dei fiordi**, è formata dal versante occidentale della penisola scandinava e da numerosissime isole. Nell'antichità la Norvegia fu terra dei vichinghi, di origine germanica, mentre lapponi e finnici, originari dell'Europa settentrionale, si insediarono nell'estremo nord. I vichinghi, abili navigatori, si spinsero dalle isole britanniche, verso l'Artico, in Russia e nell'area mediterranea. Verso la fine del IX secolo il re vichingo Harald Harfagre unì i piccoli stati feudali che componevano il Paese in un regno unitario e lo stesso fu cristianizzato. Nel 1397, con l'Unione di Kalmar, la Norvegia entrò a far parte di un unico stato con la Danimarca e la Svezia. In seguito, subì il dominio danese: in questo periodo fu imposta la religione luterana. Nel 1814 fu ceduta alla Svezia e nel 1905 la Norvegia divenne un regno indipendente. Nel 1940 fu invasa dalle truppe tedesche, nonostante la proclamazione di neutralità. Attualmente lo Stato è retto da una **monarchia costituzionale.** Nel 1972 e nel 1994, con un referendum popolare, la Norvegia ha deciso di **non aderire all'Unione Europea**; ha sottoscritto però la convenzione di Schengen (trattato internazionale che regola l'apertura delle frontiere tra i Paesi firmatari). La capitale è **Oslo.** La Norvegia è **al primo posto nella graduatoria mondiale dell'Indice di Sviluppo Umano (ISU)** grazie alla sua economia avanzata e in crescita. Il territorio è inadatto all'agricoltura e, nonostante l'uso di tecniche moderne, la produzione non soddisfa il fabbisogno interno. Buone sono le risorse forestali che alimentano l'industria della cellulosa e della carta. La **pesca** è una risorsa fondamentale per la Norvegia, che si colloca come secondo Paese europeo dopo la Russia per quantità di pescato. Lo sviluppo industriale è stato favorito dall'**abbondanza di energia**, prodotta sia grazie ai numerosi fiumi, sia con il petrolio e il metano scoperti nel Mare del Nord e dalla presenza nel sottosuolo di minerali come ferro, rame, nichel e zinco. Del terziario sono importanti le **attività commerciali, finanziarie e il turismo**. Significativo è inoltre il reddito ricavato dall'**affitto delle navi mercantili** ad altri Paesi. Le comunicazioni stradali e ferroviarie e i collegamenti aerei sono efficienti, ma i trasporti marittimi restano i più importanti.

Paese di collegamento tra la Penisola scandinava e l'Europa orientale, la **Finlandia** si estende al di sopra del Circolo Polare Artico per un terzo del suo territorio, corrispondente alla regione della Lapponia. Anticamente questo Stato era abitato dai Lapponi e nel I secolo d.C. subì l'invasione dei Finni, provenienti dalla Russia (da qui il nome Finlandia). Nel XII secolo fu conquistata dagli svedesi, che v'introdussero il cristianesimo. Restò sotto il dominio svedese fino al 1809, quando, in seguito alle guerre tra Svezia e Russia, fu ceduta allo zar Alessandro I, che la trasformò in un granducato. Pur facendo parte dell'Impero russo, godette di autonomia legislativa. Nel 1917, la Finlandia si proclamò repubblica indipendente. Alleata della Germania della Seconda Guerra Mondiale, al termine del conflitto fu costretta a cedere parte dei propri territori all'URSS, tra cui lo sbocco sul Mare di Barents. La Finlandia fa parte dell'Unione Europea dal 1995 e ha adottato l'euro come propria valuta. Ad **Helsinski**, la capitale, si concentra oltre un quarto della popolazione del Paese, che conta in totale poco più di 5 milioni e mezzo di unità. La capitale sorge sul Golfo di Finlandia, su una penisola e diverse isole collegate da ponti e traghetti; il suo porto, uno dei principali sul Baltico, è aperto anche in inverno. Il Paese ha conosciuto un rapido sviluppo a partire dal secondo dopoguerra. Oggi la sua economia è basata prevalentemente sul **settore terziario**. Il tasso di **disoccupazione** rimane però abbastanza alto. La limitata estensione delle aree coltivabili e il clima rigido ostacolano l'attività agricola che tuttavia, grazie alle tecniche avanzate, ha un buon rendimento. L'allevamento principale è quello di **bovini e suini**, ma vengono allevate anche **renne**, soprattutto in Lapponia. La vera ricchezza del settore primario è costituita dalle **foreste**: per produzione di legname la Finlandia è il 18° Paese nel mondo; il legno più pregiato è il *kelo*: si ricava da pini secolari, seccati prima di essere abbattuti e diventati compatti e impermeabili al gelo. Le principali risorse minerarie sono **ferro, rame e talco**. La produzione di energia è garantita da **centrali idroelettriche e nucleari**; queste ultime coprono quasi un terzo del fabbisogno del Paese. Questo Paese ha **intensi scambi commerciali** con la Germania, Svezia e Stati Uniti e anche il **turismo** è in crescita, mentre le comunicazioni sono ostacolate dai mesi di gelo invernali.

Gli Stati alpini

Dell'Europa alpina fanno parte **Austria, Svizzera e Liechtenstein**. Questi Paesi, quasi totalmente occupati da **montagne**, presentano una notevole uniformità naturale: un lungo tratto della catena alpina attraversa tutto il territorio da ovest a est ed è contrassegnato da cime aguzze e frastagliate, spesso ricoperte da vasti ghiacciai.

La **Svizzera** è un Paese montuoso al 60%, con cime che superano i 4000 m di altezza. I Romani conquistarono il territorio svizzero sottomettendo gli Elvezi, antichi abitanti di queste terre. Dopo diverse dominazioni, nel 1291 tre piccoli Stati svizzeri si unirono dando vita alla Confederazione Elvetica. Nel 1648 le potenze europee riconobbero formalmente l'indipendenza della Confederazione. Oggi la Svizzera è una **repubblica parlamentare federale**, composta da **26 Stati** che corrispondono a **23 cantoni**, dal momento che tre di esse sono divise in due Stati. **Berna**, la capitale, è sorta nel Medioevo come fortezza sul fiume Aare; diventata poi un centro agricolo, ha attualmente soprattutto un ruolo politico e amministrativo, anche se vi hanno sede industrie e il turismo è fiorente.

Il **Liechtenstein** è un Paese di piccole dimensioni, racchiuso tra le montagne e situato tra Svizzera e Austria. Si costituì nel 1434 dall'unione dei feudi di Vaduz e Schellenberg e nel 1719 l'imperatore Carlo VI formò un unico Principato. La popolazione supera di poco i **37 mila abitanti** che si concentrano soprattutto nella capitale, **Vaduz.** Il Principato del Liechtenstein è **uno dei Paesi più ricchi del mondo con il PIL pro capite più alto del mondo**, superiore di cinque volte quello italiano. Il tasso di disoccupazione è bassissimo (2,4%).

L'**Austria** si estende al centro dell'area alpina: le Alpi la attraversano da ovest ad est. Si trova nel cuore dell'Europa e per questo motivo, nel secolo scorso si è affermato il termine "**Mitteleuropa**", che in tedesco significa "Europa Centrale", per definire l'area di cui l'Austria fa parte. **Vienna** è la capitale dell'Austria ed è l'unica metropoli del Paese. Splendida capitale dell'Impero asburgico, oggi Vienna è importante per i commerci, per le attività finanziarie e bancarie ed è il maggiore centro industriale del Paese. Lo sviluppo del Paese si è fatto particolarmente intenso dopo la sua adesione all'Unione Europea, che ha facilitato gli scambi commerciali e agevolato l'afflusso di investimenti stranieri. La crisi economica mondiale del 2008 ha colpito duramente il Paese, causando la recessione economica e una forte contrazione del PIL, anche se negli ultimi anni il Paese è tornato a crescere.

Gli Stati della penisola balcanica

La Regione balcanica occupa la più orientale delle tre penisole europee che si protendono sul Mediterraneo. I suoi confini naturali sono rappresentati dalla catena dei Balcani, che la delimita a nord-est e dai fiumi Kuoa, Sava e Danubio. Quest'ultimo la separa dai Paesi dell'Europa centro-orientale per 1200 chilometri. L'estremità meridionale della regione si allunga nel Mediterraneo con la penisola greca e il Peloponneso. Gli scontri più recenti risalgono agli anni Novanta del secolo scorso, quando i Balcani sono stato scossi da una guerra sanguinosa, che ha portato allo smembramento della Repubblica Federativa di Iugoslavia in cinque Stati autonomi: Slovenia, Croazia, Bosnia-Erzegovina, Macedonia e Repubblica Federale di Iugoslavia. Nel 2002 quest'ultima si è ulteriormente divisa in due Stati indipendenti: Serbia e Montenegro. Nel 2008 anche il Kosovo, una provincia del sud della Serbia, ha dichiarato la propria indipendenza. L'**instabilità politica** ha avuto come conseguenza il **rallentamento dello sviluppo economico**. Oggi i Paesi balcanici sono i più poveri d'Europa, anche se diversi sono i segnali di crescita. Tra i problemi principali ci sono la **disoccupazione**, che raggiunge qui tassi molto elevati, la **corruzione politica**, la **criminalità** e le **disuguaglianze sociali**. La storia del territorio balcanico è sempre stata tormentata. Il fatto che i suoi confini naturali fossero facilmente superabili ha reso migliori i rapporti tra i Paesi balcanici e l'Europa del nord. Allo stesso tempo, la penisola è diventata nel corso della storia, un "ponte" tra i continenti asiatico, africano ed europeo; per questo, il territorio è stato occupato via via da popoli di etnie, tradizioni, culture, lingue e religioni diverse, la cui convivenza non è stata sempre facile. Gli Stati di questa regione sono numerosi: **Slovenia, Serbia, Kosovo, Montenegro, Macedonia, Bulgaria, Bosnia-Erzegovina e Croazia**.

La **Slovenia** è un piccolo Stato (20 mila kmq) con un territorio montuoso, ricchissimo di grotte spettacolari a causa della natura calcarea delle rocce che le hanno erose dando luogo ai fenomeni chiamati "**carsici**". Dopo aver subito diverse invasioni da parte dei popoli vicini, nel XII secolo divenne parte dell'Impero austro-ungarico; successivamente, durante la Seconda Guerra Mondiale, il Paese fu invaso dai nazisti ed entrò a far parte della Repubblica Socialista Federale di Iugoslavia fino al 1991 quando ha conquistato l'indipendenza. Attualmente la Slovenia è una **repubblica parlamentare** che fa parte dell'Unione Europea dal 2004 e da pochi anni ha aderito all'Euro. La popolazione si concentra nelle strette pianure della capitale, **Lubiana**, da sempre importante crocevia per le comunicazioni tra i Balcani e l'Europa centrale. La qualità di vita degli sloveni è più alta rispetto a quella dei cittadini delle altre repubbliche della ex Iugoslavia. Il settore primario è molto produttivo, nonostante ci siano pochi terreni coltivabili. Le industrie sono numerose e in crescita, anche grazie a numerosi e copiosi investimenti tedeschi e austriaci. Metà dell'energia è prodotta da un'unica centrale nucleare, quella di Krsko anche se ormai risulta obsoleta e priva dei requisiti di sicurezza richiesti dalle norme dell'Unione Europea. Di notevole importanza anche il settore terziario che vede come voce principale quella legata al turismo grazie alle stazioni sciistiche e ai centri sportivi invernali, ma anche a quelli termali.

La superficie della **Serbia** è stata ridotta a poco più di 77 mila kmq (meno di un terzo di quella italiana) dopo la secessione del Kosovo. A differenza di altri Paesi slavi, questo Stato ha risentito degli intensi rapporti con l'Impero bizantino, dal quale ha ereditato la religione ortodossa e l'alfabeto cirillico. La repubblica di Serbia è di fatto una **federazione di due repubbliche autonome: la Serbia e la Vojvodina**. Dopo gli eventi drammatici che hanno segnato la sua storia recente e la lenta affermazione di un sistema politico pienamente democratico, la Serbia, nel 2012 ha ottenuto lo status di Paese candidato all'ingresso nell'Unione Europea. La popolazione del Paese supera i 7 milioni di abitanti, ma è soggetta a un lento calo demografico: **Belgrado**, la capitale, conta poco più di 1,3 milioni di abitanti. Nel decennio di guerre, i bombardamenti della NATO durante la guerra in Kosovo e l'afflusso di numerosi profughi serbi delle repubbliche secessioniste di Croazia e del Kosovo hanno causato una grave crisi economica che ha messo in ginocchio l'intero Paese. Alla crisi ha contribuito l'isolamento internazionale, che a lungo ha bloccato i commerci e fatto mancare gli investimenti provenienti dell'estero, mentre le fabbriche, prive di tecnologie moderne, diventavano sempre meno produttive. Solo recentemente, con la nascita di un regime democratico riconosciuto, la Serbia ha avviato una ripresa economica. Nonostante i progressi, il tasso di disoccupazione è ancora alto. I numerosi emigrati all'estero contribuiscono in maniera significativa al rilancio del Paese, verso il quale inviano ingenti quantità di denaro ogni anno.

Il **Kosovo** è esteso all'incirca quanto la regione Abruzzo e la sua popolazione è composta per il 92% da albanesi. La città più popolosa è la capitale, **Pristina**. Dapprima Repubblica autonoma della Serbia, il Kosovo ha rivendicato la propria indipendenza a partire dal 1990. Nove anni più tardi ha iniziato un conflitto armato tra serbi e kosovari che ha portato all'intervento della NATO. Da allora il Kosovo è stato soggetto a un'amministrazione ONU. Nel febbraio 2008 il Paese ha proclamato la sua indipendenza, riconosciuta da molti Paesi europei, Italia compresa, ma non dall'ONU e dalla Serbia che contestano questa decisione.

Il **Montenegro** è uno stato giovanissimo ed è esteso meno di 14 mila kmq, all'incirca come la Campania. Dopo la disgregazione della ex Iugoslavia, il Montenegro è rimasto unito alla Serbia fino al 2006, quando un referendum ne ha sancito l'indipendenza, realizzata in modo pacifico. La popolazione, che si concentra lungo la costa e non nella capitale (**Podgorica**), è per metà composta da montenegrini, ma sono numerosi anche i serbi, i bosniaci e gli albanesi.

La **Macedonia** ha una superficie di 25000 kmq, uguale a quella del Piemonte. Il regno macedone si costituì attorno al V secolo a. C. e il suo re più famoso, Alessandro Magno, conquistò un vastissimo impero, che in seguito fu dominato da romani e bizantini. Successivamente la Macedonia passò sotto il dominio dei Turchi finché, agli inizi del Novecento, fu divisa tra Bulgaria, Grecia e Iugoslavia. Con la dissoluzione della federazione Iugoslava, nel 1991, la Macedonia si dichiara indipendente. Da alcuni anni il Paese risulta candidato all'ingresso nell'Unione europea. La capitale, **Skopje**, è un centro commerciale e industriale. Già all'epoca iugoslava, la Macedonia era la repubblica più debole sul piano economico. Raggiunta l'indipendenza, il livello di sviluppo è rimasto modesto e la disoccupazione è cresciuta, obbligando molti lavoratori a emigrare all'estero.

Collocato sulla via che dall'Asia porta all'Europa, il territorio della **Bulgaria** è stato sottoposto a numerose dominazioni. Abitato all'epoca antica dai Traci, il Paese fu conquistato dai Macedoni, dai Romani e dai Bizantini, che vi introdussero la religione cristiana ortodossa. A partire dal XIV secolo la Bulgaria fu occupata dai Turchi che la annetterono all'Impero ottomano, di cui fece parte fino alla fine dell'Ottocento. Nel 1908 la Bulgaria ottenne l'indipendenza. Dopo la Seconda Guerra Mondiale, nel 1947, il Paese diventò una repubblica socialista. Per più di 40 anni Stato-satellite dell'URSS, tornò alla democrazia nel 1991, costituendosi nelle forme di una **repubblica parlamentare**. Dal 2007 fa parte dell'Unione Europea. Sofia, la capitale, conta 1,2 milioni di abitanti ed è l'unica grande città del Paese. L'economia è in via di sviluppo a causa dell'avvento del socialismo, che, comunque, ha permesso un incremento del PIL pro capite.

Con una superficie di circa 51000 kmq (poco più del doppio del Piemonte), la **Bosnia-Erzegovina** comprende due regioni distinte: la Bosnia, nel nord del paese e l'Erzegovina, nel sud. Questo Stato conta più di 4 milioni di abitanti, in costante diminuzione. Già Repubblica federale della Iugoslavia, si dichiarò indipendente nel 1992. Ciò provocò lo scoppio di una sanguinosa guerra civile tra diversi gruppi etnico-religiosi presenti nel Paese: i bosniaci di religione musulmana, i croati cattolici e i serbi ortodossi; la guerra si concluse nel 1995, in seguito all'intervento dell'ONU e della NATO. Da allora la Bosnia-Erzegovina è una **repubblica federale con tre presidenti**, uno per ogni gruppo etnico e religioso e con un parlamento centrale. **Sarajevo** è la capitale federale, nonché centro economico-industriale. La Bosnia-Erzegovina sta ancora pagando le conseguenze della guerra: nonostante oggi l'economia sia consolidata, il Paese dipende ancora fortemente dagli aiuti internazionali. L'agricoltura è poco produttiva; migliori sono i proventi della pastorizia e dello sfruttamento del legname. Anche se di modeste dimensioni, nel Paese sono presenti industrie siderurgiche, metallurgiche, meccaniche, chimiche, tessili e alimentari, mentre fra i servizi dominano le attività bancarie, favorite dal forte flusso di capitali esteri.

La **Croazia**, con una superficie di circa 56 kmq, poco più del doppio della Sicilia, si affaccia sul mare Adriatico. Divenuto un regno autonomo attorno al Mille, la Croazia fu occupata dagli ungheresi, che conquistarono l'interno del Paese, e dai veneziani, che si impossessarono della Dalmazia. Dopo un periodo di occupazione ottomana, il Paese entrò a far parte dell'Impero austro-ungarico fino al 1918, per poi confluire nel regno di Iugoslavia. Occupato da tedeschi e italiani durante la Seconda Guerra Mondiale, al termine del conflitto il Paese divenne una delle repubbliche socialiste della federazione Iugoslava, dalla quale si rese indipendente nel 1991. Tale scelta fu contrastata dai serbi, preoccupati per la forte minoranza serba presente sul territorio croato e solo dopo una sanguinosa guerra il Paese del 1995 ha ritrovato la pace. Entrata nel 2013 dell'Unione europea, La Croazia è una repubblica parlamentare che conta più di 4 milioni di abitanti, un numero in calo costante sia per effetto di un forte flusso di emigrati sia per il crollo della natalità. **Zagabria**, capitale del Paese, sorge in una regione interna e vanta numerose industrie, fiorenti commerci e un discreto flusso turistico. Fortemente penalizzata sul piano economico del conflitto con la Serbia, la Croazia indipendente ha attuato profonde riforme economiche, basate sulla privatizzazione delle imprese e dei servizi e sul potenziamento degli scambi commerciali con l'Unione Europea. Il Paese, nonostante grandi passi avanti fatti nell'ultimo ventennio, oggi sta vivendo un periodo di crisi economica. La disoccupazione risulta piuttosto elevata e spinge parte della popolazione a emigrare. L'agricoltura dispone di terreni fertili e viene praticata con tecniche agricole moderne e, in queste zone, è diffuso anche l'allevamento bovino e suino, mentre le foreste, che coprono un terzo del territorio, forniscono discreti quantitativi di legname. La Croazia ha sviluppato anche l'industria pesante ed è affiancata da alcune produzioni tradizionali nei settori meccanici, tessili e alimentari. Di notevole importanza sono i cantieri navali soprattutto dei porti di Fiume, Spalato e Pola. Nei soli primi 8 mesi del 2017, il numero di turisti che hanno scelto la Croazia come meta delle proprie vacanze è stato di oltre 3 volte superiore a quello degli stessi abitanti: 15 milioni di accessi con un incremento del 14% rispetto allo stesso periodo dell'anno precedente. Dal 1° gennaio 2023 ha adottato l'euro come moneta ufficiale.

Gli Stati del Mediterraneo orientale

Gli Stati orientali che si affacciano sul Mediterraneo sono: **Albania, Grecia, Cipro e Malta**. Con una superficie di circa 28000 kmq, l'**Albania** ha un'estensione pari a circa un decimo di quella italiana. La situazione economica dell'Albania è piuttosto arretrata, con circa il 40% della forza lavoro impiegata nell'attività primarie, nonostante il Paese sia povero di terreni agricoli. Solo il 15% dei prodotti agricoli viene destinato al commercio: si tratta, infatti, per la maggior parte di un'**agricoltura di sussistenza**. Nonostante il Paese disponga di risorse minerarie non trascurabili e di grande quantità di legname, le industrie si limitano a qualche azienda metallurgica, chimica, tessile e alimentare. Solo negli ultimi anni stanno cominciando a svilupparsi aziende moderne con investimenti esteri attratti dal basso costo del lavoro. L'Albania ha fatto parte prima dell'Impero Romano, poi dell'Impero Bizantino e infine dal XV secolo fino al 1912, dell'Impero Turco. Nei quattro secoli di occupazione, il popolo albanese si convertì all'Islam nella sua quasi totalità. Ottenuta l'indipendenza, l'Albania venne sottoposta in epoca fascista al protettorato dell'Italia, per poi esservi annessa nel 1939. Dopo il 1945 in Albania si è formato un regime comunista molto rigido, che ha isolato il Paese dal resto d'Europa è che, una volta caduto, lo ha lasciato in condizioni economiche disastrose. Ciò ha avuto specchio in una massiccia emigrazione di albanesi in particolare verso l'Italia: l'Albania oggi, infatti, conta meno di 3 milioni di abitanti. La popolazione è composta in larga parte da albanesi di origine musulmana. Due sole città superano i 100 mila abitanti: **Tirana**, la capitale, e **Durazzo**, affacciate sull'Adriatico.

Vasta quasi 132 mila kmq, poco meno della metà dell'Italia, la **Grecia** occupa l'estremità meridionale della Penisola balcanica. Dopo la caduta dell'Impero Romano, la Grecia conobbe molte dominazioni: dapprima quella bizantina, poi quella turca, mentre le maggiori isole furono a lungo colonie veneziane. Il Paese raggiunse l'indipendenza del 1830. Invasa durante la Seconda guerra mondiale prima dagli italiani e poi dai tedeschi, la Grecia assunse le attuali frontiere solo nel 1947, con l'annessione del Dodecaneso. Più tardi, dal 1967 al 1974, conobbe un periodo di dittatura militare, al termine della quale il Paese abbandonò la monarchia per trasformarsi in **repubblica parlamentare**. Dal 1981 la Grecia fa parte dell'Unione Europea, di cui ha adottato la moneta comune. La popolazione conta quasi 11 milioni di abitanti, distribuiti sul territorio in modo irregolare: solo ad **Atene**, la capitale, trovano domicilio 3 milioni di abitanti. La Grecia è un Paese **povero di risorse** e il suo territorio soffre la **mancanza di acqua**; queste caratteristiche hanno reso l'economia greca fra le più deboli d'Europa. Negli anni Novanta e nei primi anni del 2000, la Grecia, anche grazie agli aiuti da parte dell'Unione Europea, ha sviluppato un'economia vivace e attiva, soprattutto nei campi del commercio, del turismo e della ricerca. Questo periodo positivo è stato interrotto dalla crisi economica internazionale del 2008, di cui la Grecia ha risentito in modo particolare: il **debito pubblico** è salito alle stelle e il Paese era rischio bancarotta. L'intervento dell'Unione Europea ha salvato più volte la Grecia dal fallimento, ma anche imposto, nel corso degli anni, misure economiche e finanziarie così restrittive da provocare manifestazioni violente tra la popolazione. Il recente accordo con l'Unione europea e la ritrovata stabilità economica hanno consentito una piccola ripresa economica tutt'ora attiva sul territorio. L'agricoltura cerca di ricavare il massimo dalle poche pianure, permettendo una buona produzione di olio, vino e altri prodotti tipici. Il settore industriale è debole, mentre il terziario è il settore più sviluppato grazie al commercio navale e al turismo.

L'isola di **Cipro**, una delle maggiori isole del Mediterraneo, è formata da due Stati: la **Repubblica di Cipro**, che occupa la regione centromeridionale, **e la Repubblica turca di Cipro del Nord**, a settentrione. A lungo controllata dal Veneziani, che la utilizzavano come base per i loro commerci con l'Oriente, nel 1571 l'isola fu conquistata dagli Ottomani, per passare poi sotto la sovranità britannica. Quando raggiunse l'indipendenza, nel 1959, esplosero le tensioni tra i due gruppi etnici che la abitano, i greci e i turchi; esse culminarono nel 1974, quando la Turchia occupò la parte settentrionale dell'isola e vi creò uno Stato autonomo, privo però di riconoscimenti internazionali. Oggi la situazione non è mutata, nonostante i tentativi dell'ONU, tanto che nel 2004 solo la

Repubblica di Ciprio ha potuto aderire all'Unione Europea. Capitale della Repubblica di Cipro è **Nicosia**, a sua volta divisa in due aree autonome, una greca e una turca, che funge da capitale della Repubblica turca.

Malta rappresenta uno dei più piccoli Stati europei, situato al largo delle coste sud-orientali della Sicilia. È composta da due isole principali: Malta e Gozo. A causa della sua posizione, è sempre stata soggetta a conquiste: sede di insediamenti fenici, di colonia cartaginese e provincia romana. In seguito, fu assoggettata agli Arabi, agli Svevi, agli Angioini, agli Aragonesi, per essere infine affidata, ai Cavalieri Ospitalieri di San Giovanni perché ne facessero un avamposto contro i Turchi. In tempi più recenti passò ai francesi e, nel 1814, divenne colonia inglese. Indipendente dal 1964, Malta è oggi una **repubblica parlamentare** membro del Commonwealth, l'associazione delle ex colonie britanniche, e dal 2004 fa parte dell'Unione Europea, da cui ha adottato l'euro. Non sono presenti grandi città: **La Valletta** è l'unica grande città ed è anche capitale del Paese.

Gli Stati iberici

La regione iberica si trova all'estremità sudoccidentale dell'Europa, occupa una superficie di circa 595000 kmq ed è separata dal resto del continente dalla catena montuosa dei Pirenei, mentre a sud viene divisa dalle coste africane dallo stretto di Gibilterra, largo appena 14 km.

La penisola si compone di quattro Stati: **Spagna, Portogallo, Principato di Andorra e Gibilterra**.

La **Spagna** rappresenta uno dei Paesi più estesi d'Europa, con una superficie quasi doppia rispetto a quella italiana. Confina con la Francia e il piccolo Stato di Andorra a nord-est e con il Portogallo a ovest; è bagnata dall'oceano Atlantico a nord-ovest e a sud-ovest e dal Mar Mediterraneo a sud e a est. Il territorio spagnolo comprende anche gli arcipelaghi delle Baleari (nel Mediterraneo) e delle Canarie (nell'Oceano Atlantico) e due città autonome sulla costa mediterranea del Marocco: Ceuta e Melilla.

La Spagna non è caratterizzata da un'alta densità di popolazione e le aree maggiormente popolate sono le coste e le aree limitrofe alla capitale, **Madrid**. La seconda città più popolata della Spagna è **Barcellona**, che ricopre, inoltre, un ruolo importante anche per l'economia e la cultura del paese. Entrambe le città sono ambite mete turistiche e contribuiscono così ad ampliare i guadagni del settore trainante l'economia interna, ovvero il terziario. Il settore primario e secondario, invece, è nettamente più arretrato, questo in particolar modo, in seguito alla crisi economico-finanziaria scoppiata a livello mondiale nel 2008. L'agricoltura, nello specifico, è il settore che più fatica a riprendersi per l'aridità del territorio e la mancanza di organizzazione. Per quanto riguarda la forma di governo, la Spagna è una **monarchia parlamentare**, questo significa che il re è il Capo dello Stato, mentre i poteri legislativo ed esecutivo spettano rispettivamente al parlamento e al governo. Pur non essendo uno Stato federale, la Spagna lascia grande autonomia alle regioni: esistono nella penisola ben **diciassette comunità autonome**, che godono di considerevoli privilegi. Nonostante ciò, sono presenti nella penisola movimenti indipendentisti, il più importante fra i quali si è sviluppato tra il **popolo basco**, che abita il territorio tra la Francia e la Spagna. Negli ultimi decenni, in particolare, un duro scontro ha opposto i baschi al Governo di Madrid: il loro braccio armato, L'ETA, ha fatto anche ricorso al terrorismo, in reazione al quale il Governo centrale ha messo in atto dure misure repressive e preventive, portando il gruppo terroristico a cessare ufficialmente ogni tipo di attività armata il 20 ottobre 2011. Alla presenza di numerose autonomie locali, corrisponde un altrettanto numerosa varietà di lingue parlate: quella ufficiale è lo **spagnolo**, oltre al **catalano, basco, gallego** ed altri idiomi minori.

Il **Portogallo** si trova nella parte occidentale della penisola iberica e si affaccia per intero sull'oceano Atlantico andando a costituire il Paese più a ovest dell'Europa. Confina con la Spagna a nord e a est, mentre è bagnato dall'oceano Atlantico a ovest e a sud. Al Paese appartengono anche gli arcipelaghi delle Azzorre e di Madeira, gruppi insulari di origine vulcanica che si trovano nell'Oceano Atlantico, molto distanti dalla penisola iberica. Rimasto a lungo fra i Paesi economicamente meno sviluppati dell'Europa occidentale, successivamente alla fine della dittatura e all'ingresso nell'Unione Europea, il

Portogallo si è rapidamente modernizzato e sviluppato. Un arresto evidente, si è avuto, anche in questo caso, successivamente alla crisi del 2008, che ha prodotto effetti negativi soprattutto nel campo dell'agricoltura, incidendo con minor efficacia, invece, i settori relativi all'allevamento e alla pesca, rimasti competitivi. Per quanto riguarda le industrie, esse, si sono sviluppate attorno alle città più importanti, in particolare **Lisbona** che è la capitale della nazione e **Porto** che invece rappresenta la seconda città del paese. Entrambe le città sorgono sulle foci di un fiume, rispettivamente il Tago e il Duero, favorendo così le suddette industrie ad utilizzare fonti di energia rinnovabili, come l'acqua ed il vento. Settore, vistosamente in crescita, è quello del turismo, in particolare artistico e religioso. Dal punto di vista politico, il Portogallo è una **repubblica semipresidenziale**, per cui il primo ministro, una volta nominato dal Presidente della Repubblica necessita, anche, della fiducia parlamentare. A loro volta parlamento monocamerale e Presidente della Repubblica vengono eletti dai cittadini, rispettivamente ogni quattro e cinque anni. Nel suo complesso, la Repubblica portoghese è costituita da **diciotto distretti e due regioni autonome**, corrispondenti alle isole Azzorre e Madeira.

Andorra è un piccolo Stato incuneato nella parte orientale dei Pirenei, chiuso fra la Francia e la Spagna. La sua superficie è di appena 468 kmq ed è sottoposta alla sovranità congiunta del presidente della Repubblica francese e del vescovo di Urgell, in Spagna. **Andorra la Vella** è la capitale dello Stato ed è allo stesso tempo il luogo dove si concentra la maggioranza della popolazione. Dal punto di vista economico, lo stato viene ritenuto "**paradiso fiscale**" in quanto le banche interne accolgono grandi capitali esteri, attraendo gli investitori grazie ad un regime di beni molto favorevole. Accanto a questa attività la maggior forza di Andorra è rappresentata dal turismo: la regione vanta, infatti, la presenza di **ottimi centri termali**.

Gibilterra è un promontorio della costa meridionale della penisola iberica, a ridosso dello stretto omonimo, dove l'Europa dista solo 12 km dall'Africa. Ha un'estensione di 6,5 kmq e ha una posizione strategica e di **controllo del traffico navale** tra l'oceano Atlantico e il Mediterraneo. Gibilterra, occupata dalle truppe inglesi nel 1704, è tutt'ora un dominio britannico. Secondo le stime del 2018 la popolazione è di circa 33 mila abitanti per la maggior parte impiegata nel **turismo** che costituisce la principale risorsa della zona.

Gli Stati dell'Europa centro-orientale

Con l'espressione regione Carpatico-Danubiana si fa riferimento alla regione centro-orientale dell'Europa, dove trova spazio l'articolata catena montuosa dei Carpazi, che si sviluppa per 1500 km dalla Repubblica Ceca alla Romania e il bacino del Danubio, il secondo fiume europeo per lunghezza. Questa zona si colloca tra la regione germanica, l'area balcanica e la regione russa; non presenta confini naturali, salvo un breve tratto delimitato dal Mar Nero, che è anche l'unico sbocco sul mare. I Paesi che fanno parte della regione sono: **Repubblica Ceca, Slovacchia, Ungheria e Romania**. Essi sono stati un **crocevia di popoli e culture diverse**: dalla dominazione romana alle grandi migrazioni dei popoli nordici delle tribù slave, all'espiazione dell'Impero turco; ogni civiltà ha lasciato le sue tracce profonde in questo territorio, che presenta perciò una grande varietà di culture e tradizioni. Dopo la II Guerra Mondiale tutti questi Stati sono entrati nell'area di influenza dell'Unione Sovietica e soltanto dopo il crollo del regime comunista dell'URSS, nell'ultimo decennio del XX secolo, hanno subito una trasformazione politica, con l'affermarsi dei governi democratici. Nello specifico possiamo dire che la **Repubblica Ceca**, che si trova nel cuore dell'Europa, è priva di sbocchi sul mare: la distanza tra la capitale, **Praga**, e il Mar Baltico è di oltre 600 km, mentre la distanza con il Mare del Nord e con l'Adriatico è di più di 700.

Il territorio presenta due regioni distinte:

- La **Boemia**, formata da un altopiano racchiuso da quattro catene di monti di modesta altitudine: la Selva Boema, i Monti Metalliferi, i Sudeti e la Alture Morave;

- La **Moravia**, delimitata a nord dai Monti Jesenik e a est dai Carpazi Bianchi. Il territorio è in gran parte pianeggiante e attraversato da colline, ed è formato dal bacino del fiume Morava.

La Repubblica Ceca conta una popolazione di circa 10 milioni e mezzo di abitanti, concentrati nei centri urbani e in particolare, nella capitale. Circa il 42% del territorio ceco è destinato alle coltivazioni, di cui le principali sono quelle **cerealicole**, con maggior percentuale di frumento e orzo; importante è anche la produzione di **foraggio, luppolo, patate e barbabietole da zucchero**. I **boschi**, che ricoprono soprattutto il suono boemo, sono una risorsa significativa, ma sono stati gravemente danneggiati in passato dall'inquinamento e dalle piogge acide. Di buon livello è l'**allevamento**, in particolare di **bovini e suini**, favorito dall'abbondante foraggio. Il Paese ha inoltre un'industria di solide tradizioni, favorita dalla disponibilità di risorse minerarie ed energetiche e potenziata recentemente dagli investimenti stranieri. Tra le risorse minerarie hanno particolare rilevanza i **depositi carboniferi**, ma vengono inoltre estratti **uranio e caolino**. Le industrie più sviluppate sono quelle siderurgiche e metallurgiche, dove si lavora **piombo e rame**. Infine, la rapida crescita del terziario, in particolare nei settori del **turismo** e del **commercio**, ha reso questo settore il più importante dell'economia ceca. Gli ingressi di visitatori stranieri, soprattutto tedeschi, hanno superati i 10 milioni all'anno. Anche il **settore finanziario**, che ha il suo centro nella Borsa valori di Praga, è in espansione. La capitale rappresenta, inoltre, il nodo della rete stradale e ferroviaria che collega il Paese alle principali città dell'Europa centrale, nonostante le autostrade siano ancora sottodimensionate.

La Repubblica Slovacca (o semplicemente **Slovacchia**) ha una superficie di quasi 50 mila kmq, pari quindi a un sesto di quella italiana. Priva di sbocchi sul mare, confina con Austria, Polonia, Ucraina, Ungheria e Repubblica Ceca. Come quest'ultima, la Slovacchia ha fatto parte dell'Impero austroungarico fino al 1918, quando nacque la Repubblica di Cecoslovacchia. Dopo la Seconda Guerra Mondiale, nel 1945, è diventato uno stato-satellite dell'Unione Sovietica. Qualche anno dopo la dissoluzione dell'Unione Sovietica, nel 1993, la Repubblica Slovacca si è separata pacificamente dalla Repubblica Ceca e dal 2004 fa parte dell'Unione Europea. La popolazione di questo territorio, che supera i cinque milioni di abitanti, è distribuita in maniera poco omogenea: la maggior parte si concentra nelle pianure meridionali dove sorgono le due maggiori città, **Bratislava**, la capitale del Paese, che sorge sulle rive del Danubio vicino al confine con l'Austria ed è dotata di un buon porto industriale, in particolare nei settori automobilistici, meccanici, tessili e chimici; **Kosice**, situata al confine con l'Ungheria, considerata la seconda città del Paese in ordine di importanza. Nonostante le gravi difficoltà economiche insorte dopo la separazione dalla Repubblica Ceca, nell'ultimo decennio, grazie all'adesione all'Unione Europea e agli investimenti esteri, il Paese ha conosciuto una forte crescita economica, confermata dal suo ingresso nell'area euro. Le principali risorse agricole sono i **cereali, le barbabietole da zucchero e il luppolo** anche se la maggior parte del PIL del settore primario deriva dall'**allevamento di bovini e suini**. Lo sviluppo industriale non si limita agli impianti siderurgici e metalmeccanici dell'epoca socialista: numerose aziende e industrie, in particolare tedesche, sono state delocalizzate nel Paese, dove i costi di produzione sono minori rispetto a quelli dell'Europa occidentale. In pochi anni, sono sorti in Slovacchia impianti di prestigiosi marchi automobilistici come **Volkswagen** o **Audi**. Anche i settori bancario e finanziario sono in crescita, pur mantenendo dimensioni modeste.

L'**Ungheria** si colloca in una grande pianura alluvionale tagliata dal Danubio; la sua popolazione conta poco meno di 10 milioni di abitanti distribuiti in modo abbastanza omogeneo sul territorio. L'84% della popolazione è magiaro, ma nel Paese vivono consistenti minoranze etno-linguistiche. Il centro urbano di Buda, sulla riva destra del Danubio, e quello di Pest, sulla riva opposta, formano **Budapest**, capitale e unica grande città dell'Ungheria. Lo sviluppo della metropoli si deve al suo ruolo di **porto fluviale** e alla sua posizione rispetto a importanti vie di comunicazione dell'Europa centrale. Buda e Pest insieme contano 2,5 milioni di abitanti e hanno sempre avuto differenti funzioni: Buda, in passato residenza dei sovrani e importante sede amministrativa, mantiene attività direzionali e conserva i principali monumenti cittadini; Pest è sempre stata sede di commerci e, in tempi recenti, ha acquisito anche importanza industriale. Sotto il sistema socialista filosovietico, le grandi proprietà agricole ungheresi vennero organizzate in cooperative e le industrie furono potenziate, privilegiando le produzioni di base, come acciaio, composti chimici e carburanti. Ulteriori riforme economiche portano il Paese ad una maggiore libertà economica e, in particolare, favorirono lo sviluppo di molte industrie di piccole e medie dimensioni, specializzate nella produzione di beni di consumo destinati al mercato interno e all'esportazione. Tutto ciò ha permesso all'Ungheria di attraversare più rapidamente, rispetto agli altri Paesi dell'Europa orientale, la transizione al sistema capitalista. Abbastanza velocemente, l'economia ungherese si è integrata con quella dell'Unione Europea. Il suo Governo si sta impegnando per assicurare al Paese l'ingresso nell'area dell'euro. L'ampia disponibilità di terreni pianeggianti e la fertilità delle terre fanno sì che l'agricoltura in Ungheria sia un settore tradizionalmente forte: la metà circa dell'intera superficie è coltivata, mentre è povero di minerali e anche le riserve energetiche, quali idrocarburi e carbone, non sono sufficienti a coprire il fabbisogno nazionale. Anche per questo motivo, l'industria pesante è poco sviluppata, mentre prevale l'industria leggera fiorente nei settori metalmeccanico, alimentare, tessile, farmaceutico e chimico. Il livello tecnologico è assolutamente competitivo, tant'è che negli ultimi anni si sono sviluppate anche produzioni ad alta tecnologia, in particolare nel campo dell'elettronica. Il terziario appare in rapido sviluppo: il sistema bancario è oggi completamente privatizzato, il commercio con l'estero è notevolmente cresciuto e sono aumentate le esportazioni. Si è inoltre affermato il turismo, diretto verso la capitale e verso le località di soggiorno termale e climatico, in particolare quelle che circondano il lago di Balaton.

La **Romania** ha una superficie di quasi 240 mila kmq, pari a due terzi dell'Italia. Confina con Bulgaria, Serbia, Ungheria, Ucraina e Moldova e si affaccia per un breve tratto sul Mar Nero. Conta 19 milioni di abitanti, distribuiti in modo irregolare sul territorio; le aree montuose sono quasi disabitate, mentre le pianure e soprattutto le città ospitano gran parte della popolazione. La crescita demografica è negativa, come spesso accade nell'Europa orientale, sia per effetto di una bassa natalità sia a causa di un intenso flusso emigratorio, diretto verso i Paesi dell'Europa occidentale e soprattutto verso l'Italia. **Bucarest**, la capitale, conta 1,8 milioni di abitanti ed è l'unica metropoli del Paese. Situata nella pianura della Valacchia, è sede di attività commerciali e industriali. Oltre che importante centro amministrativo, Bucarest è anche un centro culturale, dotato di università e centri scientifici. La Romania possiede terreni fertili per l'agricoltura e buone risorse del sottosuolo; anche l'allevamento (soprattutto ovino) riveste un ruolo importante. Questo Stato è tra i primi produttori di **grano e mais** in Europa e tra i maggiori produttori europei di **petrolio** e possiede **miniere di ferro, carbon, piombo, zinco e bauxite**. L'economia è ancora arretrata, ma in forte crescita, soprattutto nel settore industriale e del commercio con altri Stati dell'UE.

Gli Stati dell'Europa sud-orientale

L'Europa Sud Orientale coincide con la Penisola balcanica, i cui Stati sono già stati trattati poco sopra.

La Russia e l'Ucraina

La Federazione Russa è il più grande Paese del mondo: si estende, infatti, su gran parte dell'Europa e su tutta l'Asia settentrionale, ricoprendo una superficie di oltre **17 milioni di km²**. La parte europea rappresenta circa un quarto dell'intera superficie ed è convenzionalmente divisa dalla parte asiatica dalla catena degli Urali e dal corso del fiume Ural. La Russia è oggi una **repubblica semipresidenziale a struttura federale** che affida ampi poteri a un presidente eletto a suffragio universale, il quale ha facoltà di nominare il Primo Ministro, è responsabile della politica estera e ha facoltà di sciogliere l'Assemblea federale, organo legislativo composto da due camere: la Duma e il Consiglio della Federazione. La Russia è costituita da **21 repubbliche**, che al loro interno possono includere province, territori dotati di speciali autonomie e città federali. La **Crimea**, che faceva parte dell'Ucraina dal 1954, si è unita alla Russia nel 2014 a seguito di un referendum non riconosciuto dal Governo di Kiev né dalla comunità internazionale. A livello internazionale, la Russia fa parte della **CSI** (Comunità degli Stati indipendenti), un organo privo di reali poteri, formato da tutti gli Stati un tempo appartenenti all'URSS, a esclusione di: Estonia, Lettonia, Lituania, Georgia e Ucraina. **Mosca**, capitale della Russia, conta circa un decimo della popolazione di tutta la Russia europea. La città sorge sulle rive del fiume Moscova, quasi al centro del Bassopiano Sarmatico. Oltre che centro politico, Mosca è anche sede di numerose industrie che operano nei più diversi settori: dalla produzione di beni di consumo a quello di beni ad altro contenuto tecnologico. Questo Stato, che può vantare **immense risorse naturali del sottosuolo**, agli inizi del XX secolo aveva un'agricoltura arretrata ed era scarsamente industrializzato; riuscì però a colmare il divario con le altre potenze mondiali a tappe forzate, secondo i principi della proprietà comune che si erano affermati durante il regime sovietico. Tramontato il sistema socialista, per tutti gli anni Novanta del Novecento, la Russia ha conosciuto una profonda crisi economica, dovuta alla difficoltà di passaggio a un'economia di mercato. La privatizzazione delle aziende agricole e delle industrie, accompagnata dalla drastica riduzione di molti servizi pubblici (istruzione, sanità, previdenza sociale), ha provocato una netta caduta del tenore di vita della popolazione e reso drammatico il problema della disoccupazione. Solo a partire dal 2000 l'economia del Paese ha ripreso vigore ed era in crescita fino a prima dello scoppio del conflitto con l'Ucraina, anche se la distribuzione della ricchezza appariva fortemente disomogenea dove alle aree urbane, caratterizzate da un buon livello di vita, si contrapponevano aree rurali particolarmente arretrate. Sempre stando alla situazione antecedente al febbraio 2022, la Russia contava oltre un milione di terra coltivata e rappresentava il **primo esportatore mondiale di grano**, ciò dovuto anche alla politica di credito con cui il governo nel tempo ha incentivato le aziende agricole eredi dei *kolchoz* (le proprietà collettive sovietiche). La Russia possiede **più di un quinto delle foreste mondiali** anche se già dagli studi condotti dalla FAO nel 2012 questo potenziale appariva sottoutilizzato. Negli ultimi anni la Russia è stata spesso descritta come **superpotenza energetica**: il Paese, infatti, possiede le maggiori riserve mondiali di **gas naturali** dopo il Qatar, è ottava per riserve di **petrolio** e seconda per miniere di **carbone**. A tutto il 2021 la quota di gas proveniente dai giacimenti siberiani in direzione dell'Europa ammontava al 46% del totale; dall'inizio del conflitto la Russia ha iniziato una progressiva riduzione delle forniture e si stima che la fornitura per il 2022 sarà all'incirca del 75% in meno rispetto all'anno passato. La Russia è stato il primo Paese a sviluppare energia nucleare per scopi civili e a costruire la prima centrale nucleare al Mondo ed è tuttora il quarto più grande produttore di energia da fissione. Sempre prima del conflitto e delle sanzioni comminate alla Russia, le occupazioni poggiavano per il 36% sul settore industriale, a sua volta strettamente connesso con l'andamento del settore minerario e dei trasporti. Mentre l'industria automobilistica contribuiva in minima parte al comparto industriale, in forte espansione erano l'industria della difesa, la produzione dei mezzi spaziali e la microelettronica. Ad oggi, le sanzioni comminate dall'Europa, dagli USA e dai partner della Nato, nonché il deterioramento dei rapporti con l'Occidente, hanno riportato le esportazioni russe ai livelli della crisi del 2008, l'economia russa ha subito una contrazione del 4%, l'industria automobilistica ha rilevato una paralisi quasi totale con solo 2 aziende su 20 rimaste aperte, i salari reali sono stati erosi del 7%, il colosso del gas Gazprom ha perso il 30% del suo valore e numerose sono le multinazionali che hanno deciso di abbandonare il territorio russo.

L'Ucraina è il più grande Paese d'Europa dopo la Russia: vanta, infatti, un territorio circa doppio rispetto all'Italia. Prima dell'invasione da parte della Russia, iniziata il **24 febbraio 2022**, contava una popolazione di 42 mln di abitanti, scesa di circa 10 mln di unità tra rifugiati e vittime civili di guerra. Diversi sono i gruppi etnici che compongono la popolazione: ucraini per la maggior parte, ma anche russi (nelle regioni del Donbass e del Donetsk), bielorussi, moldavi, bulgari e ungheresi. La capitale è **Kiev**, in cui prima del conflitto si concentravano quasi 3 milioni di abitanti, in quanto costituiva un importante centro commerciale, anche grazie al **porto sul fiume Dnepr**. L'Ucraina è una **repubblica presidenziale** e, pertanto, il potere esecutivo si concentra maggiormente nella figura del Presidente che è sia a capo dello Stato che del governo stesso. L'Ucraina è un Paese **ricco di materie prime**, sia agricole sia minerarie, e per questo motivo è sempre stata ambita da potenze straniere ed ha subito, in epoca sovietica, l'egemonia della Russia. Caduto il regime comunista, il passaggio a un'economia di libero mercato è stato piuttosto difficile. L'Ucraina ha sofferto molto della crisi economica internazionale del 2008 e la sua economia, da allora, è in forte recessione. Già prima dello scoppio della guerra, anche a seguito alla crisi russo-ucraina del 2014 per il controllo della Crimea, si presentava come uno tra i Paesi più poveri d'Europa con un PIL pro capite tra i più bassi del continente. In Ucraina il settore primario è tradizionalmente forte, anche se scarsamente meccanizzato: la forza dell'agricoltura ucraina viene dallo **sfruttamento delle terre nere**, suoli particolarmente fertili che producono **frumento** (di cui è tra i primi produttori mondiali), quali **cereali e barbabietole da zucchero**. Il sottosuolo risulta molto ricco di risorse minerarie come **carbone e ferro**, utilizzate da industrie poco tecnologiche. Ad oggi, delle **5 centrali nucleari** ucraine (di cui però soltanto 4 attive), 2 sono in mano russa: quella inattiva di Chernobyl e quella di Zaporizhzhia, anche se la situazione è destinata a mutare quotidianamente. Inoltre, nonostante gli aiuti che giungono da 37 nazioni, Kiev si sta notevolmente indebitando: i bombardamenti hanno danneggiato o abbattuto abitazioni per circa 100 miliardi di dollari, circa 23.000 km di strade sono impraticabili, i danni ai terreni e alle coltivazioni si aggirano intorno ai 4,5 miliardi di dollari; a ciò si aggiungono ospedali, scuole e siti produttivi distrutti.

TESI 7

I Paesi extra europei:

    a. L'America del Nord: caratteristiche fisiche del territorio: monti, massicci e realtà collinari, laghi, fiumi e pianure; mari e porti; le popolazioni; l'economia; gli Stati

    b. L'America latina: caratteristiche fisiche e geografiche, storia della colonizzazione (Messico; Brasile; Venezuela)

    c. L'Asia – caratteristiche fisiche del territorio: monti, massicci e realtà collinari, laghi, fiumi e pianure; mari e porti (Cina; India e Pakistan; le Coree; Giappone)

    d. Medio-Oriente - caratteristiche fisiche del territorio: monti, massicci e realtà collinari, laghi, fiumi e pianure; mari e porti (Iran, Iraq, Afganistan, Arabia Saudita, Qatar, Emirati Arabi Uniti, Bahrein, Kuwait e Yemen, Gibuti, Palestina, Israele, Siria e Turchia) e Nord-Africa (Maghreb, Egitto e Paesi del Sahel). Le terre del deserto, dell'Islam e del petrolio

    e. Artide e Antartide: caratteristiche del territorio

a. L'America del Nord: caratteristiche fisiche del territorio: monti, massicci e realtà collinari, laghi, fiumi e pianure; mari e porti; le popolazioni; l'economia; gli Stati

L'America con i suoi **35 Stati** e i suoi **42 054 927 kmq di superficie** rappresenta oltre il 28% delle terre emerse ed è il secondo continente per estensione dopo l'Asia. Si estende principalmente in latitudine e prende il nome da Amerigo Vespucci, esploratore italiano che fu il primo ad intuire si trattasse di un "Nuovo Mondo". È costituita da **due subcontinenti**, quello **nordamericano** e quello **sudamericano**. La disamina delle caratteristiche principali dell'America viene affrontata suddividendola in più macroaree. Generalmente si utilizzano criteri linguistici oppure si procede a una partizione stilata in base alla latitudine. In base a quest'ultimo criterio si riconosce il Nordamerica o America settentrionale, l'America centrale e i Caraibi, l'America meridionale.

In base al primo, si distinguono: un'America anglosassone che comprende i territori a prevalenza anglofona, ossia Canada e Stati Uniti; un'America Latina nelle cui terre si parlano le lingue romanze, derivanti dall'antico latino. Di quest'ultima fanno parte il Messico, i Caraibi e tutti gli stati del subcontinente sudamericano.

L'**America del Nord** è separata dall'Asia dallo stretto di Bering e nella sua porzione più settentrionale è caratterizzata da ambienti subpolari e dalla presenza del *permafrost* (strato di suolo o terreno che rimane permanentemente congelato per almeno due anni consecutivi) in Alaska, Canada e Groenlandia (quest'ultima appartiene politicamente alla Danimarca). Qui la crescita della vegetazione è ostacolata dal clima inospitale ed è riscontrabile unicamente la presenza della tundra. L'arcipelago artico, la penisola del Québec e i territori limitrofi alla baia di Hudson fanno invece parte del cosiddetto "scudo canadese", un'area di forma quasi circolare plasmata su rocce antichissime. La tundra lascia posto alla taiga e, dunque, alla foresta di conifere che digradando verso meridione lascia il posto alla foresta di latifoglie. La foglia d'acero è simbolo del Canada, al punto da figurare al centro della sua bandiera. La fauna è variegata è comprende specie di bisonti, procione, alci, castori, salmoni, orsi e alligatori.

L'America settentrionale è bagnata a Est dall'**Oceano Atlantico** e a Ovest dall'**Oceano Pacifico**, mentre le coste meridionali affacciano sul **golfo del Messico**.

La nazione è racchiusa da importanti catene montuose che fiancheggiano i versanti occidentali e orientali del subcontinente. A Ovest, a ridosso dell'Oceano si distende la **Catena Costiera** e la **Catena delle Cascate**, mentre procedendo verso l'interno si trovano la **Sierra Nevada** di cui fa parte la vetta più alta degli Stati contigui, il **Monte Whitney** (4421 m), e l'imponente catena delle **Montagne Rocciose**, che si estende del Canada agli USA per 4800 km, rappresenta il confine occidentale delle cosiddette "Grandi Pianure" e si alterna con le aree desertiche che si trovano negli Stati di Wyoming, Utah, Nevada, California e al confine tra Messico, Nuovo Messico e Arizona. La vetta più alta è il **Monte Denali o McKinley**, che si trova in Alaska e raggiunge l'altitudine di 6190 metri s.l.m.

Sul versante orientale si estendono i **Monti Appalachi**, un'altra catena montuosa ma di origine più antica e con vette meno elevate.

Nella parte centro-orientale si concentrano le aree più ricche d'acqua di tutta l'America settentrionale, in corrispondenza del complesso dei **Grandi Laghi**, mentre più a Sud si estende la **Pianura costiera del Golfo** che si spinge verso Est fino alla penisola della Florida.

Tutta l'area è una delle zone più produttive al mondo dal punto di vista agricolo. I principali **fiumi** sono il **Mississippi** e il **Missouri** (il secondo è tributario del primo), i quali scorrono all'interno di un enorme bacino al centro del Nordamerica e sfociano nel golfo del Messico. Nel resto dell'area i fiumi più rilevanti sono il **Colorado**, famoso anche per aver scavato nel corso dei secoli il **Grand Canyon** e il **Rio Grande** che segna per ben 2000 km il confine con la federazione messicana.

Legate ai fiumi, ovviamente, sono le pianure:

- **Pianura del Mississippi**: situata lungo il fiume Mississippi e i suoi affluenti, questa regione si estende attraverso il centro degli Stati Uniti, ed è nota per la sua fertilità e la sua importanza nell'agricoltura e nella produzione di cotone, mais e soia.

- **Pianura della California Centrale**: situata nella parte centrale dello stato della California, questa pianura è una delle regioni agricole più importanti degli Stati Uniti, nota per la produzione di frutta, verdura, vino e latticini.

- **Pianura Costiera del Golfo**: si estende lungo la costa del Golfo del Messico, attraverso stati come Texas, Louisiana, Mississippi, Alabama e Florida. È una regione ricca di risorse naturali, inclusi il petrolio e il gas naturale, e ha un'importanza economica significativa per la pesca e il turismo.

- **Pianura della Columbia**: situata nella regione del nord-ovest del Pacifico degli Stati Uniti e della Columbia Britannica in Canada, è una vasta area pianeggiante ricca di foreste, agricoltura e risorse idriche.

- **Pianura delle *Prairies* Canadesi**: si estende attraverso le province canadesi di Alberta, Saskatchewan e Manitoba. È una regione agricola importante, nota per la produzione di cereali, legumi e foraggio.

Sono numerosi gli specchi d'acqua che raggiungono dimensioni ragguardevoli: il **lago Superiore** è il più grande lago d'acqua dolce al mondo, mentre i **laghi Huron** e **Michigan** sono rispettivamente il terzo e il quarto. Tutti questi bacini lacustri, compresi il **lago Erie** e il **lago Ontario**, si trovano a ridosso del confine con il Canada. Del Canada dobbiamo anche ricordare i due principali **porti**:

- Porto di **Vancouver** - Situato sulla costa occidentale del Canada, è il più grande porto del Paese e un importante centro per il commercio con l'Asia-Pacifico.

- Porto di **Montreal** - Situato sul fiume San Lorenzo, è il più grande porto interno del Canada ed è cruciale per l'accesso al mercato dell'Est del Paese.

Il **clima** partendo da Nord in prossimità del Polo è di tipo **nivale**, specialmente subpolare o della tundra nelle propaggini settentrionali dell'Alaska. Le temperature in queste regioni sono estremamente rigide, le estati sono brevi e fresche, mentre gli inverni lunghi e freddi; durante tutto l'anno e il terreno perennemente ghiacciato, viene chiamato *permafrost* e ospita una vegetazione scarna che si rivela solo nei periodi di disgelo. Si passa poi alla **zona temperata fredda**, con inverni ancora rigidi ed estati fresche. È l'ambiente ideale per lo sviluppo delle foreste di conifere e, più a meridione, delle foreste di latifoglie; le condizioni climatiche mutano negli Stati contigui, spostandosi anche da est verso ovest, con connotazioni che si identificano nel clima **monsonico** di parte della Florida, in quello **continentale** e quello **steppico** che si alternano all'interno del subcontinente, per finire poi a integrare le caratteristiche del **clima oceanico** lungo le coste. Le **precipitazioni**, in base a queste premesse, risultano più abbondanti nel versante orientale, dove si assiste in autunno al passaggio di violenti uragani, mentre vanno a scemare in alcuni Stati dell'interno dove l'aridità diventa prevalente e origina aree desertiche. Lungo il versante occidentale, invece, le precipitazioni tornano ad aumentare e si registrano, in specie in California, condizioni che si riscontrano in un clima di tipo mediterraneo.

L'America settentrionale è la **terza area più popolosa al mondo** dopo Cina e India.

Nella seconda metà del Settecento vivevano qui 4 milioni di individui, divenuti poco meno di 30 milioni nel secolo successivo. Una notevole propulsione alla crescita demografica è derivata dall'imponente fenomeno migratorio di cui il Canada e Stati Uniti sono stati destinatari praticamente dalla nascita. Iniziative come l'*Homestead Act* del 1862 avevano favorito l'ingresso di coloni attraverso la promessa di terre selvagge in cambio dell'impegno nel coltivarle.

Il numero di abitanti è cresciuto costantemente negli anni, grazie non solo all'aumento della natalità, ma soprattutto all'abbassamento del tasso di mortalità. L'aspettativa di vita è infatti una tra le più alte al mondo. Nel tempo si sono rese necessarie misure per contrastare l'immigrazione, che rendono oggi l'ingresso in queste nazioni difficoltoso e sottoposto a lunghi iter burocratici.

Le etnie censite sono indicativamente riconducibili ad **americani bianchi, afroamericani, amerindi o nativi americani, americani asiatici, nativi hawaiiani**.

Gruppi **ispanofoni** si trovano principalmente negli Stati confinanti con il Messico, mentre in tutta l'area si parla l'americano. Significative **minoranze** sono quelle tedesca, afroamericana, messicana, irlandese, inglese e italiana.

L'aumento demografico si è tradotto in un'**incentivazione dell'urbanesimo**, difatti circa l'80% della popolazione vive in città. La popolazione è distribuita prevalentemente ai margini dell'enorme territorio, mentre l'interno risulta scarsamente popolato. Le maggiori densità abitative si registrano in particolare in prossimità delle coste nordorientali, nelle vicinanze dei **Grandi Laghi**, in Florida e lungo le coste occidentali, in particolare in **California**. Quest'ultima è lo Stato federato più popoloso, seguita da **Texas, New York, Florida, Illinois, Pennsylvania, Ohio, Michigan, Georgia e Carolina del Nord**.

Il distretto di **Columbia** coincidente con il territorio della capitale federale Washington è l'entità politica più densamente popolata con 3 920,75 ab. /km², seguita dallo Stato del **New Jersey**, uno dei meno estesi degli USA, con 388,88 ab. /km². Le densità più basse si registrano, invece, in Alaska e nella fascia centrale del Paese, in particolare negli Stati di North Dakota, South Dakota, Wyoming e Montana.

La capitale federale conta poco meno di 700 mila abitanti, mentre la città più grande e popolosa è **New York City,** che sorge nell'omonimo Stato federato (con capitale Albany) sulla foce del fiume Hudson; è una megalopoli suddivisa amministrativamente in cinque distretti (*borough*): Manhattan, The Bronx, Queens, Brooklyn e Staten Island. L'agglomerato urbano supera i 18 milioni di persone ed è soprannominata *"the City that never sleeps"* (la città che non dorme mai).

Sul versante occidentale sorgono **San Francisco** e **Los Angeles**; quest'ultima è la seconda città degli USA per popolazione (4 milioni), famosa per le spiagge, insieme a tutta la California, e per l'industria cinematografica di **Hollywood**. Vicino al confine nordoccidentale con il Canada, si trova **Seattle** divenuta un importante polo tecnologico.

Sul golfo del Messico, invece, si affaccia la città di **Miami**, rinomata meta turistica internazionale e area metropolitana più estesa della Florida.

Altri importanti centri sono **Chicago** (Illinois), terza per popolazione e bagnata dal lago Michigan, **Houston** (Texas), **Filadelfia** (Pennsylvania) e **Phoenix** (Arizona).

Anche le città candesi registrano questi dati: **Ottawa, Montreal e Toronto** sono le megalopoli specchio di quelle statunitensi. Dal punto di vista **economico**, **Canada e USA** occupano il **primo posto della classifica dei Paesi ordinati per PIL nominale**.

Sul finire dell'800, già contendevano all'Europa la leadership in termini di scambi e produzione. Dopo i conflitti mondiali, e in particolare dopo la "guerra fredda", oscuravano la potenza economica europea per assumere il ruolo di superpotenza. L'incredibile sviluppo è stato determinato da molteplici condizioni di partenza, tra le quali è doveroso annoverare la **ricchezza di materie prime e risorse minerarie**, le **grandi pianure** e la **ricchezza d'acqua** di alcune regioni, la **varietà di climi** che permettono la diversificazione delle colture.

Costituiscono la **massima economia capitalista**, cioè basata sulla sacralità della proprietà privata e sull'accumulo di capitali da destinare al reinvestimento in mezzi di produzione, i quali producono merci da scambiare (quindi plusvalore) e vengono alimentati da forza lavoro retribuita. Sono la società dell'**opulenza** e del **consumismo**, "esportatrice" di un vero e proprio stile di vita americano nel resto del mondo.

Il settore primario vede primeggiare gli USA e il Canada nella coltivazione di quasi tutti gli alimenti, grazie ad un'**agricoltura di tipo** prevalentemente **intensivo**, praticata con tecniche moderne ricorrendo ad un importante uso di fertilizzanti. Le colture, di cui questi Stati sono i principali produttori, sono quella del **mais** concentrata nella "*corn belt*" nel Midwest e quella del **grano**, sfruttata soprattutto nelle aree centrali (*wheat belt*) dove le precipitazioni divengono meno abbondanti, a partire dal North Dakota fino al Texas. Altre produzioni di rilievo sono quella del **cotone**, specialmente negli Stati meridionali, della **soia**, del **lino**, delle **arachidi**, della **canna da zucchero**, della **barbabietola** e del **tabacco**. La **frutticoltura** è diffusa perlopiù in prossimità delle coste orientali e in California. L'**allevamento di bovini, suini e** pollame è largamente praticato, grazie anche alle grandi aree da adibire a pascolo, e origina un'enorme produzione di carne, latte e derivati.

Le **foreste**, prevalentemente di **conifere**, coprono migliaia di ettari di territorio e forniscono grandi quantità di legname, destinate alle industrie del mobile e delle costruzioni.

Estremamente rilevante è anche la **pesca**, molto proficua al largo delle coste atlantiche; gli USA sono tra i Paesi leader nel comparto, dopo Cina, Giappone, Cile e Perù.

L'industria è avanzata in tutti i settori, a partire da quello estrattivo basato sulla **ricchezza di giacimenti petrolio, carbone e gas naturale**, nonché di **risorse minerarie**. Abbondano **bauxite, piombo, molibdeno, fosfati, oro, argento, ferro, rame**, i quali alimentano l'industria siderurgica.

Sono all'avanguardia le industrie: **aerospaziale, elettronica, informatica** (Silicon Valley in California), **chimica, tessile** e delle **telecomunicazioni**. La produzione **cinematografica** (Hollywood) è famosa in tutto il mondo così come quella **automobilistica**.

Gli Stati Uniti e il Canada figurano anche tra i maggiori produttori e tra i maggiori consumatori di **energia**, ricavata ancora oggi prevalentemente dallo **sfruttamento del nucleare e dei combustibili fossili**, mentre sul fronte delle **energie rinnovabili** è stato incentivato il ricorso all'idroelettrico e all'eolico, nonché l'approvvigionamento di energia proveniente dal sole.

Il settore dei **servizi** è quello che dà il maggiore contributo alla crescita dell'economia, rappresenta il **70 % del PIL** ed è quello che assorbe la gran parte della popolazione attiva.

Il commercio internazionale vede ai primi posti l'esportazione di prodotti hi-tech, alimentari, materie prime e macchinari. I **collegamenti**, nonostante l'estensione territoriale, sono efficienti e basati su moderne reti stradali e ferroviarie. Le distanze hanno reso necessario un grande sviluppo del trasporto aereo che ogni giorno movimenta migliaia di passeggeri. L'**istruzione**, in particolar modo quella universitaria, è rinomata e riesce a fornire un alto grado di specializzazione. A New York si trovano la sede della **borsa valori** più importante al mondo e la sede del **NASDAQ**, l'indice dei principali titoli tecnologici della borsa americana. Il **turismo** attrae milioni di visitatori: New York, la Florida, la

California, ma anche Ottawa, Montreal e Toronto fanno degli USA e del Canada una delle mete internazionali più ambite.

La **politica estera** americana è stata sempre caratterizzata da un alto grado di ingerenza nei confronti della sicurezza e degli interessi, non solo del popolo americano ma anche delle popolazioni di altre nazioni mondiali. Un simile approccio riguarda particolarmente le mire commerciali e la creazione di partnership con quei Paesi particolarmente strategici in un'ottica di salvaguardia della conservazione del primato economico nordamericano. Da segnalare sono senz'altro la rinegoziazione degli accordi di scambio con Messico e Canada e l'apertura di negoziati commerciali con interlocutori necessari come l'Unione Europea, il Giappone, la Corea del Sud e la Cina. La regolazione dei rapporti con altri Stati non avviene unicamente attraverso la stipula di trattati. Spesso è stato ritenuto opportuno ricorrere allo strumento delle sanzioni nel quadro delle campagne di pressione nei confronti di Paesi come Russia, Iran, Cuba, Nicaragua e Venezuela. Lo scenario mediorientale, inoltre, ha impegnato notevoli risorse umane ed economiche nel tentativo di addivenire a una soluzione del complesso quadro geopolitico di quella che è stata correttamente definita una "polveriera", costantemente in procinto di esplodere. Innumerevoli sono stati gli sforzi americani nel mediare una soluzione potenziale ai conflitti; da ultimo si segnala la presentazione del Piano di pace per il conflitto israelo-palestinese. Nonostante la sconfitta dell'ISIS, l'impegno delle potenze democratiche e degli USA in particolare deve essere costantemente mantenuto al fine di un efficace e duraturo contrasto al terrorismo in tutte le sue forme. Fanno ben sperare, inoltre, i negoziati intrapresi per favorire il processo di denuclearizzazione della penisola coreana. Particolarmente importante sarà l'atteggiamento dei Paesi del Nordamerica, i più industrializzati al mondo, nei confronti della questione climatica, che ha visto gli USA assumere posizioni ambigue nei vertici con le altre grandi potenze della Terra.

Gli **Stati** dell'America del Nord includono tre Paesi principali: gli Stati Uniti d'America, il Canada e il Messico. Ecco una breve panoramica di ciascuno di essi:

1. **Stati Uniti d'America (USA)**:
   - Capitale: Washington D.C.
   - Popolazione: il terzo Paese più popoloso al mondo, con oltre 300 milioni di abitanti.
   - Governo: repubblica federale presidenziale.
   - Caratteristiche distintive: Gli Stati Uniti sono un Paese esteso e diversificato con una vasta gamma di paesaggi, culture e climi. È una delle principali economie del mondo e un centro di innovazione e tecnologia e ha un'ampia influenza politica, economica e culturale globale.

2. **Canada**:
   - Capitale: Ottawa.
   - Popolazione: circa 38 milioni di abitanti.
   - Governo: monarchia costituzionale e democrazia parlamentare.
   - Caratteristiche distintive: Il Canada è il secondo Paese più grande al mondo per superficie terrestre, con una vasta gamma di paesaggi che includono montagne, foreste, praterie e coste oceaniche. È noto per la sua ricchezza naturale, la sua politica di immigrazione inclusiva e il suo sistema sanitario pubblico.

3. **Messico**:
   - Capitale: Città del Messico.
   - Popolazione: circa 130 milioni di abitanti.
   - Governo: repubblica federale presidenziale.
   - Caratteristiche distintive: Il Messico è un Paese ricco di storia e cultura, con una miscela unica di influenze indigene, spagnole e moderne. Ha una vasta diversità geografica che include spiagge tropicali, montagne, deserti e giungle. È uno dei principali paesi produttori di petrolio al mondo ed è noto anche per la sua cucina, la musica e le celebrazioni culturali vibranti.

Questi tre Paesi costituiscono l'essenziale dell'America del Nord, con ognuno di essi che offre una ricca gamma di esperienze culturali, paesaggistiche ed economiche.

b. L'America latina: caratteristiche fisiche e geografiche, storia della colonizzazione (Messico; Brasile; Venezuela)

Per **America Latina** si intende quella parte del continente americano che storicamente è stata raggiunta e ha subito l'influenza da parte di quelle nazioni europee accomunate dalla stessa radice linguistica rappresentata dal latino.

Sebbene spesso si considerino equivalenti le accezioni di America Latina e America meridionale, in realtà la disamina della prima deve partire da una latitudine maggiore, da quello che viene definito Centroamerica, e deve includere, dunque, due delle tre macroregioni del continente, escludendo il Nordamerica e alcuni Paesi o dipendenze anglofoni. Fanno quindi parte dell'area "latina" gli **Stati ispanofoni** (Argentina, Bolivia, Cile, Colombia, Costa Rica, cuba, Repubblica Dominicana, Ecuador, El Salvador, Guatemala Honduras, Messico, Nicaragua, Panama, Paraguay, Perù, Porto Rico, Uruguay e Venezuela), **francofoni** (Guyana Francese e Haiti) e **lusofoni** (Brasile).

La macroregione centrale è bagnata dall'Oceano Pacifico a Ovest e da quello Atlantico a Est, il quale prende la denominazione di **Mar dei Caraibi** in prossimità degli arcipelaghi delle Antille e delle Bahamas.

Fino ai primi anni del '900, per passare da un oceano all'altro era necessario circumnavigare il continente attraverso lo stretto di Magellano o capo Horn, in Cile. Dal 1920, anno dell'inaugurazione ufficiale del **Canale di Panama**, è invece possibile attraversare l'America centrale, da est a ovest o viceversa, grazie a un ingegnoso sistema di chiuse (vasche che si riempiono o si svuotano d'acqua) che funziona come un vero e proprio ascensore, capace di trasportare navi di grandi dimensioni da un lato all'altro.

L'America centrale si sviluppa in una **parte istmica** e in una **parte insulare** rappresentata dagli arcipelaghi delle Piccole e Grandi Antille, bagnate dal Mar dei Caraibi.

La parte continentale è occupata prevalentemente dallo **Stato del Messico** (attenzione! Il territorio messicano fa geofisocamente parte dell'America centrale, grazie all'Istmo di Tehuanteoec ma geopoliticamente è considerato parte dell'America settentrionale), il quale si sviluppa prevalentemente su un altopiano compreso tra i 1500 e i 2000 metri s.l.m., contenuto a oriente e a occidente dalle principali catene montuose messicane, la **Sierra Madre Orientale** e la **Sierra Madre Occidentale**.

La **fascia costiera** che si sviluppa sul **Pacifico**, appartiene alla *cintura di fuoco*, ed è interessata da frequenti terremoti; la zona ospita imponenti edifici vulcanici, come il **Pico de Orizaba**, conosciuto anche come Citlaltépetl, e il **Popocatépetl**, entrambi alti più 5000 metri.

Nella regione sono presenti importanti **deserti** come quelli **di Sonora e di Chihuahua** e popolose città, tra cui **Città del Messico**; i paesaggi sono rinomati per la bellezza delle **spiagge tropicali** e per le **foreste** ricche di fauna e di flora; elevato è infatti il grado di **biodiversità**: numerose sono le specie di rettili e di insetti, nonché di mammiferi come il giaguaro.

Contribuiscono a disegnare la particolare morfologia del territorio le penisole di **California**, la quale dà vita all'omonimo **golfo** vicino agli USA, e dello **Yucatan** nel confine meridionale.

I corsi d'acqua sono di modesta portata, fatta eccezione per il **Rio Bravo** (o Rio Grande), fiume che nasce negli USA e sfocia nel Golfo del Messico. Importante è invece la presenza di falde acquifere sotterranee e diffusissimi sono i *cenotes*, cavità carsiche che danno vita a piccoli laghi di acqua dolce. Più a Sud di dimensione rilevante è il **lago Nicaragua**, il secondo più esteso dell'America Latina, che ha come emissario il **fiume San Juan**.

Il confine tra gli Stati di Panama e Colombia segna il passaggio all'**America meridionale**. Quest'ultima vanta il **primato della maggiore biodiversità al mondo**. Può essere suddivisa in aree più o meno omogenee dal punto di vista delle caratteristiche fisiche, tra cui la **regione amazzonica**, quella **andina** e il cosiddetto **Cono Sud**.

La prima ospita la **Foresta Amazzonica**, definita il "**polmone verde**" del mondo per via della sua notevole importanza nella produzione di ossigeno e per la capacità di trattenere CO_2.

Il subcontinente è bagnato dall'Oceano Atlantico a Est e dal Pacifico a Ovest, che si congiungono a Sud nello stretto di Magellano, nel canale di Beagle e in quello di Drake.

La porzione settentrionale è attraversata dai bacini di importanti fiumi, tra cui il **Rio delle Amazzoni**, che con i suoi numerosi affluenti comprende un'area di quasi 7 milioni di km^2 tra Brasile, Colombia, Perù, Ecuador, Bolivia, Guyana, Suriname e Venezuela, dove scorre il secondo fiume più importante dell'America Latina.

Procedendo verso sud-est si incontrano altri rilevanti corsi d'acqua tra cui il **Paraguay, il Paranà e il San Francisco**; il territorio qui è costituito da vasti **altopiani**, tra cui quello **del Brasile e del Mato Grosso**. Il **lago** più grande è il **Titicaca** con una superficie di 8.372 km^2, situato tra Perù e Bolivia ad un'altitudine di 3812 m sul livello del mare.

In **Venezuela** si trovano **le cascate più alte al mondo**, quelle **di Salto Angel**, sicuramente meno famose e accessibili rispetto a quelle **del Niagara** tra Stati Uniti e Canada, ma caratterizzate da una caduta d'acqua da 979 m di altitudine.

Le **coste** sono perlopiù basse e sabbiose, ma procedendo verso sud dove sorgono la **pianura delle Pampa argentina**, la **regione del Gran Chaco** e l'**altopiano della Patagonia** (la maggiore area desertica del continente americano), diventano estremamente frastagliate, ricche di insenature e scogli. Sul versante che affaccia sull'Oceano Pacifico si estende per oltre 7000 km **la più lunga catena montuosa al mondo, le Ande**. La vetta più alta è quella del **monte l'Aconcagua** che tocca i 6 962 m sopra il livello del mare, mentre la vetta del **vulcano Chimborazo**, nelle Ande ecuadoriane, è il punto della superficie terrestre più lontano dal centro della Terra a causa del rigonfiamento equatoriale.

Relativamente alle condizioni climatiche, occorre differenziare l'area centrale da quella meridionale.

Nella prima il clima è profondamente variegato e influenzato da numerosi fattori, tra cui altitudine, latitudine e vicinanza agli oceani. Il passaggio del Tropico del Cancro dovrebbe dar vita a un clima prettamente tropicale; in realtà, la particolare orografia e l'azione mitigatrice dei mari contribuiscono a definire almeno quattro macroaree: nelle pianure costiere si trova un clima di tipo caldo umido, caratterizzato da temperature elevate e da piogge intermittenti e concentrate nella stagione estiva. Occorre ricordare che il regime pluviometrico è fortemente influenzato dallo spirare degli alisei venti tropicali costanti, che nei mesi più caldi sospingono nubi foriere di temporali. Allontanandosi dagli oceani, il clima diventa arido secco alle pendici delle catene montuose (Sierra Madre); numerosi sono i deserti che ricoprono l'area e i più famosi sono quello di Chihuahua e quello di Sonora, dove è il termometro può segnare anche +50°C.

Nella regione dei Caraibi il clima è spiccatamente tropicale e prevede una stagione secca invernale e una stagione delle piogge corrispondente ai mesi estivi. Le temperature sono elevate durante tutto l'anno e nell'area si originano uragani anche di forte intensità, soprattutto nei mesi da maggio a ottobre.

Nel subcontinente meridionale, la parte settentrionale e centrale è caratterizzata da condizioni climatiche tropicali, in particolare di tipo equatoriale verso Nord-ovest con precipitazioni diffuse durante tutto l'anno e temperature e umidità elevate; verso Sud-est a cavallo del Tropico del Capricorno, invece, si alternano le condizioni tipiche dei climi monsonici e della savana, contraddistinti dalla stagionalità delle piogge, concentrate nei mesi estivi. Rispetto all'emisfero boreale si ha, infatti, un'inversione del ciclo delle stagioni.

Buona parte del territorio descritto è ricoperto dalla Foresta Amazzonica e dal bacino fluviale del Rio delle Amazzoni. Verso meridione e in particolare lungo il versante atlantico il clima è di tipo temperato, mentre le temperature si abbassano avvicinandosi al Polo Sud e all'Antartide. Il clima diventa dunque nivale nell'estremità del subcontinente, nota con l'appellativo di Terra del Fuoco e divisa tra Cile e Argentina; il terreno qui è ricoperto dai ghiacci per gran parte dell'anno e l'ambiente è quello della tundra. Condizioni estreme si rilevano anche nel versante orientale del Sudamerica, dove si estende la Cordigliera delle Ande, la quale vanta rilievi di notevole altitudine e vette che superano i 6000 metri s.l.m.

Non mancano le zone aride, tra cui il deserto della Patagonia, di tipo freddo e tra i più vasti al mondo, situato nell'Argentina meridionale, e il deserto dell'Atacama che si estende tra Cile e Perù e fa registrare una forte escursione termica con temperature che variano dai 40 °C diurni ai 5 °C notturni.

La scoperta dell'America risale al **1492,** anno in cui **Cristoforo Colombo**, a capo di una spedizione finanziata dai sovrani di Aragona e Castiglia, sbarcò sull'isola di San Salvador, nelle Bahamas, convinto di aver trovato una nuova via per giungere alle Indie.

Il primo a convincersi dell'esistenza di un nuovo continente fu però l'esploratore **Amerigo Vespucci.**

Il nome del continente deriva dall'indicazione che il cartografo tedesco Martin Waldseemüller, nel 1507, utilizzò per indicare le nuove terre, in onore del loro scopritore.

Da allora le visite degli europei nel Nuovo Mondo divennero sempre più frequenti e portarono alla creazione, inizialmente, solo di alcuni avamposti, i quali nel tempo diventarono vere e proprie città.

La locuzione "America Latina" apparve invece per la prima volta nel 1856 all'interno del poema "Las dos Américas" dello scrittore colombiano José María Torres Caicedo e ne venne incentivato l'utilizzo specialmente dai francesi, i quali accoglievano tale accezione con maggior favore, in quanto legittimante e comprensiva di istanze ulteriori rispetto a quelle iberiche, già dominanti nell'area.

Spagnoli e portoghesi furono i primi a contendersi i territori d'oltremare, tanto da costringere, nel 1493, Papa Alessandro VI a emettere la Bolla Inter Caetera, un editto rivolto ai sovrani cattolici dei regni iberici con cui si separava l'area di colonizzazione spagnola da quella portoghese al fine di evitare conflitti fra potenze cattoliche. L'anno successivo il Trattato di Tordesillas, sancì lo spostamento della "raja", la linea di confine fra i due regni, più a Ovest rispetto a quanto previsto dalla bolla papale. Il Portogallo controllava così l'estrema parte orientale del Brasile; alla Spagna, invece, sarebbe toccata la supremazia su tutto il resto delle "Americhe". In realtà, i portoghesi riuscirono ad espandere sempre più verso occidente la loro area d'influenza.

I contatti tra le civiltà precolombiane e gli europei portarono alla scomparsa delle prime per mano dei *conquistadores*. Gli spagnoli si addentrarono nella fascia mesoamericana, occupata dai popoli degli **Aztechi** e dei **Maya**. Nel 1521 la capitale dell'impero azteco Tenochtitlan cadde al termine di una campagna militare guidata da Hernán Cortés, favorita dalla ribellione di popolazioni che, fino ad allora sottomesse al dominio azteco, vedevano nei conquistadores la possibilità di affrancarsi dalla schiavitù.

Un'altra grande civiltà, sviluppatasi nei territori andini limitrofi all'odierno Perù, fu quella degli **Inca**. Essi furono sottomessi definitivamente nel 1533 da appena 200 uomini capitanati da Francisco Pizzarro, sfruttando anche le lotte intestine in corso fra gli indigeni. Pizarro fondò una nuova capitale, Ciudad de los Reyes, l'attuale Lima.

I Maya vennero scalzati dalla penisola dello Yucatan, che venne completamente conquistata nel 1546.

Le popolazioni originarie risultarono decimate, oltre che dalle armi anche dalle malattie portate dagli europei, e gran parte del continente cadde sotto l'influenza spagnola. Si trattava di territori dalle immense ricchezze: vennero saccheggiate quantità elevate di argento e oro accumulate dagli antichi imperi. Dopo il saccheggio venne inoltre incoraggiata la colonizzazione tramite le *Encomiendas*, istituti che assegnavano terre in concessione, in cambio dell'impegno nella cristianizzazione delle popolazioni locali. La sete di potere spinse i conquistadores sempre più a Nord e portò all'edificazione di forti e cittadine negli attuali stati di Florida, Nuovo Messico e California. Le altre potenze coloniali, guardando con preoccupazione all'espansione spagnola e portoghese, decisero di iniziare anch'esse a spingersi verso il Nuovo Mondo.

Fino agli ultimi decenni del '700 la presenza europea in America Latina fu forte. L'ideologia di fine secolo, tuttavia, influenzata dai grandi eventi dell'indipendenza americana, della Rivoluzione francese e della conquista dell'Europa da parte di Napoleone, unita a un crescente sentimento nazionalistico dei creoli discendenti dei colonizzatori, portò a una serie di sconvolgimenti che incoraggiarono nel giro di pochi anni la formazione di nuove entità statali.

In particolare, l'avanzata dei **francesi** su Spagna e Portogallo aveva inferto alla prima, già in decadenza, un colpo ferale, mentre costrinse Maria I, regina lusitana, a ritirarsi in Brasile.

In questo contesto storico, divenne impossibile per le potenze iberiche mantenere un controllo efficace sulle colonie e i **creoli**, desiderosi di liberarsi dalle interferenze europee, ne approfittarono per affermare l'indipendenza. La spinta autonomista fu incarnata da due importanti figure: a José de San Martín si deve la liberazione degli Stati del Sud. Simón de Bolívar fu invece il protagonista della liberazione dei Paesi settentrionali del Sud America; egli auspicava la nascita di un'unione di tutte le ex colonie spagnole in una federazione di repubbliche, a differenza di San Martín che avrebbe preferito una restaurazione della monarchia. Il progetto, tuttavia, fallì e nacquero diverse repubbliche indipendenti.

In Messico, il sacerdote Miguel Hidalgo y Costilla fomentò la popolazione e gli indigeni contro gli spagnoli; il risultato delle rivolte scoppiate in tutto il Paese fu la firma dell'atto di indipendenza avvenuta nel 1821. Nell'arco del primo trentennio del XIX secolo l'America Latina si liberò dagli oppressori.

Il Messico

Il Messico è una **repubblica presidenziale federale**, formata da **31 Stati** ed è il Paese più esteso dell'America centrale. Confina a Nord con gli Stati Uniti d'America e a Sud-est con Guatemala e Belize. È bagnato a Est dall'Oceano Atlantico, precisamente dalle acque del Golfo del Messico e del Mar dei Caraibi; a Ovest dall'Oceano Pacifico.

Il Paese si sviluppa prevalentemente su un **altopiano** compreso tra i 1500 e i 2000 metri s.l.m., contenuto a oriente e a occidente dalle principali catene montuose messicane, la **Sierra Madre Orientale e la Sierra Madre Occidentale**.

La fascia costiera che si sviluppa sul Pacifico, appartiene alla *cintura di fuoco*, ed è interessata da frequenti terremoti; la zona ospita imponenti edifici vulcanici, come il **Pico de Orizaba**, conosciuto anche come Citlaltépetl, e il **Popocatépetl**, entrambi alti più 5000 metri. Contribuiscono a disegnare la particolare morfologia del territorio le penisole di California, la quale dà vita all'omonimo golfo vicino agli USA, e dello Yucatan nel confine meridionale.

I corsi d'acqua sono di modesta portata, fatta eccezione per il **Rio Bravo** (o Rio Grande), fiume che nasce negli USA e sfocia nel Golfo del Messico, Importante è invece la presenza di falde acquifere sotterranee e diffusissimi sono i *cenotes*, cavità carsiche che danno vita a piccoli laghi di acqua dolce.

La popolazione, **ispanofona** e prevalentemente **cattolica**, supera i 122 milioni di abitanti e di questi, più di 25 milioni vivono nell'agglomerato urbano della capitale **Città del Messico** che, situata un altopiano a 2240 metri s.l.m., è l'ottava capitale "più alta" al mondo. Altre città importanti e rinomate sono Guadalajara, Monterrey, Tijuana, Acapulco e Cancun.

Il **clima** è profondamente variegato e influenzato da numerosi fattori, tra cui altitudine, latitudine e vicinanza agli oceani. Il passaggio sul territorio del Messico del Tropico del Cancro dovrebbe dar vita a un clima prettamente tropicale; in realtà, la particolare orografia e l'azione mitigatrice dei mari contribuiscono a definire almeno **quattro macroaree**: nelle pianure costiere si trova un clima di tipo caldo umido, caratterizzato da temperature elevate e da piogge intermittenti e concentrate nella stagione estiva; occorre ricordare che il regime pluviometrico è fortemente influenzato dallo spirare degli alisei venti tropicali costanti, che nei mesi più caldi sospingono nubi foriere di temporali.

Allontanandosi dagli oceani, il clima diventa arido secco alle pendici delle catene montuose (Sierra Madre); numerosi sono i deserti che ricoprono l'area e i più famosi sono quello di Chihuahua e quello di Sonora, dove è il termometro può segnare anche +50°C.

Il clima diventa di tipo temperato (*tierras templadas*) man mano che si risale l'altopiano e ci si allontana dal livello del mare; l'altitudine, infatti, rende infatti più sopportabile la calura.

Dopo i 2000 metri s.l.m., si inizia a parlare di *tierra fria* con inverni secchi e freddi ed estati calde e piovose; in questa zona è compreso il territorio occupato dalla capitale, Città del Messico.

Al di sopra dei 2800 metri (*tierras heladas*), invece, le temperature diventano ostili e la neve ricopre le vette dei vulcani che superano anche i 5000 metri, concentrati nella fascia occidentale e meridionale del paese. Non solo per **deserti** e **grandi città**, il Messico è famoso anche per la bellezza delle sue **spiagge tropicali** e per le sue **foreste** ricche di fauna e di flora; elevato è infatti il grado di **biodiversità**: numerose sono le specie di rettili e di insetti, nonché di mammiferi come il giaguaro.

Il Messico è uno dei cosiddetti Paesi "**in via di sviluppo**" e il suo PIL cresce molto rapidamente rispetto ad altre economie mondiali. Si tratta di una nazione che ha per molto tempo basato la sua ricchezza sui giacimenti minerari e che solo dopo i primi anni del '900, ha iniziato a sviluppare l'industria. La distribuzione della ricchezza, tuttavia, è molto diseguale ed è per questo che una buona parte della popolazione vive in condizioni di povertà, tentando l'emigrazione verso Paesi più floridi, come gli Stati Uniti.

L'agricoltura è largamente praticata e la varietà di climi consente di coltivare mais, caffè, tabacco, alberi da frutto, fagioli, canna da zucchero e cotone.

Ciò che ha invece portato il Paese ad essere una delle economie più in crescita è certamente la **ricchezza di risorse**, in particolare di **petrolio**, che ha favorito lo sviluppo di industrie petrolchimiche e siderurgiche. L'industria estrattiva è basata, inoltre, dalla presenza di **argento** (di cui il Messico è primo produttore mondiale) nonché di **piombo, zolfo, ferro e oro**.

In riferimento al settore terziario, il **commercio** è molto progredito in seguito all'adesione del Paese al **NAFTA**, l'*Accordo Nordamericano per il Libero Scambio*.

Anche il **turismo** contribuisce notevolmente alle entrate messicane: sono più di 20 milioni i turisti, soprattutto statunitensi ed europei, che ogni anno visitano il paese e le sue bellezze; luoghi ricchi di storia lasciata dalle civiltà precolombiane e bellissime spiagge come quelle della penisola dello Yucatan o di Cancun e Acapulco. La **diffusa criminalità** funge invece da deterrente agli arrivi di visitatori: il Paese è tristemente famoso per il narcotraffico e per i cartelli di droga che mietono centinaia di vittime.

Il Brasile

Il Brasile è il 5° Paese al mondo per estensione, preceduto da Russia, Canada, Stati Uniti e Cina. È lo Stato più grande di tutta l'America Latina con una **superficie di 8,5 milioni di** kmq. È bagnato dall'oceano Atlantico a Est, mentre a Nord confina con il dipartimento francese d'oltremare della Guyana francese, il Suriname, la Guyana e il Venezuela, a Nord-ovest con la Colombia, a Ovest con il Perù e la Bolivia, a Sud-ovest con il Paraguay e l'Argentina, e a Sud con l'Uruguay. Confina con tutti i Paesi sudamericani ad eccezione di Ecuador e Cile.

È una **repubblica federale presidenziale** suddivisa in **26 Stati e un Distretto Federale** in cui si trova la capitale **Brasilia**. La disamina delle caratteristiche fisiche ed economiche può essere ulteriormente agevolata grazie alla relativa omogeneità dei fattori che accomunano le cinque grandi regioni in cui è articolato il territorio: Norte, Nordeste, Centro-Oeste, Sudeste e Sul.

L'enorme estensione territoriale del Paese consente di riscontrare una molteplicità di climi e ambienti naturali. L'immaginario collettivo quando si parla di Brasile rimanda immediatamente alla foresta, alle spiagge e al clima umido; in parte ciò rispecchia la realtà ma c'è molto altro.

La **foresta amazzonica**, è un dato di fatto, occupa una percentuale rilevante del territorio brasiliano, circa il **49%**, soprattutto le regioni del Nord, del Nordeste e parte del Centro-Oeste. Vanta un **alto tasso di biodiversità** ospitando una miriade di specie di insetti, rettili, anfibi, uccelli e mammiferi. La straordinaria proliferazione della vegetazione è dovuta alle condizioni climatiche tropicali, in particolare equatoriali, che comportano un'elevata umidità derivante dalle frequenti piogge associate a temperature elevate. Quella che viene chiamata "**depressione amazzonica**" è attraversata da importanti corsi d'acqua ed è delimitata dal Massiccio della Guyana a Nord e dagli altopiani a Sud.

Il fiume più importante è il **Rio delle Amazzoni** che si snoda per circa 6400 km ed è il maggiore al mondo per portata, bacino idrografico e numero di affluenti; nasce in Perù, riceve le acque di altri grandi corsi d'acqua lunghi più di 2000 km, tra cui il **Madeira** e il **Rio Negro**, e sfocia con un ampio delta nell'Oceano Atlantico.

Nel Nordeste il clima tende a mutare, le precipitazioni acquistano il carattere della stagionalità e sono concentrate nei mesi estivi; ciò vuol dire che data l'inversione delle stagioni rispetto all'emisfero boreale, il periodo più piovoso è quello corrispondente ai primi mesi dell'anno. In alcune aree in cui l'aridità è maggiore, chiamate *sertão*, si possono rilevare un clima di tipo steppico caldo e la presenza dell'ambiente della *Caatinga*, la maggiore foresta secca del Sudamerica.

Più a Sud predominano gli **altopiani del Brasile e del Mato Grosso**, sui quali si riscontra un clima comunque caldo, della savana con stagione secca e stagione umida, ma soggetto a una maggiore escursione termica rispetto alle aree equatoriali. Qui nell'ecoregione del *Cerrado*, le foreste di latifoglie lasciano il posto alla savana e alle praterie. Tipiche del paesaggio brasiliano sono anche le *chapadas*, strutture geologiche scavate dall'erosione dei fiumi. Tra questi ultimi rivestono particolare importanza il **Paranà**, che è il secondo più lungo dopo il Rio delle Amazzoni, e il **Paraguay**; insieme danno vita a un grande bacino idrografico che arricchisce di acqua le regioni centromeridionali.

Sul versante orientale del Paese si allunga la **Grande Scarpata**, costituita da catene montuose (Serra do Mar, Serra da Mantiqueira, Serra da Paranapiacaba ecc.) che orlano l'altopiano e spesso finiscono a picco sull'Oceano Atlantico. Questi rilievi non raggiungono nemmeno i 3000 metri di altezza, in linea con la generale morfologia del territorio, prevalentemente rappresentata da altopiani e pianure.

La vetta più elevata dello Stato si trova, invece, esattamente all'opposto, al confine con il Venezuela ed è quella del **Pico da Neblina** (2994 m s.l.m.).

Nell'area più meridionale il clima diventa di tipo temperato caldo con ventilazione e piovosità maggiori vicino alla costa e con tendenze continentali procedendo verso l'interno.

Il Brasile con i suoi **209 milioni di abitanti** è il 5° Paese più popoloso al mondo, anche se le stime per i prossimi anni prevedono il sorpasso da parte di Nigeria e Pakistan, i quali hanno una crescita demografica più sostenuta. La densità abitativa è bassa, a causa dell'enorme estensione territoriale, appena 23 ab. /kmq.

La maggior parte della popolazione è concentrata sulle coste, dove le temperature sono più gradevoli e la natura è meno impervia e selvaggia rispetto alle regioni interne, pressoché disabitate. La composizione etnica è variegata e influenzata dalla colonizzazione che ha portato a un miscuglio tra gli indios gli abitanti originari gli europei e gli africani impiegati nel periodo della "tratta degli schiavi" per il lavoro nelle piantagioni.

Più della metà degli abitanti è costituita da bianchi discendenti dai coloni portoghesi e dagli immigrati europei. Il resto della popolazione è composto per circa il 39% da mulatti e meticci (o etnia *parda*), da neri che discendono dagli schiavi africani e da *cafusos,* nati dall'unione di questi ultimi con i nativi (5,4%). Gli indios autoctoni rappresentano, invece, appena lo 0,1% del totale e popolano principalmente il bacino del Rio delle Amazzoni e gli Stati di Mato Grosso, Pará, Roraima e Maranhão. Il numero di indigeni è diminuito vertiginosamente dall'arrivo degli europei e un importante riconoscimento per la minoranza è arrivato solo nel 1989, con l'adozione della Convenzione 169 sui diritti dei popoli indigeni e tribali da parte dell'Organizzazione Internazionale del Lavoro (ILO), la quale riconosce un insieme di diritti fondamentali, tra cui quelli connessi alla salvaguardia delle tradizioni e delle usanze al fine di preservarle e tramandarle; inoltre, riconosce loro il diritto di decidere le proprie priorità in ciò che riguarda il processo di sviluppo nonché i diritti di proprietà e di possesso sulle terre che questi popoli abitano tradizionalmente.

Il Brasile ospita numerosi gruppi etnici di origine spagnola e tedesca; vi abita, oltretutto, **la più grande comunità di oriundi d'Italia**, circa 27 milioni, ossia di discendenti degli emigrati italiani che hanno raggiunto nel tempo la nazione. Prevale l'urbanesimo e solo una piccola parte di abitanti decide di abitare villaggi rurali.

I principali insediamenti e centri urbani si trovano, dunque, lungo le coste atlantiche, ad eccezioni delle grandi città di Manaus, la più grande del Brasile settentrionale e situata in prossimità della confluenza tra Rio Negro e Rio delle Amazzoni, Belem (considerata la porta d'ingresso per l'Amazzonia), Goiânia e la capitale federale Brasilia. Le più popolose sono **San Paolo**, la cui area metropolitana supera i 18 milioni di abitanti, e **Rio de Janeiro**, che si trovano nell'area più sviluppata del Paese, soprattutto in relazione alla presenza di infrastrutture. Altri importanti centri, sempre nella fascia orientale, sono Salvador, Fortaleza, Belo Horizonte, Curitiba, Recife e Porto Alegre. Grandi grattacieli e costruzioni moderne si alternano con il degrado delle periferie e delle *favelas,* baraccopoli dove si annidano povertà e criminalità.

La maggior parte dei credenti è di religione **cristiana**, cattolica (65%) e protestante (22%), e ciò rappresenta il risultato dell'opera di evangelizzazione dei missionari risalente all'epoca coloniale. Il **portoghese** è la lingua ufficiale dello Stato, ma nel tempo ha assunto connotazioni diverse da quello originario parlato in Portogallo, per via della commistione con gli idiomi autoctoni e africani.

Il fattore linguistico è sinonimo di identità per la nazione, che per tale caratteristica si distingue dal resto dell'America Latina ispanofona. Centinaia di dialetti sono invece diffusi tra i discendenti dagli europei e tra gli indios.

La scoperta del Brasile si fa risalire al **22 aprile del 1500**, data in cui Pedro Alvarez Cabral, navigatore lusitano, avvistò le coste del Paese e credendo si trattasse di un'isola prese possesso delle terre in nome di Manuele I del Portogallo, chiamandole "*Ilha da Vera Cruz*". Inizialmente le conquiste vennero organizzate in *capitanias,* ossia concessioni terriere di tipo feudale effettuate dal sovrano in favore di nobili obbligati a versare i tributi. L'espansione portoghese in territori prima sconosciuti mise in discussione il trattato di Tordesillas del 1494, firmato con gli spagnoli e propiziato dal papa Alessandro VI; si arrivò, dunque, alla stipula di un ulteriore accordo, quello di Saragozza del 1529 che legittimava l'ampliamento verso occidente della sfera d'influenza portoghese. In realtà imprecisioni geografiche, comunissime in quell'epoca, e contrasti frequenti portarono a innumerevoli mutazioni della linea di confine tra le potenze iberiche. Una vera e propria stabilizzazione si ebbe solo nel 1750 con il trattato di Madrid, il quale consacrava l'appartenenza del bacino amazzonico ai **portoghesi**.

Nel 1807 l'esercito napoleonico invase il Portogallo costringendo la sovrana Maria I con tutta la famiglia reale a rifugiarsi in Brasile. Nel 1815 il principe reggente Giovanni di Braganza (che diverrà re con il nome di Giovanni VI) unì formalmente le tre corone che costituivano lo Stato portoghese, che assunse la denominazione ufficiale di **Regno Unito di Portogallo, Brasile e Algarves**. Nell'arco di 7 anni, nel 1822, lo Stato brasiliano divenne indipendente senza eccessivi spargimenti di sangue anche perché la spinta indipendentista era guidata dal figlio del sovrano lusitano, Pietro, che diverrà il primo imperatore del Brasile. L'Impero durerà fino al 1889, anno in cui nascerà la Repubblica.

A partire principalmente dall'800 il Paese fu investito da **importanti ondati migratorie**. Solo sul finire del secolo XIX, si stima, giunsero in Brasile più di 500 mila italiani e 300 mila tra spagnoli e portoghesi. Uno dei fattori determinanti che portò all'aumento degli ingressi fu, nel 1888, l'abolizione della schiavitù, la quale aveva "importato" più di 4 milioni di africani al fine di impiegarli come forza lavoro nelle miniere e nelle piantagioni. Conseguentemente si rese necessaria nuova manodopera prontamente individuata nei coloni giunti per via dell'immigrazione crescente. Disoccupati europei erano attratti dalla possibilità di una nuova vita e dalle maggiori opportunità che si riteneva potessero essere offerte dal Nuovo Mondo. In realtà i lavoratori vennero occupati in lavori duri e faticosi, in miniera o presso le *fazendas*. Gli emigrati italiani raggiunsero gli Stati meridionali del Brasile e lì prevalentemente si insediarono.

Secondo gli storici, l'afflusso di europei fu favorito anche da un'opera di "purificazione" della razza auspicata dai ceti sociali più agiati nell'ambito del cosiddetto "dibattito sul meticciato" e tesa a favorire il **branqueamento** (sbiancamento) della popolazione, riducendo la presenza africana in favore dell'immigrato bianco, latino e cattolico.

Le più immediate conseguenze dell'arrivo degli europei, specialmente portoghesi, sono tangibili tutt'oggi nell'ordinamento statale e nelle peculiarità del popolo brasiliano: in primis la religione cattolica, diffusa nel Paese già a partire dalla sua scoperta grazie all'opera di evangelizzazione dei missionari, gesuiti in particolare; poi ovviamente la lingua, quella portoghese, differente da quella parlata in tutti gli altri Stati ispanofoni dell'America Latina, e forte componente identitaria della Nazione. Anche la struttura economica ereditata dal periodo coloniale e prettamente basata sulla coltivazione del **latifondo** permane ancora oggi, seppur in percentuale minore rispetto a pochi decenni fa.

Fino a qualche decennio fa il Brasile veniva considerato alla stregua di un Paese del "terzo mondo", per poi essere annoverato fra quelli "in via di sviluppo". Oggi fa parte del gruppo dei **BRICS**, acronimo che fa riferimento a quei Paesi (Brasile, Russia, India, Cina e Sudafrica) destinati, secondo le stime, a raggiungere e superare, in termini di prosperità, le potenze europee e nordamericane.

In realtà quella brasiliana è l'ottava economia mondiale e gode di ritmi di crescita sostenuti a dispetto dei competitors d'oltreoceano. L'andamento economico è stato caratterizzato da veri e propri cicli, di espansione e di recessione, influenzati dalla domanda internazionale di materie prime, delle quali il Brasile ha un'ampia disponibilità, e dalla conseguente fluttuazione dei prezzi. Il Paese è uno dei potenziali principali attori economici dello scenario economico futuro, tuttavia, una stabilità nel processo di modernizzazione e sviluppo dovrà necessariamente passare attraverso l'eliminazione di storiche problematiche strutturali che ne rallentano la crescita. Sono necessari interventi mirati finalizzati a: una maggiore diffusione del benessere, limitato a una ristretta fascia di popolazione, mentre la restante parte vive sotto la soglia di povertà; un potenziamento della rete infrastrutturale, ad oggi carente vista anche l'enorme estensione territoriale; una concreta e condivisa lotta alla corruzione, accompagnata da una semplificazione burocratica; una riduzione consistente del debito pubblico; una maggiore diversificazione delle colture e investimenti tangibili nel settore dei servizi, ancora oggi poco determinante nella formazione del PIL.

Il Nordeste è la regione più povera; gli Stati economicamente più avanzati, Minas Gerais, Espirito Santo, Rio de Janeiro e São Paulo, si trovano nel Sudeste, mentre nella regione amazzonica si sfruttano prevalentemente le risorse della foresta e quelle minerarie. Nel Centro-Oeste, invece, la densità della popolazione è bassa e particolarmente estesi sono i pascoli per il bestiame.

Il settore primario riveste un'importanza notevole all'interno dell'economia brasiliana che ha ereditato dal periodo coloniale la vocazione latifondista dei *fazendeiros*. Il Paese, infatti, è un grande produttore agricolo, in particolare di **soia, caffè, mais, canna da zucchero, riso, agrumi, cotone, cacao, fagioli e patate**. Una consistente entrata per le casse del Brasile è rappresentata dal mercato del **legname**, in parte sommerso e illegale: l'Amazzonia, il polmone verde del mondo, è tristemente famosa per il processo di **deforestazione** che comporta la scomparsa di migliaia di ettari di vegetazione ogni giorno. Si ricavano legni pregiati, in particolare dallo Stato di Parà, come l'Ipé o il Pau Brasil di colore rosso, da cui il Paese probabilmente ha preso il nome. Una volta eliminati gli alberi, gli spazi vengono adibiti a pascolo o alla coltivazione della soia.

L'**allevamento** è largamente praticato, in particolare quello di **bovini e pollame**, e dà vita alla maggiore produzione di carne al mondo, nonché a una redditizia industria del latte e derivati.

Diffusissime sono la **pesca in alto mare** e l'**acquacoltura**.

Abbondano le **risorse minerarie**, di cui il Brasile è grande esportatore: si estraggono **oro, argento, bauxite, diamanti, ferro, carbone, stagno, manganese e zinco**. **Petrolio e gas naturale** sono presenti sia sulla terraferma che sulla piattaforma continentale. Conseguentemente l'industria estrattiva è una delle più attive insieme a quella siderurgica. Avanzati sono anche i settori chimico, tessile, alimentare, aerospaziale, automobilistico ed elettronico. Il Brasile ricorre all'importazione di energia ed è uno dei Paesi che fa maggiore ricorso a fonti rinnovabili, essendo gran parte dell'energia elettrica prodotta attraverso centrali idroelettriche, che sfruttano l'abbondanza di acqua di alcune regioni.

Il settore dei servizi non è ancora molto avanzato e la crescita dell'economia passerà necessariamente dallo sviluppo dei servizi e delle infrastrutture. Il centro finanziario più importante è San Paolo, sede della principale borsa valori.

Il **turismo** garantisce un'irrinunciabile fonte di entrate e attrae milioni di visitatori grazie alle sconfinate bellezze naturali e paesaggistiche e al clima gradevole durante tutto l'anno.

Il Venezuela

Venezuela si trova nella parte nord-orientale del Sudamerica ed ha un lungo tratto di costa sull'oceano Atlantico. È una **repubblica federale presidenziale** ed ha una **superficie di 916.445 km²**. La capitale è **Caracas**. Il territorio del Paese è piuttosto vario in quanto ad ovest troviamo le ultime propaggini andine, mentre la zona centrale è pianeggiante e ricca di fiumi, con il massiccio della Guayana che caratterizza invece l'area sud-orientale. Il territorio venezuelano si può dividere in quattro regioni: le **catene andine** che qui hanno le loro propaggini nord-orientali e che si innalzano in seguito parallele alle coste atlantiche verso est per un migliaio di chilometri circa perdendo altitudine; il **bassopiano di Zulia** nel nord-ovest del Paese; la **pianura dell'Orinoco** che continua verso la Colombia; e, infine, nel sud-est il **massiccio della Guayana** che alterna cime alte fino a 3000 m ad altopiani e zone collinari. Nella **Cordillera de Merida**, continuazione della Cordillera Oriental colombiana si raggiungono le altezze maggiori del Venezuela in particolare con **Pico Bolivàr** di circa 5000 m, mentre successivamente le Ande diminuiscono con cime attorno ai 2000 m; l'antico massiccio della Guayana ha un'altezza media piuttosto ridotta, ma vede elevarsi alcune montagne che sfiorano i 3000 m. Lo sviluppo costiero lungo l'oceano Atlantico è di 2800 km con diverse isole: quelle maggiori appartengono al Venezuela e sono **Margarita** e **La Tortuga**. Tra i numerosi i fiumi che solcano il territorio venezuelano, quelli maggiori fanno tutti parte del bacino dell'Orinoco, di gran lunga il corso d'acqua più importante del Paese e che nel suo tratto finale forma un vasto Delta paludoso; **Arauca** e **Apure** sono i suoi affluenti principali in Venezuela. Il Paese non ha grandi bacini lacustri naturali se si escludono il **Lago di Valencia** e il **Lago di Maracaibo**, che però è da considerarsi più una baia che un vero e proprio lago, in quanto è collegato a nord al Mar dei Caraibi da un canale ampio 5 km, anche se una barriera di isole sabbiose al suo imbocco limita l'arrivo di acqua salmastra e quindi buona parte del lago contiene acqua dolce. Il **clima** è nel suo complesso tropicale, caldo e umido, anche se le precipitazioni non sono eccessive, se si esclude la parte sud-orientale del Paese; le temperature sono costanti durante tutto l'arco dell'anno e più gradevoli salendo in quota, come a Caracas o a Mérida, mentre le piogge si concentrano soprattutto nel periodo che va da aprile a novembre.

Il Venezuela, a livello amministrativo, è suddiviso in **23 Stati e due entità speciali, il Distretto Federale della capitale e le Dipendenze Federali**, corrispondenti ad alcuni arcipelaghi ed isole del Mar dei Caraibi; il tasso di urbanizzazione è molto elevato, con le maggiori città quasi tutte nella fascia costiera, mentre le aree più interne hanno una densità di popolazione più bassa. Diverse sono le città di grandi dimensioni, a partire da **Maracaibo** situata nell'imboccatura dell'omonimo lago e dalla capitale Caracas; seguono per numero di abitanti Valencia, Barquisimeto, Ciudad Guayana, Maturin, Maracay e Barcelona. La composizione etnica è frutto di vari periodi di immigrazione: **meticci** per il 51% e **bianchi** per il 43% costituiscono gran parte della popolazione, con piccole minoranze nere e amerinde. Per quanto riguarda la religione, buona parte della popolazione (71%) è **cattolica**, mentre i protestanti costituiscono il 17%; a ciò si aggiunge un 8% che si dichiara non religioso.

L'economia del Venezuela è basata principalmente sul **settore petrolifero e manifatturiero**: il Paese è, infatti, il **sesto membro dell'OPEC**. Per quanto riguarda la bilancia commerciale, il Venezuela produce ed esporta principalmente prodotti dell'industria pesante come **acciaio, alluminio e**

cemento, la cui produzione è concentrata intorno a Ciudad Guayana, vicino alla **diga di Guri**, una delle più grandi dighe al mondo che fornisce circa ¾ dell'elettricità del Paese. Altri settori sono quello dell'elettronica e delle auto, come anche quello alimentare e delle bevande. L'agricoltura rappresenta circa il 4,4% del PIL e impiega circa l'8% della forza lavoro: il Venezuela esporta riso, granturco, pesce, frutti tropicali, caffè, carne suina e di manzo.

Per quanto riguarda lo sviluppo sociale, il Venezuela conta un **tasso di povertà del 28%**, con una percentuale di povertà estrema del 44%, particolarmente aggravati dal collasso economico del 2014.

c. L'Asia – caratteristiche fisiche del territorio: monti, massicci e realtà collinari, laghi, fiumi e pianure; mari e porti (Cina; India e Pakistan; le Coree; Giappone)

L'Asia è un continente vasto e diversificato, con una ricca varietà di caratteristiche fisiche che comprendono monti, massicci, colline, laghi, fiumi, pianure, mari e porti.

1. Monti e Massicci:
   - **Himalaya:** la catena montuosa più alta del mondo, situata al confine tra India, Nepal, Bhutan, Cina e Pakistan. Include il **Monte Everest**, la vetta più alta del pianeta.
   - **Karakoram:** situata principalmente in Pakistan, questa catena montuosa è famosa per le sue vette imponenti, tra cui il **K2**, la seconda montagna più alta del mondo.
   - **Altai:** si estende attraverso Russia, Mongolia, Cina e Kazakistan, caratterizzata da vette innevate, prati alpini e laghi glaciali.
   - **Monti Urali:** costituiscono il confine tradizionale tra Europa e Asia, estendendosi attraverso la Russia.
   - **Monti del Caucaso:** situati tra Europa e Asia, si estendono attraverso Armenia, Azerbaijan, Georgia e Russia.

2. Colline:
   - **Colline dei Ghats Occidentali e Orientali:** si estendono lungo la costa occidentale e orientale dell'India, caratterizzate da paesaggi lussureggianti, foreste pluviali e biodiversità unica.
   - **Colline Tien Shan:** situate principalmente in Asia centrale, formano una catena montuosa che si estende attraverso Kazakistan, Kirghizistan, Uzbekistan e Cina.

3. Laghi:
   - **Mar Caspio:** è il lago più grande del mondo per superficie, con una superficie di circa 371.000 chilometri quadrati. Nonostante venga spesso chiamato "mare", è tecnicamente un lago endoreico, il che significa che non ha sbocchi sul mare aperto e le sue acque non si riversano in oceani o mari.
   - **Bajkal:** situato in Russia, è il lago più profondo e antico del mondo.
   - **Qinghai:** il più grande lago di altitudine in Cina, situato nella provincia di Qinghai.
   - **d'Aral:** un tempo uno dei più grandi laghi del mondo, situato tra Kazakistan e Uzbekistan, è stato gravemente ridotto a causa dell'uso eccessivo delle acque dei fiumi che lo alimentavano.

4. Fiumi:
   - **Yangtze:** il più lungo fiume dell'Asia e il terzo più lungo del mondo, situato in Cina.
   - **Indo:** è uno dei fiumi più importanti del subcontinente indiano, fornendo acqua per l'irrigazione, l'energia idroelettrica e il trasporto.
   - **Gange:** un fiume sacro dell'India, cruciale per la vita e la cultura della regione.
   - **Mekong:** attraversa diversi Paesi del sud-est asiatico, tra cui Cina, Laos, Thailandia, Cambogia e Vietnam.

5. Pianure:

- **Pianura del Gange:** situata nel nord dell'India e nel Bangladesh, è una delle più fertili e densamente popolate del mondo.
- **Pianura della Mesopotamia:** situata tra i fiumi Tigri ed Eufrate, è spesso considerata il "culla della civiltà" per la sua importanza storica nello sviluppo delle prime civiltà umane.

6. Mari e porti:

- **Mar Cinese Orientale e Meridionale:** importanti vie di navigazione che separano l'Asia orientale dall'Oceania.
- **Mar Arabico e Mar di Oman:** situati tra la penisola arabica e il subcontinente indiano, sono cruciali per il commercio marittimo internazionale.
- **Porto di Shanghai:** uno dei porti più trafficati del mondo, situato sulla costa orientale della Cina.
- **Porto di Singapore:** uno dei principali hub portuali del mondo, situato nello stretto di Malacca.

Cina

La Cina, con i suoi oltre **9 milioni di kmq di superficie** è il 4° stato più vasto al mondo, dopo Russia, Canada e Stati Uniti.

Confina con ben 14 Stati: a Nord con la Mongolia e la Russia; a Nord-est con la Russia e la Corea del Nord; a Est è bagnata dal Mar Giallo e dal Mar Cinese Orientale, mentre a Sud dal Mare Cinese Meridionale; sempre a Sud, confina con il Vietnam, il Laos, il Myanmar o Birmania, l'India, il Bhutan e il Nepal; a Ovest con il Pakistan, l'Afghanistan e il Tagikistan; a Nord-ovest con il Kirghizistan e il Kazakistan.

La sua estensione, in latitudine e in longitudine, comporta una grande varietà di ambienti naturali.

Il territorio è composto per **2/3 da deserti e montagne**. La parte più occidentale è rappresentata dal bacino del **Tamir**, un fiume che attraversa il **deserto del Takla Makan** e l'area compresa tra le catene montuose del **Tian Shan, Pamir, Kunlun Shan, Altun Shan e Karakoram**, dove si trova, al confine con il Pakistan, il **K2**, la seconda vetta più alta al mondo. Le alture, a tratti, lasciano il posto a profonde **depressioni** come quella di **Turpan** a 155 metri sotto il livello del mare. Si alternano la steppa e l'ambiente desertico. Il clima è arido ed è l'area della Cina in cui si registra il regime pluviometrico più scarno. La scarsità d'acqua è dovuta alla presenza delle catene montuose che ostacolano l'afflusso di venti forieri di precipitazioni.

Procedendo verso meridione, si incontra il **vasto altopiano del Tibet**, orlato a Sud dal sistema montuoso dell'**Himalaya**, dove si trova il **Monte Everest**, che con i suoi 8848 metri s.l.m. rappresenta il punto più elevato della Terra. Il clima qui è di tipo nivale e la vegetazione passa dalle foreste boreali sulle pendici, alla tundra in alta quota. L'area è ricca di laghi d'acqua salata, tra cui il **Qinghai**, il più ampio della nazione e dell'Asia orientale con una superficie superiore ai 4000 kmq. Prima di raggiungere l'oceano, l'**altopiano di Yungui** è l'ultimo avamposto dell'ambiente di montagna: oltre le sue alture, nella Cina Sud-orientale, si estendono le pianure che caratterizzano l'affaccio sui mari costieri. La fascia più meridionale è il bacino dello **Xi Jiang** (terzo fiume cinese per lunghezza) sono caratterizzati dal clima subtropicale umido, che crea i presupposti per lo sviluppo della foresta pluviale. Le condizioni metereologiche sono influenzate dallo spirare dei monsoni e il clima è di tipo sinico, ossia quella variante del clima monsonico estesa alle zone temperate. Risalendo la costa verso Nord, la vegetazione è tipica delle aree temperate umide e il terreno è ideale per la pratica dell'agricoltura. Tutta la Cina orientale è ricca di corsi d'acqua e i più importanti sono il **Fiume Azzurro**, il più lungo di tutta l'Asia, e il **Huang He** (Fiume Giallo) che scorre nella parte settentrionale del Paese e attraversa il Bassopiano cinese, la vasta pianura a ridosso del Mar Giallo.

A Nord-est nella Manciuria, il clima diventa di tipo transiberiano, con estati fresche e inverni estremamente rigidi. Il clima continentale interessa tutto il resto della fascia settentrionale cinese, che al confine con la Mongolia ospita il deserto freddo più esteso al mondo, quello del Gobi, dove l'escursione termica è estrema e il termometro rileva fino a -40°C.

La popolazione cinese è la seconda più numerosa al mondo ed è suddivisa in **56 gruppi etnici**. Tra questi quello predominante è quello degli *Han*, che caratterizza il 92% dei cinesi ed è prevalentemente diffuso nell'area centro-orientale del paese. La restante quota è costituita dalle minoranze. Solo nella regione dello Yunnan convivono di 25 etnie; le più rappresentative sono: gli *Zhuang*, circa 16 milioni, che abitano le aree meridionali, in particolare la regione autonoma del Guangxi, parlano lingue di origine Tai e professano l'animismo; i *Manciù*, più di 10 milioni, originari della Manciuria. Sulla base della religione osservata è possibile distinguere due ulteriori minoranze: gli *Hui*, dal punto di vista somatico molto simili agli han, ma a differenza di questi sono musulmani e in virtù di ciò seguono tradizioni diverse (non mangiano, ad esempio, né maiali né cani né cavalli e vestono da tipici islamici con cappelli bianchi per gli uomini e il velo per le donne); gli *uiguri*, turcofoni indipendentisti del Nord-Ovest, identificano ciò che è più lontano dall'immaginario collettivo riguardante la Cina (sia relativamente alle fattezze fisiche sia in quanto a folklore), abitano il Turkestan orientale e professano anch'essi l'Islam. Un'altra etnia numerosa è quella degli *Hmong*, conosciuti anche come Miao, che vivono nelle aree di montagna in prossimità del Vietnam e del Laos. Nelle zone di confine è riscontrabile, inoltre, la presenza di Mongoli, Coreani e Tibetani. Questi ultimi, più di 5 milioni, da decenni lottano per l'indipendenza e riconoscono come loro leader spirituale e politico il Dalai Lama, massima autorità religiosa del Buddhismo tibetano.

La popolazione raggiunge **quasi 1,4 miliardi di abitanti** (appena superata dall'India) e cresce al ritmo dello 0,48%; questo indica una frenata del boom demografico che ha interessato il Paese a partire dagli anni '60: questa tendenza è dovuta all'introduzione di politiche sul controllo delle nascite ("politica del figlio unico"), che solo di recente sono divenute meno stringenti.

La densità di popolazione di circa 140 ab/kmq non è molto alta, poiché il calcolo della media è inficiato da un territorio estremamente vasto e occupato per due terzi da ambienti inospitali come deserti e alta montagna. Le aree più abitate sono quelle costiere, caratterizzate da zone pianeggianti e da climi in gran parte temperati. Nel versante orientale, infatti, si raggiungono alti gradi di urbanizzazione che danno vita a vere e proprie megalopoli.

In Cina sono presenti più di 50 città che superano il milione di individui e fra queste, 9 risultano tra le più popolose al mondo. Il primato è detenuto da **Shangai** che conta più di 25 milioni di abitanti ed è il polo commerciale più importante del Paese, mentre considerando l'agglomerato urbano la municipalità più abitata è quella di Chongqing. La capitale è **Pechino** (o Beijing, *capitale del Nord*), ricca di monumenti, tra cui la Grande Muraglia, la Città Proibita e la famosa piazza Tienanmen. **Xi'an** è una delle città più antiche al mondo e si trova al centro del Paese, rappresentandone uno dei centri più grandi e sviluppati; ospita l'esercito di terracotta, inserito tra i patrimoni dell'umanità dall'UNESCO. Altri importanti centri sono: **Canton**, terzo in Cina per popolazione, è il cuore di una delle conurbazioni più estese del pianeta e sorge intorno al delta del Fiume delle Perle, nei pressi del Mar Cinese Meridionale; **Shenzen**, capitale cinese dell'elettronica; **Hong Kong**, è la città "più verticale" del mondo (a causa della mancanza di spazio si sviluppa sempre più verso il cielo), famosa per il suo skyline e per essere un centro finanziario tra i più importanti del continente e del mondo.

Già sul finire degli anni '70 la forma di gestione prevalente nelle campagne è la **piccola conduzione familiare**: lo Stato resta nominalmente il proprietario della terra, ma ne concede il libero uso ai contadini. Questo ha avuto, in un primo momento, l'effetto di stimolare lo spirito d'iniziativa dei contadini che hanno aumentato la produzione accrescendo i propri redditi, poi, la libera iniziativa delle famiglie contadine ha provocato dei problemi. Tra quest'ultimi si annoverano: la riduzione della superficie coltivata con la conseguente trascuratezza delle aree improduttive e la dedizione verso produzioni più redditizie e pregiate, l'aumento dei prezzi dei prodotti e delle importazioni delle derrate alimentari, la disoccupazione nelle campagne e il conseguente riversarsi dei giovani negli impieghi dell'industria, la cui pur rapida crescita non è tuttavia in grado di assorbire questa imponente offerta di manodopera. Dopo la crisi del 2008-2009 che ha colpito ogni settore produttivo, le campagne cinesi si ripopolarono; milioni di questi giovani emigrati nelle città hanno dovuto compiere il cammino opposto ma l'agricoltura cresce a un ritmo notevolmente inferiore a quello dell'industria e le sue difficoltà restano gravi.

Anche nell'industria, il **libero scambio** attuato sul finire degli anni Settanta e l'**iniziativa privata** ad opera di imprenditori e società hanno fatto riscontrare uno sviluppo produttivo senza dubbio più costante di quello agricolo. Il Sudest, da Shanghai a Canton, e il corso del fiume Chang Jiang sono i maggiori poli produttivi. Fino a pochi decenni fa, i prodotti cinesi conosciuti in Occidente erano quelli di un **prezioso artigianato tradizionale**: dalla lacca alla porcellana, dagli ombrelli ai ventagli di carta; dalla seta ai giocattoli (oggi, la Cina produce il 70% dei giocattoli di tutto il mondo). Negli ultimi anni, la situazione è radicalmente cambiata e migliorata grazie soprattutto agli investimenti stranieri. Nel 2018 erano presenti in Cina 430 000 aziende straniere e si sono registrati capitali da Hong Kong, da Taiwan e da altre ricche comunità cinesi sparse per il mondo, dagli Stati Uniti, dal Giappone, dalla Corea del Sud e dall'Europa. A richiamarli sono sia la presenza di un **vastissimo serbatoio di manodopera a basso costo** sia un **buon mercato import/export**.

Per citare alcuni dati, la Cina produce il 70% delle macchine fotocopiatrici di tutto il mondo, il 65% delle biciclette, il 55% delle macchine fotografiche, il 50% dei computer e delle calzature, il 40% dei televisori, il 30% delle lavatrici, il 25% dei frigoriferi. È evidente che non si tratta più solo di prodotti poveri (come i giocattoli o le biciclette o le calzature), ma anche di prodotti di alta tecnologia ai quali si aggiunge lo sviluppo in settori come la microinformatica, le biotecnologie.

Per alimentare l'industria, il sottosuolo cinese possiede **ingenti risorse di materie prime**, fra cui **carbone** (la cui produzione è oggi quasi 3 milioni di tonnellate annue), **petrolio** (oggi 189 milioni di tonnellate), **minerali** come ferro, manganese, tungsteno, zinco, stagno, antimonio, rame, acciaio e uranio, il quale, insieme ad altri minerali radioattivi, resta la più grande minaccia per l'ambiente e la popolazione.

La storia dell'economia cinese è complessa e ha conosciuto periodi molto diversi fra loro per durata e prosperità. I fasti e le rovine tra una dinastia imperiale e l'altra hanno avuto una comune matrice, feudale e semicoloniale, che ha caratterizzato l'assetto socioeconomico del Paese fino alla rivoluzione comunista del 1950. Questa ha introdotto piani quinquennali, sulla base del modello sovietico, i quali prevedevano, oltre alla collettivizzazione dell'agricoltura, un forte controllo dello Stato e, secondo Mao Zedong, dovevano portare la Cina a realizzare il *Grande balzo in avanti*. In realtà le condizioni della popolazione si erano aggravate, anche dal punto di vista della tutela delle libertà e dei diritti umani. Dal 1978, una serie di riforme aveva consentito al Paese una maggiore apertura nei confronti dell'Occidente e della sua economia di mercato, seppur nell'orbita di un sistema di stampo socialista. Negli ultimi trent'anni il PIL ha raggiunto livelli impensabili tempo addietro e oggi la Cina si candida a divenire nel futuro più prossimo la **prima economia mondiale**.

Il Paese mira a garantirsi l'**autosufficienza** o comunque a limitare la dipendenza dall'estero e a migliorare ulteriormente il settore dei servizi rispetto a quelli industriale e agricolo. Quest'ultimo è sviluppato principalmente nelle aree orientali, in cui il terreno è fertile e adatto alle colture, e impiega una larga parte della popolazione. Si producono riso, frumento, mais, soia, pomodori, frutta, tè, arachidi, canna da zucchero, tabacco e lino. Si allevano suini, ovini, caprini, cammelli e yak (in Tibet), nonché bachi per la produzione di seta.

L'industria è avanzata ma ancora oggi poco incline a uno sviluppo sostenibile: la Cina è infatti tristemente nota, nonostante gli impegni internazionali assunti e il maggiore ricorso alle energie rinnovabili, per la **pessima qualità dell'aria**, dovuta al primato nelle emissioni di CO_2 e per l'**inquinamento delle acque interne**. Sono presenti tutte le tipologie di industrie (mineraria, siderurgica, metallurgica, tessile, informatica, elettronica, meccanica, farmaceutica) e la più sviluppata è quella manifatturiera.

Tra le risorse minerarie abbondano il **carbone**, il **ferro**, il **manganese** e il **nichel**.

Il terziario vive un'importante fase di espansione: nel **commercio** la Cina primeggia sia nel campo delle importazioni sia in quello delle esportazioni e la bilancia commerciale vede il gigante asiatico in costante attivo, grazie all'apertura nei confronti dei mercati occidentali.

La manodopera a basso costo, eredità di una tutela giuslavoristica carente, attira le imprese straniere, le quali delocalizzano i propri servizi al fine di abbassare le spese di produzione.

Lo sviluppo tecnologico è elevato e le infrastrutture, almeno nelle aree urbane, sono tipiche di un Paese ultramoderno. In grande crescita è anche il **turismo**, che richiama visitatori da tutto il mondo attirati dal patrimonio storico-artistico, dalle grandi e luminose megalopoli, dalla stupenda varietà di paesaggi e di folklore.

India e Pakistan

L'India è uno **Stato federale** dell'Asia meridionale con capitale **Nuova Delhi**; è il settimo Stato per superficie. È bagnata dall'Oceano Indiano a Sud, dal Mar Arabico a ovest e dal Golfo del Bengala a est, con una linea costiera che si snoda per 7517 km, mentre confina con il Pakistan a Ovest, Cina, Nepal e Bhutan a nord-est, Bangladesh e Myanmar a est. Il territorio pìo essere diviso in 4 principali regioni geografiche: l'**Himalaya**, la **pianura indogangetica**, l'**altopiano del Deccan** e il **Ghati**. L'Himalaya si trova a nord-ovest e rappresenta una delle più elevate ed estese catene montuose del mondo; a sud di questa si trova la pianura indogangetica, in corrispondenza dei grandi fiumi; la penisola del Deccan è, invece, un grande altopiano di altezza media di 5-600 metri, ai lati del quale si trovano le due catene montuose del Ghati con cime che possono arrivare a 2700 metri. Infine, ad ovest, al confine con il Pakistan, si trovano alcune zone desertiche. La catena himalayana, a sua volta, dà origine a grandi fiumi che attraversano il nord della regione, quali il **Gange** e il **Brahmaputra**. Per quanto riguarda il clima, esso è fortemente influenzato dall'Himalaya – che frena i venti freddi dell'Asia centrale, mantenendo la maggior parte del subcontinente ad una temperatura più alta rispetto a regioni poste alla stessa latitudine – e il deserto di Thar, che svolge un ruolo fondamentale per attrarre i venti del monsone estivo, con un alto tasso di umidità. L'India ospita sei principali sottotipi climatici, che vanno dal desertico a ovest, alpino e glaciale a nord, tropicale umido e tropicale secco delle regioni del sud-ovest e delle isole, al subtropicale e, infine, all'arido. L'India è di recente diventata il **primo Paese al Mondo per popolazione**, con circa **1,4 miliardi di persone** concentrate per il 65% nelle zone rurali; tuttavia, il tasso di urbanizzazione è in continua crescita a causa delle forti migrazioni verso Mumbai, la capitale Delhi, Bangalore e Calcutta. La popolazione è a grande maggioranza **induista**, ma ben rappresentato è anche l'**islam** che costituisce la seconda comunità religiosa della nazione. Dopo l'Africa, l'India è la seconda entità geografica per diversità culturale e linguistica: vi si individuano, infatti, due grandi famiglie linguistiche, quali quella **indoariana** e quella **dravidica**; la Costituzione, tuttavia, non riconosce una lingua nazionale, ma diverse lingue ufficiali: l'**hindi**, quale varietà di governo, l'**inglese**, ampiamente utilizzato in economia e nelle gestioni commerciali, e **altre 21 lingue** diffusamente parlate e utilizzate anche in documenti ufficiali. A livello politico, l'India ha una **forma di governo quasi-federale**, con **28 Stati federati e 8 territori**, ed è dotata di un parlamento bicamerale, plasmato sul modello inglese, con classica tripartizione dei poteri.

A livello politico, dopo l'indipendenza dal dominio britannico, l'India ha adottato un sistema a **economia mista** ed ha progressivamente aperto i propri mercati attraverso le riforme economiche del governo e ha ridotto controlli sul commercio estero e sugli investimenti. Attualmente possiede **la seconda più grande forza lavoro del mondo,** con 516 mln di lavoratori, di cui il 60% impiegati nel settore agricolo e industrie connesse. Le principali colture agricole includono **riso, frumento, semi oleosi,**

cotone, iuta, tè, canna da zucchero e patate. Il settore agricolo rappresenta il 28% del PIL; servizi e settori industriali costituiscono il 54% e il 18% rispettivamente. Le grandi industrie sono attive nel settore delle **automobili, cemento, prodotti chimici, elettronica del consumo, trasformazione alimentare, macchinari, miniere e petrolio**.

Anche se l'economia indiana è cresciuta costantemente nel corso degli ultimi due decenni, la sua crescita è stata irregolare e diseguale fra i diversi gruppi sociali, gruppi economici, regioni geografiche, e tra zone rurali e zone urbane. Malgrado i significativi progressi economici, un quarto della popolazione della nazione si trova sotto la soglia di **povertà** con annesso problema dal punto di vista dell'approvvigionamento alimentare.

Il **Pakistan** è uno Stato dell'Asia meridionale. A sud ha una costa che si estende per 1046 chilometri sul Mar Arabico e sul Golfo di Oman, a est confina con l'India, a ovest con l'Afghanistan, mentre a sud-ovest e all'estremo nord-est confina rispettivamente con l'Iran e la Cina. Il territorio può essere suddiviso in 5 regioni principali: le catene montuose dell'**Himalaya** e del **Karakoram**, che ospitano le due più alte vette del Mondo, l'**Everest** e il **K2**; l'**Hindu Kush** e le montagne occidentali; l'**altopiano del Belucistan**; l'**altopiano sub-montano** e, infine, la **piana dell'Indo**. Quest'ultimo è particolarmente importante se si considera che l'economia del Paese, particolarmente arido, è essenzialmente condizionata dalla disponibilità di acqua che questo fiume e i suoi tributari possono fornire. Il Pakistan ha, appunto, un clima tendenzialmente arido, con alcune caratteristiche simili a quelle mediterranee, ben distinto perciò dal clima tropicale monsonico prevalente in India. D'estate le precipitazioni sono molto scarse, mentre più rilevanti sono le precipitazioni invernali.

Da un punto di vista demografico, il Paese ha una popolazione di circa **221 milioni di abitanti** che risiede principalmente nella zona meridionale lungo il fiume Indo e nella città di Karachi. Il gruppo etnico più numeroso è il *punjiabi*, seguito da quello *sindhi*, a cui si aggiungono ulteriori minoranze di stirpe iranica.

Per quanto la religione, il Pakistan è il secondo Paese con la maggioranza **musulmana** più popolosa del mondo, ed in particolare la seconda più grande popolazione sciita del mondo dopo l'Iran.

Da un punto di vista amministrativo, il Pakistan è una **federazione** che comprende **4 province, 2 territori** e amministra anche parte del Kashmir; le province sono ulteriormente suddivise in un totale di **107 distretti**.

Politicamente, è una **repubblica parlamentare federale democratica** che assume l'Islam come religione di Stato; tuttavia, l'**establishment militare** ha sempre svolto un ruolo assai influente sulla politica del Paese e il concetto stesso di separazione dei poteri è molto labile.

Da un punto di vista economico, l'economia pakistana, che si pensava essere altamente vulnerabile agli shock finanziari, si è dimostrata particolarmente resistente di fronte alla crisi finanziaria asiatica, alla recessione globale, all'azione militare in Afghanistan dopo l'11 settembre e alle tensioni con l'India. Ultimamente il settore manifatturiero ha avuto importanti tassi di crescita e la riduzione del deficit fiscale ha portato ad una minore richiesta statale di denaro nel mercato monetario domestico, minori tassi di interesse e un'espansione nei prestiti a privati e aziende. Il settore **tessile** rappresenta circa il 70% delle esportazioni pakistane, ma con allarmanti condizioni di lavoro degli addetti (spesse volte anche minori) che non hanno contratti di lavoro, salari minimi, limiti della giornata lavorativa e che spesso operano in stabilimenti non conformi a norme di sicurezza.

Le Coree

La Corea è una penisola situata nell'Estremo Oriente, fra la Manciuria e l'arcipelago giapponese, è protesa verso l'arcipelago giapponese e chiude a sud-est il vasto bacino del Mare orientale, con lo stretto di Corea. A ovest è bagnata dal mar Giallo e a nord-ovest condivide con la Cina la relativa baia di Corea. La parte continentale è prevalentemente montuosa, arrivando fino ai 2744 metri del monte Paektu-san. Il clima coreano è una sorta di transizione tra i climi continentali, della zona siberiana e mancese, e i climi umidi e subtropicali della parte meridionale dell'arcipelago giapponese. Nelle sue linee generali il clima della Corea è contraddistinto dall'alternanza stagionale dell'influsso continentale in inverno, freddo e secco, e dell'influsso monsonico, umido e caldo, in estate.

La penisola coreana è politicamente divisa fra la **Repubblica Popolare Democratica di Corea**, comunemente denominata **Corea del Nord**, e la **Repubblica di Corea**, nota come **Corea del Sud**. I due Stati, nati al termine della Seconda guerra mondiale e protagonisti della guerra di Corea, sono diversi per sistema economico e forma di governo e a lungo ostili.

Nello specifico, la Corea del Nord occupa la parte settentrionale della penisola coreana, confinando a nord con la Cina e per una breve tratto con la Russia; a ovest è bagnata dal mar Giallo e a est dal mar del Giappone. Tutte le montagne della penisola coreana con un'altitudine superiore ai 2000 metri sono situate nella Corea del Nord; il punto più alto del Paese è il **monte Paektu**, una montagna di origine vulcanica di 2744 metri d'altezza. Le pianure costiere sono localizzate principalmente ad ovest, mentre ad est si sviluppano a tratti.

La Corea del Nord conta una popolazione dei più di **25,6 mln di abitanti** ed una densità di 212,7 abitanti per chilometro quadrato. Ad eccezione di alcune piccole comunità cinesi e giapponesi, la popolazione è etnicamente tra le più omogenee al mondo. La Corea del Nord condivide la **lingua coreana** con la Corea del Sud, sebbene vi siano differenze dialettali tra le due Coree: i cittadini nordcoreani, infatti, fanno riferimento al dialetto di Pyongyang, a differenza dei sudcoreani che utilizzano il dialetto di Seul. A livello religioso, in Corea del Nord vige **l'ateismo di Stato** e non vi è religione pubblica; il 65% dei cittadini si dichiara irreligioso, il 16% pratica lo sciamanesimo coreano, il 5% è buddhista e solo l'1% è cristiano. A livello politico, il Paese è di fatto uno **stato totalitario di stampo stalinista** costituito secondo i principi politici della Cina ai tempi di Mao Zedong; il Partito del Lavoro di Corea è il principale partito del Paese e domina ogni aspetto della politica nordcoreana: ciò si ripercuote direttamente sul rispetto dei diritti umani, nonostante il governo nordcoreano respinga le rivendicazioni di tali violazioni.

A livello economico, la **politica isolazionista** del governo e l'**embargo** dei Paesi occidentali hanno ristretto notevolmente il commercio internazionale, bloccando un potenziale significativo di crescita economica. Il settore dominante nell'economia nordcoreana è l'industria (47%), seguita dai servizi (31%) e dall'agricoltura: le industrie principali comprendono equipaggiamenti militari, costruzione dei macchinari, energia elettrica, chimica, industria estrattiva, metallurgia, tessile e alimentare.

La Corea del Sud si è divisa dalla parte settentrionale nel **1948**, ma al contrario di questa ha mantenuto uno sviluppo economico sostenuto ed è oggi, infatti, un **Paese tecnologicamente molto avanzato**. Si tratta di una **repubblica presidenziale** ed ha una superficie di 100.364 km². La sua capitale è **Seoul**. Il territorio è piuttosto variegato, con coste molto estese e frastagliate sul Mar Giallo e sul Mar Cinese Orientale, dove sono presenti un gran numero di insenature ed isole, mentre più regolari sono quelle sul Mar del Giappone ad Est. Il 70% circa del territorio è occupato da catene montuose ed altipiani, mentre per il resto troviamo pianure poco estese, ubicate soprattutto nella parte occidentale. Nonostante la montuosità del Paese, non si raggiungono grandi elevazioni: la vetta più alta è il **Monte Halla** di circa 2000 metri. La Corea del Sud è piuttosto ricca di acque: il fiume maggiore, il **Nakdong**, nasce sui Monti Taebaek e scorre verso sud prima di sfociare nello Stretto di Corea. I principali laghi sudcoreani sono di origine artificiale; quelli naturali sono spesso delle paludi e i principali si trovano nel sud-est. Numerosissime sono le isole: se ne contano, infatti, oltre 4000.

La divisione amministrativa della Corea del Sud è variegata, vi sono infatti **9 province, di cui una autonoma, 6 città metropolitane, il distretto della capitale e il distretto speciale della città di Sejong**, dove sono stati spostati alcuni ministeri ed agenzie governative. **Il tasso di urbanizzazione è dell'83%** con una concentrazione di popolazione principalmente nella capitale, Seoul.

Giappone

Il Giappone è una **monarchia costituzionale** e la sua bandiera, chiamata *Hinomaru* (cerchio del sole) rappresenta il "sol levante", al centro di uno sfondo bianco. L'imperatore è oggi considerato simbolo della nazione, le sue funzioni sono eminentemente rappresentative ed ormai la sovranità appartiene del tutto al popolo che elegge la Dieta.

Si trova al centro della convergenza tra le placche euroasiatica e nordamericana, al di sotto delle quali scivolano la placca pacifica e quella delle Filippine. Tali movimenti spiegano l'**alta sismicità** che caratterizza l'area e il frequente verificarsi di fenomeni di vulcanesimo.

Confina con il Mar di Okhotsk a Nord, l'Oceano Pacifico ad Est, il Mar Cinese Orientale a Sud e il Mar del Giappone ad Ovest.

Nonostante il fascino e le bellezze artistiche e monumentali, il Giappone ha i **problemi ambientali** tipici dei Paesi fortemente industrializzati, poiché produce forti quantitativi di elementi inquinanti delle acque e dell'aria. Il 66% della popolazione vive in città come Tokyo e Osaka e quest'ultime sono particolarmente esposte all'inquinamento atmosferico e acustico. A ciò si aggiunge una grande produzione di rifiuti non solo industriali, ma anche domestici che sono, nelle classifiche mondiali, fra i più alti nel mondo ed è sempre più difficile il loro smaltimento data l'assenza di opportune discariche. Dopo il terremoto del 2011 e i danni provocati dallo tsunami alla centrale nucleare di Fukushima, con il conseguente inquinamento nucleare di vaste zone del Giappone, si sono rilevate percentuali di uranio, piombo-210, cesio-137 e radio-102 che non rassicurano la popolazione. Il Giappone, pertanto, come altre nazioni altamente industrializzate, deve percorrere l'unica via possibile ossia quella di una vera e propria rivoluzione energetica, basata su fonti di energia sicura e pulita al fine di salvaguardare la salute degli abitanti e l'ambiente.

Dal punto di vista geografico, l'arcipelago giapponese è costituito da **6152 isole**, di cui 4 sono le principali per dimensioni e popolazione: **Hokkaido, Honshu, Shikoku e Kyushu**.

Hokkaido, la più settentrionale delle isole, a Sud è collegata con Honshu dal tunnel sottomarino Seikan, il più lungo al mondo con i suoi 53 km, mentre a Nord lo stretto di La Pérouse la separa dall'isola russa di Sachalin. È caratterizzata da un clima impervio e dalla presenza di numerosi vulcani. Pur essendo la seconda per dimensioni, la sua popolazione non supera i 6 milioni di abitanti e di fatto, la densità abitativa in alcune aree è la più bassa del Paese. Il suo territorio coincide con la prefettura omonima, suddivisa a sua volta in 14 sottoprefetture. La città principale è **Sapporo**, che conta da sola 2 milioni di abitanti. Ospita numerosi parchi naturali e laghi e i suoi paesaggi, montagna e foreste in particolare, sono considerati i più suggestivi di tutto il Giappone.

Honshu è la più grande tra le isole dell'arcipelago e la settima al mondo per superficie, con più di 225000 kmq. Ospita le città più importanti del Paese, tra cui la capitale **Tokyo, Osaka, Kyoto, Nagoya, Yokohama e Kobe**. Il territorio, prevalentemente collinare e montuoso, è attraversato dalle Alpi giapponesi, rilievi che sfiorano i 3000 metri d'altitudine. La vetta più alta, nonché simbolo della Nazione, è il **Monte Fuji**, vulcano in stato di quiescenza alto 3.776 mt. Sull'isola si trovano anche la pianura più vasta, quella del **Kanto** nel versante orientale, e il fiume più lungo del Giappone, lo **Shinano**. I laghi sono diffusi ma non raggiungono estensioni rilevanti, ad eccezione del Lago Biwa con i suoi 670 kmq.

Shikoku è la più piccola e la meno popolosa tra le isole; i suoi abitanti, poco più di 4 milioni, vivono principalmente nei capoluoghi delle 4 prefetture in cui è suddivisa. Il mare interno di **Seto** la separa da Honshu e da Kyushu. L'isola ha mantenuto più di ogni altra le tradizioni e l'aspetto originari della cultura nipponica, per via del maggiore isolamento rispetto ad altre regioni del Paese. È famosa per la spiritualità e per il pellegrinaggio buddhista degli 88 templi.

Kyushu è la più meridionale tra le grandi isole e terza fra queste per dimensioni. Viene chiamata "**Terra del fuoco**", infatti è ricca di vulcani, tra cui il famigerato **Monte Aso**, e di **fonti termali**. Conta circa

13 milioni di abitanti, di cui 1,4 milioni stanziati nella città di Fukuoka. Sull'isola sorge la città di **Nagasaki** sulla quale venne sganciata la bomba atomica che decretò la resa del Giappone e la fine della Seconda guerra mondiale. È collegata con le grandi città dell'isola di Honshu attraverso ponti e gallerie sullo stretto di Kanmon, su cui viaggiano gli Shinkansen, i superveloci "treni proiettile".

Il **clima** è profondamente influenzato dalla latitudine, dalla vicinanza ai mari e all'oceano e dalla presenza delle Alpi giapponesi che tagliano in due l'isola principale di Honshu. Il Giappone, infatti, si estende a forma di arco e le condizioni osservabili a Nord, nell'isola di Hokkaido, differiscono notevolmente da quelle delle propaggini meridionali del paese. Il settentrione risente delle fredde correnti siberiane, che danno vita a un clima di tipo boreale con inverni rigidi senza stagione secca, frequenti nevicate ed estati tiepide. Più a Sud, verso la capitale e nelle isole del mare di Seto, il clima è temperato caldo con una piovosità significativa in tutti i mesi dell'anno. Spesso, soprattutto nell'isola di Okinawa e in tutto il Sud-ovest, si assiste al passaggio di tifoni che apportano ingenti danni e si spingono a volte anche su aree molto popolate.

Quella giapponese è famosa per essere una delle società in assoluto più omogenee. Il 98% della popolazione, infatti, appartiene al gruppo etnico predominante degli **Yamato**, mentre resta dibattuta l'inclusione fra questi ultimi del popolo dei Ryukyuani (popoli autoctoni dell'arcipelago delle Ryūkyū, nel Sud del Paese) che conta circa 1,3 milioni di persone e parla una lingua propria afferente al ceppo nipponico. Esistono poi 3 milioni di individui formalmente giapponesi, ma costretti a vivere ai margini della società; si tratta dei *Burakumin*, una categoria ereditata dal vecchio sistema di caste non più riconosciuto dalla moderna costituzione del 1946, improntata sull'eguaglianza. Il termine letteralmente significa "abitanti del villaggio" e indica coloro, compresi i discendenti, che si occupavano di svolgere quei lavori come conciatori di pelli, becchini, boia, essenziali per la sopravvivenza della comunità ma considerati impuri, in quanto legati alla morte e al sangue; attività considerate impure sia dal credo buddhista che shintoista, dottrine secondo le quali l'uccisione di animali è considerata riprovevole. Pesantemente emarginati, avevano difficoltà a contrarre matrimonio ed erano costretti a vivere in dei ghetti (*buraku*). Oggi, sebbene la questione sia stata dichiarata risolta, permane una certa difficoltà nell'inserimento sociale a causa dei secolari pregiudizi. Sempre in tema di discriminazioni, occorre citare un'etnia distinta, originaria dell'isola di Hokkaido nel Nord del Giappone: gli **Ainu** hanno occhi a mandorla, ma hanno caratteristiche somatiche sia degli europoidi che degli australoidi, nonché una maggiore crescita della peluria e della barba; oggetto negli anni passati di "integrazione forzata", in base agli ultimi censimenti sono circa 15 mila individui e parlano una lingua propria, ormai quasi estinta, simile al giapponese che si parla in tutta la nazione.

Il Giappone garantisce piena **libertà religiosa** e i culti più professati sono lo shintoismo e il buddhismo, spesso in forma sincretica.

Il territorio giapponese è suddiviso amministrativamente in **8 regioni**, articolate in **47 prefetture**. La popolazione complessiva è superiore ai **127 milioni di abitanti** e ciò spiega perché, considerando l'estensione del Paese di circa 378 mila kmq, la densità abitativa media (343 ab. /kmq) sia una delle più elevate al mondo. Tuttavia, la distribuzione della popolazione è irregolare e vede la concentrazione principale, l'80% del totale, nei grandi agglomerati urbani dell'isola di Honshu, dove nell'area pianeggiante del Kanto, nel versante orientale, sorgono vere e proprie megalopoli, tra cui la capitale Tokyo. La metropoli ospita circa 13 milioni di persone, ma si trova al centro di una grande conurbazione, la più grande al mondo con 38 milioni di abitanti, che ingloba le città di Chiba, Kawasaki, Saitama e Yokohama. Più a sud, le città di Osaka, Kobe e Kyoto (capitale fino al 1868) formano un'altra vasta area metropolitana di 17 milioni di individui. Fra questi due agglomerati sorge l'importante città di Nagoya, che rende quasi ininterrotto il tessuto urbano che li collega. Le altre isole sono meno popolose e la densità minore si riscontra in Hokkaido, appena 65 ab./kmq. Altri fattori che incidono sulla distribuzione della popolazione sono il clima e la presenza di rilievi. Il territorio giapponese, infatti, è caratterizzato prevalentemente da colline e montagne che ostacolano lo sviluppo di insediamenti, mentre climi eccessivamente rigidi, presenti per lo più nel Nord dell'arcipelago rendono tali aree inospitali e inadatte alle colture. La crescita demografica, che ha interessato il Paese nel XX secolo, negli ultimi anni si è arrestata, a causa del **basso tasso di natalità** e di un'immigrazione non rilevante. Si assiste a un progressivo invecchiamento della popolazione, incoraggiato da un'aspettativa di vita tra le più alte al mondo, pari a poco più di 80 anni per gli uomini e quasi 87 anni per le donne. Il tasso di crescita, negativo, è ulteriormente influenzato dall'alto numero di **suicidi** che rende tristemente famoso il paese.

Quella giapponese è **una delle economie più avanzate al mondo**. Dal secondo dopoguerra ha conosciuto una crescita esponenziale, dovuta a una serie molteplice di fattori, tra cui i bassi salari, l'abnegazione al lavoro, l'apertura all'Occidente, il protezionismo in campo economico e la capacità di innovarsi nel settore tecnologico. Nonostante i rallentamenti e le crisi conosciute negli anni '90, il Paese ha rappresentato la seconda economia globale fino al 2010, anno in cui si è assistito al sorpasso da parte del colosso cinese. Il Giappone "vanta" **il più alto debito pubblico** fra le nazioni, con un tasso di indebitamento superiore al **235%** del PIL.

Relativamente al settore primario, l'agricoltura ha un ruolo marginale a causa della conformazione prevalentemente montuosa e collinare del territorio. Nelle pianure, essa è praticata in modo intensivo, con macchinari moderni e uso di fertilizzanti. La coltura principale è quella del riso, ma si producono anche: orzo, legumi, frumento, soia, tè, tabacco, barbabietola e canna da zucchero. Molto diffusi sono gli alberi da frutto, in particolare ciliegi e gelsi, delle cui foglie si nutrono i bachi che alimentano l'industria della seta.

Di grande rilevanza è invece la **pesca**, largamente praticata nei mari che circondano il Paese e particolarmente proficua nell'Oceano Pacifico. Il pesce rappresenta un piatto fondamentale nella dieta giapponese e i mercati abbondano di sardine, salmoni, merluzzi, tonni, aringhe, crostacei, molluschi e numerose varietà ittiche stravaganti come il pericoloso *fugu* (pesce palla), del quale i giapponesi vanno ghiotti. Nonostante le condanne da parte della comunità internazionale, continua la tradizione secolare della pesca della balena.

L'industria è molto avanzata e vanta eccellenze nei settori automobilistico, elettronico, siderurgico, meccanico. Particolarmente famose sono le produzioni di motociclette, porcellane, videogiochi e apparecchiature hi-tech.

Le risorse minerarie non abbondano nel Paese, che è costretto a importarle insieme ai combustibili fossili. La produzione di energia è affidata al nucleare, al petrolio, al carbone e al gas naturale, anche se risulta in crescita il ricorso a energie rinnovabili, in particolare idroelettriche, soprattutto dopo i recenti disastri nucleari.

Il settore terziario è basato principalmente su attività bancarie, immobiliari e assicurative. La **Borsa di Tokyo** è la più importante al mondo dopo quella di New York. Il Giappone è inoltre assoluto protagonista dei **commerci** e grande esportatore delle fiorenti produzioni industriali, tra cui macchinari, microprocessori, prodotti chimici, automobili e più in generale elettronica di consumo.

La **rete dei trasporti** è estremamente sviluppata e basata su tecnologie all'avanguardia.

Il sistema di **istruzione** è moderno e famoso per la rigidità e la disciplina e per i numerosi esami da affrontare: il Giappone ha il **record mondiale di popolazione meglio istruita**.

Il **turismo** è in crescita, soprattutto quello proveniente dai Paesi limitrofi, mentre i visitatori che dovrebbero giungere da altri continenti sono spesso scoraggiati dalle distanze e dall'elevato tenore di vita.

d. Medio-Oriente - caratteristiche fisiche del territorio: monti, massicci e realtà collinari, laghi, fiumi e pianure; mari e porti (Iran, Iraq, Afganistan, Arabia Saudita, Qatar, Emirati Arabi Uniti, Bahrein, Kuwait e Yemen, Gibuti, Palestina, Israele, Siria e Turchia) e Nord-Africa – caratteristiche fisiche del territorio: monti, massicci e realtà collinari, laghi, fiumi, pianure; mari e porti; (Maghreb, Egitto e Paesi del Sahel). Le terre del deserto, dell'Islam e del petrolio

Il Medioriente è quella regione asiatica compresa tra Mar Mediterraneo e Oceano Indiano. Il termine è di derivazione europea e sta a indicare l'area orientale più vicina al Vecchio continente, mentre in realtà sarebbe opportuno indicare questi territori nell'accezione più ampia di Asia occidentale.

Fanno parte dell'area i seguenti Paesi: **Turchia, Siria, Libano, Israele, Palestina, Giordania, Arabia Saudita, Yemen, Oman, Emirati Arabi Uniti, Qatar, Bahrein, Kuwait, Iraq, Iran**. È dibattuta l'inclusione dell'**Afghanistan** fra i Paesi mediorientali, in quanto spesso viene annoverato fra i paesi dell'area centrale o meridionale dell'Asia. Appartengono inoltre al continente asiatico alcuni Paesi che in realtà per usi e costumi vengono considerati europei: si tratta di **Armenia, Georgia, Azerbaigian e Cipro**.

Discorso a parte merita la situazione della **Palestina**, riconosciuta come Stato indipendente da più di 130 nazioni, tra le quali tuttavia non figurano le grandi potenze occidentali.

Il Medioriente è quell'area geografica che collega l'Occidente all'Estremo oriente, in cui sono nate le prime civiltà; è caratterizzata da profonde differenze culturali, religiose, politiche ed economiche, ma è accomunata dalle medesime radici storiche riconducibili alla dominazione araba.

È delimitata a Ovest dal Mar Mediterraneo, dall'Africa settentrionale e dal Mar Rosso, a Sud dal Mare Arabico e dall'Oceano Indiano, a Est dalle montagne del Belucistan e dell'Hindukush che segnano il passaggio alla regione indiana, a Nord dal Mar Caspio, dalla catena del Caucaso e dal Mar Nero.

La morfologia del territorio è delineata dalla presenza di **due grandi penisole**, quella **anatolica** occupata dalla Turchia e quella **arabica**; la prima è caratterizzata dalla presenza di un esteso sistema di altopiani, mentre la seconda è occupata da un vasto tavolato desertico che costituisce la continuazione del deserto del Sahara in Asia.

Tutto il territorio della regione, in realtà, ha una conformazione montuosa o desertica e solo in alcune aree dell'antica "Mezzaluna fertile" e lungo le coste è possibile scorgere distese di verde.

La maggioranza dei corsi d'acqua ha carattere torrentizio. Il principale fiume è l'**Eufrate** che scorre in Turchia, Siria, Iran per poi sfociare nel Golfo persico. Insieme al **Tigri** forma un bacino di vitale importanza, vista la carenza d'acqua che rappresenta un'autentica piaga per i popoli mediorientali. Un altro importante fiume è il **Giordano**, non per le dimensioni ma in quanto a rilevanza, poiché attraversa le aride regioni degli Stati di Israele, Giordania, Siria, Libano e i territori della Cisgiordania; esso è immissario del **Mar Morto**, lago dall'estrema salinità situato in una profonda depressione di 400 m sotto il livello del mare, che costituisce il punto più basso della Terra. Non considerando il **Mar Caspio** che è un mare relitto, il **lago Urmia** è il più esteso con i suoi 6000 kmq di superficie e si trova in Iran.

Tra i rilievi più importanti vi sono i **Monti del Ponto** e del **Tauro** che rispettivamente a Nord e a Sud cingono l'Anatolia e il **Monte Ararat** (5165 m) al confine tra Turchia e Armenia. L'altopiano iranico invece è orlato dai **Monti Elburz** a settentrione e dai **Monti Zagros** a meridione. Alla prima catena appartiene il **Monte Damavand** (5610 m), vulcano quiescente e vetta più alta dell'Iran e del Medioriente. Le **montagne del Sarawat** si estendono, invece, lungo tutto il versante occidentale della penisola arabica e alcuni rilievi nello Stato dello Yemen superano i 3000 m; nella parte meridionale della penisola si estende un grande **deserto**, quello del **Rub' al-Khali**, caratterizzato da sabbie rosse e secondo al mondo per superficie dopo il Sahara. Di rilevanti dimensioni sono anche il deserto siriano e quelli iraniani.

Tutta la regione, attraversata dal Tropico del Cancro, è contraddistinta dall'**aridità** e i climi riscontrabili, ad eccezione della penisola anatolica, sono di tipo steppico o desertico, con temperature medie elevate e precipitazioni generalmente inferiori ai 100 mm all'anno. Poche specie arboree riescono a svilupparsi in simili condizioni e la vegetazione è perlopiù costituita da arbusti e piante spinose. Nelle oasi, così come lungo le coste dei Paesi più occidentali la flora è decisamente più rigogliosa e comprende alberi da frutto, vite, ulivi, palme. Il clima qui è mediterraneo, con temperature miti che danno vita a inverni piuttosto miti e piovosi ed estati calde. Le condizioni climatiche e la conformazione del territorio incidono sulla distribuzione della popolazione che dagli anni '60 è cresciuta incessantemente fino a superare oggi i 400 milioni di individui.

Crocevia di culture, in virtù della sua posizione a cavallo tra Europa e Asia, il Medioriente è popolato: dagli **arabi** soprattutto nei Paesi del Libano, Giordania, Palestina, Iraq e Siria; da popoli **turchi** nella penisola anatolica e nelle regioni limitrofe; dagli **ebrei** in Israele; dai **curdi** nel Sud-est della Turchia; dai **persiani** in Iran. La distribuzione della popolazione vede una concentrazione nelle grandi città e negli Stati di Israele, Libano, Palestina, Kuwait. La penisola arabica, al di fuori delle capitali e dei grandi centri, ha una bassa densità abitativa nonostante l'incremento demografico. L'Iran e la Turchia sono le nazioni più popolose.

Le più importanti città sono Riad, Abu Dhabi, Dubai, Tel Aviv, Teheran, Amman, Baghdad, Beirut, Doha, Damasco, Sana'a, Smirne e Ankara,

Le lingue più diffuse sono quelle **indoiraniche**, tra cui il curdo e il persiano, quelle **semitiche**, tra cui l'arabo e l'ebraico, e quelle **altaiche** tra cui le lingue turche.

La religione più professata è l'**islam**, nelle sue due correnti sunnita, osservata da quasi il 90% musulmani, e sciita. La religione, soprattutto in Iran e Arabia Saudita, ha una profonda influenza sull'interpretazione delle leggi, che hanno come fonti il Corano e la Sunna (insegnamenti di Maometto). Il Medioriente è anche la culla, oltre che delle prime civiltà, anche delle più importanti religioni monoteiste, tra cui il cristianesimo e l'ebraismo, per le quali riveste un'enorme importanza la città di Gerusalemme, rivendicata a sua volta, nella parte Est, dai palestinesi.

L'analisi delle risorse di cui possono avvalersi i Paesi del Medio-Oriente non può prescindere da un'attenta osservazione della morfologia del territorio. Basta osservare una qualsiasi immagine catturata da un satellite per comprendere come la prevalenza di ambienti montuosi e desertici incida notevolmente nel processo di sviluppo delle popolazioni dell'area. Lo scarno regime pluviometrico e le difficoltà nei collegamenti non bastano a definire un quadro economico in realtà molto complesso e variegato, rappresentato da nazioni con un Prodotto Interno Lordo pro capite tra i più elevati al mondo (Qatar, Arabia Saudita, Israele, Emirati Arabi Uniti, Kuwait e Bahrein) e altre che occupano, invece, i gradini più bassi nelle classifiche della ricchezza (Yemen e Siria).

Nei Paesi più avanzati, tuttavia, la distribuzione della ricchezza è molto diseguale e la stragrande maggioranza dei capitali è detenuta da nemmeno il 10 % della popolazione, mentre la restante parte vive in condizioni di miseria.

Solo **Israele**, malgrado non vanti un'abbondanza di risorse naturali, ha raggiunto buoni livelli di benessere e di progresso sociale, grazie anche a un tipo di economia di mercato molto simile a quelle dei Paesi occidentali. Relativamente all'agricoltura, ad esempio, il Paese sopperisce alla carenza d'acqua attraverso moderne tecnologie irrigue che ne consentono un efficiente sfruttamento.

In Medioriente, nell'antichità si prestava a un effettivo sfruttamento agricolo solo la cosiddetta "**Mezzaluna fertile**", ossia quella fascia di territorio che si estende dalle sponde del Mar Mediterraneo al Golfo persico attraverso la storica regione della Mesopotamia, attraversata dai fiumi Tigri ed Eufrate.

Oggi in realtà le aree destinabili alle colture sono estremamente ridotte. Nonostante ciò, il settore primario continua ad assorbire un gran numero di lavoratori ed è destinato principalmente alla **sussistenza**. Si coltivano principalmente frumento, orzo, cotone, datteri, granoturco, caffè e tabacco, mentre nella zona mediterranea le condizioni climatiche permettono di ricavare ortaggi, frutta, viti, agrumi e olive. L'allevamento riguarda prevalentemente ovini e caprini e la pesca è perlopiù praticata nel Golfo persico e nel Mediterraneo.

L'elemento fondante su cui si basano le economie mediorientali è invece il **petrolio**, di cui l'**Arabia Saudita** è il maggiore esportatore mondiale. La scoperta di giacimenti dell'*oro nero* nel XX secolo ha avuto un impatto notevole sulla ricchezza della regione e di alcuni Paesi in cui la sua estrazione e la successiva esportazione costituiscono le principali fonti di reddito. Si tratta dei Paesi della penisola arabica e dei paesi del Golfo. **Iran** e **Iraq** hanno sfruttato le loro riserve petrolifere per dotarsi di importanti arsenali militari o per finanziare guerre e terrorismo. **Kuwait, Qatar, Emirati Arabi Uniti e Bahrein** hanno saputo capitalizzare i proventi in infrastrutture e servizi migliorando la loro attrattività anche nei confronti degli investitori stranieri. Anche il **gas naturale** abbonda, soprattutto in Iran e Qatar.

Molte di queste nazioni aderiscono all'**OPEC** (*Organization of the Petroleum Exporting Countries*), cartello economico che riunisce i maggiori produttori di petrolio e ha l'importante scopo di controllarne i prezzi e l'offerta, influendo notevolmente sull'andamento dei mercati.

Le principali industrie sono quelle **tessili, agroalimentari e tecnologiche**, nonché ovviamente quelle legate alla trasformazione e raffinazione del **greggio**.

Il settore dei servizi è ancora poco sviluppato nella regione che svolge un ruolo importante nell'ottica dei collegamenti tra Occidente e Oriente. Tuttavia, le reti stradali, ferroviarie, idriche ed elettriche sono carenti e solo le grandi città possono dirsi effettivamente servite.

Il turismo è in forte crescita, soprattutto nei paesi più ricchi e stabili. **Dubai e Abu Dhabi** sono importanti centri finanziari e dalla forte attrazione per i visitatori stranieri, in particolare per chi ama il lusso, la modernità e al contempo le antiche tradizioni. **Gerusalemme e La Mecca** si trovano al centro di imponenti flussi di pellegrinaggio e di turismo culturale, così come i numerosi siti archeologici diffusi in tutta la regione, tra cui l'antica città di **Petra** in Giordania. L'instabilità politica, il terrorismo e i frequenti conflitti fungono invece da deterrente e fanno registrare numeri di visitatori esigui rispetto all'aspettativa derivante dalla vocazione turistica di questi luoghi.

Il Medioriente è un'area geografica tristemente nota per il frequente insorgere di **conflitti**, che gli sono valsi la fama e l'appellativo di "**polveriera mediorientale**". Già dall'antichità si comprese l'importanza strategica di questi territori in cui si svilupparono le prime civiltà. I romani impiegarono diversi anni prima di stabilire l'ordine nella regione che si mostrava già all'epoca parecchio turbolenta. Risale ai primi secoli anteriori alla venuta di Cristo la cosiddetta "diaspora ebraica", indicandosi con tale accezione l'esodo, conseguente alle persecuzioni dei babilonesi e successivamente dei romani, e la dispersione del popolo ebreo dalle sue terre native nel resto del mondo.

Nella storia contemporanea, la vera e propria "questione mediorientale" affonda le sue radici negli anni immediatamente precedenti la Prima guerra mondiale. L'espansione coloniale delle potenze europee di fine '800 e la crisi nei Balcani dei primi del '900 avevano fortemente ridimensionato i territori dell'Impero Ottomano, che si era schierato nel conflitto mondiale a fianco degli imperi centrali, risultati poi sconfitti dalle potenze dell'Intesa.

Il nodo cruciale che consente di comprendere tutta l'evoluzione della controversa sorte della regione è insito nell'**accordo segreto Sykes-Picot** e nel **trattato di Sèvres**.

Il primo, risalente ai mesi successivi alla conclusione della Grande Guerra, prende il nome dai diplomatici francese e inglese che avevano condotto le trattative; esso disciplinava la spartizione del Medioriente e in particolare assegnava territori alle due potenze sulla base dello schema giuridico del mandato da parte della Società delle Nazioni: Libano e Siria venivano affidati alla Francia, mentre cadevano sotto l'influenza britannica la Transgiordania, la regione della Palestina e l'Iraq. Quest'ultimo veniva creato unendo le province di Baghdad, Bassora e Mosul e mettendo insieme contrastanti etnie, soprattutto curdi, turkmeni, musulmani sciiti e sunniti. Si prometteva alle popolazioni arabe la nascita di uno Stato arabo o di una confederazione di Stati a discapito dei territori ottomani, al fine di evitare il compattarsi del mondo musulmano. Con la dichiarazione Balfour del 1917, si dava un notevole impulso alla creazione di un futuro stato di Israele; con questa, il governo britannico ufficialmente esternava il suo favore all'insediamento di comunità ebraiche in Palestina.

Il secondo risaliva al 1920 ed era firmato tra i turchi e le potenze vincitrici. Esso: ridimensionava la Turchia alla sola penisola anatolica; determinava la nascita di una nazione popolata da armeni, oggetto di un vero e proprio genocidio perpetrato dai turchi; prometteva la nascita di una nazione curda. In sintesi, i grandi imperi coloniali avevano sfruttato il nazionalismo arabo per rivolgerlo contro il decadente Impero ottomano al fine di ottenere un controllo sul "Vicino Oriente". La dinastia hashemita a cui era stato promesso dagli inglesi il controllo del futuro stato arabo veniva tradita e lasciata sola nella difesa del neonato Regno dell'Hegiaz, nella penisola arabica, caduto dopo pochi anni per mano dell'islam wahabita che negli anni a seguire creerà la moderna Arabia Saudita.

L'immigrazione ebraica in Palestina era inizialmente controllata e addirittura era vietato ai coloni l'acquisto di terre. Con l'avvento del nazismo e delle persecuzioni, andava aumentando considerevolmente la presenza di sionisti nella regione.

Dopo la Seconda guerra mondiale, in seguito alla rinuncia al mandato da parte dei britannici la questione mediorientale veniva rimessa alla decisione delle Nazioni Unite nel 1947; nasceva inoltre la Lega Araba per unificare il sentimento pan-arabista. Si prometteva la spartizione dell'area in due Stati, quello di Israele, filoamericano, e quello arabo palestinese. Il **14 maggio del 1948** veniva dichiarata unilateralmente la **nascita dello Stato di Israele**, che nel giorno successivo già subiva un attacco da parte di una coalizione guidata dall'Egitto, Paese in cui andava risvegliandosi il sentimento nazionalistico. Una volta sconfitta la coalizione, gli israeliani acquisivano territori ulteriori e costringevano migliaia di palestinesi ad abbandonare le proprie terre.

La crisi di Suez e il tentativo di Nasser nel '52 di nazionalizzare il canale, scatenavano il secondo conflitto arabo-israeliano, in cui Israele, ancora una volta vittorioso, espandeva ulteriormente i suoi territori.

Nel 1964 nasceva, inoltre, l'**OLP**, Organizzazione finalizzata alla liberazione della Palestina.

I conflitti arabo-israeliani hanno caratterizzato tutto il secondo dopoguerra e occorre menzionare anche la Guerra dei sei giorni e la guerra del Kippur, combattute rispettivamente nel 1967 e nel 1973 con esito favorevole a Israele. L'esodo dei palestinesi verso il Libano, diviso tra cristiani e musulmani, porterà il paese alla guerra civile.

Gli accordi di Camp David del 1978 che hanno portato alla pace tra Israele ed Egitto, sono valsi a quest'ultimo un periodo di sospensione dalla Lega Araba.

Negli stessi anni, in Iran si compivano la rivoluzione e la deposizione dello scià di Persia Pahlavi ad opera dell'ayatollah Khomeini; il Paese cadeva così sotto l'influenza islamica sciita radicale che avrebbe portato negli anni alla diffusione di un sentimento antioccidentale.

La disputa sui confini e le profonde differenze tra un **Iran teocratico** e un **Iraq laico** supportato dalle potenze occidentali, nonché il desiderio di espandere il proprio controllo sulla regione trascineranno i due Paesi in un lacerante conflitto iniziato con l'aggressione irachena nel 1980. Alla conclusione del conflitto nel 1990, l'Iraq di Saddam Hussein invadeva il **Kuwait** per interessi legati al mercato petrolifero, scatenando la reazione degli Stati Uniti e di una coalizione internazionale sotto l'egida dell'ONU, in quella che viene definita prima guerra del Golfo, per distinguerla dalla seconda, conseguente agli attacchi terroristici alle Torri Gemelle avvenuti l'11 settembre 2001.

Oggigiorno la situazione mediorientale è estremamente delicata e una soluzione che ristabilisca l'ordine nella regione è lontana dall'essere individuata.

Il **conflitto israelo-palestinese** può definirsi tuttora irrisolto; continuano incursioni aeree da un lato e intifade dall'altro, attentati e ritorsioni da entrambe le parti in cui a farne le spese è sempre la popolazione civile. A nulla sono valsi gli accordi di Oslo del 1993 che prevedevano principalmente il ritiro delle forze israeliane dalla Striscia di Gaza e dalla Cisgiordania e affermavano il diritto palestinese all'autogoverno in tali aree, attraverso la creazione dell'Autorità Nazionale Palestinese, divenuta poi stato di Palestina. Gli accordi hanno lasciato insoddisfatte entrambe le fazioni, soprattutto i palestinesi, per i quali restava cruciale la definizione della controversa questione di Gerusalemme e della sua parte orientale, da sempre oggetto di rivendicazioni.

Una nuova ondata di sollevazioni e violenze ha inoltre investito la regione in seguito alla cosiddetta **Primavera araba nel 2011**. La richiesta di maggiore libertà e partecipazione rivolta al governo di Bashar al-Assad è sfociata in guerra civile in Siria, mentre l'instabilità politica e l'estremismo religioso nell'Iraq del "dopo Saddam" hanno dato origine al sedicente stato islamico meglio conosciuto con la sigla ISIS.

Il **continente africano**, invece, si presenta molto vasto e articolato in relazione alle diverse aree tematiche oggetto di studi. Generalmente, la disamina delle sue caratteristiche viene affrontata suddividendo idealmente il territorio in macroregioni: settentrionale, centro-occidentale, centro-orientale, meridionale.

Per **Africa settentrionale** si intende quell'insieme di Paesi, con annessi usi e costumi, in cui sono suddivisi i territori più vicini all'Europa e al Mar Mediterraneo, dal quale è delimitata a Nord; il **tavolato desertico del Sahara** attraversa l'intera area e il suo limite meridionale, corrispondente all'inizio del Sahel, segna anche il confine naturale di questa macroregione. Ne fanno parte i seguenti Stati, elencati da Est verso Ovest: **Egitto, Libia, Tunisia, Algeria, Marocco e Sahara Occidentale**. Quest'ultimo possiede, tuttavia, lo status di territorio non autonomo, in quanto la sua sovranità è rivendicata e contesa dal Marocco.

Per meglio suddividere l'enorme territorio è utile scorporare ulteriormente regioni, oltre quelle già citate, dalle caratteristiche omogenee: si definisce ***Maghreb*** ("**luogo del tramonto**") la parte più occidentale, più prossima all'Europa, che comprende la catena montuosa dell'Atlante e un comune gruppo etnico prevalentemente berbero. La **valle del Nilo** rappresenta, invece, oltre che la culla di importanti civiltà, un *unicum* nel panorama della parte settentrionale del continente. In tutta l'area attraversata dal Tropico del Cancro, per circa 9 milioni di chilometri quadrati, si estende il Sahara, il deserto caldo più vasto al mondo. L'alta pressione persistente porta a livelli estremi l'evaporazione e ostacola l'arrivo di perturbazioni; in alcune aree, infatti, le piogge possono mancare per anni.

Il paesaggio sahariano è tutt'altro che uniforme: l'idea di un'unica distesa di sabbia color miele non rispecchia pienamente la realtà. Le classiche dune modellate dai venti desertici, che danno origine al cosiddetto *erg*, ricoprono solo una piccola parte del tavolato, circa il 10%.

Con il termine ***serir*** si intende, invece, quel particolare tipo di area desertica caratterizzata dalla presenza di sabbia e ghiaia, formatasi dalla frantumazione delle rocce a causa della forte escursione termica tra giorno e notte; la mancanza di umidità e la capacità della sabbia di riscaldarsi rapidamente e altrettanto rapidamente raffreddarsi, rendono il terreno incapace di trattenere il calore assorbito durante il giorno, per cui le temperature notturne possono anche calare di 20-30°C rispetto a quelle diurne.

L'*hammada* è senza dubbio la conformazione più inospitale del deserto, perché consistente in una vasta estensione di rocce aguzze scolpite dai venti che affiorano da un sottile strato di sabbia e pietrisco.

Gli unici luoghi in cui sono rilevabili condizioni ambientali favorevoli all'uomo sono le **oasi**. Si tratta di macchie di vegetazione che si sviluppano generalmente intorno ad una fonte d'acqua. Vi crescono palme e alberi da frutto. Strategicamente le oasi sono molto importanti, soprattutto relativamente ai commerci; permettono, infatti, il ristoro alle carovane che viaggiano per il deserto. Tra le sfide che l'uomo dovrà affrontare per garantirsi la sopravvivenza negli anni venturi, una delle più importanti è costituita dalla lotta alla desertificazione. Con tale termine ci si riferisce a un processo, spesso irreversibile, che consiste nell'impoverimento del terreno e nella sua progressiva aridificazione, che sfocia poi nella creazione di nuove zone desertiche. Per quanto descritto come fenomeno naturale, occorre specificare che il ruolo dell'uomo e delle azioni che esso svolge sul territorio possono risultare determinanti. Certamente, se è vero che la scarsità di piogge e fonti d'acqua e il deterioramento del suolo sono variabili geoclimatiche impossibili da controllare, è altrettanto vero che le cause attribuibili all'attività umana possono essere riassunte in "un uso non sostenibile delle risorse naturali". L'incontrollata **deforestazione**, ad esempio, sottrae vaste aree di vegetazione e incide sulla scomparsa di biodiversità e sulla capacità del terreno di trattenere acqua. Le aree disboscate vengono poi destinante a un intenso sfruttamento agricolo o adibite a pascolo, anziché essere rimboschite. Anche gli **incendi** contribuiscono ad aggravare le condizioni del terreno, modificandone la struttura e rendendolo meno permeabile. L'**agricoltura intensiva**, con il suo impiego di tecnologie moderne (concimi e fertilizzanti chimici, macchine agricole) e la mancata rotazione delle colture, provoca un degradamento del terreno che perde molta della sua capacità produttiva. Anche l'irrigazione, con acqua contenente sali minerali, può portare alla cosiddetta "**salinizzazione**" che a lungo andare porta il suolo alla sterilizzazione. Anche la questione dei **cambiamenti climatici** apporta conseguenze all'inaridimento del suolo e al verificarsi di fenomeni atmosferici sempre più estremi; basti pensare alle stime degli scienziati sull'aumento della temperatura globale nei prossimi anni. Infine, lo **spreco d'acqua** e soprattutto l'**urbanizzazione**, la quale sottrae vaste aree di territorio, si rendono ulteriori responsabili dell'avanzata dei deserti.

Le linee guida al contrasto del fenomeno sono contenute nella "**Convenzione per la lotta alla desertificazione**" (UNCCD – United Nations Convention to Combat Desertification), aperta alla firma nel 1994 a Parigi. Dal documento si evince una particolare preoccupazione proprio per il continente africano, soprattutto per la zona subsahariana già soggiogata dai problemi della fame e della penuria d'acqua. Il **Sahel**, la zona steppica che separa a Sud il Sahara dal resto del continente, è la fascia più soggetta a impoverimento e rischia di tramutarsi in una continuazione del deserto, il quale si sta impadronendo di porzioni di territorio sempre più vaste. In tali aree, oltretutto, la crescita demografica è esponenziale e ciò non fa che aumentare il grado di rischio per le vite umane. Sono già milioni i migranti che raggiungono il Nordafrica o l'Europa per cause ambientali.

Alcuni Stati africani hanno deciso di non rimanere a guardare e stanno timidamente adottando strategie per un utilizzo più consapevole delle risorse e dei terreni, adottando un tipo di agricoltura conservativa e un migliore accesso alle fonti d'acqua.

È in corso, inoltre, il tentativo di creazione di una muraglia verde che tagli in due l'Africa e che segni il limite massimo oltre il quale il deserto non debba avanzare, grazie al rimboschimento di intere aree, sulla scia dell'esempio di Paesi come l'Etiopia che hanno già avviato convincenti opere di ripristino di zone verdi.

Lo sviluppo delle culture dell'Africa settentrionale ha risentito dell'influenza di notevoli dominazioni.: fenici, greci, romani, popolazioni subsahariane, arabi e più vicino ad oggi europei colonizzatori, hanno modificato ogni aspetto delle popolazioni autoctone. La penetrazione araba, in particolare, ha dato una certa omogeneità agli usi e costumi della regione, uniformando la lingua (arabo) e la religione (Islam). La gran parte della popolazione è di pelle bianca o comunque più chiara rispetto agli abitanti delle restanti aree del continente, definito appunto "Africa nera".

Le lingue parlate sono di origine **semitica** (es. l'arabo) ed è possibile distinguere **diverse etnie**, tra cui Beduini, Arabi, Tuareg e Berberi.

Gli Stati del Nordafrica sono abitati prevalentemente da **arabi**, originari della penisola arabica. I **berberi** sono invece una popolazione autoctona, famosa soprattutto per aver sempre mantenuto una sorta di indipendenza nei confronti di tutti i conquistatori: popolano soprattutto Marocco e Algeria. Si tratta, come nel caso dei **Tuareg** (gruppo correlato a quello berbero), di popoli essenzialmente nomadi, dediti soprattutto all'allevamento e al commercio. Questi ultimi sono noti anche come "uomini blu" a causa della fascia di cotone che utilizzano per avvolgere il capo e il volto, lasciando scoperti solo gli occhi; sono famosi anche per il commercio e per l'allevamento di dromedari. Anche i Beduini, con il loro stile di vita ispirato all'anarchia, sono soliti spostarsi nel deserto e non amano la sedentarietà; sono identificati come i più rudi tra i popoli nordafricani e vengono temuti per l'essere avvezzi allo scontro fisico.

Le popolazioni nordafricane sono molto fiere e radicate nei loro valori; da segnalare è inoltre un diffuso sentimento di non appartenenza al continente, laddove Africa per molti è sinonimo di fame e arretratezza. Come in ogni parte del mondo anche qui è evidente il divario Nord/Sud. Gli abitanti subsahariani spesso sono stati discriminati proprio da chi vive nella parte più settentrionale, che si identifica più in una cultura araba asiatica o europea, anziché propriamente africana. Tra i Paesi che crescono più rapidamente nel continente africano almeno 4 appartengono alla fascia settentrionale. **Marocco, Tunisia, Egitto e Algeria** hanno avviato importanti riforme e, nonostante le difficoltà strutturali delle loro economie, sono lanciate in un processo di sviluppo. Lo stesso non si può dire della **Libia**: fino a metà degli anni '50 era considerato uno degli Stati più poveri dell'Africa e solo grazie alla nazionalizzazione delle risorse e delle attività produttive è riuscita a dare nuova linfa al mercato. L'**agricoltura** è ancora tutt'oggi molto praticata, ma resta limitata dalla scarsa disponibilità di terre fertili; nel territorio libico è pressoché impossibile trovare suolo adatto alle colture. Il deserto del Sahara costringe a concentrare le coltivazioni nelle zone prossime al Mar Mediterraneo o nella valle del Nilo. Le maggiori produzioni sono quelle di **cereali, canna da zucchero, datteri, agrumi, olive** (il Marocco è uno dei maggiori esportatori di olio d'oliva), **cotone, pomodori e mais**. L'allevamento si basa principalmente su **ovini e caprini**, ma anche su **bovini e dromedari**. Trattandosi di Paesi costieri, è largamente praticata la **pesca**: vengono catturati tonni, pesci spada e varietà di pesce azzurro. Favorito da un **basso costo della manodopera**, il settore secondario solo di recente ha avviato un processo di sviluppo, essendo rimasto per anni ancorato alla sola estrazione ed esportazione di materie prime. Algeria, Egitto e Libia hanno economie foraggiate in gran parte dalla **ricchezza di giacimenti di petrolio e gas naturale**. Il Marocco, invece, è costretto a ricorrere all'importazione di greggio, ma ciò non esclude che possa diventare produttore in seguito alle ricerche avviate negli ultimi anni. Le industrie, oltre quelle estrattive, sono principalmente **agroalimentari e tessili**, ma sono da segnalare anche quelle **siderurgiche e componentistiche** (informatica, automobilistica). Il settore terziario è in enorme crescita: il **commercio** assume sempre più rilevanza, soprattutto in seguito ad importanti intese siglate con altri stati africani, per l'abbattimento dei dazi doganali interni al continente. L'Unione Europea, invece, ha dato vita a tutta una serie di iniziative con quelli che definisce **PMT** (Paesi Terzi Mediterranei), in virtù del processo di Barcellona, che dal 1995 ha tra gli obiettivi quelli di garantire la sicurezza e la stabilità della regione mediterranea e di favorire lo sviluppo economico tramite accordi di libero scambio.

Il **turismo** riscuote notevole successo vista la ricchezza culturale e paesaggistica di questi Paesi: di grande richiamo sono le cosiddette "città imperiali" marocchine (Fès, Marrakech, Rabat e Meknè), i resti delle civiltà cartaginese e romana (Cartagine, Leptis Magna) ed egizia (Valle dei Re, Luxor, Piramidi di Giza, Sfinge di Giza), senza dimenticare l'intramontabile richiamo dei paesaggi del deserto del Sahara, della valle del Nilo e delle spiagge e dei coralli del Mar Rosso. Tutti gli Stati del Nordafrica sono di recente formazione e hanno avuto e continuano ad avere una storia travagliata. La maggior parte di essi si è dotata, dopo l'indipendenza di ordinamenti repubblicani.

Il più grande tra questi stati, l'**Algeria** con capitale Algeri, è una **repubblica presidenziale democratica** ed è oggi uno di quei Paesi per cui si teme maggiormente. La situazione interna, infatti, è tutt'altro che stabile: un grande peso continua a mantenere l'esercito e le agitazioni che scuotono tutta la regione potrebbero innescare reazioni imprevedibili, causate anche da un rilevante divario sociale che non è stato appianato nemmeno dalla ricchezza di risorse naturali di cui il territorio algerino gode; **povertà, fenomeni migratori e conflitti interni tra componenti arabe e berbere** contribuiscono a delineare un panorama per nulla rassicurante nello scenario di quella che viene definita "**polveriera nordafricana**".

Particolarmente infuocata è stata l'evoluzione politica della **Tunisia**. La "primavera araba" e i tumulti che hanno scosso l'Africa hanno visto protagonisti proprio i tunisini, che nel 2011 hanno destituito il precedente regime autoritario e repressivo. Dopo le prime libere elezioni dal periodo dell'indipendenza e l'approvazione di una Costituzione nel 2014, oggi la Tunisia è una **repubblica parlamentare**, che deve fare i conti con la lotta al radicalismo islamico.

L'**Egitto** è una **repubblica presidenziale**, dove una sola camera ha il potere legislativo (monocameralismo) e il presidente detiene il potere esecutivo. Particolarmente preoccupante è stata la situazione politica del Paese in seguito alla rivoluzione del 2011 che ha portato alle dimissioni di Mubarak. Le successive elezioni libere del 2012 hanno visto vincitore Mohamed Morsi, il quale tuttavia è stato destituito per via di un colpo di stato attuato da Abdel Fattah al-Sisi, ex ministro della difesa e attuale presidente egiziano. Ciò dimostra il grande peso politico dell'esercito nelle determinazioni governative del Paese. L'Egitto oggi, nei confronti dell'Occidente, si pone come interlocutore importante nella lotta al terrorismo mediorientale, nonostante un recente riavvicinamento alla Russia.

Il **Marocco** è **l'unica monarchia del Nordafrica, di tipo costituzionale**, che soprattutto in tempi recenti suole definirsi "**democratica**". In seguito alla "primavera araba", il re Mohammed VI, intercettando il malcontento popolare, ha rinunciato ad alcune prerogative in seguito all'approvazione di una nuova Costituzione avvenuta tramite referendum. In particolare, dovrà indicare come capo del governo il capo della coalizione vincente le elezioni e non più esponenti a piacere della corona. A dispetto di una tradizione politica conservatrice mantenuta dalla monarchia, oggi il Paese sta tentando di avviare un importante processo di riforme sociali, tese a migliorare la condizione della donna e a garantire una maggiore partecipazione popolare e il rispetto di diritti e libertà fondamentali.

Un accorgimento particolare merita, invece, la situazione della **Libia**; si tratta infatti del Paese più sconvolto dalle conseguenze della rivoluzione (foraggiata da ingerenze internazionali sulla base di presunte violazioni dei diritti umani), identificata col nome di "**crisi libica**", che ha portato alla guerra civile e alla morte di Gheddafi e alla caduta del suo regime. Questa ha provocato l'insorgere di conflitti tra milizie tribali, che erano invece tenute sotto scacco dal Colonnello, scatenando il caos nel Paese e lasciando penetrare milizie islamiche appartenenti a gruppi terroristici. La crisi libica ha inoltre avuto conseguenze devastanti in merito al riemergere della questione migratoria. La Libia da sempre rappresenta la cerniera tra le popolazioni subsahariane e l'Europa: con il Paese precipitato nell'instabilità politica, sono ripresi con vigore gli sbarchi sulle coste del Mediterraneo.

In realtà tra i vari interessi in gioco in questa porzione di Africa, si cela anche una partita a scacchi per il **predominio sulle risorse petrolifere**.

Ad oggi la situazione non si è ancora stabilizzata e il governo è conteso tra le forze rivoluzionarie fedeli al maresciallo Khalifa Haftar e la coalizione politica patrocinata dall'ONU con a capo al-Serraj.

Il territorio dell'**Egitto** è grande più di tre volte quello dell'Italia; confina a Nord con il Mar Mediterraneo, a Ovest con la Libia, a Sud con il Sudan e a Est con Israele e con una parte dello Stato di Palestina, nota come striscia di Gaza. Si sviluppa tra il deserto libico e il deserto arabico ed è attraversato dal fiume Nilo; dopo il canale di Suez, si estende la penisola del Sinai che appartiene al continente asiatico.

L'Egitto è una **terra antichissima**: qui si svilupparono potenti civiltà che hanno lasciato testimonianze della loro grandezza nell'immenso patrimonio artistico e architettonico del Paese. Il Paese, nella storia più recente, ha subito diverse dominazioni, tra cui turchi, inglesi e francesi; solo nel 1922 ha raggiunto formalmente l'indipendenza dal Regno Unito, rimanendo tuttavia sotto l'influenza britannica fino agli anni '50. Oggi il Paese è una repubblica presidenziale e costituisce una delle economie trainanti del continente, anche grazie al turismo culturale e paesaggistico che mobilita milioni di visitatori. Il clima sarebbe esclusivamente di tipo desertico caldo, se non fosse per la presenza del Mar Mediterraneo e della valle del Nilo, che mitigano le temperature e consentono condizioni più favorevoli per lo sviluppo di ecosistemi e insediamenti. Non è un caso, infatti, che la maggior parte della popolazione risieda sulle rive del fiume **Nilo**, il più lungo al mondo con i suoi 6650 km di lunghezza. Nasce dal lago Vittoria con la denominazione di Nilo Bianco e riceve, poi, le acque del Nilo Azzurro, provenienti dall'Etiopia ad Est e sfocia a delta nel Mediterraneo. Con le sue frequenti piene e con il rilascio nei terreni attraversati del *limo*, esso conferisce grande fertilità al suolo e lo rende adatto allo sviluppo di colture. Il regime pluviometrico è comunque basso in tutto il Paese e solo al confine settentrionale è riscontrabile un clima di tipo temperato. Relativamente all'idrografia non è rilevabile la presenza di altri fiumi e bacini lacustri degni di nota, ad eccezione del **lago Nasser**, quasi al confine col Sudan, creato artificialmente grazie alla **diga di Assuan** sul Nilo, per ottenere l'irrigazione e la creazione di nuove terre fertili e per la produzione di energia idroelettrica.

I rilievi sono concentrati nella zona orientale e nella penisola del Sinai dove si rilevano le maggiori altitudini; qui l'omonimo monte con i suoi 2285 metri rappresenta la seconda vetta più alta del Paese dopo il **monte Caterina** (2629 metri), mentre la parte occidentale del territorio egiziano è attraversata principalmente da un vasto altopiano. L'Egitto come il resto dell'Africa è stato protagonista di un boom demografico che lo ha portato oggi a sfiorare i **100 milioni di abitanti**. La capitale è la metropoli del **Cairo** che costituisce un grande agglomerato urbano di 18 milioni di persone, tra i più popolosi al mondo e secondo in Africa dopo la nigeriana Lagos; altra importante e famosa città e senza dubbio **Alessandria d'Egitto** con i suoi 5 milioni di abitanti. Il resto della popolazione si addensa nelle aree circostanti alla valle del Nilo.

La lingua parlata è l'**arabo** nella sua variante egiziana e la religione più praticata è di gran lunga quella **musulmana**; una percentuale piccola ma degna di nota di abitanti osserva la religione cristiana copta, appartenente alle chiese ortodosse. Relativamente all'economia del paese, l'Egitto **ha il PIL più alto fra gli Stati africani**. Una buona parte della popolazione si dedica all'agricoltura che dopo la costruzione della diga di Assuan ha usufruito di nuove fonti di irrigazione e quindi di nuovi terreni coltivabili. I prodotti sono diversi, ma si annoverano principalmente **riso, frumento, datteri, canna da zucchero e cotone**, sul quale si basano alcune delle attività più redditizie del Paese. L'industria ancora oggi non è molto sviluppata ed è concentrata nelle aree comprese tra Il Cairo e Alessandria; si basa molto sul settore **tessile e alimentare**. Importanti, inoltre, per il Paese sono le **attività estrattive di gas naturale e di petrolio**. Questi costituiscono nella bilancia dei pagamenti le esportazioni maggiori del Paese, mentre si rende necessaria, invece, l'importazione di una grande varietà di prodotti. Il commercio si è intensificato con l'apertura del canale di Suez nel 1869 e i più importanti rapporti sono intrattenuti con Stati Uniti, Germania, Arabia Saudita e Italia. Il **turismo** rappresenta un capitolo importante fra le entrate egiziane: numerose località sono diventate di grande richiamo per i turisti che affollano le spiagge del Mar Rosso (Sharm el Sheikh, Marsa Alam, Hurghada) e i siti archeologici (piramidi di Giza, Valle dei Re) disseminati nella regione. Sempre più successo hanno, inoltre, le crociere sul Nilo che offrono la possibilità di visitare rapidamente e nel massimo comfort la valle e le sue bellezze. Tuttavia, è da segnalare una notevole inflessione nei numeri di visitatori, a causa delle tensioni mediorientali e della minaccia terroristica.

e. Artide e Antartide: caratteristiche del territorio

Sia l'Artide che l'Antartide sono caratterizzati da **condizioni estreme** e un **ambiente prevalentemente glaciale**, ma entrambi supportano una sorprendente diversità di vita selvatica adattata a sopravvivere in questi ambienti unici; sono due delle regioni più estreme e remote della Terra, ciascuna con le proprie caratteristiche distintive.

L'**Artide** è situato nella regione settentrionale del globo, intorno al **Polo Nord**. Comprende principalmente l'Oceano Artico e le terre circostanti, tra cui parti della Groenlandia, del Canada, della Russia, della Norvegia, dell'Islanda e degli Stati Uniti (Alaska). Si tratta di una zona coperta da uno strato di ghiaccio galleggiante, chiamato **banchisa artica**, che si estende in inverno e si ritira in estate. Questo ghiaccio è vitale per il riflettere la luce solare, contribuendo a mantenere il clima globale. Il clima dell'Artide è estremamente freddo, con temperature che possono raggiungere i -50°C in inverno. Le estati sono relativamente più calde, ma comunque fredde rispetto ad altre regioni, con temperature medie intorno allo zero. Nonostante le condizioni estreme, l'Artide supporta una **varietà di vita selvatica**, tra cui orsi polari, foche, balene, renne, volpi artiche e una vasta gamma di uccelli migratori. In questa regione, a causa dell'inclinazione dell'asse di rotazione terrestre, durante la stagione estiva, ovvero da aprile a settembre, il Sole rimane sopra le linea dell'orizzonte in misura variabile a seconda della vicinanza al poco geografico: questo fenomeno prende il nome di "**Sole di Mezzanotte**", mentre nei restanti mesi prevale l'oscurità che in inverno diventa totale e determina la cosiddetta "**Notte polare**".

L'**Antartide**, invece, è situato intorno al **Polo Sud** ed è il continente più meridionale della Terra. È circondato dall'Oceano Antartico ed è quasi interamente coperto da ghiaccio; infatti, è dominato dal **Ghiacciaio Antartico**, che contiene circa il 90% del ghiaccio terrestre del mondo. Questo ghiaccio ha uno spessore medio di circa 2.100 metri ed è per questo che è il luogo più freddo della Terra, con temperature che possono scendere fino a -80°C. Le condizioni sono estremamente secche e ventose, con forti tempeste di neve comuni. Anche se l'Antartide è una delle regioni più inospitali del mondo, supporta una **varietà di vita**, soprattutto nella regione costiera. Questa include pinguini, foche, balene, albatros e altri uccelli marini.

COSTITUZIONE E CITTADINANZA ITALIANA

TESI 1

a. Gli elementi costitutivi dello Stato
b. Forme di Stato
c. La norma giuridica: struttura e caratteristiche
d. I rapporti etico-sociali nella Costituzione Italiana
e. Il pluralismo dell'informazione e la libertà di manifestazione del pensiero
f. ONU: scopi, funzioni e organi

a. Gli elementi costitutivi dello Stato

I tre principi costitutivi dello Stato sono:

• **Popolo**
• **Territorio**
• **Sovranità**

Popolo

Può essere definito come "l'insieme di tutti coloro che hanno la cittadinanza di uno Stato". Con lo status di **cittadino** sono connessi diritti e doveri nei confronti dello Stato.

Tra i diritti fondamentali che sono riconosciuti a un cittadino italiano vi sono i **diritti civili** e quelli **politici** e tra i **doveri** quello di **fedeltà**, di **obbedienza** e di **contribuzione obbligatoria alle spese dello Stato**.

Ogni Stato stabilisce in base a quali regole si acquista la **cittadinanza**. Può accadere quindi che vi siano soggetti con più di una cittadinanza o soggetti **apolidi**, cioè senza alcuna cittadinanza. Il principio fondamentale che sta alla base dell'acquisto della cittadinanza è quello del **diritto per nascita**. Alla nascita un soggetto acquista la cittadinanza di uno Stato in base a uno dei seguenti criteri: per **diritto di sangue**, cioè i figli acquistano la cittadinanza dei genitori ovunque siano nati o ovunque risiedano; per **diritto di luogo**, cioè sono cittadini dello Stato tutti coloro che nascono sul suo territorio indipendentemente dalla cittadinanza dei genitori. In Italia la cittadinanza può essere acquisita **per nascita**, cioè si è cittadini italiani se si nasce da padre o da madre italiani; **per adozione**, cioè acquisisce la cittadinanza italiana il minore straniero adottato da cittadino italiano; **per elezione**, cioè diventa cittadino italiano per sua scelta; **per matrimonio**, cioè acquisisce la cittadinanza italiana il coniuge, straniero o apolide, di cittadino italiano, purché risieda da almeno sei mesi in Italia al momento del matrimonio; **per naturalizzazione**, cioè la cittadinanza può essere concessa con decreto del Presidente della Repubblica.

Il cittadino italiano che acquisisce la cittadinanza di un altro Stato non perde quella italiana, per cui si possono verificare casi di **doppia cittadinanza**. La cittadinanza si può perdere per rinunzia da parte di chi acquista una cittadinanza straniera, ovvero nell'ipotesi in cui un cittadino italiano accetti un impiego pubblico o una carica pubblica in uno Stato straniero. Lo **straniero** è colui che ha la cittadinanza di un altro Stato. A coloro che si trovano sul territorio italiano sono sempre e comunque riconosciuti i diritti fondamentali dell'uomo, ma vi è fatto un distinguo tra stranieri cittadini di uno Stato dell'Unione Europea e cittadini di altri Stati. I primi, in base al trattato di Maastricht, godono della condizione di **cittadini europei** e possono quindi liberamente soggiornare e circolare in qualsiasi Stato membro dell'Unione Europea. Per i **cittadini extracomunitari** esiste invece una disciplina particolare che ne regolamenta la possibilità di entrata e di soggiorno in Italia. L'extracomunitario che entra in Italia, qualsiasi sia il motivo, (turismo, studio, lavoro) deve essere munito di visto d'ingresso e per soggiornarvi deve avere un permesso di soggiorno rilasciato dalla questura. Lo straniero che non ha ottenuto il permesso di soggiorno, o al quale è stato revocato o non rinnovato, o che è entrato illegalmente, è soggetto all'espulsione. Qualora il cittadino straniero sia comunque entrato in Italia, può chiedere **asilo politico**, che gli sarà concesso se nel suo Paese di origine gli è stato impedito l'effettivo esercizio delle libertà democratiche, garantite invece dalla Costituzione italiana.

Anche se nel linguaggio corrente i termini **Stato** e **nazione** sono usati spesso indifferentemente, in realtà esprimono due concetti diversi. Lo Stato è un concetto giuridico, mentre la nazione indica un insieme di persone accomunate da valori prevalentemente storico-culturali, oltre che etnici e politici. Diverso è parlare quindi di **cittadinanza** e di **nazionalità**. La cittadinanza indica l'appartenenza a un certo Stato in base a norme precise, mentre la nazionalità indica l'appartenenza di una persona a una collettività in cui si riconosce e si identifica. Si può quindi essere cittadini di uno Stato ma appartenere a una nazione diversa. Non sempre però il fatto di appartenere a una diversa comunità comporta l'identificazione con una nazione diversa da quella dello Stato di cui si è cittadini. Si parla in questo caso di **etnia**, cioè un concetto simile a quello di nazione, ma se ne differenzia in quanto manca l'idea di appartenenza a una nazione diversa. Quando le etnie all'interno di un popolo sono numerose si parla di **Stati multietnici**.

Territorio dello Stato

Lo Stato per esistere deve avere un suo territorio definito da **confini** e separato da quello di ogni altro Stato sul quale esercita la propria sovranità. Il territorio di uno Stato comprende: la **terraferma**, delimitata dai confini che possono essere naturali e storicamente consolidati o artificiali, stabiliti cioè da trattati internazionali; il **mare territoriale**, che comprende la fascia di mare costiero entro cui lo Stato esercita la sovranità e tale fascia tende a essere fissata a una distanza massima di dodici miglia dalla costa. Oltre il limite delle acque territoriali si estende il **mare aperto** su cui tutti possono esercitare la propria sovranità e su cui valgono le norme di diritto internazionale, lo **spazio atmosferico** sovrastante la terraferma e il mare territoriale. Con esclusione dello spazio extra-atmosferico, entro questo spazio lo Stato ha il diritto di impedire a qualsiasi aereo di sorvolare il proprio territorio senza il suo consenso. Lo **spazio extra-atmosferico** invece non appartiene a nessuno e quindi può essere percorso liberamente da satelliti o missioni spaziali messe in orbita da chiunque. Il **sottosuolo** riveste una particolare importanza per quel che riguarda lo sfruttamento delle risorse minerarie; rientra poi all'interno dello Stato anche il **territorio fluttuante**, dove la sovranità dello Stato si esercita sugli aerei e sulle navi mercantili in viaggio in alto mare e sul cielo sovrastante e sulle navi e sugli aerei militari, ovunque si trovino. Si parla anche di "*territoire flottant*" ovvero aerei e navi che battono bandiera italiana anche se si trovano in Paesi esteri; questi fungono sempre da territorio italiano e di extraterritorialità quando all'estero sono presenti ambasciate e/o corpi diplomatici che vengono considerati territorio italiano, e fungono da punti di assistenza per i cittadini italiani all'estero.

Sovranità

All'interno del territorio nazionale lo Stato si definisce **sovrano**, in quanto ha un potere di comando superiore a quello di ogni altro soggetto. Tutti gli altri centri di potere sono subordinati allo Stato. La sovranità è quindi il potere di imperio originario, esclusivo e incondizionato che spetta allo Stato sopra tutti coloro che ne fanno parte. Essa è **originaria** in quanto sorge con la nascita dello Stato stesso, **esclusiva** in quanto compete solo allo Stato, e **incondizionata** in quanto all'interno del territorio nazionale non incontra alcun limite giuridico.

La sovranità non si esprime solo all'interno del territorio, ma anche verso l'esterno nei confronti degli altri Stati. Ciò ne assicura l'indipendenza, in quanto se ogni Stato è sovrano entro i propri confini, non vi può essere subordinazione dell'uno nei confronti dell'altro. Lo Stato è dunque **sovrano al proprio interno e indipendente nei confronti degli altri Stati**.

La sovranità originaria, esclusiva e incondizionata assicura allo Stato il **monopolio dell'uso della forza**. Lo Stato e nessun altro ha infatti il potere di far eseguire i propri comandi. Anche in possesso del monopolio della forza, lo Stato accetta che la sua sovranità sia sottoposta a **limiti** che possono essere distinti in **interni** e in **internazionali**. I primi riguardano l'impossibilità da parte dello Stato di assumere comportamenti tendenti a sacrificare la libertà individuale o gli altri diritti fondamentali dell'uomo, il rispetto della volontà popolare e il rispetto della volontà espressa dagli organi territoriali nei modi e nelle forme stabilite dalla costituzione o dalle leggi ordinarie. Riguardo ai limiti internazionali, sul piano internazionale sono sorte nel tempo organizzazioni tendenti a regolamentare specifici rapporti tra gli Stati; l'adesione a tali organizzazioni ha determinato una volontaria limitazione della sovranità da parte degli Stati membri (ad esempio in Europa con l'adesione all'Unione Europea che ha il potere di emanare regolamenti immediatamente efficaci nei Paesi membri).

b. Forme di Stato

Si parla di **forma di Stato** per indicare i diversi modi attraverso i quali si combinano i tre elementi costitutivi dello Stato: **popolo, territorio e governo** (alcuni preferiscono utilizzare l'espressione **sovranità** in luogo di quella di governo). In quest'ottica, lo studio delle forme di Stato riguarda solo quella peculiare forma di aggregazione politica che si afferma a partire dal XVI secolo (lo Stato moderno, inteso quale ordinamento giuridico, territoriale e sovrano). Nell'ambito di questa prospettiva, si distinguono, a sua volta, due diversi profili: il primo attiene al **rapporto tra governanti e governati**, mentre il secondo riguarda la **ripartizione verticale del potere**. Per quanto concerne questo secondo profilo, si suole distinguere tra **Stati federali** e **Stati unitari**, nonostante tutte le difficoltà riscontrate nel tracciare una chiara linea distintiva tra queste due diverse figure organizzative. Quanto al primo profilo si distinguono, da un punto di vista storico, lo **Stato patrimoniale** (XVI-XVII secolo), lo **Stato di polizia** (XVIII secolo), lo **Stato liberale** o Stato di diritto (XIX secolo) e lo **Stato democratico** (XX secolo), fondato sul principio del **suffragio universale**.

Una diversa suddivisione da un punto di vista storico è stata fatta da Mortati, secondo il quale lo Stato patrimoniale (*rectius* l'ordinamento giuridico a regime patrimoniale) nascerebbe con il feudalesimo e sopravvivrebbe ad esso; lo Stato di polizia finirebbe con l'identificarsi con la monarchia assoluta e lo Stato moderno si identificherebbe nello Stato liberale.

Per quanto riguarda, invece, lo Stato novecentesco, si possono distinguere quattro forme di Stato: lo **Stato democratico costituzionale**, lo **Stato socialista**, lo **Stato autoritario** e lo **Stato di recente indipendenza** (secondo alcuni studiosi, tuttavia, quest'ultimo non costituirebbe una forma di Stato autonoma). Al riguardo, occorre dire che alcuni studiosi preferiscono utilizzare la nozione di **regime politico** per indicare le ideologie, i principi e le strutture di autorità in cui agiscono gli attori politicamente rilevanti. Tuttavia, secondo altri studiosi forma di Stato e regime politico non sarebbero altro che due facce di una stessa medaglia.

c. La norma giuridica: struttura e caratteristiche

Con **"norma giuridica"** si intende una regola di condotta stabilita convenzionalmente, per consuetudine oppure imposta d'autorità. Definita come "l'unità elementare del sistema del diritto", la norma giuridica ha lo scopo di guidare il comportamento dei consociati, regolando una determinata attività o indicando la condotta da adottare in certi casi.

Diversa dalla norma giuridica è la **norma morale**, anch'essa regola di condotta ma imposta non da un'autorità riconosciuta bensì dal comune sentire e dalla sensibilità di ciascun individuo. Per tale motivo la norma morale può non essere condivisa dalla collettività, in quanto ciò che un individuo trova riprovevole non è detto lo sia anche per altri. Allo stesso modo, a differenza della norma giuridica, la norma morale crea un obbligo solo nel singolo che spontaneamente ne riconosce il valore e decide di osservarla. L'eventuale sanzione conseguente alla sua inosservanza non è imposta d'autorità ma discende direttamente dalla coscienza dell'individuo (ne è un esempio il rimorso per aver compiuto, o per aver omesso una determinata azione).

Ogni norma giuridica possiede caratteristiche peculiari che consentono di distinguerla da altre tipologie di norme, ad esempio quelle religiose o morali. Tra le principali ricordiamo:

- **generalità**: la norma non è dettata per singoli individui ma per un numero potenzialmente indeterminato di soggetti, ossia tutti coloro che si trovano nella situazione ivi richiamata;
- **astrattezza**: la fattispecie descritta dalla norma è del tutto ipotetica;
- **positività**: la norma è posta o riconosciuta dallo Stato o da altra autorità legittimata ad operare in tal senso;
- **coattività** o coercibilità: in caso di inosservanza della norma è prevista una sanzione o comunque la possibilità di attuarla in modo coattivo;
- **relatività**: la produzione normativa di uno Stato è relativa, sia nel tempo che nello spazio, in quanto varia nel corso degli anni ma anche da Nazione a Nazione, influenzata da fattori economici, politici, religiosi e socio-culturali.

Come già anticipato, la generalità allude al fatto che la norma si rivolge a tutti i consociati, o tutt'al più a categorie generiche di soggetti. Si tratta di un attributo intrinsecamente collegato all'astrattezza, così da ovviare all'impossibilità, per l'ordinamento, di prevedere (e quindi disciplinare) ogni situazione suscettibile di verificarsi in concreto. La previsione a priori delle regole vigenti in determinati contesti garantisce infatti la certezza del diritto, assicurando l'uguaglianza e la parità di trattamento.

Ogni norma giuridica consiste in una **proposizione precettiva**, ossia una regola formulata in termini generali e astratti, che riconosce, impone o proibisce determinati comportamenti. Ciò vale anche per le norme giuridiche descrittive o per quelle che contengono definizioni: si pensi, rispettivamente, all'art. 3 della Costituzione o all'art. 1321 del Codice Civile, che definisce il contratto come "l'accordo di due o più parti per costituire, regolare o estinguere tra loro un rapporto giuridico patrimoniale". Anche queste norme vanno intese in senso precettivo: statuiscono infatti principi la cui osservanza si impone a tutti i consociati, oppure delimitano l'ambito di applicazione di altre norme. Così, ad esempio, l'**uguaglianza**, affermata all'art. 3 della Costituzione italiana, non dev'essere ostacolata dalle diverse condizioni personali o sociali; allo stesso modo, le norme sul contratto non si applicheranno al matrimonio, perché pur essendo un istituto basato sull'accordo di due parti non è diretto a costituire, regolare o estinguere un rapporto giuridico patrimoniale.

Spesso usati come sinonimi, **norma** e **legge** sono in realtà termini diversi, sia dal punto di vista lessicale che contenutistico. La legge ha portata più ampia ed è intesa (in senso materiale) come fonte di produzione del diritto, ossia come atto normativo che, all'esito di un determinato iter, l'ordinamento qualifica idoneo a produrre norme giuridiche. La norma è invece il contenuto di quell'atto ovvero la regola o l'insieme di regole che lo compongono, disciplinando un ambito più specifico e circoscritto.

d. I rapporti etico-sociali nella Costituzione Italiana

La Costituzione Italiana è la legge fondamentale del nostro Stato, che sancisce le regole della vita sociale e le norme dell'ordinamento dello Stato. La Costituzione Italiana è composta di 139 articoli e serve anche a garantire i **diritti dell'uomo** che hanno carattere **sociale**, cioè i diritti che spettano all' individuo in quanto membro della comunità sociale.

Nella Costituzione repubblicana i diritti sociali tutelano ogni individuo, allo scopo di assicurare una vita "dignitosa" e la piena partecipazione alla vita (sociale ed economica e dunque) politica del Paese. È la progressiva affermazione del **principio democratico**, e dunque l'esigenza di una tutela completa del singolo, a riempire le forme dello Stato di diritto di contenuti sostanziali legati al valore della persona umana e alla tutela della dignità umana e dunque al principio sostanziale della stessa democrazia. La previsione dei diritti sociali nelle costituzioni del secondo dopoguerra discende dall'affermazione del principio democratico il quale, da un lato, trova nel riconoscimento e nel rispetto della dignità umana la propria premessa e il proprio fondamento di valore, ma, dall'altro lato, assegna ai diritti sociali una (ulteriore) funzione teleologica giacché impone all'intero ordinamento giuridico di porre in essere scelte che, consentendo la effettiva partecipazione di tutti alla vita politica, economica e sociale del Paese, adempiono al rispetto della dignità umana. I diritti sociali rivestono dunque il duplice ruolo di strumento sia di attuazione che di possibile ulteriore perfezionamento del principio democratico, in quanto consentono l'effettiva partecipazione di ciascun individuo alla vita politica ed economica del Paese, tutelando in tal modo il substrato di valore della democrazia stessa rappresentato dalla pari dignità di ciascun uomo. Il principale ambito nel quale la Costituzione riconosce i diritti sociali è quello della cosiddetta **sicurezza sociale**. Si tratta, in sostanza, di quel sistema di tutele riconosciute al cittadino che gli garantiscono delle condizioni dignitose di vita ed un ruolo attivo dello Stato nell'affiancarlo nei momenti di difficoltà come la malattia, la perdita del lavoro, la vecchiaia, la disabilità, etc.

La prima formazione sociale che la Costituzione riconosce e tutela è la **famiglia**. Essa rappresenta il luogo di sviluppo dell'individuo ed il primo nucleo in cui l'uomo entra in contatto con gli altri, imparando il significato della **collaborazione**, della **solidarietà** e **dell'apprendimento dei modelli educativi e culturali**.

Oltre alla famiglia, in questo ambito, troviamo degli importantissimi diritti sociali come:

- **diritto alla salute**, in base al quale la Repubblica tutela la salute come fondamentale diritto dell'individuo e interesse della collettività, e garantisce cure gratuite agli indigenti. Sulla base di questo diritto sociale è nato il **Sistema Sanitario Nazionale**. Inoltre, il diritto alla salute significa anche che nessun cittadino può essere obbligato a un determinato trattamento sanitario se non per disposizione di legge;

- **diritto all'istruzione**, in base al quale la scuola è aperta a tutti e l'istruzione inferiore, impartita per almeno otto anni, è obbligatoria e gratuita. Rientra sempre nel diritto all'istruzione, il diritto ad essere aiutato per frequentare l'università. La Costituzione prevede, infatti, che i capaci e meritevoli, anche se privi di mezzi, hanno diritto di raggiungere i gradi più alti degli studi e che, a tal fine, siano previste borse di studio, assegni alle famiglie ed altre provvidenze, che devono essere attribuite per concorso;

- **diritto alla previdenza sociale**: sicurezza sociale significa anche tutela del cittadino che perde la capacità di lavorare e, conseguentemente, di procurarsi da solo le risorse necessarie a vivere. Per questo la Costituzione prevede il diritto degli inabili al lavoro, dei disoccupati, dei malati, degli anziani a delle provvidenze pubbliche. Si tratta del sistema di protezione sociale gestito, in particolare, dall'Inps che eroga indennità, assegni e provvidenze a chi perde involontariamente il lavoro (con la cosiddetta Naspi), ai dipendenti che si ammalano (con l'indennità di malattia), alle donne lavoratrici incinte (con l'indennità di maternità), agli anziani che non possono più lavorare (con la pensione) ed agli inabili al lavoro (con gli assegni di invalidità/inabilità).

Oltre ai diritti sociali che rientrano nel sistema di sicurezza sociale, troviamo anche i diritti sociali che riguardano l'economia ed il lavoro. In questo ambito, i principali diritti sociali sono:

- **diritto al lavoro**: la centralità del lavoro è riscontrabile nell'articolo 1 della Costituzione, il quale recita: "L'Italia è una Repubblica democratica fondata sul lavoro". In particolare, attraverso la Costituzione, viene affermato un diritto sociale al lavoro, ossia il diritto di ogni cittadino a trovare un'occupazione in grado di garantire una vita dignitosa. Inoltre, questo diritto viene concepito come uno strumento di progresso dell'intera nazione.

- **diritto ad una giusta retribuzione**: la Costituzione, oltre a sancire il diritto al riposo settimanale e alle ferie (declinate come irrinunciabili), prevede il diritto per il lavoratore ad una retribuzione proporzionata alla quantità e qualità del lavoro e in ogni caso sufficiente ad assicurare a sé e alla famiglia un'esistenza libera e dignitosa; altresì, viene affidata alla legge la disciplina concernente la durata massima della giornata lavorativa.

- **diritto di attività sindacale**: sempre in una prospettiva di Stato sociale, l'ordinamento considera in modo positivo il ruolo delle organizzazioni sindacali, le quali consentono ai lavoratori di ottenere, con un'azione collettiva, un miglioramento delle loro condizioni di impiego e sociali nei confronti dei datori di lavoro. Per questo si prevede il diritto di associarsi al sindacato al pari del diritto a non associarsi ad alcuna sigla sindacale. La legge, poi, ed in particolare lo Statuto dei lavoratori tende a dare concreta attuazione a questo diritto sociale prevedendo tutta una serie di diritti delle organizzazioni sindacali in azienda;

- **diritto di sciopero**, ossia il diritto del lavoratore di sospendere la prestazione di lavoro con finalità di protesta nei confronti del datore di lavoro oppure con finalità di solidarietà politica e sociale. Il diritto di sciopero comporta il divieto per l'azienda di sottoporre i dipendenti che hanno aderito ad uno sciopero a trattamenti peggiorativi o ritorsivi. Questo diritto sociale subisce un parziale contenimento quando il dipendente è addetto ad un servizio pubblico essenziale. Lo sciopero, infatti, è un diritto ma deve svolgersi in modo da non arrecare un danno ad altri diritti fondamentali dei cittadini (come la sanità, il trasporto, l'istruzione, etc.);

- diritto ad un **limite minimo di età per il lavoro salariato** e diritti della **donna lavoratrice e dei minori**: sempre nell'ambito dei rapporti di lavoro la Costituzione offre una particolare tutela a delle categorie di lavoratori maggiormente deboli come le donne ed i minorenni prevedendo specifici limiti e il principio di parità di trattamento.

Art. 29

La Repubblica riconosce i diritti della famiglia come società naturale fondata sul matrimonio. Il matrimonio è ordinato sull'eguaglianza morale e giuridica dei coniugi, con i limiti stabiliti dalla legge a garanzia dell'unità familiare.

Art. 30

È dovere e diritto dei genitori mantenere, istruire ed educare i figli, anche se nati fuori del matrimonio. Nei casi di incapacità dei genitori, la legge provvede a che siano assolti i loro compiti. La legge assicura ai figli nati fuori del matrimonio ogni tutela giuridica e sociale, compatibile con i diritti dei membri della famiglia legittima. La legge detta le norme e i limiti per la ricerca della paternità.

Art. 31

La Repubblica agevola con misure economiche e altre provvidenze la formazione della famiglia e l'adempimento dei compiti relativi, con particolare riguardo alle famiglie numerose. Protegge la maternità, l'infanzia e la gioventù, favorendo gli istituti necessari a tale scopo.

Art. 32

La Repubblica tutela la salute come fondamentale diritto dell'individuo e interesse della collettività, e garantisce cure gratuite agli indigenti. Nessuno può essere obbligato a un determinato trattamento sanitario se non per disposizione di legge. La legge non può in nessun caso violare i limiti imposti dal rispetto della persona umana.

Art. 33

L'arte e la scienza sono libere e libero ne è l'insegnamento. La Repubblica detta le norme generali sull'istruzione ed istituisce scuole statali per tutti gli ordini e gradi. Enti e privati hanno il diritto di istituire scuole ed istituti di educazione, senza oneri per lo Stato. La legge nel fissare i diritti e gli obblighi delle scuole non statali che chiedono la parità, deve assicurare ad esse piena libertà e ai loro alunni un trattamento scolastico equipollente a quello degli alunni di scuole statali. È prescritto un esame di Stato per l'ammissione ai vari ordini e gradi di scuole o per la conclusione di essi e per l'abilitazione all'esercizio professionale. Le istituzioni di alta cultura, università ed accademie, hanno il diritto di darsi ordinamenti autonomi nei limiti stabiliti dalle leggi dello Stato.

e. Il pluralismo dell'informazione e la libertà di manifestazione del pensiero

L'art. 15 della Cost. riguarda la comunicazione indirizzata a determinati soggetti; in particolare, viene tutelato il **diritto di comunicare liberamente** con un destinatario specifico. Caratteristiche di questa norma sono: una **riserva di legge assoluta** (ovvero la competenza esclusiva della legislazione ordinaria a stabilire i casi e le forme di restrizione della libertà di corrispondenza) e una **riserva di giurisdizione** (solo l'autorità giudiziaria può emanare provvedimenti motivati restrittivi).

Art. 21

Tutti hanno diritto di manifestare liberamente il proprio pensiero con la parola, lo scritto e ogni altro mezzo di diffusione. La stampa non può essere soggetta ad autorizzazioni o censure.

Si può procedere a sequestro soltanto per atto motivato dell'autorità giudiziaria nel caso di delitti, per i quali la legge sulla stampa espressamente lo autorizzi, o nel caso di violazione delle norme che la legge stessa prescriva per l'indicazione dei responsabili. In tali casi, quando vi sia assoluta urgenza e non sia possibile il tempestivo intervento dell'autorità giudiziaria, il sequestro della stampa periodica può essere eseguito da ufficiali di polizia giudiziaria, che devono immediatamente, e non mai oltre ventiquattro ore, fare denunzia all'autorità giudiziaria. Se questa non lo convalida nelle ventiquattro ore successive, il sequestro s'intende revocato e privo di ogni effetto. La legge può stabilire, con norme di carattere generale, che siano resi noti i mezzi di finanziamento della stampa periodica.

Sono vietate le pubblicazioni a stampa, gli spettacoli e tutte le altre manifestazioni contrarie al buon costume. La legge stabilisce provvedimenti adeguati a prevenire e a reprimere le violazioni.

Per quanto riguarda la sua struttura, siamo di fronte non solo a una **libertà negativa**, e quindi al diritto a non essere ostacolati nella formazione delle proprie opinioni e nella espressione del pensiero come massima esigenza da tutelare, in quanto connaturata alla personalità dell'uomo, ma anche **positiva**, in quanto pensiero attivo, veicolato verso altri soggetti in un contesto di complessità sociale in modo dinamico attraverso i diversi mezzi di diffusione che il potere politico non deve ostacolare o, sotto un particolare profilo, deve concorrere ad assicurare. La manifestazione del pensiero si attiva attraverso diverse modalità che rispecchiano possibili diversi contenuti. Ci si può quindi riferire alla semplice manifestazione di una opinione come al **diritto di critica**, al **diritto di cronaca** e al complesso **atteggiarsi dell'informazione**, fino al **diritto di satira**. Oggetto della tutela è la **manifestazione del pensiero** che viene riconosciuta a tutti come diritto. Nella tutela è anche compreso il diritto di non esprimere il proprio pensiero mantenendo quindi la riservatezza sulle proprie opinioni e intenzioni relative a convincimenti politici, filosofici, religiosi e simili. La manifestazione avviene «con la parola, lo scritto e ogni altro mezzo di diffusione».

È il caso di sottolineare come la libertà di pensiero – e quindi la libertà di opinione su fatti e persone, come anche la libertà di adesione a un'ideologia politica o a un particolare modo di concepire i rapporti umani e sociali – sia alla base di una concezione liberale della società. Ma di regola ciò che conta è la garanzia della libertà di trasferire all'esterno della propria sfera personale le proprie opinioni o le proprie convinzioni. Per questo ciò che finisce veramente per contare è l'espressione del proprio pensiero e quindi si comprende come la Costituzione faccia riferimento ai mezzi di diffusione, partendo da quelli più usati (la parola e lo scritto) ma aggiungendo una formula molto ampia («ogni altro mezzo di diffusione») che permette di includere la radiofonia, il cinematografo, la televisione, la telecomunicazione, internet, i mezzi audiovisivi e quindi anche mezzi innovativi che al momento della decisione costituente non esistevano.

La tutela della libera manifestazione del pensiero non riguarda soltanto e propriamente il profilo della estrinsecazione delle proprie opinioni e convinzioni ma comprende anche quella della potenziale influenza che il pensiero manifestato abbia sulla coscienza e sulla formazione di opinioni di altre persone. La manifestazione include quindi il **diritto alla propaganda** delle proprie idee e convinzioni e il **diritto alla informazione e alla cronaca**, mentre è discutibile se possa esservi ricompreso quello alla pubblicità commerciale. La Corte costituzionale ha chiaramente incluso la propaganda e la cronaca mentre la pubblicità commerciale viene considerata come espressione dell'iniziativa imprenditoriale ai sensi dell'art. 41.

Diritto di critica

Il principio democratico viene attuato mediante la libertà di palesare le proprie convinzioni e le proprie idee. L'articolo 21 della Costituzione sancisce l'inviolabilità della comunicazione sotto ogni forma: scritta, parlata e con ogni altro mezzo di diffusione. Inoltre, La Dichiarazione dei Diritti dell'Uomo e del Cittadino, la definisce come: "*libera comunicazione dei pensieri e delle opinioni, uno dei diritti più preziosi dell'Uomo; ogni cittadino può dunque parlare, scrivere, stampare liberamente, salvo a rispondere dell'abuso di questa libertà nei casi determinati dalla legge*". Attraverso questo principio, viene assicurato il diritto del singolo ad un convincimento personale. La critica si distingue nettamente dal diritto di cronaca; infatti, quest'ultima consiste nel pubblicare tutte quelle informazioni strettamente connesse ad avvenimenti di interesse pubblico.

Diritto di cronaca

La cronaca, essendo informazione, deve essere obiettiva; essa nasce con il fatto e lo descrive, mentre la critica segue la descrizione del fatto e lo valuta (è quindi soggettiva). La cronaca esprime l'identità tra una realtà fenomenica e l'informazione che la veicola, la critica esprime un possibile dissenso verso quella realtà fenomenica.

Diritto ad informare e ad informarsi

Ecco quindi profilarsi in tutta la sua ricchezza il diritto a informare, desumibile dal più ampio diritto di libera manifestazione del pensiero che implica libertà di opinione e di cronaca, ma anche il diritto di informarsi in un quadro di pluralismo delle fonti di informazione, di obiettività e imparzialità dei dati forniti, di completezza, correttezza e continuità dell'attività informativa, di rispetto della dignità umana, dell'ordine pubblico, del buon costume e del libero sviluppo psichico e morale dei minori. In pratica il diritto a informarsi discende non soltanto dallo stesso art. 21 ma dalla valutazione sistematica dei principi costituzionali.

Diritto di satira

Un interessante momento di convergenza fra manifestazione del pensiero e critica si ha nel diritto di satira che si trova a cavallo fra art. 21 e art. 33, toccando la manifestazione del pensiero ma anche il ricorso alla **libera creatività di natura artistica**. La satira, tradizionalmente intesa, mette alla berlina un personaggio pubblico ponendolo sullo stesso piano dell'uomo medio. Da questo punto di vista, la satira è considerata un veicolo di democrazia, perché diventa applicazione del principio di uguaglianza. Il messaggio satirico può entrare in conflitto con i diritti costituzionali all'onore, al decoro, alla reputazione, e quindi, come per la cronaca e la critica, si rende necessario un bilanciamento degli interessi in conflitto. Bilanciamento che dovrà tenere conto delle peculiarità dell'opera satirica.

Reati di opinione

Un problema controverso è quello della possibile **sanzionabilità** in sede penale dei reati di opinione, cioè di fatti consistenti nel proposito o nell'intenzione di un certo comportamento considerato dalla legge come criminoso. Secondo un certo orientamento la mera intenzione non andrebbe sanzionata, mentre lo sarebbe **l'azione effettivamente svolta con pregiudizio di un bene protetto**. La Corte ha ritenuto legittimamente punibile l'**istigazione a delinquere** (art. 414, 1° c., c.p.) in quanto non semplice manifestazione di pensiero ma incitazione all'azione criminosa. Similmente è stata confermata la legittimità del reato di **apologia di reato** (art. 414, 4° c., c.p.) in quanto idoneo a provocare la commissione di illeciti. Con l. 24 febbraio 2006 n. 85 il legislatore è intervenuto a modifica della normativa penale in materia di reati di opinione, sostituendo la vecchia disciplina in materia di vilipendio o danneggiamento alla bandiera o ad altro emblema dello Stato (art. 292 c.p.), offesa alla bandiera o ad altro emblema di uno Stato estero (art. 299 c.p.), offese a una confessione religiosa mediante vilipendio di persone (art. 403 c.p.), offese a una confessione religiosa mediante vilipendio o danneggiamento di cose (art. 404 c.p.).

La libertà di manifestazione del pensiero, che implica come rilevato il diritto di esternare opinioni come quello di tacere e, soprattutto, quello di manifestare opinioni di dissenso e di opposizione a quelle dominanti, è considerata giustamente una delle caratteristiche della concezione liberale della democrazia.

f. L'ONU: scopi, funzioni e organi

L'**Organizzazione delle Nazioni Unite**, in sigla ONU, abbreviata in Nazioni Unite, è un'organizzazione intergovernativa a carattere mondiale. Tra i suoi obiettivi principali vi sono il **mantenimento della pace e della sicurezza mondiale**, lo **sviluppo di relazioni amichevoli tra le nazioni**, il **perseguimento di una cooperazione internazionale** e il **favorire l'armonizzazione delle varie azioni compiute a questi scopi dai suoi membri**.

L'ONU è l'organizzazione intergovernativa più grande, più conosciuta e più rappresentata a livello internazionale. Ha sede sul territorio internazionale a **New York**, mentre altri uffici principali si trovano a Ginevra, Nairobi e Vienna.

Il processo che ha portato alla sua fondazione iniziò il 25 aprile **1945**, quando i rappresentanti di 50 governi si incontrarono a San Francisco per una conferenza iniziando a redigere la Carta delle Nazioni Unite, poi approvata il 25 giugno dello stesso anno ed entrata in vigore il **24 ottobre** successivo, la data di inizio ufficiale delle attività. Ai sensi della Carta, gli obiettivi dell'organizzazione includono il mantenimento della pace e della sicurezza internazionale, la protezione dei diritti umani, la fornitura di aiuti umanitari, la promozione dello sviluppo sostenibile e il rispetto del diritto internazionale. Al momento della fondazione, l'ONU contava 51 **Stati membri**, un numero poi cresciuto fino ad arrivare a **193** nel 2011, rappresentando la stragrande maggioranza degli stati sovrani del mondo.

Nei primi decenni di vita, l'obiettivo di preservare la pace nel mondo venne reso complicato dalla guerra fredda intercorsa tra gli Stati Uniti e l'Unione Sovietica, con i loro rispettivi alleati. In quel periodo, le missioni ONU consistettero principalmente in attività di osservazione non armata e l'impiego di truppe leggermente armate con ruoli di monitoraggio, comunicazione e rafforzamento della fiducia. L'adesione all'ONU è cresciuta in modo significativo a seguito della diffusa decolonizzazione avvenuta a partire dagli anni 1960. Da allora, 80 ex colonie hanno guadagnato l'indipendenza, tra cui 11 territori fiduciari che erano stati monitorati dal consiglio di amministrazione fiduciaria. A partire dagli anni '70, il bilancio delle Nazioni Unite per i programmi di sviluppo economico e sociale hanno superato di gran lunga le spese per il mantenimento della pace. Dopo la fine della guerra fredda, l'ONU spostò e ampliò le sue operazioni sul campo, intraprendendo un'ampia varietà di compiti complessi.

Le Nazioni Unite sono composte da sei organismi principali:

• **Assemblea generale**	• **Consiglio di sicurezza**
• **Consiglio economico e sociale (ECOSOC)**	• **Consiglio di amministrazione fiduciaria**
• **Corte internazionale di giustizia**	• **Segretariato delle Nazioni Unite**

Il sistema delle Nazioni Unite comprende, inoltre una moltitudine di agenzie specializzate, come il **Gruppo della Banca mondiale**, l'**Organizzazione mondiale della sanità**, il **Programma alimentare mondiale**, l'**UNESCO** e l'**UNICEF**. Inoltre, organizzazioni non governative possono ottenere lo status consultivo, come ECOSOC e altre agenzie per partecipare ai lavori delle Nazioni Unite.

Il direttore amministrativo delle Nazioni Unite è il **segretario generale;** attualmente è il politico e diplomatico portoghese **António Guterres**, che ha iniziato il suo mandato il 1° gennaio 2017 per poi essere riconfermato per un secondo mandato nel giugno 2021. L'organizzazione è finanziata da contributi volontari e valutati dei suoi Stati membri.

Alle Nazioni Unite, ai suoi dirigenti e alle sue agenzie sono stati conferiti diversi premi Nobel per la pace, sebbene alcune valutazioni della sua efficacia siano state contrastanti. Alcuni commentatori ritengono che l'organizzazione sia una forza importante per la pace e lo sviluppo umano, mentre altri l'hanno definita inefficace, di parte o corrotta.

Assemblea generale

L'**Assemblea generale** è la principale assemblea deliberativa delle Nazioni Unite. È formata dai rappresentanti di tutti gli Stati membri; essa si riunisce in sessioni annuali regolari, ma è anche possibile convocarla per sessioni di emergenza. L'assemblea è guidata da **un presidente**, eletto tra gli Stati membri su base regionale rotante, e **21 vicepresidenti**.

L'Assemblea generale decide su questioni importanti, come quelle relative al mantenimento della pace e della sicurezza, dell'ammissione di nuovi membri e alle questioni di bilancio, è richiesta la maggioranza dei due terzi dei presenti, mentre tutti gli altri argomenti sono decisi a maggioranza. Nel caso in cui il Consiglio di sicurezza non possa agire, l'Assemblea Generale può sostituirlo nella sua responsabilità primaria relativa alla violazione della pace, minaccia alla pace e atti di aggressione grazie ad una risoluzione del 1950. Ogni Paese membro ha il diritto ad avere 5 rappresentanti nell'Assemblea ma dispone di un solo voto. L'Assemblea, secondo la Carta di San Francisco, non può fare uso della forza contro i Paesi ma può solo fare loro delle segnalazioni e raccomandazioni, ad eccezione della competenza prevista in caso di inerzia sopra menzionata del Consiglio di sicurezza. Infine, oltre all'approvazione delle questioni di bilancio, le risoluzioni non sono vincolanti per i membri. L'Assemblea può formulare raccomandazioni su qualsiasi questione che rientri nell'ambito di applicazione dell'organizzazione, ad eccezione delle questioni di pace e sicurezza che sono all'esame del Consiglio di sicurezza.

Consiglio di sicurezza

Il **Consiglio di sicurezza** delle Nazioni Unite è incaricato di mantenere la pace e la sicurezza tra i Paesi, dovendo intervenire per evitare che i contrasti fra i Paesi degenerino in conflitti e, in caso di guerra, fare tutto il possibile per ristabilire la pace. Mentre altri organi delle Nazioni Unite possono solo formulare "raccomandazioni" agli Stati membri, il Consiglio di sicurezza ha il potere, ai sensi dell'articolo 25 della Carta, di prendere **decisioni vincolanti**. Le decisioni del Consiglio sono note come **risoluzioni del Consiglio di sicurezza delle Nazioni Unite**.

Il Consiglio di sicurezza è composto da **quindici Stati membri**, di cui **cinque sono i membri permanenti: Cina, Francia, Russia, Regno Unito e Stati Uniti**, e i restanti dieci non permanenti vengono eletti a rotazione ogni due anni dall'Assemblea generale.

Ciascuno dei cinque membri permanenti detiene il potere di veto sulle risoluzioni, cioè la possibilità di impedire l'adozione di un provvedimento anche contro il parere degli altri 14 membri del Consiglio; tuttavia, non è possibile evitare il dibattito. I 5 membri permanenti hanno dunque un ruolo dominante. In caso di mancato rispetto delle delibere, il Consiglio di sicurezza può decidere di sospendere le relazioni diplomatiche, e può applicare sanzioni economiche (tra cui i cosiddetti embarghi). I dieci seggi temporanei hanno una durata di due anni, con cinque Stati membri all'anno votati dall'Assemblea generale su base regionale. La presidenza del Consiglio di sicurezza ruota in ordine alfabetico ogni mese.

Segretariato

Il **Segretariato** delle Nazioni Unite è guidato dal segretario generale, assistito dal vice segretario generale e da uno staff di funzionari pubblici internazionali provenienti da tutto il mondo. Questo fornisce studi, informazioni e servizi necessari agli organismi delle Nazioni Unite per le loro riunioni.

Svolge inoltre alcuni incarichi, secondo le indicazioni emesse del Consiglio di sicurezza, dell'Assemblea generale, del Consiglio economico e sociale e di altri organi delle Nazioni Unite. Il segretario generale funge da portavoce di fatto e leader dell'organizzazione e la sua posizione è definita nella Carta come "responsabile amministrativo". L'articolo 99 stabilisce che il segretario generale possa portare all'attenzione del Consiglio di sicurezza "qualsiasi questione che a suo avviso possa minacciare il mantenimento della pace e della sicurezza internazionale".

Il segretario generale viene nominato dall'Assemblea generale, dopo essere stato raccomandato dal Consiglio di Sicurezza, dove i membri permanenti hanno potere di veto. Non vi sono criteri specifici per il rinnovo del mandato, ma nel corso degli anni è stato accettato che il segretario rimanesse in carico per uno o due mandati di cinque anni.

Corte di giustizia internazionale

La **Corte internazionale di giustizia**, con sede all'**Aia**, nei Paesi Bassi, è il principale **organo giudiziario** delle Nazioni Unite. Istituita nel 1945 dalla Carta delle Nazioni Unite, la Corte iniziò a lavorare nel 1946 come successore della Corte permanente di giustizia internazionale. È composta da **15 giudici** con un mandato di 9 anni e sono nominati dall'Assemblea generale; ogni giudice deve essere di una nazione diversa e non può avere altri incarichi né di natura politica né amministrativa. Nell'esercizio delle proprie funzioni, essi godono dell'immunità diplomatica secondo quanto previsto dall'Articolo 105 dello Statuto. La procedura di elezione dei giudici è la seguente: il Segretario generale propone una lista di candidati; successivamente, l'Assemblea generale e il Consiglio di sicurezza iniziano a votare indipendentemente uno dall'altro; i giudici eletti saranno coloro che avranno la maggioranza assoluta in entrambi gli organi amministrativi. Se dopo questa procedura vi sono ancora dei seggi da coprire, si procede a una votazione ulteriore.

La sua sede si trova nel Palazzo della Pace all'Aia, condividendo l'edificio con l'Accademia del diritto internazionale dell'Aia, un centro privato per lo studio del diritto internazionale. La funzione principale della Corte è di **risolvere le dispute fra Stati membri** delle Nazioni Unite che hanno accettato la sua giurisdizione. Essa esercita una funzione giurisdizionale riguardo all'applicazione e l'interpretazione del diritto internazionale. Il tribunale ha ascoltato casi relativi a crimini di guerra, interferenze statali illegali, pulizia etnica e altre questioni. La Corte può essere chiamata anche da altri organi delle Nazioni Unite per fornire pareri consultivi.

Consiglio economico sociale

Il **Consiglio economico e sociale** (ECOSOC) è l'organo consultivo e di coordinamento dell'attività economica e sociale delle Nazioni Unite e delle varie organizzazioni a esse collegate. Conta **54 membri**, eletti dall'Assemblea generale per un mandato di tre anni. Il presidente viene, invece, eletto per un mandato di un anno e scelto tra gli Stati piccoli o medi appartenenti all'ECOSOC. Il consiglio si riunisce annualmente a luglio, a New York o a Ginevra. Considerate separate dagli organismi specializzati che coordina, le funzioni dell'ECOSOC comprendono la **raccolta di informazioni**, la **consulenza alle nazioni membri** e la **formulazione di raccomandazioni**. A causa del suo ampio mandato che comprende il coordinamento di molte agenzie, esso è stato a volte criticato come scarsamente rilevante.

Gli organi sussidiari dell'ECOSOC includono il **Forum permanente delle Nazioni Unite sulle questioni indigene**, che fornisce consulenza alle agenzie dell'organizzazione relativamente alle popolazioni indigene; il **Forum delle Nazioni Unite sulle foreste**, che coordina e promuove la gestione sostenibile delle foreste; la **Commissione statistica delle Nazioni Unite**, che coordina gli sforzi di raccolta di informazioni tra agenzie; e la **Commissione per lo sviluppo sostenibile**, che coordina gli sforzi tra le agenzie delle Nazioni Unite e le Organizzazioni Non Governative impegnate nello sviluppo sostenibile.

TESI 2

a. Le caratteristiche dello Statuto Albertino
b. Le forme di governo
c. I principi fondamentali della Costituzione Italiana
d. La democrazia, il corpo elettorale e il diritto di voto
e. La libertà personale, la libertà di domicilio, la libertà di circolazione e di soggiorno
f. L'Unione Europea dal Trattato di Maastricht ad oggi

a. Le caratteristiche dello Statuto Albertino

Lo Statuto del Regno, noto come **Statuto Albertino** o Costituzione Albertina dal nome del Re che lo promulgò, **Carlo Alberto di Savoia Carignano**, fu lo statuto adottato dal Regno sardo-piemontese il **4 marzo 1848**. Lo statuto Albertino è il primo documento simile a una costituzione in Italia, che decretò a partire dal 1848 i vari diritti e doveri del popolo. Venne redatto da una commissione nominata dal re ed entrò in vigore nel 1848. Lo Statuto Albertino si ispirava alle costituzioni francesi e per questo motivo fu scritto in lingua francese. Questo documento è una carta costituzionale flessibile perché può essere facilmente modificato con una legge ordinaria.

Le principali caratteristiche dello Statuto Albertino sono:

- è una carta costituzionale concessa dal re (**ottriata**);
- è una costituzione **breve** perché stabilisce i principi dell'organizzazione costituzionale e le norme in materia di diritti e doveri dei cittadini;
- sancisce come forma di governo la **monarchia**;
- stabilisce che la **carica del capo di Stato** (il sovrano) è "**ereditaria** secondo la legge salica";
- assegna il **potere esecutivo** al **re**;
- assegna il **potere giudiziario** al **re**;
- assegna il **potere legislativo** al **re**;
- concede il **diritto di voto** solo ad una **ristretta cerchia** di individui (cittadini di sesso maschile, dotati di una certa cultura e di un determinato patrimonio);
- si impegna a garantire l'**uguaglianza formale dei sudditi**;
- prevede come bandiera nazionale un **vessillo con coccarda azzurra**;
- garantisce la **libertà di stampa**, ma con alcune limitazioni.

Nel 1861 lo Statuto Albertino fu esteso a tutta l'Italia come un dono che il re faceva ai suoi sudditi. Lo Statuto Albertino era **flessibile** e di tipo **monarchico**: il re comandava l'esercito, era a capo del governo, nominava i ministri, creava con il parlamento le leggi ed i giudici amministravano la giustizia in suo nome.

Durante il fascismo Mussolini cambiò alcune leggi dello statuto e instaurò in Italia la dittatura che mantenne fino allo scoppio della Seconda guerra mondiale. Quando nel 1945 avvenne la liberazione dell'Italia da parte degli Alleati, i partiti antifascisti formarono un governo provvisorio presieduto dal democristiano Alcide De Gasperi.

Il **2 giugno 1946** tutti i cittadini italiani furono chiamati ad eleggere con **suffragio universale** (votano tutti i maggiorenni e anche le donne per la prima volta), l'**Assemblea Costituente** cioè un gruppo di persone che avrebbe dovuto scrivere una nuova Costituzione in sostituzione dello Statuto Albertino e con referendum scegliere tra Monarchia e Repubblica. L'Assemblea costituente elesse **Enrico De Nicola** capo provvisorio della **Repubblica italiana** appena nata. La nuova **Costituzione** scritta in due anni entrò in vigore il **primo gennaio 1948**.

b. Le forme di governo

Per quanto riguarda le **forme di Governo**, esse concernono solo uno dei tre elementi essenziali dello Stato: il Governo latamente inteso come assetto dei pubblici poteri. In altri termini, mentre le forme di Stato attengono allo studio dello Stato-comunità (o Stato-ordinamento), le forme di Governo riguardano soltanto lo **Stato-apparato**, cioè lo **Stato come soggetto (persona giuridica) all'interno dell'ordinamento statale**. Più precisamente, a proposito delle forme di Governo la dottrina maggioritaria si intende riferire ai diversi modi nei quali la funzione di indirizzo politico di maggioranza viene esercitata tra i diversi organi costituzionali. Conseguentemente, sono state abbandonate le tradizionali distinzioni elaborate dai classici del pensiero politico (dalla bipartizione machiavelliana tra monarchie e repubbliche alla tripartizione aristotelica tra Governo di uno, Governo di pochi e Governo di molti), perché non rispondenti più alla realtà.

Una distinzione ancora importante è invece, quella tra **forme di Governo pure** e **forme di Governo miste**, anche se si riscontrano al riguardo opinioni divergenti. Secondo un primo orientamento (Mortati), forme pure sarebbero quelle caratterizzanti lo Stato patrimoniale e lo Stato di polizia, mentre quelle miste sarebbero quelle caratterizzanti lo Stato contemporaneo. Secondo un diverso orientamento, forme pure sarebbero soltanto la monarchia assoluta e la dittatura, mentre tutte le altre sarebbero da considerare forme miste. Secondo un terzo orientamento, infine, pure sarebbero solo quelle forme di Governo a rigida separazione dei poteri (monarchia costituzionale, regime presidenziale e Governo direttoriale), mentre miste sarebbero tutte con una qualche forma di coordinamento tra i poteri (forma di Governo parlamentare, assembleare, semipresidenziale).

La forma di Governo vigente nell'ordinamento italiano è quella **parlamentare**. Essa si caratterizza per la presenza di due elementi: il **rapporto fiduciario tra il Governo e il Parlamento** (Fiducia parlamentare) e la **possibilità dello scioglimento anticipato** di quest'ultimo organo. È proprio la presenza dello scioglimento a distinguere la forma di Governo parlamentare da quella assembleare (che comunque mantiene in Comune con la prima il rapporto fiduciario tra Governo e Parlamento).

La forma di Governo presidenziale e la sua variante monarchica, la **monarchia costituzionale**, si caratterizzano invece per una **rigida separazione tra l'esecutivo e il legislativo** e per l'**unificazione delle cariche di capo dello Stato e vertice del Governo in una stessa persona** (il Re nella monarchia costituzionale e il Presidente nella forma di Governo presidenziale).

Una peculiare forma di Governo poi è quella **direttoriale**, in cui ugualmente vi è una **rigida separazione tra il legislativo e l'esecutivo** (il legislativo elegge l'esecutivo, ma non può sfiduciarlo, così come l'esecutivo non può chiederne lo scioglimento anticipato) e dove **manca la figura del capo dello Stato** (che viene esercitata a rotazione dai componenti dell'esecutivo collegiale).

Per quanto riguarda, infine, il **sistema semipresidenziale**, esso è frutto di un'elaborazione dottrinaria relativamente recente, proposta per la forma di Governo francese a seguito dell'introduzione dell'elezione a suffragio universale e diretto del Presidente della Repubblica (1962). Esso risulterebbe dalla **combinazione di forti poteri di governo in capo al Presidente della Repubblica con il mantenimento della fiducia parlamentare tra il Governo e il Parlamento**; proprio per questo, però, alcuni autori preferiscono parlare, anziché di forma di Governo semipresidenziale, di forma di Governo parlamentare a tendenza presidenziale.

c. I principi fondamentali della Costituzione Italiana

I **primi 12 articoli** della Costituzione Italiana esprimono i principi su cui poggia la vita dello Stato, quindi i **principi fondamentali**. Essi sono concordati da rappresentanti di tutti i partiti per indicare le caratteristiche dello Stato.

- **Democrazia** – art. 1, 1° comma
- **Sovranità popolare** – art. 1, 2° comma
- **Inviolabilità dei diritti** – art. 2
- **Uguaglianza formale ed uguaglianza sostanziale** – art. 3
- **Diritto al lavoro** – art. 4
- **Riconoscimento delle autonomie locali** – art. 5
- **Tutela delle minoranze linguistiche** – art. 6
- **Libertà religiosa** – artt. 7 e 8
- **Sviluppo della cultura, della tutela ambientale e del patrimonio storico ed artistico** – art. 9
  Riconoscimento di collaborazioni internazionali – art. 10
- **Ripudio della guerra come strumento di offesa** – art. 11
- **Struttura della bandiera italiana** – art. 12

Principio democratico

L'articolo 1 della Costituzione dichiara che l'Italia è una repubblica democratica e che la sovranità appartiene al popolo; quindi Repubblica democratica significa che **tutti i cittadini hanno diritto alle libertà che nessuno può violare né limitare**; diritto dell'integrità fisica della persona, al nome, al cognome, alla privacy ecc. I diritti sociali comprendono la libertà di parola, di pensiero, di religione, di stampa e di riunione. Tra i diritti politici sono fondamentali, il diritto al voto e di partecipazione alle cariche pubbliche. I principi fondamentali e la prima parte della Costituzione contengono un ampio riconoscimento dei diritti civili e politici essenziali, che sono garantiti nella loro modificabilità: l'uguaglianza davanti alla legge e l'inviolabilità dei diritti dell'uomo espressamente tutelate sono le minoranze linguistiche. Sono poi riconosciuti esplicitamente i diritti della famiglia, dei minori, il diritto alla salute, la libertà delle arti e delle scienze, il diritto all'istruzione.

Principio lavorista

L'art. 1 sostiene che **l'Italia è una Repubblica fondata sul lavoro**; in sostanza il sistema democratico ha attribuito al lavoro un valore primario che va a sostituire il principio quale sosteneva che il nostro sistema sociale era basato sul censo e condizioni sociali ereditate.

L'art. 4 racchiude in sé il principio lavorista contenuto nell'art. 1, lo rafforza riconoscendo a tutti i cittadini tale diritto promuovendo le condizioni che rendano effettivo secondo le proprie possibilità.

Principio di libertà e diritti inviolabili

L'art. 2 riconosce le libertà civili, infatti, recita che: "la repubblica riconosce e garantisce i diritti inviolabili dell'uomo, sia come singolo sia nelle formazioni sociali ove si svolge la sua personalità".

In questo caso si tratta di diritti primari, quali il diritto alla vita e alla salute e delle libertà civili affermatesi come la libertà di religione, la libertà d'associazione e di espressione.

Principio di eguaglianza

Nell'art. 3 si afferma il principio di eguaglianza dei cittadini fondamentale per il raggiungimento della democrazia. L'eguaglianza si distingue tra **eguaglianza formale e sostanziale**.

L'eguaglianza formale si rende concreto quando l'art. 3 afferma che tutti i cittadini sono eguali davanti alla legge, quindi eguaglianza rispetto alla legge. Questo principio pone il divieto di operare discriminazioni irragionevoli ogni volta che situazioni uguali sono trattate in modo diverso diventando principio di ragionevolezza della legge. L'eguaglianza sostanziale è affermata nel secondo comma dell'art. 3 in cui si recita che "è compito della Repubblica rimuovere ostacoli di ordine economico e sociale".

Principio di decentramento dello Stato
L'art. 5 sancisce che "la Repubblica è una e indivisibile e riconosce le autonomie locali" (unità e indivisibilità che nel loro interno trovano forme di decentramento poiché si riconoscono le autonomie locali e le si promuovono).

Principio di libertà religiosa
Gli artt. 7-8 affermano la libertà religiosa poiché tutti sono liberi di professare liberamente la propria fede religiosa. L'art. 7 afferma:
Lo Stato e la Chiesa cattolica sono, ciascuno nel proprio ordine, indipendenti e sovrani.
Le regole delle Chiese possono trovare contrasto con quelle dello Stato pertanto si ha un **atteggiamento a-confessionale**, nel senso che non si riconosce nessuna religione di Stato per cui tutte le Chiese sono poste allo stesso livello; **confessionale** nel senso che lo Stato eleva una religione di Stato in situazione di privilegio rispetto le altre. Nonostante l'indipendenza tra Stato e Chiesa cattolica, grazie al nuovo concordato, accordo di modifica dei patti lateranensi, si sono mantenuti alcuni punti quali:

- i matrimoni tenuti con il rito cattolico continuano ad avere effetti civili;
- l'insegnamento della religione nelle scuole non è più obbligatorio;
- è stabilito un contributo finanziario a sostentamento del clero.

L'art. 8 disciplina il rapporto tra Stato e altre confessioni religiose affermando che hanno diritto di organizzarsi secondo loro statuti, in quanto non contrastino con l'ordinamento dello Stato.

Principio di sviluppo della cultura e dell'ambiente
L'art. 9 promuove lo sviluppo della cultura e la ricerca scientifica e tecnica. In questo articolo si rileva l'importanza dello sviluppo attraverso la cultura e la scoperta di nuove tecnologie purché questo sia eseguito nel rispetto e la tutela del paesaggio e del patrimonio storico e artistico della Nazione.

L'art. 6 afferma che la Repubblica tutela con apposite norme le minoranze linguistiche.

L'art. 10 sancisce il principio secondo il quale si instaurano i rapporti tra l'ordinamento giuridico italiano e le norme di diritto internazionale. L'Italia si conforma alle regole internazionali rende l'effettiva libertà allo straniero che è privato dell'esercizio delle libertà democratiche garantite dalla Costituzione italiana.

L'art. 11 dichiara che l'Italia ripudia la guerra come strumento di offesa e come mezzo di risoluzione delle controversie internazionali e s'impegna a promuovere iniziative volte ad assicurare la pace e la giustizia fra Nazioni.

L'art. 12 stabilisce la norma costituzionale sul tricolore, l'origine storica e il valore simbolico della bandiera italiana.

d. La democrazia, il corpo elettorale e il diritto di voto

La **democrazia** (dal greco antico: δῆμος, démos, «popolo» e κράτος, krátos, «potere») etimologicamente significa "**governo del popolo**", ovvero sistema di governo in cui la sovranità è esercitata, direttamente o indirettamente, dal popolo, generalmente identificato come l'insieme dei cittadini che ricorrono in generale a strumenti di consultazione popolare (es. votazione, deliberazioni ecc.). Storicamente il concetto di democrazia non si è cristallizzato in una sola univoca versione ovvero in un'unica concreta traduzione, ma ha trovato espressione evolvendosi in diverse manifestazioni, tutte comunque caratterizzate dalla ricerca di una modalità capace di dare al popolo la potestà effettiva di governare.
Benché all'idea di democrazia si associ in genere una forma di Stato, la democrazia può riguardare qualsiasi comunità di persone e il modo in cui vengono prese le decisioni al suo interno.

Il **corpo elettorale** rappresenta l'insieme delle persone alle quali viene riconosciuto il **diritto di esercitare l'elettorato attivo**, e cioè il diritto di eleggere i propri rappresentanti, **e l'elettorato passivo**, e cioè il diritto di essere eletto. Solitamente rappresenta un sottoinsieme dei cittadini. Il diritto di voto, così riconosciuto, opera sotto precisi requisiti. La democrazia, che riconosce il Corpo elettorale nella sua massima latitudine, è la forma di Stato attraverso cui il popolo esprime il proprio voto. Il **voto** è un metodo attraverso il quale un gruppo di persone esprime un giudizio. Quando i componenti del gruppo si esprimono in quanto individui, si parla di **voto personale**: esso è uno dei principi fondamentali delle moderne democrazie rappresentative e, in Italia, è consacrato dall'articolo 48 della Costituzione, unitamente alla libertà ed uguaglianza del voto.

Il gruppo di persone chiamate a votare può esser più o meno grande e a seconda dei casi può variare e comprendere i partecipanti di una riunione così come gli appartenenti a una circoscrizione elettorale e quindi a un'elezione. Di solito il voto è uno strumento che è volto a prendere una decisione in seguito a una discussione o a un dibattito, ma quando coinvolge il Corpo elettorale è l'atto finale di una campagna elettorale e consiste in uno scrutinio dal quale consegue la proclamazione degli eletti in assemblee rappresentative. È costituito da quella parte del popolo che raggruppa tutti i cittadini titolari dell'elettorato attivo (art. 48 Cost.).

L'**elettorato** costituisce l'esercizio di una pubblica potestà attribuita non al singolo elettore, ma all'insieme di tutti gli elettori, allorché vengono simultaneamente convocati alle urne.

L'appartenenza al corpo elettorale è documentata e realizzata attraverso l'iscrizione nelle liste elettorali in base al sistema delle liste elettorali permanenti ed uniche (cioè utilizzabili sia per le elezioni politiche, sia per le amministrative e i referendum). Tale iscrizione avviene d'ufficio nelle liste elettorali del Comune in cui il cittadino che ne ha titolo sia residente anagrafico. In particolare:

- l'elettorato attivo (che è la capacità di votare) costituisce per il cittadino un diritto pubblico soggettivo; è inquadrabile fra i diritti politici, cioè fra i diritti che hanno per contenuto l'esercizio di una pubblica funzione;

- l'elettorato passivo (che consiste nella capacità di essere eletto) è una facoltà riconosciuta a chi è eleggibile ed abbia i requisiti per essere elettore (di massima, l'elettorato attivo coincide con l'elettorato passivo).

e. La libertà personale, la libertà di domicilio, la libertà di circolazione e di soggiorno

La Carta costituzionale contiene, nei primi dodici articoli, i principi fondamentali dell'ordinamento Repubblicano. Possono essere definiti **diritti inviolabili** quelle posizioni giuridiche essenziali per qualsiasi forma di convivenza associata. Questi sono dunque **imprescindibili**, ogni modifica atta a limitarli non rappresenterebbe una semplice revisione costituzionale, bensì un vero e proprio sovvertimento dello Stato Repubblicano. I suddetti diritti possono essere riconosciuti sia all'uomo come singolo (diritto al nome, all'onore e alla libera manifestazione del pensiero), sia come componente della formazione sociale (diritto di associazione e di riunione ecc.), tra questi ci sono:

- il **diritto alla vita e all'integrità fisica**: riconosciuto in via indiretta dall'art. 27 Cost. che, vietando la pena di morte, attribuisce alla vita umana il carattere di intangibilità, ponendola al di sopra della potestà punitiva dello Stato.

- il **diritto all'integrità morale**: consiste nel complesso delle prerogative che costituisce la personalità di un individuo, il decoro, l'onore, il prestigio e la reputazione.

- il **diritto all'immagine**: tutelato dall'art. 10 riconosce all'individuo la possibilità di impedire che altri facciano uso della sua immagine, a questo è affiancato il **diritto all'identità personale** che tutela il soggetto contro ogni distorta rappresentazione da parte di terzi, della propria immagine, personalità o pensiero.

- il **diritto al nome**: tutelato dall'art. 22 Cost. ("Nessuno può essere privato, per motivi politici, della capacità giuridica, della cittadinanza, del nome") oltre che da alcune norme del c.c. Poiché il nome rappresenta il principale mezzo di identificazione della persona, gli art. 6 e 10 c.c. provvedono a garantire l'esclusività dell'uso del proprio nome, nonché dello pseudonimo, il c.d. nome d'arte quando acquisti la stessa importanza del nome.

- il **diritto alla riservatezza**: ossia il diritto all'intimità della vita privata, che deve essere salvaguardata dall'altrui curiosità; spesso può venire in contrasto col diritto di manifestazione del pensiero nello specifico aspetto del diritto di cronaca, che deve essere esercitato senza che vengano travalicati i limiti che consistono nella verità dell'informazione, nella sua rilevanza sociale e in una forma espositiva, che non si concreti in un linguaggio di per sé offensivo.

La libertà personale (art. 13 Cost.)

La libertà personale si estrinseca nel diritto della persona a non subire coercizioni, restrizioni fisiche ed arresti. La ratio di tale norma è orientata a prevenire qualsiasi forma di abuso dell'autorità e contiene una serie di garanzie:

- la **riserva di legge assoluta**: solo la legge può prevedere una limitazione della libertà personale;
- la **riserva di giurisdizione**: le suddette limitazioni possono avvenire solo con provvedimento dell'autorità giudiziaria;
- l'**obbligo di motivazione**: ogni provvedimento restrittivo della libertà personale deve essere motivato.

Tuttavia, in casi tipizzati, con i caratteri di necessità ed urgenza, l'autorità di pubblica sicurezza può adottare provvedimenti provvisori in grado di limitare la libertà personale, da sottoporre a convalida dell'autorità giudiziaria entro il termine perentorio di 96 ore, scandito all'interno dal termine di 48 ore per informare l'autorità stessa ed altre 48 ore per ottenere l'eventuale provvedimento di convalida. Limite invalicabile è il rispetto della personalità e dignità della persona.

La libertà di domicilio (art. 14 Cost.)

Si estrinseca nel diritto di poter scegliere il luogo dove stabilire il proprio domicilio, nella libertà di svolgere al suo interno qualsiasi attività lecita e nel poter impedire a chiunque di farvi ingresso, se non autorizzato dalla legge. Inoltre, il significato di domicilio, va interpretato estensivamente in modo da ricomprendere non solo l'abitazione, ma anche altri luoghi in cui si svolge l'attività lavorativa, una dimora occasionale e persino la propria automobile. L'inviolabilità del domicilio indica, in generale, il diritto ad avere una sfera privata; naturalmente, la suddetta libertà si applica anche a tutte le formazioni sociali. Da ciò ne deriva il divieto di eseguire sequestri, perquisizioni ed ispezioni se non nei modi e nei casi stabiliti dalla legge. In particolare, la libertà di domicilio è garantita da:

- **riserva di legge assoluta e rinforzata**: solo la legge può limitare la libertà di domicilio;
- **riserva di giurisdizione**: l'autorità giudiziaria con provvedimenti motivati, può deciderne, concretamente, il sacrificio.

Inoltre, vengono ammessi accertamenti e ispezioni per motivi di sanità, incolumità pubblica o a fini economici e fiscali. Naturalmente, tali limitazioni devono essere previste da leggi speciali.

Libertà di circolazione e soggiorno (art. 16 Cost.)

Ogni cittadino può circolare e soggiornare liberamente in qualsiasi parte del territorio nazionale, salvo le limitazioni che la legge stabilisce in via generale per motivi di sicurezza o sanità, nessuna restrizione può essere determinata da ragioni politiche. Tale diritto prevede la libera circolazione sul territorio, la libertà di fissare ovunque la propria residenza e la facoltà di uscire e rientrare dallo Stato (**libertà di espatrio**).

f. L'Unione Europea dal Trattato di Maastricht ad oggi

L'**Unione Europea** (UE) è un'**organizzazione internazionale e sovranazionale,** fondata ufficialmente nel **1993** con il **trattato di Maastricht,** ma le cui origini risalgono agli anni '40, all'indomani dell'incubo dei totalitarismi e della Seconda Guerra Mondiale.

La storia dell'UE inizia con una serie di accordi economici, ma i principi che ispirano l'organizzazione sono anche la promozione della **pace,** della **prosperità** e della **democrazia** in Europa e nel mondo.

Attualmente, la Comunità Europea riunisce **27 Stati membri** e ne determina alcune politiche comuni in campo sociale, economico, ed in politica estera. Inizialmente concentrata nell'Europa occidentale, nei primi anni del XXI secolo, l'UE si è progressivamente allargata, ammettendo al suo interno Paesi dell'Europa centrale ed orientale.

Nel 1946, l'ormai ex primo ministro britannico Winston Churchill parlò in un discorso a Zurigo di "Stati Uniti d'Europa", e negli anni successivi partecipò attivamente alla creazione del Consiglio d'Europa. Il 9 maggio del 1950 Robert Schuman, all'epoca ministro degli Esteri (ed ex primo ministro) francese, presentò una dichiarazione programmatica, in cui si proponeva di costruire l'Europa unita attraverso un'integrazione progressiva, limitata essenzialmente all'economia, il cui primo passo sarebbe stato l'istituzione di una **Comunità Europea del Carbone e dell'Acciaio**: la dichiarazione Schuman fu il primo passo verso la futura istituzione dell'Unione Europea.

La CECA, istituita ufficialmente con il **trattato di Parigi** (**18 aprile 1951**) contava sei Paesi membri (**Belgio, Francia, Germania Ovest, Italia, Lussemburgo, Paesi Bassi**), che misero in comune la produzione e resero libera la circolazione del carbone e dell'acciaio. La proposta partiva dal presupposto che il carbone e l'acciaio, situati prevalentemente in due giacimenti (la Ruhr e la Saar) eternamente contesi tra Francia e Germania, erano stati alla base di moltissimi conflitti negli ultimi decenni.

Sei anni dopo, con la **conferenza di Roma** del **25 marzo 1957,** gli stessi sei Stati daranno vita alla **Comunità economica europea** (CEE) e alla **Comunità europea dell'energia atomica** (EURATOM o CEEA). Con la CEE, la più importante tra le tre comunità, il mercato comune continuò ad ampliarsi progressivamente, finché nel 1968 non sarebbero stati completamente aboliti i dazi tra i sei Paesi, che negli stessi anni adotteranno politiche comuni in campo agricolo ed in campo commerciale.

Negli anni '70 la CEE inizia ad allargarsi, accogliendo nel 1973 Danimarca, Irlanda e Regno Unito tra gli Stati membri. Nel corso della decade, i paesi della CEE intraprendono nuove politiche estere comuni, e viene creato nel **1975** il **Fondo europeo di sviluppo regionale.** Nel frattempo, il Parlamento europeo continua ad evolversi. La struttura era nata nel 1951, con sede a **Strasburgo,** come assemblea della CECA, e si era trasformata in Assemblea parlamentare europea (con **142 membri eletti**) in seguito ai trattati di Roma. Soltanto dal **1962** l'Assemblea aveva cambiato nome in **Parlamento europeo.**

Dal **1° luglio del 1978**, in seguito a decisioni prese dal Consiglio europeo, le **elezioni per il Parlamento europeo diventano a suffragio universale**: prima di allora, i membri del parlamento erano stati semplicemente dei delegati dei parlamenti nazionali. La prima elezione è nel giugno del 1979, e da allora si svolgeranno **ogni 5 anni**. Il parlamento si organizza in gruppi di partito transnazionali (verdi, socialisti, popolari, etc.).

Nel **1979** viene introdotto il **Sistema Monetario Europeo** (SME), con lo scopo di realizzare un mercato unico e stabile per le finanze e per la circolazione dei capitali, in un periodo contraddistinto da una forte instabilità finanziaria. La Comunità Economica Europea continua nel frattempo ad allargarsi, ammettendo tra i Paesi membri la Grecia nel 1981, il Portogallo e la Spagna nel 1986. Quella che era nata come un'unione puramente economica è diventata nel tempo un'organizzazione attiva in numerosi settori diversi — fra i quali clima, ambiente, salute, relazioni esterne e sicurezza, giustizia e immigrazione.

L'UE ha garantito più di mezzo secolo di pace, stabilità e prosperità, ha contribuito ad innalzare il tenore di vita e ha introdotto una moneta unica europea, l'**euro**. Oltre 340 milioni di cittadini dell'UE in **20 Paesi** attualmente lo usano come valuta e ne traggono benefici.

Grazie all'abolizione dei controlli alle frontiere tra la maggior parte dei Paesi dell'UE, le persone possono circolare liberamente in quasi tutto il continente. È diventato inoltre molto più facile vivere e lavorare in un altro Paese europeo. Tutti i cittadini dell'UE hanno il diritto di scegliere liberamente in quale Paese dell'UE studiare, lavorare o trascorrere gli anni della pensione. Per quanto riguarda il lavoro, la sicurezza sociale e la tassazione, ciascuno Stato membro deve trattare i cittadini dell'Unione alla stessa stregua dei propri cittadini.

Il principale motore economico dell'UE è il **mercato unico**, che consente alle merci, ai servizi, ai capitali e alle persone di circolare liberamente. L'UE intende seguire l'esempio anche in altri campi, quali l'energia, la conoscenza e i mercati dei capitali, per consentire ai cittadini europei di trarre il massimo beneficio da tali risorse.

L'UE mantiene l'impegno a rendere le sue istituzioni più trasparenti e democratiche. Le decisioni sono prese nella maniera il più possibile aperta e vicina ai cittadini. Sono stati attribuiti maggiori poteri al Parlamento europeo, eletto direttamente, mentre i parlamenti nazionali svolgono un ruolo più importante rispetto al passato, affiancando le istituzioni europee nella loro attività.

L'UE si fonda sul principio della **democrazia rappresentativa**: i cittadini sono rappresentati direttamente a livello della UE nel Parlamento europeo e gli Stati membri sono rappresentati nel Consiglio europeo e nel Consiglio dell'Unione europea.

I cittadini europei sono invitati a contribuire alla vita democratica dell'Unione esprimendo le proprie opinioni sulle politiche dell'UE durante la loro elaborazione o suggerendo miglioramenti della normativa e delle politiche esistenti. L'iniziativa dei cittadini europei consente ai cittadini di avere voce in capitolo sulle politiche dell'UE che incidono sulla loro vita. I cittadini possono inoltre presentare denunce e richieste di informazioni sull'applicazione del diritto dell'UE. Come sancito nel trattato sull'Unione europea, «l'Unione si fonda sui valori del rispetto della dignità umana, della libertà, della democrazia, dell'uguaglianza, dello Stato di diritto e del rispetto dei diritti umani, compresi i diritti delle persone appartenenti a minoranze. Questi valori sono comuni agli Stati membri in una società caratterizzata dal pluralismo, dalla non discriminazione, dalla tolleranza, dalla giustizia, dalla solidarietà e dalla parità tra donne e uomini».

Questi valori sono parte integrante del modo di vivere europeo. La **dignità umana** costituisce la base dei diritti fondamentali. Essa deve essere rispettata e tutelata.

I diritti umani sono tutelati dalla **Carta dei diritti fondamentali dell'Unione europea**. Tra questi figurano il diritto a non subire discriminazioni fondate sul sesso, la razza o l'origine etnica, la religione o le convinzioni personali, la disabilità, l'età o l'orientamento sessuale, il diritto alla protezione dei dati personali e il diritto di accesso alla giustizia.

Nel **2012** l'UE è stata insignita del **premio Nobel per la pace** per aver contribuito alla pace, alla riconciliazione, alla democrazia e ai diritti umani in Europa.

Essere cittadino europeo significa anche godere di diritti politici. Ogni cittadino adulto dell'UE ha il **diritto di eleggibilità e di voto alle elezioni del Parlamento europeo** e può candidarsi e votare nel proprio paese di residenza o in quello di origine.

L'UE si fonda sul principio dello **Stato di diritto**. Tutti i cittadini hanno gli stessi diritti davanti alla legge e tutte le azioni dell'UE si fondano su trattati liberamente e democraticamente sottoscritti dai paesi membri. Il diritto e la giustizia sono tutelati da una magistratura indipendente. I paesi che fanno parte dell'UE hanno conferito alla Corte di giustizia dell'Unione europea la competenza di pronunciarsi in maniera definitiva in materia di diritto dell'UE e tutti devono rispettare le sentenze emesse.

TESI 3

a. La struttura e caratteristiche della Costituzione della repubblica italiana
b. Gli Organi costituzionali
c. Il Parlamento e la funzione legislativa
d. Il procedimento di revisione costituzionale
e. I rapporti civili nella Costituzione
f. La Carta dei diritti fondamentali nell'Unione Europea: contenuti e struttura

a. La struttura e caratteristiche della Costituzione della Repubblica italiana

La **Costituzione** è l'atto normativo fondamentale che definisce la natura, la forma, la struttura, l'attività e le regole fondanti di un'organizzazione. Il termine deriva dal latino "*constitutio*", che si riferiva a una legge di particolare importanza. La Costituzione è stata **redatta da un'Assemblea Costituente votata a suffragio universale**. La Costituzione è definita **lunga**, in quanto contiene disposizioni in molti settori del vivere civile e non si limita solamente a indicare le norme sulle fonti del diritto. Questo documento è di tipo **rigido** perché non può essere facilmente modificato con una legge ordinaria. Le principali caratteristiche della Costituzione sono:

- stabilisce come forma di Governo la **Repubblica** (art. 1);
- stabilisce che la **sovranità** spetta al **popolo**;
- sancisce la **laicità dello Stato italiano** e si impegna a tutelare le varie confessioni religiose (artt. 7 e 8);
- sancisce che il **capo di Stato** deve essere **nominato tramite elezioni**;
- affida il **potere legislativo** esclusivamente al **Parlamento**;
- prevede che il **potere esecutivo** sia esercitato dal **Presidente del Consiglio dei Ministri**;
- prevede che il **potere giudiziario** sia esercitato "**da magistrati ordinari istituiti**";
- prevede un **numero limitato di Senatori**, eletti ogni cinque anni;
- prevede il **suffragio universale**, cioè, hanno diritto di voto tutti i cittadini, uomini e donne, che abbiano compiuto il diciottesimo anno di età;
- garantisce l'**uguaglianza** sia formale che sostanziale di **tutti i cittadini** (art. 3);
- sancisce che "la bandiera della Repubblica è il **tricolore italiano**" (art. 12);
- rifiuta ogni forma di censura alla **libertà di stampa e di pensiero**;
- stabilisce un'**indennità per i membri del Parlamento**.

La Costituzione Italiana è la legge fondamentale del nostro Stato che sancisce le regole della vita sociale e le norme dell'ordinamento dello Stato; è composta da **139 articoli**, divisi in quattro sezioni:

- I Principi Fondamentali (art. 1-12);
- Diritti e doveri dei cittadini (13-54);
- Ordinamento della Repubblica (55-139);
- Disposizioni transitorie e finali.

La Costituzione italiana nasce dal lavoro di una commissione di 75 saggi che il 31 gennaio 1947 sottoposero all'Assemblea costituente un testo che, dopo l'esame di numerosi emendamenti, venne approvato il 22 dicembre 1947 ed **entrò in vigore il 1° gennaio 1948**.
Si veda tesi 2, punto 3 per "I principi fondamentali della Costituzione Italiana.

b. Gli Organi costituzionali

Gli **Organi costituzionali italiani** sono organi della Repubblica Italiana previsti dalla costituzione. Secondo parte della dottrina giuridica italiana, sono quegli **organi necessari e indefettibili dello Stato**, previsti dalla Costituzione della Repubblica Italiana, le cui funzioni fondamentali e organizzazione sono da essa direttamente disciplinate. Essi si trovano in posizione di reciproca parità ed essi prendono parte alla cosiddetta **funzione politica**, cioè partecipano direttamente alle finalità perseguite dallo Stato e indicate nella Costituzione.

Poiché tali organi sono direttamente disciplinati dalla Costituzione, **ogni loro modifica è costituzionale** e quindi necessita dell'approvazione di una legge di revisione della Costituzione. La loro stessa esistenza costituisce però un limite alla revisione della Costituzione.

Rispetto alla nozione di pubblica amministrazione che declina in maniera compiuta i soggetti che fanno riferimento alla nozione di Stato amministrazione e così identifica la totalità degli organi statali e locali che formano il potere esecutivo ed hanno il proprio vertice del governo, gli organi costituzionali fanno, invece, capo alla nozione di **Stato-ordinamento**, quale amministrazione di vertice di un settore costituzionalmente separato dall'attività di governo.

Secondo quest'accezione, quelli costituzionali sono organi in posizione di sostanziale autonomia e quindi di separatezza rispetto alle amministrazioni dello Stato, anche con riguardo alla loro attività di gestione ed alla loro organizzazione interna. La ratio della loro esclusione della disciplina dettata dal testo unico sul pubblico impiego deriverebbe dall'esigenza di preservare l'autonomia di tali organi: pertanto, dalla loro mancata inclusione nel novero delle amministrazioni pubbliche discenderebbe la sottrazione degli organi costituzionali italiani alla disciplina e ai controlli tipici delle amministrazioni statali, quale la giurisdizione di conto.

Con la sentenza della Corte costituzionale n. 129 del 1981, è stato infatti deciso che «deroghe alla giurisdizione» contabile operano naturalmente «nei confronti di organi immediatamente partecipi del potere sovrano dello Stato, e perciò situati al vertice dell'ordinamento, in posizione di assoluta indipendenza e di reciproca parità». In buona sostanza, la **giurisdizione di conto** deve essere bilanciata con l'**autonomia degli organi costituzionali**, in maniera da contemperare i controlli con i principi della divisione dei poteri. Tale «esenzione rappresenta un riflesso dell'autonomia di cui gli organi costituzionali considerati dispongono che non si esaurisce nella normazione, comprendendo anche il momento applicativo delle norme stesse, dato che altrimenti quell'autonomia verrebbe dimezzata dall'attivazione dei corrispondenti rimedi amministrativi, ed anche giurisdizionali»

Sono organi costituzionali:

- Il **Parlamento**, composto da Camera dei deputati e Senato della Repubblica
- La **Corte costituzionale**
- Il **Governo della Repubblica Italiana**
- Il **Presidente della Repubblica**

c. Il Parlamento e la funzione legislativa

Il **Parlamento italiano**, nell'ordinamento della Repubblica Italiana, è l'organo costituzionale cui è attribuito l'esercizio della **funzione legislativa**. Ha una struttura di tipo **bicamerale**, componendosi della **Camera dei deputati** e del **Senato della Repubblica**, ed è contemplato dal Titolo I della parte seconda della Costituzione; nell'Italia monarchica si articolava, secondo quanto previsto dallo Statuto Albertino, in Camera dei deputati e Senato del Regno.

Il sistema parlamentare italiano si caratterizza per il **bicameralismo perfetto**: nessuna camera può vantare una competenza che non sia anche dell'altra camera.

Dai lavori preparatori dell'Assemblea costituente si evince che una delle principali ragioni del bicameralismo era quella secondo cui il Senato avrebbe potuto svolgere la funzione di "camera di raffreddamento" presente in altri ordinamenti. Infatti, i limiti di età per l'elettorato attivo e passivo sono più stringenti al Senato che alla Camera ed è previsto un nucleo, ancorché minimo, di senatori a vita non elettivi.

In ciascuna camera del Parlamento, i soggetti preposti possono presentare un progetto di legge. La camera, quindi, incarica le commissioni competenti di discutere le materie trattate nel disegno di legge. Trovato l'accordo e approvato il testo in commissione, il testo viene presentato in aula, discusso e infine votato dall'assemblea. Il testo, se approvato, viene trasmesso all'altra camera del Parlamento, che ripete la medesima procedura.

La legge viene considerata approvata se entrambi i rami del Parlamento hanno approvato lo stesso identico testo, altrimenti il testo continua ad essere discusso e votato, se ritenuto valido, oppure accantonato.

Il **procedimento legislativo** per le leggi e gli atti con forza di legge è quindi obbligatoriamente (o necessariamente) bicamerale, prevede che entrambe le camere rappresentative approvino lo stesso testo di legge, secondo le procedure richieste dal dettato costituzionale.

Il procedimento può essere così schematizzabile:

1.	Iniziativa	4.	approvazione (articolo per articolo e finale)
2.	Istruttoria	5.	promulgazione
3.	Esame	6.	pubblicazione

L'iniziativa spetta al governo, ai singoli parlamentari (che devono presentare la proposta di legge alla loro Camera d'appartenenza), ai cittadini (che devono presentare una proposta formulata in articoli e accompagnata dalle firme di 50.000 elettori), ai singoli Consigli regionali e al C.N.E.L. (Consiglio nazionale dell'economia e del lavoro).

L'iniziativa, una volta pervenuta a una delle due Camere, deve essere assegnata a una commissione competente per materia perché svolga una preliminare attività istruttoria (avvalendosi anche dei pareri formulati da altre commissioni, e in particolare dalle cosiddette «commissioni filtro»).

A questo punto, il procedimento può seguire due strade diverse. Nel procedimento normale la commissione competente si riunisce in sede referente e, formulata una relazione e nominato un relatore, trasmette la competenza alla formulazione e all'approvazione del testo all'assemblea. Il tutto deve avvenire in non più di 4 mesi alla Camera e di 2 mesi al Senato. Una volta approdato in una Camera avviene la discussione generale, cui seguono l'esame e il voto articolo per articolo, le dichiarazioni di voto e in ultimo la votazione generale, che normalmente avviene e in modo palese (il voto segreto è previsto per materie che implicano scelte dettate dalla coscienza individuale). Se il progetto ottiene la votazione positiva di una Camera, passa all'altro ramo del parlamento che la deve votare senza ulteriori modifiche. In caso di modifiche il testo ritorna all'altra Camera, che lo deve riapprovare. Se il testo ripete questo procedimento più volte si parla di "navette" o **palleggiamento**.

Questa procedura è obbligatoria per i disegni di legge in materia costituzionale ed elettorale e per quelli di delegazione legislativa, di autorizzazione a ratificare trattati internazionali, di approvazione di bilanci e consuntivi (art. 72 Cost.). In tutte le altre ipotesi, si potrà avere una procedura speciale (o procedura legislativa decentrata): la commissione permanente potrà riunirsi in sede redigente (sarà di competenza dell'assemblea, cioè, la sola approvazione finale) oppure deliberante o legislativa (l'intero iter parlamentare si svolge in seno alla commissione), fatta salva in entrambi i casi la possibilità per 1/10 dei membri della Camera che sta procedendo, 1/5 dei membri della commissione o per il governo di chiedere il ritorno alla procedura normale.

Procedure particolari sono previste per la conversione di decreti-legge, la legge annuale comunitaria, i documenti appartenenti alla manovra finanziaria annuale la legge di bilancio, la relativa legge di stabilità (la ex legge finanziaria) e disegni di legge collegati la legge annuale di semplificazione e altre leggi di cui si decide l'urgenza. Approvato lo stesso testo in entrambi i rami del Parlamento, questo verrà trasmesso al presidente della Repubblica, perché entro un mese provveda alla promulgazione, salva la possibilità di chiedere alle Camere, con messaggio motivato, una nuova deliberazione (ipotesi nella quale la promulgazione è atto dovuto). Una volta promulgata, la legge sarà quindi pubblicata a cura del ministro della giustizia sulla Gazzetta Ufficiale ed entrerà in vigore dopo il periodo di *vacatio legis* (15 giorni, a meno che non sia altrimenti stabilito).

d. Il procedimento di revisione costituzionale

Il procedimento di **revisione costituzionale** è un processo attraverso il quale vengono apportate **modifiche alla Costituzione di uno Stato**. La Costituzione rappresenta il documento fondamentale che definisce i principi, i valori e le istituzioni su cui si fonda lo Stato, nonché i diritti e i doveri dei cittadini. La revisione costituzionale è un'operazione delicata poiché implica modifiche sostanziali alla struttura e alla governance dello Stato.

Il funzionamento del procedimento di revisione costituzionale può variare da Paese a Paese in base alle disposizioni contenute nella Costituzione stessa. Tuttavia, ci sono alcune fasi generali comuni che spesso caratterizzano questo processo:

- **Iniziativa**: le revisioni costituzionali possono essere avviate da diversi attori, come il Parlamento, il governo, un numero specifico di cittadini o una convenzione costituzionale, a seconda delle disposizioni costituzionali di ciascun Paese. Questa fase prevede la presentazione di proposte di modifica alla Costituzione.

- **Dibattito e negoziazione**: una volta avviata l'iniziativa, segue un periodo di dibattito e negoziazione all'interno delle istituzioni politiche e della società civile. Le proposte di modifica vengono esaminate, discusse ed eventualmente modificate o integrate in base alle opinioni e alle esigenze degli attori coinvolti.

- **Approvazione**: dopo il dibattito e la negoziazione, le proposte di modifica vengono sottoposte a un processo formale di approvazione. Questo può avvenire attraverso il voto del Parlamento, un referendum popolare o altre modalità previste dalla Costituzione.

- **Ratifica**: in alcuni casi, le modifiche costituzionali approvate devono essere ratificate da organi o istituzioni specifiche, come altri livelli di governo, organismi regionali o sovranazionali, o istituzioni rappresentative dei cittadini.

- **Entrata in vigore**: una volta completate le fasi precedenti, le modifiche costituzionali diventano parte integrante della Costituzione ed entrano in vigore. Possono essere stabilite disposizioni transitorie per determinare il momento esatto in cui le modifiche iniziano ad essere applicate.

È importante notare che il procedimento di revisione costituzionale è spesso soggetto a regole e procedure specifiche stabilite dalla Costituzione stessa al fine di garantire la legittimità, la trasparenza e la stabilità del processo. Le modifiche costituzionali possono avere un impatto significativo sulla struttura politica, sulla divisione dei poteri e sui diritti dei cittadini; quindi, è essenziale che il processo di revisione sia condotto in modo accurato e conforme ai principi democratici.

e. I rapporti civili nella Costituzione

I rapporti civili in Italia sono regolati dalla Costituzione italiana e da altre leggi e normative che disciplinano i diritti e i doveri dei cittadini nel contesto delle relazioni civili, come il Codice civile. La Costituzione italiana stabilisce i principi fondamentali che governano i rapporti civili tra individui e istituzioni. Ecco alcuni punti salienti:

- **Diritti Fondamentali**: la Costituzione riconosce e garantisce una serie di diritti fondamentali ai cittadini italiani, che includono, tra gli altri, il diritto alla vita, alla libertà personale, alla proprietà privata, alla dignità umana e alla parità di trattamento davanti alla legge.

- **Uguaglianza**: la Costituzione sancisce il principio dell'uguaglianza, che implica che tutti i cittadini sono uguali di fronte alla legge e devono essere trattati con pari dignità e rispetto, senza discriminazioni di alcun genere.

- **Diritti di Famiglia**: la Costituzione protegge la famiglia come istituzione sociale fondamentale e riconosce i diritti dei coniugi e dei figli. La Costituzione stabilisce anche i principi fondamentali relativi al matrimonio, al divorzio, all'adozione e alla tutela dei minori.

- **Libertà di Contrattazione**: la Costituzione riconosce la libertà di contrattazione e di negoziazione tra le parti, consentendo agli individui di stipulare accordi e contratti civili in conformità con le leggi vigenti.

- **Protezione dei Minori e dei Cittadini Vulnerabili**: la Costituzione prevede misure per la protezione dei minori e delle persone svantaggiate, garantendo loro particolare tutela e assistenza da parte dello Stato.

- **Giustizia**: la Costituzione sancisce il principio della giustizia come fondamento del sistema legale italiano, garantendo il diritto di accesso alla giustizia e il rispetto dei principi di equità, imparzialità e legalità nei rapporti civili.

Inoltre, il sistema legale italiano include il **Codice civile**, che disciplina specificamente i rapporti civili tra individui, come i contratti, le obbligazioni, i diritti di proprietà, le successioni e altre questioni relative alla sfera civile. Il Codice civile fornisce un quadro dettagliato e completo delle norme e dei principi che regolano i rapporti civili in Italia, offrendo orientamento e strumenti per la risoluzione delle controversie e la tutela dei diritti e degli interessi delle parti coinvolte.

In particolare, la parte prima della Costituzione è composta da 42 articoli e si occupa dei "**Diritti e dei Doveri dei cittadini**". In particolare, gli articoli dal 13 al 16 sono dedicati alle **libertà individuali**, in cui si afferma che la libertà è un valore sacro e, quindi, inviolabile (art. 13); che il domicilio è inviolabile (art. 14); che la corrispondenza è libera e segreta (art. 15); che ogni cittadino può soggiornare e circolare liberamente nel Paese (art. 16) (per le limitazioni di queste libertà la carta costituzionale prevede una riserva di legge assoluta). Le **libertà collettive**, affermate dagli articoli dal 17 al 21, garantiscono che i cittadini italiani hanno il diritto di riunirsi in luoghi pubblici (con obbligo di preavviso all'autorità di pubblica sicurezza), o in luoghi privati e aperti al pubblico (liberamente) (art. 17), di associarsi liberamente; e che le associazioni aventi uno scopo comune non devono andare contro il principio democratico e le norme del codice penale (art. 18); che ogni persona ha il diritto di professare liberamente il proprio credo (art. 19); che ogni individuo è libero di professare il proprio pensiero, con la parola, con lo scritto e con ogni altro mezzo di comunicazione (art. 21).

Dall'articolo 22 al 28 si affermano i principi e i limiti dell'uso legittimo della **forza** (art. 23); il diritto attivo e passivo alla **difesa in tribunale** (art. 24); il principio di **legalità della pena** (art. 25); le **limitazioni all'estradizione dei cittadini** (art. 26); il principio di **personalità nella responsabilità penale** (art. 27, comma 1); il principio della **presunzione di non colpevolezza** (art. 27, comma 2); il principio di **umanità e rieducatività della pena** (art. 27, comma 3) e l'**esclusione della pena di morte** (art. 27, comma 4).

Infine, la **previsione della responsabilità individuale del dipendente e dei funzionari pubblici**, organicamente estesa all'intero apparato, per violazione di leggi da parte di atto della pubblica amministrazione, a tutela della funzione sociale e dei consociati dagli illeciti, in materia civile (art. 28, comma 2), nonché amministrativa e penale (art. 28, comma 1).

La Repubblica italiana riconosce la **famiglia** come società naturale fondata sul matrimonio, e afferma anche che è dovere e diritto dei genitori mantenere, istruire ed educare i figli (dall'art. 29

al 31). L'articolo 32 della Costituzione afferma che la Repubblica tutela la **salute** come fondamentale diritto dell'individuo ed interesse della collettività. Afferma, inoltre, che "nessuno può essere obbligato a un determinato trattamento sanitario se non per disposizione di legge" e che la legge "non può in nessun caso violare i limiti imposti dal rispetto della persona umana". I due successivi articoli, il 33 e il 34, affermano che **l'arte e la scienza** sono **libere** e libero ne è l'insegnamento; inoltre, la **scuola** deve essere **aperta a tutti**: quella statale è gratuita, mentre quella privata è libera e senza oneri per lo Stato.

Gli articoli dal 35 al 47 assicurano la **tutela del lavoro** e la **libertà di emigrazione** (art. 35), il diritto al giusto salario (art. 36, comma 1), la durata massima della giornata lavorativa (art. 36, comma 2), il diritto/dovere al riposo settimanale (art. 36, comma 3), il lavoro femminile e minorile (art. 37), i lavoratori invalidi, malati, anziani o disoccupati (art. 38), la libertà di organizzazione sindacale (art. 39), il diritto di sciopero (art. 40), la libertà di iniziativa economica e i suoi limiti (art. 41), la proprietà pubblica e privata, e la sua funzione sociale (art. 42), la possibilità ed i limiti all'espropriazione (art. 43), la proprietà terriera (art. 44), le cooperative e l'artigianato (art. 45), la collaborazione tra i lavoratori (art. 46) ed il risparmio (art. 47).

I **diritti e doveri politici** sono dichiarati dall'articolo 48 al 54. L'articolo 48 afferma che sono elettori tutti i cittadini, uomini e donne, che hanno raggiunto la maggiore età oltre anche che il diritto di voto è personale ed eguale, libero e segreto, e che il suo esercizio è dovere civico ma l'astensione non è sanzionata.

(Art. 48 della Costituzione della Repubblica Italiana)
«Sono elettori tutti i cittadini, uomini e donne, che hanno raggiunto la maggiore età. Il voto è personale ed eguale, libero e segreto. Il suo esercizio è dovere civico. La legge stabilisce requisiti e modalità per l'esercizio del diritto di voto dei cittadini residenti all'estero e ne assicura l'effettività. A tale fine è istituita una circoscrizione Estero per l'elezione delle Camere, alla quale sono assegnati seggi nel numero stabilito da norma costituzionale e secondo criteri determinati dalla legge. Il diritto di voto non può essere limitato se non per incapacità civile o per effetto di sentenza penale irrevocabile o nei casi di indegnità morale indicati dalla legge.»

Con l'articolo 49 si sancisce invece il principio della **libertà di associarsi in partiti e del pluripartitismo politico**:

(Art. 49 della Costituzione della Repubblica Italiana)
«Tutti i cittadini hanno diritto di associarsi liberamente in partiti per concorrere con metodo democratico a determinare la politica nazionale.»

Secondo l'articolo 52, il cittadino ha il dovere nel concorrere alla **difesa dello Stato**, prevedendo l'obbligatorietà del servizio militare in Italia, ma solo nelle modalità e nelle limitazioni imposte dalla legge, affermando contestualmente il principio giuridico che l'ordinamento delle forze armate italiane deve essere organizzato in base allo spirito repubblicano:

(Art. 52 della Costituzione della Repubblica Italiana)
«La difesa della Patria è sacro dovere del cittadino. Il servizio militare è obbligatorio nei limiti e modi stabiliti dalla legge. Il suo adempimento non pregiudica la posizione di lavoro del cittadino, né l'esercizio dei diritti politici. L'ordinamento delle forze armate si informa allo spirito democratico della Repubblica.»

Gli articoli 53 e 54 identificano alcuni doveri dei cittadini, nello specifico il dovere di concorrere alle spese pubbliche pagando **tasse e imposte** (secondo il principio di progressività della tassazione), il dovere di **essere fedeli alla Repubblica, alla Costituzione ed alle leggi**, ed il dovere per chi esercita funzioni pubbliche, di adempierle con disciplina ed onore, prestando giuramento nei casi previsti dalla legge:

(Art. 54 della Costituzione della Repubblica Italiana)
«Tutti i cittadini hanno il dovere di essere fedeli alla Repubblica e di osservarne la Costituzione e le leggi. I cittadini cui sono affidate funzioni pubbliche hanno il dovere di adempierle con disciplina ed onore, prestando giuramento nei casi stabiliti dalla legge.»

f. La Carta dei diritti fondamentali dell'Unione Europea: contenuti e struttura

La **Carta dei diritti fondamentali dell'Unione europea** (la Carta) tutela i diritti fondamentali di cui godono le persone nell'Unione europea. Si tratta di uno strumento moderno e completo del diritto dell'Unione che tutela e promuove i diritti e le libertà delle persone di fronte ai cambiamenti nella società, al progresso sociale e agli sviluppi scientifici e tecnologici. La Carta riafferma, nel pieno rispetto dei poteri e delle funzioni dell'Unione e del principio della sussidiarietà, i diritti stabiliti basati sulla tradizioni costituzionali e dagli obblighi internazionali comuni degli Stati membri, che comprendono la **Convenzione europea** per la salvaguardia dei diritti dell'uomo e delle libertà fondamentali, le **Carte sociali** adottate dall'Unione e dal Consiglio d'Europa e la giurisprudenza della **Corte di giustizia** dell'Unione europea e della **Corte europea** dei diritti dell'uomo. Grazie alla visibilità e alla chiarezza che la Carta conferisce ai diritti fondamentali, essa contribuisce a creare la certezza del diritto nell'Unione.

La Carta comprende un **preambolo introduttivo e 54 articoli**, suddivisi in **sette capi**:

- **Capo I: dignità** (dignità umana, diritto alla vita, diritto all'integrità della persona, proibizione della tortura e delle pene o trattamenti inumani o degradanti, proibizione della schiavitù e del lavoro forzato).

- **Capo II: libertà** (diritto alla libertà e alla sicurezza, rispetto della vita privata e della vita familiare, protezione dei dati di carattere personale, diritto di sposarsi e di costituire una famiglia, libertà di pensiero, di coscienza e di religione, libertà di espressione e d'informazione, libertà di riunione e di associazione, libertà delle arti e delle scienze, diritto all'istruzione, libertà professionale e diritto di lavorare, libertà d'impresa, diritto di proprietà, diritto di asilo, protezione in caso di allontanamento, di espulsione e di estradizione).

- **Capo III: uguaglianza** (uguaglianza davanti alla legge, non discriminazione, diversità culturale, religiose e linguistica, parità tra uomini e donne, diritti del bambino, diritti degli anziani, inserimento dei disabili).

- **Capo IV: solidarietà** (diritto dei lavoratori all'informazione e alla consultazione nell'ambito dell'impresa, diritto di negoziazione e di azioni collettive, diritto di accesso ai servizi di collocamento, tutela in caso di licenziamento ingiustificato, condizioni di lavoro giuste ed eque, divieto del lavoro minorile e protezione dei giovani sul luogo di lavoro, vita familiare e vita professionale, sicurezza sociale e assistenza sociale, protezione della salute, accesso ai servizi d'interesse economico generale, tutela dell'ambiente, protezione dei consumatori).

- **Capo V: cittadinanza** (diritto di voto e di eleggibilità alle elezioni del Parlamento europeo e alle elezioni comunali, diritto a una buona amministrazione, diritto d'accesso ai documenti, Mediatore europeo, diritto di petizione, libertà di circolazione e di soggiorno, tutela diplomatica e consolare);

- **Capo VI: giustizia** (diritto a un ricorso effettivo e a un giudice imparziale, presunzione di innocenza e diritti della difesa, principi della legalità e della proporzionalità dei reati e delle pene, diritto di non essere giudicato o punito due volte per lo stesso reato).

- **Capo VII: disposizioni generali**.

La Carta si applica alle istituzioni europee, agli organi, agli organismi e alle agenzie, nell'espletamento di tutte le loro azioni. Non amplia i poteri a loro conferiti di là di quanto previsto dai trattati. Essa si applica anche agli Stati membri nell'ambito della loro attuazione della normativa dell'Unione.

La Carta si applica in concomitanza con i sistemi di protezione dei diritti fondamentali nazionali e internazionali, tra cui la Convenzione europea dei diritti dell'uomo.

TESI 4

a. Dallo Stato liberale allo Stato sociale
b. Il Governo e la funzione esecutiva
c. Il sistema elettorale e il corpo elettorale
d. La Magistratura e la funzione giurisdizionale
e. I rapporti economici nella Costituzione italiana
f. Gli atti dell'Unione Europea

a. Dallo Stato liberale allo Stato sociale

Lo Stato liberale si basa su tre elementi: principio della **divisione dei poteri** e della **pluralità degli organi costituzionali, riconoscimento dei diritti civili e dei diritti politici**, principio **dell'uguaglianza formale**.

Il principio della divisione dei poteri prevede la separazione tra potere esecutivo, legislativo e giudiziario, per evitare l'abuso di potere da parte di un'unica autorità. Il **potere legislativo** è rappresentato dal **Parlamento**, che è l'organo responsabile dell'elaborazione e dell'approvazione delle leggi. Il Parlamento è composto da rappresentanti eletti dai cittadini, che hanno il compito di rappresentare gli interessi della popolazione e di elaborare le leggi necessarie per governare il Paese. Il **potere giudiziario** è rappresentato dalla **Magistratura**, che è l'organo responsabile dell'applicazione e dell'interpretazione delle leggi. La Magistratura è composta da giudici e tribunali indipendenti, che hanno il compito di garantire che le leggi siano rispettate e che i diritti dei cittadini siano protetti. Il **potere esecutivo** è rappresentato dal **Governo** o dalla pubblica amministrazione, che è l'organo responsabile dell'attuazione delle leggi e del Governo del paese. Il Governo è formato dal capo dello Stato e dai Ministri, che hanno il compito di dirigere la pubblica amministrazione e di attuare le politiche del paese. La pubblica amministrazione è composta dai funzionari pubblici, che hanno il compito di attuare le politiche del Governo e di garantire che le **leggi siano rispettate**. La separazione e il bilanciamento tra questi poteri sono essenziali per **evitare l'abuso di potere e garantire la democrazia**.

Il pluralismo degli organi costituzionali garantisce la **democrazia** in quanto esso permette a diversi gruppi e interessi della società di essere rappresentati e di partecipare al processo decisionale. La presenza di più partiti politici e di organi indipendenti, come il potere giudiziario, permette di evitare che un'unica forza o gruppo di potere monopolizzi il Governo e di garantire il controllo democratico dei poteri dello Stato. Inoltre, permette di prevenire gli abusi di potere e di garantire che le decisioni siano prese in modo equo e trasparente.

I diritti civili includono diritti come la libertà di parola, di religione, di riunione pacifica, di proprietà privata, e la protezione contro la discriminazione. I diritti politici includono il diritto di voto, di partecipare alle elezioni e di essere eletti a cariche pubbliche. Questi diritti sono considerati fondamentali per la protezione della **libertà individuale** e per la realizzazione di una **società democratica**.

Infine, il principio dell'uguaglianza formale garantisce che tutti i cittadini siano trattati allo stesso modo dalle istituzioni dello Stato, indipendentemente dalla loro situazione personale o sociale. Questo significa che le leggi e le regole devono essere uguali per tutti, senza distinzioni di genere, razza, età, orientamento sessuale, religione o altre caratteristiche personali. Inoltre, garantisce che tutti i cittadini abbiano gli stessi diritti e le stesse opportunità, e che non ci siano privilegi per alcune persone o gruppi di persone.

Lo Stato liberale tradizionalmente si concentra principalmente sulla tutela dei diritti individuali, come la libertà di parola, di religione, di proprietà privata e di protezione contro la discriminazione. Tuttavia, negli ultimi anni, molti Stati liberali hanno esteso i loro compiti anche alla protezione dei diritti sociali, come il diritto all'istruzione, alla salute, al lavoro e all'abitazione. Il diritto all'istruzione, ad esempio, è un diritto fondamentale per lo sviluppo personale e sociale, perché permette ai cittadini di acquisire le conoscenze e le competenze necessarie per sviluppare le loro capacità e partecipare attivamente alla vita sociale e politica.

In generale, l'estensione dei diritti sociali rappresenta un passo verso uno **Stato sociale** (*welfare state*), in cui lo Stato assume maggiori responsabilità per garantire il **benessere dei cittadini** e per proteggere i loro diritti sociali. Il passaggio dallo Stato liberale allo Stato sociale può avvenire in diversi modi a seconda del contesto storico e politico. In generale, si può dire che il passaggio dallo Stato liberale allo Stato sociale è caratterizzato dall'**espansione dei compiti e delle responsabilità dello Stato in materia di welfare e di protezione sociale**. In alcuni casi, il passaggio dallo Stato liberale allo Stato sociale può avvenire attraverso un processo di evoluzione graduale, in cui lo Stato assume gradualmente nuovi compiti e responsabilità in risposta alle esigenze sociali e politiche del Paese. In altri casi, invece, può avvenire attraverso un processo di rivoluzione o di cambiamento radicale, in cui il potere politico viene radicalmente riformato per adattarsi alle nuove esigenze sociali e politiche del Paese. In ogni caso, per passare dallo Stato liberale allo Stato sociale, c'è la necessità di una maggiore attenzione verso i bisogni e le esigenze dei cittadini, la protezione sociale e la redistribuzione del reddito, l'assistenza sanitaria e la previdenza sociale.

b. Il Governo e la funzione esecutiva

Il **Governo della Repubblica Italiana** è un organo di tipo complesso del sistema politico italiano, composto dal Presidente del Consiglio dei ministri, capo del governo, e dai ministri, che formano il Consiglio dei ministri, e da viceministri e sottosegretari; esso costituisce il vertice del **potere esecutivo**. Il Presidente del Consiglio ha la sua sede ufficiale a **Palazzo Chigi** in piazza Colonna a Roma, il Governo nel suo insieme utilizza come sedi di rappresentanza per alcune occasioni ufficiali Villa Doria Pamphilj, Villa Madama e il Palazzo della Farnesina, situati tutti a Roma.

Il governo è l'organo situato al vertice dell'amministrazione dello Stato. Esercita la funzione esecutiva, può richiedere il passaggio in aula di proposte di legge (art. 72), emana leggi delegate (art. 76) e decreti-legge (art. 77) nelle forme e con i limiti determinati dalla Costituzione e dalle leggi ordinarie, presenta annualmente alle Camere, che lo devono approvare, il rendiconto dello Stato (art. 81 cost.), solleva la questione di legittimità rispetto alle leggi regionali (art. 123 e art. 127) nel caso ritenga che un consiglio regionale abbia ecceduto nelle sue competenze. I suoi compiti sono molteplici:

- fare rispettare l'ordine e la legge attraverso la gestione delle forze di polizia e dei penitenziari;
- condurre la politica estera dello Stato;
- dirigere le forze militari;
- dirigere i servizi pubblici e la pubblica amministrazione.

c. Il sistema elettorale e il corpo elettorale

La **democrazia** (dal greco antico: δῆμος, démos, «popolo» e κράτος, krátos, «potere») etimologicamente significa "**Governo del popolo**", ovvero sistema di Governo in cui la sovranità è esercitata, direttamente o indirettamente, dal popolo, generalmente identificato come l'insieme dei cittadini che ricorrono in generale a strumenti di consultazione popolare (es. votazione, deliberazioni ecc.). Storicamente il concetto di democrazia non si è cristallizzato in una sola univoca versione ovvero in un'unica concreta traduzione, ma ha trovato espressione evolvendosi in diverse manifestazioni, tutte comunque caratterizzate dalla ricerca di una modalità capace di dare al popolo la potestà effettiva di governare.

Benché all'idea di democrazia si associ in genere una forma di Stato, la democrazia può riguardare qualsiasi comunità di persone e il modo in cui vengono prese le decisioni al suo interno.

Il **corpo elettorale** rappresenta **l'insieme delle persone alle quali viene riconosciuto il diritto di esercitare l'elettorato attivo,** e cioè il diritto di eleggere i propri rappresentanti, **e l'elettorato**

passivo, e cioè il diritto di essere eletto. Solitamente rappresenta un sottoinsieme dei cittadini. Il diritto di voto, così riconosciuto, opera sotto precisi requisiti.

La democrazia, che riconosce il Corpo elettorale nella sua massima latitudine, è la forma di Stato attraverso cui il popolo esprime il proprio voto. Il voto è un metodo attraverso il quale un gruppo di persone esprime un giudizio. Quando i componenti del gruppo si esprimono in quanto individui, si parla di **voto personale**: esso è uno dei principi fondamentali delle moderne democrazie rappresentative e, in Italia, è consacrato dall'articolo 48 della Costituzione, unitamente alla libertà ed uguaglianza del voto.

Il gruppo di persone chiamate a votare può esser più o meno grande e a seconda dei casi può variare e comprendere i partecipanti di una riunione così come gli appartenenti a una circoscrizione elettorale e quindi a un'elezione. Di solito il voto è uno strumento che è volto a prendere una decisione in seguito a una discussione o a un dibattito ma, quando coinvolge il Corpo elettorale, è l'atto finale di una campagna elettorale e consiste in uno scrutinio dal quale consegue la proclamazione degli eletti in assemblee rappresentative.

L'**elettorato** costituisce l'esercizio di una pubblica potestà attribuita non al singolo elettore, ma all'insieme di tutti gli elettori, allorché vengono simultaneamente convocati alle urne.

L'appartenenza al corpo elettorale è documentata e realizzata attraverso l'iscrizione nelle liste elettorali in base al sistema delle liste elettorali permanenti ed uniche (cioè utilizzabili sia per le elezioni politiche, sia per le amministrative e i referendum). Tale iscrizione avviene d'ufficio nelle liste elettorali del Comune in cui il cittadino che ne ha titolo sia residente anagrafico. In particolare:

- l'**elettorato attivo** (che è la **capacità di votare**) costituisce per il cittadino un diritto pubblico soggettivo; è inquadrabile fra i diritti politici, cioè fra i diritti che hanno per contenuto l'esercizio di una pubblica funzione;

- l'**elettorato passivo** (che consiste nella **capacità di essere eletto**) è una facoltà riconosciuta a chi è eleggibile ed abbia i requisiti per essere elettore (di massima, l'elettorato attivo coincide con l'elettorato passivo).

Nel mondo esistono sistemi molto diversi per eleggere i propri rappresentanti, ma sono tutti riconducibili a due tipologie: proporzionale e maggioritario (a cui si aggiungono i sistemi misti). Un **sistema elettorale** è un insieme di regole che stabiliscono in che modo delle persone, gli elettori, scelgono i loro rappresentanti, gli eletti, in un organo elettivo. Esistono molti diversi sistemi elettorali sia per gli organi presenti all'interno degli enti pubblici (anzitutto le assemblee legislative, come la Camera e il Senato, ma anche i consigli comunali, le assemblee regionali, ecc.), sia per quelli esistenti negli enti privati (i consigli di amministrazione di un'azienda, il consiglio direttivo di un'associazione, ecc.). I sistemi elettorali sono molto numerosi e alcuni sono molto complessi, come il *Rosatellum* per eleggere i membri del Parlamento italiano. Tuttavia, possono essere raggruppati in due grandi categorie: **sistemi proporzionali** e **sistemi maggioritari**, a cui si aggiungono i **sistemi misti** (che contengono elementi proporzionali e maggioritari).

Il sistema proporzionale prevede che ogni partito o coalizione di partiti elegga un numero di rappresentanti in proporzione alla percentuale di voti che ha ottenuto alle elezioni: un partito che ottiene, per esempio, il 10% dei voti per un'assemblea composta da 500 seggi, avrà diritto a 50 rappresentanti. Il sistema proporzionale spesso prevede le cosiddette preferenze: gli elettori non scelgono solo il partito da votare, ma anche direttamente il candidato di quel partito che vogliono eleggere (o i candidati, in caso di preferenze multiple). Ogni partito presenta una lista di candidati tra i quali gli elettori possono scegliere. I rappresentanti sono perciò eletti in base al numero di preferenze ricevute: se il partito A ottiene cinque seggi, i suoi cinque eletti saranno i cinque candidati della lista che hanno raccolto il maggior numero di preferenze. In alcuni casi è previsto addirittura il cosiddetto voto disgiunto: gli elettori possono votare per un partito, ma assegnare la propria preferenza al candidato o ai candidati di un altro partito. Il proporzionale ha un grande vantaggio e un grande limite. Il vantaggio è che gli eletti riflettono in maniera fedele l'orientamento degli elettori: se il partito A è sostenuto dal 30% degli elettori, avrà grosso modo il 30% dei rappresentanti (spesso bisogna fare degli arrotondamenti). Lo svantaggio è che l'assemblea legislativa eletta con questo sistema rischia di essere molto frammentata, rendendo difficile formare una maggioranza che possa sostenere un Governo. È un problema spinoso soprattutto nei Paesi, come quelli dell'Europa continentale, nei quali l'elettorato è tradizionalmente diviso tra numerose appartenenze politiche. Esistono, perciò, dei correttivi per consentire la governabilità. I più diffusi sono due:

- la **soglia di sbarramento**, che prevede di non assegnare seggi ai partiti che non superino una determinata percentuale di voti;

- il **premio di maggioranza**, che consiste nell'assegnare al partito/coalizione di maggioranza relativa (cioè quello che ha più voti degli altri partiti, ma non ha la maggioranza assoluta, che è pari al 50% dei voti più uno), un numero maggiore di rappresentanti di quelli che dovrebbe ottenere. Per esempio, se in un'assemblea di 500 rappresentanti il premio di maggioranza è di 50 deputati, un partito che ne ha eletti 225 (pari, mettiamo, al 45% dei voti) ne avrà 275 e avrà quindi la maggioranza assoluta. Un proporzionale con questi correttivi non è più puro, ma include elementi del sistema maggioritario, come del resto avviene quasi sempre. Si considera maggioritario ogni sistema che assegna più seggi al partito di maggioranza relativa. In sostanza, chi ottiene più voti degli altri (anche fosse un solo voto in più) viene premiato e gli vengono assegnati almeno la metà dei seggi disponibili + 1 (in modo tale che abbia la maggioranza assoluta).

Il vantaggio di un sistema maggioritario è che favorisce i partiti/coalizioni più forti e quindi consente di avere un Parlamento poco frammentato, nel quale è facile trovare una maggioranza di Governo. Lo svantaggio è che gli eletti non riflettono fedelmente la volontà dell'elettorato e molti cittadini sono sottorappresentati o restano privi di rappresentanti.

Anche per il sistema maggioritario esistono dei correttivi. Il più diffuso è il **ballottaggio**, che prevede due turni elettorali. Se nessun candidato supera una certa percentuale di voti (di solito la maggioranza assoluta), gli elettori sono chiamati di nuovo alle urne, in genere dopo due settimane, per scegliere tra i due candidati che al primo turno hanno avuto più voti. In questo modo, gli elettori avranno la possibilità di scegliere il loro candidato preferito al primo turno e, se questo non rientra tra i primi due, al secondo turno potranno almeno decidere quale dei due arrivati al ballottaggio considerano migliore. È il sistema usato, per esempio, per eleggere il Presidente francese.

d. La Magistratura e la funzione giurisdizionale

La magistratura italiana è la **Magistratura della Repubblica Italiana**, depositaria del **potere giudiziario**, in particolare di funzioni giurisdizionali, giudicanti o requirenti.

La Costituzione della Repubblica Italiana afferma alcuni principi generali importanti, come ad esempio all'art. 25 ribadendo l'importanza del giudice naturale e all'art.102 ove viene affermato che la disciplina della funzione giudiziaria è rimessa alle norme dell'ordinamento nonché il divieto di istituire nuovi giudici straordinari o giudici speciali. Inoltre, secondo quanto sancito dall'art. 104 la magistratura costituisce un ordine autonomo e indipendente da ogni altro potere; quindi ciascun magistrato, sia giudicante sia requirente, è per legge inamovibile, a meno che non presti il proprio consenso ovvero in mancanza solo per i motivi e con le garanzie di difesa previsti dall'ordinamento giudiziario italiano.

L'**organo di autogoverno** della magistratura è il **Consiglio superiore della magistratura**, organo di rilievo costituzionale, presieduto dal Presidente della Repubblica. A tale organo spettano, ai sensi dell'art. 105 della Costituzione, i fini di garantire l'autonomia e indipendenza della magistratura, le assunzioni, le assegnazioni e i trasferimenti, le promozioni e i provvedimenti disciplinari nei riguardi dei magistrati.

I **magistrati di carriera** detti **togati** si distinguono in:

- **ordinari**: competenza ordinaria civile e penale

- **amministrativi**: Consiglio di Stato, Tribunali amministrativi regionali, che hanno giurisdizione per la tutela degli interessi legittimi nei confronti della Pubblica amministrazione e, in materie particolari indicate per legge (giurisdizione esclusiva), anche dei diritti soggettivi

- **contabili**: Corte dei conti, competenza in materia di risarcimento del danno erariale, cagionato da chi gestisca e operi con finanze pubbliche

- **tributari**: Commissioni provinciali e, per l'appello, in Commissioni regionali, competenza in materia di controversie relative a qualunque tipo di imposta o tassa.

Inoltre, l'art. 106 della Costituzione italiana stabilisce che l'ufficio di consigliere di cassazione può anche essere affidato, per meriti insigni, a docenti universitari in materie giuridiche nonché ad avvocati con almeno quindici anni di esercizio che siano iscritti negli albi per le giurisdizioni superiori.

La **Magistratura onoraria italiana** è composta dal giudice onorario di pace, il viceprocuratore onorario e il giudice onorario di tribunale.

Infine, vi è la **Magistratura militare italiana** con competenza relativa ai reati militari commessi da membri appartenenti alle forze armate italiane.

e. I rapporti economici nella Costituzione italiana

I rapporti economici in Italia sono disciplinati da diversi articoli della Costituzione italiana, che stabiliscono i principi fondamentali su cui si basa l'organizzazione economica del Paese. Ecco una panoramica dei principali aspetti dei rapporti economici sanciti dalla Costituzione:

- **Principi Fondamentali**: la Costituzione italiana stabilisce diversi principi fondamentali relativi all'economia, tra cui l'articolo 41 che sancisce il principio della libera iniziativa economica privata, affermando che l'iniziativa economica privata è libera. Tuttavia, questa libertà deve essere esercitata in conformità con la utilità sociale e la sicurezza economica.

- **Proprietà Pubblica e Privata**: la Costituzione riconosce e garantisce il diritto di proprietà privata e stabilisce che la proprietà è pubblica o privata secondo le disposizioni della legge. Questo implica che lo Stato, le regioni, gli enti locali e altri enti pubblici possono possedere beni e risorse, mentre i cittadini e le imprese possono possedere proprietà privata.

- **Difesa del Lavoro**: la Costituzione italiana prevede la tutela del lavoro come principio fondamentale dell'ordinamento sociale ed economico del paese. L'articolo 1 della Costituzione afferma che l'Italia è una Repubblica fondata sul lavoro e stabilisce che la Repubblica riconosce e tutela i diritti del lavoratore.

- **Diritti dei Lavoratori**: la Costituzione italiana garantisce diversi diritti ai lavoratori, tra cui il diritto al lavoro, il diritto alla retribuzione equa e il diritto alla tutela della salute e della sicurezza sul lavoro. Inoltre, la Costituzione stabilisce il principio della partecipazione dei lavoratori alla gestione delle imprese, in conformità con la legge.

- **Risorse Economiche e Fiscali**: la Costituzione italiana stabilisce i principi relativi alla gestione delle risorse economiche e fiscali dello Stato. Ad esempio, l'articolo 53 della Costituzione stabilisce che tutte le entrate e le spese dello Stato devono essere iscritte nel bilancio dello Stato.

- **Solidarietà Sociale ed Economica**: la Costituzione italiana promuove il principio della solidarietà sociale ed economica, affermando che la Repubblica adotta misure volte a rimuovere gli ostacoli che limitano la libertà e l'eguaglianza dei cittadini, favorisce il pieno sviluppo della persona umana e assicura la partecipazione di tutti i lavoratori alla determinazione delle condizioni di lavoro.

Questi sono solo alcuni dei principali aspetti dei rapporti economici sanciti dalla Costituzione italiana. La Carta fondamentale fornisce il quadro giuridico e normativo su cui si basa l'organizzazione economica del Paese, stabilendo i principi e i valori che guidano l'attività economica e sociale in Italia.

PARTE I - DIRITTI E DOVERI DEI CITTADINI
TITOLO III - RAPPORTI ECONOMICI

Art. 35

La Repubblica tutela il lavoro in tutte le sue forme ed applicazioni. Cura la formazione e l'elevazione professionale dei lavoratori. Promuove e favorisce gli accordi e le organizzazioni internazionali intesi ad affermare e regolare i diritti del lavoro. Riconosce la libertà di emigrazione, salvo gli obblighi stabiliti dalla legge nell'interesse generale, e tutela il lavoro italiano all'estero.

Art. 36

Il lavoratore ha diritto ad una retribuzione proporzionata alla quantità e qualità del suo lavoro e in ogni caso sufficiente ad assicurare a sé e alla famiglia un'esistenza libera e dignitosa. La durata massima della giornata lavorativa è stabilita dalla legge. Il lavoratore ha diritto al riposo settimanale e a ferie annuali retribuite, e non può rinunziarvi.

Art. 37

La donna lavoratrice ha gli stessi diritti e, a parità di lavoro, le stesse retribuzioni che spettano al lavoratore. Le condizioni di lavoro devono consentire l'adempimento della sua essenziale funzione familiare e assicurare alla madre e al bambino una speciale adeguata protezione. La legge stabilisce il limite minimo di età per il lavoro salariato. La Repubblica tutela il lavoro dei minori con speciali norme e garantisce ad essi, a parità di lavoro, il diritto alla parità di retribuzione.

Art. 38

Ogni cittadino inabile al lavoro e sprovvisto dei mezzi necessari per vivere ha diritto al mantenimento e all'assistenza sociale. I lavoratori hanno diritto che siano preveduti ed assicurati mezzi adeguati alle loro esigenze di vita in caso di infortunio, malattia, invalidità e vecchiaia, disoccupazione involontaria. Gli inabili ed i minorati hanno diritto all'educazione e all'avviamento professionale. Ai compiti previsti in questo articolo provvedono organi ed istituti predisposti o integrati dallo Stato. L'assistenza privata è libera.

Art. 39

L'organizzazione sindacale è libera. Ai sindacati non può essere imposto altro obbligo se non la loro registrazione presso uffici locali o centrali, secondo le norme di legge. È condizione per la registrazione che gli statuti dei sindacati sanciscano un ordinamento interno a base democratica. I sindacati registrati hanno personalità giuridica. Possono, rappresentati unitariamente in proporzione dei loro iscritti, stipulare contratti collettivi di lavoro con efficacia obbligatoria per tutti gli appartenenti alle categorie alle quali il contratto si riferisce.

Art. 40

Il diritto di sciopero si esercita nell'ambito delle leggi che lo regolano.

Art. 41

L'iniziativa economica privata è libera. Non può svolgersi in contrasto con l'utilità sociale o in modo da recare danno alla sicurezza, alla libertà, alla dignità umana. La legge determina i programmi e i controlli opportuni perché' l'attività economica pubblica e privata possa essere indirizzata e coordinata a fini sociali.

Art. 42

La proprietà è pubblica o privata. I beni economici appartengono allo Stato, ad enti o a privati. La proprietà privata è riconosciuta e garantita dalla legge, che ne determina i modi di acquisto, di godimento e i limiti allo scopo di assicurarne la funzione sociale e di renderla accessibile a tutti. La proprietà privata può essere, nei casi preveduti dalla legge, e salvo indennizzo, espropriata per motivi d'interesse generale. La legge stabilisce le norme ed i limiti della successione legittima e testamentaria e i diritti dello Stato sulle eredità.

Art. 43

A fini di utilità generale la legge può riservare originariamente o trasferire, mediante espropriazione e salvo indennizzo, allo Stato, ad enti pubblici o a comunità di lavoratori o di utenti determinate imprese o categorie di imprese, che si riferiscano a servizi pubblici essenziali o a fonti di energia o a situazioni di monopolio ed abbiano carattere di preminente interesse generale.

Art. 44

Al fine di conseguire il razionale sfruttamento del suolo e di stabilire equi rapporti sociali, la legge impone obblighi e vincoli alla proprietà terriera privata, fissa limiti alla sua estensione secondo le regioni e le zone agrarie, promuove ed impone la bonifica delle terre, la trasformazione del latifondo e la ricostituzione delle unità produttive; aiuta la piccola e la media proprietà. La legge dispone provvedimenti a favore delle zone montane.

Art. 45

La Repubblica riconosce la funzione sociale della cooperazione a carattere di mutualità e senza fini di speculazione privata. La legge ne promuove e favorisce l'incremento con i mezzi più idonei e ne assicura, con gli opportuni controlli, il carattere e le finalità. La legge provvede alla tutela e allo sviluppo dell'artigianato.

Art. 46

Ai fini della elevazione economica e sociale del lavoro in armonia con le esigenze della produzione, la Repubblica riconosce il diritto dei lavoratori a collaborare, nei modi e nei limiti stabiliti dalle leggi, alla gestione delle aziende.

Art. 47

La Repubblica incoraggia e tutela il risparmio in tutte le sue forme; disciplina, coordina e controlla l'esercizio del credito.
Favorisce l'accesso del risparmio popolare alla proprietà dell'abitazione, alla proprietà diretta coltivatrice e al diretto e indiretto investimento azionario nei grandi complessi produttivi del Paese.

f. Gli atti dell'Unione Europea

Gli atti dell'Unione Europea sono le decisioni, le direttive, i regolamenti, le raccomandazioni e le opinioni emesse dalle istituzioni dell'Unione Europea (UE). Questi atti costituiscono la base del diritto dell'UE e sono fondamentali per il funzionamento dell'Unione e per l'attuazione delle sue politiche. Ecco una spiegazione di alcuni tipi di atti dell'Unione Europea:

- **Regolamenti**: sono vincolanti e direttamente applicabili in tutti gli Stati membri. Non richiedono alcuna trasposizione nella legislazione nazionale e hanno effetto immediato.

- **Direttive**: impongono agli Stati membri di raggiungere un determinato obiettivo, lasciando loro la flessibilità su come farlo. Gli Stati membri devono trasporre le direttive nella loro legislazione nazionale entro un certo periodo di tempo.

- **Decisioni**: sono vincolanti per coloro ai quali sono direttamente rivolte. Possono essere indirizzate a singoli Stati membri, a società o a individui.

- **Raccomandazioni e pareri**: non sono vincolanti, ma forniscono orientamenti o suggerimenti agli Stati membri o ad altre parti interessate.

- **Opinioni**: non sono vincolanti e vengono emesse su richiesta di un'istituzione dell'UE o di uno Stato membro.

Questi atti vengono emanati dalle istituzioni dell'Unione Europea, tra cui la Commissione Europea, il Consiglio dell'Unione Europea, il Parlamento Europeo, la Corte di Giustizia dell'Unione Europea e la Banca Centrale Europea.

TESI 5

a. Il Presidente della Repubblica: poteri e attribuzioni
b. La Pubblica Amministrazione e i Principi Costituzionali dell'attività amministrativa: principio di legalità, di imparzialità, di buon andamento, di trasparenza, di economicità, di efficacia e di pubblicità
c. I doveri nella Costituzione
d. Le autonomie locali: Regioni, Provincia, Comune
e. I rapporti politici nella Costituzione italiana
f. Evoluzione storica dell'Unione Europea

a. Il Presidente della repubblica: poteri e attribuzioni

Il **Presidente della Repubblica**, nel sistema politico italiano, è il **capo dello Stato italiano**, rappresentante dell'unità nazionale. Il Presidente della Repubblica si configura come un **potere «neutro»**, ovvero posto al di fuori della tripartizione dei poteri (legislativo, esecutivo o giudiziario). Svolge una funzione di **sorveglianza e coordinamento**, secondo le norme stabilite dalla Costituzione italiana, di cui è garante. Il Presidente della Repubblica è un organo costituzionale. È eletto dal Parlamento in seduta comune integrato dai delegati delle Regioni (tre consiglieri per regione, eletti dai Consigli regionali, con l'eccezione della Valle d'Aosta che ne elegge uno solo, per un totale di 58) e rimane in carica per sette anni (mandato presidenziale). La Costituzione stabilisce che può essere eletto presidente chiunque, con cittadinanza italiana, abbia compiuto i cinquanta anni di età e goda dei diritti civili e politici. La residenza ufficiale del presidente della Repubblica è il **Palazzo del Quirinale** (sull'omonimo colle di Roma) che per metonimia indica spesso la stessa presidenza. I requisiti di eleggibilità, contenuti nel primo comma dell'art. 84 della Costituzione, sono:

• l'avere **cittadinanza italiana**	• aver compiuto i **50 anni** d'età	• godere dei **diritti civili e politici**

La Costituzione prevede inoltre l'incompatibilità con qualsiasi altra carica.

L'elezione del Presidente della Repubblica avviene su iniziativa del Presidente della Camera dei deputati e la Camera dei deputati è la sede per la votazione. Il Presidente della Camera convoca la seduta comune trenta giorni prima della scadenza naturale del mandato in corso. Nel caso di impedimento permanente, di morte o di dimissioni del presidente in carica, il Presidente della Camera convoca la seduta comune entro quindici giorni. Nel caso le camere siano sciolte o manchino meno di tre mesi alla loro cessazione, l'elezione del presidente della Repubblica avrà luogo entro il quindicesimo giorno   a partire dalla riunione delle nuove camere. Nel frattempo sono prorogati i poteri del presidente in carica.

Il presidente assume l'esercizio delle proprie funzioni solo dopo aver prestato giuramento innanzi al Parlamento in seduta comune (ma senza i delegati regionali), al quale si rivolge, per prassi, tramite un messaggio presidenziale. Il mandato dura **sette anni** a partire dalla data del giuramento. La previsione di un settennato impedisce che un presidente possa essere rieletto dalle stesse Camere, che hanno mandato quinquennale, e contribuisce a svincolarlo da eccessivi legami politici con l'organo che lo vota. La Costituzione Italiana non prevede un limite al numero di mandati per quanto concerne la carica di presidente della Repubblica. Oltre che alla naturale scadenza di sette anni, il mandato può essere interrotto per:

• dimissioni volontarie	• morte
• impedimento permanente, dovuto a gravi malattie	• decadenza, per il venir meno di uno dei requisiti di eleggibilità
• destituzione, nel caso di giudizio di colpevolezza sulla messa in stato d'accusa per reati di alto tradimento e attentato alla Costituzione (art. 90)	

I poteri del presidente sono prorogati nel caso le camere siano sciolte o manchino meno di tre mesi al loro scioglimento; vengono prorogati fino all'elezione che dovrà aver luogo entro quindici giorni dall'insediamento delle nuove Camere.

La Costituzione, oltre a riconoscere alla carica la funzione di rappresentanza dell'unità del Paese con tutte le prerogative tipiche del capo di Stato a livello di diritto internazionale, pone il presidente al vertice della tradizionale tripartizione dei poteri dello Stato. Espressamente previsti sono i poteri:

- in relazione alla rappresentanza esterna
  - accreditare e ricevere funzionari diplomatici (art. 87 Cost.)
  - ratificare i trattati internazionali sulle materie dell'art. 80, previa autorizzazione delle Camere (art. 87)
  - dichiarare lo stato di guerra, deliberato dalle Camere (art. 87)

- in relazione all'esercizio delle funzioni parlamentari
  - nominare fino a cinque senatori a vita (art. 59)
  - inviare messaggi alle Camere (art. 87)
  - convocare le Camere in via straordinaria (art. 62)
  - sciogliere le Camere salvo che negli ultimi sei mesi di mandato. Lo scioglimento può avvenire in ogni caso se il semestre bianco coincide in tutto o in parte con gli ultimi sei mesi di legislatura (art. 88)
  - indire le elezioni e fissare la prima riunione delle nuove Camere (art. 87)

- in relazione alla funzione legislativa e normativa
  - autorizzare la presentazione in Parlamento dei disegni di legge governativi (art. 87)
  - promulgare le leggi approvate in Parlamento entro un mese, salvo termine inferiore su richiesta della maggioranza assoluta delle Camere (art. 73)
  - rinviare alle Camere con messaggio motivato le leggi non promulgate e chiederne una nuova deliberazione (potere non più esercitabile se le Camere approvano nuovamente) (art. 74)
  - emanare i decreti-legge, i decreti legislativi e i regolamenti adottati dal governo art. 87)
  - indire i referendum (art. 87) e nei casi opportuni, al termine della votazione, dichiarare l'abrogazione della legge a esso sottoposta

- In relazione alla funzione esecutiva e di indirizzo politico
  - nominare il Presidente del Consiglio dei ministri e, su proposta di questo, i ministri (art. 92). Secondo la prassi costituzionale, la nomina avviene in seguito a opportune consultazioni con i presidenti delle Camere, i capi dei gruppi parlamentari, i presidenti emeriti della Repubblica e le delegazioni politiche
  - accogliere il giuramento del governo e le eventuali dimissioni (art. 93)
  - nominare alcuni funzionari statali di alto grado (art. 87)
  - presiedere il Consiglio supremo di difesa e detenere il comando delle forze armate italiane (art. 87)
  - decretare lo scioglimento di consigli regionali e la rimozione di presidenti di regione (art. 126)
  - decretare lo scioglimento delle Camere o anche di una sola di esse (art. 88)

- In relazione all'esercizio della giurisdizione
  - presiedere il Consiglio superiore della magistratura (art. 104)
  - nominare un terzo dei componenti della Corte costituzionale (art. 135)
  - concedere la grazia e commutare le pene (art. 87)
  - conferire le onorificenze della Repubblica Italiana tramite decreto presidenziale (art. 87)

Formalmente la residenza ufficiale del Presidente della Repubblica Italiana è il palazzo del Quirinale; tuttavia, non tutti i presidenti scelsero di abitare in questo luogo, usandolo più che altro come ufficio, ad esempio **Giovanni Gronchi** fu il primo presidente che nel 1955 non si trasferì stabilmente con la famiglia nel palazzo del Quirinale, come fece anche **Sandro Pertini** nel 1978. La tradizione di abitare al Quirinale è stata ripresa dal presidente **Oscar Luigi Scalfaro** a metà del suo mandato ed è poi proseguita con i suoi successori.

Il presidente della Repubblica ha a disposizione anche la tenuta presidenziale di **Castelporziano**, anche se raramente viene utilizzata. Questa tenuta era la riserva di caccia della famiglia reale dei Savoia ed è stata incorporata nel patrimonio della Repubblica dopo la caduta della monarchia. Una terza residenza del presidente è **villa Rosebery**, situata a Napoli e utilizzata in occasione delle visite in quella città, ma principalmente come residenza estiva.

Quando il Presidente effettua un volo di Stato, l'aeromobile utilizzato, solitamente fornito dal 31° Stormo dell'aeronautica militare, assume l'identificativo **IAM9001**.

TITOLO II
Il Presidente della Repubblica

Art. 83

Il Presidente della Repubblica è eletto dal Parlamento in seduta comune dei suoi membri. All'elezione partecipano tre delegati per ogni Regione eletti dal Consiglio regionale in modo che sia assicurata la rappresentanza delle minoranze. La Valle d'Aosta ha un solo delegato. L'elezione del Presidente della Repubblica ha luogo per scrutinio segreto a maggioranza di due terzi della assemblea. Dopo il terzo scrutinio è sufficiente la maggioranza assoluta.

Art. 84

Può essere eletto Presidente della Repubblica ogni cittadino che abbia compiuto cinquanta anni di età e goda dei diritti civili e politici. L'ufficio di Presidente della Repubblica è incompatibile con qualsiasi altra carica. L'assegno e la dotazione del Presidente sono determinati per legge.

Art. 85

Il Presidente della Repubblica è eletto per sette anni. Trenta giorni prima che scada il termine il Presidente della Camera dei deputati convoca in seduta comune il Parlamento e i delegati regionali, per eleggere il nuovo Presidente della Repubblica. Se le Camere sono sciolte, o manca meno di tre mesi alla loro cessazione, la elezione ha luogo entro quindici giorni dalla riunione delle Camere nuove. Nel frattempo sono prorogati i poteri del Presidente in carica.

Art. 86

Le funzioni del Presidente della Repubblica, in ogni caso che egli non possa adempierle, sono esercitate dal Presidente del Senato. In caso di impedimento permanente o di morte o di dimissioni del Presidente della Repubblica, il Presidente della Camera dei deputati indice la elezione del nuovo Presidente della Repubblica entro quindici giorni, salvo il maggior termine previsto se le Camere sono sciolte o manca meno di tre mesi alla loro cessazione.

Art. 87

Il Presidente della Repubblica è il capo dello Stato e rappresenta l'unità nazionale. Può inviare messaggi alle Camere. Indice le elezioni delle nuove Camere e ne fissa la prima riunione. Autorizza la presentazione alle Camere dei disegni di legge di iniziativa del Governo. Promulga le leggi ed emana i decreti aventi valore di legge e i regolamenti. Indice il referendum popolare nei casi previsti dalla Costituzione.

Nomina, nei casi indicati dalla legge, i funzionari dello Stato. Accredita e riceve i rappresentanti diplomatici, ratifica i trattati internazionali, previa, quando occorra, l'autorizzazione delle Camere. Ha il comando delle Forze armate, presiede il Consiglio supremo di difesa costituito secondo la legge, dichiara lo stato di guerra deliberato dalle Camere. Presiede il Consiglio superiore della magistratura. Può concedere grazia e commutare le pene. Conferisce le onorificenze della Repubblica.

Art. 88

Il Presidente della Repubblica può, sentiti i loro Presidenti, sciogliere le Camere o anche una sola di esse. Non può esercitare tale facoltà negli ultimi sei mesi del suo mandato, salvo che essi coincidano in tutto o in parte con gli ultimi sei mesi della legislatura.

Art. 89

Nessun atto del Presidente della Repubblica è valido se non è controfirmato dai ministri proponenti, che ne assumono la responsabilità. Gli atti che hanno valore legislativo e gli altri indicati dalla legge sono controfirmati anche dal Presidente del Consiglio dei ministri.

Art. 90

Il Presidente della Repubblica non è responsabile degli atti compiuti nell'esercizio delle sue funzioni, tranne che per alto tradimento o per attentato alla Costituzione. In tali casi è messo in stato di accusa dal Parlamento in seduta comune, a maggioranza assoluta dei suoi membri.

Art. 91

Il Presidente della Repubblica, prima di assumere le sue funzioni, presta giuramento di fedeltà alla Repubblica e di osservanza della Costituzione dinanzi al Parlamento in seduta comune.

b. La Pubblica Amministrazione e i principi costituzionali dell'attività amministrativa: principio di legalità, di imparzialità, di buon andamento di trasparenza, di economicità di efficacia e di pubblicità

Il **procedimento amministrativo** è lo strumento utilizzato dalle pubbliche amministrazioni con il fine di perseguire l'azione amministrativa. L'azione amministrativa, come disposto dall'articolo 1, comma 1, della legge 241 del 1990, persegue determinati fini di legge, per cui si intende che deve rispettare la normativa vigente. Inoltre, deve rispettare i principi trasparenza, pubblicità, efficacia, economicità, nonché i principi comunitari. Inoltre, l'articolo 97 della Costituzione, al comma 2, prevede nel nostro ordinativo il principio di imparzialità e di buon andamento.

Pertanto, a questo punto diventa importante elencare i diversi principi che, indirettamente e direttamente, deve rispettare l'azione amministrativa.

- **Principio di legalità**

  Il principio di legalità non è espressamente previsto dalla nostra Costituzione, ma è considerato un principio generale del nostro ordinamento concernente i rapporti tra la legge e l'azione amministrativa. Tale principio ha ad oggetto il punto che l'azione amministrativa deve perseguire determinati fini di legge e, pertanto, avere la corretta copertura legislativa. Tale principio si ricava dall'articolo 97, comma 2, che stabilisce che l'organizzazione degli uffici pubblici segue le disposizioni legislative

- **Principio di imparzialità**

  Per principio di imparzialità si intende un comportamento oggettivo dell'amministrazione, che non avvantaggia e non svantaggia nessuno, che opera facendo prevalere l'interesse pubblico o privato solamente quando lo stesso abbia il diritto di prevalere e che, inoltre, si astiene in caso di conflitti di interessi, anche solo potenziale, che possono non garantire il rispetto del buon andamento dell'amministrazione. Il principio di imparzialità, insieme al principio di buon andamento, sono il corollario dell'indipendenza dell'azione amministrativa, sanciti dall'articolo 97, comma 2, della Costituzione. Pertanto, con tali principi la pubblica amministrazione non deve discriminare i soggetti coinvolti e deve garantire trattamenti simili in situazioni analoghe.

- **Principio di buon andamento**

  Tale principio, desumibile, come già ricordato, dall'articolo 97, comma 2, della Carta costituzionale, pone l'obbligo alla pubblica amministrazione di agire sempre nel modo più adeguato al fine di garantire l'interesse pubblico, evitando ingerenze esterne, come ad esempio quel tipo di influenze di stampo politico. Il principio in esame è caratterizzato da principi di stampo privatistico come **efficienza, efficacia, celerità, economicità.**

- **Principio di trasparenza**

  Per principio di trasparenza, possiamo individuare tale principio come un diritto alla conoscibilità dell'operato della PA all'esterno. Tale principio ha assunto oggigiorno una connotazione particolare perché, con il decreto legislativo n. 33 del 14 marzo 2013, nello specifico all'articolo 1, comma 1, la trasparenza è intesa come accessibilità totale ai documenti e ai dati detenuti dalla pubblica amministrazione, al fine di promuovere la partecipazione dei cittadini e il controllo più diffuso al fine di verificare l'effettivo perseguimento delle finalità istituzionali e del controllo della spesa pubblica.

- **Principio di pubblicità**

  Per principio di pubblicità si intende appunto che l'amministrazione è tenuta a pubblicare i documenti e perciò a rendere conoscibili all'esterno alcuni tipi di questi documenti. La pubblicità pone la soddisfazione dell'esigenza di un controllo democratico da parte dei cittadini sull'attività svolta dalla pubblica amministrazione e si realizza con la pubblicazione e comunicazione di documenti, atti e procedure, al fine di rendere visibile e controllabile l'operato dell'amministrazione anche dall'esterno.

A questi teniamo ad aggiungere, in quanto fondamentali, i seguenti:

- **Principi di collaborazione e buona fede**

  Tali principi sono divenuti fondamentali nel nostro ordinamento a seguito di recenti riforme legislative che hanno comportato l'inserimento all'articolo 1, comma 2-bis, della legge del 7 agosto del 1990, n. 241, dei principi di collaborazione e buona fede nel rapporto tra il cittadino e la pubblica amministrazione. Pertanto, tale previsione rafforza ancora di più la visione dei cittadini, coinvolgendoli nell'azione amministrativa, in quanto gli stessi non sono più visti come soggetti meramente passivi della stessa ma, bensì in un'ottica attiva, di tipo partecipativo.

- **Principio di semplificazione**

  Tale principio è previsto espressamente all'articolo 1 della legge del 7 agosto 1990, n. 241 e rappresenta un criterio direttivo dell'attività amministrativa, imponendo all'amministrazione di eliminare ogni fase non necessaria al fine di garantire la rapidità dell'adozione del provvedimento espresso ed è strettamente legato al principio di non aggravamento del procedimento, quest'ultimo giustificato solo da risultanze dell'istruttoria, quindi motivato. Inoltre, il principio di semplificazione è stato potenziato anche con il Decreto Rilancio che ha disposto una liberalizzazione e semplificazione dei procedimenti amministrativi in relazione all'emergenza Covid-19. Inoltre, la semplificazione nel procedimento amministrativo si evince anche dal termine del procedimento che, ove non previsto, sia di 30 giorni, nonché dall'obbligo di procedere e provvedere nei casi di procedimenti di iniziativa privata o d'ufficio. Infine, la legge del 7 agosto del 1990, n. 241, all'articolo 21-nonies, comma 1, recentemente novellato, prevede che il termine massimo, c.d. ragionevole, entro il quale l'amministrazione possa esercitare il potere di annullamento d'ufficio, pertanto provvedimento di secondo grado, sia a dodici mesi, decorsi i quali il provvedimento entra in convalescenza.

c. I doveri nella Costituzione

La Costituzione Italiana indica **tre doveri**:

- **rispettare le leggi:** tutti i cittadini hanno il dovere di essere fedeli alla Repubblica e di osservarne la Costituzione e le leggi (Art.54);

- **pagare le tasse:** tutti sono tenuti a concorrere alle spese pubbliche in ragione della loro capacità contributiva (Art.53);

- **difendere la patria:** l'Italia ripudia la guerra come strumento di offesa alla libertà degli altri popoli e come mezzo di risoluzione delle controversie internazionali (Art.11). Ogni cittadino ha il sacro dovere di difendere la propria patria (Art.52).

d. Le autonomie locali: Regioni, Provincie, Comune

Un **ente locale** è un **ente pubblico di governo o amministrazione locale la cui competenza è limitata entro un determinato ambito territoriale** (ad esempio una circoscrizione).

Tali organi perseguono interessi pubblici propri di tale circoscrizione. Agli enti locali si contrappongono gli enti nazionali che hanno organi la cui competenza si estende su tutto il territorio statale o che, pur essendo destinati ad operare in un ambito territoriale limitato, perseguono interessi pubblici di portata nazionale.

In quanto enti pubblici, gli enti locali possono essere dotati di potestà amministrative (autarchia) e normative (autonomia). L'attribuzione di funzioni agli enti locali realizza il cosiddetto **decentramento autarchico**, che si contrappone al decentramento burocratico nel quale, invece, le funzioni sono attribuite ad organi periferici di dicasteri statali (o di un ente locale più ampio).

Nell'ordinamento italiano il termine ente locale è usato, oltre che con il significato più generale di cui si è detto, con un significato più specifico, derivato dall'uso che ne fa il legislatore, per riferirsi alle autonomie territoriali diverse dalla **regione: comuni, province e città metropolitane**, previsti dall'art. 114 della Costituzione, nonché **comunità montane, comunità isolane, unioni di comuni**.

«La Repubblica è costituita dai Comuni, dalle Province, dalle Città metropolitane, dalle Regioni e dallo Stato. I Comuni, le Province, le Città metropolitane e le Regioni sono enti autonomi con propri statuti, poteri e funzioni secondo i principi fissati dalla Costituzione.»

Art. 114 della Costituzione (dopo la riforma del 2001):

Il territorio nazionale è diviso in Comuni; questi a loro volta sono raggruppati in Province, ulteriormente raggruppate in Regioni. Fa eccezione la Valle d'Aosta, dove la provincia è stata soppressa e la regione è direttamente suddivisa in comuni; formalmente anche la Sicilia ha soppresso le province, sostituendole con altrettante province regionali che hanno natura di liberi consorzi di comuni. Le province di Torino, Milano, Venezia, Genova, Bologna, Firenze, Roma, Bari, Napoli, Palermo, Reggio Calabria, Catania, Messina, Trieste, Cagliari e Sassari sono state sostituite dalle corrispettive città metropolitane, che alle funzioni delle ex province aggiungono alcune funzioni spettanti ai comuni a livello sovracomunale.

Le **regioni** trovano la loro disciplina nella Costituzione e nei rispettivi statuti che, in armonia con la Costituzione, ne determinano la forma di governo e i principi fondamentali di organizzazione e funzionamento. Le regioni sono dotate di **autonomia statutaria, legislativa e regolamentare**. Il **Friuli-Venezia Giulia, la Sardegna, la Sicilia, il Trentino-Alto Adige e la Valle d'Aosta** dispongono di forme e condizioni particolari di autonomia, secondo i rispettivi **statuti speciali** adottati con legge costituzionale (sono le cosiddette regioni a statuto speciale).

Le **città metropolitane, le province e i comuni**, sono invece disciplinati dalla Costituzione e, per quanto attiene la legislazione elettorale, gli organi di governo e le funzioni fondamentali, dalla legge statale (attualmente il D.lgs. 18 agosto 2000, n. 267, Testo unico delle leggi sull'ordinamento degli enti locali TUEL), nonché dai rispettivi statuti, che, nell'ambito dei principi fissati dal predetto testo unico, stabiliscono le norme fondamentali dell'organizzazione dell'ente. Tali enti sono dotati di autonomia statutaria e regolamentare. Fanno eccezione le **province autonome di Trento e Bolzano** che hanno la loro disciplina nello statuto regionale del Trentino-Alto Adige e dispongono di particolare autonomia, anche legislativa. Da quanto detto emerge la contrapposizione tra le regioni (e le province autonome di Trento e Bolzano), da una parte, e gli altri enti territoriali dall'altra, giacché solo le prime sono dotate di autonomia legislativa. Va peraltro rilevato che anche comuni, province e città metropolitane, pur mancando di autonomia legislativa, dispongono di una rilevante autonomia nel definire il proprio indirizzo politico (cosiddetta autonomia politica), che può quindi divergere da quello dello stato (o della regione); anch'essi, pertanto, come le regioni, appartengono alla categoria degli enti autonomi.

Un **comune**, nell'ordinamento giuridico della Repubblica Italiana, è un ente locale territoriale autonomo. Formatosi *praeter legem* secondo i principi consolidatisi nei comuni medievali, è previsto dall'art. 114 della costituzione della Repubblica Italiana. Può essere suddiviso in **frazioni**, le quali possono a loro volta avere un limitato potere grazie a delle apposite assemblee elettive. Un comune può altresì avere il titolo di città. La disciplina generale è contenuta nel decreto legislativo 18 agosto 2000, n. 267 e ha come organi politici il consiglio comunale, la giunta comunale e il sindaco. Ogni comune appartiene a una provincia, ma la provincia non fa da tramite nei rapporti con la regione e questa in quelli con lo Stato a livello gerarchico, poiché esso, essendo dotato di personalità giuridica, può avere rapporti diretti con la regione e con lo Stato. Tutti gli enti locali sopra citati disciplinano, con proprio regolamento, in conformità allo statuto, l'ordinamento generale degli uffici e dei servizi, in base a criteri di autonomia, funzionalità ed economicità di gestione e secondo i principi di professionalità e responsabilità.

I comuni devono avere un proprio statuto comunale e possono ripartire il proprio territorio in **circoscrizioni** al fine di assicurare alla popolazione una più diretta partecipazione all'amministrazione. Alla circoscrizione sono delegati poteri che vanno di là dalla mera funzione consultiva (per la quale possono essere previsti nello statuto del comune, appositi comitati o consulte di quartiere). La legge finanziaria per l'anno 2007 ha modificato i termini per la costituzione delle circoscrizioni, rendendole obbligatorie in comuni con una popolazione superiore a 250.000 abitanti (non più 100.000) e opzionali, invece, ove la popolazione è compresa tra 100.000 e 250.000 abitanti (prima l'intervallo era 30.000 – 100.000 abitanti).

Un comune può avere una, nessuna o più frazioni, essere un comune sparso, essere suddiviso in circoscrizioni o avere un'enclave a livello territoriale. I comuni possiedono inoltre una classificazione climatica e sismica del proprio territorio ai fini di prevenzione e protezione civile. Appartengono al comune e sono da esso gestite tutte le strutture cosiddette comunali ovvero scuole, strutture sportive e culturali quali biblioteche comunali, teatri, ecc.

L'organizzazione amministrativa di un comune è fissata dal Decreto legislativo 18 agosto 2000, n. 267 (TUEL) assieme a quello degli altri enti locali.

A capo del comune vi è il **Sindaco**, democraticamente eletto tramite elezioni comunali a suffragio universale tra tutti i cittadini comunali aventi diritto al voto (età maggiore di 18 anni), con poteri esecutivi assieme alla **giunta comunale**, organo collegiale composto da un numero variabile di assessori comunali da lui nominati in rappresentanza delle forze politiche che lo appoggiano (equivalente del Consiglio dei ministri e del capo del governo a livello statale). Il sindaco risiede nel municipio durante il suo operato con un mandato che dura 5 anni a meno di dimissioni o decesso. A supervisione di tutto vi è il **consiglio comunale**, organo collegiale equivalente del Parlamento a livello statale, composto da consiglieri comunali in rappresentanza di tutte le forze politiche del territorio con funzioni di approvazione del bilancio comunale, delle delibere e provvedimenti emessi dal sindaco/giunta (es. ordinanze). Oltre alla figura di assessore e consigliere, altra figura chiave a livello amministrativo è quella del **segretario comunale**. L'attività amministrativa si svolge tipicamente nel Palazzo del Municipio che funge anche da luogo con le relazioni dirette con i cittadini.

Spesso i comuni appartengono a unioni di comuni quali comunità collinari, comunità montane e comunità isolane, oppure rientrano in aree di città metropolitane. Storicamente a livello locale sono nati movimenti politici apartitici detti **Liste civiche**. Al comune, o in forma associata, fanno capo gli organi di Polizia municipale (vigili) per il controllo del rispetto delle norme del Codice della Strada e le forze addette alla pulizia delle strade e dello smaltimento dei rifiuti. Un comune con i suoi organi di amministrazione può essere commissariato per cattiva amministrazione. La promozione del territorio è affidata invece a enti di promozione e associazioni culturali locali come le Pro Loco. La gestione dei rifiuti è una delle funzioni di amministrazione di un Comune. In quanto dotato di autonomia amministrativa e finanziaria nei limiti fissati da Costituzione e TUEL, il comune è responsabile dell'amministrazione del territorio per quanto riguarda:

• definizione e rispetto del bilancio comunale annuale
• definizione e rispetto del piano regolatore generale comunale
• ordine pubblico e pubblica sicurezza
• gestione viabilità strade comunali
• gestione edifici pubblici
• smaltimento dei rifiuti
• gestione criticità legate a maltempo e calamità naturali

Qualora alcune di queste funzioni vengano meno per effetto ad esempio di calamità naturali, il sindaco può chiedere l'intervento della prefettura. Per tutte le sue funzioni amministrative ogni comune dispone di un budget finanziario annuale da parte dello Stato. Le modalità di ripartizione dei fondi del bilancio comunale sono oggetto di discussione e approvazione da parte del consiglio comunale dopo le richieste di avanzamento da parte della giunta comunale sotto forma di deliberazione.

La **provincia**, in Italia, è un ente locale territoriale di area vasta il cui territorio è per estensione inferiore a quello della regione della quale fa parte, ed è superiore a quello dei comuni che sono compresi nella sua circoscrizione.

La disciplina delle province è contenuta nel titolo V della parte II della Costituzione e in fonti primarie e secondarie che attuano il disposto costituzionale. Tutte le province, tranne quelle autonome di Trento e di Bolzano che godono di autonomia speciale, e la Valle d'Aosta dove le funzioni provinciali sono svolte dalla Regione, fanno parte dell'UPI, **l'Unione delle province d'Italia**, associazione cui aderiscono anche le città metropolitane. Molte province collocano sopra il proprio stemma una corona costituita da un cerchio d'oro gemmato con le cordonature lisce ai margini e racchiudente due rami al naturale, uno di alloro e uno di quercia, uscenti decussati dalla corona e ricadenti all'infuori. Tale usanza non è tuttavia obbligatoria, essendo in diversi casi sostituita da coronature principesche o da drappi sovrastati da corone turrite o del tutto assente. La città metropolitana è uno degli enti locali territoriali presenti nella Costituzione italiana, all'articolo 114, dopo la riforma del 2001 (legge costituzionale n° 3/2001). La legge del 7 aprile 2014, n° 56 recante "Disposizioni sulle città metropolitane, sulle province, sulle unioni e fusioni di comuni" ne disciplina l'istituzione in sostituzione alle province come ente di area vasta, nelle regioni a statuto ordinario.

Gli organi della città metropolitana:

- il **sindaco metropolitano**: è di diritto il sindaco del comune capoluogo. Ha la rappresentanza dell'ente, convoca e presiede il consiglio metropolitano

- la **conferenza metropolitana**, sovrintende al funzionamento dei servizi e degli uffici e all'esecuzione degli atti ed esercita le funzioni attribuite dallo statuto; ha potere di proposta per ciò che attiene al bilancio dell'ente. La conferenza metropolitana è composta dal sindaco metropolitano, che la convoca e presiede, e dai sindaci dei comuni della città metropolitana. È competente per l'adozione dello statuto e ha potere consultivo per l'approvazione dei bilanci; lo statuto può attribuirle altri poteri propositivi e consultivi

- il **consiglio metropolitano**: è composto dal sindaco metropolitano e da un numero di consiglieri variabile in base alla popolazione residente (minimo 14 e massimo 24 consiglieri). È un organo elettivo di secondo grado, scelto con un sistema proporzionale per liste: hanno diritto di elettorato attivo e passivo i sindaci e i consiglieri dei comuni della città metropolitana. La cessazione dalla carica comunale comporta la decadenza da consigliere metropolitano. Il Consiglio dura in carica cinque anni: tuttavia, in caso di rinnovo del consiglio del comune capoluogo, si procede comunque a nuove elezioni del consiglio metropolitano entro sessanta giorni dalla proclamazione del sindaco. È l'organo di indirizzo e controllo, approva regolamenti, piani, programmi e approva o adotta ogni altro atto ad esso sottoposto dal sindaco metropolitano ed esercita le altre funzioni attribuite dallo statuto; ha altresì potere di proposta sullo statuto e sulle sue modifiche e poteri decisori finali per l'approvazione del bilancio.

Roma Capitale è l'ente territoriale speciale, dotato di particolare autonomia, che amministra il territorio comunale della città di Roma in quanto capitale della Repubblica Italiana.
Istituito nel 2010 in attuazione dell'articolo 114 comma 3 della Costituzione, l'ente ha soppiantato il preesistente comune di Roma, lasciando comunque invariati i confini amministrativi e il livello di governo.

TITOLO V
Le regioni, le provincie, i comuni.

Art. 114
La Repubblica è costituita dai Comuni, dalle Province, dalle Città metropolitane, dalle Regioni e dallo Stato. I Comuni, le Province, le Città metropolitane e le Regioni sono enti autonomi con propri statuti, poteri e funzioni secondo i principi fissati dalla Costituzione. Roma è la capitale della Repubblica. La legge dello Stato disciplina il suo ordinamento.

L'articolo 115 è abrogato

Art. 116
Il Friuli Venezia Giulia, la Sardegna, la Sicilia, il Trentino-Alto Adige/Südtirol e la Valle d'Aosta/ Vallée d'Aoste dispongono di forme e condizioni particolari di autonomia, secondo i rispettivi statuti speciali adottati con legge costituzionale. La Regione Trentino-Alto Adige/Südtirol è costituita dalle Province autonome di Trento e di Bolzano. Ulteriori forme e condizioni particolari di autonomia, concernenti le materie di cui al terzo comma dell'articolo 117 e le materie indicate dal secondo comma del medesimo articolo alle lettere l), limitatamente all'organizzazione della giustizia di pace, n) e s), possono essere attribuite ad altre Regioni, con legge dello Stato, su iniziativa della Regione interessata, sentiti gli enti locali, nel rispetto dei principi di cui all'articolo 119. La legge è approvata dalle Camere a maggioranza assoluta dei componenti, sulla base di intesa fra lo Stato e la Regione interessata.

Art. 117
La potestà legislativa è esercitata dallo Stato e dalle Regioni nel rispetto della Costituzione, nonché dei vincoli derivanti dall'ordinamento comunitario e dagli obblighi internazionali. Lo Stato ha legislazione esclusiva nelle seguenti materie:

- politica estera e rapporti internazionali dello Stato; rapporti dello Stato con l'Unione europea; diritto di asilo e condizione giuridica dei cittadini di Stati non appartenenti all'Unione europea;

- immigrazione;

- rapporti tra la Repubblica e le confessioni religiose;

- difesa e Forze armate; sicurezza dello Stato; armi, munizioni ed esplosivi;

- moneta, tutela del risparmio e mercati finanziari; tutela della concorrenza; sistema valutario; sistema tributario e contabile dello Stato; armonizzazione dei bilanci pubblici; perequazione delle risorse finanziarie;

- organi dello Stato e relative leggi elettorali; referendum statali; elezione del Parlamento europeo;

- ordinamento e organizzazione amministrativa dello Stato e degli enti pubblici nazionali;

- ordine pubblico e sicurezza, ad esclusione della polizia amministrativa locale;

- cittadinanza, stato civile e anagrafi;

- giurisdizione e norme processuali; ordinamento civile e penale; giustizia amministrativa;

- determinazione dei livelli essenziali delle prestazioni concernenti i diritti civili e sociali che devono essere garantiti su tutto il territorio nazionale;

- norme generali sull'istruzione;

- previdenza sociale;

- legislazione elettorale, organi di governo e funzioni fondamentali di Comuni, Province e Città metropolitane;

- dogane, protezione dei confini nazionali e profilassi internazionale;

- pesi, misure e determinazione del tempo; coordinamento informativo statistico e informatico dei dati dell'amministrazione statale, regionale e locale; opere dell'ingegno;

- tutela dell'ambiente, dell'ecosistema e dei beni culturali.

Sono materie di legislazione concorrente quelle relative a:

- rapporti internazionali e con l'Unione europea delle Regioni;

- commercio con l'estero;

- tutela e sicurezza del lavoro;

- istruzione, salva l'autonomia delle istituzioni scolastiche e con esclusione della istruzione e della formazione professionale;

- professioni;

- ricerca scientifica e tecnologica e sostegno all'innovazione per i settori produttivi;

- tutela della salute;

- alimentazione;

- ordinamento sportivo;

- protezione civile;

- governo del territorio;

- porti e aeroporti civili;

- grandi reti di trasporto e di navigazione;

- ordinamento della comunicazione;

- produzione, trasporto e distribuzione nazionale dell'energia;

- previdenza complementare e integrativa;

- coordinamento della finanza pubblica e del sistema tributario;

- valorizzazione dei beni culturali e ambientali e promozione e organizzazione di attività culturali;
- casse di risparmio, casse rurali, aziende di credito a carattere regionale;
- enti di credito fondiario e agrario a carattere regionale.

Nelle materie di legislazione concorrente spetta alle Regioni la potestà legislativa, salvo che per la determinazione dei principi fondamentali, riservata alla legislazione dello Stato. Spetta alle Regioni la potestà legislativa in riferimento ad ogni materia non espressamente riservata alla legislazione dello Stato. Le Regioni e le Province autonome di Trento e di Bolzano, nelle materie di loro competenza, partecipano alle decisioni dirette alla formazione degli atti normativi comunitari e provvedono all'attuazione e all'esecuzione degli accordi internazionali e degli atti dell'Unione europea, nel rispetto delle norme di procedura stabilite da legge dello Stato, che disciplina le modalità di esercizio del potere sostitutivo in caso di inadempienza. La potestà regolamentare spetta allo Stato nelle materie di legislazione esclusiva, salva delega alle Regioni. La potestà regolamentare spetta alle Regioni in ogni altra materia. I Comuni, le Province e le Città metropolitane hanno potestà regolamentare in ordine alla disciplina dell'organizzazione e dello svolgimento delle funzioni loro attribuite. Le leggi regionali rimuovono ogni ostacolo che impedisce la piena parità degli uomini e delle donne nella vita sociale, culturale ed economica e promuovono la parità di accesso tra donne e uomini alle cariche elettive. La legge regionale ratifica le intese della Regione con altre Regioni per il migliore esercizio delle proprie funzioni, anche con individuazione di organi comuni. Nelle materie di sua competenza la Regione può concludere accordi con Stati e intese con enti territoriali interni ad altro Stato, nei casi e con le forme disciplinati da leggi dello Stato.

Art. 118

Le funzioni amministrative sono attribuite ai Comuni salvo che, per assicurarne l'esercizio unitario, siano conferite a Province, Città metropolitane, Regioni e Stato, sulla base dei principi di sussidiarietà, differenziazione ed adeguatezza. I Comuni, le Province e le Città metropolitane sono titolari di funzioni amministrative proprie e di quelle conferite con legge statale o regionale, secondo le rispettive competenze. La legge statale disciplina forme di coordinamento fra Stato e Regioni nelle materie di cui alle lettere b) e h) del secondo comma dell'articolo 117, e disciplina inoltre forme di intesa e coordinamento nella materia della tutela dei beni culturali. Stato, Regioni, Città metropolitane, Province e Comuni favoriscono l'autonoma iniziativa dei cittadini, singoli e associati, per lo svolgimento di attività di interesse generale, sulla base del principio di sussidiarietà.

Art. 119

I Comuni, le Province, le Città metropolitane e le Regioni hanno autonomia finanziaria di entrata e di spesa, nel rispetto dell'equilibrio dei relativi bilanci, e concorrono ad assicurare l'osservanza dei vincoli economici e finanziari derivanti dall'ordinamento dell'Unione europea. I Comuni, le Province, le Città metropolitane e le Regioni hanno risorse autonome. Stabiliscono e applicano tributi ed entrate propri, in armonia con la Costituzione e secondo i principi di coordinamento della finanza pubblica e del sistema tributario. Dispongono di compartecipazioni al gettito di tributi erariali riferibile al loro territorio. La legge dello Stato istituisce un fondo perequativo, senza vincoli di destinazione, per i territori con minore capacità fiscale per abitante. Le risorse derivanti dalle fonti di cui ai commi precedenti consentono ai Comuni, alle Province, alle Città metropolitane e alle Regioni di finanziare integralmente le funzioni pubbliche loro attribuite. Per promuovere lo sviluppo economico, la coesione e la solidarietà sociale, per rimuovere gli squilibri economici e sociali, per favorire l'effettivo esercizio dei diritti della persona, o per provvedere a scopi diversi dal normale esercizio delle loro funzioni, lo Stato destina risorse aggiuntive ed effettua interventi speciali in favore di determinati Comuni, Province, Città metropolitane e Regioni, con la contestuale definizione di piani di ammortamento e a condizione che per il complesso degli enti di ciascuna Regione sia rispettato l'equilibrio di bilancio. I Comuni, le Province, le Città metropolitane e le Regioni hanno un proprio patrimonio, attribuito secondo i principi generali determinati dalla legge dello Stato. Possono ricorrere all'indebitamento solo per finanziare spese di investimento. È esclusa ogni garanzia dello Stato sui prestiti dagli stessi contratti.

Art. 120

La Regione non può istituire dazi di importazione o esportazione o transito tra le Regioni, ne adottare provvedimenti che ostacolino in qualsiasi modo la libera circolazione delle persone e delle cose tra le Regioni, ne limitare l'esercizio del diritto al lavoro in qualunque parte del territorio nazionale. Il Governo può sostituirsi a organi delle Regioni, delle Città metropolitane, delle Province e dei Comuni nel caso di mancato rispetto di norme e trattati internazionali o della normativa comunitaria oppure di pericolo grave per l'incolumità e la sicurezza pubblica, ovvero quando lo richiedono la tutela dell'unità giuridica o dell'unità economica e in particolare la tutela dei livelli essenziali delle prestazioni concernenti i diritti civili e sociali, prescindendo dai confini territoriali dei governi locali La legge definisce le procedure atte a garantire che i poteri sostitutivi siano esercitati nel rispetto del principio di sussidiarietà e del principio di leale collaborazione.

Art. 121

Sono organi della Regione: il Consiglio regionale, la Giunta e il suo Presidente. Il Consiglio regionale esercita le potestà legislative attribuite alla Regione e le altre funzioni conferitegli dalla Costituzione e dalle leggi. Può fare proposte di legge alle Camere. La Giunta regionale è l'organo esecutivo delle Regioni. Il Presidente della Giunta rappresenta la Regione; dirige la politica della Giunta e ne è responsabile; promulga le leggi ed emana i regolamenti regionali; dirige le funzioni amministrative delegate dallo Stato alla Regione, conformandosi alle istruzioni del Governo della Repubblica.

Art. 122

Il sistema di elezione e i casi di ineleggibilità e di incompatibilità del Presidente e degli altri componenti della Giunta regionale nonché dei consiglieri regionali sono disciplinati con legge della Regione nei limiti dei principi fondamentali stabiliti con legge della Repubblica, che stabilisce anche la durata degli organi elettivi. Nessuno può appartenere contemporaneamente a un Consiglio o a una Giunta regionale e ad una delle Camere del Parlamento, ad un altro Consiglio o ad altra Giunta regionale, ovvero al Parlamento europeo. Il Consiglio elegge tra i suoi componenti un Presidente e un ufficio di presidenza. I consiglieri regionali non possono essere chiamati a rispondere delle opinioni espresse e dei voti dati nell'esercizio delle loro funzioni. Il Presidente della Giunta regionale, salvo che lo statuto regionale disponga diversamente, è eletto a suffragio universale e diretto. Il Presidente eletto nomina e revoca i componenti della Giunta.

Art. 123

Ciascuna Regione ha uno statuto che, in armonia con la Costituzione, ne determina la forma di governo e i principi fondamentali di organizzazione e funzionamento. Lo statuto regola l'esercizio del diritto di iniziativa e del referendum su leggi e provvedimenti amministrativi della Regione e la pubblicazione delle leggi e dei regolamenti regionali. Lo statuto è approvato e modificato dal Consiglio regionale con legge approvata a maggioranza assoluta dei suoi componenti, con due deliberazioni successive adottate ad intervallo non minore di due mesi. Per tale legge non è richiesta l'apposizione del visto da parte del Commissario del Governo. Il Governo della Repubblica può promuovere la questione di legittimità costituzionale sugli statuti regionali dinanzi alla Corte costituzionale entro trenta giorni dalla loro pubblicazione.

Lo statuto è sottoposto a referendum popolare qualora entro tre mesi dalla sua pubblicazione ne faccia richiesta un cinquantesimo degli elettori della Regione o un quinto dei componenti il Consiglio regionale. Lo statuto sottoposto a referendum non è promulgato se non è approvato dalla maggioranza dei voti validi. In ogni Regione, lo statuto disciplina il Consiglio delle autonomie locali, quale organo di consultazione fra la Regione e gli enti locali.

L'articolo 124 è abrogato

L'articolo 125 è abrogato

Art. 126

Con decreto motivato del Presidente della Repubblica sono disposti lo scioglimento del Consiglio regionale e la rimozione del Presidente della Giunta che abbiano compiuto atti contrari alla Costituzione o gravi violazioni di legge. Lo scioglimento e la rimozione possono altresì essere disposti per ragioni di sicurezza nazionale. Il decreto è adottato sentita una Commissione di deputati e senatori costituita, per le questioni regionali, nei modi stabiliti con legge della Repubblica. Il Consiglio regionale può esprimere la sfiducia nei confronti del Presidente della Giunta mediante mozione motivata, sottoscritta da almeno un quinto dei suoi componenti e approvata per appello nominale a maggioranza assoluta dei componenti. La mozione non può essere messa in discussione prima di tre giorni dalla presentazione. L'approvazione della mozione di sfiducia nei confronti del Presidente della Giunta eletto a suffragio universale e diretto, nonché la rimozione, l'impedimento permanente, la morte o le dimissioni volontarie dello stesso comportano le dimissioni della Giunta e lo scioglimento del Consiglio. In ogni caso i medesimi effetti conseguono alle dimissioni contestuali della maggioranza dei componenti il Consiglio.

Art. 127

Il Governo, quando ritenga che una legge regionale ecceda la competenza della Regione, può promuovere la questione di legittimità costituzionale dinanzi alla Corte costituzionale entro sessanta giorni dalla sua pubblicazione. La Regione, quando ritenga che una legge o un atto avente valore di legge dello Stato o di un'altra Regione leda la sua sfera di competenza, può promuovere la questione di legittimità costituzionale dinanzi alla Corte costituzionale entro sessanta giorni dalla pubblicazione della legge o dell'atto avente valore di legge.

L'articolo 128 è abrogato

L'articolo 129 è abrogato

L'articolo 130 è abrogato

Art. 131
Sono costituite le seguenti Regioni:

• Piemonte;	• Lombardia;	• Trentino-Alto Adige;	• Veneto;
• Valle d'Aosta;	• Friuli-Venezia Giulia;	• Liguria;	• Emilia-Romagna;
• Toscana;	• Marche;	• Umbria;	• Lazio;
• Abruzzi;	• Molise;	• Campania;	• Puglia;
• Basilicata;	• Calabria;	• Sicilia;	• Sardegna.

Art. 132

Si può, con legge costituzionale, sentiti i Consigli regionali, disporre la fusione di Regioni esistenti o la creazione di nuove Regioni con un minimo di un milione di abitanti, quando ne facciano richiesta tanti Consigli comunali che rappresentino almeno un terzo delle popolazioni interessate, e la proposta sia approvata con referendum dalla maggioranza delle popolazioni stesse. Si può, con l'approvazione della maggioranza delle popolazioni della Provincia o delle Province interessate e del Comune o dei Comuni interessati espressa mediante referendum e con legge della repubblica, sentiti i Consigli regionali, consentire che Province e Comuni, che ne facciano richiesta, siano staccati da una Regione e aggregati ad un'altra.

Art. 133

Il mutamento delle circoscrizioni provinciali e la istituzione di nuove Province nell'ambito di una Regione sono stabiliti con leggi della Repubblica, su iniziative dei Comuni, sentita la stessa Regione e sentite le popolazioni interessate, può con sue leggi istituire nel proprio territorio nuovi comuni e modificare le loro circoscrizioni e denominazioni.

e. I rapporti politici nella Costituzione italiana

La Parte prima della Costituzione si conclude con il titolo V dedicato ai rapporti politici (articoli 48-54). In questo Titolo l'Assemblea costituente ha voluto definire i diritti politici dei cittadini, per mezzo dei quali si realizza la partecipazione attiva alla vita pubblica. Essa si concretizza nei diritti di voto, di associarsi liberamente in partiti politici, di rivolgere petizioni alle Camere, di accedere ai pubblici uffici e alle cariche pubbliche. A conclusione del Titolo, in soli tre articoli, vengono enumerati i doveri dei cittadini nei confronti dello Stato.

<ins>L'elettorato e il diritto al voto</ins>

Art. 48

Sono elettori tutti i cittadini, uomini e donne, che hanno raggiunto la maggiore età. Il voto è personale ed eguale, libero e segreto, il suo esercizio è dovere civico. La legge stabilisce requisiti e modalità per l'esercizio del diritto di voto dei cittadini residenti all'estero e ne assicura l'effettività. A tale fine è istituita una circoscrizione Estero per l'elezione delle Camere, alla quale sono assegnati seggi nel numero stabilito da norma costituzionale e secondo criteri determinati dalla legge. Il diritto di voto non può essere limitato se non per incapacità civile o per effetto di sentenza penale irrevocabile o nei casi di indegnità morale indicati dalla legge. Tutti i cittadini, uomini e donne, che hanno raggiunto la maggior età con il compimento dei 18 anni (limite fissato nel 1975) hanno il diritto di voto. In questo modo partecipano alla vita dello Stato e determinano attraverso loro preferenze, l'indirizzo politico del Paese. Dal 1946, come già ricordato in precedenza, il voto è stato esteso alle donne e a tutti gli uomini indipendentemente dalla loro condizione economica o culturale (suffragio universale). Ciò ha rappresentato una grande conquista, maturata dopo un lungo percorso.

Ogni elettore deve votare personalmente non è ammesso il voto per delega ad altre persone. Soltanto in alcune ipotesi di grave impedimento fisico dell'elettore, questi può farsi assistere da un'altra persona di sua fiducia. Il voto per corrispondenza è previsto per gli di italiani residenti all'estero. Il voto di ciascun cittadino ha la medesima importanza di quello di ogni altro elettore. Il voto è quindi uguale, indipendentemente dalla condizione sociale ed economica di ciascuno. Ogni cittadino ha, inoltre, diritto a un solo voto, da esercitare nel proprio collegio elettorale. Ogni voto deve essere espresso in piena libertà, senza subire alcuna pressione o condizionamento. Una conseguenza di questa caratteristica del voto è rappresentata dal divieto di usare nella cabina elettorale telefoni cellulari con fotocamera. Questi consentirebbero infatti di riprendere la scheda elettorale votata, con il rischio che organizzazioni criminali se ne servano per imporre ai cittadini di esprimere il voto da loro indicato. Il diritto al voto è esercitato in piena segretezza all'interno di una cabina elettorale. La scheda elettorale non può presentare elementi di individuazione dell'elettore. Qualora l'elettore renda la scheda riconoscibile con segni o scritte di qualsiasi tipo, questa viene considerata nulla. Nella volontà dei Costituenti, l'esercizio del diritto di voto è un civico. In passato erano previste sanzioni amministrative nel caso in cui l'elettore non si recasse a votare senza giustificato motivo. Nel 1993 queste sono state abrogate e i cittadini sono ora liberi di non esprimere il proprio voto. L'astensionismo è, dunque, legittimo ma è un sintomo di disaffezione degli elettori, sfiducia o di protesta verso le forze politiche. Nel 2000 è stata stabilita la possibilità per gli italiani residenti all'estero di eleggere 12 deputati e 6 senatori senza modificare il numero dei componenti delle due Camere. Il diritto al voto è limitato in casi eccezionali:

• l'incapacità civile;	• una sentenza penale irrevocabile	• i casi di indegnità morale.

L'incapacità civile non è prevista da alcuna legge, ma in passato gli interdetti e gli inabilitati per infermità di mente non potevano votare. La sentenza penale irrevocabile riguarda coloro che sono stati condannati ad una pena che determina l'interdizione perpetua dai pubblici uffici o temporanea per tutta la durata di questa. Le cause di indegnità morale riguardano coloro che sono sottoposti a misure di sicurezza o prevenzione come la libertà vigilata o il divieto di soggiorno.

Il diritto all'associazione in partiti politici

Art. 49
Tutti i cittadini hanno diritto di associarsi liberamente in partiti per concorrere con metodo democratico a determinare la politica nazionale.
La libertà di associazione in partiti politici consente e garantisce il pluralismo democratico, in netta contrapposizione con la realtà del partito unico caratteristica del ventennio fascista. I partiti devono concorrere tra loro lealmente per la determina vita politica nazionale. L'unico limite a questo principio è rappresentato dal divieto di ricostituzione del partito nazionale fascista come previsto dalla XII Disposizione transitoria e finale della Costituzione. L'articolo 18, relativo alla libertà di associazione, vieta al comma 2 i partiti segreti e quelli che abbiano i caratteri di organizzazioni militari.

Il diritto di petizione

Art. 50
Tutti i cittadini possono rivolgere petizioni alle Camere per chiedere provvedimenti legislativi o esporre comuni necessità.
Il diritto di petizione è uno degli istituti di nostro ordinamento, unitamente referendum. Tutti i cittadini hanno il diritto di rivolgersi alle Camere per chiedere l'adozione di provvedimenti legislativi tutti i cittadini non richiede particolari formalità, al di là dell'autenticazione della firma di coloro che la presentano. Si tratta dell'esercizio di un diritto abbastanza flessibile in quanto non sono richieste particolari formalità, né un limite al numero dei cittadini che presentano, né il riferimento a particolari oggetti o argomenti. Bisogna rilevare che questo istituto ha avuto scarsa applicazione ed è caduto in disuso. Se ne rileva una maggiore diffusione presso gli Enti locali.

L'accesso ai pubblici uffici e alle cariche pubbliche

Art. 51

Tutti i cittadini dell'uno e dell'altro sesso possono accedere agli uffici e alle cariche elettive in condizioni di eguaglianza, secondo i requisiti stabiliti dalla legge. A tal fine la Repubblica promuove con appositi provvedimenti le pari opportunità tra donne e uomini. La legge può, per l'ammissione ai pubblici uffici e alle cariche elettive, parificare ai cittadini gli italiani non appartenenti alla Repubblica. Chi è chiamato a funzioni pubbliche elettive ha diritto di disporre del tempo necessario al loro adempimento e di conservare il suo posto di lavoro.

L'accesso agli uffici pubblici e alle cariche elettive è di entrambi i sessi, né vi possono essere in armonia con il dettato dell'articolo 3 Per l'eleggibilità alle cariche pubbliche o requisito dell'elettorato passivo e che non vi siano incompatibilità. Le prime attengono alla particolare carica ricoperta dal soggetto, che gli creerebbe una posizione di vantaggio rispetto ad altri candidati o potrebbe influenzare in maniera significativa le scelte degli elettori. Le cause di incompatibilità riguardano invece cariche che non possono essere contemporaneamente ricoperte dalla stessa persona. La legge può attribuire parità giuridica agli italiani privi di cittadinanza: si tratta di coloro che sono emigrati e hanno dovuto rinunciare alla cittadinanza per motivi di lavoro. Rientrano in questa categoria, inoltre gli italiani tuttora residenti nei territori ceduti, dopo la Seconda guerra mondiale, alla ex Jugoslavia e alla Francia. Coloro che ricoprono una carica pubblica elettiva devono disporre del tempo necessario per adempiere al mandato, conservando il diritto al mantenimento del proprio posto di lavoro. Per tutta la durata della carica, l'eletto gode della facoltà di chiedere un periodo di aspettativa (interrompendo il rapporto di lavoro in modo non retribuito). Il mantenimento del proprio posto di lavoro consente anche ai soggetti meno abbienti di concorrere a una carica pubblica.

Il dovere di difendere la Patria

Art. 52

La difesa della Patria è sacro dovere del cittadino. Il servizio militare è obbligatorio nei limiti e modi stabiliti dalla legge. Il suo adempimento non pregiudica la posizione di lavoro del cittadino, né l'esercizio dei diritti politici. L'ordinamento delle forze armate si informa allo spirito democratico della Repubblica.

È questo il primo dei tre articoli concernenti i doveri del cittadino la difesa della Patria. L'aggettivo "sacro" non è da intendersi nel senso religioso, ma riguarda piuttosto il suo adempimento che, in tempo di guerra, può portare anche al sacrificio della propria vita. Il concetto di patria va inteso ben nazionale, ma come patrimonio comune di storia, cultura, valori. Il dovere previsto dall'articolo 52 riguarda che sono tenuti a prestare la propria opera di soccorso e collaborazione anche in tempo di pace, qualora se ne presenti la necessità. Fino al 2005 tutti i cittadini di sesso maschile, idonei e maggiorenni, dovevano prestare servizio militare di leva obbligatorio. In caso di obiezione di coscienza la legge 15 dicembre 1972, n. 772, consentiva all'obiettore di prestare servizio civile. Nel 1998 questo è stato equiparato al servizio militare. In seguito all'approvazione delle leggi 14 novembre 2000, n. 331 e 23 agosto 2004 n 226, il servizio di leva obbligatorio è stato sostituito da un servizio militare professionale: dal primo gennaio 2005 l'esercito è formato da soli volontari in servizio permanente. Lo Stato, tuttavia, conserva la possibilità di reintrodurre il servizio di leva caso di entrata in guerra dell'Italia o per eventi eccezionali. I giovani, uomini e donne di età compresa tra i 18 e i 28 anni, possono comunque scegliere di prestare servizio civile, dedicando un anno della propria vita ad attività di solidarietà sociale L'organizzazione delle Forze Armate si fonda su uno spirito democratico, nel rispetto della persona umana e dei suoi diritti fondamentali. In tal senso sono state abolite misure punitive come la cella di rigore e la figura dell'attendente, che era in passato il soldato addetto al servizio persona di un superiore. La rigida disciplina militare si è uniformata in questo modo al dettato costituzionale.

Il dovere di concorrere alla spesa pubblica

Art. 53

Tutti sono tenuti a concorrere alle spese pubbliche in ragione della loro capacità contributiva. Il sistema tributario è informato a criteri di progressività. Qualsiasi cittadino, straniero e apolide, che risieda in Italia e svolga un'attività lavorativa deve pagare i tributi allo stato. Chi gode di un reddito più elevato è tenuto a concorrere in maniera proporzionalmente maggiore rispetto a chi abbia un reddito inferiore.

Il sistema tributario deve essere improntato a criteri di riequilibrare le differenze economiche tra versare al fisco, detta aliquota d'imposta meno e diviene più elevata man mano economiche. La legge prevede l'esenzione dal pagamento delle imposte caso di redditi particolarmente bassi. Il criterio di progressività non si applica alle gravano sui consumi), in quanto il loro carico fiscale è uguale per tutti indipendentemente dal reddito. Il dovere di solidarietà economica previsto dall'articolo 2 trova piena concretezza nel dettato dell'articolo 53. Il benessere della collettività è favorito dalla piena partecipazione alle spese pubbliche di tutti coloro che hanno un reddito. Molti soggetti, però, non pagano i tributi (evasione fiscale) e ciò determina una diminuzione delle entrate nelle casse dello Stato provocando l'imposizione di nuovi tributi o manovre finanziarie che, imponendo più rigore economico, finiscono per ricadere sui contribuenti più deboli.

Il dovere di fedeltà alla Repubblica

Art. 54

Tutti i cittadini hanno il dovere di essere fedeli alla Repubblica e di osservarne la Costituzione e le leggi. I cittadini cui sono affidate funzioni pubbliche hanno il dovere di adempierle con disciplina ed onore, prestando giuramento nei casi stabiliti dalla legge.

 Ritorna nel primo comma di questo articolo il concetto di Repubblica, a cui viene richiesta la fedeltà da parte di tutti. I Costituenti vollero stabilire questo principio poiché in quel periodo storico vi erano ancora numerosi sostenitori della monarchia. Era, quindi, necessario ribadire il dovere di fedeltà a questa nuova istituzione, alla sua legge fondamentale e a tutte le altre fonti normative. Tutto ciò deve costituire un imperativo morale vincolante per chiunque, sia che abbia lo status di cittadino, sia che non lo abbia. In modo particolare chi è chiamato a esercitare funzioni pubbliche deve non solo rispettare le leggi, ma anche comportarsi con disciplina e onore. In alcuni casi vi è inoltre l'obbligo di prestare giuramento di fedeltà alla Repubblica. I docenti non sono tenuti a questo adempimento in quanto non sono ammessi vincoli alla libertà di manifestazione del pensiero. In nessun caso, comunque, il dovere di fedeltà alla Repubblica e alle sue leggi comporta limiti all'esercizio dei diritti di libertà.

f. Evoluzione storica dell'Unione Europea

L'evoluzione storica dell'Unione Europea (UE) è un processo complesso che ha avuto origine dalla volontà di promuovere la pace, la prosperità e la cooperazione tra le nazioni europee dopo la Seconda Guerra Mondiale. Ecco una panoramica delle tappe principali dell'evoluzione dell'UE:

- **1945-1950: Le radici dell'Unione Europea**. Dopo la Seconda Guerra Mondiale, l'Europa si trovava devastata e frammentata. Nel 1950, il ministro degli Esteri francese Robert Schuman propose un piano per creare un'organizzazione europea per la produzione di carbone e acciaio, le risorse chiave per la guerra, sotto un'autorità comune. Questo piano, noto come Dichiarazione Schuman, portò alla creazione della Comunità Europea del Carbone e dell'Acciaio (CECA) nel 1951.

- **1957: Trattati di Roma**. Nel 1957, sei paesi (Francia, Germania Ovest, Italia, Belgio, Paesi Bassi e Lussemburgo) firmarono i Trattati di Roma, istituendo due nuove comunità: la Comunità Economica Europea (CEE), che mirava a creare un mercato comune tra i suoi membri, e la Comunità Europea dell'Energia Atomica (EURATOM), che si occupava della cooperazione nel settore nucleare.

- **Anni '70 e '80: Espansione e approfondimento**. Durante gli anni '70 e '80, l'UE si espanse con l'adesione di nuovi membri e approfondì la sua cooperazione attraverso l'adozione di nuovi trattati. Nel 1973, il Regno Unito, l'Irlanda e la Danimarca si unirono alla CEE. Nel 1986, Spagna e Portogallo aderirono, portando il numero di membri a dodici. Nel frattempo, il **Trattato di Maastricht del 1992 istituì l'Unione Europea**, aggiungendo dimensioni politiche ed economiche all'integrazione europea e introducendo l'Unione Monetaria Europea (poi zona euro).

- **Anni '90 e oltre: Allargamento e approfondimento**. Gli anni '90 e 2000 videro un'ulteriore espansione dell'UE con l'adesione di numerosi paesi dell'Europa centrale e orientale dopo la caduta del blocco sovietico. Nel 1995, Austria, Svezia e Finlandia si unirono all'UE, seguiti da altri Paesi come Polonia, Ungheria, Repubblica Ceca, Estonia, Lettonia, Lituania, Slovenia, Slovacchia, Malta, Cipro e Bulgaria nei decenni successivi. L'UE ha anche approfondito la sua cooperazione attraverso l'introduzione dell'euro come moneta unica per diversi stati membri.

- **Il presente e il futuro**. L'UE si trova oggi ad affrontare sfide come la gestione dell'immigrazione, la crescita economica, la sicurezza e la governance democratica. L'obiettivo principale rimane quello di garantire la pace, la stabilità e la prosperità in Europa, oltre a preservare i valori fondamentali di democrazia, diritti umani e stato di diritto. L'UE continua a lavorare per rafforzare la sua integrazione e a negoziare nuovi accordi con paesi terzi.

Per ulteriore approfondimento si veda la tesi 2 punto 6.

TESI 6

a. Le funzioni dello Stato e il principio della separazione dei poteri

b. Le fonti dell'ordinamento interno

c. La Corte costituzionale: poteri e attribuzioni

d. La libertà di riunione e di associazione, la libertà di religione

e. La dichiarazione universale dei diritti dell'uomo

f. Gli organi comunitari e le fonti comunitarie

a. Le funzioni dello Stato e il principio della separazione dei poteri

Il principio della **separazione dei poteri** è tipico degli Stati liberali e garantisce il **rispetto della legalità** limitando gli abusi di potere. Tale principio non era presente negli Stati assoluti nei quali vi era un accentramento dei poteri nelle mani del re che era considerato il rappresentante di Dio sulla terra.

La moderna teoria della separazione dei poteri viene di solito associata al filosofo illuminista francese Montesquieu che la teorizzò nel 1748 nella sua opera "Lo spirito delle leggi".

Nella storia il principio della divisione dei poteri inizia ad essere visto come un'insostituibile garanzia di libertà e riconoscimento dei diritti fondamentali dei cittadini soltanto nel Medioevo. Con il filosofo inglese John Locke la teoria della separazione dei poteri comincia ad assumere una fisionomia simile a quella attuale. Egli infatti afferma, a differenze dei pensatori precedenti, la necessità di affidare ogni funzione dello Stato a organi diversi.

Nel nostro Paese il potere legislativo spetta al Parlamento, il potere esecutivo al Governo e il potere giudiziario alla Magistratura. Il Parlamento viene eletto dal popolo e rappresenta la massima forma di democrazia. Esso è composto da due Camere:

- Camera dei Deputati;
- Senato della Repubblica.

Le due Camere hanno identici poteri e per questo si parla di "bicameralismo perfetto". Le leggi vengono formate seguendo un apposito procedimento:

- iniziativa o proposta di legge;
- approvazione;
- promulgazione;
- pubblicazione nella Gazzetta Ufficiale.

Il potere esecutivo spetta al Governo che deve far applicare e rispettare le leggi. Oltre al potere esecutivo, il Governo esercita anche quelli di direzione, impulso e indirizzo politico. In alcuni casi il Governo adempie anche alla funzione legislativa, attraverso due strumenti:

- il decreto-legge;
- il decreto legislativo.

Il potere giudiziario spetta alla Magistratura, un complesso di organi indipendenti ovvero i giudici. Il loro compito è quello di decidere riguardo alle liti applicando il diritto. Le loro decisioni sono chiamate **sentenze**. L'aspetto fondamentale è rappresentato dalla loro totale soggezione alla legge, sono quindi indipendenti da ogni altro potere.

b. Le fonti dell'ordinamento interno

Con il termine **"fonte"** si intende **l'atto o il fatto abilitato dall'ordinamento giuridico a produrre norme giuridiche**, cioè ad innovare l'ordinamento stesso. Possiamo declinare le seguenti fonti:

- **Fonti di produzione:** possono essere identificate in tutti gli atti e fatti abilitati dall'ordinamento alla produzione di norme giuridiche, approvati dagli organi competenti, secondo le procedure previste. L'attuale sistema delle fonti prevede:
  - a. Principi fondamentali e diritti inviolabili declinati nella Costituzione della Repubblica Italiana (**"nucleo rigido"**).
  - b. **Costituzione** della Repubblica Italiana:
    - Leggi costituzionali;
    - Leggi di revisione costituzionale;
    - Statuto delle Regioni a Statuto speciale;
    - Altre fonti di rilievo costituzionale (diritto primario della Comunità Europea e dell'Unione nonché convenzioni internazionali).
  - c. **Fonti primarie:**
    - leggi ordinarie dello Stato;
    - atti aventi forza di legge (es. decreti-legge, decreti legislativi);
    - Statuto delle Regioni a Statuto ordinario;
    - Leggi regionali.
  - d. **Fonti secondarie:**
    - Regolamenti governativi;
    - Regolamenti regionali;
    - Regolamenti degli enti locali;
    - Usi e consuetudini.

- **Fonti di cognizione:** sono tutti quei testi normativi (Gazzetta ufficiale, Bollettini Ufficiali delle Regioni, Gazzetta Ufficiale della CE, ecc.), contenenti norme giuridiche già formate, necessarie ad assicurare la conoscibilità legale dell'atto.

Oltre a queste categorie di fonti, parte della dottrina ha individuato anche le **"fonti non ufficiali"**. Queste possono essere definite come tutte quelle fonti utili alla conoscenza delle norme in vigore; naturalmente, tale pubblicazione non incide sull'efficacia delle norme (es. le case editrici o le riviste specializzate). Un'altra distinzione importante in diritto è quella tra fonti atto e fonti fatto:

- le **fonti atto** sono tutte quelle norme scritte emanate da organi legittimati all'esercizio del potere. In particolare, il soggetto legittimato deve adottare la norma conformemente alle norme di produzione.

- le **fonti fatto** (o fatti normativi) sono le forme non scritte (es. usi e consuetudini) che vengono applicate per il semplice "fatto" di esistere. Queste appartengono alla categoria dei fatti giuridici, declinati come eventi naturali o sociali che producono conseguenze rilevanti per l'ordinamento giuridico. Esempi di fonte fatto sono usi e consuetudini; un comportamento viene qualificato come fonte-fatto in presenza di determinati requisiti:
  - a) **requisito oggettivo:** ossia la ripetizione del comportamento in modo uniforme e costante nel tempo e la sua osservanza da parte di soggetti appartenenti ad una stessa categoria;
  - b) **requisito soggettivo:** ossia l'adozione di quel comportamento nella convinzione della sua obbligatorietà.

c. La Corte costituzionale: poteri e attribuzioni

La **Corte costituzionale** rappresenta il **massimo organo di garanzia e di controllo sul rispetto e la compatibilità con i principi contenuti nella Carta** non solo delle norme ma anche dei comportamenti tenuti dalle istituzioni. In base all'articolo 134 della Costituzione, infatti, la Corte **giudica sulla legittimità delle leggi e degli atti aventi forza di legge** emanati dallo Stato e dalle regioni. È competente poi anche nel **dirimere i conflitti** di attribuzione tra i poteri dello Stato, tra lo Stato e le regioni o tra le regioni. Inoltre, **si esprime** nei casi in cui il Parlamento riunito in seduta comune metta in Stato d'accusa il Presidente della Repubblica (articolo 90, comma 2).

A questo elenco, infine, si aggiungono anche il **giudizio sull'ammissibilità dei referendum abrogativi** (legge costituzionale 1/1953 e legge 253/1970) e sulla **legittimità degli statuti delle regioni ordinarie** (articolo 123, comma 2 Costituzione).

Il giudizio della Corte costituzionale può essere attivato sostanzialmente in 2 modi: in **via incidentale** o in **via principale** (o diretta). Il primo caso avviene quando, nel corso di un processo, le parti o il giudice stesso rilevano la possibile illegittimità costituzionale di una norma. In questo caso se il magistrato ritiene che la questione sia rilevante e non manifestamente infondata sospende il processo e la rinvia, con ordinanza motivata, alla Corte costituzionale. Il secondo caso invece può essere avviato dallo Stato o da un ente regionale relativamente a una norma emanata dall'altra istituzione. Le leggi regionali possono essere impugnate per ogni vizio di legittimità. Le Regioni invece possono impugnare le norme nazionali solo se vanno a ledere le loro sfere di competenza. Le decisioni della corte sono prese attraverso sentenze o ordinanze. Le **sentenze** sono emanate quando la corte giudica in via definitiva, mentre le **ordinanze** riguardano tutti gli altri provvedi- menti di sua competenza. Le sentenze possono essere di 3 tipi:

- **inammissibilità**;
- **accoglimento**;
- **rigetto**.

Nel primo caso la Corte dichiara l'impossibilità, per vari motivi, ad entrare nel merito della questione posta; nel secondo caso, invece, viene accolta l'istanza e la norma impugnata viene dichiarata illegittima. L'effetto di una sentenza di questo tipo è assimilabile all'annullamento della disposizione contestata. Con le sentenze di rigetto invece la corte dichiara infondate le questioni sottoposte.

In base all'articolo 135 comma 1 della Costituzione la Corte è composta da **15 giudici**. Un terzo di essi è scelto dal Presidente della Repubblica e un altro terzo è eletto dal Parlamento in seduta comune. La parte rimanente invece è eletta dai più alti gradi della Magistratura, sia ordinaria che amministrativa. In particolare, 3 giudici sono scelti dalla Corte di Cassazione, uno dal Consiglio di Stato e uno dalla Corte dei Conti. Nel caso della messa in Stato d'accusa del Presidente della Repubblica, ai 15 componenti cosiddetti 'togati' si aggiungono **altri 16 giudici** estratti a sorte da uno speciale elenco di cittadini aventi i requisiti per l'eleggibilità a Senatore. Possono far parte della Corte costituzionale i magistrati (anche a riposo) delle corti di grado superiore, i docenti universitari ordinari in materie giuridiche e gli avvocati con almeno vent'anni di servizio. I componenti della corte restano in carica per **9 anni** e **non sono rieleggibili**.

d. La libertà di riunione e di associazione, la libertà di religione

Come abbiamo già avuto modo di sottolineare, la Carta costituzionale contiene, nei primi dodici articoli, i principi fondamentali dell'ordinamento Repubblicano. Possono essere definiti **diritti inviolabili** quelle posizioni giuridiche essenziali per qualsiasi forma di convivenza associata. Questi sono dunque **imprescindibili**, ogni modifica atta a limitarli non rappresenterebbe una semplice revisione costituzionale, bensì un vero e proprio sovvertimento dello Stato Repubblicano. I suddetti diritti possono essere riconosciuti sia all'uomo come singolo (diritto al nome, all'onore e alla libera manifestazione del pensiero), sia come componente della formazione sociale (diritto di associazione e di riunione ecc.), tra questi ci sono:

- il **diritto alla vita ed all'integrità fisica**: riconosciuto in via indiretta dall'art. 27 Cost. che vietando la pena di morte, attribuisce alla vita umana il carattere di intangibilità, ponendola al di sopra della potestà punitiva dello Stato.

- il **diritto all'integrità morale**: consiste nel complesso delle prerogative che costituiscono la personalità di un individuo, il decoro, l'onore, il prestigio e la reputazione.

- il **diritto all'immagine**: tutelato dall'art. 10 riconosce all'individuo la possibilità di impedire che altri facciano uso della sua immagine, a questo è affiancato il c.d. diritto all'identità personale che tutela il soggetto contro ogni distorta rappresentazione da parte di terzi, della propria immagine, personalità o pensiero.

- il **diritto al nome**: tutelato dall'art. 22 ("Nessuno può essere privato, per motivi politici, della capacità giuridica, della cittadinanza, del nome"). Poiché il nome rappresenta il principale mezzo di identificazione della persona, gli art. 6 e 10 provvedono a garantire l'esclusività dell'uso del proprio nome, nonché dello **pseudonimo**, il "nome d'arte" quando acquisti la stessa importanza del nome.

- il **diritto alla riservatezza**: ossia il diritto all'intimità della vita privata, che deve essere salvaguardata dall'altrui curiosità; spesso può venire in contrasto col diritto di manifestazione del pensiero nello specifico aspetto del diritto di cronaca, che deve essere esercitato senza che vengano travalicati i limiti che consistono nella verità dell'informazione, nella sua rilevanza sociale e in una forma espositiva, che non si concreti in un linguaggio di per sé offensivo.

Libertà di riunione

È sancito dall'art. 17 Cost., consiste nella facoltà di darsi convegno, temporaneamente e volontariamente, in un luogo determinato ed in seguito a preventivo accordo, indipendentemente dalle ragioni per cui ci si riunisce. Le riunioni possono essere **assembramenti** (riunioni occasionali causate da una circostanza improvvisa) o **dimostrazioni** (riunioni che danno luogo a manifestazioni per scopi civili o politici); a seconda del luogo ove si svolgono possono essere **private** (in luoghi privati), **aperte** al pubblico (svolte in luoghi privati ma l'accesso può essere consentito in conformità a particolari prescrizioni) o **pubbliche** (svolte in luoghi pubblici ove possono accedere tutti). Tali riunioni devono svolgersi in maniera pacifica e senza armi, per quelle pubbliche è necessario il preavviso alle autorità di Polizia.

Libertà di associazione

È sancito dall'art. 18 Cost. il quale dichiara che i cittadini hanno il diritto di associarsi liberamente, senza autorizzazione, per fini che non sono vietati dalla legge penale; è una libertà strumentale indispensabile per favorire lo sviluppo della persona umana e la sua partecipazione alla vita economica, politica e sociale del Paese. L'associazione prevede una stabile organizzazione, l'esistenza di un vincolo permanente tra gli associati e l'esistenza di uno scopo da perseguire. Sono vietate le associazioni che la legge penale vieta espressamente, le associazioni segrete e le associazioni militari con scopi politici.

La libertà religiosa

È sancita dall'art. 19 Cost. e consiste nel diritto di tutti i cittadini di professare liberamente la propria fede religiosa in qualsiasi forma individuale o associata, di esercitarne il culto e di farne propaganda, purché non si tratti di riti contrari al buon costume. Tale libertà consiste nella libertà di scegliere il proprio credo, la libertà di non essere costretti a professare una determinata fede religiosa e la libertà di non avere un proprio credo religioso, ovvero la libertà di ateismo.

L'art. 7 Cost. riconosce l'originarietà dell'ordinamento della Chiesa Cattolica attribuendo ad essa i caratteri dell'indipendenza e della sovranità, tipici degli ordinamenti statali. I rapporti tra Stato e Chiesa sono disciplinati dai Patti Lateranensi, che possono essere modificati mediante accordo tra le parti, qualora manchi l'accordo lo Stato può modificarli ricorrendo alla revisione costituzionale. Nel 1984 sono state introdotte importanti novità, ovvero la neutralità dello Stato in materia religiosa e il diritto agli studenti di avvalersi o meno dell'ora di religione. I culti acattolici godono di una posizione di autonomia e indipendenza, sia pure con il limite del rispetto dell'ordinamento giuridico italiano, pena la loro illiceità.

e. La dichiarazione universale dei diritti dell'uomo

La **dichiarazione universale dei diritti umani** è un **documento sui diritti della persona**, adottato **dall'Assemblea generale delle Nazioni Unite** nella sua terza sessione, il **10 dicembre 1948** a **Parigi** con la risoluzione 219077A. La sua sigla in inglese è UDHR (Universal Declaration of Human Rights).

La dichiarazione è frutto di una elaborazione secolare, che parte dai primi principi etici classico-europei stabiliti dalla Bill of Rights e dalla dichiarazione d'indipendenza degli Stati Uniti d'America, ma soprattutto dalla dichiarazione dei diritti dell'uomo e del cittadino stesa nel 1789 durante la Rivoluzione francese, i cui elementi di fondo (i diritti civili e politici dell'individuo) sono confluiti in larga misura in questa carta.

Votarono a favore 48 membri su 58. Nessun Paese si dichiarò contrario. Tuttavia, fin dall'inizio del dibattito, emersero diverse criticità. Diversità di storie nazionali, sistemi filosofici ed economici ostacolarono il tentativo di trovare un Comune denominatore e l'applicazione della dichiarazione da parte di alcuni Stati. L'approvazione della versione definitiva della dichiarazione vide l'astensione di otto Stati ed incontrò forti riserve da parte di altri Paesi.

Questo documento è la base di molte delle conquiste civili del XX secolo e doveva essere applicato in tutti gli Stati membri. Alcuni esperti di diritto hanno sostenuto che questa dichiarazione sia di- venuta vincolante come parte del diritto internazionale consuetudinario venendo continuamente citata da oltre 50 anni in tutti i Paesi.

Ha costituito l'orizzonte ideale della Carta dei diritti fondamentali dell'Unione europea, confluita poi nel 2004 nella Costituzione europea. Il testo della Costituzione Europea non è mai entrato in vigore per via della sua mancata ratifica da parte di alcuni Stati membri (Francia e Paesi Bassi a seguito della maggioranza dei no al relativo referendum), ma la Dichiarazione in ambito europeo costituisce comunque una fonte di ispirazione della Carta dei diritti fondamentali dell'Unione Europea proclamata per la prima volta a Nizza il 7 dicembre 2000, ed avente oggi anche pieno va- lore legale vincolante per i Paesi UE dopo l'entrata in vigore del Trattato di Lisbona il 1° dicembre 2009 Carta dei diritti fondamentali dell'Unione europea quale parte integrante della Costituzione europea.

La Dichiarazione fa parte dei documenti di base delle Nazioni Unite insieme al suo stesso Statuto. Secondo alcuni Paesi membri dell'ONU, la Dichiarazione non è vincolante per i membri dell'organizzazione mentre secondo altri i diritti e le libertà in essa riconosciuti possiedono un valore giuridico autonomo nell'ambito della comunità internazionale e recepiti dalla maggior parte delle nazioni. Questo codice etico di importanza storica fondamentale è Stato il primo documento a sancire universalmente (cioè in ogni parte del mondo) i diritti che spettano all'essere umano.

La Dichiarazione è composta da **un preambolo e da 30 articoli** che sanciscono i **diritti individuali, civili, politici, economici, sociali, culturali di ogni persona**. I diritti dell'individuo vanno quindi suddivisi in due grandi aree: i diritti civili e politici e i diritti economici, sociali e culturali.

La Dichiarazione può essere suddivisa in **7 argomenti**:

1. Il **preambolo** che enuncia le cause storiche e sociali che hanno portato alla necessità della stesura della Dichiarazione;

2. Gli articoli 1-2, stabiliscono i concetti basilari di **libertà ed uguaglianza**;

3. Gli articoli 3-11, stabiliscono **altri diritti individuali**;

4. Gli articoli 12-17, stabiliscono i **diritti dell'individuo nei confronti della comunità**;

5. Gli articoli 18-21, sanciscono le **libertà fondamentali** (libertà di pensiero, di opinione, di fede religiosa e di coscienza, di parola e di associazione pacifica);

6. Gli articoli 22-27, sanciscono i **diritti economici, sociali e culturali**;

7. I conclusivi articoli 28-30 definiscono aspetti generali ed ambiti in cui non possono essere applicati, in particolare che non possano essere usati contro i principi ispiratori della dichiarazione stessa.

f. Gli organi comunitari e le fonti comunitarie

Quadro istituzionale e organizzativo dell'Unione Europea:

- il Parlamento europeo,
- il Consiglio europeo,
- il Consiglio dell'Unione europea (denominato semplicemente «il Consiglio»),
- la Commissione europea,
- la Corte di giustizia dell'Unione europea,
- la Banca centrale europea,
- la Corte dei conti.

L'assetto istituzionale dell'Unione europea è unico nel suo genere e il suo sistema decisionale è in costante evoluzione. Le 7 istituzioni europee, i 7 organi dell'UE e le oltre 30 agenzie decentrate sono distribuiti in tutta l'UE. Lavorano tutti insieme per tutelare gli interessi comuni dell'UE e dei cittadini europei.

In termini amministrativi, esistono altre 20 agenzie e organizzazioni dell'UE che svolgono funzioni giuridiche specifiche e 4 servizi interistituzionali a sostegno delle istituzioni.

Tutti hanno ruoli specifici: dall'elaborazione della legislazione e della definizione delle politiche dell'UE all'attuazione delle politiche e al lavoro in settori specializzati, come la salute, la medicina, i trasporti e l'ambiente.

Sono 4 le principali istituzioni decisionali che dirigono l'amministrazione dell'UE e forniscono collettivamente all'UE orientamenti politici, svolgendo ruoli diversi nel processo legislativo:

- il Parlamento europeo (Bruxelles / Strasburgo / Lussemburgo)
- il Consiglio europeo (Bruxelles)
- il Consiglio dell'Unione europea (Bruxelles / Lussemburgo)
- la Commissione europea (Bruxelles/Lussemburgo/Rappresentanze in tutta l'UE).

Il loro lavoro è integrato da altre istituzioni e organi, tra cui:

- la Corte di giustizia dell'Unione europea (Lussemburgo)
- la Banca centrale europea (Francoforte)
- la Corte dei conti europea (Lussemburgo)

Le istituzioni e gli organi dell'UE collaborano strettamente con la rete di agenzie e organizzazioni dell'UE in tutta l'Unione europea. La funzione primaria di questi organi e agenzie è quella di tradurre le politiche in realtà concrete sul campo.

Circa 60000 persone, tra funzionari e altro personale dell'UE, lavorano al servizio dei 450 milioni di europei (senza contare tutti gli altri funzionari al lavoro in tutto il mondo). Si tratta in realtà di un numero relativamente ridotto: il Ministero delle Finanze francese conta circa 140000 dipendenti per una popolazione di soli 67 milioni di persone.

I poteri, le responsabilità e le procedure delle istituzioni dell'UE sono stabiliti nei trattati istitutivi dell'UE: il trattato sul funzionamento dell'Unione europea (1957) e il trattato sull'Unione europea (1992). Più di recente, il trattato di Lisbona (2007) ha introdotto alcune modifiche e integrazioni alle loro competenze.

Le quattro principali istituzioni dell'UE, con funzioni distinte, collaborano strettamente fra di loro per definire l'agenda dell'UE e avviarne e coordinarne il processo legislativo.

In generale, il Consiglio europeo non legifera. Tuttavia, può concordare modifiche al trattato sul funzionamento dell'UE. Il suo ruolo principale consiste nel determinare la direzione politica dell'UE. Nella maggior parte dei casi, il Parlamento europeo, il Consiglio dell'Unione europea e la Commissione europea elaborano le politiche e le leggi che si applicano in tutta l'UE. Il processo che segue è denominato procedura legislativa ordinaria.

In linea di principio, la Commissione propone nuove leggi e il Parlamento europeo e il Consiglio dell'Unione europea le adottano. I Paesi membri le attuano e la Commissione vigila sulla corretta applicazione delle leggi.

- **Parlamento europeo:** si veda la tesi3 al punto 3.
- **Consiglio dell'Unione Europea (Consiglio dei Ministri)** è l'organo che rappresenta gli interessi dei governi nazionali degli Stati membri dell'UE. Si riunisce in diverse "configurazioni" a seconda delle questioni trattate, ad esempio il Consiglio Affari Generali, il Consiglio dei Ministri dell'Economia e delle Finanze (ECOFIN), il Consiglio dei Ministri dell'Ambiente, ecc. Il Consiglio dell'Unione Europea insieme al Parlamento Europeo ha il potere legislativo e bilaterale.
- **Consiglio Europeo** è composto dai capi di stato o di governo degli Stati membri dell'UE, insieme al presidente della Commissione Europea e al suo presidente. Si riunisce almeno quattro volte all'anno per definire le direzioni politiche generali e le priorità dell'UE. Non ha poteri legislativi diretti, ma fornisce orientamenti politici e risolve questioni di interesse strategico per l'Unione Europea.
- **Commissione Europea** è l'organo esecutivo dell'Unione Europea. È responsabile della proposta e dell'attuazione delle politiche dell'UE, dell'applicazione dei trattati e del bilancio dell'UE. È composta da un commissario per ciascuno degli stati membri dell'UE, nomina degli Stati membri, e il suo presidente viene scelto dal Consiglio Europeo e approvato dal Parlamento Europeo.
- **Corte di Giustizia dell'Unione Europea (CGUE)** è responsabile dell'interpretazione e dell'applicazione del diritto dell'Unione Europea. È composta dalla Corte di Giustizia, il Tribunale Generale e il Tribunale della Funzione Pubblica. Assicura che la legislazione dell'UE sia interpretata e applicata in modo uniforme in tutti gli Stati membri.
- **Banca Centrale Europea (BCE)** è responsabile della politica monetaria dell'UE e della gestione dell'euro. Assicura la stabilità dei prezzi e sostiene gli obiettivi economici generali dell'UE.

- **Corte dei Conti Europea** verifica la legalità e la regolarità finanziaria dell'Unione Europea, controllando il bilancio e le spese dell'UE. Presenta relazioni annuali al Parlamento e al Consiglio dell'UE, fornisce consulenza su questioni finanziarie e svolge indagini speciali. Indipendente e con sede a Lussemburgo, contribuisce a garantire trasparenza e integrità nella gestione finanziaria dell'UE, rafforzando la fiducia dei cittadini nelle istituzioni europee.

Queste istituzioni compongono il quadro istituzionale dell'Unione Europea e lavorano insieme per prendere decisioni e sviluppare politiche nell'interesse dell'UE e dei suoi cittadini.

Le fonti comunitarie

L'Italia in virtù della possibilità offerta dall'art. 11 Cost. ha aderito insieme ad altri Stati dell'Europa alla formazione e costituzione della Comunità Europea.

L'insieme di norme che regolano l'organizzazione e lo sviluppo della **Comunità Europea**, ora denominata **Unione Europea**, e i rapporti tra questa e gli Stati membri formano il sistema giuridico comunitario. Essendo l'Italia uno Stato membro non solo le fonti del diritto comunitario sono applicabili ed efficaci sul nostro territorio ma queste sono da considerarsi addirittura prevalenti sulle fonti di diritto interno.

Se infatti la fonte italiana interferisce con la fonte comunitaria nella disciplina di una stessa materia, i giudici che si trovino a giudicare una controversia inerente quella materia dovranno disapplicare la fonte italiana ed applicare la fonte comunitaria, se legittima.

Le fonti dell'ordinamento comunitario si distinguono in:

- **fonti primarie,** in quanto costituiscono la base e la legittimazione delle competenze e dei poteri attribuiti alla Comunità Europea conferiti e stabiliti nei Trattati istitutivi;
- **fonti derivate,** in quanto derivano la loro legittimazione ed il loro riconoscimento dai Trattati istitutivi.

Norme primarie del sistema giuridico dell'Unione europea sono in primo luogo le norme convenzionali contenute nei Trattati istitutivi delle Comunità europee e dell'Unione europea ed in quegli accordi internazionali successivamente stipulati per modificare ed integrare i primi.

Il nucleo principale dell'ordinamento giuridico dell'Unione europea è rappresentato dai Trattati che hanno istituito le Comunità europee e l'Unione europea, ossia:

- il **Trattato costitutivo della CECA** (Comunità europea del carbone e dell'acciaio), firmato a Parigi il 18 aprile 1951 ed entrato in vigore il 23 luglio 1952, insieme ai due Protocolli sullo Statuto della Corte di giustizia e sui privilegi e le immunità;
- i **Trattati costitutivi della CEE** (Comunità economica europea) e della CEEA (Comunità europea dell'energia atomica) o EURATOM, firmati a Roma il 25 marzo 1957 ed entrati in vigore il 1° gennaio 1958, insieme allo Statuto della Corte di giustizia, nonché alla Convenzione su talune istituzioni comuni;
- il **Trattato istitutivo dell'Unione europea**, firmato a Maastricht il 7 febbraio 1992 ed entrato in vigore il 1° novembre 1993.

A questi atti devono aggiungersi quelli che nel corso del tempo hanno modificato o integrato le disposizioni originarie:

- il **Trattato sulla fusione degli esecutivi**, firmato a Bruxelles l'8 aprile 1965 ed entrato in vigore il 1° luglio 1967 (ora abrogato dal Trattato di Amsterdam che ne ha però conservato le disposizioni principali), che ha istituito un Consiglio unico ed un'Assemblea unica per tutte e tre le Comunità, senza per questo procedere ad una fusione giuridica delle stesse;
- l'**Atto Unico Europeo**, firmato a Lussemburgo il 28 febbraio 1986 ed entrato in vigore il 1° luglio 1987, il cui obiettivo principale è l'instaurazione progressiva del mercato interno;

- il **Trattato di Amsterdam**, firmato il 2 ottobre 1997 ed entrato in vigore il 1° maggio 1999, che ha ulteriormente modificato i Trattati istitutivi apportando modifiche alle procedure decisionali e comunitarizzando alcuni settori che, in precedenza, rientravano nell'ambito della cooperazione intergovernativa;
- il **Trattato di Nizza**, firmato il 26 febbraio 2001 ed entrato in vigore il 1° febbraio 2003, che apporta soprattutto modifiche di carattere istituzionale;
- il **Trattato di Lisbona**, firmato il 13 dicembre 2007 ed entrato in vigore il 1° dicembre 2009.

A seguito del Trattato di Lisbona, i trattati, sostanzialmente, continuano ad essere due: il **Trattato sull'Unione europea** e il **Trattato sul funzionamento dell'Unione europea** sostitutivo del Trattato istitutivo della Comunità europea, che hanno lo stesso valore giuridico. Resta, inoltre, in vigore il **Trattato EURATOM** del 1957. Mentre il Trattato sull'Unione europea si configura come un **trattato base**, contenente le norme essenziali che stabiliscono i valori, i principi fondamentali e le competenze e l'assetto istituzionale dell'Unione, il Trattato sul funzionamento dell'Unione europea è piuttosto un **trattato applicativo**, fissa le regole di funzionamento delle istituzioni, dei suoi organi, disciplina il mercato interno e le politiche, definendone il quadro di riferimento.

Il diritto dell'Unione europea derivato comprende un ventaglio di atti giuridici adottati dalle istituzioni europee, nei limiti delle competenze e con gli effetti che il Trattato sancisce. Si tratta di atti che vengono posti in essere attraverso procedimenti deliberativi che si svolgono e si esauriscono in modo del tutto indipendente da quelli legislativi e amministrativi nazionali. Sono atti, però, destinati a incidere in modo rilevante sugli ordinamenti giuridici nazionali, talvolta senza che occorra un intervento formale del legislatore e/o dell'amministrazione nazionale, talvolta imponendo all'uno e/o all'altra un'attività normativa, allo scopo di riversare sui singoli gli impegni sottoscritti a livello europeo, ovvero di precisare o·integrare obbligazioni solo delineate dall'atto ma lasciate alla discrezionalità degli Stati membri quanto alla realizzazione definitiva del suo contenuto.

È, questo, l'insieme degli atti che si definisce comunemente **diritto dell'Unione europea derivato**, espressione che ne coglie, da un lato, la purezza dell'origine, appunto "europea" in senso proprio e non convenzionale del termine e del tutto estranea ai procedimenti nazionali di formazione delle norme e, d'altro lato, la loro forza derivata dai Trattati istitutivi.

Nell'ambito di tale sistema va inquadrato l'art. 288 TFUE che definisce la tipologia degli atti a mezzo dei quali le istituzioni dell'Unione europea esercitano le competenze loro attribuite:

- i **regolamenti**, hanno una portata generale, sono obbligatori in tutti i loro elementi e direttamente applicabili;
- le **direttive**, sono indirizzate solo agli Stati membri e non sono obbligatorie in tutti i loro elementi, in quanto vincolano i destinatari solo riguardo al risultato da raggiungere, lasciando alla loro discrezione la scelta dei mezzi e della forma;
- le **decisioni**, sono obbligatorie in tutti i loro elementi e se designano i destinatari sono obbligatorie soltanto nei confronti di questi.

Oltre agli atti dotati di forza vincolante, l'art. 288 TFUE prevede altri due tipi di atti: le **raccomandazioni** e i **pareri**.

In base a quanto previsto dall'art. 292 TFUE, il potere generale di adottare raccomandazioni è assegnato al Consiglio. Anche la Commissione e la Banca centrale europea possono adottare raccomandazioni, ma soltanto nei casi specifici previsti dai Trattati.

Il potere generale di emettere pareri è assegnato al Parlamento europeo; laddove altre istituzioni emanano pareri viene previsto specificamente nei Trattati.

Una distinzione tra i due tipi di atti non vincolanti può essere operata in base alle loro diverse finalità. Mentre la raccomandazione ha, infatti, il preciso scopo di sollecitare il destinatario a tenere un determinato comportamento giudicato più rispondente agli interessi comuni, il parere tende piuttosto a fissare il punto di vista dell'istituzione che lo emette, in ordine a una specifica questione.

Infine, abbiamo gli **atti atipici** che sono quegli atti non vincolanti che pur essendo emanati dalle istituzioni, non rientrano fra quelli elencati dall'art. 288 del TFUE.

Sono atti atipici:

- i **regolamenti interni** che ciascuna istituzione approva per disciplinare la propria organizzazione ed il proprio funzionamento;
- i **Programmi generali per la soppressione delle restrizioni relative alla libertà di stabilimento o di prestazione dei servizi**, che il Consiglio ha adottato e ha determinato le linee generali alle quali avrebbe uniformato la sua attività futura in queste materie;
- gli **accordi interistituzionali**, firmati dai presidenti di più istituzioni con i quali queste istituzioni stabiliscono delle regole volte a migliorare i loro rapporti ed evitare possibili conflitti;
- le **comunicazioni** che la Commissione emana per precisare i propri orientamenti in merito ad una questione (cosiddette decisorie), per raccogliere le valutazioni della giurisprudenza relative ad un determinato settore (cosiddette interpretative), per indicare le linee guida di future proposte normative (cosiddette informative);
- i **libri verdi** e i **libri bianchi**, che sono, nel primo caso documenti pubblicati dalla Commissione allo scopo di avviare il processo di consultazione su specifici argomenti nell'ambito dell'Unione e, nel secondo caso, documenti che seguono spesso quella di un libro bianco in modo che le consultazioni effettuate si traducano in concrete proposte d'azione.

La giurisprudenza della Corte di giustizia permette di colmare o disciplinare talune materie non espressamente regolamentate dalle fonti di diritto primario o derivato.

COSTITUZIONE DELLA REPUBBLICA ITALIANA

COSTITUZIONE DELLA REPUBBLICA ITALIANA PRINCIPI FONDAMENTALI

Art. 1
L'Italia è una Repubblica democratica, fondata sul lavoro.
La sovranità appartiene al popolo, che la esercita nelle forme e nei limiti della Costituzione.

Art. 2
La Repubblica riconosce e garantisce i diritti inviolabili dell'uomo, sia come singolo, sia nelle formazioni sociali ove si svolge la sua personalità, e richiede l'adempimento dei doveri inderogabili di solidarietà politica, economica e sociale.

Art. 3
Tutti i cittadini hanno pari dignità sociale e sono eguali davanti alla legge, senza distinzione di sesso, di razza, di lingua, di religione, di opinioni politiche, di condizioni personali e sociali.
È compito della Repubblica rimuovere gli ostacoli di ordine economico e sociale, che, limitando di fatto la libertà e l'uguaglianza dei cittadini, impediscono il pieno sviluppo della persona umana e l'effettiva partecipazione di tutti i lavoratori all'organizzazione politica, economica e sociale del Paese.

Art. 4
La Repubblica riconosce a tutti i cittadini il diritto al lavoro e promuove le condizioni che rendano effettivo questo diritto.
Ogni cittadino ha il dovere di svolgere, secondo le proprie possibilità e la propria scelta, una attività o una funzione che concorra al progresso materiale o spirituale della società.

Art. 5
La Repubblica, una e indivisibile, riconosce e promuove le autonomie locali; attua nei servizi che dipendono dallo Stato il più ampio decentramento amministrativo; adegua i principi ed i metodi della sua legislazione alle esigenze dell'autonomia e del decentramento.

Art. 6
La Repubblica tutela con apposite norme le minoranze linguistiche.

Art. 7
Lo Stato e la Chiesa cattolica sono, ciascuno nel proprio ordine, indipendenti e sovrani.
I loro rapporti sono regolati dai Patti Lateranensi. Le modificazioni dei Patti, accettate dalle due parti, non richiedono procedimento di revisione costituzionale.

Art. 8
Tutte le confessioni religiose sono egualmente libere davanti alla legge.
Le confessioni religiose diverse dalla cattolica hanno diritto di organizzarsi secondo i propri statuti, in quanto non contrastino con l'ordinamento giuridico italiano.
I loro rapporti con lo Stato sono regolati per legge sulla base di intese con le relative rappresentanze.

Art. 9
La Repubblica promuove lo sviluppo della cultura e la ricerca scientifica e tecnica. Tutela il paesaggio e il patrimonio storico e artistico della Nazione. Tutela l'ambiente, la biodiversità e gli ecosistemi, anche nell'interesse delle future generazioni. La legge dello Stato disciplina i modi e le forme di tutela degli animali.

Art. 10

L'ordinamento giuridico italiano si conforma alle norme del diritto internazionale generalmente riconosciute.

La condizione giuridica dello straniero è regolata dalla legge in conformità delle norme e dei trattati internazionali.

Lo straniero, al quale sia impedito nel suo paese l'effettivo esercizio delle libertà democratiche garantite dalla Costituzione italiana, ha diritto d'asilo nel territorio della Repubblica, secondo le condizioni stabilite dalla legge.

Non è ammessa l'estradizione dello straniero per reati politici. (*) NOTE:

(*) La legge costituzionale 21 giugno 1967, n. 1, ha disposto che l'ultimo comma dell'art. 10 e l'ultimo comma dell'art. 26 della Costituzione non si applicano ai delitti di genocidio.

Art. 11

L'Italia ripudia la guerra come strumento di offesa alla libertà degli altri popoli e come mezzo di risoluzione delle controversie internazionali; consente, in condizioni di parità con gli altri Stati, alle limitazioni di sovranità necessarie ad un ordinamento che assicuri la pace e la giustizia fra le Nazioni; promuove e favorisce le organizzazioni internazionali rivolte a tale scopo.

Art. 12

La bandiera della Repubblica è il tricolore italiano: verde, bianco e rosso, a tre bande verticali di eguali dimensioni.

PARTE PRIMA. DIRITTI E DOVERI DEI CITTADINI
Titolo I. Rapporti civili

Art. 13

La libertà personale è inviolabile.

Non è ammessa forma alcuna di detenzione, di ispezione o perquisizione personale, né qualsiasi altra restrizione della libertà personale, se non per atto motivato dall'autorità giudiziaria e nei soli casi e modi previsti dalla legge.

In casi eccezionali di necessità ed urgenza, indicati tassativamente dalla legge, l'autorità di pubblica sicurezza può adottare provvedimenti provvisori, che devono essere comunicati entro quarantotto ore all'autorità giudiziaria e, se questa non li convalida nelle successive quarantotto ore, si intendono revocati e restano privi di ogni effetto.

È punita ogni violenza fisica e morale sulle persone comunque sottoposte a restrizioni di libertà. La legge stabilisce i limiti massimi della carcerazione preventiva.

Art. 14

Il domicilio è inviolabile.

Non vi si possono eseguire ispezioni o perquisizioni o sequestri se non nei casi e modi stabiliti dalla legge secondo le garanzie prescritte per la tutela della libertà personale.

Gli accertamenti e le ispezioni per motivi di sanità e di incolumità pubblica o a fini economici e fiscali sono regolati da leggi speciali.

Art. 15

La libertà e la segretezza della corrispondenza e di ogni altra forma di comunicazione sono inviolabili.

La loro limitazione può avvenire soltanto per atto motivato dell'autorità giudiziaria con le garanzie stabilite dalla legge.

Art. 16

Ogni cittadino può circolare e soggiornare liberamente in qualsiasi parte del territorio nazionale, salvo le limitazioni che la legge stabilisce in via generale per motivi di sanità o di sicurezza. Nessuna restrizione può essere determinata da ragioni politiche.

Ogni cittadino è libero di uscire dal territorio della Repubblica e di rientrarvi, salvo gli obblighi di legge.

Art. 17

I cittadini hanno diritto di riunirsi pacificamente e senz'armi.

Per le riunioni, anche in luogo aperto al pubblico, non è richiesto preavviso.

Delle riunioni in luogo pubblico deve essere dato preavviso alle autorità, che possono vietarle soltanto per comprovati motivi di sicurezza o di incolumità pubblica.

Art. 18

I cittadini hanno diritto di associarsi liberamente, senza autorizzazione, per fini che non sono vietati ai singoli dalla legge penale.

Sono proibite le associazioni segrete e quelle che perseguono, anche indirettamente, scopi politici mediante organizzazioni di carattere militare.

Art. 19

Tutti hanno diritto di professare liberamente la propria fede religiosa in qualsiasi forma, individuale o associata, di farne propaganda e di esercitarne in privato o in pubblico il culto, purché non si tratti di riti contrari al buon costume.

Art. 20

Il carattere ecclesiastico e il fine di religione o di culto d'una associazione od istituzione non possono essere causa di speciali limitazioni legislative, né di speciali gravami fiscali per la sua costituzione, capacità giuridica e ogni forma di attività.

Art. 21

Tutti hanno diritto di manifestare liberamente il proprio pensiero con la parola, lo scritto e ogni altro mezzo di diffusione.

La stampa non può essere soggetta ad autorizzazioni o censure.

Si può procedere a sequestro soltanto per atto motivato dell'autorità giudiziaria nel caso di delitti, per i quali la legge sulla stampa espressamente lo autorizzi, o nel caso di violazione delle norme che la legge stessa prescriva per l'indicazione dei responsabili.

In tali casi, quando vi sia assoluta urgenza e non sia possibile il tempestivo intervento dell'autorità giudiziaria, il sequestro della stampa periodica può essere eseguito da ufficiali di polizia giudiziaria, che devono immediatamente, e non mai oltre ventiquattro ore, fare denunzia all'autorità giudiziaria. Se questa non lo convalida nelle ventiquattro ore successive, il sequestro si intende revocato e privo d'ogni effetto.

La legge può stabilire, con norme di carattere generale, che siano resi noti i mezzi di finanziamento della stampa periodica.

Sono vietate le pubblicazioni a stampa, gli spettacoli e tutte le altre manifestazioni contrarie al buon costume. La legge stabilisce provvedimenti adeguati a prevenire e a reprimere le violazioni.

Art. 22

Nessuno può essere privato, per motivi politici, della capacità giuridica, della cittadinanza, del nome.

Art. 23

Nessuna prestazione personale o patrimoniale può essere imposta se non in base alla legge.

Art. 24

Tutti possono agire in giudizio per la tutela dei propri diritti e interessi legittimi. La difesa è diritto inviolabile in ogni stato e grado del procedimento.

Sono assicurati ai non abbienti, con appositi istituti, i mezzi per agire e difendersi davanti ad ogni giurisdizione. La legge determina le condizioni e i modi per la riparazione degli errori giudiziari.

Art. 25

Nessuno può essere distolto dal giudice naturale precostituito per legge.

Nessuno può essere punito se non in forza di una legge che sia entrata in vigore prima del fatto commesso. Nessuno può essere sottoposto a misure di sicurezza se non nei casi previsti dalla legge.

Art. 26

L'estradizione del cittadino può essere consentita soltanto ove sia espressamente prevista dalle convenzioni internazionali. Non può in alcun caso essere ammessa per reati politici. (*) NOTE:

(*) La legge costituzionale 21 giugno 1967, n. 1, ha disposto che l'ultimo comma dell'art. 10 e l'ultimo comma dell'art. 26 della Costituzione non si applicano ai delitti di genocidio.

Art. 27

La responsabilità penale è personale.

L'imputato non è considerato colpevole sino alla condanna definitiva.

Le pene non possono consistere in trattamenti contrari al senso di umanità e devono tendere alla rieducazione del condannato. Non è ammessa la pena di morte.(*)

NOTE:

(*) L'art. 27 è stato modificato dall'art. 1 della legge costituzionale 2 ottobre 2007, n. 1. Il testo originario dell'articolo era il seguente:

«La responsabilità penale è personale. L'imputato non è considerato colpevole sino alla condanna definitiva. Le pene non possono consistere in trattamenti contrari al senso di umanità e devono tendere alla rieducazione del condannato.

Non è ammessa la pena di morte, se non nei casi previsti dalle leggi militari di guerra.»

Art. 28

I funzionari e i dipendenti dello Stato e degli enti pubblici sono direttamente responsabili, secondo le leggi penali, civili e amministrative, degli atti compiuti in violazione di diritti. In tali casi la responsabilità civile si estende allo Stato e agli enti pubblici.

Titolo II. Rapporti etico-sociali

Art. 29

La Repubblica riconosce i diritti della famiglia come società naturale fondata sul matrimonio.

Il matrimonio è ordinato sull'eguaglianza morale e giuridica dei coniugi, con i limiti stabiliti dalla legge a garanzia dell'unità familiare.

Art. 30

È dovere e diritto dei genitori, mantenere, istruire ed educare i figli, anche se nati fuori del matrimonio.

Nei casi di incapacità dei genitori, la legge provvede a che siano assolti i loro compiti.

La legge assicura ai figli nati fuori dal matrimonio ogni tutela giuridica e sociale, compatibile con i diritti dei membri della famiglia legittima. La legge detta le norme e i limiti per la ricerca della paternità.

Art. 31

La Repubblica agevola con misure economiche e altre provvidenze la formazione della famiglia e l'adempimento dei compiti relativi, con particolare riguardo alle famiglie numerose.

Protegge la maternità e l'infanzia e la gioventù, favorendo gli istituti necessari a tale scopo.

Art. 32

La Repubblica tutela la salute come fondamentale diritto dell'individuo e interesse della collettività, e garantisce cure gratuite agli indigenti.

Nessuno può essere obbligato a un determinato trattamento sanitario se non per disposizione di legge. La legge non può in nessun caso violare i limiti imposti dal rispetto della persona umana.

Art. 33

L'arte e la scienza sono libere e libero ne è l'insegnamento.

La Repubblica detta le norme generali sull'istruzione ed istituisce scuole statali per tutti gli ordini e gradi.

Enti e privati hanno il diritto di istituire scuole ed istituti di educazione, senza oneri per lo Stato. La legge, nel fissare i diritti e gli obblighi delle scuole non statali che chiedono la parità, deve assicurare ad esse piena libertà e ai loro alunni un trattamento scolastico equipollente a quello degli alunni di scuole statali. È prescritto un esame di Stato per la ammissione ai vari ordini e gradi di scuole o per la conclusione di essi e per l'abilitazione all'esercizio professionale. Le istituzioni di alta cultura, università ed accademie, hanno il diritto di darsi ordinamenti autonomi nei limiti stabiliti dalle leggi dello Stato.

Art. 34

La scuola è aperta a tutti.

L'istruzione inferiore, impartita per almeno otto anni, è obbligatoria e gratuita.

I capaci e meritevoli, anche se privi di mezzi, hanno diritto di raggiungere i gradi più alti degli studi.

La Repubblica rende effettivo questo diritto con borse di studio, assegni alle famiglie ed altre provvidenze, che devono essere attribuite per concorso.

Titolo III. Rapporti economici

Art. 35

La Repubblica tutela il lavoro in tutte le sue forme ed applicazioni. Cura la formazione e l'elevazione professionale dei lavoratori.

Promuove e favorisce gli accordi e le organizzazioni internazionali intesi ad affermare e regolare i diritti del lavoro. Riconosce la libertà di emigrazione, salvo gli obblighi stabiliti dalla legge nell'interesse generale, e tutela il lavoro italiano all'estero.

Art. 36

Il lavoratore ha diritto ad una retribuzione proporzionata alla quantità e qualità del suo lavoro e in ogni caso sufficiente ad assicurare a sé e alla famiglia un'esistenza libera e dignitosa. La durata massima della giornata lavorativa è stabilita dalla legge.

Il lavoratore ha diritto al riposo settimanale e a ferie annuali retribuite, e non può rinunziarvi.

Art. 37

La donna lavoratrice ha gli stessi diritti e, a parità di lavoro, le stesse retribuzioni che spettano al lavoratore. Le condizioni di lavoro devono consentire l'adempimento della sua essenziale funzione familiare e assicurare alla madre e al bambino una speciale e adeguata protezione.

La legge stabilisce il limite minimo di età per il lavoro salariato.

La Repubblica tutela il lavoro dei minori con speciali norme e garantisce ad essi, a parità di lavoro, il diritto alla parità di retribuzione.

Art. 38

Ogni cittadino inabile al lavoro e sprovvisto dei mezzi necessari per vivere ha diritto al mantenimento e all'assistenza sociale. I lavoratori hanno diritto che siano preveduti ed assicurati mezzi adeguati alle loro esigenze di vita in caso di infortunio, malattia, invalidità e vecchiaia, disoccupazione involontaria. Gli inabili ed i minorati hanno diritto all'educazione e all'avviamento professionale.

Ai compiti previsti in questo articolo provvedono organi ed istituti predisposti o integrati dallo Stato.

L'assistenza privata è libera.

Art. 39

L'organizzazione sindacale è libera.

Ai sindacati non può essere imposto altro obbligo se non la loro registrazione presso uffici locali o centrali, secondo le norme di legge. È condizione per la registrazione che gli statuti dei sindacati sanciscano un ordinamento interno a base democratica. I sindacati registrati hanno personalità giuridica. Possono, rappresentati unitariamente in proporzione dei loro iscritti, stipulare contratti collettivi di lavoro con efficacia obbligatoria per tutti gli appartenenti alle categorie alle quali il contratto si riferisce.

Art. 40

Il diritto di sciopero si esercita nell'ambito delle leggi che lo regolano.

Art. 41

L'iniziativa economica privata è libera. Non può svolgersi in contrasto con l'utilità sociale o in modo da recare danno alla salute, all'ambiente, alla sicurezza, alla libertà, alla dignità umana. La legge determina i programmi e i controlli opportuni perché l'attività economica pubblica e privata possa essere indirizzata e coordinata a fini sociali e ambientali.

Art. 42

La proprietà è pubblica o privata. I beni economici appartengono allo Stato, ad enti o a privati. La proprietà privata è riconosciuta e garantita dalla legge, che ne determina i modi di acquisto, di godimento e i limiti allo scopo di assicurarne la funzione sociale e di renderla accessibile a tutti. La proprietà privata può essere, nei casi preveduti dalla legge, e salvo indennizzo, espropriata per motivi d'interesse generale. La legge stabilisce le norme ed i limiti della successione legittima e testamentaria e i diritti dello Stato sulle eredità.

Art. 43

A fini di utilità generale la legge può riservare originariamente o trasferire, mediante espropriazione e salvo indennizzo, allo Stato, ad enti pubblici o a comunità di lavoratori o di utenti, determinate imprese o categorie di imprese, che si riferiscano a servizi pubblici essenziali o a fonti di energia o a situazioni di monopolio ed abbiano carattere di preminente interesse generale.

Art. 44

Al fine di conseguire il razionale sfruttamento del suolo e di stabilire equi rapporti sociali, la legge impone obblighi e vincoli alla proprietà terriera privata, fissa limiti alla sua estensione secondo le regioni e le zone agrarie, promuove ed impone la bonifica delle terre, la trasformazione del latifondo e la ricostituzione delle unità produttive; aiuta la piccola e la media proprietà.

La legge dispone provvedimenti a favore delle zone montane.

Art. 45

La Repubblica riconosce la funzione sociale della cooperazione a carattere di mutualità e senza fini di speculazione privata. La legge ne promuove e favorisce l'incremento con i mezzi più idonei e ne assicura, con gli opportuni controlli, il carattere e le finalità. La legge provvede alla tutela e allo sviluppo dell'artigianato.

Art. 46

Ai fini della elevazione economica e sociale del lavoro e in armonia con le esigenze della produzione, la Repubblica riconosce il diritto dei lavoratori a collaborare, nei modi e nei limiti stabiliti dalle leggi, alla gestione delle aziende.

Art. 47

La Repubblica incoraggia e tutela il risparmio in tutte le sue forme; disciplina, coordina e controlla l'esercizio del credito. Favorisce l'accesso del risparmio popolare alla proprietà dell'abitazione, alla proprietà diretta coltivatrice e al diretto e indiretto investimento azionario nei grandi complessi produttivi del Paese.

Titolo IV. Rapporti politici

Art. 48

Sono elettori tutti i cittadini, uomini e donne, che hanno raggiunto la maggiore età. Il voto è personale ed eguale, libero e segreto. Il suo esercizio è dovere civico. La legge stabilisce requisiti e modalità per l'esercizio del diritto di voto dei cittadini residenti all'estero e ne assicura l'effettività. A tale fine è istituita una circoscrizione Estero per l'elezione delle Camere, alla quale sono assegnati seggi nel numero stabilito da norma costituzionale e secondo criteri determinati dalla legge. (*)

Il diritto di voto non può essere limitato se non per incapacità civile o per effetto di sentenza penale irrevocabile o nei casi di indegnità morale indicati dalla legge.

NOTE:

(*) Comma introdotto dalla legge costituzionale 17 gennaio 2000, n. 1. L'art. 3 della legge costituzionale 23 gennaio 2001, n. 1, ha, inoltre, disposto, in via transitoria, quanto segue:

"1. In sede di prima applicazione della presente legge costituzionale ai sensi del terzo comma dell'articolo 48 della Costituzione, la stessa legge che stabilisce le modalità di attribuzione dei seggi assegnati alla circoscrizione Estero stabilisce, altresì, le modificazioni delle norme per l'elezione delle Camere conseguenti alla variazione del numero dei seggi assegnati alle circoscrizioni del territorio nazionale.

2. In caso di mancata approvazione della legge di cui al comma 1, si applica la disciplina costituzionale anteriore."

Art. 49

Tutti i cittadini hanno diritto di associarsi liberamente in partiti per concorrere con metodo democratico a determinare la politica nazionale.

Art. 50

Tutti i cittadini possono rivolgere petizioni alle Camere per chiedere provvedimenti legislativi o esporre comuni necessità.

Art. 51

Tutti i cittadini dell'uno o dell'altro sesso possono accedere agli uffici pubblici e alle cariche elettive in condizioni di eguaglianza, secondo i requisiti stabiliti dalla legge. A tale fine la Repubblica promuove con appositi provvedimenti le pari opportunità tra donne e uomini. (*)

La legge può, per l'ammissione ai pubblici uffici e alle cariche elettive, parificare ai cittadini gli italiani non appartenenti alla Repubblica. Chi è chiamato a funzioni pubbliche elettive ha diritto di disporre del tempo necessario al loro adempimento e di conservare il suo posto di lavoro.

NOTE:

L'art. 1 della legge costituzionale 30 maggio 2003, n. 1 ha aggiunto, in fine, un periodo al primo comma dell'art. 51.

Il testo originario del primo comma era il seguente:

"Tutti i cittadini dell'uno o dell'altro sesso possono accedere agli uffici pubblici e alle cariche elettive in condizioni di eguaglianza, secondo i requisiti stabiliti dalla legge."

Art. 52

La difesa della Patria è sacro dovere del cittadino. Il servizio militare è obbligatorio nei limiti e modi stabiliti dalla legge. Il suo adempimento non pregiudica la posizione di lavoro del cittadino, né l'esercizio dei diritti politici. L'ordinamento delle Forze armate si informa allo spirito democratico della Repubblica.

Art. 53

Tutti sono tenuti a concorrere alle spese pubbliche in ragione della loro capacità contributiva. Il sistema tributario è informato a criteri di progressività.

Art. 54

Tutti i cittadini hanno il dovere di essere fedeli alla Repubblica e di osservarne la Costituzione e le leggi. I cittadini cui sono affidate funzioni pubbliche hanno il dovere di adempierle, con disciplina ed onore, prestando giuramento nei casi stabiliti dalla legge.

PARTE SECONDA. ORDINAMENTO DELLA REPUBBLICA
Titolo I. Il Parlamento
Sezione I. Le Camere

Art. 55

Il Parlamento si compone della Camera dei deputati e del Senato della Repubblica.

Il Parlamento si riunisce in seduta comune dei membri delle due Camere nei soli casi stabiliti dalla Costituzione.

Art. 56

La Camera dei deputati è eletta a suffragio universale e diretto.

Il numero dei deputati è di quattrocento, otto dei quali eletti nella circoscrizione Estero.

Sono eleggibili a deputati tutti gli elettori che nel giorno delle elezioni hanno compiuto i venticinque anni di età. La ripartizione dei seggi tra le circoscrizioni, fatto salvo il numero dei seggi assegnati alla circoscrizione Estero, si effettua dividendo il numero degli abitanti della Repubblica, quale risulta dall'ultimo censimento generale della popolazione, per trecentonovantadue e distribuendo i seggi in proporzione alla popolazione di ogni circoscrizione, sulla base dei quozienti interi e dei più alti resti. (*)

NOTE:

(*) L'art. 4 della legge costituzionale n. 1 del 19 ottobre 2020 ha stabilito che le modifiche all'articolo 56 della Costituzione «si applicano a decorrere dalla data del primo scioglimento o della prima cessazione delle Camere successiva alla data di entrata in vigore della presente legge costituzionale e comunque non prima che siano decorsi sessanta giorni dalla predetta data di entrata in vigore». L'art. 56 è Stato sostituito dapprima dall'art. 1 della legge costituzionale 9 febbraio 1963, n. 2. Il testo originario dell'articolo era il seguente:

«La Camera dei deputati è eletta a suffragio universale e diretto, in ragione di un deputato per ottantamila abitanti o per frazione superiore a quarantamila.

Sono eleggibili a deputati tutti gli elettori che nel giorno delle elezioni hanno compiuto i venticinque anni di età».

In seguito, l'art. 1 della legge costituzionale 23 gennaio 2001, n. 1, ha modificato l'art. 56. Il testo dell'articolo 56, come sostituito dalla legge costituzionale 9 febbraio 1963, n. 2, era il seguente:

«La Camera dei deputati è eletta a suffragio universale e diretto. Il numero dei deputati è di seicentotrenta. Sono eleggibili a deputati tutti gli elettori che nel giorno della elezione hanno compiuto i venticinque anni di età. La ripartizione dei seggi tra le circoscrizioni si effettua dividendo il numero degli abitanti della Repubblica, quale risulta dall'ultimo censimento generale della popolazione, per seicentotrenta e distribuendo i seggi in proporzione alla popolazione di ogni circoscrizione, sulla base dei quozienti interi e dei più alti resti.»

L'art. 3 della legge costituzionale 23 gennaio 2001, n. 1, ha, inoltre, disposto, in via transitoria, quanto segue:

"1. In sede di prima applicazione della presente legge costituzionale ai sensi del terzo comma dell'articolo 48 della Costituzione, la stessa legge che stabilisce le modalità di attribuzione dei seggi assegnati alla circoscrizione Estero stabilisce, altresì, le modificazioni delle norme per l'elezione delle Camere conseguenti alla variazione del numero dei seggi assegnati alle circoscrizioni del territorio nazionale.

2. In caso di mancata approvazione della legge di cui al comma 1, si applica la disciplina costituzionale anteriore."

L'art. 4 della legge costituzionale n. 1 del 19 ottobre 2020 ha stabilito che le modifiche all'articolo 56 della Costituzione «si applicano a decorrere dalla data del primo scioglimento o della prima cessazione delle Camere successiva alla data di entrata in vigore della presente legge costituzionale e comunque non prima che siano decorsi sessanta giorni dalla predetta data di entrata in vigore».

Art. 57

Il Senato della Repubblica è eletto a base regionale, salvi i seggi assegnati alla circoscrizione Estero.

Il numero dei senatori elettivi è di duecento, quattro dei quali eletti nella circoscrizione Estero. Nessuna Regione o Provincia autonoma può avere un numero di senatori inferiore a tre; il Molise ne ha due, la

Valle d'Aosta uno. La ripartizione dei seggi tra le Regioni o le Province autonome, previa applicazione delle disposizioni del precedente comma, si effettua in proporzione alla loro popolazione, quale risulta dall'ultimo censimento generale, sulla base dei quozienti interi e dei più alti resti.(*)

NOTE:

(*) L'art. 4 della legge costituzionale n. 1 del 19 ottobre 2020 ha stabilito che le modifiche all'articolo 57 della Costituzione «si applicano a decorrere dalla data del primo scioglimento o della prima cessazione delle Camere successiva alla data di entrata in vigore della presente legge costituzionale e comunque non prima che siano decorsi sessanta giorni dalla predetta data di entrata in vigore».

L'art. 57 è Stato dapprima sostituito dall'art. 2 della legge costituzionale 9 febbraio 1963, n. 2, poi modificato una prima volta dall'art. 2 della legge costituzionale 27 dicembre 1963, n. 3, e modificato una seconda volta dall'art. 2 dalla legge costituzionale 23 gennaio 2001, n. 1.

Il testo dell'articolo nella versione originaria era il seguente:

«Il Senato della Repubblica è eletto a base regionale. A ciascuna Regione è attribuito un Senatore per duecentomila abitanti o per frazione superiore a centomila. Nessuna Regione può avere un numero di Senatori inferiore a sei. La Valle d'Aosta ha un solo senatore.»

Il testo dell'articolo 57 come sostituito dall'art. 2 della legge n. 2 del 1963 così disponeva:

«Il Senato della Repubblica è eletto a base regionale. Il numero dei Senatori elettivi è di trecentoquindici. Nessuna Regione può avere un numero di Senatori inferiore a sette. La Valle d'Aosta uno. La ripartizione dei seggi tra le Regioni, previa applicazione delle disposizioni del precedente comma, si effettua in proporzione alla popolazione delle regioni, quale risulta dall'ultimo censimento generale, sulla base di quozienti interi e dei più alti resti.»

Si segnala inoltre che con la legge costituzionale 9 marzo 1961, n. 1, si è provveduto all'assegnazione di tre Senatori ai comuni di Trieste, Duino Aurisina, Monrupino, Muggia, San Dorligo della Valle e Sgonico.

L'art. 57 è Stato poi modificato dalla legge costituzionale 23 gennaio 2001, n. 1. Il testo dell'art. 57, come modificato dalla legge costituzionale 27 dicembre 1963, n. 3, era il seguente:

«Il Senato della Repubblica è eletto a base regionale. Il numero dei Senatori elettivi è di trecentoquindici. Nessuna Regione può avere un numero di Senatori inferiore a sette; il Molise ne ha due, la Valle d'Aosta uno. La ripartizione dei seggi fra le Regioni, previa applicazione delle disposizioni del precedente com- ma, si effettua in proporzione alla popolazione delle Regioni, quale risulta dall'ultimo censimento generale, sulla base dei quozienti interi e dei più alti resti.»

L'art. 3 della legge costituzionale 23 gennaio 2001, n. 1, ha, inoltre, disposto, in via transitoria, quanto segue:

"1. In sede di prima applicazione della presente legge costituzionale ai sensi del terzo comma dell'articolo 48 della Costituzione, la stessa legge che stabilisce le modalità di attribuzione dei seggi assegnati alla circoscrizione Estero stabilisce, altresì, le modificazioni delle norme per l'elezione delle Camere conseguenti alla variazione del numero dei seggi assegnati alle circoscrizioni del territorio nazionale.

2. In caso di mancata approvazione della legge di cui al comma 1, si applica la disciplina costituzionale anteriore."

Art. 58

I senatori sono eletti a suffragio universale e diretto dagli elettori che hanno superato il venticinquesimo anno di età.

Sono eleggibili a senatori gli elettori che hanno compiuto il quarantesimo anno.

Art. 59

È senatore di diritto e a vita, salvo rinunzia, chi è stato Presidente della Repubblica.

Il Presidente della Repubblica può nominare senatori a vita cinque cittadini che hanno illustrato la Patria per altissimi meriti nel campo sociale, scientifico, artistico e letterario.

Art. 60

La Camera dei deputati e il Senato della Repubblica sono eletti per cinque anni.

La durata di ciascuna Camera non può essere prorogata se non per legge e soltanto in caso di guerra. (*)

NOTE:

(*) L'art. 60 è stato sostituito dall'art. 3 della legge costituzionale 9 febbraio 1963, n. 2. Il testo originario dell'articolo era il seguente:

«La Camera dei deputati è eletta per cinque anni, il Senato della Repubblica per sei.

La durata di ciascuna Camera non può essere prorogata se non per legge e soltanto in caso di guerra.» La durata di ciascuna Camera non può essere prorogata se non per legge e soltanto in caso di guerra.»

Art. 61

Le elezioni delle nuove Camere hanno luogo entro settanta giorni dalla fine delle precedenti. La prima riunione ha luogo non oltre il ventesimo giorno dalle elezioni.

Finché non siano riunite le nuove Camere sono prorogati i poteri delle precedenti.

Art. 62

Le Camere si riuniscono di diritto il primo giorno non festivo di febbraio e di ottobre. Ciascuna Camera può essere convocata in via straordinaria per iniziativa del suo Presidente o del Presidente della Repubblica o di un terzo dei suoi componenti. Quando si riunisce in via straordinaria una Camera, è convocata di diritto anche l'altra.

Art. 63

Ciascuna Camera elegge fra i suoi componenti il Presidente e l'Ufficio di presidenza.

Quando il Parlamento si riunisce in seduta comune, il Presidente e l'Ufficio di presidenza sono quelli della Camera dei deputati.

Art. 64

Ciascuna Camera adotta il proprio regolamento a maggioranza assoluta dei suoi componenti. Le sedute sono pubbliche: tuttavia ciascuna delle due Camere e il Parlamento a Camere riunite possono deliberare di adunarsi in seduta segreta. Le deliberazioni di ciascuna Camera e del Parlamento non sono valide se non è presente la maggioranza dei loro componenti, e se non sono adottate a maggioranza dei presenti, salvo che la Costituzione prescriva una maggioranza speciale. I membri del Governo, anche se non fanno parte delle Camere, hanno diritto, e se richiesti obbligo, di assistere alle sedute. Devono essere sentiti ogni volta che lo richiedono.

Art. 65

La legge determina i casi di ineleggibilità e di incompatibilità con l'ufficio di deputato o di senatore.

Nessuno può appartenere contemporaneamente alle due Camere.

Art. 66

Ciascuna Camera giudica dei titoli di ammissione dei suoi componenti e delle cause sopraggiunte di ineleggibilità e di incompatibilità.

Art. 67

Ogni membro del Parlamento rappresenta la Nazione ed esercita le sue funzioni senza vincolo di mandato.

Art. 68

I membri del Parlamento non possono essere chiamati a rispondere delle opinioni espresse e dei voti dati nell'esercizio delle loro funzioni. Senza autorizzazione della Camera alla quale appartiene, nessun membro del Parlamento può essere sottoposto a perquisizione personale o domiciliare, né può essere arrestato o altrimenti privato della libertà personale, o mantenuto in detenzione, salvo che in esecuzione di una sentenza irrevocabile di condanna, ovvero se sia colto nell'atto di commettere un delitto per il quale è previsto l'arresto obbligatorio in flagranza. Analoga autorizzazione è richiesta per sottoporre i membri del Parlamento ad intercettazioni, in qualsiasi forma, di conversazioni o comunicazioni e a sequestro di corrispondenza. (*)

NOTE:

(*) L'art. 68 è stato sostituito dall'art. 1 della legge costituzionale 29 ottobre 1993, n. 3. Il testo originario dell'articolo era il seguente:

«I membri del Parlamento non possono essere perseguiti per le opinioni espresse e per i voti dati nell'esercizio delle loro funzioni. Senza autorizzazione della Camera alla quale appartiene, nessun membro del Parlamento può essere sottoposto a procedimento penale; né può essere arrestato, o altrimenti privato della libertà personale, o sottoposto a perquisizione personale o domiciliare, salvo che sia colto nell'atto di commettere un delitto per il quale è obbligatorio il mandato o l'ordine di cattura.

Eguale autorizzazione è richiesta per trarre in arresto o mantenere in detenzione un membro del Parlamento in esecuzione di una sentenza anche irrevocabile.»

Art. 69

I membri del Parlamento ricevono una indennità stabilita dalla legge. Sezione II. La formazione delle leggi

Art. 70

La funzione legislativa è esercitata collettivamente dalle due Camere.

Art. 71

L'iniziativa delle leggi appartiene al Governo, a ciascun membro delle Camere ed agli organi ed enti ai quali sia conferita da legge costituzionale.

Il popolo esercita l'iniziativa delle leggi, mediante la proposta, da parte di almeno cinquantamila elettori, di un progetto redatto in articoli.

Art. 72

Ogni disegno di legge, presentato ad una Camera è, secondo le norme del suo regolamento, esaminato da una commissione e poi dalla Camera stessa, che l'approva articolo per articolo e con votazione finale. Il regolamento stabilisce procedimenti abbreviati per i disegni di legge dei quali è dichiarata l'urgenza. Può altresì stabilire in quali casi e forme l'esame e l'approvazione dei disegni di legge sono deferiti a commissioni, anche permanenti, composte in modo da rispecchiare la proporzione dei gruppi parlamentari. Anche in tali casi, fino al momento della sua approvazione definitiva, il disegno di legge è rimesso alla Camera, se il Governo o un decimo dei componenti della Camera o un quinto della commissione richiedono che sia discusso e votato dalla Camera stessa oppure che sia sottoposto alla sua approvazione finale con sole dichiarazioni di voto. Il regolamento determina le forme di pubblicità dei lavori delle commissioni. La procedura normale di esame e di approvazione diretta da parte della Camera è sempre adottata per i disegni di legge in materia costituzionale ed elettorale e per quelli di delegazione legislativa, di autorizzazione a ratificare trattati internazionali, di approvazione di bilanci e consuntivi.

Art. 73

Le leggi sono promulgate dal Presidente della Repubblica entro un mese dall'approvazione.

Se le Camere, ciascuna a maggioranza assoluta dei propri componenti, ne dichiarano l'urgenza, la legge è promulgata nel termine da essa stabilito.

Le leggi sono pubblicate subito dopo la promulgazione ed entrano in vigore il quindicesimo giorno successivo alla loro pubblicazione, salvo che le leggi stesse stabiliscano un termine diverso.

Art. 74

Il Presidente della Repubblica, prima di promulgare la legge, può con messaggio motivato alle Camere chiedere una nuova deliberazione.

Se le Camere approvano nuovamente la legge, questa deve essere promulgata.

Art. 75

È indetto *referendum* popolare per deliberare l'abrogazione, totale o parziale, di una legge o di un atto avente valore di legge, quando lo richiedono cinquecentomila elettori o cinque Consigli regionali.

Non è ammesso il *referendum* per le leggi tributarie e di bilancio, di amnistia e di indulto, di autorizzazione a ratificare trattati internazionali.

Hanno diritto di partecipare al *referendum* tutti i cittadini chiamati ad eleggere la Camera dei deputati.

La proposta soggetta a *referendum* è approvata se ha partecipato alla votazione la maggioranza degli aventi diritto, e se è raggiunta la maggioranza dei voti validamente espressi.

La legge determina le modalità di attuazione del *referendum*.

Art. 76

L'esercizio della funzione legislativa non può essere delegato al Governo se non con determinazione di principi e criteri direttivi e soltanto per tempo limitato e per oggetti definiti.

Art. 77

Il Governo non può, senza delegazione delle Camere, emanare decreti che abbiano valore di legge ordinaria.

Quando, in casi straordinari di necessità e d'urgenza, il Governo adotta, sotto la sua responsabilità, provvedimenti provvisori con forza di legge, deve il giorno stesso presentarli per la conversione alle Camere che, anche se sciolte, sono appositamente convocate e si riuniscono entro cinque giorni.

I decreti perdono efficacia sin dall'inizio, se non sono convertiti in legge entro sessanta giorni dalla loro pubblicazione. Le Camere possono tuttavia regolare con legge i rapporti giuridici sorti sulla base dei decreti non convertiti.

Art. 78

Le Camere deliberano lo stato di guerra e conferiscono al Governo i poteri necessari.

Art. 79

L'amnistia e l'indulto sono concessi con legge deliberata a maggioranza dei due terzi dei componenti di ciascuna Camera, in ogni suo articolo e nella votazione finale.

La legge che concede l'amnistia o l'indulto stabilisce il termine per la loro applicazione.

In ogni caso l'amnistia e l'indulto non possono applicarsi ai reati commessi successivamente alla presentazione del disegno di legge. (*)

NOTE:

(*) L'art. 79 è stato sostituito dall'art. 1 della legge costituzionale 6 marzo 1992, n. 1. Il testo originario dell'articolo era il seguente:

«L'amnistia e l'indulto sono concessi dal Presidente della Repubblica su legge di delegazione delle Camere. Non possono applicarsi ai reati commessi successivamente alla proposta di delegazione.»

Art. 80

Le Camere autorizzano con legge la ratifica dei trattati internazionali che sono di natura politica, o prevedono arbitrati o regolamenti giudiziari, o importano variazioni del territorio od oneri alle finanze o modificazioni di leggi.

Art. 81

Lo Stato assicura l'equilibrio tra le entrate e le spese del proprio bilancio, tenendo conto delle fasi avverse e delle fasi favorevoli del ciclo economico.

Il ricorso all'indebitamento è consentito solo al fine di considerare gli effetti del ciclo economico e, previa autorizzazione delle Camere adottata a maggioranza assoluta dei rispettivi componenti, al verificarsi di eventi eccezionali. Ogni legge che importi nuovi o maggiori oneri provvede ai mezzi per farvi fronte. Le Camere ogni anno approvano con legge il bilancio e il rendiconto consuntivo presentati dal Governo.

L'esercizio provvisorio del bilancio non può essere concesso se non per legge e per periodi non superiori complessivamente a quattro mesi. Il contenuto della legge di bilancio, le norme fondamentali e i criteri volti ad assicurare l'equilibrio tra le entrate e le spese dei bilanci e la sostenibilità del debito del complesso delle pubbliche amministrazioni sono stabiliti con legge approvata a maggioranza assoluta dei componenti di ciascuna Camera, nel rispetto dei princìpi definiti con legge costituzionale. (*)

NOTE:

(*) L'art. 81 è stato sostituito dall'art. 1 della legge costituzionale 20 aprile 2012, n. 1. Il testo originario dell'articolo era il seguente:

«Le Camere approvano ogni anno i bilanci e il rendiconto consuntivo presentati dal Governo. L'esercizio provvisorio del bilancio non può essere concesso se non per legge e per periodi non superiori complessivamente a quattro mesi. Con la legge di approvazione del bilancio non si possono stabilire nuovi tributi e nuove spese. Ogni altra legge che importi nuove e maggiori spese deve indicare i mezzi per farvi fronte.»

L'art. 5 della legge costituzionale 20 aprile 2012, n. 1, ha, inoltre, disposto quanto segue:

"1. La legge di cui all'articolo 81, sesto comma, della Costituzione, come sostituito dall'articolo 1 della presente legge costituzionale, disciplina, per il complesso delle pubbliche amministrazioni, in particolare:

a) le verifiche, preventive e consuntive, sugli andamenti di finanza pubblica;

b) l'accertamento delle cause degli scostamenti rispetto alle previsioni, distinguendo tra quelli dovuti all'andamento del ciclo economico, all'inefficacia degli interventi e agli eventi eccezionali;

c) il limite massimo degli scostamenti negativi cumulati di cui alla lettera b) del presente comma corretti per il ciclo economico rispetto al prodotto interno lordo, al superamento del quale occorre intervenire con misure di correzione;

d) la definizione delle gravi recessioni economiche, delle crisi finanziarie e delle gravi calamità naturali quali eventi eccezionali, ai sensi dell'articolo 81, secondo comma, della Costituzione, come sostituito dall'articolo 1 della presente legge costituzionale, al verificarsi dei quali sono consentiti il ricorso all'indebitamento non limitato a tenere conto degli effetti del ciclo economico e il superamento del limite massimo di cui alla lettera c) del presente comma sulla base di un piano di rientro;

e) l'introduzione di regole sulla spesa che consentano di salvaguardare gli equilibri di bilancio e la riduzione del rapporto tra debito pubblico e prodotto interno lordo nel lungo periodo, in coerenza con gli obiettivi di finanza pubblica;

f) l'istituzione presso le Camere, nel rispetto della relativa autonomia costituzionale, di un organismo indipendente al quale attribuire compiti di analisi e verifica degli andamenti di finanza pubblica e di valutazione dell'osservanza delle regole di bilancio;

g) le modalità attraverso le quali lo Stato, nelle fasi avverse del ciclo economico o al verificarsi degli eventi eccezionali di cui alla lettera d) del presente comma, anche in deroga all'articolo 119 della Costituzione, concorre ad assicurare il finanziamento, da parte degli altri livelli di governo, dei livelli essenziali delle prestazioni e delle funzioni fondamentali inerenti ai diritti civili e sociali.

2. La legge di cui al comma 1 disciplina altresì:

a) il contenuto della legge di bilancio dello Stato;

b) la facoltà dei Comuni, delle Province, delle Città metropolitane, delle Regioni e delle Province autonome di Trento e di Bolzano di ricorrere all'indebitamento, ai sensi dell'articolo 119, sesto comma, secondo periodo, della Costituzione, come modificato dall'articolo 4 della presente legge costituzionale;

c) le modalità attraverso le quali i Comuni, le Province, le Città metropolitane, le Regioni e le Province autonome di Trento e di Bolzano concorrono alla sostenibilità del debito del complesso delle pubbliche amministrazioni.

3. La legge di cui ai commi 1 e 2 è approvata entro il 28 febbraio 2013.

4. Le Camere, secondo modalità stabilite dai rispettivi regolamenti, esercitano la funzione di controllo sulla finanza pubblica con particolare riferimento all'equilibrio tra entrate e spese nonché alla qualità e all'efficacia della spesa delle pubbliche amministrazioni."

L'articolo 6 della legge costituzionale 20 aprile 2012, n. 1, stabilisce che le disposizioni della medesima legge costituzionale si applicano a decorrere dall'esercizio finanziario relativo all'anno 2014.

Art. 82

Ciascuna Camera può disporre inchieste su materie di pubblico interesse.

A tale scopo nomina fra i propri componenti una commissione formata in modo da rispecchiare la proporzione dei vari gruppi. La commissione di inchiesta procede alle indagini e agli esami con gli stessi poteri e le stesse limitazioni della autorità giudiziaria.

Titolo II. Il Presidente della Repubblica

Art. 83

Il Presidente della Repubblica è eletto dal Parlamento in seduta comune dei suoi membri. All'elezione partecipano tre delegati per ogni Regione eletti dal Consiglio regionale in modo che sia assicurata la rappresentanza delle minoranze. La Valle d'Aosta ha un solo delegato.

L'elezione del Presidente della Repubblica ha luogo per scrutinio segreto a maggioranza di due terzi della assemblea. Dopo il terzo scrutinio è sufficiente la maggioranza assoluta.

Art. 84

Può essere eletto Presidente della Repubblica ogni cittadino che abbia compiuto cinquanta anni di età e goda dei diritti civili e politici. L'ufficio di Presidente della Repubblica è incompatibile con qualsiasi altra carica. L'assegno e la dotazione del Presidente sono determinati per legge.

Art. 85

Il Presidente della Repubblica è eletto per sette anni.

Trenta giorni prima che scada il termine, il Presidente della Camera dei deputati convoca in seduta comune il Parlamento e i delegati regionali, per eleggere il nuovo Presidente della Repubblica. Se le Camere sono sciolte, o manca meno di tre mesi alla loro cessazione, la elezione ha luogo entro quindici giorni dalla riunione delle Camere nuove. Nel frattempo sono prorogati i poteri del Presidente in carica.

Art. 86

Le funzioni del Presidente della Repubblica, in ogni caso che egli non possa adempierle, sono esercitate dal Presidente del Senato.

In caso di impedimento permanente o di morte o di dimissioni del Presidente della Repubblica, il Presidente della Camera dei deputati indice la elezione del nuovo Presidente della Repubblica entro quindici giorni, salvo il maggior termine previsto se le Camere sono sciolte o manca meno di tre mesi alla loro cessazione.

Art. 87

Il Presidente della Repubblica è il Capo dello Stato e rappresenta l'unità nazionale. Può inviare messaggi alle Camere.

Indice le elezioni delle nuove Camere e ne fissa la prima riunione.

Autorizza la presentazione alle Camere dei disegni di legge di iniziativa del Governo.

Promulga le leggi ed emana i decreti aventi valore di legge e i regolamenti. Indice il *referendum* popolare nei casi previsti dalla Costituzione.

Nomina, nei casi indicati dalla legge, i funzionari dello Stato.

Accredita e riceve i rappresentanti diplomatici, ratifica i trattati internazionali, previa, quando occorra, l'autorizzazione delle Camere.

Ha il comando delle Forze armate, presiede il Consiglio supremo di difesa costituito secondo la legge, dichiara lo stato di guerra deliberato dalle Camere.

Presiede il Consiglio superiore della magistratura. Può concedere grazia e commutare le pene.

Conferisce le onorificenze della Repubblica.

Art. 88

Il Presidente della Repubblica può, sentiti i loro Presidenti, sciogliere le Camere o anche una sola di esse. Non può esercitare tale facoltà negli ultimi sei mesi del suo mandato, salvo che essi coincidano in tutto o in parte con gli ultimi sei mesi della legislatura. (*)
NOTE:
(*) Il secondo comma dell'art. 88 è stato sostituito dall'art. 1 della legge costituzionale 4 novembre 1991, n. 1.
Il testo originario del comma era il seguente:
«Non può esercitare tale facoltà negli ultimi sei mesi del suo mandato.»

Art. 89

Nessun atto del Presidente della Repubblica è valido se non è controfirmato dai ministri proponenti, che ne assumono la responsabilità.

Gli atti che hanno valore legislativo e gli altri indicati dalla legge sono controfirmati anche dal Presidente del Consiglio dei ministri.

Art. 90

Il Presidente della Repubblica non è responsabile degli atti compiuti nell'esercizio delle sue funzioni, tranne che per alto tradimento o per attentato alla Costituzione.

In tali casi è messo in stato di accusa dal Parlamento in seduta comune, a maggioranza assoluta dei suoi membri.

Art. 91

Il Presidente della Repubblica, prima di assumere le sue funzioni, presta giuramento di fedeltà alla Repubblica e di osservanza della Costituzione dinanzi al Parlamento in seduta comune.

Titolo III. Il Governo
Sezione I. Il Consiglio dei Ministri

Art. Art. 92

Il Governo della Repubblica è composto del Presidente del Consiglio e dei ministri, che costituiscono insieme il Consiglio dei ministri. Il Presidente della Repubblica nomina il Presidente del Consiglio dei ministri e, su proposta di questo, i ministri.

Art. 93

Il Presidente del Consiglio dei ministri e i ministri, prima di assumere le funzioni, prestano giuramento nelle mani del Presidente della Repubblica.

Art. 94

Il Governo deve avere la fiducia delle due Camere.

Ciascuna Camera accorda o revoca la fiducia mediante mozione motivata e votata per appello nominale. Entro dieci giorni dalla sua formazione il Governo si presenta alle Camere per ottenerne la fiducia. Il voto contrario di una o di entrambe le Camere su una proposta del Governo non importa obbligo di dimissioni.

La mozione di sfiducia deve essere firmata da almeno un decimo dei componenti della Camera e non può essere messa in discussione prima di tre giorni dalla sua presentazione.

Art. 95

Il Presidente del Consiglio dei ministri dirige la politica generale del Governo e ne è responsabile. Mantiene l'unità di indirizzo politico ed amministrativo, promovendo e coordinando l'attività dei ministri. I ministri sono responsabili collegialmente degli atti del Consiglio dei ministri, e individualmente degli atti dei loro dicasteri. La legge provvede all'ordinamento della Presidenza del Consiglio e determina il numero, le attribuzioni e l'organizzazione dei ministeri.

Art. 96

Il Presidente del Consiglio dei ministri ed i ministri, anche se cessati dalla carica, sono sottoposti, per i reati commessi nell'esercizio delle loro funzioni, alla giurisdizione ordinaria, previa autorizzazione del Senato della Repubblica o della Camera dei deputati, secondo le norme stabilite con legge costituzionale. (*)

NOTE:

(*) L'articolo è stato sostituito dall'art. 1 della legge costituzionale 16 gennaio 1989, n. 1. Il testo originario era il seguente:

«Il Presidente del Consiglio dei ministri e i ministri sono posti in stato d'accusa dal Parlamento in seduta comune per reati commessi nell'esercizio delle loro funzioni.»

Sezione II. La Pubblica Amministrazione

Art. 97

Le pubbliche amministrazioni, in coerenza con l'ordinamento dell'Unione europea, assicurano l'equilibrio dei bilanci e la sostenibilità del debito pubblico.(*)

I pubblici uffici sono organizzati secondo disposizioni di legge, in modo che siano assicurati il buon andamento e la imparzialità dell'amministrazione.

Nell'ordinamento degli uffici sono determinate le sfere di competenza, le attribuzioni e le responsabilità proprie dei funzionari. Agli impieghi nelle pubbliche amministrazioni si accede mediante concorso, salvo i casi stabiliti dalla legge.

NOTE:

(*) Al primo comma dell'art. 97 è stato premesso un nuovo comma dall'art. 2 della legge costituzionale 20 aprile 2012, n. 1.

L'articolo 6 della legge costituzionale 20 aprile 2012, n. 1, stabilisce che le disposizioni della medesima legge costituzionale si applicano a decorrere dall'esercizio finanziario relativo all'anno 2014.

Art. 98

I pubblici impiegati sono al servizio esclusivo della Nazione.

Se sono membri del Parlamento, non possono conseguire promozioni se non per anzianità.

Si possono con legge stabilire limitazioni al diritto d'iscriversi ai partiti politici per i magistrati, i militari di carriera in servizio attivo, i funzionari e agenti di polizia, i rappresentanti diplomatici e consolari all'estero.

Sezione III. Gli organi ausiliari

Art. 99

Il Consiglio nazionale dell'economia e del lavoro è composto, nei modi stabiliti dalla legge, di esperti e di rappresentanti delle categorie produttive, in misura che tenga conto della loro importanza numerica e qualitativa. È organo di consulenza delle Camere e del Governo per le materie e secondo le funzioni che gli sono attribuite dalla legge. Ha l'iniziativa legislativa e può contribuire alla elaborazione della legislazione economica e sociale secondo i principi ed entro i limiti stabiliti dalla legge.

Art. 100

Il Consiglio di Stato è organo di consulenza giuridico-amministrativa e di tutela della giustizia nell'amministrazione. La Corte dei conti esercita il controllo preventivo di legittimità sugli atti del Governo, e anche quello successivo sulla gestione del bilancio dello Stato. Partecipa, nei casi e nelle forme stabilite dalla legge, al controllo sulla gestione finanziaria degli enti a cui lo Stato contribuisce in via ordinaria. Riferisce direttamente alle Camere sul risultato del riscontro eseguito.

La legge assicura l'indipendenza dei due istituti e dei loro componenti di fronte al Governo.

Titolo IV. La magistratura
Sezione I. Ordinamento giurisdizionale

Art. 101

La giustizia è amministrata in nome del popolo. I giudici sono soggetti soltanto alla legge.

Art. 102

La funzione giurisdizionale è esercitata da magistrati ordinari istituiti e regolati dalle norme sull'ordinamento giudiziario.

Non possono essere istituiti giudici straordinari o giudici speciali. Possono soltanto istituirsi presso gli organi giudiziari ordinari sezioni specializzate per determinate materie, anche con la partecipazione di cittadini idonei estranei alla magistratura.

La legge regola i casi e le forme della partecipazione diretta del popolo all'amministrazione della giustizia.

Art. 103

Il Consiglio di Stato e gli altri organi di giustizia amministrativa hanno giurisdizione per la tutela nei confronti della pubblica amministrazione degli interessi legittimi e, in particolari materie indicate dalla legge, anche dei diritti soggettivi. La Corte dei conti ha giurisdizione nelle materie di contabilità pubblica e nelle altre specificate dalla legge.

I tribunali militari in tempo di guerra hanno la giurisdizione stabilita dalla legge. In tempo di pace hanno giurisdizione soltanto per i reati militari commessi da appartenenti alle Forze armate.

Art. 104

La magistratura costituisce un ordine autonomo e indipendente da ogni altro potere. Il Consiglio superiore della magistratura è presieduto dal Presidente della Repubblica.

Ne fanno parte di diritto il primo presidente e il procuratore generale della Corte di cassazione. Gli altri componenti sono eletti per due terzi da tutti i magistrati ordinari tra gli appartenenti alle varie categorie, e per un terzo dal Parlamento in seduta comune tra professori ordinari di università in materie giuridiche ed avvocati dopo quindici anni di esercizio. Il Consiglio elegge un vicepresidente fra i componenti designati dal Parlamento. I membri elettivi del Consiglio durano in carica quattro anni e non sono immediatamente rieleggibili. Non possono, finché sono in carica, essere iscritti, negli albi professionali, né far parte del Parlamento o di un Consiglio regionale.

Art. 105

Spettano al Consiglio superiore della magistratura, secondo le norme dell'ordinamento giudiziario, le assunzioni, le assegnazioni ed i trasferimenti, le promozioni e i provvedimenti disciplinari nei riguardi dei magistrati.

Art. 106

Le nomine dei magistrati hanno luogo per concorso.

La legge sull'ordinamento giudiziario può ammettere la nomina, anche elettiva, di magistrati onorari per tutte le funzioni attribuite a giudici singoli.

Su designazione del Consiglio superiore della magistratura possono essere chiamati all'ufficio di consiglieri di cassazione, per meriti insigni, professori ordinari di università in materie giuridiche e avvocati che abbiano quindici anni di esercizio e siano iscritti negli albi speciali per le giurisdizioni superiori.

Art. 107

I magistrati sono inamovibili. Non possono essere dispensati o sospesi dal servizio né destinati ad altre sedi o funzioni se non in seguito a decisione del Consiglio superiore della magistratura, adottata o per i motivi e con le garanzie di difesa stabilite dall'ordinamento giudiziario o con il loro consenso.

Il Ministro della giustizia ha facoltà di promuovere l'azione disciplinare. I magistrati si distinguono fra loro soltanto per diversità di funzioni. Il pubblico ministero gode delle garanzie stabilite nei suoi riguardi dalle norme sull'ordinamento giudiziario.

Art. 108

Le norme sull'ordinamento giudiziario e su ogni magistratura sono stabilite con legge.

La legge assicura l'indipendenza dei giudici delle giurisdizioni speciali, del pubblico ministero presso di esse, e degli estranei che partecipano all'amministrazione della giustizia.

Art. 109

L'autorità giudiziaria dispone direttamente della polizia giudiziaria.

Art. 110

Ferme le competenze del Consiglio superiore della magistratura, spettano al Ministro della giustizia l'organizzazione e il funzionamento dei servizi relativi alla giustizia.

Sezione II. Norme sulla giurisdizione

Art. 111

La giurisdizione si attua mediante il giusto processo regolato dalla legge.

Ogni processo si svolge nel contraddittorio tra le parti, in condizioni di parità, davanti a giudice terzo e imparziale. La legge ne assicura la ragionevole durata. Nel processo penale, la legge assicura che la persona accusata di un reato sia, nel più breve tempo possibile, informata riservatamente della natura e dei motivi dell'accusa elevata a suo carico; disponga del tempo e delle condizioni necessari per preparare la sua difesa; abbia la facoltà, davanti al giudice, di interrogare o di far interrogare le persone che rendono dichiarazioni a suo carico, di ottenere la convocazione e l'interrogatorio di persone a sua difesa nelle stesse condizioni dell'accusa e l'acquisizione di ogni altro mezzo di prova a suo favore; sia assistita da un interprete se non comprende o non parla la lingua impiegata nel processo. Il processo penale è regolato dal principio del contraddittorio nella formazione della prova. La colpevolezza dell'imputato non può essere provata sulla base di dichiarazioni rese da chi, per libera scelta, si è sempre volontariamente sottratto all'interrogatorio da parte dell'imputato o del suo difensore. La legge regola i casi in cui la formazione della prova non ha luogo in contraddittorio per consenso dell'imputato o per accertata impossibilità di natura oggettiva o per effetto di provata condotta illecita. Tutti i provvedimenti giurisdizionali devono essere motivati. Contro le sentenze e contro i provvedimenti sulla libertà personale, pronunciati dagli organi giurisdizionali ordinari o speciali, è sempre ammesso ricorso in cassazione per violazione di legge. Si può derogare a tale norma soltanto per le sentenze dei tribunali militari in tempo di guerra. Contro le decisioni del Consiglio di Stato e della Corte dei conti il ricorso in cassazione è ammesso per i soli motivi inerenti alla giurisdizione. (*)

NOTE:

(*) I primi cinque commi dell'art. 111 sono stati introdotti dalla legge costituzionale 23 novembre 1999, n. 2. Si riporta di seguito l'art. 2 della legge costituzionale 23 novembre 1999, n. 2:

«1. La legge regola l'applicazione dei principi contenuti nella presente legge costituzionale ai procedimenti penali in corso alla data della sua entrata in vigore.»

Art. 112

Il pubblico ministero ha l'obbligo di esercitare l'azione penale.

Art. 113

Contro gli atti della pubblica amministrazione è sempre ammessa la tutela giurisdizionale dei diritti e degli interessi legittimi dinanzi agli organi di giurisdizione ordinaria o amministrativa.

Tale tutela giurisdizionale non può essere esclusa o limitata a particolari mezzi di impugnazione o per determinate categorie di atti.

La legge determina quali organi di giurisdizione possono annullare gli atti della pubblica amministrazione nei casi e con gli effetti previsti dalla legge stessa.

Titolo V. Le Regioni, le Province, i Comuni

Art. 114

La Repubblica è costituita dai Comuni, dalle Province, dalle Città metropolitane, dalle Regioni e dallo Stato.

I Comuni, le Province, le Città metropolitane e le Regioni sono enti autonomi con propri statuti, poteri e funzioni secondo i principi fissati dalla Costituzione.

Roma è la capitale della Repubblica. La legge dello Stato disciplina il suo ordinamento. (*) NOTE:

(*) L'art. 114 è stato sostituito dall'art. 1 della legge costituzionale 18 ottobre 2001, n. 3. Il testo originario dell'articolo era il seguente:

«La Repubblica si riparte in Regioni, Provincie e Comuni.»

Art. 115

(Abrogato) (*)

NOTE:

(*) L'art. 115 è stato abrogato dall'art. 9, comma 2, della legge costituzionale 18 ottobre 2001, n. 3. Il testo originario dell'articolo era il seguente:

«Le Regioni sono costituite in enti autonomi con propri poteri e funzioni secondo i principi fissati nella Costituzione.»

Art. 116

Il Friuli Venezia Giulia, la Sardegna, la Sicilia, il Trentino-Alto Adige/Südtirol e la Valle d'Aosta/ Vallée d'Aoste dispongono di forme e condizioni particolari di autonomia, secondo i rispettivi statuti speciali adottati con legge costituzionale.

La Regione Trentino-Alto Adige/Südtirol è costituita dalle Province autonome di Trento e di Bolzano. Ulteriori forme e condizioni particolari di autonomia, concernenti le materie di cui al terzo comma dell'articolo 117 e le materie indicate dal secondo comma del medesimo articolo alle lettere *l)*, limitatamente all'organizzazione della giustizia di pace, *n)* e *s)*, possono essere attribuite ad altre Regioni, con legge dello Stato, su iniziativa della Regione interessata, sentiti gli enti locali, nel rispetto dei principi di cui all'articolo 119. La legge è approvata dalle Camere a maggioranza assoluta dei componenti, sulla base di intesa fra lo Stato e la Regione interessata. (*)

NOTE:

(*) L'art. 116 è stato sostituito dall'art. 2 della legge costituzionale 18 ottobre 2001, n. 3. Il testo originario dell'articolo era il seguente:

«Alla Sicilia, alla Sardegna, al Trentino-Alto Adige, al Friuli-Venezia Giulia e alla Valle d'Aosta sono attribuite forme e condizioni particolari di autonomia, secondo statuti speciali adottati con leggi costituzionali.»

Si riporta di seguito l'art. 10, recante disposizioni transitorie, della legge costituzionale 18 ottobre 2001, n. 3:

«1. Sino all'adeguamento dei rispettivi statuti, le disposizioni della presente legge costituzionale si applicano anche alle Regioni a statuto speciale ed alle province autonome di Trento e di Bolzano per le parti in cui prevedono forme di autonomia più ampie rispetto a quelle già attribuite.»

Art. 117

La potestà legislativa è esercitata dallo Stato e dalle Regioni nel rispetto della Costituzione, nonché dei vincoli derivanti dall'ordinamento comunitario e dagli obblighi internazionali.

Lo Stato ha legislazione esclusiva nelle seguenti materie:

a) politica estera e rapporti internazionali dello Stato; rapporti dello Stato con l'Unione europea; diritto di asilo e condizione giuridica dei cittadini di Stati non appartenenti all'Unione europea;

b) immigrazione;

c) rapporti tra la Repubblica e le confessioni religiose;

d) difesa e Forze armate; sicurezza dello Stato; armi, munizioni ed esplosivi;

e) moneta, tutela del risparmio e mercati finanziari; tutela della concorrenza; sistema valutario; sistema tributario e contabile dello Stato; armonizzazione dei bilanci pubblici; perequazione delle risorse finanziarie;

f) organi dello Stato e relative leggi elettorali; *referendum* statali; elezione del Parlamento europeo;

g) ordinamento e organizzazione amministrativa dello Stato e degli enti pubblici nazionali;

h) ordine pubblico e sicurezza, ad esclusione della polizia amministrativa locale;

i) cittadinanza, stato civile e anagrafi;

l) giurisdizione e norme processuali; ordinamento civile e penale; giustizia amministrativa;

m) determinazione dei livelli essenziali delle prestazioni concernenti i diritti civili e sociali che devono essere garantiti su tutto il territorio nazionale;

n) norme generali sull'istruzione;

previdenza sociale;

o) legislazione elettorale, organi di governo e funzioni fondamentali di Comuni, Province e Città metropolitane;

p) dogane, protezione dei confini nazionali e profilassi internazionale;

q) pesi, misure e determinazione del tempo; coordinamento informativo statistico e informatico dei dati dell'amministrazione statale, regionale e locale; opere dell'ingegno;

r) tutela dell'ambiente, dell'ecosistema e dei beni culturali.

Sono materie di legislazione concorrente quelle relative a: rapporti internazionali e con l'Unione europea delle Regioni; commercio con l'estero; tutela e sicurezza del lavoro; istruzione, salva l'autonomia delle istituzioni scolastiche e con esclusione della istruzione e della formazione professionale; professioni; ricerca scientifica e tecnologica e sostegno all'innovazione per i settori produttivi; tutela della salute; alimentazione; ordinamento sportivo; protezione civile; governo del territorio; porti e aeroporti civili; grandi reti di trasporto e di navigazione; ordinamento della comunicazione; produzione, trasporto e distribuzione nazionale dell'energia; previdenza complementare e integrativa; coordinamento della finanza pubblica e del sistema tributario; valorizzazione dei beni culturali e ambientali e promozione e organizzazione di attività culturali; casse di risparmio, casse rurali, aziende di credito a carattere regionale; enti di credito fondiario e agrario a carattere regionale. Nelle materie di legislazione concorrente spetta alle Regioni la potestà legislativa, salvo che per la determinazione dei principi fondamentali, riservata alla legislazione dello Stato.

Spetta alle Regioni la potestà legislativa in riferimento ad ogni materia non espressamente riservata alla legislazione dello Stato. Le Regioni e le Province autonome di Trento e di Bolzano, nelle materie di loro competenza, partecipano alle decisioni dirette alla formazione degli atti normativi comunitari e provvedono all'attuazione e all'esecuzione degli accordi internazionali e degli atti dell'Unione europea, nel rispetto delle norme di procedura stabilite da legge dello Stato, che disciplina le modalità di esercizio del potere sostitutivo in caso di inadempienza.

La potestà regolamentare spetta allo Stato nelle materie di legislazione esclusiva, salva delega alle Regioni. La potestà regolamentare spetta alle Regioni in ogni altra materia. I Comuni, le Province e le Città metropolitane hanno potestà regolamentare in ordine alla disciplina dell'organizzazione e dello svolgimento delle funzioni loro attribuite.

Le leggi regionali rimuovono ogni ostacolo che impedisce la piena parità degli uomini e delle donne nella vita sociale, culturale ed economica e promuovono la parità di accesso tra donne e uomini alle cariche elettive. La legge regionale ratifica le intese della Regione con altre Regioni per il migliore esercizio delle proprie funzioni, anche con individuazione di organi comuni.

Nelle materie di sua competenza la Regione può concludere accordi con Stati e intese con enti territoriali interni ad altro Stato, nei casi e con le forme disciplinati da leggi dello Stato. (*)

NOTE:

(*) L'art. 117 è stato sostituito dapprima dall'art. 3 della legge costituzionale 18 ottobre 2001, n. 3. Il testo originario dell'articolo era il seguente:

«La Regione emana per le seguenti materie norme legislative nei limiti dei principi fondamentali stabiliti dalle leggi dello Stato, sempreché le norme stesse non siano in contrasto con l'interesse nazionale e con quello di altre Regioni:

- *ordinamento degli uffici e degli enti amministrativi dipendenti dalla Regione;*
- *circoscrizioni comunali;*
- *polizia locale urbana e rurale;*
- *fiere e mercati;*
- *beneficenza pubblica ed assistenza sanitaria ed ospedaliera;*
- *istruzione artigiana e professionale e assistenza scolastica;*
- *musei e biblioteche di enti locali;*
- *urbanistica;*
- *turismo ed industria alberghiera;*
- *tranvie e linee automobilistiche di interesse regionale;*
- *viabilità, acquedotti e lavori pubblici di interesse regionale;*
- *navigazione e porti lacuali;*
- *acque minerali e termali;*
- *cave e torbiere;*
- *caccia;*
- *pesca nelle acque interne;*
- *agricoltura e foreste;*
- *artigianato;*
- *altre materie indicate da leggi costituzionali.*

Le leggi della Repubblica possono demandare alla Regione il potere di emanare norme per la loro attuazione.»

Si riporta di seguito l'art. 11, recante disposizioni transitorie, della legge costituzionale 18 ottobre 2001, n. 3:

«1. Sino alla revisione delle norme del titolo I della parte seconda della Costituzione, i regolamenti della Camera dei deputati e del Senato della Repubblica possono prevedere la partecipazione di rappresentanti delle Regioni, delle Province autonome e degli enti locali alla Commissione parlamentare per le questioni regionali.

2. Quando un progetto di legge riguardante le materie di cui al terzo comma dell'articolo 117 e all'articolo 119 della Costituzione contenga disposizioni sulle quali la Commissione parlamentare per le questioni regionali, integrata ai sensi del comma 1, abbia espresso parere contrario o parere favorevole condizionato all'introduzione di modificazioni specificamente formulate, e la Commissione che ha svolto l'esame in sede referente non vi si sia adeguata, sulle corrispondenti parti del progetto di legge l'Assemblea delibera a maggioranza assoluta dei suoi componenti.»

In seguito, l'art. 3 della legge costituzionale 20 aprile 2012, n. 1, ha modificato l'art. 117 come segue:
a) al secondo comma, lettera e), dopo le parole: «sistema tributario e contabile dello Stato;» sono inserite le seguenti: «armonizzazione dei bilanci pubblici;»;
b) al terzo comma, primo periodo, le parole: «armonizzazione dei bilanci pubblici e» sono soppresse. L'articolo 6 della legge costituzionale 20 aprile 2012, n. 1, stabilisce che le disposizioni della medesima legge costituzionale si applicano a decorrere dall'esercizio finanziario relativo all'anno 2014.

Art. 118

Le funzioni amministrative sono attribuite ai Comuni salvo che, per assicurarne l'esercizio unitario, siano conferite a Province, Città metropolitane, Regioni e Stato, sulla base dei principi di sussidiarietà, differenziazione ed adeguatezza.

I Comuni, le Province e le Città metropolitane sono titolari di funzioni amministrative proprie e di quelle conferite con legge statale o regionale, secondo le rispettive competenze.

La legge statale disciplina forme di coordinamento fra Stato e Regioni nelle materie di cui alle lettere *b)* e *h)* del secondo comma dell'articolo 117, e disciplina inoltre forme di intesa e coordinamento nella materia della tutela dei beni culturali.

Stato, Regioni, Città metropolitane, Province e Comuni favoriscono l'autonoma iniziativa dei cittadini, singoli e associati, per lo svolgimento di attività di interesse generale, sulla base del principio di sussidiarietà. (*)

NOTE:

(*) L'art. 118 è stato sostituito dall'art. 4 della legge costituzionale 18 ottobre 2001, n. 3. Il testo originario dell'articolo era il seguente:
«Spettano alla Regione le funzioni amministrative per le materie elencate nel precedente articolo, salvo quelle di interesse esclusivamente locale, che possono essere attribuite dalle leggi della Repubblica alle Provincie, ai Comuni o ad altri enti locali. Lo Stato può con legge delegare alla Regione l'esercizio di altre funzioni amministrative. La Regione esercita normalmente le sue funzioni amministrative delegandole alle Provincie, ai Comuni o ad altri enti locali, o valendosi dei loro uffici.»

Art. 119

I Comuni, le Province, le Città metropolitane e le Regioni hanno autonomia finanziaria di entrata e di spesa, nel rispetto dell'equilibrio dei relativi bilanci, e concorrono ad assicurare l'osservanza dei vincoli economici e finanziari derivanti dall'ordinamento dell'Unione europea.

I Comuni, le Province, le Città metropolitane e le Regioni hanno risorse autonome. Stabiliscono e

applicano tributi ed entrate propri, in armonia con la Costituzione e secondo i principi di coordinamento della finanza pubblica e del sistema tributario. Dispongono di compartecipazioni al gettito di tributi erariali riferibile al loro territorio. La legge dello Stato istituisce un fondo perequativo, senza vincoli di destinazione, per i territori con minore capacità fiscale per abitante. Le risorse derivanti dalle fonti di cui ai commi precedenti consentono ai Comuni, alle Province, alle Città metropolitane e alle Regioni di finanziare integralmente le funzioni pubbliche loro attribuite. Per promuovere lo sviluppo economico, la coesione e la solidarietà sociale, per rimuovere gli squilibri economici e sociali, per favorire l'effettivo esercizio dei diritti della persona, o per provvedere a scopi diversi dal normale esercizio delle loro funzioni, lo Stato destina risorse aggiuntive ed effettua interventi speciali in favore di determinati Comuni, Province, Città metropolitane e Regioni. I Comuni, le Province, le Città metropolitane e le Regioni hanno un proprio patrimonio, attribuito secondo i princìpi generali determinati dalla legge dello Stato. Possono ricorrere all'indebitamento solo per finanziare spese di investimento, con la contestuale definizione di piani di ammortamento e a condizione che per il complesso degli enti di ciascuna Regione sia rispettato l'equilibrio di bilancio. È esclusa ogni garanzia dello Stato sui prestiti dagli stessi contratti. (*)
NOTE:
(*) L'art. 119 è stato sostituito dapprima dall'art. 5 della legge costituzionale 18 ottobre 2001, n. 3. Il testo originario dell'articolo era il seguente:
«Le Regioni hanno autonomia finanziaria nelle forme e nei limiti stabiliti da leggi della Repubblica, che la coordinano con la finanza dello Stato, delle Provincie e dei Comuni.
Alle Regioni sono attribuiti tributi propri e quote di tributi erariali, in relazione ai bisogni delle Regioni per le spese necessarie ad adempiere le loro funzioni normali.
Per provvedere a scopi determinati, e particolarmente per valorizzare il Mezzogiorno e le Isole, lo Stato assegna per legge a singole Regioni contributi speciali.
La Regione ha un proprio demanio e patrimonio, secondo le modalità stabilite con legge della Repubblica.»
Si riporta di seguito l'art. 11, recante disposizioni transitorie, della legge costituzionale 18 ottobre 2001, n. 3:
«1. Sino alla revisione delle norme del titolo I della parte seconda della Costituzione, i regolamenti della Camera dei deputati e del Senato della Repubblica possono prevedere la partecipazione di rappresentanti delle Regioni, delle Province autonome e degli enti locali alla Commissione parlamentare per le questioni regionali.
2. Quando un progetto di legge riguardante le materie di cui al terzo comma dell'articolo 117 e all'articolo 119 della Costituzione contenga disposizioni sulle quali la Commissione parlamentare per le questioni regionali, integrata ai sensi del comma 1, abbia espresso parere contrario o parere favorevole condizionato all'introduzione di modificazioni specificamente formulate, e la Commissione che ha svolto l'esame in sede referente non vi si sia adeguata, sulle corrispondenti parti del progetto di legge l'Assemblea delibera a maggioranza assoluta dei suoi componenti.»
In seguito, l'art. 4 della legge costituzionale 20 aprile 2012, n. 1, ha modificato i commi primo e sesto dell'art. 119. Il testo del primo comma dell'art. 119, come modificato dalla legge costituzionale 18 ottobre 2001, n. 3, era il seguente:
«I Comuni, le Province, le Città metropolitane e le Regioni hanno autonomia finanziaria di entrata e di spesa.»
Il testo del sesto comma dell'art. 119, come modificato dalla legge costituzionale 18 ottobre 2001, n.

3, era il seguente:

«I Comuni, le Province, le Città metropolitane e le Regioni hanno un proprio patrimonio, attribuito secondo i principi generali determinati dalla legge dello Stato. Possono ricorrere all'indebitamento solo per finanziare spese di investimento. È esclusa ogni garanzia dello Stato sui prestiti dagli stessi contratti.»

L'articolo 6 della legge costituzionale 20 aprile 2012, n. 1, stabilisce che le disposizioni della medesima legge costituzionale si applicano a decorrere dall'esercizio finanziario relativo all'anno 2014.

Art. 120

La Regione non può istituire dazi di importazione o esportazione o transito tra le Regioni, né adottare provvedimenti che ostacolino in qualsiasi modo la libera circolazione delle persone e delle cose tra le Regioni, né limitare l'esercizio del diritto al lavoro in qualunque parte del territorio nazionale. Il Governo può sostituirsi a organi delle Regioni, delle Città metropolitane, delle Province e dei Comuni nel caso di mancato rispetto di norme e trattati internazionali o della normativa comunitaria oppure di pericolo grave per l'incolumità e la sicurezza pubblica, ovvero quando lo richiedono la tutela dell'unità giuridica o dell'unità economica e in particolare la tutela dei livelli essenziali delle prestazioni concernenti i diritti civili e sociali, prescindendo dai confini territoriali dei governi locali. La legge definisce le procedure atte a garantire che i poteri sostitutivi siano esercitati nel rispetto del principio di sussidiarietà e del principio di leale collaborazione. (*)

NOTE:

(*) L'art. 120 è stato sostituito dall'art. 6 della legge costituzionale 18 ottobre 2001, n. 3. Il testo originario dell'articolo era il seguente:

«La Regione non può istituire dazi d'importazione o esportazione o transito fra le Regioni.

Non può adottare provvedimenti che ostacolino in qualsiasi modo la libera circolazione delle persone e delle cose fra le Regioni. Non può limitare il diritto dei cittadini di esercitare in qualunque parte del territorio nazionale la loro professione, impiego o lavoro.»

Art. 121

Sono organi della Regione: il Consiglio regionale, la Giunta e il suo Presidente.

Il Consiglio regionale esercita le potestà legislative attribuite alla Regione e le altre funzioni conferitegli dalla Costituzione e dalle leggi. Può fare proposte di legge alle Camere. La Giunta regionale è l'organo esecutivo delle Regioni. Il Presidente della Giunta rappresenta la Regione; dirige la politica della Giunta e ne è responsabile; promulga le leggi ed emana i regolamenti regionali; dirige le funzioni amministrative delegate dallo Stato alla Regione, conformandosi alle istruzioni del Governo della Repubblica. (*)

NOTE:

(*) L'art. 121 è stato modificato dall'art. 1 della legge costituzionale 22 novembre 1999, n. 1. Il testo originario dell'articolo era il seguente:

«Sono organi della Regione: il Consiglio regionale, la Giunta e il suo presidente.

Il Consiglio regionale esercita le potestà legislative e regolamentari attribuite alla Regione e le altre funzioni conferitegli dalla Costituzione e dalle leggi. Può fare proposte di legge alle Camere.

La Giunta regionale è l'organo esecutivo delle Regioni.

Il Presidente della Giunta rappresenta la Regione; promulga le leggi ed i regolamenti regionali, dirige le funzioni amministrative delegate dallo Stato alla Regione, conformandosi alle istruzioni del Governo centrale.»

Art. 122

Il sistema di elezione e i casi di ineleggibilità e di incompatibilità del Presidente e degli altri componenti della Giunta regionale nonché dei consiglieri regionali sono disciplinati con legge della Regione nei limiti dei principi fondamentali stabiliti con legge della Repubblica, che stabilisce anche la durata degli organi elettivi. Nessuno può appartenere contemporaneamente a un Consiglio o a una Giunta regionale e ad una delle Camere del Parlamento, ad un altro Consiglio o ad altra Giunta regionale, ovvero al Parlamento europeo. Il Consiglio elegge tra i suoi componenti un Presidente e un ufficio di presidenza. I consiglieri regionali non possono essere chiamati a rispondere delle opinioni espresse e dei voti dati nell'esercizio delle loro funzioni. Il Presidente della Giunta regionale, salvo che lo statuto regionale disponga diversamente, è eletto a suffragio universale e diretto. Il Presidente eletto nomina e revoca i componenti della Giunta. (*)

NOTE:

(*) L'art. 122 è stato sostituito dall'art. 2 della legge costituzionale 22 novembre 1999, n. 1. Il testo originario dell'articolo era il seguente:

«Il sistema d'elezione, il numero e i casi di ineleggibilità e di incompatibilità dei consiglieri regionali sono stabiliti con legge della Repubblica.

Nessuno può appartenere contemporaneamente a un Consiglio regionale e ad una delle Camere del Parlamento o ad un altro Consiglio regionale.

Il Consiglio elegge nel suo seno un presidente e un ufficio di presidenza per i propri lavori.

I consiglieri regionali non possono essere chiamati a rispondere delle opinioni espresse e dei voti dati nell'esercizio delle loro funzioni.

Il Presidente ed i membri della Giunta sono eletti dal Consiglio regionale tra i suoi componenti.»

Si riporta di seguito l'art. 5, recante disposizioni transitorie, della legge costituzionale 22 novembre 1999, n. 1:

«1. Fino alla data di entrata in vigore dei nuovi statuti regionali e delle nuove leggi elettorali ai sensi del primo comma dell'articolo 122 della Costituzione, come sostituito dall'articolo 2 della presente legge costituzionale, l'elezione del Presidente della Giunta regionale è contestuale al rinnovo dei rispettivi Consigli regionali e si effettua con le modalità previste dalle disposizioni di legge ordinaria vigenti in materia di elezione dei Consigli regionali. Sono candidati alla Presidenza della Giunta regionale i capilista delle liste regionali. È proclamato eletto Presidente della Giunta regionale il candidato che ha conseguito il maggior numero di voti validi in ambito regionale. Il Presidente della Giunta regionale fa parte del Consiglio regionale. È eletto alla carica di consigliere il candidato alla carica di Presidente della Giunta regionale che ha conseguito un numero di voti validi immediatamente inferiore a quello del candidato proclamato eletto Presidente. L'Ufficio centrale regionale riserva, a tal fine, l'ultimo dei seggi eventualmente spettanti alle liste circoscrizionali collegate con il capolista della lista regionale proclamato alla carica di consigliere, nell'ipotesi prevista al numero 3) del tredicesimo comma dell'articolo 15 della legge 17 febbraio 1968, n. 108, introdotto dal comma 2 dell'articolo 3 della legge 23 febbraio 1995, n. 43; o, altrimenti, il seggio attribuito con il resto o con la cifra elettorale minore, tra quelli delle stesse liste, in sede di collegio unico regionale per la ripartizione dei seggi circoscrizionali residui. Qualora tutti i seggi spettanti alle liste collegate siano stati assegnati con quoziente intero in sede circoscrizionale, l'Ufficio centrale regionale procede all'attribuzione di un seggio aggiuntivo, del quale si deve tenere conto per la determinazione della conseguente quota percentuale di seggi spettanti alle liste di maggioranza in seno al Consiglio regionale.

2. Fino alla data di entrata in vigore dei nuovi statuti regionali si osservano le seguenti disposizioni:

a)   entro dieci giorni dalla proclamazione, il Presidente della Giunta regionale nomina i componenti della Giunta, fra i quali un Vicepresidente, e può successivamente revocarli;

b)   nel caso in cui il Consiglio regionale approvi a maggioranza assoluta una mozione motivata di sfiducia nei confronti del Presidente della Giunta regionale, presentata da almeno un quinto dei suoi componenti e messa in discussione non prima di tre giorni dalla presentazione, entro tre mesi si procede all'indizione di nuove elezioni del Consiglio e del Presidente della Giunta. Si procede parimenti a nuove elezioni del Consiglio e del Presidente della Giunta in caso di dimissioni volontarie, impedimento permanente o morte del Presidente.»

Art. 123

Ciascuna Regione ha uno statuto che, in armonia con la Costituzione, ne determina la forma di governo e i principi fondamentali di organizzazione e funzionamento. Lo statuto regola l'esercizio del diritto di iniziativa e del *referendum* su leggi e provvedimenti amministrativi della Regione e la pubblicazione delle leggi e dei regolamenti regionali.

Lo statuto è approvato e modificato dal Consiglio regionale con legge approvata a maggioranza assoluta dei suoi componenti, con due deliberazioni successive adottate ad intervallo non minore di due mesi. Per tale legge non è richiesta l'apposizione del visto da parte del Commissario del Governo. Il Governo della Repubblica può promuovere la questione di legittimità costituzionale sugli statuti regionali dinanzi alla Corte costituzionale entro trenta giorni dalla loro pubblicazione. Lo statuto è sottoposto a *referendum* popolare qualora entro tre mesi dalla sua pubblicazione ne faccia richiesta un cinquantesimo degli elettori della Regione o un quinto dei componenti il Consiglio regionale. Lo statuto sottoposto a *referendum* non è promulgato se non è approvato dalla maggioranza dei voti validi. In ogni Regione, lo statuto disciplina il Consiglio delle autonomie locali, quale organo di consultazione fra la Regione e gli enti locali. (*)

NOTE:

(*) L'art. 123 è stato sostituito dapprima dall'art. 3 della legge costituzionale 22 novembre 1999, n.1. Il testo originario dell'articolo era il seguente:

«Ogni Regione ha uno statuto il quale, in armonia con la Costituzione e con le leggi della Repubblica, stabilisce le norme relative all'organizzazione interna della Regione. Lo statuto regola l'esercizio del diritto di iniziativa e del referendum *su leggi e provvedimenti amministrativi della Regione e la pubblicazione delle leggi e dei regolamenti regionali. Lo statuto è deliberato dal Consiglio regionale a maggioranza assoluta dei suoi componenti, ed è approvato con legge della Repubblica.»*

In seguito, l'art. 7 della legge costituzionale 18 ottobre 2001, n. 3, ha aggiunto, in fine, un comma.

Art. 124

(Abrogato) (*)

NOTE:

(*) L'art. 124 è stato abrogato dall'art. 9, comma 2, della legge costituzionale 18 ottobre 2001, n. 3. Il testo originario dell'articolo era il seguente:

«Un commissario del Governo, residente nel capoluogo della Regione, sopraintende alle funzioni amministrative esercitate dallo Stato e le coordina con quelle esercitate dalla Regione.»

Art. 125

Nella Regione sono istituiti organi di giustizia amministrativa di primo grado, secondo l'ordinamento stabilito da legge della Repubblica. Possono istituirsi sezioni con sede diversa dal capoluogo della Regione. (*)

NOTE:

(*) Il primo comma dell'art. 125 è stato abrogato dall'art. 9, comma 2, della legge costituzionale 18 ottobre 2001, n. 3. Il testo originario dell'articolo era il seguente:

«Il controllo di legittimità sugli atti amministrativi della Regione è esercitato, in forma decentrata, da un organo dello Stato, nei modi e nei limiti stabiliti da leggi della Repubblica. La legge può in determinati casi ammettere il controllo di merito, al solo effetto di promuovere, con richiesta motivata, il riesame della deliberazione da parte del Consiglio regionale.

Nella Regione sono istituiti organi di giustizia amministrativa di primo grado, secondo l'ordinamento stabilito da legge della Repubblica. Possono istituirsi sezioni con sede diversa dal capoluogo della Regione.»

Art. 126

Con decreto motivato del Presidente della Repubblica sono disposti lo scioglimento del Consiglio regionale e la rimozione del Presidente della Giunta che abbiano compiuto atti contrari alla Costituzione o gravi violazioni di legge. Lo scioglimento e la rimozione possono altresì essere disposti per ragioni di sicurezza nazionale. Il decreto è adottato sentita una Commissione di deputati e senatori costituita, per le questioni regionali, nei modi stabiliti con legge della Repubblica. Il Consiglio regionale può esprimere la sfiducia nei confronti del Presidente della Giunta mediante mozione motivata, sottoscritta da almeno un quinto dei suoi componenti e approvata per appello nominale a maggioranza assoluta dei componenti. La mozione non può essere messa in discussione prima di tre giorni dalla presentazione. L'approvazione della mozione di sfiducia nei confronti del Presidente della Giunta eletto a suffragio universale e diretto, nonché la rimozione, l'impedimento permanente, la morte o le dimissioni volontarie dello stesso comportano le dimissioni della Giunta e lo scioglimento del Consiglio. In ogni caso i medesimi effetti conseguono alle dimissioni contestuali della maggioranza dei componenti il Consiglio. (*)

NOTE:

(*) L'art. 126 è stato sostituito dall'art. 4 della legge costituzionale 22 novembre 1999, n. 1. Il testo originario dell'articolo era il seguente:

«Il Consiglio regionale può essere sciolto, quando compia atti contrari alla Costituzione o gravi violazioni di legge, o non corrisponda all'invito del Governo di sostituire la Giunta o il Presidente, che abbiano compiuto analoghi atti o violazioni. Può essere sciolto quando, per dimissioni o per impossibilità di formare una maggioranza, non sia in grado di funzionare.

Può essere altresì sciolto per ragioni di sicurezza nazionale. Lo scioglimento è disposto con decreto motivato del Presidente della Repubblica, sentita una Commissione di deputati e senatori costituita, per le questioni regionali, nei modi stabiliti con legge della Repubblica.

Col decreto di scioglimento è nominata una Commissione di tre cittadini eleggibili al Consiglio regionale, che indice le elezioni entro tre mesi e provvede all'ordinaria amministrazione di competenza della Giunta e agli atti improrogabili, da sottoporre alla ratifica del nuovo Consiglio.»

Si riporta di seguito l'art. 11, recante disposizioni transitorie, della legge costituzionale 18 ottobre 2001, n. 3:

«1. Sino alla revisione delle norme del titolo I della parte seconda della Costituzione, i regolamenti della Camera dei deputati e del Senato della Repubblica possono prevedere la partecipazione di rappresentanti delle Regioni, delle Province autonome e degli enti locali alla Commissione parlamentare per le questioni regionali. Quando un progetto di legge riguardante le materie di

cui al terzo comma dell'articolo 117 e all'articolo 119 della Costituzione contenga disposizioni sulle quali la Commissione parlamentare per le questioni regionali, integrata ai sensi del comma 1, abbia espresso parere contrario o parere favorevole condizionato all'introduzione di modificazioni specificamente formulate, e la Commissione che ha svolto l'esame in sede referente non vi si sia adeguata, sulle corrispondenti parti del progetto di legge l'Assemblea delibera a maggioranza assoluta dei suoi componenti.»

Art. 127

Il Governo, quando ritenga che una legge regionale ecceda la competenza della Regione, può promuovere la questione di legittimità costituzionale dinanzi alla Corte costituzionale entro sessanta giorni dalla sua pubblicazione. La Regione, quando ritenga che una legge o un atto avente valore di legge dello Stato o di un'altra Regione leda la sua sfera di competenza, può promuovere la questione di legittimità costituzionale dinanzi alla Corte costituzionale entro sessanta giorni dalla pubblicazione della legge o dell'atto avente valore di legge. (*)

NOTE:

(*) L'art. 127 è stato sostituito dall'art. 8 della legge costituzionale 18 ottobre 2001, n. 3. Il testo originario dell'articolo era il seguente:

«Ogni legge approvata dal Consiglio regionale è comunicata al Commissario che, salvo il caso di opposizione da parte del Governo, deve vistarla nel termine di trenta giorni dalla comunicazione. La legge è promulgata nei dieci giorni dalla apposizione del visto ed entra in vigore non prima di quindici giorni dalla sua pubblicazione. Se una legge è dichiarata urgente dal Consiglio regionale, e il Governo della Repubblica lo consente, la promulgazione e l'entrata in vigore non sono subordinate ai termini indicati. Il Governo della Repubblica, quando ritenga che una legge approvata dal Consiglio regionale ecceda la competenza della Regione o contrasti con gli interessi nazionali o con quelli di altre Regioni, la rinvia al Consiglio regionale nel termine fissato per l'apposizione del visto. Ove il Consiglio regionale la approvi di nuovo a maggioranza assoluta dei suoi componenti, il Governo della Repubblica può, nei quindici giorni dalla comunicazione, promuovere la questione di legittimità davanti alla Corte costituzionale, o quella di merito per contrasto di interessi davanti alle Camere. In caso di dubbio, la Corte decide di chi sia la competenza.»

Art. 128

(Abrogato) (*)

NOTE:

(*) L'art. 128 è stato abrogato dall'art. 9, comma 2, della legge costituzionale 18 ottobre 2001, n. 3. Il testo originario dell'articolo era il seguente:

«Le Provincie e i Comuni sono enti autonomi nell'ambito dei principi fissati da leggi generali della Repubblica, che ne determinano le funzioni.»

Art. 129

(Abrogato) (*)

NOTE:

(*) L'art. 129 è stato abrogato dall'art. 9, comma 2, della legge costituzionale 18 ottobre 2001, n. 3. Il testo originario dell'articolo era il seguente:

«Le Provincie e i Comuni sono anche circoscrizioni di decentramento statale e regionale. Le circoscrizioni provinciali possono essere suddivise in circondari con funzioni esclusivamente amministrative per un ulteriore decentramento.»

Art. 130

(Abrogato) (*)

NOTE:

(*) L'art. 130 è stato abrogato dall'art. 9, comma 2, della legge costituzionale 18 ottobre 2001, n. 3. Il testo originario dell'articolo era il seguente:

«Un organo della Regione, costituito nei modi stabiliti da legge della Repubblica, esercita, anche in forma decentrata, il controllo di legittimità sugli atti delle Provincie, dei Comuni e degli altri enti locali. In casi determinati dalla legge può essere esercitato il controllo di merito, nella forma di richiesta motivata agli enti deliberanti di riesaminare la loro deliberazione.»

Art. 131

Sono costituite le seguenti Regioni:

* Piemonte;
* Valle d'Aosta;
* Lombardia;
* Trentino-Alto Adige;
* Veneto;
* Friuli-Venezia Giulia;
* Liguria;
* Emilia-Romagna;
* Toscana;
* Umbria;
* Marche;
* Lazio;
* Abruzzi;
* Molise;
* Campania;
* Puglia;
* Basilicata;
* Calabria;
* Sicilia;
* Sardegna. (*)

NOTE:

(*) L'art. 131 è stato modificato dalla legge costituzionale 27 dicembre 1963, n. 3, che ha disposto la costituzione del Molise come regione a sé stante.

Art. 132

Si può, con legge costituzionale, sentiti i Consigli regionali, disporre la fusione di Regioni esistenti o la creazione di nuove Regioni con un minimo di un milione di abitanti, quando ne facciano richiesta tanti Consigli comunali che rappresentino almeno un terzo delle popolazioni interessate, e la proposta sia approvata con *referendum* dalla maggioranza delle popolazioni stesse. Si può, con l'approvazione della maggioranza delle popolazioni della Provincia o delle Province interessate e del Comune o dei Comuni interessati espressa mediante *referendum* e con legge della Repubblica, sentiti i Consigli regionali, consentire che Province e Comuni, che ne facciano richiesta, siano staccati da una Regione e aggregati ad un'altra. (*)

NOTE:
(*) L'art. 132 è stato modificato dall'articolo 9, comma 1, della legge costituzionale 18 ottobre 2001, n. 3.
Il testo originario dell'articolo era il seguente:
«Si può, con legge costituzionale, sentiti i Consigli regionali, disporre la fusione di Regioni esistenti o la creazione di nuove Regioni con un minimo di un milione di abitanti, quando ne facciano richiesta tanti Consigli comunali che rappresentino almeno un terzo delle popolazioni interessate, e la proposta sia approvata con referendum *dalla maggioranza delle popolazioni stesse. Si può, con* referendum *e con legge della Repubblica, sentiti i Consigli regionali, consentire che Provincie e Comuni, che ne facciano richiesta, siano staccati da una Regione ed aggregati ad un'altra.»*

Art. 133
Il mutamento delle circoscrizioni provinciali e la istituzione di nuove Province nell'ambito di una Regione sono stabiliti con leggi della Repubblica, su iniziativa dei Comuni, sentita la stessa Regione. La Regione, sentite le popolazioni interessate, può con sue leggi istituire nel proprio territorio nuovi Comuni e modificare le loro circoscrizioni e denominazioni.

Titolo VI. Garanzie costituzionali
Sezione I. La Corte costituzionale

Art. 134
La Corte costituzionale giudica:
sulle controversie relative alla legittimità costituzionale delle leggi e degli atti, aventi forza di legge, dello Stato e delle Regioni; sui conflitti di attribuzione tra i poteri dello Stato e su quelli tra lo Stato e le Regioni, e tra le Regioni; sulle accuse promosse contro il Presidente della Repubblica, a norma della Costituzione. (*)
NOTE:
(*) L'ultimo capoverso è stato così modificato dall'art. 2 della legge costituzionale 16 gennaio 1989, n. 1. Il testo originario era il seguente:
«sulle accuse promosse contro il Presidente della Repubblica ed i Ministri, a norma della Costituzione».

Art. 135
La Corte costituzionale è composta di quindici giudici nominati per un terzo dal Presidente della Repubblica, per un terzo dal Parlamento in seduta comune e per un terzo dalle supreme magistrature ordinaria ed amministrative. I giudici della Corte costituzionale sono scelti fra i magistrati anche a riposo delle giurisdizioni superiori ordinaria ed amministrative, i professori ordinari di università in materie giuridiche e gli avvocati dopo venti anni di esercizio. I giudici della Corte costituzionale sono nominati per nove anni, decorrenti per ciascuno di essi dal giorno del giuramento, e non possono essere nuovamente nominati. Alla scadenza del termine il giudice costituzionale cessa dalla carica e dall'esercizio delle funzioni. La Corte elegge tra i suoi componenti, secondo le norme stabilite dalla legge, il Presidente, che rimane in carica per un triennio, ed è rieleggibile, fermi in ogni caso i termini di scadenza dall' ufficio di giudice. L'ufficio di giudice della Corte è incompatibile con quello di membro del Parlamento, di un Consiglio regionale, con l'esercizio della professione di avvocato e con ogni carica ed ufficio indicati dalla legge. Nei giudizi d'accusa contro il Presidente della Repubblica intervengono, oltre i giudici ordinari della Corte, sedici membri tratti a sorte da un elenco di cittadini aventi i requisiti per l'eleggibilità a senatore, che il Parlamento compila ogni nove

anni mediante elezione con le stesse modalità stabilite per la nomina dei giudici ordinari. (*)
NOTE:
(*) L'art. 135 è stato sostituito dall'art. 1 della legge costituzionale 22 novembre 1967, n. 2. L'ultimo comma, inoltre, è stato modificato dall'art. 2 della legge costituzionale 16 gennaio 1989, n. 1.
Il testo dell'articolo nella versione originaria era il seguente:
«La Corte costituzionale è composta di quindici giudici nominati per un terzo dal Presidente della Repubblica, per un terzo dal Parlamento in seduta comune e per un terzo dalle supreme magistrature ordinaria ed amministrative. I giudici della Corte costituzionale sono scelti tra i magistrati anche a riposo delle giurisdizioni superiori ordinaria ed amministrative, i professori ordinari di università in materie giuridiche e gli avvocati dopo venti anni d'esercizio.
La Corte elegge il presidente fra i suoi componenti. I giudici sono nominati per dodici anni, si rinnovano parzialmente secondo le norme stabilite dalla legge e non sono immediatamente rieleggibili.
L'ufficio di giudice della Corte è incompatibile con quello di membro del Parlamento o d'un Consiglio regionale, con l'esercizio della professione d'avvocato e con ogni carica ed ufficio indicati dalla legge.
Nei giudizi d'accusa contro il Presidente della Repubblica e contro i Ministri intervengono, oltre i giudici ordinari della Corte, sedici membri eletti, all'inizio di ogni legislatura, dal Parlamento in seduta comune tra i cittadini aventi i requisiti per l'eleggibilità a senatore.»
Il testo dell'articolo 135 come sostituito dalla legge costituzionale 22 novembre 1967, n. 2, identico per i primi sei commi al testo vigente, all'ultimo comma così disponeva:
«Nei giudizi d'accusa contro il Presidente della Repubblica e contro i Ministri intervengono, oltre i giudici ordinari della Corte, sedici membri tratti a sorte da un elenco di cittadini aventi i requisiti per l'eleggibilità a senatore, che il Parlamento compila ogni nove anni mediante elezione con le stesse modalità stabilite per la nomina dei giudici ordinari.»

Art. 136

Quando la Corte dichiara l'illegittimità costituzionale di una norma di legge o di un atto avente forza di legge, la norma cessa di avere efficacia dal giorno successivo alla pubblicazione della decisione.
La decisione della Corte è pubblicata e comunicata alle Camere ed ai Consigli regionali interessati, affinché, ove lo ritengano necessario, provvedano nelle forme costituzionali.

Art. 137

Una legge costituzionale stabilisce le condizioni, le forme, i termini di proponibilità dei giudizi di legittimità costituzionale, e le garanzie d'indipendenza dei giudici della Corte.
Con legge ordinaria sono stabilite le altre norme necessarie per la costituzione e il funzionamento della Corte. Contro le decisioni della Corte costituzionale non è ammessa alcuna impugnazione.
Sezione II. Revisione della Costituzione. Leggi costituzionali

Art. 138

Le leggi di revisione della Costituzione e le altre leggi costituzionali sono adottate da ciascuna Camera con due successive deliberazioni ad intervallo non minore di tre mesi, e sono approvate a maggioranza assoluta dei componenti di ciascuna Camera nella seconda votazione.
Le leggi stesse sono sottoposte a referendum popolare quando, entro tre mesi dalla loro pubblicazione, ne facciano domanda un quinto dei membri di una Camera o cinquecentomila elettori o cinque Consigli regionali. La legge sottoposta a referendum non è promulgata se non è

approvata dalla maggioranza dei voti validi. Non si fa luogo a referendum se la legge è stata approvata nella seconda votazione da ciascuna delle Camere a maggioranza di due terzi dei suoi componenti.

Art. 139
La forma repubblicana non può essere oggetto di revisione costituzionale.

DISPOSIZIONI TRANSITORIE E FINALI

I
Con l'entrata in vigore della Costituzione il Capo provvisorio dello Stato esercita le attribuzioni di Presidente della Repubblica e ne assume il titolo.

II
Se alla data della elezione del Presidente della Repubblica non sono costituiti tutti i Consigli regionali, partecipano alla elezione soltanto i componenti delle due Camere.

III
Per la prima composizione del Senato della Repubblica sono nominati senatori, con decreto del Presidente della Repubblica, i deputati dell'Assemblea Costituente che posseggono i requisiti di legge per essere senatori e che:

- sono stati presidenti del Consiglio dei ministri o di Assemblee legislative;
- hanno fatto parte del disciolto Senato;
- hanno avuto almeno tre elezioni compresa quella all'Assemblea Costituente;
- sono stati dichiarati decaduti nella seduta della Camera dei deputati del 9 novembre 1926;
- hanno scontato la pena della reclusione non inferiore a cinque anni in seguito a condanna del tribunale speciale fascista per la difesa dello Stato.

Sono nominati altresì senatori, con decreto del Presidente della Repubblica, i membri del disciolto Senato che hanno fatto parte della Consulta Nazionale. Al diritto di essere nominati senatori si può rinunciare prima della firma del decreto di nomina. L'accettazione della candidatura alle elezioni politiche implica rinuncia al diritto di nomina a senatore.

IV
Per la prima elezione del Senato il Molise è considerato come Regione a sé stante, con il numero dei senatori che gli compete in base alla sua popolazione.

V
La disposizione dell'articolo 80 della Costituzione, per quanto concerne i trattati internazionali che importano oneri alle finanze o modificazioni di legge, ha effetto dalla data di convocazione delle Camere.

VI
Entro cinque anni dall'entrata in vigore della Costituzione si procede alla revisione degli organi speciali di giurisdizione attualmente esistenti, salvo le giurisdizioni del Consiglio di Stato, della Corte dei conti e dei Tribunali militari. Entro un anno dalla stessa data si provvede con legge al riordinamento del Tribunale supremo militare in relazione all'articolo 111.

VII
Fino a quando non sia emanata la nuova legge sull'ordinamento giudiziario in conformità con la

Costituzione, continuano ad osservarsi le norme dell'ordinamento vigente. Fino a quando non entri in funzione la Corte costituzionale, la decisione delle controversie indicate nell'articolo 134 ha luogo nelle forme e nei limiti delle norme preesistenti all'entrata in vigore della Costituzione. (*)
NOTE:
(*) L'art. 7 della legge costituzionale 22 novembre 1967, n. 2, ha abrogato l'ultimo comma della VII disposizione transitoria e finale che così recitava: «I giudici della Corte costituzionale nominati nella prima composizione della Corte stessa non sono soggetti alla parziale rinnovazione e durano in carica dodici anni.»

VIII

Le elezioni dei Consigli regionali e degli organi elettivi delle amministrazioni provinciali sono indette entro un anno dall'entrata in vigore della Costituzione. Leggi della Repubblica regolano per ogni ramo della pubblica amministrazione il passaggio delle funzioni statali attribuite alle Regioni. Fino a quando non sia provveduto al riordinamento e alla distribuzione delle funzioni amministrative fra gli enti locali, restano alle Provincie ed ai Comuni le funzioni che esercitano attualmente e le altre di cui le Regioni deleghino loro l'esercizio. Leggi della Repubblica regolano il passaggio alle Regioni di funzionari e dipendenti dello Stato, anche delle amministrazioni centrali, che sia reso necessario dal nuovo ordinamento. Per la formazione dei loro uffici le Regioni devono, tranne che in casi di necessità, trarre il proprio personale da quello dello Stato e degli enti locali.

IX

La Repubblica, entro tre anni dall'entrata in vigore della Costituzione, adegua le sue leggi alle esigenze delle autonomie locali e alla competenza legislativa attribuita alle Regioni.

X

Alla Regione del Friuli-Venezia Giulia, di cui all'articolo 116, si applicano provvisoriamente le norme generali del Titolo V della parte seconda, ferma restando la tutela delle minoranze linguistiche in conformità con l'articolo 6.

XI

Fino a cinque anni dall'entrata in vigore della Costituzione si possono, con leggi costituzionali, formare altre Regioni, a modificazione dell'elenco di cui all'articolo 131, anche senza il concorso delle condizioni richieste dal primo comma dell'articolo 132, fermo rimanendo tuttavia l'obbligo di sentire le popolazioni interessate. (*)
NOTE:
(*) Il termine di cui alla XI disposizione transitoria e finale è stato prorogato al 31 dicembre 1963 dalla legge costituzionale 18 marzo 1958, n. 1.

XII

È vietata la riorganizzazione, sotto qualsiasi forma, del disciolto partito fascista.
In deroga all'articolo 48, sono stabilite con legge, per non oltre un quinquennio dalla entrata in vigore della Costituzione, limitazioni temporanee al diritto di voto e alla eleggibilità per i capi responsabili del regime fascista.

XIII

I membri e i discendenti di Casa Savoia non sono elettori e non possono ricoprire uffici pubblici né cariche elettive. Agli ex re di Casa Savoia, alle loro consorti e ai loro discendenti maschi sono vietati l'ingresso e il soggiorno nel territorio nazionale. I beni, esistenti nel territorio nazionale, degli ex re di Casa Savoia, delle loro consorti e dei loro discendenti maschi, sono avocati allo Stato. I trasferimenti e le costituzioni di diritti reali sui beni stessi, che siano avvenuti dopo il 2 giugno 1946, sono nulli. (*)

NOTE:

(*) La legge costituzionale 23 ottobre 2002, n. 1 ha stabilito che i commi primo e secondo della XIII disposizione transitoria e finale della Costituzione esauriscono i loro effetti a decorrere dalla data di entrata in vigore della stessa legge costituzionale (10 novembre 2002).

XIV

I titoli nobiliari non sono riconosciuti.

I predicati di quelli esistenti prima del 28 ottobre 1922 valgono come parte del nome. L'Ordine mauriziano è conservato come ente ospedaliero e funziona nei modi stabiliti dalla legge. La legge regola la soppressione della Consulta araldica.

XV

Con l'entrata in vigore della Costituzione si ha per convertito in legge il decreto legislativo luogotenziale 25 giugno 1944, n. 151, sull'ordinamento provvisorio dello Stato.

XVI

Entro un anno dalla entrata in vigore della Costituzione si procede alla revisione e al coordinamento con essa delle precedenti leggi costituzionali che non siano state finora esplicitamente o implicitamente abrogate.

XVII

L'Assemblea Costituente sarà convocata dal suo Presidente per deliberare, entro il 31 gennaio 1948, sulla legge per la elezione del Senato della Repubblica, sugli statuti regionali speciali e sulla legge per la stampa. Fino al giorno delle elezioni delle nuove Camere, l'Assemblea Costituente può essere convocata, quando vi sia necessità di deliberare nelle materie attribuite alla sua competenza dagli articoli 2, primo e secondo comma, e 3, comma primo e secondo, del decreto legislativo 16 marzo 1946, n. 98.

In tale periodo le Commissioni permanenti restano in funzione. Quelle legislative rinviano al Governo i disegni di legge, ad esse trasmessi, con eventuali osservazioni e proposte di emendamenti.

I deputati possono presentare al Governo interrogazioni con richiesta di risposta scritta.

L'Assemblea Costituente, agli effetti di cui al secondo comma del presente articolo, è convocata dal suo Presidente su richiesta motivata del Governo o di almeno duecento deputati.

XVIII

La presente Costituzione è promulgata dal Capo provvisorio dello Stato entro cinque giorni dalla sua approvazione da parte dell'Assemblea Costituente, ed entra in vigore il 1° gennaio 1948.

Il testo della Costituzione è depositato nella sala comunale di ciascun Comune della Repubblica per rimanervi esposto, durante tutto l'anno 1948, affinché ogni cittadino possa prenderne cognizione.

La Costituzione, munita del sigillo dello Stato, sarà inserita nella Raccolta ufficiale delle leggi e dei decreti della Repubblica.

La Costituzione dovrà essere fedelmente osservata come legge fondamentale della Repubblica da tutti i cittadini e dagli organi dello Stato.

Printed by Amazon Italia Logistica S.r.l.
Torrazza Piemonte (TO), Italy

60141215R00210